"十二五"普通高等教育本科国家级规划教材

"十四五"普通高等教育本科规划教材

供基础、临床、护理、预防、口腔、中医、药学、医学技术类等专业用

医学生理学

Medical Physiology

（第5版）

主　编　管又飞　罗自强　薛明明
副主编　朱　亮　孔　炜　王　伟　常永生　赵春玲　李　晨
编　委　（按姓名汉语拼音排序）

蔡　青（天津中医药大学中西医结合学院）　舒安利（湖南医药学院）
常永生（天津医科大学基础医学院）　　　唐　立（大连医科大学基础医学院）
陈丽红（大连医科大学医学科学研究院）　王洪海（大连医科大学基础医学院）
陈　燕（西南医科大学基础医学院）　　　王　乐（邵阳学院普爱医学院）
冯丹丹（中南大学湘雅医学院）　　　　　王铭洁（复旦大学基础医学院）
管又飞（大连医科大学）　　　　　　　　王　伟（首都医科大学基础医学院）
何津岩（天津医科大学基础医学院）　　　魏丽丽（石河子大学医学院）
黄海霞（首都医科大学基础医学院）　　　文　姝（大连医科大学基础医学院）
康继宏（北京大学基础医学院）　　　　　翁启芳（海南医科大学基础医学与生命科学学院）
孔　炜（北京大学基础医学院）　　　　　夏春梅（复旦大学基础医学院）
黎　静（广西医科大学基础医学院）　　　向秋玲（中山大学中山医学院）
李　晨（长治医学院基础医学部）　　　　肖　晶（大连医科大学口腔医学院）
李春凌（中山大学中山医学院）　　　　　谢琼虹（复旦大学附属华山医院）
李淑芬（长治医学院基础医学部）　　　　邢江娃（青海大学医学院）
李晓娟（新乡医学院基础医学院）　　　　薛明明（内蒙古医科大学）
李玉明（首都医科大学燕京医学院）　　　杨秀红（华北理工大学基础医学院）
凌宗欣（浙江大学医学院附属第一医院）　于　航（哈尔滨医科大学大庆校区）
刘陶迪（内蒙古医科大学基础医学院）　　臧　颖（中山大学医学院）
刘宇宁（河北工程大学医学院）　　　　　张海峰（内蒙古医科大学基础医学院）
刘云霞（承德医学院基础医学院）　　　　张　莉（西安交通大学医学部）
罗自强（中南大学湘雅医学院）　　　　　张小郁（兰州大学基础医学院）
马会杰（河北医科大学基础医学院）　　　张晓燕（华东师范大学医学与健康研究院）
蒙克嘎勒（新疆医科大学基础医学院）　　张　颖（哈尔滨医科大学基础医学院）
彭　涛（宁夏医科大学基础医学院）　　　赵春玲（西南医科大学基础医学院）
曲丽辉（广州医科大学基础医学院）　　　赵艳芝（首都医科大学燕京医学院）
石瑞丽（包头医学院基础医学与法医学院）朱　亮（大连医科大学基础医学院）

北京大学医学出版社

YIXUE SHENGLIXUE

图书在版编目（CIP）数据

医学生理学/管又飞，罗自强，薛明明主编． —5版． —北京：北京大学医学出版社，2024.7（2025.8重印）
ISBN 978-7-5659-3150-5

Ⅰ．①医… Ⅱ．①管… ②罗… ③薛… Ⅲ．①人体生理学－高等学校－教材 Ⅳ．① R33

中国国家版本馆 CIP 数据核字（2024）第 095541 号

医学生理学（第 5 版）

主　　编：管又飞　罗自强　薛明明
出版发行：北京大学医学出版社
地　　址：（100191）北京市海淀区学院路 38 号 北京大学医学部院内
电　　话：发行部 010-82802230；图书邮购 010-82802495
网　　址：http://www.pumpress.com.cn
E-mail：booksale@bjmu.edu.cn
印　　刷：北京信彩瑞禾印刷厂
经　　销：新华书店
责任编辑：郭　颖　　责任校对：靳新强　　责任印制：李　啸
开　　本：850 mm × 1168 mm　1/16　印张：29.25　字数：840 千字
版　　次：2003 年 2 月第 1 版　2024 年 7 月第 5 版　2025 年 8 月第 2 次印刷
书　　号：ISBN 978-7-5659-3150-5
定　　价：75.00 元
版权所有，违者必究
（凡属质量问题请与本社发行部联系退换）

第 5 轮修订说明

国务院办公厅印发的《关于加快医学教育创新发展的指导意见》提出以新理念谋划医学发展、以新定位推进医学教育发展、以新内涵强化医学生培养、以新医科统领医学教育创新，要求全力提升院校医学人才培养质量，培养仁心仁术的医学人才，发挥课程思政作用，着力培养医学生救死扶伤精神。《教育部关于深化本科教育教学改革全面提高人才培养质量的意见》要求严格教学管理，把思想政治教育贯穿人才培养全过程，全面提高课程建设质量，推动高水平教材编写使用，推动教材体系向教学体系转化。《普通高等学校教材管理办法》要求全面加强党的领导，落实国家事权，加强普通高等学校教材管理，打造精品教材。以上这些重要文件都对医学人才培养及教材建设提出了更高的要求，因此新时代本科临床医学教材建设面临更大的挑战。

北京大学医学出版社出版的本科临床医学专业教材，从 2001 年第 1 轮建设起始，历经多轮修订，高比例入选了教育部"十五""十一五""十二五"普通高等教育国家级规划教材。本套教材因骨干建设院校覆盖广，编委队伍水平高，教材体系种类完备，教材内容实用、衔接合理，编写体例符合人才培养需求，实现了由纸质教材向"纸质+数字"的新形态教材转变，得到了广大院校师生的好评，为我国高等医学教育人才培养做出了积极贡献。

为深入贯彻党的二十大精神，落实立德树人根本任务，更好地支持新时代高等医学教育事业发展，服务于我国本科临床医学专业人才培养，北京大学医学出版社有选择性地组织各地院校申报，通过广泛调研、综合论证，启动了第 5 轮教材建设，共计 53 种教材。

第 5 轮教材建设延续研究型与教学型院校相结合的特点，注重不同地区的院校代表性，调整优化编写队伍，遴选教学经验丰富的学院教师与临床教师参编，为教材的实用性、权威性、院校普适性奠定了基础。第 5 轮教材主要做了如下修订：

1. 更新知识体系

继续以"符合人才培养需求、体现教育改革成果、教材形式新颖创新"为指导思想，坚持"三基、五性、三特定"原则，对照教育部本科临床医学类专业教学质量国家标准，密切结合国家执业医师资格考试、全国硕士研究生入学考试大纲，结合各地院校教学实际更新教材知识体系，更新已有定论的理论及临床实践知识，力求使教材既符合多数院校教学现状，又适度引领教学改革。

2. 创新编写特色

以深化岗位胜任力培养为导向，坚持引入案例，使教材贴近情境式学习、基于案例的学习、问题导向学习，促进学生的临床评判性思维能力培养；部分医学基础课教材设置"临床联系"模块，临床专业课教材设置"基础回顾"模块，探索知识整合，体现学科交叉；启发创新思维，促进"新医科"人才培养；适当加入"知识拓展"模块，引导学生自学，探索学习目标设计。

3. 融入课程思政

将思政元素、党的二十大精神潜移默化地融入教材中，着力培养学生"敬佑生命、救死扶伤、甘于奉献、大爱无疆"的医者精神，引导学生始终把人民群众生命安全和身体健康放在首位。

4. 优化数字内容

在第 4 轮教材与二维码技术结合，实现融媒体新形态教材建设的基础上，改进二维码技术，优化激活及使用形式，按章（或节）设置一个数字资源二维码，融知识拓展、案例解析、微课、视频等于一体。

为便于教师教学、学生自学，编写了与教材配套的 PPT 课件。PPT 课件统一制作成压缩包，用微信"扫一扫"扫描教材封底激活码，即可激活教材正文二维码，导出 PPT 课件。

第 5 轮教材主要供本科临床医学类专业使用，也可供基础、护理、预防、口腔、中医、药学、医学技术类等开设相同课程的专业使用，临床专业课教材同时可作为住院医师规范化培训辅导教材使用。希望广大师生多提宝贵意见，反馈使用信息，以便我们逐步完善教材内容，提高教材质量。

序

医学关乎人类生命的存在与繁衍，医学卫生事业的发展涉及国家安全、经济发展、社会文明和人民福祉。医者德为先，能为重，技为精。医学教育应既科学、严谨、规范，又充满温情与关怀。"健康中国"的美好愿景与目标，激励着医务工作者为之奋斗。医学教育要坚守为国育才、立德树人的根本任务，落实《关于深化新时代学校思想政治理论课改革创新的若干意见》《高等学校课程思政建设指导纲要》《教育部关于深化本科教育教学改革全面提高人才培养质量的意见》《关于深化医教协同进一步推进医学教育改革与发展的意见》《关于加快医学教育创新发展的指导意见》等文件精神，以适应我国"大医学、大卫生、大健康"的发展需求，为"健康中国"筑牢人才基础。

近年来，高等院校探索新医科建设，推进现代医学教育教学新模式，坚持以人和健康为中心，建立健全覆盖生命全周期和健康全过程、"促防诊控治康"一体化的人才培养体系，高度重视身心、社会、环境等要素，融通医工理文学科，提升新时代医学生的整体素养；运用现代数字信息技术，增强情境化教学，加强临床实践教学，有效地提高了学生专业胜任力。同时，高等院校深化落实党和国家关于加强大学生思想政治教育的指示精神，将思想政治教育贯穿于人才培养体系和课程教学，使习近平新时代中国特色社会主义思想进课堂、入头脑，培养人民群众满意的、医术精湛的社会主义卫生健康事业接班人。

北京大学是经历过百年洗礼的老校，为我国建设和发展做出了杰出贡献，与全国医学教育界的同道们共同努力，在医学教育教学研究、教师培养、教材建设、实践教学规范等多方面不断改革创新。北京大学医学出版社秉承医学教育宗旨，落实党和国家对教材建设的要求和任务，立足北大医学，服务全国高等医学教育，与各院校教师一起不懈努力，打造精品教材，以高质量完成课程教学活动的"最后一公里"。本套本科临床医学专业教材是在教育及卫生健康部门领导的关心指导下，由医学教育专家顶层设计，北京大学医学部携手全国各兄弟院校群策群力、共同建设的成果。本套教材多年来与高等医学教育改革相伴而行，与时俱进，历经多轮修订，体系日趋完善，符合专业要求，编写队伍与院校构成合理，编写体例不断优化创新，实现了纸质教材与数字教学资源结合的精品新形态教材建设。实践证明，这套教材满足本科医学教育的专业标准要求，在适应多数院校的教学能力与资源的情况下，能很好地引导、深化专业教学，已成为本科医学人才培养的精品教材，为我国高等医学教育事业发展做出了突出贡献。

第 5 轮教材建设坚持以习近平新时代中国特色社会主义思想为指引，积极探索思政元素融入教材，落实立德树人根本任务，坚持现代医学教育理念，体现生命全周期、健康全覆盖的整体要求，与相关学科恰当融合，全面更新了医学知识和能力体系，体现了"中国本科医学教育标准—临床医学专业（2022）"的要求，配合教学模式与方法的改革，吸收"金课程"建设经验，优化教材体例，融入医学文化，重视中华医学文明，强调适用、实用,行稳致远,开创新局,锤炼精品。

在第 5 轮教材出版之际,欣为之序。相信第 5 轮教材的高质量建设一定会为我国新时代高等医学教育人才培养和健康中国事业发展做出更大贡献。

前　言

全国高等医学院校教材《医学生理学》（第 4 版）自 2018 年出版以来，至今已使用 6 年时间，广受师生欢迎。北京大学医学出版社于 2022 年 10 月启动了第 5 版的修订编写工作，本版教材在坚持"三基、五性、三特定"的传统编写原则下，首次将思政案例融入生理学教材中，通过讲好中国科学家的故事，着力培养学生"敬佑生命、救死扶伤、甘于奉献、大爱无疆"的医者精神和服务健康中国建设、为人民服务的崇高理念。同时在每个章节设置了基础与临床紧密结合的临床案例、临床应用和知识拓展等内容，形成了集课程思政案例、临床案例、临床应用与知识拓展四个模块为一体的教学内容体系，成为第 5 版《医学生理学》的创新和特色。希望新版教材在原有特色的基础上，更好地促进医学生"早临床、知临床、懂临床"；并通过情景式学习、基于案例学习和问题导向学习，讲好中国思政故事，培养中国一流医生。

本版教材由教育部"长江学者奖励计划"特聘教授、国家杰出青年基金获得者、大连医科大学管又飞教授，"生理学"国家级精品课程负责人、中南大学罗自强教授，以及"生理学"国家级一流课程负责人、内蒙古医科大学薛明明教授担任主编；参编作者来自全国各地生理学教学和科研一线的专家学者。编写过程中我们认真遵循国家级规划教材建设的精神，贯彻"医教协同"的理念，特邀了一批从事临床医学工作的专家参与本版教材编写。本次编委队伍的安排为教材的权威性、实用性和院校普适性奠定了良好的基础。

结合大健康理念和生理学领域的新进展，本版教材在第 4 版教材的基础上，增加了"人体微生态系统"和"衰老"两章内容。

人体微生态系统主要研究人体内驻留的微生物群与机体内环境稳态维持的关系，被认为是机体"被遗忘的器官"或"被遗忘的生理系统"，其研究极大地拓展了人们对人体生理功能调节和健康维护的认识。随着我国社会经济和医药卫生事业的发展，老龄人口比例逐年升高，面对人口老龄化趋势，国内外先后提出了"健康老龄化"的理念，充分理解人体衰老的生理学改变及调节机制是整体提高老年群体生命长度和生活质量的前提和基础。

此外，本版教材在编写版式上也做了一些改进。在第 4 版新形态融媒体教材建设的基础上，按章（或节）设置一个数字资源二维码，将学习目标、知识拓展、案例解析、微课和视频等融于一体，以方便师生使用和学习。

此次修订和编写工作得到了各参编院校领导和临床教师的大力支持；为了向广大医学院校师生奉献一本好读、好用的教科书，大家付出了辛勤的劳动。期盼新版《医学生理学》教材继续为广大师生所喜爱。也诚恳希望各位读者多提宝贵意见、反馈使用信息，以便我们进一步完善教材内容、提升教材质量。不当之处，恳请指正。

管又飞　罗自强　薛明明

目 录

第一章	绪论 ································· 1
第一节	生理学简介 ······················ 1
第二节	生命活动的基本特征 ············ 2
第三节	内环境及其稳态 ················· 4
第四节	机体功能的调节 ················· 5

第二章	细胞的基本功能 ················ 9
第一节	细胞膜的基本结构和功能 ······ 9
第二节	细胞膜的物质转运功能 ······ 12
第三节	细胞的生物电活动 ············ 18
第四节	细胞通信 ························ 30
第五节	肌肉收缩活动 ··················· 38

第三章	血液 ································· 52
第一节	血液的组成和理化特性 ······ 52
第二节	血细胞生理 ······················ 55
第三节	生理性止血 ······················ 63
第四节	血型和输血原则 ··············· 68

第四章	循环系统 ··························· 72
第一节	心脏的生物电活动 ············ 72
第二节	心脏的泵血功能 ··············· 86
第三节	血管生理 ························ 94
第四节	心血管活动的调节 ·········· 107
第五节	器官循环 ······················· 117

第五章	呼吸系统 ·························· 123
第一节	呼吸器官的功能结构 ······· 124
第二节	肺通气原理 ···················· 126
第三节	气体交换 ······················· 138
第四节	气体在血液中的运输 ······· 144
第五节	呼吸运动的调节 ·············· 151

第六章	消化和吸收 ······················ 161
第一节	概述 ······························ 161
第二节	口腔内消化 ···················· 168
第三节	胃内消化 ······················· 171
第四节	小肠内消化 ···················· 179
第五节	肝的消化功能和其他生理作用 ······························ 186
第六节	大肠的分泌作用及运动 ······ 188
第七节	营养物质的吸收 ·············· 191

第七章	能量代谢和体温 ··············· 199
第一节	能量代谢 ······················· 199
第二节	体温及其调节 ················· 209
第三节	间歇性禁食 ···················· 220

第八章	泌尿系统 ·························· 223
第一节	概述 ······························ 223
第二节	肾小球的滤过功能 ·········· 228
第三节	肾小管与集合管的重吸收和分泌功能 ······················ 232

第四节 尿液的浓缩和稀释 ………… 240
第五节 尿生成的调节 …………………… 246
第六节 血浆清除率 ……………………… 250
第七节 尿的排放 ………………………… 252

第九章 神经系统 …………………… 256

第一节 神经细胞和神经胶质细胞 … 256
第二节 神经元之间的信息传递 …… 262
第三节 神经递质和受体 ……………… 268
第四节 神经反射 ………………………… 276
第五节 神经系统的感觉分析功能 … 282
第六节 神经系统对躯体运动的调节 ………………………………………… 288
第七节 神经系统对内脏功能的调节 ………………………………………… 300
第八节 脑的高级整合功能 …………… 305

第十章 感觉器官 …………………… 319

第一节 视觉器官 ………………………… 319
第二节 听觉器官 ………………………… 331
第三节 前庭器官 ………………………… 337
第四节 嗅觉器官和味觉器官 ………… 340

第十一章 内分泌系统 ……………… 343

第一节 概述 ……………………………… 343
第二节 下丘脑、垂体与松果体内分泌 …………………………………… 352

第三节 甲状腺内分泌 …………………… 365
第四节 调节钙磷代谢的激素 ………… 374
第五节 胰岛内分泌 ……………………… 380
第六节 肾上腺皮质内分泌 …………… 388
第七节 肾上腺髓质内分泌 …………… 397
第八节 其他器官与组织内分泌 …… 400

第十二章 生殖 ………………………… 404

第一节 男性生殖 ………………………… 404
第二节 女性生殖 ………………………… 409
第三节 妊娠 ……………………………… 417

第十三章 人体微生态系统 ……… 420

第一节 概述 ……………………………… 420
第二节 微生态系统的结构 …………… 422
第三节 微生态系统的功能 …………… 424
第四节 微生态系统的自我调节 …… 428

第十四章 衰老 ………………………… 431

第一节 衰老的概念、表现和机制 … 432
第二节 衰老的人体变化 ……………… 435
第三节 延缓衰老的方式 ……………… 446

参考文献 ……………………………………… 448

中英文专业词汇索引 ………………………… 450

第一章 绪 论

生理学（physiology）是一门研究生物体（或机体）及各组成成分生命活动的过程、规律和机制的科学。医学生理学则是以人体为主要对象，研究在正常状态下，人体内各种细胞、组织和器官功能活动的规律和机制，机体内外环境变化对这些功能的影响，以及机体为适应环境变化和维持整体生命活动所做出的反应和调节。例如，呼吸生理主要研究机体如何从外界摄取氧和将代谢产生的二氧化碳排出体外，呼吸活动如何与血液循环、代谢状态相互配合，内、外环境中氧和二氧化碳浓度变化时呼吸运动的适应性调节机制等。

本章主要介绍生理学中一些重要的基本概念，如刺激阈值和兴奋性、内环境及其稳态、机体功能的神经调节和体液调节等。这些概念将贯穿在整个医学生理学课程中，正确地掌握这些概念将有助于对以后各章内容的理解和掌握。

第一节 生理学简介

一、为什么要学习医学生理学

医学生理学（medical physiology）以人体为主要研究对象，阐述正常人体内各种生命活动的过程、规律和机制。医学生只有在掌握了人体正常生理活动规律的基础上，才能理解和掌握在各种疾病状态下机体功能的改变，以及疾病的临床诊断和药物治疗的原理。同时，医学生理学也是一门实验性科学，它的所有知识都来源于科学研究和临床实践。医学生理学的发展很大程度上决定了临床医学的进步，它的研究可从分子细胞、器官系统和整体三个层次展开，借助现代科学技术的方法和手段进行精密的实验和观察，并将研究结果进行整合，从而不断揭示人体生命活动的奥秘。因此，医学生理学是医学教育中的一门重要基础学科，是医学生学习其他医学基础课（如药理学、病理学等）和临床各学科知识的重要基础。医学生理学的学习，不仅要学习其基本知识和基本理论，还要学习和掌握医学生理学的逻辑思维方式。

二、生理学的研究方法

医学生理学是一门实验性科学，科学研究和临床实践是其知识的主要来源。许多生理学知识是通过在志愿者（健康人或患者）身上进行观察获得的，但由于人体研究的困难，更多的生理学知识来自动物实验。人与动物的很多细胞、组织和器官在功能上有着相似的基本特征，如兴奋在神经纤维上的传导、消化腺的分泌过程等，这就使人们有可能选择合适的动物种系和标本来探究人体的某些生理现象和机制，从而避免了实验对人体的伤害。17世纪英国生理学家William Harvey 就是通过动物实验和人体观察证明了血液循环的基本生命现象，即心脏是血液循环的中心，血液由心脏射入动脉，再由静脉回流入心脏。这一经典的工作奠定了实验生理学的基础。

动物实验为研究者了解人体生理功能提供了大量可借鉴的资料，但必须注意到的是，人与动物，特别是与低等动物之间存在着许多差异。因此，在将动物实验的结果应用于人体时，必须充分考虑到这些种属差异，并在人体进行验证，不能简单地将动物实验中观察到的现象直接用来推论人体的生理功能。

生理学作为一门古老的实验性生命科学，其研究方法多种多样，包括生物学技术、化学技术、物理学技术等。随着现代科学技术的迅猛发展，生理学研究方法更加丰富，分子生物学技术、组织学技术、影像技术、组学技术和模式动物等方法和平台的建立和应用，极大地推动了现代生理学研究的发展。

动物实验通常可分为离体（in vitro）实验和在体（in vivo）实验两类。离体实验是将动物的某种细胞或器官从体内分离出来，在特定的实验条件下进行研究。如将兔的一段小肠游离出来，放置在37℃有氧的营养液中，观察各种刺激作用下小肠运动的变化。由于细胞或器官已从体内取出，实验条件较易控制，结果也易于分析。在体实验则是在完整的动物身上进行的，动物可以处于清醒状态下，也可以处于麻醉状态下。如在麻醉后做兔颈动脉插管，观察各种刺激对血压的影响；又如在麻醉条件下给狗做胃瘘手术，待其清醒后观察胃液分泌的调节。按实验进程，前者又被称为急性实验，后者则被称为慢性实验。慢性实验可在较长时间内对该动物进行重复多次观察。在体实验由于所观察的器官在整体内，可观察各器官间的相互作用，较离体实验的结果更接近于生理状态，但因体内因素错综复杂，不易控制，对个别因素的作用及其机制的深入了解往往受到一定的限制。

人体的基本结构和功能单位是细胞，不同细胞构成不同的器官，各种器官又相互联系组成不同的功能系统，各系统相互协调构成一个统一的整体。因此，生理学的研究又常被划分为数个水平，如分子及细胞水平、器官及系统水平、整体水平。分子和细胞水平的研究是以细胞和构成细胞的分子为研究对象，如细胞受刺激时细胞膜离子通道的变化、细胞内信号转导、基因的表达改变等。器官和系统水平的研究主要研究各器官和系统功能活动的规律、特征及各种因素对其功能的影响，如心脏射血功能的规律、肺通气功能的机制等。整体水平的研究是以完整的机体为对象，研究不同生理条件下机体各部分的协调活动以及与外界环境相适应的规律和机制，如运动时循环、呼吸、能量代谢、体温调节等多系统、多器官的协调活动及其机制。

不难看出，要阐明某一特定生理功能的机制，揭开生命活动的奥秘，必须要采用多种实验方法，在不同水平上进行全面的深入研究。

第二节 生命活动的基本特征

人体生命活动的基本特征主要有4个方面，即新陈代谢、兴奋性、适应性和生殖。

一、新陈代谢

机体不断地从环境中摄取营养物质以合成自身物质（合成代谢），同时又不断地分解自身物质（分解代谢），并将多余的分解产物排出体外。机体这种不断破坏和清除衰老的结构、重建新的结构的吐故纳新的过程称为新陈代谢（metabolism）。

物质的合成需要摄取和利用能量，而物质在分解过程中又会将蕴藏在化学键内的能量释放出来，作为机体各种生理活动的能量来源并维持体温。因此，新陈代谢包含着物质转变（物质代谢）和能量转换（能量代谢）两个密不可分的过程。

一切生命活动都是建立在新陈代谢基础上的，新陈代谢一旦停止，生命也将随之终结。

二、兴奋性

机体所处的环境经常发生变化，正常情况下，机体会对环境的变化作出适当的反应。生理学中常将能引起机体发生一定反应的内、外环境条件的变化称为刺激（stimulus），而将刺激引起机体的变化称为反应（reaction/response）。

刺激的种类很多，按其性质可分为物理性刺激（如声、光、电、机械、温度、射线等）、化学性刺激（如酸、碱、药物等）和生物性刺激（如细菌、病毒及其毒素等）。就人类而言，社会因素和心理活动构成的刺激，对人体的生理功能和疾病的发生、发展也具有十分重要的作用。

并非所有的刺激都能引起机体发生反应。刺激引起反应必须具备3个条件，即足够的刺激强度、足够的刺激作用时间和适宜的强度-时间变化率（单位时间内刺激强度的变化幅度）。如果将刺激作用时间和强度-时间变化率固定不变，只改变刺激强度，则刚能引起组织细胞产生反应的最小刺激强度称为阈强度，简称阈值（threshold）。刺激强度低于阈值的刺激称为阈下刺激，刺激强度高于阈值的刺激称为阈上刺激。

反应是细胞、组织、器官乃至整个机体对各种刺激所产生的特异性变化，可概括为两种类型，即兴奋（excitation）和抑制（inhibition）。兴奋是指细胞或组织在受到刺激后，由相对静止的状态转变为活动状态，或由较弱的活动状态转变为较强的活动状态；抑制是指接受刺激后由较强的活动转变为较弱的活动状态，或由活动状态转变为相对静止的状态。如电刺激家兔颈部交感神经引起心搏加快、加强，即为兴奋；若刺激其颈部迷走神经，则心搏减慢、减弱，甚至停止，即为抑制。抑制并不是无反应，而是与兴奋过程相对立的另一种主动过程。人体正常的活动表现都是兴奋和抑制相互协调的结果。

不同的细胞或组织兴奋时的表现各不相同，如肌细胞兴奋时表现为收缩，腺细胞兴奋时表现为分泌，神经细胞兴奋时表现为产生和传导冲动。但它们在这些表现之前都会产生一种共同的生物电反应，即产生动作电位（将在第二章中介绍）。近代生理学将组织细胞对刺激产生动作电位的能力称为兴奋性（excitability），将能对刺激产生动作电位的组织称为可兴奋组织；将组织细胞受刺激后产生动作电位的过程称为兴奋。

兴奋性是机体生命活动的基本特征之一，但不同组织细胞，或同一组织细胞在不同情况下，对刺激产生反应的能力并不相同，即组织细胞的兴奋性是一个变量。衡量组织细胞的兴奋性高低最常用的指标就是上文提到的刺激的阈值。兴奋性高的组织细胞，对弱的刺激便能产生兴奋，即其刺激阈值较低；只对很强的刺激才产生兴奋的组织，表示其兴奋性较低，其刺激阈值高。简言之，组织细胞兴奋性的高低与阈值的大小呈反变关系。

三、适应性

机体根据内、外环境的变化而调整体内各部分活动和相互关系以适应变化的能力称为适应性（adaptability）。适应可分为行为性适应和生理性适应两种。

行为性适应常有躯体活动的改变。如在低温环境中机体会出现趋热活动；遇到伤害性刺激时会出现躲避活动。行为性适应在生物界普遍存在，属于本能性行为。

生理性适应是指身体内部的协调性反应。如在高原低氧环境中生活的人，血液中红细胞和血红蛋白会增加，以增强运输氧的能力；在强光照射下，瞳孔会缩小，以减少进入眼内的光线，从而避免对视网膜的损伤。

四、生殖

人体生长发育到一定阶段，男性和女性两种个体中发育成熟的生殖细胞相结合时，可形成与自己相似的子代个体，这种功能称为生殖（reproduction）。生殖是人类得以繁衍后代、延续种系的基本生命特征（详见第十二章相关内容）。

第三节　内环境及其稳态

人类和一切生物都生活在地球表面的广阔空间中，通常将这个空间称为外环境（external environment）。外环境包括自然环境和社会环境，它们对人体的各种功能活动具有重要意义。

内环境是相对于人体所处的外界环境而言的。人是一种多细胞生物体，人体内绝大多数细胞与外界环境没有直接的接触，而是浸浴和生存在细胞外面的液体——细胞外液中。在生理学（乃至整个医学）中，通常将细胞外液称为内环境（internal environment）。

人体内的液体统称为体液，约占成年人体重的60%，其中2/3分布于细胞内，即细胞内液；其余1/3分布于细胞外，即细胞外液。细胞膜将细胞外液和细胞内液分隔。细胞外液主要由组织液、血浆、淋巴液和脑脊液等组成，构成了人体生命活动的内环境（表1-1）。为了维持细胞功能，细胞外液和细胞内液的组成有很大不同，其主要组成成分的差别见表1-2。

表1-1　人体内液体的分布（%）

	成年男性	成年女性	新生儿
总体液	60	50	75
细胞内液	40	30	40
细胞外液	20	20	35
血浆	4	4	5
组织液	16	16	30

注：所有数值均以体重的百分数表示

表1-2　细胞内液和细胞外液的主要组成成分

成分	细胞外液	细胞内液
Na^+	145	12
K^+	4	120
Ca^{2+}	2.5	0.0001
Mg^{2+}	1	0.5

续表

成分	细胞外液	细胞内液
Cl^-	110	15
HCO_3^-	24	12
磷酸盐	0.8	0.7
葡萄糖	5	<1
蛋白质（g/dl）	1	30
pH	7.4	7.2

注：表中数值代表近似于正常代谢状态下的浓度，除蛋白质浓度和 pH 外，其余数值的单位均为 mmol/L

内环境与外环境明显的不同是，外环境常变幻无常，如气温可低至零下几十摄氏度，高至零上几十摄氏度，但内环境的理化性质如温度、渗透压、酸碱度及各种离子浓度等则总是保持着相对恒定。内环境理化性质相对稳定的状态称为稳态（homeostasis）。内环境稳态是细胞乃至整个机体维持正常生命活动的必要条件。

内环境的理化性质不是静止不变的。由于细胞新陈代谢，不断地与细胞外液进行物质交换，如不断地从细胞外液中摄取氧和营养物质，并排出代谢终产物，因此不断地扰乱或破坏内环境的稳态。外界环境因素的改变也会扰乱内环境，如气温的升高或降低可影响内环境的温度。

内环境的理化性质如何保持相对稳定？实际情况是，机体各细胞、器官虽然不断地在扰乱和破坏内环境，但同时又不断地利用各种机制来维持内环境的稳态，例如呼吸器官通过呼吸运动补充 O_2 和排出 CO_2，消化器官通过消化和吸收摄入营养成分、泌尿器官通过生成和排出尿液，排出各种代谢产物，参与水、电解质及酸碱平衡的调节等。因此，内环境稳态的保持是一个复杂的生理过程，是一个不断破坏和不断恢复的过程，是一个动态的、相对的稳定状态。

当机体内环境剧烈变化或处于疾病状态时，如果器官组织的代偿活动不能维持内环境稳态，内环境的理化性质则会发生较大的变化，整个机体的功能也将发生障碍，严重时可危及生命。例如肾衰竭时，由于代谢产物不能通过尿液排出体外，可引起尿毒症。在人的一生中，维持稳态机制的效能是不同的，新生儿体内许多调节机制尚未发育完全，如尿液浓缩的机制，因此不能很好地耐受缺水；老年人稳态机制逐渐减退，他们对应激或温度变化的耐受弱于年轻人。

第四节　机体功能的调节

当机体内、外环境发生变化时，体内各器官组织的功能及相互关系将发生相应的变化，使机体适应环境的变化，并维持内环境的稳态。人体各器官功能的这种适应性反应称为调节（regulation）。

一、机体功能调节的方式

人体功能存在精确的调节机制，其调节方式主要有 3 种，即神经调节、体液调节和自身调节。

（一）神经调节

通过神经系统进行的调节方式称为神经调节（nervous regulation）。神经调节的基本方式是反射。反射（reflex）是指在中枢神经系统参与下，机体对刺激产生的规律性反应。完成反射的结构基础称为反射弧（reflex arc）（图1-1），它包括5个部分，即感受器、传入神经、神经中枢、传出神经和效应器。感受器的作用是感受内、外环境变化的刺激，感受器可将各种刺激的能量转换为电信号（神经冲动），沿传入神经传至神经中枢。神经中枢包括脑和脊髓，二者对传入信号进行处理、分析综合后，将指示由传出神经传到效应器，改变效应器的活动。例如当强光刺激人眼感受器后，通过传入神经到中枢，再由传出神经至瞳孔括约肌，引起瞳孔缩小，就是一种反射活动（瞳孔对光反射）。反射活动的完成有赖于反射弧结构和功能的完整。反射弧的五个部分中任何一个部分结构或功能遭到破坏，反射活动都将不能完成。

图 1-1　反射弧的基本组成

反射分为非条件反射和条件反射两种。非条件反射（unconditioned reflex）是天生具有的，多是人体维持生命的本能活动，其反射弧和反应都是比较固定的，如食物入口后对口腔内感受器的刺激引起的唾液分泌。条件反射（conditioned reflex）则是后天获得的，是个体在生活过程中建立起来的，例如人们在谈论美味食物时，虽然没有食物的具体刺激，也会引起唾液分泌，以及在口渴时想到梅子的望梅止渴反应。条件反射是在非条件反射的基础上建立起来的一种高级神经活动，它大大地扩展了机体适应环境的能力（详见第九章相关内容）。

神经调节的特点是反应迅速、准确，作用持续时间短暂。

（二）体液调节

体液调节（humoral regulation）是指体内产生的一些化学物质通过体液途径，对某些细胞或组织器官的活动进行调节的过程。这类化学物质主要有：①由内分泌细胞或内分泌腺分泌的激素（hormone），如胰岛素、甲状腺素、肾上腺素等；②由一些组织细胞产生的特殊化学物质，如组胺、5-羟色胺、细胞因子等；③细胞代谢的某些产物，如 CO_2、乳酸等。化学物质到达被调节的组织或器官，主要是通过血液循环被运输到远距离的组织器官，称为远距离分泌（telecrine）或内分泌（endocrine）；但有一些化学物质并不通过血液循环运送，而是直接进入周围的组织液，通过扩散作用于其邻近的组织细胞，称为旁分泌（paracrine）；如果内分泌细胞所分泌的激素通过局部扩散又作用于该内分泌细胞自身，则称为自分泌（autocrine）。

与神经调节相比，体液调节的特点是反应较缓慢，作用持续的时间较长，作用面较广泛。一般来讲，体液调节是一个独立的调节系统，但人体内很多内分泌腺的活动直接或间接地受神经的支配和调节，在这种情况下，内分泌腺往往是神经反射传出通路上的一个分支（图1-2）。例如交感神经中枢兴奋时，除可通过神经纤维直接作用于心脏外，同时交感神经纤维还作用于肾上腺髓质，使肾上腺素的分泌增加，通过血液循环加强心脏的活动。这种神经和体液复合调节的作用方式被称为神经-体液调节（neurohumoral regulation），神经在其中起主导作用。

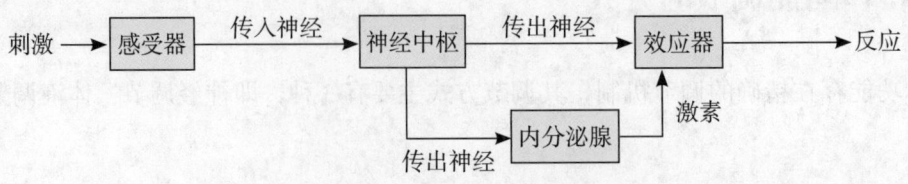

图 1-2　神经-体液调节

(三) 自身调节

自身调节（autoregulation）是指细胞或组织器官不依赖于神经和体液调节，而是由其自身特性决定对内、外环境变化产生适应性反应的过程。这种调节方式只存在于少数组织和器官中。例如在一定范围内，心肌纤维被伸展得越长，其收缩力将越增加。由于这种现象在没有神经和体液因素影响下的离体灌流心脏中也同样存在，由此说明它完全是由心肌自身的特性决定的。

自身调节的特点是影响范围小、调节幅度小、灵敏度较低。自身调节在维持某些器官（如肾）功能的稳定中具有重要意义。

二、反馈控制

在生理学中，通常将神经中枢或内分泌腺看作控制部分，而将效应器或靶细胞看作受控部分。多数情况下，控制部分与受控部分之间往往并不是一种单向信息联系，即控制部分除发出信息改变受控部分的活动外，受控部分也不断有信息返回到控制部分，纠正和调整控制部分的活动。因此，在控制部分和受控部分之间形成一个闭环式的控制回路（图1-3）。

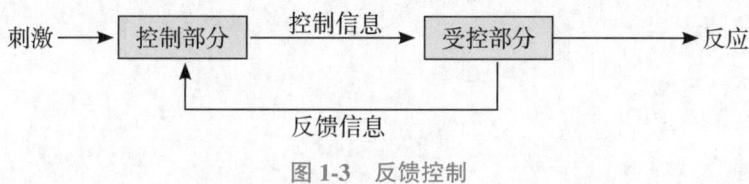

图 1-3 反馈控制

生理学上通常将受控部分的信息返回作用于控制部分的过程称为反馈（feedback）。不难看出，由于反馈的存在，使得机体功能的调节可以达到极其精确的程度。

根据受控部分对控制部分发生的作用效果不同，可将反馈分为两种：负反馈和正反馈。

（一）负反馈

受控部分发出的反馈信息对控制部分的活动产生抑制作用，使控制部分的活动减弱，这种反馈称为负反馈（negative feedback）。例如，餐后血糖水平升高，刺激胰岛素分泌，胰岛素使血糖水平降低。当血糖降低后，通过反馈信息反过来又抑制胰岛素的分泌，从而使血糖不致过度降低。

负反馈普遍存在于机体各种功能的调节过程中，负反馈作用与原来的效应相反，它是维持机体内环境稳态的重要控制机制。

（二）正反馈

受控部分发出的反馈信息加强控制部分的活动，使其活动进一步加强，称为正反馈（positive feedback）。在正反馈情况下，反馈作用与原来的效应一致，促进或加强原效应，使该效应迅速达到预期顶点。例如在排尿过程中，尿液通过尿道时，对尿道感受器的刺激信息反馈到排尿中枢，可加强膀胱逼尿肌的收缩，使膀胱进一步收缩，直到尿液排尽。此外，分娩时子宫肌肉收缩和血管破损后的凝血过程也都属于正反馈调控。体内的正反馈控制为数不多。

三、前馈控制

前馈控制(feed-forward control)是机体对各种生理活动调控的另一种形式,它是指在控制部分向受控部分发出活动指令的同时或稍前,又通过另一快捷的通路向受控部分发出指令,这一提前到达的指令使受控部分的活动更具有预见性和适应性。例如,人们在进餐时,进餐环境和进食动作(如咀嚼、胃蠕动等)在血糖升高之前即已引起胰岛素分泌,以及时、快速地防止由于营养物质吸收而引起的血糖过度升高。机体各种条件反射都属于前馈控制活动。

与反馈控制相比,前馈控制更为快捷。在机体生理活动的调控中,前馈控制与反馈控制常互相联系、互相配合。

(管又飞 罗自强 薛明明)

第二章 细胞的基本功能

第二章数字资源

细胞是构成人体结构和功能的基本单位，总数多达 10^{14} ~ 10^{15} 个，按结构和功能不同可分为两百余种。每种细胞执行一种或多种功能，机体每一项功能又由多种细胞共同完成，细胞实现其功能的基本原理有很多共性。本章将介绍细胞膜的物质转运功能、细胞的电活动、细胞的信号转导和肌细胞的收缩等某些细胞群体，乃至所有细胞所具有的基本功能。

第一节 细胞膜的基本结构和功能

一、细胞膜的结构与功能

细胞膜（cell membrane）也称**质膜**（plasma membrane），是将细胞质与细胞周围环境分隔开的一层膜性结构。不仅细胞由细胞膜包被而形成独立的单元结构，细胞内各种细胞器也由化学成分和结构类似的膜性结构包被，细胞器的膜与质膜统称为**生物膜**（biomembrane）。早在 1890 年，Overton 就发现细胞膜对脂溶性物质高度通透，据此推测细胞膜由脂质分子组成。1925 年，Gorter 和 Grendel 在提取红细胞所有脂质后，以单分子形式铺于水溶液表面，发现其面积约为红细胞膜表面积的 2 倍，以此推断细胞膜脂质分子是以双层形式排列的。20 世纪 30 年代以来，学者们曾提出过多种细胞膜结构的假说。其中，得到较多证据支持、且目前依然被广泛认可的是 1972 年 Singer 和 Nicolson 提出的液态镶嵌模型（fluid mosaic model）。该学说认为，生物膜的共同结构是以液态的脂质双分子层为基本构架，其中镶嵌着具有不同生理功能的蛋白质（图 2-1）。

细胞膜主要由脂质、蛋白质和糖类等组成，一般以脂质和蛋白质分子为主，糖类仅占极少量。膜蛋白质和脂质的比例与膜的功能活动水平有关，功能活跃的细胞膜所含蛋白质比例高，如红细胞膜所含蛋白质与脂质的占比分别为 49% 与 43%，线粒体内膜蛋白质占膜化学组分总量的 76%；而功能较为单一的膜，如神经纤维髓鞘的脂质占 79%，蛋白质仅占 18%。

（一）脂质双分子层

脂质分子是质膜的基本成分。一般而言，膜脂质主要含有**磷脂**（phospholipid）和**胆固醇**（cholesterol），通常磷脂占 70% 以上，胆固醇不足 30%，此外尚有少量糖脂。

1. 磷脂 膜磷脂有甘油磷脂与鞘磷脂两大类。甘油磷脂以甘油为分子骨架，在甘油分子上有 3 个羟基，其中 2 个羟基各与 1 分子脂肪酸相结合，构成磷脂的两条尾部，另一羟基与 1 分子磷酸相结合，磷酸再与 1 分子碱基结合，构成磷脂的头部。由于所含碱基的差异，甘油磷脂包括磷脂酰胆碱（卵磷脂）、磷脂酰乙醇胺（脑磷脂）、磷脂酰丝氨酸和磷脂酰肌醇等多种。鞘磷脂以鞘氨醇为分子骨架组成，不含甘油，由1分子鞘氨醇类物质和1分子脂肪酸结合而成。

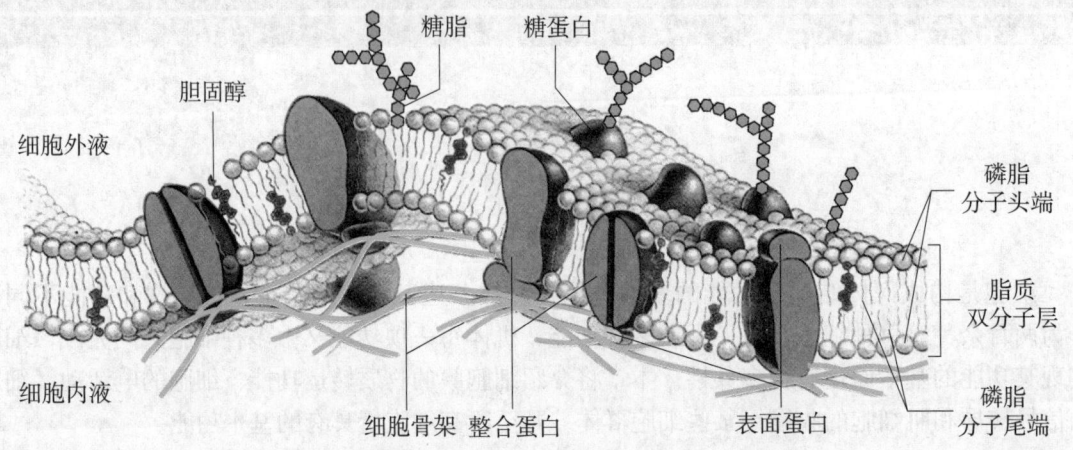

图 2-1　细胞膜的基本构造——液态镶嵌模型示意图

磷脂为双嗜性分子，头端为亲水性的极性基团，尾端为疏水性的非极性基团。在水溶液中，磷脂分子的极性头端与水分子相互吸引，而非极性尾端则受到水分子排斥，导致水溶液中的磷脂分子疏水端朝内，而亲水端朝外排列，形成脂质双分子层。在电子显微镜下，细胞膜呈相当稳定的"三夹板"构造：靠近细胞质侧和细胞外液侧均为电子致密层，而中间层密度小、较透明，分别厚约 2.5 nm，总厚度约 7.5 nm。脂质的熔点较低，体温条件下的膜结构呈液态，具有一定程度的流动性（图 2-1）。

脂质双分子层的稳定性和流动性决定了细胞可以承受相当大的张力，外形改变而不致破裂，即使膜结构有时发生一些较小的损伤与破裂，也可自动融合修复，仍能保持连续的双分子层形式。例如，血液中的吞噬细胞能以阿米巴运动变形，从毛细血管内皮的缝隙"挤"入被微生物侵扰的组织；红细胞在随血流穿过比自身直径小的毛细血管时，虽然被挤压变形，但不致破裂。

2. 胆固醇　胆固醇分子具有刚性结构，由一个环戊烷多氢菲内核与一个八碳饱和烃链组成。胆固醇的羟基具有亲水性，而疏水部分埋没于质膜中。胆固醇具有调节膜流动性的作用，其含量越多，膜流动性越差。

不同细胞或同一细胞不同部位的膜结构中，脂质的成分和含量不尽相同。如神经元的胞体和树突膜所含蛋白质比例较高，而轴突膜所含脂质比例较高。此外，脂质双分子层构架内 - 外层所含的脂质分子种类也并非完全对称。体内各种细胞膜的脂类含量均相当稳定，不会因体型的胖瘦而变化。

（二）细胞膜蛋白质

细胞膜的功能主要是通过膜蛋白质来实现的。膜蛋白质多以肽链 α- 螺旋的形式分散镶嵌在脂质双分子层中。一般来说，膜蛋白质的质量为脂质的 4 倍左右，但脂质分子的数目为蛋白质的 10～100 倍。根据膜蛋白质在膜上的存在形式，可分为**表面蛋白（peripheral protein）**和**整合蛋白（integral protein）**两大类（图 2-1）。

1. 整合蛋白　也称**内在蛋白（intrinsic protein）**，占膜蛋白质的 70%～80%，它们以其肽链一次或反复多次穿越膜的脂质双分子层为特征。穿越脂膜的次数取决于膜蛋白质肽链所含疏水性氨基酸片段的数量。每一疏水性片段长度为 20～30 个氨基酸残基，相当于膜的厚度，而且分子间相互吸引形成 α 螺旋。疏水性片段与脂质双分子层内部的疏水区相互吸引，相对稳定地镶嵌在膜内，而疏水片段以外的亲水性肽链部分则裸露在膜的内外两侧表面，多数伸到细胞外液的膜蛋白质由糖链附着而形成糖蛋白。整合蛋白可以是能与细胞外（如激素或神经递质等）或细胞内（G 蛋白）信号分子结合的受体，或是某种物质的转运蛋白（如 Na^+ 泵）、离子通道及膜孔道，也可以是酶或细胞黏附分子等。

2. 表面蛋白 也称外在蛋白（extrinsic protein），占膜蛋白质总量的 20%～30%，它们通过肽链中的带电氨基酸残基与脂质的极性基团以静电引力相结合，附着于膜表面，主要是膜的内表面。如改变溶液的离子浓度或 pH 值，就可破坏相应的离子键、氢键等，使表面蛋白与膜分离。如分布在细胞膜内表面的骨架蛋白即是一种表面蛋白。

由于脂质双分子层呈液态，具有流动性，所以镶嵌在质膜中的膜蛋白质也可移动，但一般只做横向移动。当膜蛋白质横向移动时，与脂质双分子层的纵向关系可不发生改变。

（三）膜糖类

细胞膜所含糖类甚少，其中含量较多的糖类成分是氨基糖、岩藻糖以及葡萄糖、半乳糖等单糖。单糖分子聚合排列成糖链，绝大多数裸露在细胞膜的外表面，并以共价键的方式与膜蛋白质或膜脂质相结合成糖蛋白或糖脂（图 2-1）。由于组成糖链的单糖种类与排列顺序的特殊性，不同糖链具有不同功能。有的糖链作为抗原决定簇，呈现某种免疫信息。例如，红细胞的不同抗原特性就是由结合在膜脂质的鞘氨醇分子上的寡糖链所决定的；有的糖链构成细胞膜受体的特异性识别部分，能与某种神经递质、激素或细胞因子等化学信号分子特异地结合。总体而言，细胞膜所含糖链主要与细胞的特征标识有关。

二、细胞膜的基本功能

1. 屏障分隔 细胞膜将水溶性的体液分隔为细胞内液与细胞外液。以脂溶性为基础的细胞膜形成一道屏障，可阻止细胞内、外液成分的自由交流，维护细胞内液理化性质的相对稳定，有利于细胞进行各种活动。

2. 转运物质 细胞膜允许脂溶性的小分子物质，如 O_2 和 CO_2 等的跨膜扩散，满足细胞代谢的需要。细胞膜本身含有各种转运蛋白，不仅能够直接参与多种水溶性以及脂溶性成分的跨膜转运，还可以依据细胞的代谢需求主动地完成某些物质的跨膜转运。如葡萄糖转运体、Na^+-K^+ 泵和 Na^+-I^- 转运体等膜蛋白，分别转运细胞活动所需的相应物质。此外，各种通道蛋白有助于各种带电粒子（如 Na^+、K^+ 等）的跨膜转运。

3. 特征标识 细胞膜的糖蛋白和糖脂的糖链具有结构特异性，可作为生物个体以及各种细胞特有的生物标识。如血细胞膜的血型抗原（凝集原）、细胞膜各种信号分子的特异受体等。

4. 传递信息 细胞膜受体蛋白分子能特异性识别并与细胞外相应的信号分子相结合，将信息传递到细胞内，引发特定的细胞应答反应。如胰岛素与胰岛素受体结合后，通过活化磷脂酰肌醇 3-激酶提升细胞膜上葡萄糖转运体-4 的数目，促进细胞对葡萄糖的摄取。

5. 细胞骨架 在细胞膜内侧面由微丝与微管等构成的细胞骨架不仅可支撑细胞膜，具有维护细胞基本形态的作用，还与细胞自身的运动等过程有关，如被激活血小板的变形、巨噬细胞的活跃功能等。膜蛋白质也可在细胞之间形成连接结构，如紧密连接将细胞"绑定"在一起。

第二节 细胞膜的物质转运功能

细胞在新陈代谢或发挥功能的过程中都涉及相关物质出入细胞。细胞膜主要由脂质双分子层构成，理论上只有脂溶性的物质才能通过细胞膜，但细胞能通过多种方式有选择性地摄入或排出物质，即细胞膜的物质转运功能。物质跨细胞膜转运具有重要的意义，如可兴奋细胞需通过细胞膜的物质转运过程创建和维持跨膜电化学势，为细胞生物电活动奠定基础。然而，构成膜的脂质双分子层只允许少数脂溶性或非极性的小分子物质通过，而大多数水溶性物质的跨膜转运则需要膜蛋白质参与才能完成。有些大分子物质或颗粒出入细胞则依赖于细胞整体的生物过程才能完成。

一、单纯扩散

单纯扩散（simple diffusion）也称简单扩散，是指物质顺其浓度梯度通过膜脂质分子间隙的跨细胞膜转移过程。扩散是原子或分子因其自身不规则热运动而得以迁移的过程，也称布朗运动（Brownian motion）。扩散的方向和速度取决于物质在膜两侧的浓度差和膜对该物质的通透性，扩散的最终结果是该物质在膜两侧的浓度差消失。在体内，O_2、CO_2、NO、NH_3、脂肪酸、类固醇激素以及乙醇等都可经单纯扩散方式跨膜转运。

在各种理化因素保持一定时，某物质经细胞膜扩散净转运的总量关键取决于"条件"和"动力"两大方面：膜对该物质的通透性为其跨膜扩散的前提条件，而膜两侧该物质的浓度梯度是驱动该物质跨膜扩散的直接动力，为转运过程提供势能。细胞膜的化学本质决定了物质的脂溶性高、质量小，其自然通透性就高。在膜对某物质通透性一定的前提下，该物质的跨膜浓度梯度越大，其所蓄积的化学势能也越高，驱动力就越强，在一定时间内发生净转运的量也越多。一般而言，某物质的净转运量与其跨膜浓度梯度成正比。

二、易化扩散

易化扩散（facilitated diffusion）是指一些不溶于脂质或脂溶性很小的物质，在细胞膜结构中特殊蛋白质的协助下，顺浓度或电位梯度的跨膜转运。易化扩散只介导物质顺浓度或电位梯度转运，使不易跨膜扩散的水溶性或极性物质"容易"转运，而被"易化"。根据参与蛋白质的不同，易化扩散可分为经载体易化扩散和经通道易化扩散两种不同类型。

（一）经载体易化扩散

经载体易化扩散（facilitated diffusion via carrier）又称为载体转运，是由细胞膜中的特殊载体蛋白（或转运体蛋白）协助完成的。主要转运葡萄糖、氨基酸、水溶性维生素等亲水性物质。借助膜转运体蛋白，这些水溶性分子可顺跨膜浓度梯度出入脂质分子构成的细胞膜，实现跨膜转运，如葡萄糖转运体（glucose transporter，GLUT）跨膜转运葡萄糖等己糖分子。被转运的分子先与膜转运体一侧的特定部位选择性结合，改变转运体蛋白构象，将所结合的分子转运到细胞膜的另一侧，再将其释放。同时，转运体又恢复原先的构象，再继续转运该物质。

载体介导的易化扩散的特点主要包括：①表现结构特异性：转运体通常只结合并转运具有特定化学结构的分子，如葡萄糖转运体和氨基酸转运体分别转运葡萄糖和氨基酸分子。②存在饱和现象：物质的跨膜转运速度随其浓度的增加而加快，但当被转运物质浓度达到一定程度时，跨膜转运速度便不再增加。这是因为细胞膜的转运蛋白总数量以及与其转运物质结合的位点数目都是相对固定的（图2-2）。③具有竞争性抑制：如果某一转运体对两种结构类似的物质都具有转运能力，则当一种物质浓度更高时，则可能通过竞争性地结合转运体，进而削弱另一种物质的转运。

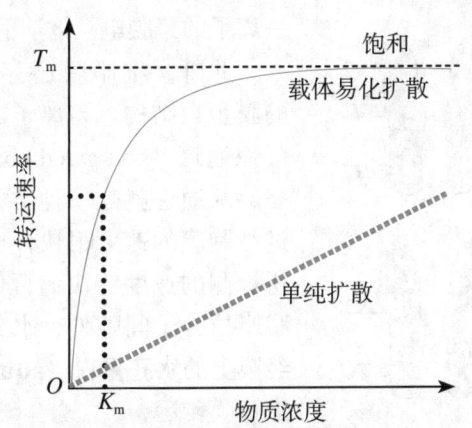

图 2-2 物质经载体易化扩散方式转运的饱和现象
在同样的浓度梯度条件下，同一物质经载体跨膜转运的速率远快于其单纯扩散过程
T_m 为易化扩散转运极限（最大转运速率）；K_m 为米氏常数，即物质转运达转运极限 1/2 时的物质浓度

（二）经通道易化扩散

经通道易化扩散（facilitated diffusion via channel）又称通道转运。体液中的带电离子，如 Na^+、K^+、Ca^{2+}、Cl^- 等跨膜转运须通过纵贯脂质双分子层的、中央带有亲水性孔道的膜蛋白来实现。这种能使离子跨过膜屏障进行转运的蛋白质孔道称为**离子通道**（ion channel）。离子通道多是镶嵌在细胞膜上的跨膜多聚体蛋白，其结构中心对离子有高度亲和力，允许小于通道孔隙直径的离子顺浓度梯度快速而大量地通过。离子通道的功能活动不仅在于完成离子本身的跨膜转运，更是实现细胞生物电活动和信息转换等功能活动的基础。

离子通道的共同特征：①离子选择性：由于结构上的差异，某种离子通道只对一种或几种离子有较高的通透能力，而对其他离子则不易或不能通透。根据专属通道选择性的不同，可分为 Na^+ 通道、K^+ 通道、Ca^{2+} 通道和 Cl^- 通道等。但通道对离子的特异性选择并不像转运体那样严格，如 K^+ 通道对 K^+ 和 Na^+ 的通透性之比约为 100：1；N_2 型乙酰胆碱（acetylcholine，ACh）受体门控通道对 K^+、Na^+ 等阳离子有高度通透性，但对 Cl^- 无通透性，故又被称为阳离子通道。由于通道有各自的离子选择性，故分别被命名为 Na^+ 通道、K^+ 通道、Ca^{2+} 通道等。②离子转运速度快：每秒通过的离子可达 $10^6 \sim 10^8$ 个。③离子通道的门控性：各种离子通道对离子通透性的变化可随通道蛋白质分子构象的变化而改变，有如闸门（gate）样的结构来控制通道的开启与关闭，这一过程称为门控（gating），也是通道活动最重要的特点。根据通道门控机制的差异，分别有**电压门控离子通道**（voltage-gated ion channel）、**化学门控离子通道**（chemically-gated ion channel）和机械门控离子通道（mechanically-gated ion channel）等多种类型（图2-3）。

电压门控离子通道的分子结构中，存在对电变化敏感的结构或亚单位，可因跨膜电位的改变诱发通道开启或关闭。化学门控离子通道能因与特定化学物质的结合而开启或关闭。机械门控离子通道可因细胞膜的局部变形、张力变化或直接牵拉刺激而开启或关闭。

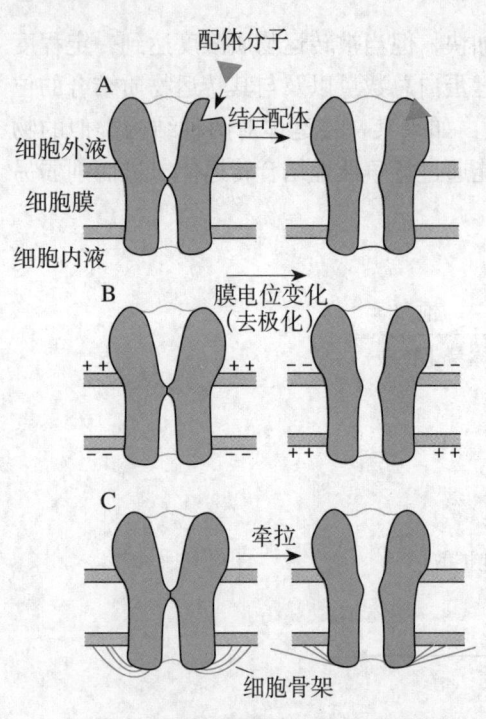

图 2-3　门控离子通道的主要类型
A. 化学门控离子通道；B. 电压门控离子通道；C. 机械门控离子通道

离子的转运还受其跨膜扩散所致电场力的影响。当通道处于开启状态时，相关的离子可顺浓度梯度跨膜扩散。但随着带电离子跨膜扩散量的变化，将逐渐形成阻止离子进一步扩散的静电场。当促进离子跨膜扩散的化学势能与阻止离子跨膜扩散的静电势能相当时，离子的跨膜净转运为零，此即达到某一离子的跨膜电-化学平衡。

此外，细胞膜还存在一类被称为孔道（pore）的膜蛋白结构，与离子通道的不同之处在于其为非门控通道（non-gated channel），即孔道处于常开状态。水通道就是一种常开通道。水分子呈中性，透过细胞膜的速度很快，比按照其分子半径和脂溶性所推测的速度约快上百倍。除了分子小、易于穿越膜脂质分子间隙外，水分子主要在渗透压的作用下经膜上的**水孔蛋白**（aquaporin，AQP）组成的水通道跨膜转运。

三、主动转运

主动转运（active transport）是指在膜蛋白的直接参与下，细胞依靠自身耗能过程，逆电-化学势能实现跨膜转运物质的方式。由于主动转运过程需要逆物质浓度或电位梯度的势能转运物质，因此需要特别利用细胞储备的 ATP 释放生物能去克服已存在的势能才可实现。依据是否能够直接获取生物能，分为原发性主动转运与继发性主动转运。

（一）原发性主动转运

原发性主动转运（primary active transport）是指具有 ATP 酶活性的膜转运蛋白，催化并利用 ATP 分解释放的生物能，逆电化学势能转移某种离子的跨膜转运方式。由于这类膜蛋白能逆物质浓度或电位梯度跨膜转运相关的离子，故被形象地称为"离子泵"，如钠-钾泵（简称 Na^+ 泵）、钙泵、氢-钾泵（质子泵）和阴离子泵等。这些膜蛋白均具有 ATP 酶活性，可因细胞内、外某种离子浓度的变化而被激活，直接催化 ATP 分解，释放其高能磷酸键所蕴含的能量，逆电化学势能跨膜转运离子。如果细胞代谢活动停止，主动转运也将随之停止，因此任何能够影响细胞代谢的内外因素都能影响主动转运过程。**钠-钾泵**（sodium-potassium pump，Na^+-K^+ 泵），或简称**钠泵**（sodium pump），分布于机体所有细胞内，对细胞生存和活动至关重要。因其可被 Na^+ 或 K^+ 激活而具有 ATP 酶活性，也被称为 Na^+-K^+ 依赖 ATP 酶（Na^+-K^+ dependent ATPase，NKA）。钠泵分子为由 α 和 β 亚单位组成的二聚体蛋白质，含有能分别与 ATP、Na^+ 和 K^+ 结合的位点（图 2-4）。当细胞内 Na^+ 浓度升高或细胞外 K^+ 浓度升高时，都可激活钠泵的 ATP 酶活性。钠泵借助 ATP 分解所释放的生物能将胞内的 Na^+ 泵至胞外，并将胞外的 K^+ 泵入胞内，由此完成逆浓度梯度的离子转运。

钠泵被激活后分子构象发生一系列周期性变化（图 2-5）：① E_1 型状态时钠泵蛋白与 ATP 结合，分子构象呈现朝向细胞内的 Na^+ 结合位点，在钠泵与 3 个 Na^+ 结合后，其酶活性被激活而分解 ATP。②钠泵在自身磷酸化为 E_2 型的同时将 Na^+ 释放到细胞外；③此时钠泵分子构象变化为朝向细胞外的 K^+ 结合位点，并与 2 个 K^+ 结合；④钠泵再向细胞内释放所结合的 K^+，同时由 E_2 型通过去磷酸化转为 E_1 型。钠泵的一轮活动，消耗 1 分子 ATP，可驱出 3 个 Na^+，摄回 2 个 K^+，故钠泵是一种生电性泵。在安静状态下，细胞能量代谢过程中所生成的 20%～30% 的 ATP 用于维持钠泵的活动。

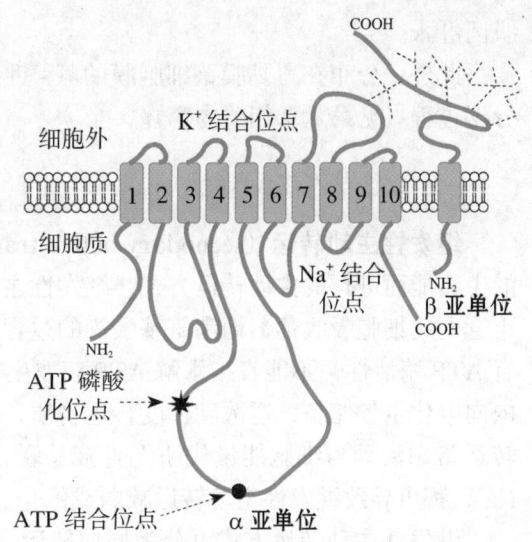

图 2-4 钠泵分子结构示意图

钠泵活动具有重要的生理意义：①建立势能储备是钠泵活动最重要的意义。钠泵造成细胞内外 Na^+、K^+ 的不均衡分布，这种势能储备可保持细胞内 K^+ 浓度约为细胞外的 30 余倍，细胞外 Na^+ 浓度约为细胞内的 10 余倍。这样，一旦膜的专属离子通道开启，Na^+ 或 K^+ 便可顺浓度梯度迅速跨膜扩散，改变细胞膜两侧电荷分布状态，为可兴奋细胞的电活动奠定基础。同时，钠泵建立的 Na^+ 化学势能储备也可为一些营养物质（如葡萄糖、氨基酸等）的继发性主动转运提供能量，如小肠和肾小管上皮的吸收过程。②钠泵活动所致细胞内高 K^+ 环境是细胞进行代谢反应的必要条件，例如，蛋白质合成过程需要高 K^+ 的环境。③钠泵活动还有助于维持细胞内外水、电解质平衡。若细胞内 Na^+ 过多，则因渗透压的关系，导致过多水分进入细胞，致使细胞肿胀，影响细胞的正常结构与功能。④钠泵活动的生电效应可以直接影响膜电位，在静息电位和动作电位的形成中都发挥一定作用。

此外，钙泵也是具有重要生理意义的膜转运蛋白。钙泵系 Ca^{2+}-ATP 酶，可分布于细胞膜或细胞内，如存在于肌细胞中的肌质网膜上。真核细胞胞质中 Ca^{2+} 的浓度约为 10^{-7} mol/L，仅为胞外浓度的万分之一。钙泵逆浓度梯度转运 Ca^{2+}，维持多数细胞内外 Ca^{2+} 的浓度梯度，或肌细胞内肌质网与细胞质间的 Ca^{2+} 浓度梯度。某些细胞在接受外来信号而发生反应时，胞质的 Ca^{2+} 浓度增高可触发细胞的一些功能，如参与调节信息的跨膜传递、神经递质的释放、激素的分泌等。骨骼肌细胞兴奋时，肌质网释放 Ca^{2+} 可将兴奋的电变化转化为肌细胞的机械收缩过程。细胞质中 Ca^{2+} 浓度的升高又能激活肌质网膜上的钙泵，逆浓度梯度回收 Ca^{2+}，引起

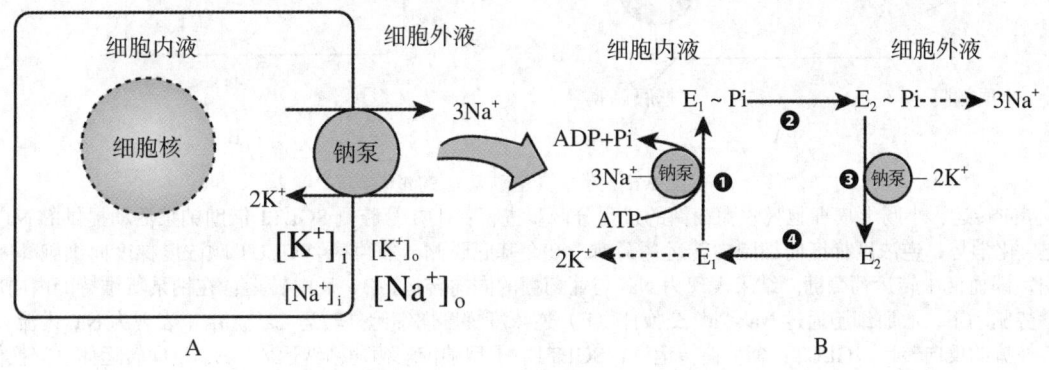

图 2-5 钠泵及其周期性变化示意图

A. 钠泵即 Na^+-K^+ 依赖式 ATP 酶，能够逆浓度梯度向细胞外转运 Na^+，向细胞内转运 K^+；
B. 经钠泵的周期性活动，可向细胞外转运 3 个 Na^+，同时向细胞内转运 2 个 K^+（①～④过程见正文）
ADP：腺苷二磷酸；ATP：腺苷三磷酸；～ Pi：磷酸化；E：Na^+-K^+-ATP 酶（钠泵）

肌肉舒张。

此外，分布在胃黏膜壁细胞膜的氢-钾泵，即质子泵，参与胃酸逆百万倍浓度梯度的主动分泌过程（见第六章相关内容）。

（二）继发性主动转运

继发性主动转运（secondary active transport）是指膜转运蛋白间接利用细胞代谢所释放的生物能而进行的主动转运方式。继发性主动转运多见于非离子物质的主动转运，如小肠和肾小管上皮细胞吸收葡萄糖和氨基酸等的过程。与原发性主动转运机制不同，这类转运蛋白不具有 ATP 酶活性，不能直接水解 ATP 获取生物能。但它们可与钠泵活动相耦联，利用 Na^+ 跨膜内向电化学势储备，逆浓度梯度转运物质，将所结合转运的物质在细胞内积聚。尽管这一类膜转运蛋白活动与细胞能量代谢无直接关联，但凡能阻断钠泵活动的因素，或细胞外液中缺乏 Na^+，都可导致继发性主动转运减弱或停止。

继发性主动转运方式可分为**同向转运**（symport）与**反向转运**（antiport）。这取决于所转运物质的方向与 Na^+ 跨膜浓度梯度形成的电-化学势方向的关系。与 Na^+ 内向电-化学势方向一致的为同向转运，这类膜转运蛋白称为**同向转运体**（symporter），如Ⅰ型**钠依赖葡萄糖转运体**（sodium dependent glucose transporter type 1，SGLT1）由肠腔一侧向小肠黏膜上皮细胞内转运葡萄糖的过程（图 2-6A）。甲状腺滤泡逆浓度梯度从血液中摄取碘的过程也属于继发性主动转运，通过钠-碘同向转运体实现同向转运。反向转运由**反向转运体**（antiporter）实现，所转运的物质与 Na^+ 内向电-化学势方向相反，如心肌细胞兴奋后向细胞外转运 Ca^{2+} 的过程，表现为 Na^+ 与 Ca^{2+} 的跨膜交换（图 2-6B），所以反向转运体也被称为**交换体**（exchanger）。临床常用一些强心苷类药物治疗心力衰竭，其原理就是抑制 Na^+ 泵活动，减少 Ca^{2+} 的外运，保留心肌细胞质中足够的 Ca^{2+}，有助于增强心肌收缩性能。

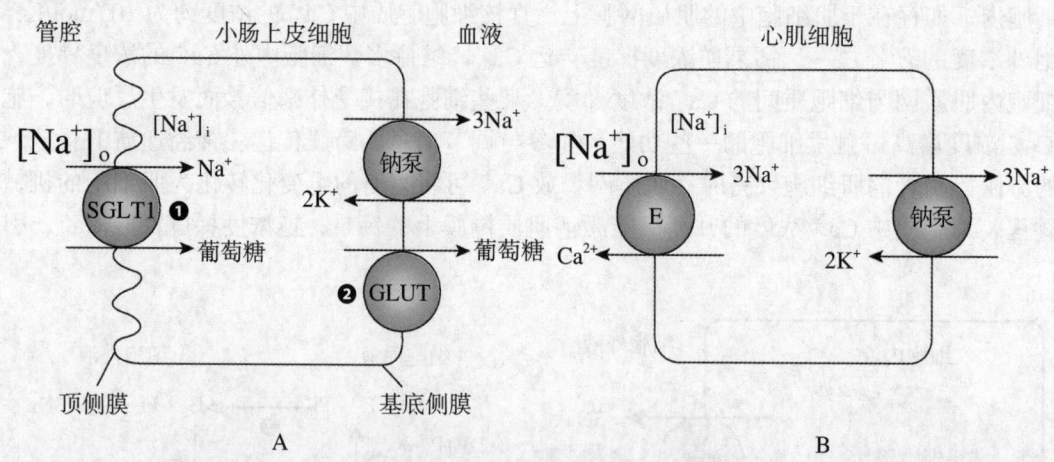

图 2-6 继发性主动转运的过程

A. 同向转运：小肠上皮细胞吸收葡萄糖的过程分两步进行：①在管腔侧 SGLT1 借助钠泵活动提供的 Na^+ 内向电-化学势，逆浓度梯度向细胞内转运葡萄糖；②在基底膜侧，葡萄糖经 GLUT 顺浓度梯度向细胞外间隙方向，即血液中转运葡萄糖。结果表现为 Na^+ 与葡萄糖的同向转运；B. 反向转运：在钠泵所维持的内向电-化学势驱动下，心肌细胞通过 Na^+-Ca^{2+} 交换体（E）逆浓度梯度向细胞外转运 Ca^{2+}。结果表现为 Na^+ 内流、而 Ca^{2+} 外流的反向转运。GLUT：葡萄糖转运体；SGLT1：Ⅰ型钠依赖葡萄糖转运体；E：反向转运体（交换体）

四、膜泡转运

膜泡转运（vesicular transport）是细胞通过形成细胞内小泡以转运大分子颗粒或物质团块的跨膜转运方式。膜泡转运要经过在细胞内形成囊泡的环节，因此需要通过细胞更复杂的活动才能实现。

（一）胞吞

胞吞（endocytosis）也称入胞，是指细胞外某些物质团块被细胞膜包裹后以囊泡形式进入细胞的过程，如血浆中的脂蛋白颗粒、大分子蛋白质以及红细胞碎片、细菌、病毒或异物等。如果进入细胞的物质为固体物，就称为**吞噬**（phagocytosis）；如果进入细胞的物质为液态可溶性分子，则称为**胞饮**（pinocytosis）或吞饮。胞吞发生时，靠近物质团块的细胞膜先发生内陷或伸出"伪足"包绕异物，随后膜凹陷处发生膜的融合和断裂，形成囊泡进入细胞内。不同细胞胞吞的意义不同，如毛细血管内皮细胞，通过胞吞将蛋白质从一侧转运进入细胞内，再转运到细胞另一侧；而免疫系统的白细胞则将细菌等团块物质吞噬后，形成吞噬（吞饮）小泡，最后这些吞噬小泡与细胞内的溶酶体融合，吞噬小泡内容物被溶酶体内所含的各种酶水解消化（图 2-7A）。

（二）胞吐

胞吐（exocytosis）也称出胞，是指细胞内大分子物质由细胞内排出的过程。各种细胞的分泌活动就是出胞的一种主要表现形式，如消化腺外分泌细胞合成的酶原颗粒和黏液等分泌到腺体的导管腔中，内分泌细胞将蛋白质类激素分泌到细胞外液，以及神经元轴突末梢释放神经递质的过程等。细胞的各种分泌物大都在粗面内质网合成，在向高尔基体转运的过程中，被膜性结构包装成分泌囊泡，储存在胞质中。当细胞分泌时，囊泡被迁移到细胞膜内表面侧，与细胞膜融合后，局部向胞外开裂，将全部内容物倾囊排放（图 2-7B）。

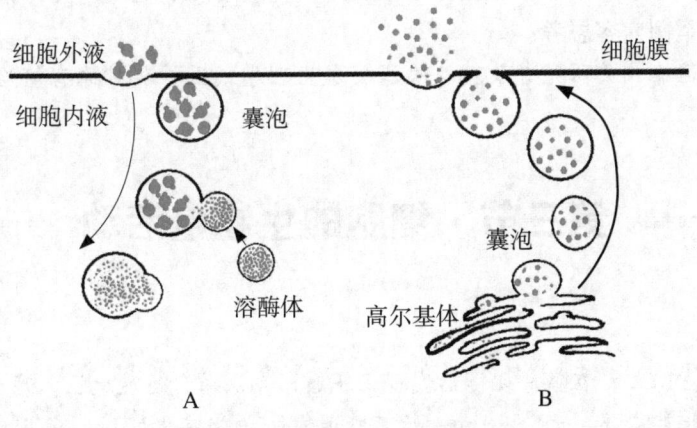

图 2-7　膜泡转运过程示意图
A. 胞吞过程；B. 胞吐过程

小囊泡承载大科学
——细胞囊泡运输

囊泡运输的研究历程是细胞生物学领域的一项重大成就，它揭示了细胞内物质运输的复杂机制，深化了人们对生命活动的理解。这一成果的诞生展现了科学家们的不懈探索对科学研究发展的持续推动和对人类社会进步的巨大贡献。

2013年的诺贝尔生理学或医学奖被授予了发现调控细胞囊泡运输系统的关键蛋白质及其工作机制的3位科学家——罗思曼（J.E.Rothman）、谢克曼（R.W.Schekman）和聚德霍夫（T.C.Sadhof），这已是第4次为有关囊泡研究的科学家颁发生理学或医学方面的诺贝尔奖了，前三次分别在1970年、1974年和1999年。摘取2013年度的诺贝尔生理学或医学奖桂冠，靠的不是一蹴而就的幸运发现，而是长达30余年之久的科学探索。面对经过上亿年进化而来的生命体系，J.E.Rothman和R.W.Schekman不约而同地决定从简单的生物系统入手。J.E.Rothman的思路是将囊泡运输过程分解为一系列基本的生化反应，然后在试管内进行系统重组，最终发现了一种蛋白质复合物，可令囊泡基座与其目标细胞膜融合；而R.W.Schekman的策略则是在酵母上进行基因突变，再通过观察酵母细胞的囊泡运输是否异常，进行相关基因的筛选。基于前两位美国科学家的研究，T.C.Sadhof发现并解释了囊泡如何在指令下精确地释放内部物质。从突触囊泡的动力学角度看，囊泡融合是发生于瞬间（<1 ms）的事件；然而对突触囊泡融合机制的揭示，则经历了漫长而艰苦的探索。正如J.E.Rothman所说："这不是一夜之间的发现。"人类对神经信息处理的认识和理解，因他们的努力而得以深化。

囊泡运输相关研究堪称诺贝尔生理学或医学奖的"获奖大户"，创下了科学史上的神话。这不仅是科学家前辈们多年努力的成果，也是对年轻一代科学家的鞭策和鼓舞。这一研究历程不仅是对科学发展的见证，更是对于大学生思想政治教育的有益补充。它促使学生们认识到，科学研究不仅仅是为了获取知识，更是为了造福人类，推动社会进步。

结合以上案例内容思考：
细胞囊泡运输相关研究者荣获4次诺贝尔生理学或医学奖对你有何启迪？

第三节 细胞的生物电活动

案例 2-1

患儿，男，10岁，在篮球比赛后发现上下肢活动困难，迅速就医。离开球场约10 min后，患儿感觉非常虚弱，大约30 min后不能站立。询问病史发现，患儿曾在吃香蕉后感到虚弱，肌肉经常痉挛，偶尔有肌强直，表现为难以松开手或在阳光下眯眼后难以睁开眼睛。经过系统检查，男孩被诊断为高钾性周期性麻痹。医生建议男孩食用富含糖类以及低钾的食物，发作时喝含葡萄糖的饮料，并避免剧烈运动和禁食。

试根据案例及本章第二节内容思考：
1. 高钾血症使肌肉和神经元兴奋性降低的机制是什么？
2. 为什么医生建议患儿发作时喝葡萄糖饮料，并避免剧烈运动和禁食？

生物体无论在静止状态还是活动状态下都普遍存在电现象，这种电现象就是**生物电**（bioelectricity）。生物电与机体重要的生命活动密切相关。临床上，对健康人和患者进行脑电图、心电图、肌电图、视网膜电图、胃肠电图的检查，已经成为发现、诊断和评估疾病进程的重要手段。组织、器官乃至整体的电现象产生都以细胞水平的生物电现象为基础。细胞膜两侧存在的电位梯度（电位差），即为跨膜电位（transmembrane potential），简称膜电位（membrane potential，MP）。膜电位主要有两种表现形式：安静时即具有的静息电位和受刺激发生兴奋时产生的动作电位。

一、静息电位及其产生原理

（一）静息电位的概念

安静状态下存在于细胞膜内外两侧的电位梯度称为静息跨膜电位，简称**静息电位**（resting potential）。静息电位表现为细胞膜内低于膜外，膜外相对为正。通常把细胞静息时电位的"内负外正"状态称为**极化**（polarization）。以此为基础，静息电位增大，表明膜两侧电荷分布密度加大，相对于极化状态称为**超极化**（hyperpolarization），此时膜内电位更低，负电性增强。静息电位减小称为**去极化**（depolarization），意味着膜两侧电荷分布密度减小，极化状态被消减，表明膜内负电性减弱。细胞膜去极化后再向静息电位方向恢复称为**复极化**（repolarization），即膜内负电性的复原过程。膜内正电性增强的过程中，可使细胞膜两侧呈等电位状态，即膜电位为0，甚至进一步升高倒转为"外负内正"状态时则称为**反极化**（contrapolarization）或**超射**（overshot）。

（二）静息电位的记录方式

静息电位可通过细胞内记录方式进行测定（图2-8）。常利用玻璃微电极作为引导电极，玻璃微电极为尖端直径小于1 μm的空心细管，内充导电液，刺入细胞内并引导出细胞内电位。安静状态下，微电极刺入细胞膜内的瞬间，原来在细胞外记录到的等电位扫描线即刻偏离，出现电位差。此时在细胞静息状态下记录到的细胞膜内侧和外侧的电位差，即为静息电位。实验状态下，细胞外电极接地而作为参照电极，即细胞外电位为0，测得不同组织的静息电位不同，多在 –10 ~ –100 mV，如红细胞静息电位为 –10 mV，平滑肌细胞为 –50 ~ –60 mV，神经纤维为 –70 ~ –90 mV，骨骼肌和心室肌细胞为 –90 mV 等。多数细胞的静息电位都是稳定的直流电位，不会随时间变化。只要细胞未受到外来刺激并保持正常的新陈代谢，静息电位就维持在相对恒定的水平。

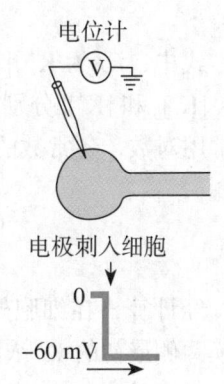

图 2-8 静息电位的记录方式

（三）静息电位产生原理

1. 离子跨膜移动的条件　离子的跨膜移动取决于两个要素：①细胞膜对某种离子的通透性，取决于相应离子通道的开-关状态，是离子跨膜移动的前提条件；②离子跨膜移动的动力，来自某种离子的跨膜浓度梯度和电位梯度，这又取决于细胞膜两侧各种离子不均衡分布所储备的势能，如哺乳动物骨骼肌细胞内、外液离子分布的不同造成离子跨膜移动的潜在驱动力（表2-1）。

表 2-1　哺乳动物骨骼肌细胞内、外液中主要离子浓度和平衡电位

离子	胞内浓度（mmol/L）	胞外浓度（mmol/L）	平衡电位（mV）	静息电位（mV）
K^+	155	4	−98	
Na^+	12	145	+67	
Cl^-	4	120	−90	−90
Ca^{2+}	10^{-4}	1.0	+123	

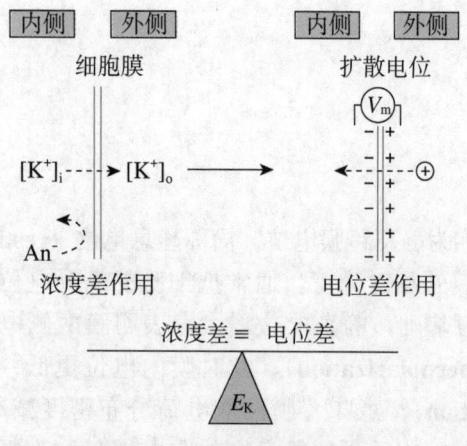

图 2-9　K^+ 平衡电位形成的原理
An^-：有机阴离子；E_K：K^+ 平衡电位；V_m：膜电位

2. 静息时细胞膜对 K^+ 的通透性　安静状态下，细胞膜对 K^+ 的通透性高，在浓度梯度驱动下 K^+ 有向细胞外扩散的趋势。当 K^+ 向膜外扩散时，膜内带负电的蛋白质等有机成分却因膜对其不通透而不能透出细胞膜，于是 K^+ 向膜外扩散将造成膜内电位变负而膜外变正的静电场。随着 K^+ 向膜外扩散，所造成的"内负外正"电场力将阻碍 K^+ 进一步外流，且阻止 K^+ 外流的力不断增大（图 2-9）。当驱动 K^+ 外流的化学驱动力和阻止 K^+ 外流的电场驱动力相当，即达到平衡时，K^+ 的跨膜净扩散量为零，此时膜两侧电位梯度稳定于某一数值不变，此电位梯度就称为 K^+ 的电-化学平衡电位，简称 K^+ 平衡电位（K^+ equilibrium potential，E_K）。

E_K 的数值可根据物理化学中的 Nernst 方程式计算：

$$E_K = \frac{RT}{ZF} \cdot \ln \frac{[K^+]_o}{[K^+]_i} \quad (2-1)$$

式中，E_K 为 K^+ 平衡电位，R 为气体常数，T 为绝对温度，Z 为离子价数，F 为法拉第常数，$[K^+]_o$ 和 $[K^+]_i$ 分别为细胞外和细胞内的 K^+ 浓度。如果以体温 37℃ 计算，将自然对数转换为常用对数，各常数的值代入上式中，则：

$$E_K = \frac{8.3 \times (273+37)}{1 \times 96500} \times 2.3 \lg \frac{[K^+]_o}{[K^+]_i} = 61.4 \lg \frac{[K^+]_o}{[K^+]_i} \quad (2-2)$$

经计算，在细胞外液 K^+ 不同浓度下，静息电位与 E_K 值十分接近，表明其产生关键取决于膜两侧最初的 K^+ 浓度。

在实验中，人为改变离体神经纤维浸浴液中 K^+ 的浓度，即 $[K^+]_o$，可改变 $[K^+]_o/[K^+]_i$ 的关系，所测得静息电位值也随 $[K^+]_o$ 的改变而相应改变。提高浸浴液中 K^+ 浓度时，相当于增加细胞外液的 K^+ 浓度，E_K 减小，静息电位减小；降低浸浴液中 K^+ 浓度时，则静息电位增大，E_K 也增大（图 2-10）。应用 K^+ 通道阻滞药四乙铵（tetraethylammonium）阻断 K^+ 通道时，则静息电位消失。如果只改变神经纤维浸浴液的 Na^+ 或 Cl^- 浓度，则 E_K 不变。这些均表明细胞内高 K^+ 浓度和安静时膜对 K^+ 的高通透性是细胞产生静息电位的主要原因。

3. 静息时细胞膜对 Na^+ 的通透性　实际测得的静息电位值略小于 Nernst 方程式计算值。因为可兴奋细胞膜不仅对 K^+ 有通透性，对 Na^+ 也有一定通透性，其少量地向细胞内渗漏可轻度减小跨膜电位。当膜对多种离子有通透性时，跨膜电位（E_m）可用 Goldman 方程式来计算。如果考虑在静息状态下，细胞膜不仅对 K^+ 有通透性，而且对 Na^+ 也有通透性，在正常体

温（37℃）下，Goldman方程式可简化如下：

$$E_m = -61 \cdot \ln \frac{C_{Na^+i}P_{Na^+} + C_{K^+i}P_{K^+}}{C_{Na^+o}P_{Na^+} + C_{K^+o}P_{K^+}} \quad (2\text{-}3)$$

式中，C_{K^+i}和C_{Na^+i}分别为细胞内K^+和Na^+的浓度，C_{K^+o}和C_{Na^+o}分别为细胞外K^+和Na^+的浓度，P_{K^+}和P_{Na^+}分别是膜对K^+和Na^+的通透性。

4．钠泵的生电作用 神经纤维在静息时，如果细胞膜仅对K^+有通透性，静息电位应等于K^+的平衡电位，经Nernst方程式计算K^+的平衡电位为–94 mV。如果考虑细胞膜不仅对K^+有通透性，而且对Na^+也有通透性，经Goldman方程式计算静息电位值为–86 mV。而实际测得神经纤维在静息状态下的膜电位为–90 mV，因为在机体中，细胞膜上的钠-钾泵每分解一个ATP可将2个K^+泵入细胞内和3个Na^+泵到细胞外，所以是生电性的，导致细胞内更负，使静息电位增加–4 mV。所以，神经纤维在膜对Na^+和K^+的通透性以及钠-钾泵的作用下，其静息电位值为–90 mV。

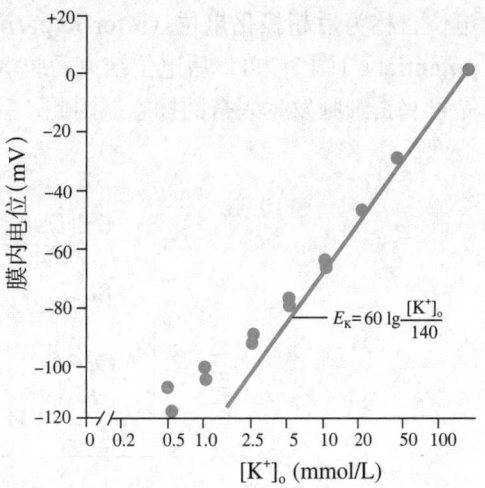

图2-10 细胞外液$[K^+]$对实测静息电位值及E_K的影响

二、动作电位及其产生原理

动作电位（action potential，AP）是指可兴奋细胞在静息电位基础上受到阈刺激或阈上刺激而产生的迅速、可逆、可传播的跨膜电位波动。动作电位是许多细胞功能活动的前奏，其产生的基本原理与静息电位相同，也取决于膜对离子通透性的变化与离子跨膜流动方向和速度的驱动力。所不同的是，可兴奋细胞受到刺激后，细胞膜对离子的通透性发生一过性可复原的变化，主要是膜对Na^+与K^+的通透性发生一系列顺序改变所致。

（一）动作电位的组分

不同组织细胞受到刺激后所产生的动作电位形态和时程不尽相同。例如，枪乌贼巨大神经轴突动作电位的时程仅1 ms，骨骼肌约数毫秒，而心室肌细胞动作电位时程可长达几百毫秒。

神经纤维受刺激而兴奋时产生的动作电位由锋电位与后电位组成。

锋电位（spike potential）是当神经纤维受到一个有效刺激，其膜电位从–70 mV缓慢去极化到阈电位水平，此后在不到1 ms的时间内继续上升至30 mV，随后又迅速复极化至静息电位水平，上述去极化和复极化过程形成似双刃剑锋状的电位变化。锋电位是动作电位的主要组成部分（图2-11）。锋电位上升支为**去极相**（depolarization phase），膜内电位由–70 mV去极化最高可达+30 mV，其中膜内电位由静息时的–70 mV上升至零电位的过程为去极化，由零电位反转为正电位的过程为超射（反极化）；下降支由膜内电位从+30 mV向静息电位–70 mV恢复的复极化过程形成，为**复极相**（repolarization phase）。在神经纤维上传导的锋电位习惯上称为神经冲动。

后电位（after-potential）是指锋电位之后出现的低幅度、缓慢的膜电位波动。其持续时间较长，哺乳动物A类神经纤维的后电位可持续将近100 ms，幅度低，最高不足锋电位的6%。后电位包括前后两个部分，前一部分的膜电位仍小于静息电位，称为**后去极化电位**（after-depolarization potential），也称**负后电位**（negative after-potential）；后一部分大于静息电位，称为**后超极化电位**（after-hyperpolarization potential），也称**正后电位**（positive after-potential）（图 2-11）。后电位结束后膜电位才恢复到稳定的静息电位水平。动作电位或锋电位是可兴奋细胞发生兴奋的标志，因此，兴奋、动作电位和锋电位都是表明细胞发生兴奋的相关概念。

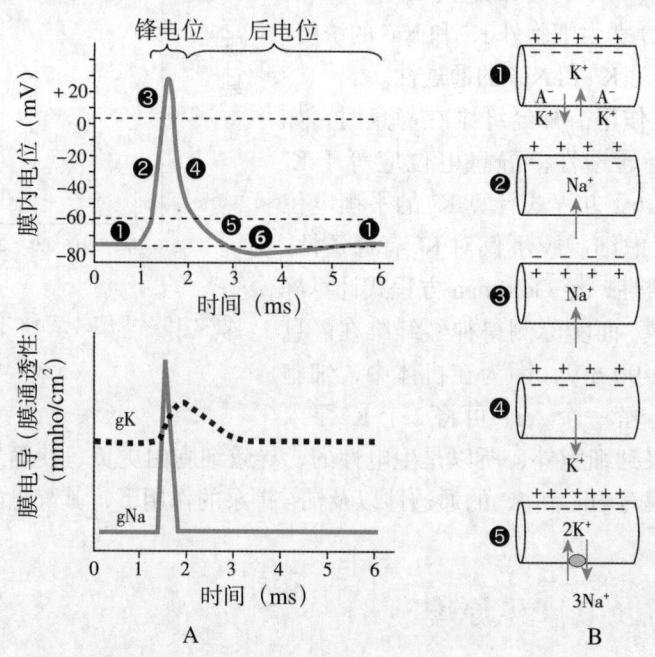

图 2-11　神经细胞动作电位及其形成的基本过程

A. 跨膜电位与细胞膜离子通透性的变化；B. 跨膜电位形成过程中主要离子的跨膜转移与膜两侧电荷分布的状态：①静息电位（极化状态）；②去极化；③反极化（超射）；②~③形成动作电位上升支（去极相）；④复极化形成动作电位下降支（复极相）；⑤后去极化电位（负后电位）；⑥后超极化电位（正后电位）

（二）动作电位产生原理

在细胞膜对某离子具有通透性的基础上，该离子可顺电化学梯度跨膜扩散，所形成的离子流可改变细胞膜两侧的电荷分布，即跨膜电位改变。阳离子由膜外流入膜内可形成**内向离子流**（inward ion current），如 Na^+ 内流、Ca^{2+} 内流形成内向离子流；与之相反，膜内阳离子外流或阴离子内流形成**外向离子流**（outward ion current），如 K^+ 外流或 Cl^- 内流均可形成外向离子流。在静息电位基础上，内向离子流使膜内电位升高，引起去极化，甚至反极化改变；而外向离子流则使膜内电位下降，导致细胞膜复极化或呈超极化改变（图 2-11）。

Hodgkin 和 Huxley 以枪乌贼巨大神经轴突为实验对象，系统研究了轴突发生兴奋时的离子流，证实了动作电位的产生主要是细胞膜对 Na^+、K^+ 通透性相继变化所致（图 2-12）。去极相（即动作电位上升支）主要由细胞外 Na^+ 快速内流而产生。Na^+ 内流的动力是膜内、外 Na^+ 的浓度差及静息状态下膜两侧的电位差。Na^+ 内流的条件是细胞膜对 Na^+ 通透性的突然增大。去极化的过程即动作电位上升的过程，可被 Na^+ 通道的阻滞剂河豚毒（tetrodotoxin，TTX）所阻断。复极相（即动作电位下降支）主要由细胞内 K^+ 外流而产生。K^+ 外流的动力是膜内、外 K^+ 的浓度差以及反极化状态下的电位差。K^+ 外流的条件是细胞膜对 K^+ 通透性的增加。K^+ 的外流使膜电位由反极化状态恢复到静息电位的水平。K^+ 外流可被 K^+ 通道阻滞剂四乙胺（TEA）所阻断。复极化后，膜电位以及膜对 Na^+、K^+ 的通透性已恢复到静息电位水平，但膜内、外的离子分布尚未恢复，此时细胞内的 Na^+ 和细胞外的 K^+ 都有所增加。这种膜内 Na^+ 增多、膜外 K⁺ 增多的状态激活了细胞膜上的钠泵，使之加速运转，将细胞内多出的 Na⁺ 运至细胞外，同时将细胞外多出的 K⁺ 摄回细胞内，使细胞膜内外的离子分布恢复到兴奋前的水平。

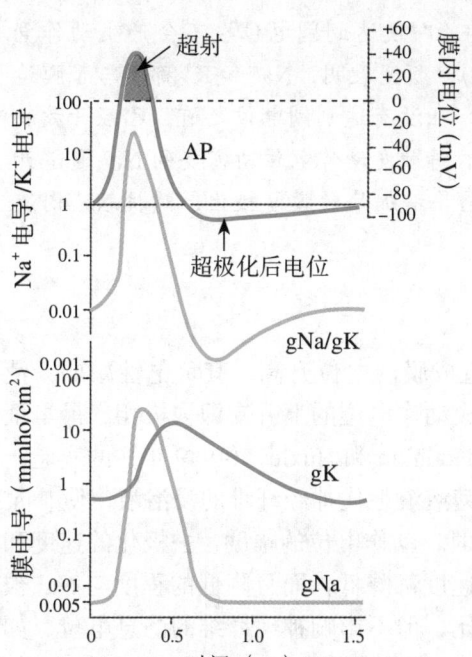

图 2-12 动作电位（AP）及其与膜 Na⁺ 和 K⁺ 通透性的对应关系

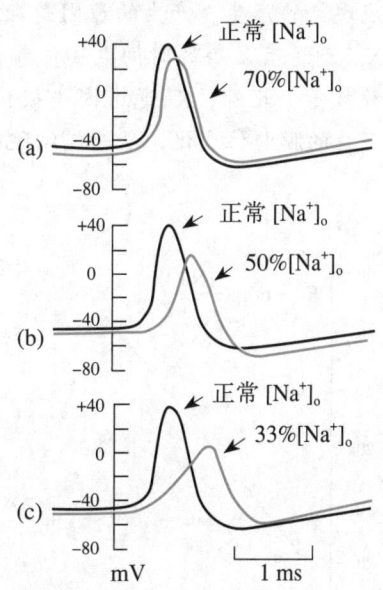

图 2-13 细胞外液 Na⁺ 浓度变化对动作电位幅度的影响

早有研究表明，随着细胞外液 Na⁺ 浓度降低，所发生的动作电位幅度也相应降低（图 2-13）。可见在动作电位形成过程中，Na⁺ 内流起关键作用。Na⁺ 内流同样有两个条件：①细胞膜去极化时，细胞膜对 Na⁺ 的通透性增加；② Na⁺ 跨膜浓度梯度和电位梯度。电位梯度来自膜内侧负电位所致的负电场；浓度梯度来自各种细胞膜内、外均存在的 Na⁺ 跨膜浓度梯度，如哺乳动物神经元为 5～15 mmol/L：145 mmol/L；枪乌贼巨大神经轴突为 50 mmol/L：440 mmol/L。所以，一旦细胞膜 Na⁺ 通道开启，Na⁺ 即刻向细胞内扩散，形成内向离子流。

当神经纤维受到有效刺激时，先是膜上少量 Na⁺ 通道被激活开启，Na⁺ 顺浓度梯度少量内流，使细胞膜轻度去极化，膜内电位上升。一旦膜内电位升高到一定程度（-50～-70 mV，即阈电位），更多电压门控 Na⁺ 通道被激活而开启，细胞膜对 Na⁺ 的通透性瞬间增大，超过对 K⁺ 的通透性。在电-化学势能驱动下，Na⁺ 以易化扩散的方式疾速进入细胞。随着 Na⁺ 内流增加，膜进一步去极化，而去极化本身又激活更多的 Na⁺ 通道。如此反复促进 Na⁺ 内流，使膜对 Na⁺ 的通透性增大 500～5000 倍，形成 Na⁺ 内流的再生性循环。这种正反馈作用使膜电位以极高的速率去极化，形成陡峭的动作电位上升支。随着 Na⁺ 内流造成膜去极化，膜内负电位迅速消失。由于 Na⁺ 较高的跨膜浓度势能，Na⁺ 在膜内电位上升达零电位水平时，仍可驱使 Na⁺ 继续内流，直到内移的 Na⁺ 在膜内形成的正性电场力足以阻止 Na⁺ 的净内流为止。这时，膜内所具有的电位值，理论上应相当于 Nernst 公式计算所得出的 Na⁺ 平衡电位值（E_{Na}）。而实际测得的动作电位峰值较为接近 E_{Na}。

知识拓展

膜适应现象

当神经纤维或者肌细胞发生缓慢的去极化时，即使达到阈电位也不会产生动作电位，膜的这种特性被称为膜适应（accommodation）。研究表明，Na^+ 和 K^+ 都参与了膜适应现象的产生。产生的原因是在缓慢去极化期间，在没有达到阈电位之前，已经开放的 Na^+ 通道有足够的时间电压依赖性失活，所以达不到触发动作电位所需要的 Na^+ 通道开放数量。此外，K^+ 通道因去极化而被激活，K^+ 电导增加导致膜复极化，对抗 Na^+ 内流产生的膜电位变化，从而使细胞很难去极化。

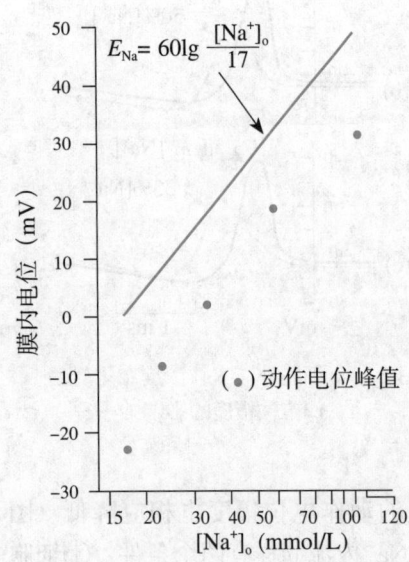

图 2-14 细胞外液 $[Na^+]$ 变化对动作电位峰值及 E_{Na} 的影响

Na^+ 内流造成膜内电位升高，其负电性减弱、消失直至变正，形成动作电位的上升支即去极相。最早证明这一设想的是 Hodgkin 和 Huxley（1949 年）的实验。他们用等张葡萄糖溶液替代神经纤维的浸浴液，使 $[Na^+]_o/[Na^+]_i$ 比值减小时，动作电位的幅度、去极化的速度和动作电位的传导速度都降低，而且降低的程度与 Na^+ 被替代的程度成正比，但不影响神经纤维的静息电位。如人为地增加浸浴液 Na^+ 浓度，则 E_{Na} 增大，超射值也增大；而人为降低浸浴液 Na^+ 浓度时，则 E_{Na} 减小，超射值也减小。如果浸浴液中无 Na^+，则不能产生动作电位（图 2-14）。若用 Na^+ 通道阻滞药河豚毒阻滞 Na^+ 通道，则细胞受刺激时不能产生动作电位，也就失去了兴奋的能力。

去极化过程中细胞膜电压门控 Na^+ 通道开启时间短暂，大多不足 1 ms，随着去极化过程的发展，通道关闭而失活。膜去极化过程的电位变化使电压门控 K^+ 通道延迟开启，进而膜对 K^+ 的通透性增大，膜内 K^+ 顺电-化学驱动力向膜外扩散，形成外向离子流，膜内电位降低，由正值快速向负值转变，直至恢复到静息电位水平，便形成了动作电位的下降支即复极相。

神经纤维锋电位发生后，继之以微小而持续时间较长的后电位，顺序为去极化后电位（负后电位）与超极化后电位（正后电位）。去极化后电位紧接锋电位下降支末，持续 5～30 ms，幅度为锋电位幅度的 5%～6%。因此时膜内电位水平较高，相对于极化状态而言，跨膜电位差较小，故称为去极化后电位。去极化后电位的产生可能是复极相迅速外流的 K^+ 在膜外暂时蓄积，阻碍了 K^+ 继续快速外流所致。随后膜内电位水平转为较低的状态，跨膜电位差较大，为超极化后电位，可持续 50 ms 至几秒，幅度约为锋电位的 0.2%。超极化后电位的形成主要由于 K^+ 通道仍然处于一定的开启状态，对 K^+ 的过度通透可持续数毫秒，以致有较多的 K^+ 向膜外扩散；而后半部分则主要是由于钠泵的作用，使 Na^+ 外流较多所致。其实，神经纤维每兴奋一次，进入细胞内的 Na^+ 仅仅使膜内 Na^+ 浓度增加八万至十万分之一；复极时 K^+ 外流量也大致与之相同。即使如此微小的变化，也足以激活膜上的钠-钾泵，使之加速转运，逆浓度梯度将细胞内液多出的 Na^+ 排出，将细胞外液多出的 K^+ 回收。后电位后即恢复到静息状态，而且膜内外 Na^+、K^+ 分布也恢复到静息状态，细胞可再次接受刺激发生兴奋。

细胞生物电活动是以膜两侧离子浓度梯度及膜对离子通透性为基础的。改变膜内、外离子浓度或用人工方法调控离子通道的开关，都将影响生物电的质和量。例如给患者输入 KCl 溶液，会使细胞外 K^+ 浓度升高，从而使细胞内、外 K^+ 浓度梯度减小，可影响与 K^+ 有关的静息电位和动作电位的复极相。因此，在临床上使用电解质溶液治疗时，一定要综合考虑离子对细胞生物电活动的影响。再如，食用河豚时，若处理不当，可能导致十分凶险的食物中毒。因为河豚毒素可特异阻滞 Na^+ 通道，导致细胞膜对 Na^+ 的通透性降低，多数细胞的兴奋过程不能发生。

（三）动作电位的传导

细胞任何一处发生兴奋时，动作电位都将迅速沿细胞膜向周围扩布，使整个细胞膜都经历一次离子通透性的系列改变，表现为动作电位沿着整个细胞膜传导，使整个细胞兴奋。动作电位在同一细胞上的扩布过程称为兴奋的**传导**（**conduction**）。

细胞的兴奋和传导机制基本相同，以局部电流学说解释。以无髓神经纤维为例，当神经纤维受到刺激产生动作电位时，该处膜电位由静息时的"外正内负"的极化状态，变为"外负内正"的反极化状态。兴奋部位膜电位极性倒转，使其与相邻部位之间形成电位差，便产生局部电流（图 2-15）。在膜外，局部电流的方向由未兴奋处流向已兴奋处，在膜内由已兴奋处流向未兴奋处。局部电流进而对未兴奋部位形成有效刺激，使膜去极化，一旦达到阈电位，大量 Na^+ 通道被激活开启，产生动作电位，邻接的安静部位膜发生兴奋。新兴奋部位膜电位同样出现极性倒转，所引起的局部电流又导致其相邻未兴奋部位产生动作电位，如此周而复始地连续进行，表现为动作电位在整个细胞上的传导。在同一细胞上，因为局部电流的强度超过阈强度数倍，所以动作电位的传导过程安全、可靠。在长距离传导中，动作电位幅度和形态保持不变，即动作电位的传导是不衰减的，这对于保证信号沿神经纤维长距离的传导有重要意义。

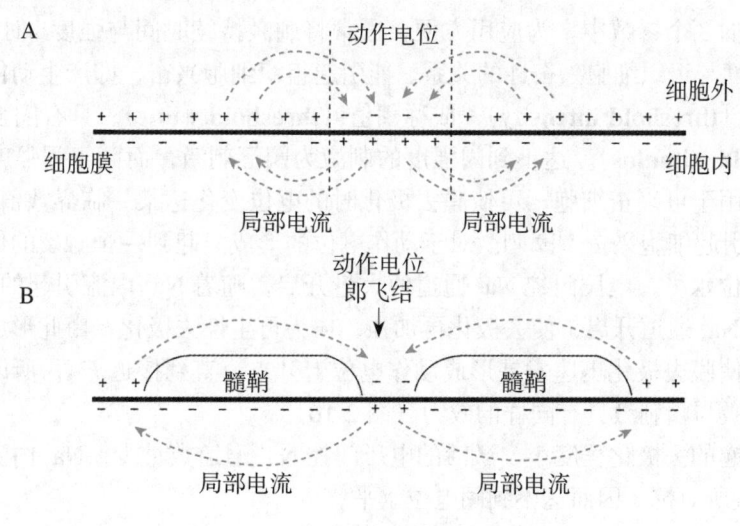

图 2-15　动作电位传导的过程
A. 无髓纤维的顺次传导；B. 有髓纤维的跳跃式传导

各种神经纤维的传导速度并不相同，这除与轴突的直径、膜上的 Na^+ 通道密度有关外，更为重要的原因在于神经纤维是否包有髓鞘。有髓神经纤维在轴突外面包裹多层具有电绝缘性的髓鞘。每段髓鞘长 1~2 mm，两段髓鞘之间有轴突膜裸露的郎飞结。该处膜上的电压门控 Na^+ 通道密集，容易产生动作电位。由于郎飞结间髓鞘高电阻和低电容，但是细胞内液和细胞外液是导电的，所以当某一结处产生动作电位时，局部电流将主要在结区之间发生（只有很少电流从髓鞘漏过），很容易使邻近的郎飞结去极化达到阈电位。而且，由于电压门控 Na^+ 通道群集在郎飞结处，更容易在郎飞结处引起大量的 Na^+ 内流，产生动作电位。这好似动作电位由一个结区跳到另一个结区，动作电位的这种传导方式被形象地称为**跳跃式传导**（saltatory conduction）。因此，有髓神经纤维传导神经冲动的速度比在无髓神经纤维上快得多，最高传导速度可达 100 m/s。有髓神经纤维不仅传导速度快，而且因为动作电位只发生在郎飞结，在动作电位传导过程中跨膜出入的离子相对减少，经钠泵转运这些离子所消耗的能量也会减少。

可见，兴奋传导实际上是局部电流作为外加刺激电流，刺激细胞膜依次连续产生一个个新的动作电位的过程。单个细胞动作电位及其传导过程因此表现为"**全或无**"（**all or none**）的特征。"全或无"现象具有两个方面的含义：①在单一可兴奋细胞，阈下刺激不引起动作电位，而动作电位一旦产生，则其幅度即达最大值，不会因刺激强度增加而增大。②动作电位在同一细胞传导时，不因传导距离增加而有所衰减，即呈不衰减传导。

三、细胞兴奋的发生

动作电位是可兴奋细胞兴奋的标志。细胞兴奋的发生取决于其本身的功能状态和外加的有效刺激。刺激只要使细胞膜去极化达到某种临界状态，就能爆发可传导的动作电位。

（一）兴奋发生的条件

1．刺激要素 在生理实验中，常采用电的方式作为人工刺激。能引起组织兴奋的电刺激强度一般不造成组织的过度损伤，可反复使用。有效刺激通常包括 3 个基本参数，即具有一定强度、一定的持续时间和强度 - 时间变化率，即刺激的"三要素"。除此之外，还与刺激电流的方向有关。

在有效刺激的 3 个参数中，为应用方便，通常将刺激持续时间与强度 - 时间变化率固定，以便分析刺激强度与组织细胞兴奋性的关系。能引起组织细胞兴奋，即产生动作电位的刺激强度，称为**阈强度**（threshold intensity），或称**阈值**（threshold value）。具有阈强度的刺激称为**阈刺激**（threshold stimulus）。达不到阈强度的刺激为阈下刺激，而高于阈强度的刺激为阈上刺激。阈刺激作用于可兴奋细胞，可使膜去极化时的电位变化达某一临界数值（阈电位），即触发动作电位，引起细胞兴奋。阈刺激对于动作电位的形成只起到一个触发的作用，因为去极化一旦达到阈电位水平，电压门控 Na^+ 通道便大量开启，随着 Na^+ 内流引起的进一步去极化，又将导致更多的 Na^+ 通道开启，使去极化再加强，成为再生性去极化，由此形成 Na^+ 内流与去极化的正反馈。使膜去极化迅速发展形成动作电位上升支，直到接近 E_{Na}。所以，对于单细胞的兴奋，阈上刺激与阈刺激具有同样的效力（图 2-16）。

阈下刺激引起的去极化程度小，激活的电压门控 Na^+ 通道数量少，Na^+ 内流引起的膜电位变化可被 K^+ 外流所对抗，因而达不到阈电位水平。

2．刺激电流 将刺激电极中的一个用微电极预先刺入膜内，另一电极留在膜外，两电极分别与直流电源的正、负极相连。若将直流电源正极与膜外电极相连，负极与膜内电极相连，电路接通时，将形成由外向内的外加电流穿过细胞膜，即内向刺激电流。此时，刺激只能引起膜超极化变化，远离阈电位，不能引起动作电位，从而产生抑制效应。与此相反，如果使膜内电极为正，而膜外电极为负，一旦电路接通，外加电流由膜内流向膜外，即形成外向刺激电流。外向刺激电流可使膜内电位升高，引起去极化，只要膜电位能达到某一临界数值（阈电位），就会爆发动作电位（图 2-16）。

3．阈电位 **阈电位**（threshold potential）是细胞膜电位因去极化突然转变为锋电位时的临界膜电位，即细胞膜 Na^+ 通道突然大量开启产生动作电位时的临界膜电位（图 2-16）。一般可兴奋细胞的阈电位比静息电位水平高出 10～20 mV，例如神经纤维的静息电位为 –70 mV，阈电位为 –55 mV。因此，引起细胞兴奋或产生动作电位的关键取决于外加刺激能否使膜内电位升高到阈电位水平。膜内电位一旦达到阈电位水平，此后的迅速去极化将不再依赖于刺激强度，膜电位的变化将成为一种自动的过程并直至动作电位结束。

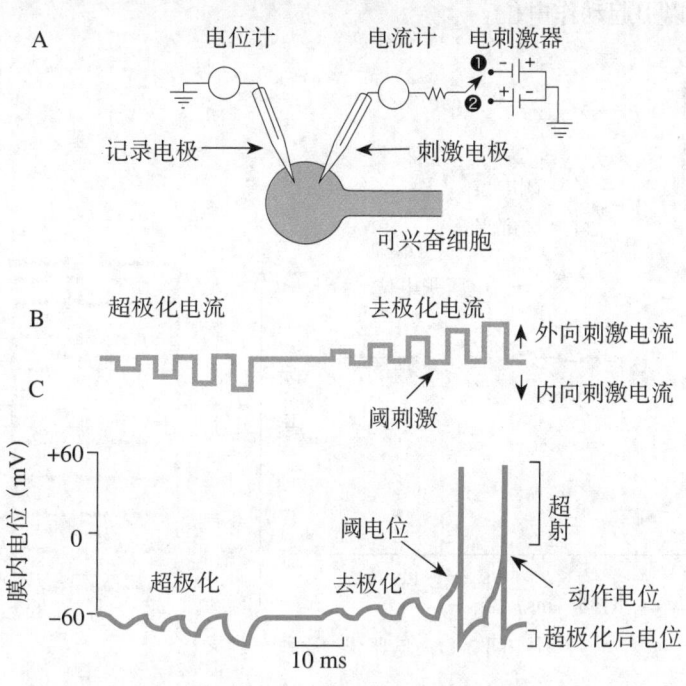

图 2-16　刺激强度、电流方向与膜电位的关系

A．刺激与记录装置：①开关置于电源负端；②开关置于电源正端；B．刺激强度与电流方向的关系：开关置于①时产生"内向刺激电流"；置于②时产生"外向刺激电流"；C．膜内电位记录："内向刺激电流"引起细胞发生超极化；而"外向刺激电流"引起细胞发生去极化，甚至引起动作电位

阈电位是能使细胞膜上 Na^+ 通道开启的数目足以引起 Na^+ 再生性循环出现的细胞膜电位的临界水平。所以，只要刺激大于能引起再生性循环的刺激强度，膜的去极化就不再决定于原刺激强度的大小，整个动作电位上升支的幅度也只取决于原来静息电位的水平、Na^+ 通道的性状、Na^+ 内流的再生性循环及其跨膜的浓度梯度。故动作电位只要产生，其幅度就不会随刺激强度增加而增大；而刺激引起的去极化达不到阈电位时，不能形成突发性 Na^+ 大量内流和去极化的正反馈，也就不能产生动作电位，这就决定了动作电位具有"全或无"的特性。

（二）局部电位及其特性

尽管阈下刺激不能直接诱发动作电位，但由于细胞膜自身的电学特性，仍然会出现跨膜电位的变化。

局部电位（local potential）是阈下刺激引起的小幅度膜电位变化。细胞膜具有电学的特性，可因外加的电刺激发生**电紧张电位**（electronic potential）。当阈下刺激进一步增强，使局部电位达到一定程度时，可引起少量阈值较低的 Na^+ 通道开启，出现少量 Na^+ 内流，受刺激局部出现主动的膜去极化反应，即发生**局部兴奋**（local excitation）（图 2-17）。由于刺激强度较低，可被同时存在的 K^+ 外流所抵消，因而达不到阈电位水平。如果刺激进一步增强或多个局部刺激发生总和达到阈电位，即可引发动作电位。

局部电位表现出与动作电位不同的特点：①等级性反应：局部电位的去极化幅度随阈下刺激的强度而增减，不是"全或无"式的。②**电紧张扩布**（electrotonic propagation）：局部电位仅发生在受刺激的部位，不能在膜上远距离扩布，随着扩布距离增加，这种去极化电位会迅速衰减，直至消失。③总和：如果在距离很近的部位同时受到数个阈下刺激，所引起的去极化电位可以叠加，称为空间总和。如果某一部位相继接受多个阈下刺激，则多个刺激引起的去极化可与尚未消失的前一个刺激所引起的去极化叠加，称为时间总和。总和后引起的去极化过程达到阈电位时依然可以引起动作电位。

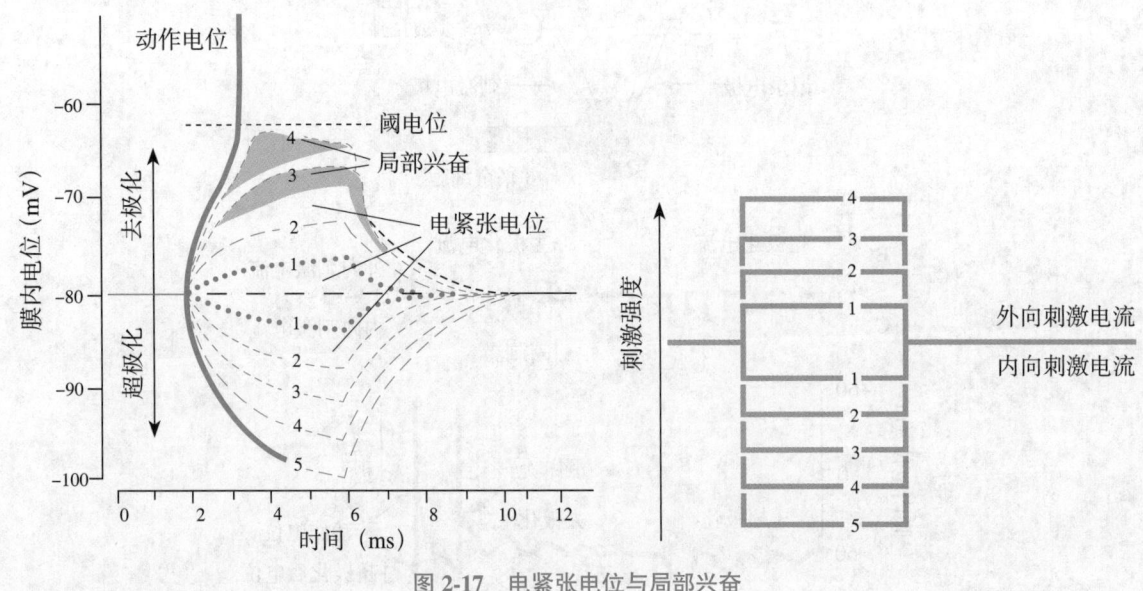

图 2-17　电紧张电位与局部兴奋

四、细胞兴奋过程中兴奋性的变化

可兴奋细胞和组织发生兴奋后，自身兴奋状态发生一系列的规律性变化。细胞的兴奋过程就是动作电位发生的过程。通过在细胞产生动作电位的过程中再次施加刺激，可检测到细胞兴奋性可复原的规律性变化。细胞的这一特性决定着细胞在接受连续刺激时，能够再次产生动作电位的最短周期。神经纤维兴奋过程中的兴奋状态可依次出现绝对不应期、相对不应期、超常期和低常期的变化（图 2-18）。

（一）绝对不应期

绝对不应期（absolute refractory period，ARP）是细胞在一次兴奋初期，无论接受多大的刺激都不再发生兴奋的时期，此期兴奋性降低到零。绝对不应期产生的原因是此期细胞膜 Na^+ 通道处于失活状态。绝对不应期相当于整个锋电位持续的时间，所以动作电位的锋电位不会发生叠加。

（二）相对不应期

相对不应期（relative refractory period，RRP）是在绝对不应期之后，细胞对阈刺激无反应，而阈上刺激能引起细胞兴奋，产生动作电位的时期。这表明细胞的兴奋性已经有所恢复，但仍低于正常水平。在此期间，部分 Na^+ 通道已经复活，但通道数目和开启能力尚未恢复到正常水平，故需较强刺激才能引起细胞兴奋。神经纤维的相对不应期相当于动作电位的负后电位前期所持续的一段时间。

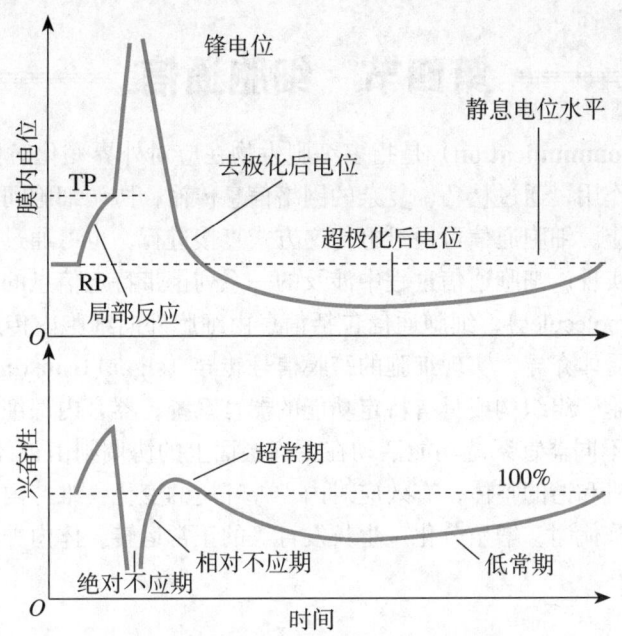

图 2-18 神经纤维兴奋过程中兴奋性的变化
TP：阈电位；RP：静息电位

（三）超常期

超常期（supranormal period）是在相对不应期之后，施加阈下刺激就可引起细胞再兴奋的时期。由于阈下刺激就可引起细胞再兴奋，表明细胞兴奋性高于兴奋前水平。此期中，膜电位处于去极化状态，较接近阈电位，Na^+ 通道也基本恢复到可被激活的备用状态。超常期的持续时间相当于动作电位的负后电位一段时间。

（四）低常期

低常期（subnormal period）是指超常期后施加阈上刺激才能引起细胞再兴奋的时期。此时，Na^+ 通道虽完全恢复到兴奋前水平，但由于钠泵活动增强，细胞膜处于超极化状态，与阈电位间距较大，兴奋性低于正常。低常期相当于动作电位的正后电位所持续的一段时间。

不同细胞兴奋性变化的各期所持续的时间和经历存在很大差异，但都存在绝对不应期。绝对不应期决定可兴奋细胞在单位时间发生兴奋的频率，或相当于引起两次兴奋的最短刺激周期。细胞在单位时间产生兴奋的最高频率小于绝对不应期的倒数。例如，哺乳动物的神经纤维的绝对不应期约为 0.5 ms，理论上每秒钟最多可产生 2000 次高频神经冲动；骨骼肌细胞的绝对不应期约为 5 ms，每秒钟可兴奋 200 次；而心肌细胞的绝对不应期可长达 150～200 ms，因此每秒钟最多只能兴奋几次。绝对不应期的长短与细胞的不同功能密切相关，如骨骼肌可接受高频率神经冲动的兴奋作用而发生强直收缩；而心肌则因不应期很长，成为维持其在自主节律性活动时不发生强直收缩的基础。

（曲丽辉　薛明明）

第四节　细胞通信

细胞通信（cell communication）是指多细胞生物在应对外界变化时体内细胞间的相互识别、相互反应和相互作用，通过精巧、复杂的网络信息传输，协调细胞间的代谢与功能，在整体上做出最适宜的反应。细胞通信可通过电传递方式直接进行，也可通过携带某种信息的化学物质（如激素）间接实现。细胞通信过程中涉及的一系列携带特定信息的化学物质分子统称为**信号分子**（signaling molecules）。细胞通信包括信息由细胞外向细胞内传递的整个过程，信号分子通过膜受体或核受体介导，实现细胞的跨膜**信号转导**（signal transduction）。

人体内不同的细胞、组织构成具有特定功能的器官系统，器官内部细胞之间的活动要通过细胞通信来协调，而不同器官系统功能活动在更高层面上的协调则由神经和体液调节来完成，只有这样才能形成有机和谐的整体，有效应对内、外环境的变化，维持内环境稳态，保证自身各种生命活动——新陈代谢、增殖分化、生长发育等的正常运转。体内神经、体液调节的过程都以细胞通信为基础。

一、直接通信

直接通信（direct communication）是指相邻细胞之间经缝隙连接传输信息的联系方式。缝隙连接（gap junction，GJ）广泛存在于机体的各种组织细胞之间，如神经元、心肌、胃肠平滑肌、肝细胞及内分泌细胞等。缝隙连接不仅限于细胞间信息的联系，也是实现细胞间物质交流的重要结构，如单糖、核苷酸、氨基酸和维生素等水溶性小分子物质也能通过缝隙连接在相邻细胞之间进行直接交流和转运，在细胞功能的协调中十分重要。

缝隙连接是相邻两细胞间局部细胞膜相向微凸形成间隙不足 3 nm 的一种圆盘样结构，该处跨细胞膜存在的**连接子**（connexons）相互对接，在两细胞之间形成中心内径约 1.5 nm 的跨细胞亲水性孔道（图 2-19）。连接子由六分子**连接蛋白**（connexin，Cx）亚单位围绕中心排列而形成。Cx 为保守的蛋白质超家族，目前已确认至少有 20 个成员，以其分子量大小命名，如 Cx26 和 Cx62 分别是指分子量为 26 kD 和 62 kD 的 Cx 分子。组装为一个连接子的 6 个 Cx 亚单位可相同或不同，这就决定了连接子通透性的差异，如 Cx32 组装的同源连接子可通透环腺苷酸（cAMP）和环鸟苷酸（cGMP）；由 Cx32 和 Cx26 组装的异源连接子则仅对 cGMP 有通透性。当细胞内 [Ca^{2+}] 升高、pH 降低时，Cx 构象变化，缝隙连接通道关闭；相反，当细胞内 [Ca^{2+}] 降低时，通道则呈开放状态。缝隙连接中连接子通道的开放程度受细胞跨膜电位梯度和通道蛋白磷酸化过程的影响，这种跨细胞通道的通透性具有选择性，其开放程度不恒定，随细胞功能变化而调整。

缝隙连接上的跨细胞通道允许离子、水以及分子量小于 1.5 kD 的小分子物质通过。当带电离子，如 Na^+、K^+、Cl^- 等经连接子跨细胞膜移动而形成离子流时，可在相邻细胞间直接、迅速、双向地传输电信号，通过这种快速的电传递过程（图 2-20），使相邻细胞的功能活动一致化。可见，直接通信可完成细胞间信息的快速传递，对于保证邻近多细胞的同步性活动具有重要意义。如心脏内上亿的心肌细胞可通过闰盘处缝隙连接实现"同步兴奋""同步收缩"，形成"功能性合胞体"而产生强大张力完成泵血；神经元之间经电突触的快速信号传递也有赖于缝隙连接结构。

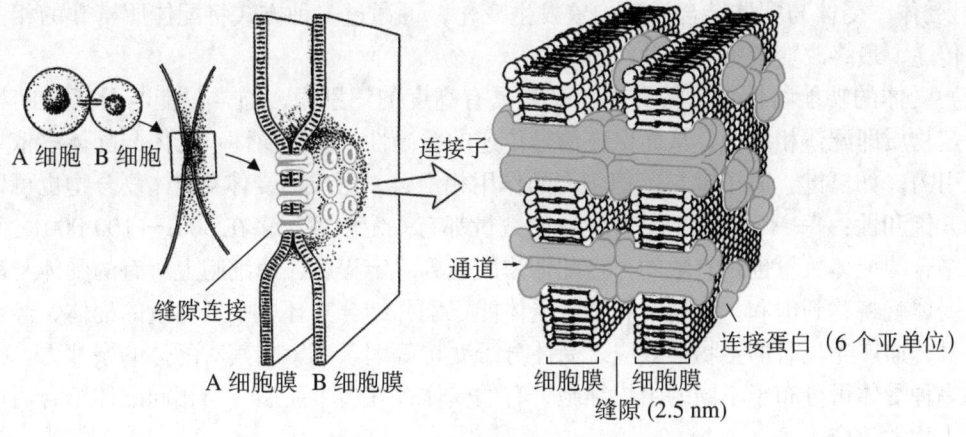

图 2-19 缝隙连接结构示意图

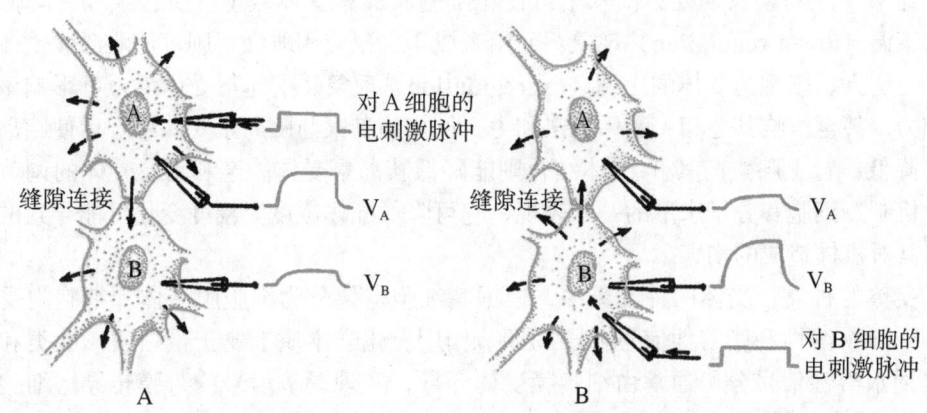

图 2-20 缝隙连接处电信号的双向传递
A. 电刺激 A 细胞产生电位变化（V_A）的同时，在 B 细胞也能记录到相似的电位波动（V_B）；
B. 电刺激 B 细胞时 A 细胞也随即产生相应的电位波动（V_A）

二、间接通信

间接通信（indirect communication）也称为化学传递，是指细胞通过分泌多种化学物质作为信息载体，并以体液为媒介在细胞间传输信息的通信方式。在间接通信过程中，含有特定信息的一类物质（即配体）与其靶细胞受体结合，开启细胞内信号转导过程，引发系列应答反应，使靶细胞的功能活动发生变化。受体与配体的关系犹如"锁"和"钥"，其结构与功能互补。近年来发现，细胞可分泌一种直径 40～100 nm、具有脂质双层膜结构的微小膜泡，称为**外泌体（exosome）**。外泌体内含有细胞特异的蛋白质、脂质和核酸，这些物质能作为信号分子向其他细胞传递信号，从而实现细胞间通信。作为高等动物细胞通信的主要方式，间接通信在实现远距离细胞通信的同时，能使机体功能调节的途径更多、精确性更高。

（一）受体与配体

受体（receptor）通常指存在于细胞膜或细胞内，能识别并可逆性专一结合特定物质，进而启动一系列反应，最终改变靶细胞功能活动的蛋白质分子。**配体（ligand）**泛指携带特定信息、可与相应受体特异结合并能引发细胞产生特定生物学效应的物质。受体与配体结合可触发细胞应答反应，改变细胞的功能活动。

1. 受体 受体与配体结合后其构象发生变化，可通过多种方式将配体所携载的相关信息向下游传递，最终改变细胞的活动状态。

（1）受体的功能特性：①特异性：受体具有高度的识别力，通常只能与分子空间构象互补的特定物质即配体相结合，从而保证信号传递的精确性。②可逆性：受体与配体多依靠分子间的吸引力，如氢键、离子键与范德华力的作用相结合，形成的受体-配体复合物也可以发生解离。③饱和性：每一个细胞上某种受体的数量都有一定限度，多在 500～100 000 之间。因此所能结合的配体数量也是有限的，当配体浓度达到一定程度、使细胞上所有的受体与配体结合后，受体就将达到饱和。④高亲和力：受体能识别并结合其环境中极微量的配体，经细胞内多级信号传递产生显著的生物学效应。受体分子变构等因素可影响其对配体的亲和力。⑤多样性：同一种受体可分布于不同的组织细胞，有的受体存在多个亚型，与相同配体结合后可产生不同的生物学效应。

（2）受体的调节：受体的数量与亲和力可受多种因素影响，特别是与配体的浓度密切相关。已知血液中胰岛素长期处于高水平可使靶细胞胰岛素受体数量减少、亲和力降低，表现为受体的**下调**（down regulation）现象；而给未成年大鼠应用雌激素则可使雌激素受体数量增加、亲和力增大，表现为受体的**上调**（up regulation）现象。配体与受体结合可影响该受体本身的亲和力，甚至影响其他相关受体的亲和力，例如胰岛素与胰岛素受体结合后使胰岛素受体的亲和力降低；肾上腺素与其 β- 受体结合则能降低胰岛素受体的亲和力。受体的调节是机体自身保护机制在细胞和分子水平的一种表现，它可降低配体浓度大幅度变化可能导致的代谢活动紊乱及其对机体造成的伤害。

（3）受体的种类：受体的种类繁多，根据其细胞定位分为细胞膜受体和细胞内受体两大类，分别介导水溶性和脂溶性信号分子的调节作用。化学本质上属于蛋白质、肽类和氨基酸衍生物等的水溶性信号分子通常由细胞膜受体介导，实现调节信号的跨膜转导。细胞膜受体大致分为 **G 蛋白耦联受体**（G protein-coupled receptors，GPCRs）、**酶耦联受体**（enzyme-coupled receptors）和**离子通道型受体**（ion channel receptors）三大类。细胞间接通信过程中，这 3 类受体介导了绝大多数信号分子的跨膜信号转导和生物调节作用。类固醇等脂溶性信号分子可以直接穿越细胞膜进入细胞内，由细胞内受体介导下游的调节作用。细胞内受体可存在于细胞质或细胞核，因细胞质内的受体最终也将转位到细胞核内发挥作用，故统称为**核受体**（nuclear receptor）。人的核受体有 48 类，多为基因转录调节因子，与配体结合后被激活，进而调节靶基因转录。因此，这一类受体又被称为**配体依赖转录激活因子**（ligand-dependent transcription activator）。

2．配体 配体也称为配基，即能与靶细胞上特异性受体结合并能传递信息的一类化学物质。配体可以是内源性的，也可以是外源性的。在体内主要为各种神经递质、激素、细胞因子等生物活性物质，而来源于体外的药物、毒素等也可作为配体与相应的受体相结合。此外，分布在细胞膜或细胞外基质的某些生物大分子也可作为配体发挥相应的生物学作用。

（二）膜受体介导的跨膜信号传递

膜受体与配体结合改变靶细胞功能的过程主要包括以下几个环节：①受体识别：靶细胞受体识别体液中携带特定调节信息的配体分子；②信号转导：配体与靶细胞特异性受体结合，使其构象改变而活化，启动细胞内信号转导系统，生成第二信使或触发一系列酶促级联反应；③应答反应：随着细胞内一系列信号分子浓度的变化，细胞的固有功能被启动或终止，即产生应答反应；④效应终止：多种机制，尤其是信号转导途径中的反馈机制可及时终止配体分子所诱导的细胞生物反应。

1．离子通道受体介导的跨膜信号传递 在膜受体介导的跨膜信号传递系统中，有些受体本身就是离子通道。位于离子通道膜外部的受体位点与信号分子结合后使通道蛋白构象改变，使通道的"门"开启或关闭，引起离子流变化，进而改变细胞膜两侧的电活动。根据其配体分布部位，将离子通道型受体分为细胞外和细胞内两种类型。

N_2型乙酰胆碱受体（N_2-AChR）分布于神经-骨骼肌接头后膜（终板膜），其本质是一种化学门控通道。N_2-AChR 与 ACh 特异结合后通道开启，Na^+、K^+ 跨膜流动，终板膜出现去极化反应产生终板电位，将 ACh 所携带的神经活动信息转化为肌细胞膜的生物电变化。N_2-AChR 是由 β、γ、δ 和 2 个 α 共四种亚单位组成的五聚体蛋白质，5 个亚单位 $α_2$、β、γ、δ 围绕中心孔径排布，形成跨膜离子通道。每个亚单位的肽链由 4 个亲脂性 α 跨膜螺旋组成，分别称为 M_1、M_2、M_3 和 M_4（图 2-21）。5 个亚单位的 M_2 共同组成通道的内壁，由于 M_2 带负电荷，故可选择性允许阳离子通过。在 N_2-AChR 分子中，两个 α 亚单位上各有一个 ACh 分子的相结合位点，当两分子 ACh 与受体分子上的 α 亚单位结合后，受体-离子通道分子构象改变，致使通道开启，允许 Na^+、K^+ 甚至 Ca^{2+} 通过，但不允许阴离子通过，故该受体在功能上属于阳离子通道。由于这类受体激活时直接引起离子跨膜流动，故又称为**促离子型受体**（**ionotropic receptor**）。

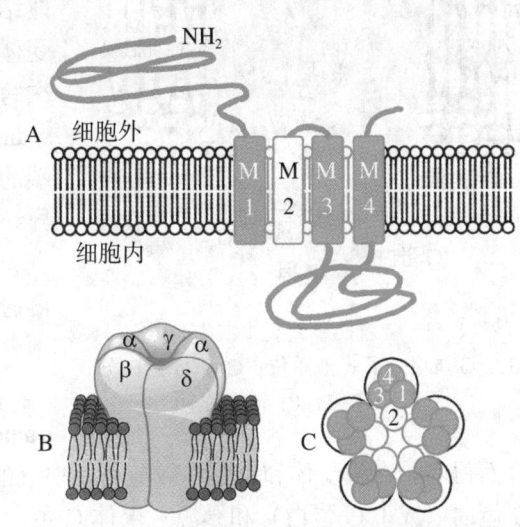

图 2-21 N_2型乙酰胆碱受体通道结构示意图
A. 跨膜蛋白单体肽链；B. N_2型乙酰胆碱受体通道五聚体立体构造；C. 通道横断面结构

除了 N_2 型 ACh 受体以外，5-羟色胺、谷氨酸、γ-氨基丁酸和甘氨酸等都有对应的离子通道型受体，如 $5-HT_3$ 受体、谷氨酸的 NMDA 受体、γ-氨基丁酸的 GABAA 和 GABAC 受体及甘氨酸受体等。与前几种受体的功能属性不同，GABAA 和 GABAC 受体以及甘氨酸受体等属于阴离子通道，这些受体与相应配体结合后构象改变，允许 Cl^- 等阴离子跨膜移动，如果只有阴离子内流，则使细胞膜超极化而不易发生兴奋。

有些离子通道的开闭是由细胞内物质控制的。如 M 型 ACh 受体活化后，G 蛋白解离出的 β、γ 亚单位可开启心肌细胞膜上一种 K^+ 通道，因 K^+ 外流而引起细胞膜超极化，产生抑制效应。与上述细胞膜上的离子通道型受体不同，核苷酸受体和 IP_3 受体（IP_3R）等都是存在于细胞质内的受体，可分别与 cAMP、cGMP 和 IP_3 等分子结合。如肌质网膜上的 IP_3R 本身是钙释放通道，与 IP_3 结合后通道开启，引起肌质网内储存的 Ca^{2+} 释放到肌质中。分布在胰岛 β 细胞膜上的 ATP 敏感 K^+ 通道，可因细胞内糖分解代谢产生较多的 ATP 而关闭，以致细胞膜去极化，引起 Ca^{2+} 内流，触发胰岛素分泌（见第十一章第五节相关内容）。但细胞外 ATP 与其受体结合则开启相关通道。

各种离子通道型受体介导的跨膜信号传递具有速度快、反应较局限等特点。随着研究的深入，离子通道型受体在细胞通信中的地位越来越受到重视。离子通道型受体缺陷可引起相关的疾病，如已知甘氨酸受体缺陷与多种惊厥综合征相关；NMDA 受体过度激活与多种神经退行性变、癫痫及脑缺血损伤等病理过程相关。

2. G 蛋白耦联受体介导的跨膜信号传递 G 蛋白耦联受体（GPCR）是需要通过 G 蛋白活动才能实现跨膜信号传递效能的膜受体超家族，在人体内约 800 种。目前已知，体内有 100 多种激素、神经递质和其他信号分子是通过 G 蛋白耦联受体介导的信号传递调节靶细胞活动的。

（1）信息传递物质：信息传递物质是指信号转导途径中涉及的各种信号分子。G 蛋白耦联受体介导的跨膜信号转导通路中需要有 G 蛋白、G 蛋白效应器、第二信使、蛋白激酶等存

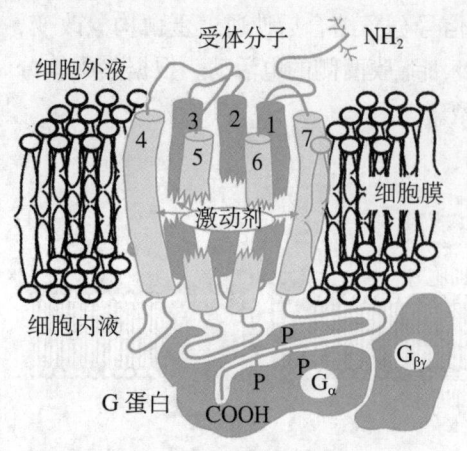

图 2-22　G 蛋白耦联受体结构示意图

$G_α$：G 蛋白分子 α 亚单位；$G_{βγ}$：G 蛋白分子 βγ 亚单位；P：磷酸基团

在于细胞膜、细胞质和细胞核中的一系列信号分子参与。

1) G 蛋白耦联受体：尽管能够与 G 蛋白耦联受体结合的细胞外信号分子千差万别，但 G 蛋白耦联受体在分子结构上同属一个受体超家族，均由一条 7 次跨膜肽链组成，因此又称为 7 次跨膜受体（seven-spanning receptor）（图 2-22）。这种跨膜蛋白分子氨基端的细胞外结构域中有糖基化位点，可与信号分子特异结合；羧基端的细胞内结构域中有发生磷酸化的位点。受体与细胞外信号分子结合后构象改变而活化，再通过 G 蛋白活性的改变，将细胞外的信号传递到细胞内。

2) G 蛋白：G 蛋白是**鸟苷酸结合蛋白**（guanine nucleotide-binding protein）的简称，因可与鸟苷酸结合而得名，在膜受体和细胞内效应器蛋白（酶或离子通道）之间起桥梁作用。G 蛋白包括单体 G 蛋白（或小 G 蛋白）和异源三聚体 G 蛋白，后者为通常所指的 G 蛋白。异源三聚体 G 蛋白的共同特征是：①由 α、β、γ 三个亚单位组成；②具有两种基本状态，α 亚单位与 GDP 结合时为失活态，与 GTP 结合时为激活态并具有 GTP 酶（GTPase）活性；③其构象改变可控制效应器蛋白活性，从而启动细胞内、外信号的传递。因此，G 蛋白犹如信号转导通路中的分子"开关"。

在受体尚未与配体结合时，G 蛋白以三聚体形式存于细胞膜内侧面上，其 α 亚单位结合的是 GDP，呈与受体分离的状态。当受体与配体结合后，受体蛋白分子构象改变，与 G 蛋白结合并使之活化，活化的 α 亚单位与 GDP 亲和力降低，释放出 GDP，而对 GTP 亲和力增加，并与 GTP 结合，于是 G 蛋白分离成 α-GTP 复合物和 βγ 二聚体两部分。这两部分都可改变下游效应器蛋白的活性，从而完成信号传递。当配体与受体解离后，G 蛋白重新恢复到原来的状态。

G 蛋白有多种，根据 α 亚单位的结构和活性特征将 G 蛋白分为 Gs、Gi 和 Gq 等多个家族。Gs 为激活性 G 蛋白，对效应器蛋白有激活作用，如 β 肾上腺素受体、促肾上腺皮质激素受体等与配体结合后即可激活 Gs，进而激活腺苷酸环化酶。$α_2$ 肾上腺素受体、生长抑素受体等与配体结合后通过激活 Gi，抑制腺苷酸环化酶，故 Gi 为抑制性 G 蛋白。而活化的 Gq 蛋白可激活磷脂酶 C。

3) G 蛋白效应器与第二信使：G 蛋白效应器包括催化生成第二信使分子的效应器酶和离子通道。主要的 G 蛋白效应器酶包括细胞膜内侧面上的**腺苷酸环化酶**（adenylate cyclase，AC）、**磷脂酶 C**（phospholipase C，PLC）、**磷酸二酯酶**（phosphodiesterase，PDE）和**磷脂酶 A_2**（phospholipase A_2）等，是分别催化特定"第二信使"物质生成或降解的酶类。G 蛋白的变化也可直接调控某些离子通道的状态。

G 蛋白耦联受体介导的信号转导一般经几种通用的细胞内分子活化或生成就可完成，细胞内的这些信号分子统称为**第二信使**（second messenger）。在细胞间传递信息的配体或信号分子则被看作**第一信使**（first messenger）。目前，已明确的"第二信使"分子主要有**环腺苷酸**（cyclic adenosine monophosphate，cAMP）、**三磷酸肌醇**（inositol triphosphate，IP_3）、**二酰甘油**（diacylglycerol，DAG）、**环鸟苷酸**（cyclic guanosine monophosphate，cGMP）和 Ca^{2+} 等。通常，细胞质中的第二信使分子浓度保持相对稳定，但上游 G 蛋白效应器酶的活性发生变化时，第二信使分子数量改变，进而影响下游信息的传递。

4）蛋白激酶：第二信使可继续向下游传递信息，如激活相应的蛋白激酶（protein kinase）等。后者包括依赖 **cAMP** 的蛋白激酶（cAMP-dependent protein kinase，或称蛋白激酶 A，protein kinase A，PKA）、依赖 **Ca^{2+}** 的蛋白激酶（蛋白激酶 C，protein kinase C，PKC）和依赖 **cGMP** 的蛋白激酶（cGMP-dependent protein kinase，或称蛋白激酶 G，protein kinase G，PKG）等。激活的蛋白激酶可使底物蛋白磷酸化而产生各种生物学作用或继续向下游传递信息。蛋白激酶将 ATP 分子的磷酸基团转移到底物蛋白，使之磷酸化，底物蛋白的电荷与构象发生变化，从而改变细胞自身固有的生物应答反应。细胞内蛋白质的磷酸化和去磷酸化过程引起级联反应（cascade），即上一级反应的产物激活或抑制下一级反应的限速酶，从而产生瀑布样的生物化学反应，使信号逐级放大，产生极强的生物学效应。

（2）信息传递途径：G 蛋白耦联受体介导的跨膜信号传递途径概要如下（图 2-23）。

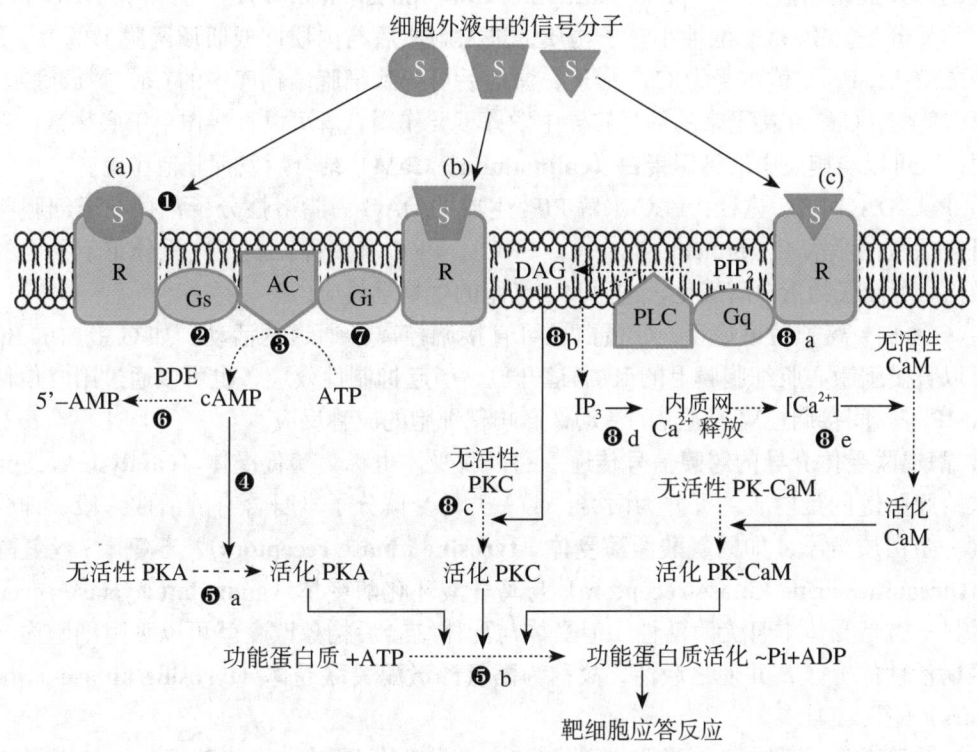

图 2-23　G 蛋白耦联受体介导的跨膜信号传递途径

（a）、（b）Gs/Gi 蛋白 - 腺苷酸环化酶 -cAMP 途径；（c）Gq 蛋白 - 磷脂酶 C-DAG/IP$_3$ 途径

❶激素、神经递质等水溶性配体作为细胞通信的信号分子（S）与靶细胞膜表面相应特异受体（R）结合；❷配体 - 受体复合物形成后即激活 Gs 蛋白；❸活化的 Gs 蛋白再激活效应蛋白，如腺苷酸环化酶（AC）等；腺苷酸环化酶催化胞质中的 ATP 成为环磷腺苷（cAMP）；❹cAMP 作为"第二信使"能将细胞外信号分子所携带的调节信息向下游转递；❺a cAMP 通过激活蛋白激酶 A（PKA），催化细胞内功能蛋白质活性变化（磷酸化或去磷酸化），如酶蛋白磷酸化等反应；❺b 一系列功能蛋白质活性的变化，即改变靶细胞固有的各种生理生化反应；❻cAMP 可被磷酸二酯酶（PDE）降解为 5'-AMP 而失活，信号分子的调节效应就此中断。❼配体 - 受体复合物若激活 Gi 蛋白，则效应蛋白 AC 受到抑制，活性降低，cAMP 生成减少，信号分子可产生对细胞的抑制性调节效应。❽a 若配体 - 受体复合物激活 Gq 蛋白，可活化磷脂酶 C（PLC）；❽b 催化膜磷脂酰二酸肌醇（PIP$_2$）分解，生成作为第二信使的二酰甘油（DAG）和三磷酸肌醇（IP3）；❽c DAG 直接激活蛋白激酶；❽d IP$_3$ 使胞内钙池释放 Ca^{2+}，提高胞质中 Ca^{2+} 浓度；❽e 通过 Ca^{2+}，或者 Ca^{2+} 与钙结合蛋白，如钙调蛋白（CaM）等结合，激活钙调蛋白激酶（PK-CaM），进一步调节细胞的功能活动

⎯⎯→ 表示促进；⋯⋯▶ 表示转化

1）AC-cAMP-PKA 途径：腺苷酸环化酶是位于细胞膜上的 G 蛋白效应器酶，可催化胞质中的 ATP 生成 cAMP，生成的 cAMP 可被 PDE 迅速分解生成 5'-AMP 而降解失去活性。通

常胞质中 cAMP 浓度很低，在 10^{-7} mol/L 以下，并保持生成与分解的平衡。在大多数细胞，cAMP 可进一步激活 PKA，PKA 再使其底物蛋白磷酸化而激活。部分底物蛋白是调节基因表达的因子，激活后可启动靶基因的转录和相关蛋白质的合成，进而改变相应的生物学效应。在不同细胞，PKA 的底物蛋白不同，cAMP 通过激活或抑制不同的酶系统，使细胞对体液中同一信号分子的作用产生不同的反应。例如，肾上腺素经这一途径使肝细胞内 cAMP 升高，激活 PKA，PKA 激活磷酸化酶激酶，后者促进肝糖原分解；而心肌细胞内的 PKA 则使 Ca^{2+} 通道磷酸化而开启，从而增强心肌收缩力。cAMP 也可直接调控离子通道的活动。经 AC-cAMP-PKA 途径发挥调节作用的物质有很多种，如下丘脑调节肽、腺垂体激素、儿茶酚胺等多种激素。

2）PLC-IP_3-Ca^{2+} 途径：许多配体，如毒蕈碱、5-羟色胺、血管紧张素Ⅱ、P 物质、血小板生长因子等与受体结合后可激活 Gq 蛋白。Gq 能激活膜上的磷脂酶 C（PLC），后者催化细胞膜上的**二磷酸磷脂酰肌醇**（**phosphatidylinositol-biphosphate，PIP_2**）分解为 DAG 和 IP_3 两种第二信使分子。IP_3 是水溶性小分子物质，进入胞质后与内质网或肌质网膜上的 IP_3 受体结合并使之激活。IP_3 受体本身为 Ca^{2+} 通道，激活后可导致细胞内钙库中的 Ca^{2+} 释放到胞质中。作为第二信使，Ca^{2+} 在接下来的信号转导中发挥重要作用，既可以直接作用于底物蛋白发挥调节作用，也可以与胞质中的**钙调蛋白**（**calmodulin，CaM**）结合后发挥其他作用。

3）PLC-DAG-PKC 途径：PLC 水解 PIP_2 生成的 DAG 为脂溶性分子，存在于细胞膜内表面，可激活蛋白激酶 C（protein kinase C，PKC）。PKC 有多种亚型，广泛分布于不同的组织中，激活后可使底物蛋白磷酸化，进而改变细胞的生物学效应。

4）G 蛋白-离子通道途径：G 蛋白也可直接调控离子通道的活动，如 G 蛋白的 βγ 二聚体既可以直接刺激心肌细胞膜上的 K^+ 通道开放，引起抑制性效应，也可以通过第二信使分子（如 cAMP 等）间接调控离子通道的活动，影响靶细胞的应答反应。

3．酶耦联受体介导的跨膜信号传递　酶耦联受体也称为**酶促受体**（**catalytic receptors**），为一次跨膜肽链的蛋白质，可分为两类：①一类是受体分子本身含有酶活性片段，即受体与酶是同一蛋白质分子，如**酪氨酸激酶受体**（**tyrosine kinase receptors**）、**苏氨酸/丝氨酸激酶受体**（**threonine/serine kinase receptors**）与**鸟苷酸环化酶受体**（**guanylate cyclase receptors**）等；②另一类是受体本身无酶活性，但受体与配体结合后构象改变就可以吸附细胞内具有酪氨酸激酶活性的分子，并使之激活，故称为**酪氨酸激酶关联受体**（**tyrosine kinase-associated receptors**）（图 2-24）。

（1）酪氨酸激酶受体：一些肽类激素和大部分生长因子，如胰岛素、胰岛素样生长因子-1（insulin-like growth factor-1，IGF-1）、表皮生长因子（epidermal growth factor，EGF）和神经生长因子（nerve growth factor，NGF）等，与相应受体结合后，使受体细胞内结构域的酪氨酸蛋白激酶（protein tyrosine kinase，PTK）片段发生自身磷酸化后形成靶蛋白结合位点，激活 Ras 等单体 G 蛋白，进而激活丝裂原活化的蛋白激酶（mitogen activated protein kinase，MAPK）系列，最终将信号传递至细胞核内，调节靶基因转录。此外，DAG-PKC 途径和 cAMP 也可激活 MAPK 系列。

（2）酪氨酸激酶关联受体：这一类受体的肽链结构中不含蛋白激酶结构域，但受体与配体结合后，可以吸附细胞内具有酪氨酸蛋白激酶活性的成分，如 JAK2（Janus kinase 2）等，再完成下游的信号传递。生长激素、催乳素、促红细胞生成素和许多细胞因子都通过这一类受体实现跨膜信号转导。

（3）鸟苷酸环化酶受体：这类受体的细胞内结构域中具有**鸟苷酸环化酶**（**guanylate cyclase，GC**）的活性，可催化 GTP 生成 cGMP。心房钠尿肽的受体就是一种鸟苷酸环化酶受体。心房钠尿肽与其受体结合后，受体分子构象改变使胞内段的 GC 活化，催化 GTP 生成 cGMP。cGMP 主要通过激活 PKG，引起系列底物蛋白磷酸化产生相应的反应。

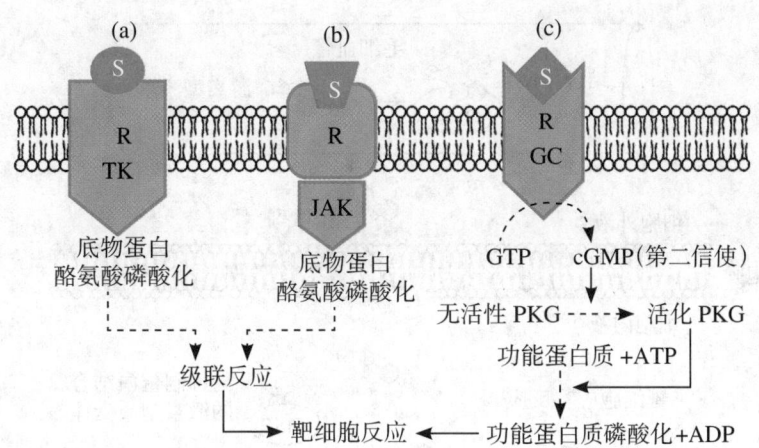

图 2-24　酶耦联受体（酶促受体）介导的跨膜信号传递途径

(a) 胰岛素等激素分子（S）与酪氨酸激酶受体结合后，其膜内结构域酪氨酸激酶片段（TK）发生自身磷酸化而活化，随后引起细胞内一系列信号传递级联反应及生物效应；(b) 生长激素、生长因子等受体的膜内结构域本身不具有酶活性片段，但与配体结合后可吸附胞质中具有酶活性的成分，如 JAK 激酶等，再经下游一系列过程引起细胞生物反应；(c) 心房钠尿肽等受体为鸟苷酸环化酶受体，与激素结合后鸟苷酸环化酶（GC）自我激活，催化作为第二信使的 cGMP 生成，实现向下游信号传递，引起细胞生物反应

⟶ 表示促进；┈┈▶ 表示转化

（三）核受体介导的跨膜信号传递

核受体是指位于胞质或胞核内的受体，多作为配体激活转录因子发挥作用。核受体多为单肽链结构，含有共同的功能区段，至少包括配体结合域、DNA 结合域和转录激活域三部分结构。配体结合域结合特定激素后，DNA 结合域就与核受体靶基因启动子 DNA 上的**激素应答元件**（hormone response element，HRE）相结合，继而转录激活域开始调节靶基因转录，通过对其靶基因转录的调控最终改变细胞生物效应。多数脂溶性信号分子能直接穿越细胞膜，与细胞内相应核受体结合形成激素 - 核受体复合物，继而进入细胞核内以单体、同源或异源二聚体形式，单独或与其他调控因子共同调节其靶基因的转录，通过影响靶基因的蛋白质合成而发挥作用。

根据二聚体的同源性，将核受体分为Ⅰ型和Ⅱ型两大类。Ⅰ型核受体也称为类固醇激素受体（包括糖皮质激素、盐皮质激素、雌激素、雄激素与孕激素受体等），以同源二聚体形式发挥作用。Ⅱ型核受体包括甲状腺激素受体、维生素 D 受体、视黄酸受体和前列腺素受体等，则主要以异源二聚体形式发挥作用。目前还有相当多的核受体尚未找到其内源性特异配体，这些核受体被统称为**孤儿核受体**（orphan nuclear receptors）。

类固醇激素与Ⅰ型受体结合产生调节效应。类固醇激素进入细胞后，先与定位于胞质内的受体结合，使受体上结合的热休克蛋白等解离，形成激素 - 核受体复合物，使受体蛋白因构象改变而活化，并获得进入核内的能力，随之**转位**（translocation）至细胞核内。激素 - 核受体复合物为活化的转录调节因子，以同源二聚体形式与核受体靶基因启动子 DNA 分子序列上的特异性激素应答元件相结合，在其他辅因子共同参与下调控靶基因转录，启动或终止特定基因 mRNA 的转录。启动靶基因转录时，作为模板的 mRNA 增多并进入胞质，在核糖体翻译为功能蛋白质，特别是酶蛋白，再由这些功能蛋白质引起细胞的生物学效应（图 2-25）。与膜受体介导的信号转导相比，核受体介导的跨膜信号传递涉及基因转录和蛋白翻译等过程，因而需较长时间才能发挥生物效应。一般而言，前者多以秒和分钟计，而后者则需数十分钟或数小时才能完成。但最近发现，神经系统的某些类固醇物质介导的是快速生物效应，其信号转导过程并非通过核受体调节基因转录途径实现，而是通过与其膜受体激活发挥作用。

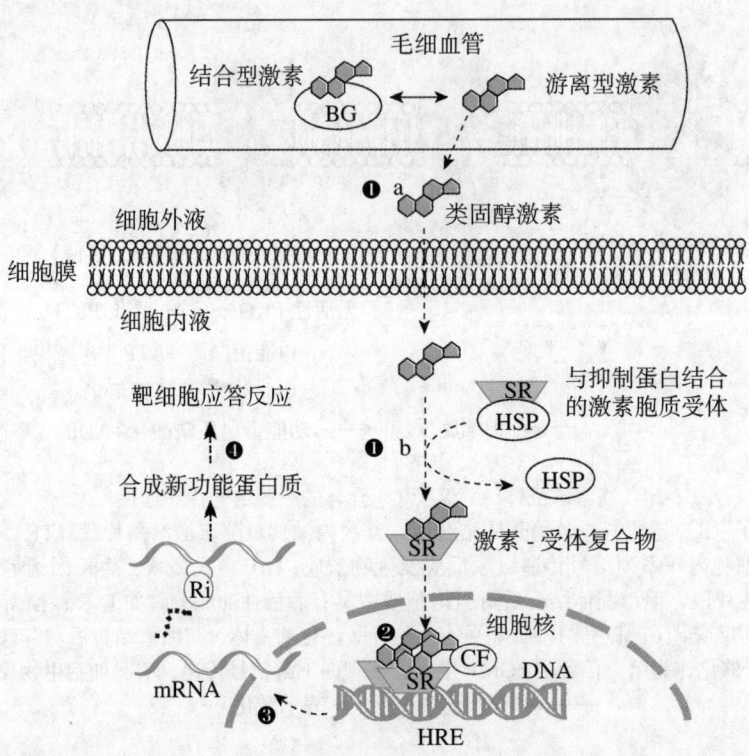

图 2-25 细胞内受体介导的跨膜信号传递过程

在血中，类固醇激素等脂溶性配体分子主要以与血浆运输蛋白质（BG）结合的形式存在和运输，并与游离形式的激素分子间保持动态平衡。❶a 游离型类固醇激素可穿越细胞膜，进入靶细胞内；❶b 激素进入胞内后，先前与抑制蛋白（如热休克蛋白，HSP）结合的胞质激素受体（SR）与前者解聚，并形成激素-受体复合物；❷ 激素-受体复合物进入细胞核内，以二聚体形式与 DNA 分子的激素应答元件（HRE）相结合，在 RNA 多聚酶多种转录调节因子和共因子（cofactor，CF）的共同参与下调控基因转录，生成某种 mRNA 进入胞质；❸ 核糖核蛋白体（Ri）以 mRNA 为模板，翻译、合成新的功能蛋白质（如酶等）；❹ 新功能蛋白质引起靶细胞的应答反应

与多数类固醇激素的作用机制有所不同，甲状腺激素受体（TR）属于Ⅱ类受体，在与甲状腺激素结合后，受体首先解离与之结合的抑制性成分，再与视黄酸 X 受体（RXR）结合为异二聚体（TR-RXR）形式，进而调节其靶基因转录。

不同的外界刺激信号通过多种途径完成向细胞内的转导过程。各信号转导途径之间形成了错综复杂的联系，**交互对话（crosstalk）**构成细胞内信号转导网络的常见形式。不同受体介导的信号转导途径之间，既相对独立，又相互联系、相互影响，以协调细胞的功能，维持正常的生命活动。

第五节　肌肉收缩活动

人体的肌肉组织占体重的 50% 以上，包括骨骼肌、心肌与平滑肌，通过收缩与舒张完成躯体运动、心脏泵血及胃肠道、血管和肺内气道等的运动。尽管不同肌肉组织的结构、收缩特性与功能有所差异，但各种肌细胞在分子水平的收缩机制存在共同之处。本节主要以骨骼肌为例，阐述肌细胞收缩的基本原理。

一、骨骼肌的兴奋与收缩

骨骼肌是体内含量最多的组织,约占体重的40%。骨骼肌属于随意肌,其活动受意识的控制。所有骨骼肌细胞都接受躯体运动神经末梢的支配,运动神经冲动作用于骨骼肌细胞,可引发骨骼肌的兴奋和收缩。

(一)骨骼肌细胞的兴奋过程

兴奋传至运动神经末梢后释放神经递质——**乙酰胆碱**,作用于骨骼肌终板膜上的 N_2 型乙酰胆碱受体,产生终板电位,进而触发肌细胞动作电位而兴奋。神经与骨骼肌之间的信息传递可归纳为"电 - 化学 - 电"的转换过程。

1. 神经 - 骨骼肌接头结构 神经 - 骨骼肌接头(neuromuscular junction)由运动神经末梢和与其接触的骨骼肌细胞膜所构成,是介导运动神经末梢与其所支配骨骼肌细胞之间兴奋传递的特化结构(图 2-26)。

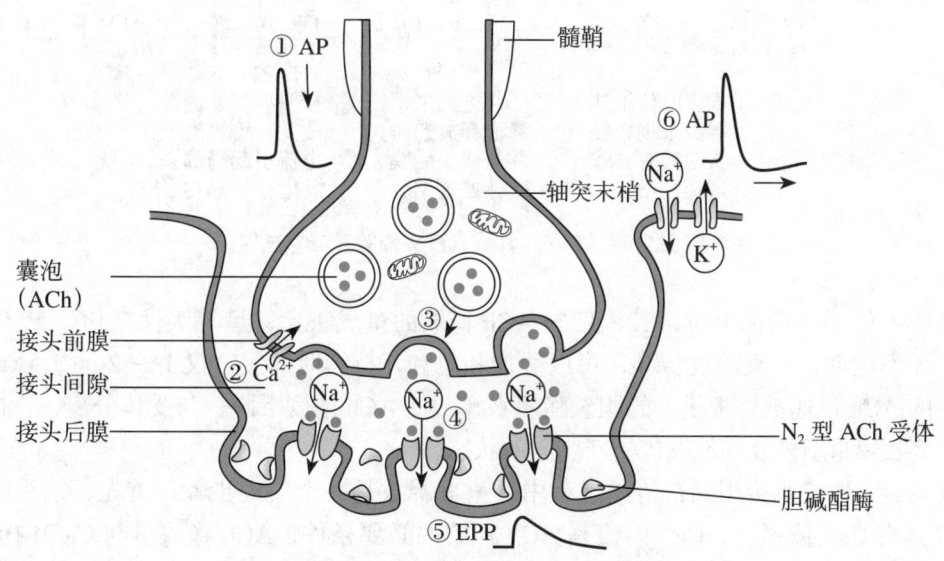

图 2-26 神经 - 骨骼肌接头兴奋传递结构示意图

运动神经纤维抵达所支配的骨骼肌后,失去髓鞘,裸露的轴突末梢进入肌肉后又广泛分支形成大量末端膨大的突触小体,后者嵌入由肌膜内陷形成的终板凹中,形成一个神经 - 骨骼肌接头。突触小体的膜即接头前膜(prejunctional membrane),与其相对的肌细胞膜即接头后膜(postjunctional membrane),又称为终板膜(endplate membrane)。接头前膜与接头后膜之间有 20 ~ 50 nm 的间隔,称为接头间隙(junctional cleft),其中充满细胞外液。终板膜向内凹陷形成许多皱褶以增大表面积,上面含有 10^7 ~ 10^8 个 N_2 型乙酰胆碱受体(N_2-AChR)并集中分布于皱褶的开口处。终板膜上和接头间隙中有水解 ACh 的酶,即胆碱酯酶(acetylcholinesterase)。突触小体内含有线粒体和约 3×10^5 个突触囊泡(synaptic vesicle)或突触小泡。由运动神经元合成的 ACh 储存于突触小泡内,每个突触小泡含 5000 ~ 10 000 个 ACh 分子。

2. 神经 - 骨骼肌接头兴奋传递过程 如图 2-27 所示:当神经冲动沿神经纤维传导至轴突末梢时,接头前膜去极化激活膜上的电压门控 Ca^{2+} 通道;因膜外 Ca^{2+} 浓度比轴突末梢内高出近 20 000 倍,Ca^{2+} 流入轴突末梢,使胞质 Ca^{2+} 浓度升高,进而导致 200 ~ 300 个囊泡以胞吐方式释放 ACh；释放出的 ACh 经接头间隙扩散至终板膜，与终板膜上的 N_2-AChR 结合，使通道蛋白分子构象改变而开启。N_2-AChR 为阳离子通道，允许 Na^+、K^+ 和 Ca^{2+} 通过。由于 Na^+ 的跨膜内向电-化学驱动力远大于 K^+ 的外向电-化学驱动力，故 Na^+ 内流远多于 K^+ 外流，引起净内向离子流，使终板膜发生去极化反应，称为**终板电位**（endplate potential，EPP）。由于终板膜上无电压门控 Na^+ 通道，因而不会爆发动作电位，但终板电位的幅度较大，可达 50～75 mV，能以电紧张扩布的方式向周围扩布，刺激相邻普通肌膜上电压门控 Na^+ 通道开放、Na^+ 内流和去极化反应，当去极化达到阈电位水平时，即可爆发动作电位，并传遍整个肌细胞膜。

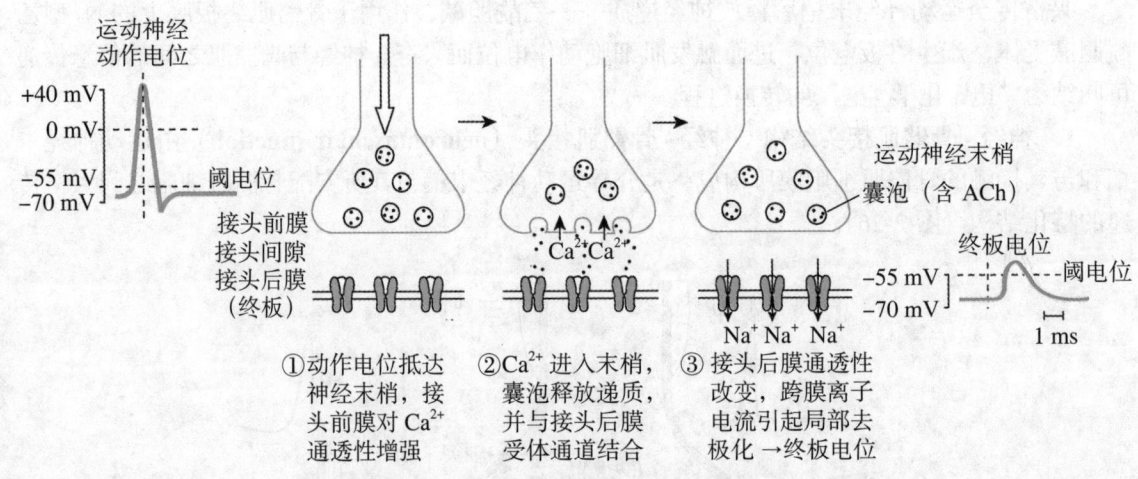

图 2-27　神经-骨骼肌接头传递兴奋的过程

终板电位属于局部电位，其幅度与 ACh 释放的量成正比，呈等级性变化，无"全或无"现象，无不应期，呈衰减性传导，可以叠加和总和，持续时间短，仅 1～2 ms。释放到接头间隙内的 ACh 迅速被终板膜上的胆碱酯酶水解，使 ACh 浓度下降，与受体分离，一次作用消除，使终板膜重新恢复到能够接受新刺激的状态。

在神经-骨骼肌接头兴奋传递过程中，ACh 释放是一个关键步骤。首先，接头前膜 ACh 的释放具有 Ca^{2+} 依赖性，Ca^{2+} 内流是 ACh 释放的必要条件，ACh 释放量与 Ca^{2+} 内流呈正相关，故细胞外液 Ca^{2+} 浓度变化可明显影响兴奋的传递。其次，接头前膜释放 ACh 呈量子释放（quantal release），即 ACh 的释放是以囊泡为单位进行的；释放时，囊泡内的 ACh 倾囊而出，一个囊泡中所含的 ACh 被视为一个量子。静息状态下，因囊泡的随机运动可发生单个囊泡的自发释放，并引起终板膜发生微弱的去极化，故称为**微终板电位**（miniature end-plate potential，MEPP），其频率平均为 1 次/秒。

3. 神经-骨骼肌接头兴奋传递的特点　神经-骨骼肌接头兴奋传递的过程是典型的离子通道型受体介导的信号转导，其信息传递特点有：①单向传递：神经-骨骼肌接头为非对称结构，信息只能从神经末梢传向肌细胞；②时间延搁：ACh 需要弥散跨越 20～50 nm 的接头间隙，故传递耗时较长，可达 0.5～1.0 ms，比运动纤维兴奋传导速度（约 100 m/s）慢得多；③易受干扰：递质合成、储存、释放、与受体结合及失活等各环节均受多种因素影响；接头间隙充满细胞外液，易受内环境变化的影响；④对应传递：运动神经每一个动作电位诱发释放的 ACh 量足以且只能引起一次肌肉兴奋和收缩，这是因为释放的 ACh 仅作用约 2 ms 就会被胆碱酯酶完全清除，使终板膜恢复到初始状态。

（二）骨骼肌收缩原理

1. 骨骼肌的超微功能结构　骨骼肌细胞为细长的合胞体，也称为骨骼肌纤维，内部纵贯细胞全长、平行排列着上千条作为收缩基本成分的肌原纤维，其周围包绕着丰富、发达的肌管系统（图2-28A）。

（1）肌原纤维：**肌原纤维**（myofibril）由肌小节（sarcomere）串联而成。光镜下，沿肌原纤维长轴可见呈规则排列、明暗交替的横纹，分别称为**明带**（light band，I带）和**暗带**（dark band，A带），由此这类肌肉被称为横纹肌，骨骼肌和心肌同属横纹肌。暗带中间相对较亮的区域称为H带，H带的中央有一条深暗的横线称为M线，为肌小节的中线。明带中央也有一条深暗的横线称为Z线（立体观察呈盘状，即Z盘）。两条相邻Z线之间的区域，包括一个暗带和其两侧各1/2的明带，称为一个肌小节，简称肌节，其中M线为肌节中线，而Z线则是相邻肌节的分界。

肌节是肌肉收缩和舒张的基本功能单位，主要由粗肌丝和细肌丝组成。静息时骨骼肌肌节长度为 2.0~2.2 μm，运动时在 1.5~3.5 μm 范围内变动。粗肌丝由肌节中央骨架蛋白形成的M线向两侧Z线方向延伸构成肌节的暗带。细肌丝由Z线的骨架结构向M线延伸，未与粗肌丝重叠的部分形成肌节的明带，与粗肌丝相互穿插、重叠的部分则更暗。而近M线两侧部位的暗带仅有粗肌丝而无细肌丝插入，相对透亮，形成暗带中央的H带（图2-28B、图2-29）。肌节中细肌丝数目是粗肌丝的2倍。

单根粗肌丝长约 1.6 μm，直径 10 nm，由 200~300 个**肌球蛋白**（myosin）分子构成。单个肌球蛋白分子长约 150 nm，呈豆芽状，有一长条形的杆部和两个球形的头部，由6条肽链构成。肌球蛋白杆状的尾平行排列朝向M线，形成粗肌丝主干；球形的头部则伸出粗肌丝形成 300~400 个**横桥**（cross-bridge）（图2-28C）。横桥的功能：①具有ATP酶活性，可分解所结合的ATP获取能量，用于横桥扭动和做功；②能与肌动蛋白可逆性结合，激活后向M线方向扭动和拖曳细肌丝。

细肌丝长约 1 μm，直径 5~8 nm，由肌动蛋白、原肌球蛋白和肌钙蛋白3种主要成分构成，大致比例为 7:1:1（图2-28C）。**肌动蛋白**（actin）单体呈球形，聚合成串珠状链，两条链互相缠绕呈螺旋状构成细肌丝主干。肌动蛋白分子上具有多个能与粗肌丝横桥结合的位点，能激活肌球蛋白头部ATP酶的活性。**原肌球蛋白**（tropomyosin）分子呈长杆状，由两条肽链缠绕成双螺旋结构，长度约相当于7个肌动蛋白单体的总长度，多个分子首尾相连形成长链，沿肌动蛋白双螺旋的浅沟走行。肌肉处于舒张状态时，原肌球蛋白的位置恰好能"遮盖"肌动蛋白分子上横桥的结合位点，阻隔两者"相遇"，从而抑制了肌丝滑行的发生。**肌钙蛋白**（troponin）由T、C、I 3个亚单位构成，并以7个肌动蛋白单体长度的间距重复出现在原肌球蛋白的双螺旋结构上，即以1:1的比例与原肌球蛋白分子相结合。肌肉舒张时，**肌钙蛋白T**（troponin T，TnT）和**肌钙蛋白I**（troponin I，TnI）分别与原肌球蛋白和肌动蛋白紧密相连，使原肌球蛋白保持在遮盖肌动蛋白上横桥结合位点的位置。**肌钙蛋白C**（troponin C，TnC）是 Ca^{2+} 结合亚单位，每分子TnC可结合4个 Ca^{2+}；当胞质 Ca^{2+} 浓度升高时，TnC与 Ca^{2+} 结合，肌钙蛋白构象变化，使TnI与肌动蛋白结合减弱，原肌球蛋白分子向肌动蛋白双螺旋沟槽的深部移动，解除对肌动蛋白活性位点的遮盖，暴露出肌动蛋白上横桥的结合位点，引发横桥与之结合，产生肌丝滑行而收缩。肌球蛋白与肌动蛋白分别构成粗、细肌丝的主干，直接完成收缩过程，统称为收缩蛋白；原肌球蛋白和肌钙蛋白控制收缩蛋白之间的相互作用，故称为调节蛋白。

（2）肌管系统：骨骼肌细胞内存在两套独立的**肌管系统**（sarcotubular system）（图2-28A）。横管又称**T管**（T tubule），是垂直于肌原纤维走行的管道，由肌膜在Z线附近内陷并向深部延伸而成，包绕每条肌原纤维，横管内充满细胞外液。纵管也称**L管**（L tubule），即**肌质网**（sarcoplasmic reticulum，SR），是平行于肌原纤维走行的膜性管道，其中大面积包绕肌原纤维、交织成网的部分称为**纵行肌质网**（longitudinal SR，LSR）。SR与T管或肌膜相接触的末端膨大或呈扁平状，称为**连接肌质网**（junctional SR，JSR）或**终池**（terminal cisterna），其中 Ca^{2+} 浓度比胞质中高近万倍，膜上嵌有钙释放通道。在骨骼肌，T 管与其两侧的终池形成三联管（triad）结构，而在心肌，T 管与单侧的终池相接触形成**二联管**（diad）结构，都是兴奋-收缩耦联的关键部位。终池膜上嵌有 Ca^{2+} **释放通道**（calcium release channel）或称**雷诺丁受体**（ryanodine receptor，RyR）。终池内 Ca^{2+} 浓度比胞质高出近万倍，当钙释放通道开放时，Ca^{2+} 被释放到胞质中；而肌质网膜上的 Ca^{2+} 泵运转时，可将胞质中的 Ca^{2+} 回收到终池。与终池膜 RyR 位置对应的 T 管膜或肌膜上存在电压门控 L 型 Ca^{2+} 通道（L-type calcium channel），也称 DHP 受体（dihydropyridine receptor，DHPR），与 RyR 间存在某种物理性或机械性关系。当肌细胞膜兴奋时，动作电位沿 T 管传入肌细胞深部，DHPR 构象变化触发 RyR 开启，终池释放 Ca^{2+} 到胞质，而胞质中 Ca^{2+} 浓度升高即可触发肌丝滑行和肌节缩短。可见，横管将兴奋引入肌细胞内部，终池则通过储存、释放和再积蓄 Ca^{2+} 参与肌节舒缩活动，三联管则是将肌细胞兴奋与收缩过程衔接起来的关键结构。

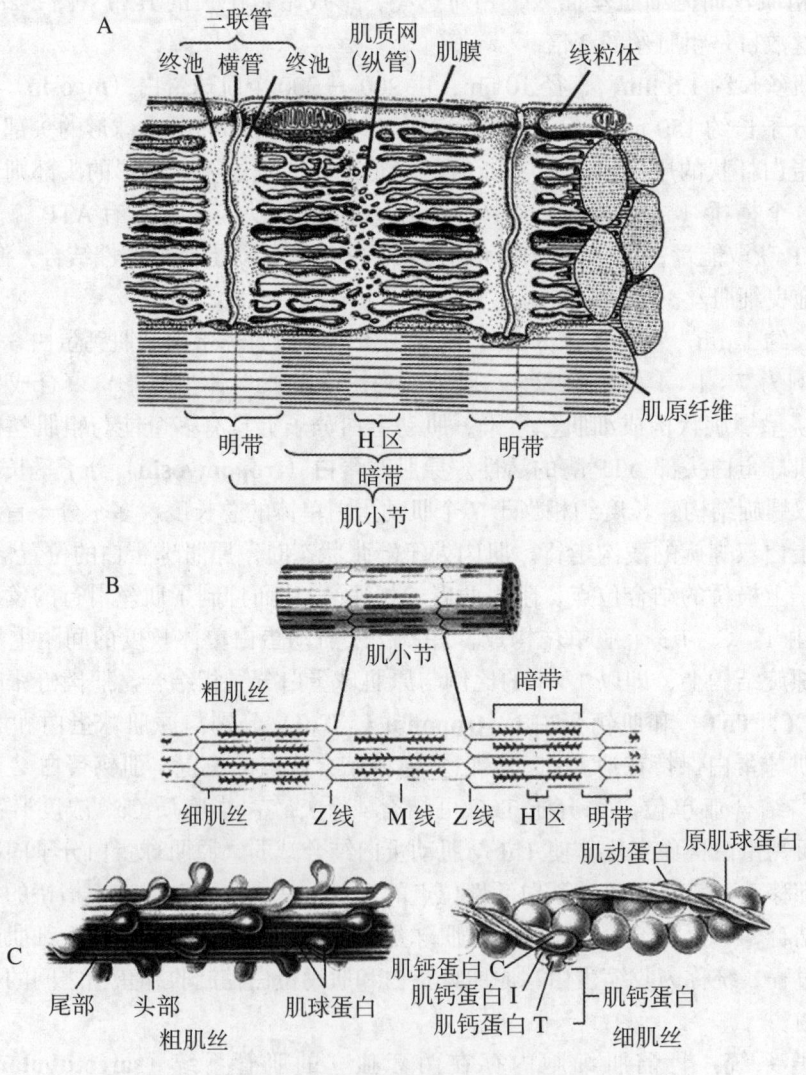

图 2-28 骨骼肌细胞的超微功能结构
A. 肌膜、肌管与肌原纤维；B. 肌小节的结构；C. 肌丝的结构

2. 骨骼肌细胞的收缩机制　20 世纪 50 年代，Huxley 等提出肌丝滑行理论来解释肌肉收缩的机制。该理论认为，肌肉收缩是因为肌节内部相互穿插的粗、细肌丝滑行重叠，使 Z 线向 M 线移动所致（图 2-29）。由 Z 线发出的细肌丝受横桥摆动拖拽而向暗带中央 M 线移动，两 Z 线间距减小，肌节变短，结果整条肌原纤维、肌细胞乃至整块肌肉长度缩短，产生收缩。滑行理论最直接的证据是，肌肉收缩时，肌原纤维暗带宽度无变化，而明带和暗带中央的 H 区都变窄。这说明，肌肉收缩时的粗、细肌丝本身都没有缩短，只是细肌丝朝向暗带中央滑行，与粗肌丝相对滑行、重叠程度加大。

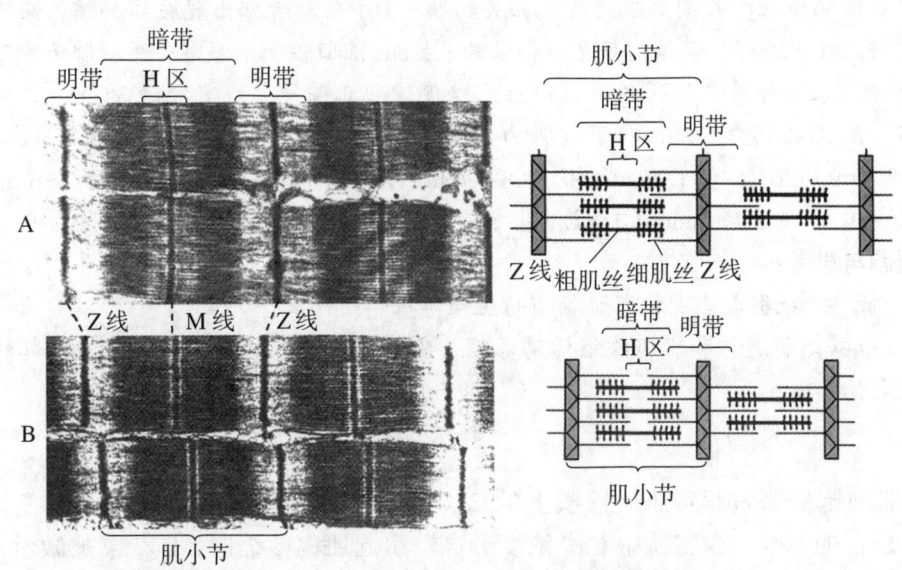

图 2-29　骨骼肌肌小节内粗、细肌丝的相对滑行

A．肌肉舒张时肌小节状态的电镜观和示意图；B．肌肉收缩时肌小节状态的电镜观和示意图

骨骼肌收缩时，由于细肌丝向肌小节中心 M 线滑动，明带与 H 区缩窄，暗带宽度不变，两端 Z 线向中心靠拢，肌小节缩短

（1）肌细胞收缩过程：当肌细胞兴奋时，动作电位沿 T 管的膜传导至细胞内部。分布于 T 管膜上的电压敏感蛋白即 DHPR 构象改变，直接开启终池膜上的 RyR，终池中的 Ca^{2+} 顺浓度梯度易化扩散流入胞质，使胞质中的 Ca^{2+} 浓度由 10^{-7} mol/L 迅速升高约 100 倍到 10^{-5} mol/L。这种直接由动作电位引起终池释放 Ca^{2+} 的过程称为电触发钙释放（electro-induced calcium release），这与心肌细胞的钙触发钙释放（Ca^{2+}-induced calcium release，CICR）机制不同。虽然 T 管膜上的 DHPR 本质是 L 型 Ca^{2+} 通道，但在电触发钙释放机制中却主要是作为电 - 机械传感器发挥信息传递、控制 RyR 状态的功能，而不是直接作为通道调控 Ca^{2+} 内流。

胞质 Ca^{2+} 浓度升高后，TnC 与 Ca^{2+} 结合，使肌钙蛋白构象改变，引起 TnI 与肌动蛋白的结合减弱，原肌球蛋白分子移向肌动蛋白双螺旋沟槽的深部，从而解除肌动蛋白与横桥间的阻隔，暴露出肌动蛋白上横桥的结合位点，于是横桥与肌动蛋白相结合。在 Mg^{2+} 存在下，肌动蛋白激活肌球蛋白头部的 ATP 酶，催化分解 ATP 释放能量。肌动蛋白与横桥结合改变横桥构象，使横桥头部向桥臂（M 线）方向扭动约 45°，拖动细肌丝向 M 线方向滑动，肌节缩短，肌肉收缩（图 2-29）。

临床应用

低钙血症与抽搐

患者男，31岁，因"四肢抽搐1天"入院。患者1天前无明显原因出现四肢抽搐、肢体强直，持续约10 min后自行缓解。患者10年前因甲状腺癌行"全甲状腺切除术"，术后出现低钙血症，长期口服钙片等相关药物；1年前患者曾出现肢体抽搐，经输注葡萄糖酸钙，症状缓解。查体：可见颈部长约9.5 cm陈旧性手术瘢痕，甲状腺未触及。神经功能检查未见异常，脑膜刺激征阴性。双侧瞳孔正圆等大，直径约3.0 mm，对光反射正常。双上肢肌力5级，双下肢肌力4^+级；血清电解质：钾3.04 mmol/L（参考值：3.5～5.3 mmol/L），钙1.27 mmol/L（参考值：2.20～2.65 mmol/L），磷2.36 mmol/L（参考值：0.81～1.45 mmol/L）。诊断：低钙血症伴抽搐。

问题与思考：
1. 低钙血症引起全身骨骼肌抽搐的生理学机制是什么？
2. 根据细胞通信和肌肉收缩活动原理，除骨骼肌外，低钙血症还可能引起机体哪些功能紊乱？

（2）肌细胞舒张过程：肌质网膜上的Ca^{2+}泵是一种Ca^{2+}-Mg^{2+}依赖式ATP酶，占肌质网膜蛋白总量的60%。当胞质中Ca^{2+}浓度升高、引起肌肉收缩时，Ca^{2+}泵被激活，利用分解ATP释放的能量，逆浓度梯度转运胞质Ca^{2+}到肌质网中再储备，胞质Ca^{2+}浓度再度降低，TnC与Ca^{2+}解离，肌钙蛋白构象复原，TnT和TnI分别恢复与原肌球蛋白和肌动蛋白的紧密相连，使原肌球蛋白重新回到遮盖肌动蛋白上横桥结合位点的位置，横桥与肌动蛋白脱离，粗、细肌丝复位，肌节长度复原，肌肉舒张。由于Ca^{2+}的回收、蓄积也消耗能量，故肌肉舒张与收缩一样也是主动的过程。横桥与肌动蛋白结合、扭动、复位、再结合的过程，周而复始，形成**横桥周期**（**cross-bridge cycling**）。

3. 骨骼肌的兴奋-收缩耦联 兴奋-收缩耦联（excitation-contraction coupling）是指将肌细胞膜动作电位的电兴奋过程与肌丝滑行的机械收缩联系起来的中介机制（图2-30）。骨骼肌兴奋-收缩耦联的发生部位在三联管，而心肌是在二联管；关键的耦联因子是Ca^{2+}。兴奋-收缩耦联包括3个主要环节：①T管膜上动作电位传导：肌膜动作电位沿T管膜传到细胞深处，激活T管膜或肌膜上的L型Ca^{2+}通道；②终池内Ca^{2+}释放：肌膜去极化，在骨骼肌通过电触发钙释放机制，在心肌通过CICR机制使肌质网顺浓度梯度释放Ca^{2+}到胞质；③Ca^{2+}触发肌丝滑行：胞质内Ca^{2+}浓度升高，使Ca^{2+}与TnC结合，触发肌丝滑行而引起肌肉收缩；④Ca^{2+}回摄入终池：在骨骼肌，释放到胞质的Ca^{2+}全部由终池膜钙泵摄回。在心肌，除了大部分Ca^{2+}摄回肌质网外，尚有10%～20%的Ca^{2+}由肌膜Na^+-Ca^{2+}交换体或Ca^{2+}泵转移至细胞外。实验中将离体蛙骨骼肌放入含20%～50%甘油的高渗任氏液内浸泡2 h，可选择性破坏横管系统，但肌膜和收缩结构保持完好。电刺激该骨骼肌后，肌膜动作电位正常产生，但不发生肌肉收缩，这种现象称为兴奋-收缩脱耦联，其发生机制是三联管结构损毁，肌膜动作电位不能经三联管触发终池Ca^{2+}释放，兴奋信号不能触发肌丝滑行。

与骨骼肌相同，心肌也是横纹肌，以肌原纤维中的肌小节为最小收缩单元。与骨骼肌不同的是，心肌呈分枝状，细胞之间以闰盘结构相联络，能实现同步性电活动和机械活动，形成功能合胞体。二者的肌管系统也明显不同，心肌细胞横管较为宽大，与终池形成二联管，肌质网发育欠佳，细胞内 Ca^{2+} 储备量少于骨骼肌细胞。细胞兴奋后，心肌胞质内升高的 Ca^{2+} 有 80%～90% 由肌质网通过钙触发钙释放机制释放，其余 10%～20% 由胞膜外流入；而骨骼肌则 100% 通过电触发钙释放机制由肌质网释出 Ca^{2+}。因此，细胞外液 Ca^{2+} 浓度的变化可明显影响心肌的收缩效能，而骨骼肌所受影响较小。

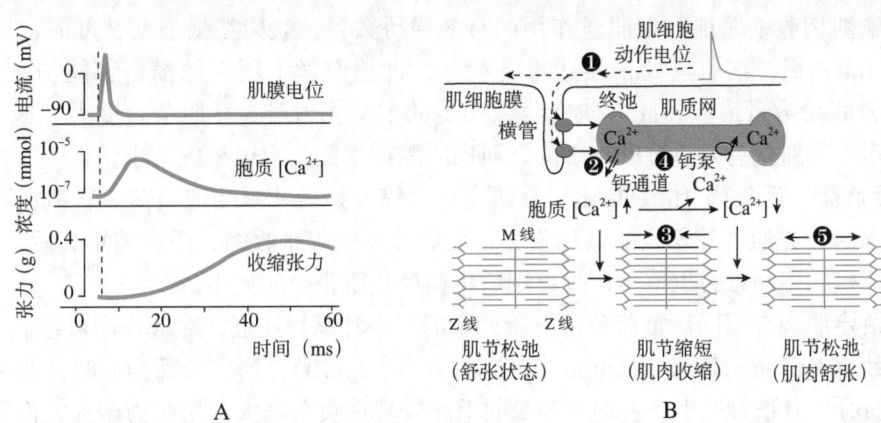

图 2-30 骨骼肌细胞的兴奋 - 收缩耦联

A．肌细胞兴奋过程中电、化学和机械变化顺序的对应关系；B．兴奋 - 收缩耦联过程：❶肌细胞兴奋，动作电位经 T 管传向细胞深部；❷T 管膜 DHP 受体构象改变，触发终池钙释放通道开启并释放 Ca^{2+}；❸胞质 [Ca^{2+}] 升高，触发肌丝相对滑行，肌小节缩短而引起收缩；❹肌质网 Ca^{2+} 泵回收所释放的 Ca^{2+}；❺胞质 [Ca^{2+}] 降低，肌小节松弛复原，肌肉舒张

（三）影响骨骼肌收缩效能的因素

肌肉收缩的效能（performance of contraction）是指肌肉收缩时产生张力（force）的大小、缩短（shortening）的程度，以及张力增加和缩短的速度（velocity）等。根据肌肉收缩的外部表现可将肌肉收缩分为等长收缩与等张收缩两种形式。等长收缩（isometric contraction）是指肌肉收缩时长度保持不变，只有张力的增加，发生于肌张力达到所承载负荷之前；而等张收缩（isotonic contraction）是指肌肉收缩时张力保持不变，只有肌肉缩短，发生于肌张力增大到足以克服所承载负荷之后（图 2-31）。但在体内，同一肌肉同时存

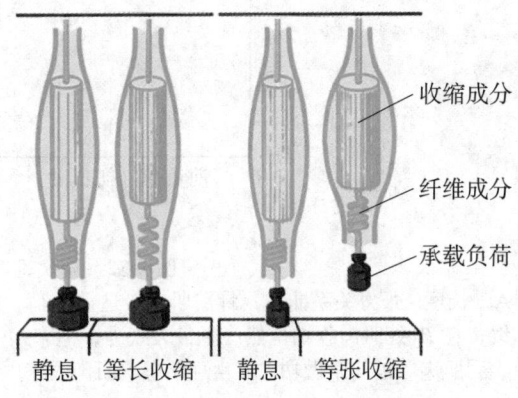

图 2-31 肌肉的等长收缩与等张收缩

在两种收缩形式，最常见的是先等长收缩增加肌肉张力，达到足以克服阻力时再发生等张收缩。维持躯体姿势的骨骼肌，以等长收缩为主；以引起躯体运动为主要功能的骨骼肌，则以等张收缩为主。影响横纹肌收缩效能的因素包括前负荷、后负荷、肌肉收缩能力及收缩的总和等。

1. 前负荷 前负荷（preload）是指肌肉在收缩之前所承受的负荷。肌肉在收缩之前所具有的长度称为初长度（initial length）。前负荷决定肌肉的初长度，前负荷越大，牵拉肌肉的力量越强，肌肉被拉得越长，初长度就越大。肌肉收缩实验中，常以初长度表示肌肉的前负荷。肌肉因受到牵拉而产生弹性回位的张力属于被动张力。在骨骼肌等长实验中，以不同的前负荷改变骨骼肌的初长度，将肌肉主动收缩时产生的主动张力与初长度对应作图绘制成曲线，即为**长度 - 张力关系曲线**（length-tension relationship curve）（图 2-32A）。从图中可见，当前负荷在一定范围内逐渐增加时，肌肉收缩产生的主动张力随初长度增加而增大，当前负荷超过某一

限度后，主动张力则随初长度的进一步增大而减小。可见，肌肉收缩时存在一个**最适前负荷**（optimal preload）和**最适初长度**（optimal initial length），分别是指肌肉收缩产生最大主动张力时的前负荷和初长度。肌肉在最适初长度时收缩可产生最大收缩效能。在整体情况下，骨骼肌多处于最适初长度状态，这有利于产生最大收缩张力。

肌肉初长度对肌肉收缩能力的影响与肌节长度变化有关。肌节长度决定粗、细肌丝重合度，影响肌肉收缩时能与细肌丝作用的有效横桥数目。肌肉在最适初长度时，肌节长度为 2.0～2.2 μm，粗、细肌丝处于最适重叠状态，即粗肌丝上所有的横桥都能与细肌丝接触，形成的横桥联接数量最多，此时肌肉收缩产生的主动张力最大。肌节长度大于或小于 2.0～2.2 μm，粗、细肌丝有效重叠度均下降，肌肉收缩产生的张力也相应减小。

2. 后负荷　后负荷（afterload）是肌肉在收缩开始后才承受的负荷。肌肉在有后负荷的条件下收缩时，先通过等长收缩增加张力，而后才发生等张收缩，肌肉缩短。后负荷增加时，肌肉收缩产生的主动张力也增大，故可用后负荷反映肌张力的大小。

通过测定肌肉在不同后负荷条件下所产生的张力和缩短速度，对应作图可绘制出张力-速度关系曲线（tension-velocity relationship curve）（图 2-32B）。当后负荷为 0 时，肌肉缩短速度最大（V_{max}），但张力最小，表现为等长收缩；随着后负荷增大，肌张力增加，但肌肉开始缩短的时间点推迟，肌肉缩短的程度和速度也减小；当后负荷大到使肌肉不能缩短时，产生的张力最大（P_0），但缩短速度为 0。可见，在有后负荷的条件下，肌肉收缩产生的张力和缩短速度呈反比关系。若其他因素不变，肌肉在适度后负荷时收缩对外做功最大，不论在 V_{max} 还是在 P_0 状态下，肌肉收缩所做的机械功均为零。

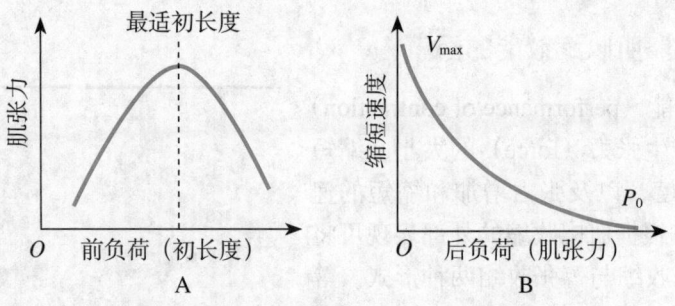

图 2-32　前负荷与后负荷对肌肉收缩的影响
A．长度-张力关系曲线，骨骼肌在最适前负荷，即最适初长度条件下收缩产生最大张力；B．张力-速度曲线，在 P_0 处肌肉收缩虽然产生最大张力，但未缩短；在 V_{max} 处肌肉缩短速度最快，但无张力，曲线两端处表明肌肉收缩均未做功，而生理状态下肌肉收缩以一定的速度缩短并产生张力

肌球蛋白头部 ATP 酶活性和后负荷大小决定横桥周期的长短和肌肉缩短的速度。当后负荷为零时，横桥摆动的速率可达最大，此时，这个最大速率的高低只取决于肌球蛋白头部 ATP 酶的活性。当有后负荷时，横桥摆动的速率降低，横桥周期延长，每个瞬间都有较多的横桥与肌动蛋白结合，以产生和维持较大的张力来克服后负荷的阻力。

3. 肌肉收缩能力　肌肉收缩能力（contractility）是指肌肉不依赖于前、后负荷，而能改变肌肉收缩效能的内在特性。肌肉收缩能力增强以后，在前、后负荷不变的条件下，收缩时肌肉张力、缩短程度和速度都会提高，表现为长度-张力曲线上移和张力-速度曲线右上移。肌肉收缩能力减弱时则发生相反的变化。

凡能影响兴奋-收缩耦联各环节的因素都能影响肌肉收缩能力，其中最主要的有活化横桥数目、肌球蛋白头部 ATP 酶活性以及细胞内能量转换效率等。横桥与肌动蛋白结合形成横桥联接是横桥 ATP 酶活化的关键，而胞质内 Ca^{2+} 浓度和肌钙蛋白对 Ca^{2+} 的亲和力决定了活化横桥的数目。儿茶酚胺类物质可提高心肌 L 型 Ca^{2+} 通道活性，使胞质 Ca^{2+} 浓度升高，因而可提高心肌收缩效能。一些钙增敏剂通过增加肌钙蛋白对 Ca^{2+} 的亲和力、增加活化横桥联接的数目，增强肌肉收缩效能。其他一些神经体液因素、药物及致病因子等也可通过影响这些内在特性改变肌肉收缩效能，这在心肌更具有临床意义。

4. 收缩的总和 收缩的总和（summation）是指肌细胞收缩的叠加特性。骨骼肌是随意肌，生理情况下骨骼肌的收缩都由躯体运动神经控制，运动单位数量的总和及频率效应的总和是神经系统快速调节骨骼肌收缩效能的主要方式。

一个运动神经元及其所支配的所有肌纤维称为一个运动单位（motor unit）。当一个运动神经元兴奋后，其所支配的所有肌纤维将同步收缩，在运动单位层面表现出"全或无"的特性。每块骨骼肌有数量不等的运动单位，中枢神经系统可以通过增加同时参与收缩的运动单位数量来提高骨骼肌的收缩强度，这种调节骨骼肌收缩效能的方式称为运动单位总和（motor unit summation），也称空间总和或多纤维总和（multiple fiber summation），即同一时间参与收缩的运动单位数量越多，收缩的肌纤维越多，骨骼肌总的肌张力就越大。此外，骨骼肌内的运动单位有大有小，小的仅含几根肌纤维，大的则含成百上千根肌纤维，不同运动单位收缩时产生的肌张力相差很大。仅有少量、较小运动单位参与的较弱收缩有助于产生精细运动；运动逐步加强时，先增加小的、再增加大的运动单位参与收缩，可使肌张力越来越强，肌肉舒张时则顺序相反，最大的运动单位先停止收缩，最小的运动单位最后停止收缩，这种调节运动强度和灵敏度的方式被称为大小原则（size principle）。

当刺激频率很低时，肌膜的每一次动作电位都能使肌肉发生一次完整的收缩和舒张过程，称为单收缩（single twitch）。可通过实验记录肌肉收缩时产生的张力与刺激强度或刺激频率之间的关系曲线（图 2-33）。单收缩全过程分潜伏期（latent period）、收缩期（contraction period）和舒张期（relaxing period）3 个时相。蛙腓肠肌的单收缩持续时间约为 120 ms，3 个时相分别持续约 10 ms、50 ms 和 60 ms。

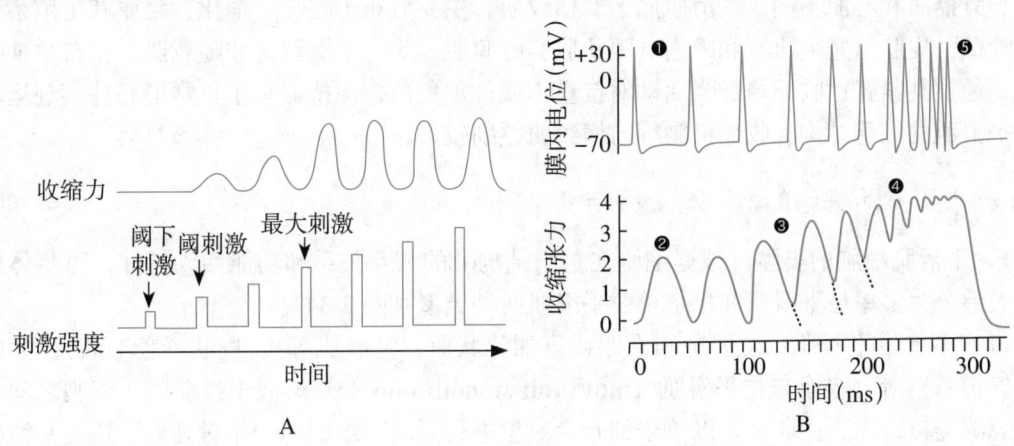

图 2-33 刺激强度与频率对骨骼肌收缩反应和收缩形式的影响
A. 阈刺激引起肌肉收缩，并随刺激强度增大，收缩幅度增大，但达到最大刺激后收缩幅度不会随刺激强度无限增大。B. ❶连续刺激或神经冲动；❷频率低时，引起肌肉的单收缩；❸随刺激或冲动频率的增加，肌肉的收缩发生总和现象；❹高频率刺激或冲动引起肌肉强直收缩；❺高频率电刺激或神经冲动虽然可引起骨骼肌收缩的融合，但肌细胞的动作电位总是分离的锋电位形式

完整肌肉的单收缩反应与刺激强度关系密切（图 2-33A）。肌肉受到有效刺激后，肌膜先产生动作电位，时程仅 1～2 ms，随后出现肌肉的缩短。从施加刺激到肌肉开始收缩这段时间，肌肉无明显的外部表现，即为潜伏期。阈刺激是指强度刚刚能够引起肌肉发生最小收缩反应的刺激，此后，随着刺激强度的增加，有更多的肌细胞兴奋并发生收缩，使整块肌肉的收缩

反应逐步增强。当肌肉的肌细胞全部活动时，再增加刺激强度，肌肉收缩不能再随之加强，肌肉发生最大收缩，将这一能引起肌肉发生最大收缩的最小临界刺激称为最适刺激。若连续两次施加最适刺激，当两个刺激间隔的时间足够长时，它们将各自引起相互无关的单收缩；当两个刺激间隔的时间短于某个最小值时，它们引起的两次单收缩就会叠加起来，使肌肉产生高于最大收缩的反应，这就是**复合收缩**（compound contraction）或**肌肉收缩总和**（summation of muscle contraction），也称为**频率总和**（frequency summation）或时间总和。

当肌肉接受连续电脉冲刺激时，若频率低，则后一刺激引起的收缩反应均位于前一刺激引发的收缩和舒张完全结束之后，呈一连串各自独立的单收缩反应。若刺激频率高，这些单收缩会叠加在一起形成**强直收缩**（tetanus），若后一反应的收缩期均起自于前一反应的舒张期，则肌肉的收缩曲线呈锯齿状，即**不完全强直收缩**（incomplete tetanus）；若继续提高刺激频率，使后一反应均起自于前一反应的收缩期，则各次收缩完全叠加，"融合"为更强的持续收缩状态，呈平滑而持续的收缩曲线，即**完全强直收缩**（complete tetanus）。完全强直收缩产生的张力要比单收缩强 3~4 倍（图 2-33B）。通常所说的强直收缩是指完全强直收缩。与心肌不同，骨骼肌细胞的动作电位时程短，不应期也短，可接受高频率连续刺激，产生高频率的动作电位，触发肌肉的总和性收缩。单收缩时，胞质内升高的 Ca^{2+} 浓度持续时间过短，不足以持续到使活化的收缩蛋白产生最大张力，故单收缩的肌张力并未达到其胞质 Ca^{2+} 水平理应产生的最大效能。强直收缩时则不同，前一次动作电位引起的 Ca^{2+} 释放尚未完全由胞质回收，后一次动作电位又触发 Ca^{2+} 释放，致使胞质 Ca^{2+} 浓度长时间维持在高水平，使刚舒张或未舒张的肌纤维进一步收缩，肌张力升高到一个稳定的最大值。

二、平滑肌的兴奋与收缩

与骨骼肌和心肌不同，平滑肌属于非横纹肌，主要分布于呼吸、消化、泌尿和生殖系统以及血管壁、皮肤（竖毛肌）和眼内（睫状肌、虹膜肌）等。平滑肌为非随意肌，在自主神经调控下，通过其紧张性收缩与舒张活动对抗重力或外加负荷，保持器官于正常形态并实现运动功能。平滑肌的细胞结构和收缩机制等与横纹肌差别较大。

（一）平滑肌细胞的类型与结构特征

1. 平滑肌细胞的类型 根据细胞在组织结构上的相互关系和功能活动特征，可将体内平滑肌大致分为多单位平滑肌和单个单位平滑肌两种类型（图 2-34）。

（1）多单位平滑肌：主要分布在眼内（如睫状肌、虹膜肌等）、皮肤（竖毛肌）、大血管壁和气道管壁等。**多个单位平滑肌**（multiunit smooth muscle）类似于骨骼肌，细胞之间几乎不含缝隙连接，无直接联系，以单个细胞为单位进行活动，细胞功能相对独立。这类平滑肌无自律性，其舒缩活动直接受自主神经控制，尽管神经末梢可抵达每一个细胞，但交感与副交感神经节后纤维与平滑肌细胞不是精确的一一对应关系，而是以非定向突触传递的模式（图 2-34A），通过末梢释放不同的神经递质分别引起兴奋性或抑制性的调节效应。

（2）单个单位平滑肌：**单个单位平滑肌**（single-unit smooth muscle）也称**内脏平滑肌**（visceral smooth muscle），这类平滑肌细胞主要构成胃肠道、输尿管、膀胱、子宫及小血管等的腔壁。与多单位平滑肌不同，单个单位平滑肌细胞间存在大量缝隙连接，类似于心肌细胞间的闰盘连接，一个肌细胞的电活动可直接传导到相邻的其他肌细胞，从而使平滑肌中的全部肌细胞作为一个整体实现一体化舒缩活动，形成功能合胞体样活动。此外，这类平滑肌中的某些细胞能自发地产生节律性兴奋，类似心肌的**起搏细胞**（pacemaker cell），具有自动节律性或自

律性（autorhythmicity），可引起整块平滑肌的节律性电活动和机械舒缩活动。这类平滑肌也受自主神经的调节，只是神经末梢分布较弥散，不一定覆盖每个肌细胞（图 2-34B），主要是改变平滑肌的兴奋性以及收缩的强度和频率。

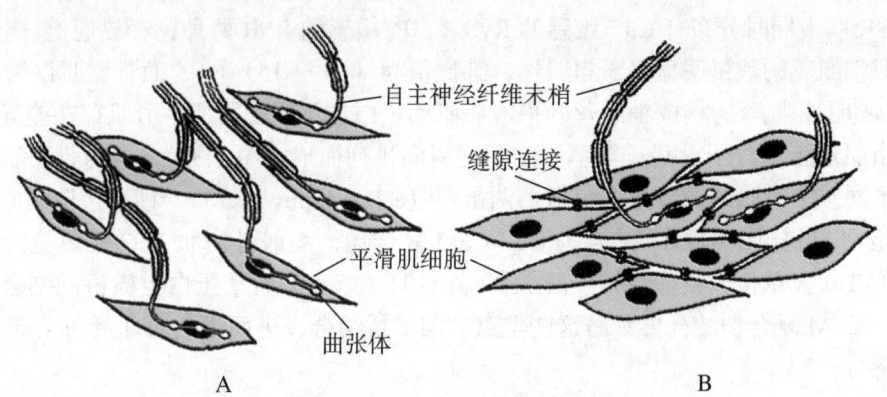

图 2-34 平滑肌细胞的类型与自主神经支配模式

A．多单位平滑肌，各细胞间无直接联系，分别受自主神经末梢支配；B．单个单位平滑肌（内脏平滑肌），彼此之间以缝隙连接相互联系，作为功能合胞体活动，并受神经末梢所释放递质的弥散性调节作用

2．平滑肌细胞的结构特征　平滑肌细胞呈梭形，细胞排列紧密，且相互交错。不同脏器的平滑肌细胞大小有差异，妊娠期子宫平滑肌细胞可长达 500 μm、直径达 5 μm，小血管壁平滑肌细胞长仅 20 μm、直径仅 1 μm。平滑肌细胞无肌节结构、不显横纹，没有 Z 盘，但含有相当于 Z 盘功能的**致密体**（dense body）和附着于细胞膜的**致密斑**（dense patch），为胞质中丰富的细肌丝提供附着点并传递张力。胞质内的中间丝斜向排布，交叉成网架状，交点处附着于**致密体**（dense body），终止于**致密斑**（dense patch），将致密体和致密斑连接起来，形成细胞的网状结构骨架。致密体和致密斑既是中间丝的附着点，也是细肌丝的附着点，相当于骨骼肌肌节的 Z 盘，细肌丝极性相反地插入致密体两侧，未接触胞膜的致密斑一侧附着有细肌丝。与骨骼肌不同，平滑肌的粗肌丝以相反的方向在不同方位上伸出横桥，这样既能使不同方位的细肌丝相向滑行，也可以使粗、细肌丝之间的滑行范围延伸至细肌丝全长（图 2-35），使舒缩范围更大。

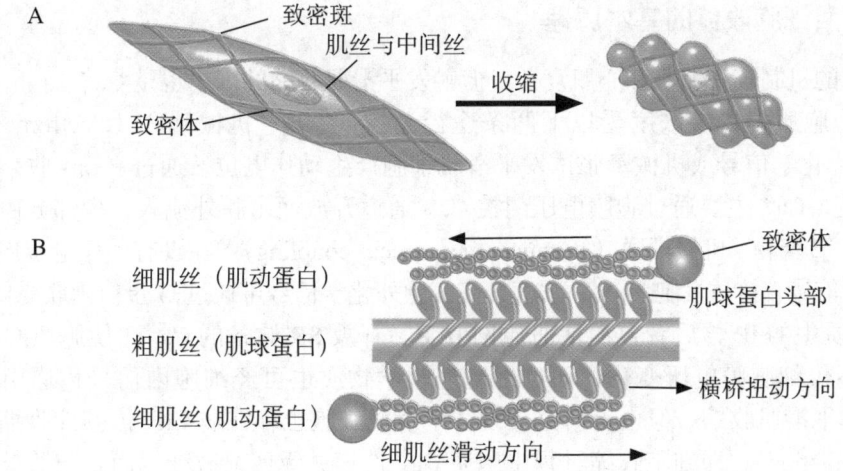

图 2-35 平滑肌细胞舒缩状态的结构模式

A．平滑肌细胞舒张与收缩状态；B．平滑肌细胞的粗肌丝横桥扭动，分别将附着于两侧致密体的细肌丝相向地拉向中心引起肌细胞收缩

相邻两个平滑肌细胞膜以致密斑对接的部位称为致密带，是细胞间的机械连接，而缝隙连接则是细胞间的电耦联。平滑肌细胞膜形成一些纵向走行的袋状陷凹，以增大细胞膜面积，但并未形成内陷的 T 管，这可能是膜电位不能很快到达深部、造成平滑肌收缩缓慢的原因之一。但是，由于陷凹区富集受体和激酶而被认为是信号转换中心。此外，尽管平滑肌的 SR 不发达，但其 SR 膜上同时分布有 Ca^{2+} 敏感的 RyR 和 IP_3 敏感的 IP_3R 两种钙释放通道。

平滑肌细肌丝的数量明显多于粗肌丝，其比值为（10～15）：1，而骨骼肌仅为 2：1，细肌丝呈束状包围粗肌丝。构成细肌丝的平滑肌肌动蛋白在不同脏器的平滑肌存在差异。平滑肌的粗肌丝由肌球蛋白分子沿其长轴呈一定角度斜向排列而成（图 2-35），这与骨骼肌内的规则排列明显不同。平滑肌的调节蛋白包括钙调蛋白（calmodulin，CaM）、钙桥蛋白和原肌球蛋白等。钙调蛋白与胞质中的 Ca^{2+} 结合为 Ca^{2+}-CaM 复合物，类似骨骼肌 TnC 亚单位。钙桥蛋白的作用类似 TnI 亚单位，就像"转换开关"，静息时"遮盖"肌动蛋白上横桥的结合位点，兴奋时与 Ca^{2+}-CaM 复合物结合再暴露这些位点，与横桥结合，进而激活肌球蛋白头部的 ATP 酶引发肌丝滑行。

（二）平滑肌细胞的电活动特征

平滑肌既能像骨骼肌一样由神经冲动诱发肌膜兴奋过程，也可像心肌一样产生自动节律性兴奋。

平滑肌细胞的动作电位呈多样性，既可以像骨骼肌那样爆发较短时程的锋电位，也可出现类似心肌的长时程平台电位，还可以在慢波电位基础上连续发生簇状锋电位，锋电位的幅度约 50 mV。平滑肌动作电位的去极化相是由电压门控 Ca^{2+} 通道开放、Ca^{2+} 内流所致的。尽管某些平滑肌细胞膜上有电压门控 Na^+ 通道，但其主要作用是加速 Ca^{2+} 通道的激活，使去极化速度变快，而非动作电位产生的必需条件。但特殊部位如膀胱、输尿管的平滑肌动作电位去极化相则以 Na^+ 内流为主。动作电位复极化相与电压门控 K^+ 通道开放有关。动作电位可触发平滑肌收缩，但并不是引起细胞收缩的唯一条件。

平滑肌细胞的静息电位较骨骼肌小，通常为 $-50 \sim -60$ mV。

慢波（slow wave）电位是某些内脏平滑肌的自发性电活动，具有自律性的特征。在慢波的波峰上可发生簇状的锋电位，可触发平滑肌细胞较强程度的收缩，簇状锋电位的密度越大，引发收缩时产生的肌张力也越大（详见第六章相关内容）。

（三）平滑肌细胞收缩的基本原理

平滑肌收缩的机制较骨骼肌和心肌复杂，但触发平滑肌收缩的因子也是 Ca^{2+}。

平滑肌细胞胞质中 Ca^{2+} 浓度受以下两条途径调控：①电 - 机械耦联（electromechanical coupling）途径：化学信号或机械牵张诱发平滑肌细胞产生动作电位，通过兴奋 - 收缩耦联升高胞质 Ca^{2+} 浓度，Ca^{2+} 主要通过胞膜电压门控 Ca^{2+} 通道开放而由膜外流入；少部分由肌质网通过 RyR 释放。②药物 - 机械耦联（pharmacomechanical coupling）：在没有动作电位产生的情况下，通过化学信号直接诱发胞质 Ca^{2+} 浓度升高。胞外化学信号可通过 G 蛋白耦联受体 -PLC-IP_3 通路升高胞质中的 IP_3，后者再激活肌质网 IP_3R，释放 SR 储备的 Ca^{2+}，使胞质 Ca^{2+} 浓度升高。可见，不仅细胞膜电压变化，而且细胞外化学物质也可经细胞内信号传递引起胞质 Ca^{2+} 浓度升高和平滑肌收缩。但也有研究发现，平滑肌细胞也存在非 Ca^{2+} 依赖性收缩（Ca^{2+}-independent contraction），即细胞收缩过程中胞质 Ca^{2+} 浓度并无明显改变，而是与肌球蛋白轻链（myosin light chain，MLC）磷酸化和去磷酸化机制直接相关。

当平滑肌胞质 Ca^{2+} 浓度由静息时的 10^{-7} mol/L 升高到 10^{-5} mol/L 时，就能引起细胞收缩。

Ca^{2+} 依赖的平滑肌细胞收缩机制：①胞质 Ca^{2+} 浓度升高，Ca^{2+}-CaM 复合物形成；② Ca^{2+}-

CaM 复合物与钙桥蛋白相结合，暴露细肌丝肌动蛋白上横桥的结合位点；③横桥与肌动蛋白结合，横桥 ATP 酶活化，横桥联接形成；④分解 ATP 获取能量，横桥扭动，拉拽两侧细肌丝相向滑行，同时向中心移位，使两端附着细肌丝长轴的致密体间距缩短，经细胞骨架的张力传递，实现细胞收缩（图 2-35）；⑤肌质网 Ca^{2+} 泵回收 Ca^{2+}，同时，细胞膜的 Na^+-Ca^{2+} 交换体和 Ca^{2+} 泵转运 Ca^{2+} 至胞外，胞质 Ca^{2+} 浓度降低，Ca^{2+}-CaM 复合物减少，肌细胞舒张，由于胞质 Ca^{2+} 浓度降低的速度慢，使得平滑肌舒张相对缓慢；⑥ Ca^{2+}-CaM 复合物可激活肌球蛋白轻链激酶（myosin light chain kinase，MLCK），使横桥中一对 26 kD 的 MLC 磷酸化而触发平滑肌细胞收缩；当胞质 Ca^{2+} 浓度降低时，Ca^{2+}-CaM 复合物减少，MLCK 失活，肌球蛋白轻链磷酸酶（MLC phosphatase，MLCP）使磷酸化的 MLC 去磷酸化，引发平滑肌细胞舒张。

（李玉明　薛明明）

思 考 题

1. 何谓继发性主动转运？试举一例加以说明。
2. 试述细胞动作电位的产生过程及原理。
3. 对于腹泻患者，为何口服含 NaCl 和葡萄糖的溶液比服用只含 NaCl 的溶液能够更有效地防止脱水？
4. 简述神经 - 骨骼肌接头兴奋传递的过程。
5. 简述前负荷与后负荷对肌肉收缩能力的影响。
6. 案例分析题

张某，男，44 岁，因食用含河豚鱼肉的食物出现恶心、呕吐，自觉口唇、舌尖麻木，全身乏力 2 h，急诊入院。查体：血压 108/69 mmHg，呼吸浅慢，心率 95 次 / 分，心律齐。诊断：河豚毒素中毒。

问题与思考：
（1）简述河豚毒素对神经肌肉功能的影响和机制。
（2）举例说明钠通道阻滞剂是否可以应用于临床。

第三章

血 液

第三章数字资源

血液（blood）是充满于心血管系统内、不断循环流动的一种流体组织。血液流动的过程，担负着细胞之间、细胞与外环境之间物质交换媒介的作用。因此，运输是血液的最基本功能。血液将氧气从肺部带到各组织细胞，将体内代谢产生的二氧化碳运送到肺排出体外；将营养物质从消化道或储存器官转运到各组织细胞，并将代谢废物转运到排泄器官。内环境理化性质的微小变化也可通过血流直接传递给各种感受器（如颈动脉体化学感受器、下丘脑温度感受器等），为维持稳态传递反馈信息。血液还对内环境理化性质（如各种离子和营养物质的浓度、O_2和CO_2含量、pH、温度、渗透压等）的变化具有缓冲作用。因此，血液在维持内环境稳态方面起着非常重要的作用。此外，血液在机体防御和生理止血等多方面具有重要功能。血液中的白细胞、免疫球蛋白和补体等可通过特异性和非特异性免疫反应对入侵的细菌等异物及体内衰老、坏死的组织细胞进行吞噬、分解、清除，对机体起到防御作用。绝大多数凝血因子、抗凝物质、纤溶物质都是血浆蛋白，生理止血功能的正常运行既可有效地防止失血，又可保持血管内血流通畅；是血液非常重要的一种自我保护功能。临床上血液与输血、器官移植和许多疾病的关系十分密切。

第一节 血液的组成和理化特性

一、血液的起源

血液是生命在不断进化过程中出现的。地球上最早出现在远古海洋中的生物是单细胞生物，其在进化为比较复杂的多细胞生物时，机体内部的大多数细胞不能与外界海水直接接触，于是在机体中形成了细胞外液。最初的细胞外液可能就是被包裹在机体内的海水，也就是一种盐溶液。随着进化，在机体内出现循环系统，细胞外液逐渐分化为血管内的血液和血管外的组织液。组织液的主要成分依然是盐溶液，而血管中的液体除了盐溶液，还逐渐进化出了各种血细胞及包括蛋白质在内的多种物质，最终进化为血液。

二、血量

血量（blood volume, BV）是指全身血液的总量，正常成人的血量为体重的7%~8%。据此推算，体重70 kg的男性，其全身血量为4900~5600 ml，平均为5~6 L。绝大部分血液在心血管系统中不断地循环着，这部分血量称为循环血量；另一部分血液则滞留在肝、脾、肺、腹腔静脉及皮下静脉丛等处，流动速率较慢，其中的血浆量较少，红细胞比容较高，这部分血液是作储备之用的，称为储备血量，因此，肝、脾、肺等器官也起着储血库的作用。当机体处于剧烈运动或出现大失血时，储备血量可以进入循环系统，补充循环血量。

血量的相对稳定是机体维持正常血压的必要条件。正常成年人一次失血量不超过总血量的 10% 时，机体在神经、体液等因素的调节下可以维持正常血压，不发生严重的生理功能改变；但当超过总血量的 20% 时，失血量超过机体的代偿能力，则会导致血压下降，可引起某些正常生理功能的障碍；失血量一旦超过总血量的 30%，常危及生命。

三、血液的基本组成

取人体一定量的静脉血放入含抗凝剂的试管内离心后，试管内血液将分为 3 层：上层为淡黄色的血浆，下层为红色的红细胞，中间层呈灰白色，由白细胞和血小板组成（图 3-1）。因此，血液是由血浆、红细胞、白细胞和血小板共同组成的（图 3-2）。

血浆内含有多种物质，其中水占 91% 左右；还包括蛋白质、电解质、气体和其他小分子有机化合物；血细胞中红细胞数量最多，占血细胞总数的 99% 以上。血细胞占全血容积的百分比称为血细胞比容（hematocrit）（图 3-1），正常成年男性为 40%～50%，女性为 37%～48%，新生儿的血细胞数目较多，血细胞比容为 55%。贫血或红细胞增多时，血细胞比容会相应减小或增大。

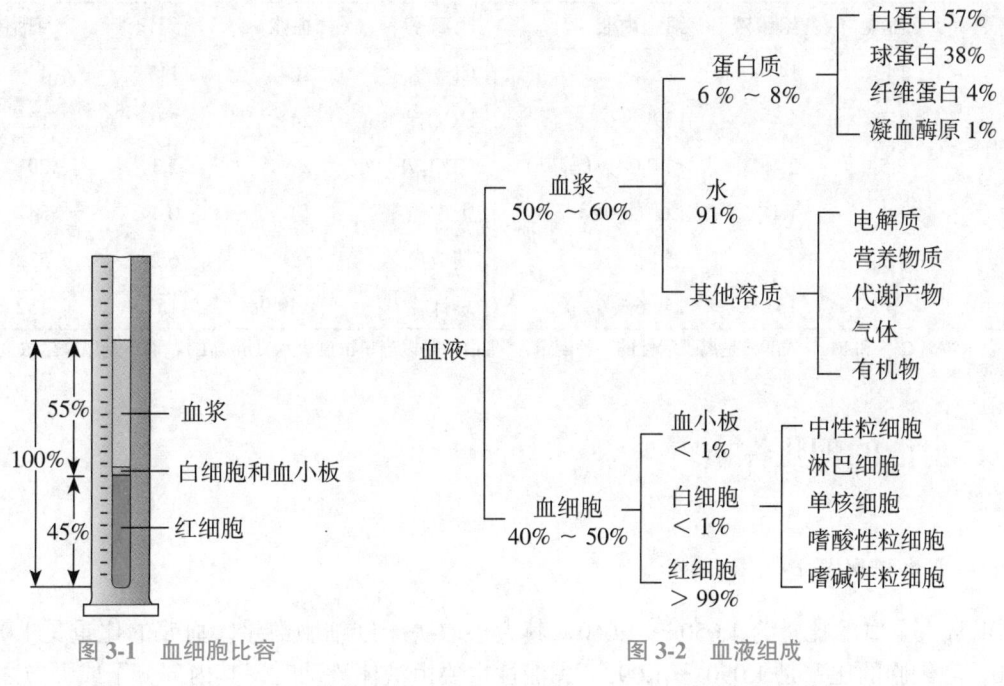

图 3-1　血细胞比容　　　　图 3-2　血液组成

四、血浆的主要成分及其功能

血浆（plasma）是一种含有多种溶质的水溶液，其中水占 91% 左右，蛋白质占 6%～8%，电解质、气体及其他小分子有机物占 2% 左右，其浓度受饮食、代谢需求、激素水平等的影响。

（一）蛋白质

血浆蛋白质是血浆中最主要的溶质成分，分子量较大，不易透过毛细血管壁，因此，蛋白质水平高低是血浆和组织液的主要区别。通过盐析法可将血浆中的蛋白质主要分为白蛋白、球蛋白和纤维蛋白原三类。大多数血浆蛋白质由肝产生。

1. 白蛋白 白蛋白分子量约为 69 kD，数量多。在形成血浆胶体渗透压及转运某些小分子物质和脂溶性物质方面发挥主要作用。白蛋白及其钠盐组成的缓冲对还参与维持血浆 pH 的稳定。

2. 球蛋白 用电泳法可将球蛋白进一步分为 α1、α2、β 和 γ 球蛋白。补体和免疫球蛋白都属于球蛋白，是构成机体特异性和非特异性免疫系统的重要成分。球蛋白可作为载体转运一些脂类、糖类、氨基酸、维生素、激素等物质及药物。

3. 纤维蛋白原 纤维蛋白原分子量约为 400 kD，平时溶解在血浆中，是参与血液凝固的重要物质。

（二）电解质

血浆中的电解质由阳离子和阴离子组成（表 3-1），它们容易通过毛细血管壁，因此其含量与组织液基本相同。阳离子主要为 Na^+，阴离子主要为 Cl^-。血浆中的电解质是形成血浆晶体渗透压的主要成分。

表 3-1 人体各部分体液中电解质的含量（mmol/L）

阳离子	血浆	组织液	细胞内液	阴离子	血浆	组织液	细胞内液
Na^+	142	145	12	Cl^-	104	117	4
K^+	4.3	4.4	139	HCO_3^-	24	27	12
Ca^{2+}	2.5	2.4	< 0.001（游离）*	$HPO_4^{2-}/H_2PO_4^-$	2	2.3	29
Mg^2	1.1	1.1	1.6（游离）*	蛋白质#	14	0.4	54
				其他	5.9	6.2	53.6
总计	149.9	152.9	152.6	总计	149.9	152.9	152.6

注：* 表示游离 Ca^{2+} 和 Mg^{2+} 浓度，是离子活性的一种度量；# 蛋白质是以当量浓度表示（mEq/L），而不是以摩尔浓度表示

五、血液的理化性质

（一）血液的比重和黏滞性

正常人全血的比重为 1.050～1.060，其大小取决于红细胞数量。血浆的比重是 1.025～1.030，红细胞的比重是 1.090～1.092。黏滞性主要由液体流动时，其内部分子或颗粒之间相互摩擦而产生。全血和血浆的黏滞性通常与水相比较，假设水的黏滞性为 1，全血的黏滞性为 4～5，血浆的黏滞性为 1.6～2.4。全血的黏滞性与红细胞比容成正比，当大面积烧伤时，由于水分大量外渗，红细胞浓缩，血液黏滞性可增高。

（二）血浆渗透压

渗透压（osmotic pressure）是溶液中溶质颗粒通过半透膜吸引和保留水分子的能力。若半

透膜两侧为不同浓度的溶液,水将从溶质少的低渗透压一侧向溶质多的高渗透压一侧转移,此现象称为渗透(osmosis)。渗透压的大小与溶液中所含溶质的颗粒数目成正比,通常以溶质的颗粒浓度 1 mol/L 作为渗透压单位,称为渗透单位 [Osm/(kg·H_2O)]。1 mol/L 葡萄糖溶液的渗透压为 1 Osm/(kg·H_2O);NaCl 因为可以在水中解离成 Na^+ 和 Cl^-,因此 1 mol/L 的 NaCl 其渗透压为 2 Osm/(kg·H_2O)。血浆的渗透压约为 300 mOsm/(kg·H_2O),由胶体渗透压和晶体渗透压组成。

1. 血浆晶体渗透压　主要由溶解于血浆中的晶体物质形成,其 80% 来自 Na^+ 和 Cl^-。血浆中的晶体物质数量远大于胶体分子的数量,其形成的晶体渗透压约占血浆总渗透压的 99.6%。血浆中的绝大部分晶体物质不易透过细胞膜,所以,血浆晶体渗透压的相对稳定对于保持细胞内外水的平衡、维持细胞的正常形态及功能具有重要意义。

2. 血浆胶体渗透压　由血浆中的蛋白质形成,其 75%~80% 来自白蛋白。血浆蛋白质的分子量较大,但数量较少,因此其形成的胶体渗透压比较低,仅为 1.5 mOsm/(kg·H_2O)。血浆蛋白质不易通过毛细血管壁,对于维持血管内外水的平衡极为重要。如果血浆白蛋白含量减少,血浆胶体渗透压将下降,可导致组织液生成增多,出现组织水肿。

在临床或实验工作中,常将渗透压与血浆渗透压相等的溶液称为等渗溶液(isosmotic solution),将低于或高于血浆渗透压的溶液分别称为低渗溶液或高渗溶液。常用的等渗溶液有 5% 葡萄糖溶液与 0.9% NaCl 溶液(生理盐水)。红细胞在 0.9% NaCl 溶液中可以保持正常形态与大小,但并非所有的等渗溶液都能使细胞保持形态和大小不变。一般将能使悬浮其中的红细胞保持正常形态和大小的盐溶液称为等张溶液(isotonic solution)。若将红细胞置于 1.9% 尿素溶液中,由于尿素分子可依其浓度差自由进入细胞内,引起细胞内渗透压升高,水移入细胞内,使红细胞迅速肿胀、破裂,发生溶血,故 1.9% 尿素是等渗溶液,不是等张溶液;而 0.9% NaCl 既是等渗溶液,又是等张溶液。

(三)血浆 pH

正常人血浆的 pH 为 7.35~7.45。pH 之所以能保持在这么狭小的范围内,主要依赖于血浆和红细胞内多种缓冲物质以及肺和肾的调节作用。血液中的缓冲物质主要包括 $NaHCO_3$/H_2CO_3、蛋白质钠盐/蛋白质、Na_2HPO_4/NaH_2PO_4 及红细胞中的血红蛋白钾盐/血红蛋白等,其中最重要的是 $NaHCO_3$/H_2CO_3 缓冲对,其比值只要在 20:1,血浆 pH 即可维持正常。

第二节　血细胞生理

一、血细胞生成的部位和一般过程

骨髓是形成血细胞的主要场所,但在个体发育过程中,造血场所有一个变迁的程序。在胚胎发育的早期是由卵黄囊造血,胚胎的第 2 个月由肝、脾造血;当胚胎发育到第 4 个月以后,肝、脾的造血逐渐减少,骨髓开始造血并逐渐加强。在出生时,骨髓腔完全被造血细胞充满,几乎完全依赖其造血,但在造血需要增加时,肝、脾的造血功能可被重新激活参与造血,作为骨髓造血功能的补充,此时的骨髓外造血具有代偿作用。4 岁以后,骨髓腔的增长速度超过了造血细胞的增长速度,脂肪细胞逐步填充多余的骨髓腔。成年以后,仅有脊椎骨、髂骨、肋骨、胸骨、颅骨和长骨近端骨骺处才有造血功能,但造血组织的总量已很充裕。成年人如果出现骨髓外造血,已无代偿意义,而是造血功能紊乱的表现。

各类血细胞的发育、成熟是一个连续又复杂的过程，它们均起源于造血干细胞（hematopoietic stem cell，HSC）。首先造血干细胞增殖分化为多向祖细胞（progenitor cells），再逐步分化为各系祖细胞，然后成为各系前体细胞（precursor cells），最后发育为各系成熟细胞。造血的发生需要适宜的造血微环境。造血微环境由骨髓基质细胞、基质细胞分泌的细胞外基质和各种造血调节因子、微血管和神经等构成，对调控造血干细胞增殖、分化等起重要作用。

骨髓功能缺陷时，不仅会严重损害机体的造血功能，而且会导致严重的细胞免疫和体液免疫功能缺陷。各种因素（药物或毒物、辐射、病毒等）导致骨髓造血干细胞功能衰竭或造血微环境缺陷时，可引起再生障碍性贫血的发生。

二、红细胞生理

（一）红细胞的形态和数量

红细胞（red blood cell）是血液中数量最多的一种血细胞。人类正常红细胞呈双凹圆碟形，平均直径约为 8 μm，周边厚，中间薄，细胞内任何一点距细胞表面都不超过 0.9 μm，有利于红细胞进行气体交换。红细胞与同体积的球形结构相比表面积较大，有较大的表面积与体积比。成熟红细胞是体内唯一的无核也无细胞器的细胞，糖酵解是其获得能量的唯一途径。

正常成年男性红细胞数量为 $(4.0 \sim 5.5) \times 10^{12}/L$，女性为 $(3.5 \sim 5.0) \times 10^{12}/L$。红细胞内最主要的蛋白质是血红蛋白（hemoglobin，Hb），成年男性血红蛋白浓度为 120～160 g/L，成年女性为 110～150 g/L。临床上，若红细胞数量、血红蛋白含量和（或）血细胞比容低于正常值，则称为贫血（anemia）。

（二）红细胞的功能

红细胞最重要的生理功能是运输 O_2 和 CO_2，这主要依赖于红细胞中的血红蛋白来完成。血红蛋白由 4 条多肽链和 4 个亚铁血红素组成，1 分子血红蛋白能结合 4 分子氧。血红蛋白是一种双向呼吸载体，在血液的气体运输过程中有极为重要的作用。血红蛋白可将肺部的 O_2 运送到组织，也可将组织的 CO_2 运至肺（详见第五章相关内容）。此外，红细胞还具有调节机体酸碱平衡、运输 NO 及免疫调节等作用。

（三）红细胞的生理特性

1. 可塑性变形　变形红细胞在全身血管中循环运行时，常要通过直径比其还小的毛细血管和血窦孔隙，这时红细胞将发生变形，通过后又恢复原状，这一特性称为可塑性变形（plastic deformation）。红细胞的表面积与体积的比值越大，变形的能力也越大。因此，双凹圆碟形红细胞具有较大的表面积与体积比值，变形能力良好。若红细胞形态趋于球形或口形（如遗传性球形红细胞增多症、口形红细胞增多症等），表面积与体积的比值减小，则变形性下降。血红蛋白变性或浓度过高时，红细胞内黏度增加，衰老的红细胞膜弹性降低，也可使红细胞变形能力降低。

2. 渗透脆性　渗透脆性（osmotic fragility）是指红细胞在低渗盐溶液中发生膨胀破裂的特性。正常情况下，红细胞内渗透压与血浆渗透压相等，将红细胞置于 0.9% NaCl 溶液中，红细胞可保持正常的形态和大小。如果将红细胞放入渗透压逐渐递减的低渗溶液中，水将渗入细胞内，使红细胞逐步膨胀并双面凸起，这说明红细胞对低渗盐溶液具有一定的抵抗力。正常人的红细胞在 0.42%～0.46% 的 NaCl 溶液中开始出现溶血,在 0.28%～0.35% 的 NaCl 溶液中完全溶血。红细胞的渗透脆性可反映其对低渗溶液的抵抗力大小。红细胞的渗透脆性越大,表示其对低渗盐溶液的抵抗力越小,越容易发生破裂、溶血。生理情况下,衰老的红细胞渗透脆性大;有些疾病如遗传性球形红细胞增多症患者的红细胞渗透脆性大。故测定红细胞的渗透脆性有助于一些疾病的诊断。

3. 悬浮稳定性 将经过抗凝处理的血液静置,尽管红细胞的比重大于血浆,但正常时红细胞下降缓慢,表明红细胞能相对稳定地悬浮于血浆中,这一特性即称为悬浮稳定性(suspension stability)。通常以红细胞沉降率作为衡量其悬浮稳定性的指标。将抗凝混匀处理后的血液垂直置于带有刻度的细玻璃管内,通常以红细胞在第一小时末下降的距离来表示红细胞沉降率(erythrocyte sedimentation rate,ESR),简称血沉。正常成年男性红细胞沉降率为 0～15 mm/h,成年女性为 0～20 mm/h。血沉值越大,表示红细胞的悬浮稳定性越小。

红细胞能相对稳定地悬浮于血浆中,是由于双凹圆碟形的红细胞具有较大的表面积与体积比,红细胞与血浆之间的摩擦较大,阻碍了红细胞的下沉。在某些疾病时(如活动性肺结核、风湿热等),由于细胞间很快以凹面相贴,发生红细胞叠连,使红细胞团块的总表面积与总体积之比减小,导致红细胞血沉值增大。

血沉的快慢主要取决于血浆成分的变化,而非红细胞本身。如将血沉快的人的红细胞置于正常人的血浆中,红细胞沉降的速度并不加快;相反,把正常人的红细胞置于血沉快的患者血浆中,则红细胞会较迅速地叠连而下沉。通常血浆中白蛋白和卵磷脂增多可使沉降率减慢;而球蛋白与纤维蛋白原增多时,红细胞沉降率增大。这可能是由于正常红细胞表面的 N-乙酰神经氨酸(N-acetylneuraminic acid)带有负电荷,能使红细胞之间互相排斥、不容易发生叠连,当带正电荷的纤维蛋白原和球蛋白增多时,可中和红细胞表面的负电荷而促进红细胞叠连,进而导致红细胞沉降率加快。在某些疾病时,炎症因子促进肝纤维蛋白原的合成,可引起红细胞沉降率加快。

(四)红细胞的生成与破坏

成年后,红骨髓是红细胞生成的唯一部位。红细胞的生成先后经历了造血干细胞、红系定向祖细胞、红系前体细胞(原始红细胞、早幼红细胞、中幼红细胞、晚幼红细胞)、网织红细胞的过程,网织红细胞通过骨髓-血液屏障后进入血液循环,并最终成熟为功能红细胞。在这一过程中,红细胞体积由大变小,细胞核由有变无,血红蛋白逐渐增加。红细胞正常数量的维持是其不断生成和不断破坏保持动态平衡的结果。

1. 生成原料 红细胞的主要成分是血红蛋白,合成血红蛋白的原料主要是铁和蛋白质。铁的来源有两部分:一部分是衰老的红细胞在体内被破坏,由血红蛋白分解所释放出的"内源铁",每日约 25 mg,很少丢失,基本上可供造血需要时重复利用;另一部分是食物供应的"外源性铁"。外源性铁多为 Fe^{3+},只有还原为 Fe^{2+} 或其他亚铁化合物后,才能被吸收用于造血。蛋白质的来源主要是食物被消化分解为氨基酸后,吸收入血并被运送到骨髓,在有核红细胞内合成血红蛋白。故机体缺乏铁和蛋白质时引起的贫血,称为营养性贫血。以缺铁为主导致的贫血,称为缺铁性贫血(小细胞性贫血)。

2. 成熟因子 红细胞在细胞分裂和成熟过程中,需要叶酸和维生素 B_{12} 的参与。叶酸是合成胸腺嘧啶脱氧核苷酸所必需的辅酶,胸腺嘧啶脱氧核苷酸是构成 DNA 的原料之一。叶酸缺乏时,骨髓内有核红细胞 DNA 合成障碍,细胞的分裂增殖速率减慢,使红细胞停止在初始状态而不能成熟,形成巨幼细胞贫血(大细胞性贫血)。维生素 B_{12} 的作用是增加叶酸在体内的利用率,从而间接促进红细胞生成。维生素 B_{12} 来自食物,它与胃黏膜分泌的内因子结合形成复合物,可保护维生素 B_{12} 不被消化液破坏,并促进维生素 B_{12} 在回肠的吸收。任何原因导

致的维生素 B_{12} 吸收障碍，可影响骨髓内的红细胞发育，导致巨幼细胞贫血的发生。

3. 红细胞生成的调节 正常情况下，人体内红细胞数量能保持相对恒定。当人体功能状态发生变化时，红细胞生成的数量和速度会发生适应性的调整。红细胞的生成主要受促红细胞生成素的调节。促红细胞生成素（erythropoietin，EPO）是一种主要由肾间质细胞产生的糖蛋白，是调控红细胞生成的主要激素。EPO 能促进骨髓中红系定向祖细胞的增殖、分化，加速红细胞生成，数天后红细胞数量可增加（至少 5 天）。肾内没有 EPO 的储存，组织缺氧是刺激 EPO 基因表达从而使 EPO 合成和分泌增加的主要因素。当组织氧分压降低时（如循环血量减少、贫血、血红蛋白减少、肺部疾病等），血浆中 EPO 浓度升高，24 h 后达到最大值，从而缓解组织缺氧情况。机体可通过这种负反馈调节使血液中红细胞数量维持相对恒定。低氧促进 EPO 基因表达的机制与低氧诱导因子 -1（hypoxia-inducible factors-I，HIF-1）的作用有关。

雄激素可以提高血浆中的 EPO 浓度，促进红细胞的生成；也可以直接刺激骨髓红系祖细胞的增殖，促进红细胞的生成。雌激素可降低红系祖细胞对 EPO 的反应，抑制红细胞的生成。雄激素和雌激素对红细胞生成的不同效应，可能是成年男性红细胞数量高于女性的原因之一。此外，甲状腺激素、生长激素和肾上腺皮质激素等也可通过改变组织对氧的需求，增加 EPO 的作用。

4. 红细胞的破坏 红细胞的平均寿命约为 120 天。每天约有 0.8% 的衰老红细胞被破坏。90% 的衰老或破损的红细胞由于变形能力减退、脆性增高，难以通过微小的空隙，因此容易滞留在肝、脾内进而被巨噬细胞所吞噬和破坏，经消化后释放出铁、氨基酸和胆红素，铁可再利用，脱铁血红素转变为胆色素随粪便或尿排出体外。

三、白细胞生理

（一）白细胞的数量和分类

白细胞（white blood cell）为无色、有核的细胞群，在血液中一般呈球形，可分为中性粒细胞、嗜酸性粒细胞、嗜碱性粒细胞、淋巴细胞和单核细胞 5 种类型。白细胞数量无明显性别差异。正常成年人血液中白细胞数为 $(4.0 \sim 10.0) \times 10^9/L$，其中中性粒细胞占 50%～70%，嗜酸性粒细胞占 0.5%～5%，嗜碱性粒细胞占 0%～1%，单核细胞占 3%～8%，淋巴细胞占 20%～40%（表 3-2）。

表 3-2 我国健康成年人血液中白细胞正常值及其主要功能

名称	均值（$\times 10^9/L$）	百分比（%）	主要功能
粒细胞			
中性粒细胞	4.5	50～70	吞噬细菌与坏死细胞
嗜酸性粒细胞	0.1	1～4	抑制组胺释放
嗜碱性粒细胞	0.025	0～1	释放组胺与肝素
无粒细胞			
淋巴细胞	1.8	20～40	参与特异性免疫
单核细胞	0.45	1～7	吞噬细菌与衰老的红细胞

（二）白细胞的生理特性

白细胞具有变形、游走、趋化、吞噬和分泌等特性，是执行防御功能的基础。除淋巴细胞外，白细胞都能伸出伪足做变形运动，凭借这种运动，白细胞得以穿过毛细血管壁在组织内游走。在某些化学物质的吸引下，白细胞可迁移到炎症区域发挥生理作用。白细胞朝向某些化学物质运动的特性，称为趋化性（chemotaxis）。人体细胞的降解产物、抗原-抗体复合物、细菌毒素和补体激活产物等都具有趋化活性，白细胞可按照这些物质的浓度梯度游走到炎症部位，吞入并杀伤或降解病原物质及组织碎片，这一过程称为吞噬（phagocytosis）。白细胞的吞噬具有选择性，正常细胞表面光滑，其表面存在可以排斥吞噬的保护性蛋白，因而不易被吞噬；而坏死的组织和外源性颗粒因缺乏相应的保护机制而易被吞噬。此外，白细胞还可分泌白细胞介素、干扰素、肿瘤坏死因子、集落刺激因子等多种细胞因子，通过自分泌、旁分泌作用参与炎症和免疫反应的调控。

1. 中性粒细胞 中性粒细胞是数量最多的白细胞。血管中的中性粒细胞约有一半随血液循环，称为循环池，通常白细胞计数反映的就是这部分中性粒细胞的数量；另一半则滚动在小血管的内皮细胞上，称为边缘池。此外，骨髓中还储备着约 2.5×10^{12} 个成熟的中性粒细胞，在机体需要时，可在数小时内大量释放入血。中性粒细胞在血管内停留的时间平均只有 6~8 h。

中性粒细胞具有很强的吞噬活性，可吞噬细菌、衰老的红细胞、抗原-抗体复合物及坏死的细胞等。中性粒细胞也是体内游走速度最快的细胞。感染发生时，在趋化性物质的作用下，中性粒细胞可迅速从毛细血管渗出到达炎症部位吞噬细菌或异物，成为最先到达炎症部位的效应细胞。感染发生 6 h 左右中性粒细胞的数目达高峰。中性粒细胞吞噬细菌后立即启动杀菌过程，当中性粒细胞吞噬 3~20 个细菌后，其本身也解体，释放的各种溶酶体又可溶解周围组织而形成脓液。当血液中的中性粒细胞数减少到 1×10^9/L 时，机体的抵抗能力将明显减弱，此时将易发生感染。

2. 嗜酸性粒细胞 嗜酸性粒细胞具有较弱的吞噬能力，吞噬速度缓慢，基本上无杀菌作用，主要生理作用：一是限制嗜碱性粒细胞和肥大细胞在Ⅰ型超敏反应中的作用，二是参与对蠕虫的免疫反应。此外，在某些情况下，嗜酸性粒细胞也可导致组织损伤。嗜酸性粒细胞可释放多种促炎介质及主要碱性蛋白，对支气管上皮具有毒性作用，并能诱导支气管痉挛，目前认为嗜酸性粒细胞是在哮喘发生发展中组织损伤的主要效应细胞。

3. 嗜碱性粒细胞 成熟的嗜碱性粒细胞存在于血液中，只有在发生炎症时受趋化因子的诱导才迁移到组织中。嗜碱性粒细胞的胞质中存在较大的碱性染色颗粒，颗粒内含有肝素、组胺、中性粒细胞趋化因子、嗜酸性粒细胞趋化因子等，也可合成并分泌白三烯和 IL-4 等细胞因子。肝素具有抗凝血作用，有利于血管保持通畅，使吞噬细胞能够到达抗原入侵部位并将抗原破坏。组胺可使毛细血管壁的通透性增加，引起局部充血水肿，并可使支气管平滑肌收缩，从而引起荨麻疹和哮喘等超敏反应。还有研究显示，嗜碱性粒细胞参与固有免疫，在机体抗寄生虫免疫应答中可能起重要作用。

4. 单核细胞 从骨髓进入血液的单核细胞是尚未成熟的细胞。单核细胞在血液中停留 10~20 h 后迁移到组织中，分化发育为巨噬细胞。单核细胞和器官组织中的巨噬细胞共同构成单核巨噬细胞系统。巨噬细胞与中性粒细胞相比，具有更强的吞噬能力，可吞噬更多、更大的细菌和颗粒，并消化某些细菌。巨噬细胞迁移速度慢，骨髓和外周血储存的单核细胞数目相对较少，需要数天到数周时间巨噬细胞才能成为炎症局部的主要吞噬细胞。巨噬细胞具有吞噬杀伤病原体、杀伤胞内寄生菌和肿瘤等靶细胞、参与炎症反应、加工提呈抗原、启动适应性免疫应答和参与免疫调节等多种功能。

5. 淋巴细胞 淋巴细胞在机体的免疫反应应答过程中起核心作用。淋巴细胞有 T 淋巴细胞、B淋巴细胞和自然杀伤（natural killer，NK）细胞三类。T细胞参与细胞免疫，B细胞参与体液免疫，NK细胞是机体固有免疫的重要执行者。淋巴细胞的主要功能详见免疫学相关教材。

（三）白细胞与免疫

免疫是机体识别"自己"与"非己"，对自身成分产生天然免疫耐受，对非己抗原性异物产生清除作用的一种生理反应。正常情况下，机体免疫系统不仅能够识别并清除病原体等外来入侵的抗原性异物，还能及时识别并清除体内发生突变的肿瘤细胞和衰老死亡的组织细胞，从而产生对机体有益的保护作用。血液中的白细胞是机体免疫系统的重要组成部分。免疫可分为固有免疫和适应性免疫两类。

1. 固有免疫（innate immunity） 由遗传获得，是生物体在长期进化过程中逐渐形成的一种天然免疫防御功能，具有稳定遗传特性和对各种病原体等"非己"抗原性异物产生抵御和清除等特性，又称为非特异性免疫（nonspecific immunity）。固有免疫细胞主要包括吞噬细胞（中性粒细胞、单核巨噬细胞）、树突状细胞（dendritic cell，DC）、NK细胞、NKT细胞、γδT细胞、B1细胞、肥大细胞、嗜酸性粒细胞、嗜碱性粒细胞和新近定义的固有淋巴样细胞。吞噬细胞具有识别、吞噬杀伤病原体和抗原加工提呈作用。经典DC能诱导初始T细胞活化启动获得性免疫应答；浆细胞样DC可产生大量干扰素发挥抗病毒作用。NK细胞可通过表面杀伤活化，选择性杀伤某些病毒感染的细胞或肿瘤细胞等靶细胞。中性粒细胞、嗜酸性粒细胞和肥大细胞是参与抗感染免疫和过敏性炎症反应的重要效应细胞。因此，固有免疫是机体抵御病原微生物入侵的第一道防线，启动并参与适应性免疫应答。

2. 适应性免疫（adaptive immunity） 又称获得性免疫（acquired immunity），是个体在生命过程中接受病原体等抗原性异物刺激后产生，且专门针对相关特定抗原产生应答的生理反应。参与和执行适应性免疫的淋巴细胞主要包括在胸腺发育成熟的T细胞和在骨髓中发育成熟的B细胞。适应性免疫包括细胞免疫（cellular immunity）和体液免疫（humoral immunity）两类。细胞免疫主要针对胞内病原体（如胞内寄生菌和病毒等），由T细胞介导，其主要过程是T细胞接触抗原提呈细胞呈递的与其抗原受体相匹配的抗原肽后，通过增殖分化为效应T细胞和记忆性T细胞，效应T细胞在近距离时能迅速清除抗原，而记忆性T细胞寿命可长达数年甚至终身，当其再次遇到相同抗原时，能迅速增殖形成大量效应T细胞，启动更大强度的免疫应答。体液免疫主要针对胞外病原体和毒素，由B细胞介导，主要过程是B细胞在相应抗原刺激下，增殖分化为效应B细胞（浆细胞）和记忆性B细胞，浆细胞分泌抗体，抗体与相应抗原结合后，发挥阻止病原体入侵、中和细菌毒素和病毒的作用。抗体按其重链结构可分为IgM、IgG、IgA、IgD和IgE五类。记忆性B细胞的作用与记忆性T细胞相同。

生理状态下，固有免疫应答和适应性免疫应答密切配合，共同完成机体免疫防御、免疫监视和免疫自稳三大功能，产生对机体有益的保护作用。需要指出一点，免疫应答是一把双刃剑，异常免疫应答可导致多种免疫相关疾病的发生。有关机体的免疫功能详见免疫学相关教材。

（四）白细胞的生成和调节

白细胞起源于骨髓中的造血干细胞。在细胞发育的过程中经历定向祖细胞、可识别的前体细胞等阶段，最后成为具有多种细胞功能的成熟白细胞。白细胞的分化和增殖受一组造血生长因子的调节。这些因子由淋巴细胞、单核-巨噬细胞、成纤维细胞和内皮细胞合成并分泌。由于有些造血生长因子在体外可刺激造血细胞生成集落，故又称为集落刺激因子（colony-stimulating factor，CSF）。这些因子除可刺激相应祖细胞增殖外，还能增强成熟细胞的活性。此外，还有一些抑制因子能够直接刺激相应祖细胞的增殖、分化或限制上述一些因子的释放或作用，如乳蛋白和转化生长因子-β（TGF-β）。

（五）白细胞的破坏

由于白细胞主要在组织中发挥作用，淋巴细胞还可往返于血液、组织液和淋巴之间，并能增殖分化，故白细胞的寿命较难准确判断。一般来说，中性粒细胞在循环血液中停留8 h左右后进入组织，在组织中存活2~3天。当细菌入侵时，中性粒细胞在吞噬过量细菌后因释放出过多的溶酶体而发生自我溶解，与破坏的细菌和组织碎片共同形成脓液。单核细胞在血液中停留2~3天，然后进入组织，并发育成巨噬细胞，在组织中可生存3个月左右。

四、血小板生理

（一）血小板的数量和功能

血小板（platelet）是骨髓中成熟巨核细胞脱落的具有生物活性物质的小块胞质，并非严格意义上的细胞。血小板呈双面微凸的圆盘状，无细胞核，体积小，直径为2~3 μm。我国健康成年人血液中血小板正常值为（100~300）×10^9/L。正常人血小板数量在6%~10%的范围内变化，通常午后较清晨高，冬季较春季高，缺氧、进食、剧烈运动后和妊娠中、晚期升高，妇女月经期减少。

血小板的主要功能：①维持血管内皮的光滑与完整性：血小板能随时沉着于血管壁，以填补内皮细胞脱落时留下的空隙，并能够融入内皮细胞并对其进行修复。动物实验表明，在血小板减少时输入新鲜的血小板后，血小板黏附并融合到血管内皮细胞中，从而维持血管内皮的完整性。此外，血小板还可以释放血管内皮细胞生长因子和血小板源生长因子，促进血管内皮细胞、平滑肌细胞以及成纤维细胞增殖，有助于受损血管的修复。②血小板也参与生理性止血和凝血过程（详见本章第三节内容）。

血小板数量或功能障碍与临床上许多出血倾向及血栓性疾病关系密切。血小板数量超过$1000×10^9$/L时，称为血小板过多，易发生血栓；血小板数量低于$50×10^9$/L时，称为血小板减少，有出血倾向，并且患者的毛细血管脆性增高，微小创伤或仅血压升高即可使之破裂而出现小的出血点甚至紫癜。

（二）血小板的生理特性

1. 黏附 血小板与非血小板表面的黏着，即为血小板黏附。血小板不能黏附于正常内皮细胞表面，但可以黏附于损伤血管处暴露的胶原纤维上。参与血小板黏附的主要因素包括血小板膜糖蛋白Ⅰ（GP Ⅰb）、von Willebrand因子（vW因子）和内皮下组织中的胶原蛋白。当血小板缺乏GP Ⅰ或胶原蛋白变性时，其黏附功能将出现障碍。血管内皮受损后，vW因子首先与内皮下组织结合，然后vW因子再与血小板膜上的特异性受体结合，从而实现黏附。

2. 聚集 血小板之间的相互黏着，称为血小板聚集。在静息时血小板并不发生聚集，当致聚剂激活血小板时，血小板由圆盘状变为球形并伸出伪足，同时将储存在致密颗粒内的活性物质ADP、5-羟色胺（5-Hydroxytryptamine，5-HT）等释放出来，引起聚集的发生。血小板聚集需要纤维蛋白原、Ca^{2+}和血小板膜上GP Ⅱb/Ⅲa的参与。血小板聚集通常出现两个时相，第一时相发生迅速，也能迅速解聚；第二时相发生缓慢，但不能解聚，为不可逆聚集。血小板聚集在生理性止血和病理性血栓的形成中起着重要作用。

3. 释放 血小板受到刺激后将储存在致密体、α颗粒或溶酶体内的物质排出的现象，称为血小板释放或血小板分泌。从致密体中释放的物质主要包括 ADP、ATP、5-HT 和 Ca^{2+}，从 α 颗粒中释放的物质主要有 β-血小板球蛋白、血小板因子 4（PF_4）、vW 因子、纤维蛋白原、血小板因子 5（PF_5）等。此外，激活的血小板还可以合成和释放血栓素 A_2（thromboxane A_2，TXA_2）等颗粒外物质。能引起血小板聚集的因素大多也能引起血小板释放，而且血小板的黏附、聚集与释放几乎同时发生。许多由血小板释放的物质可以进一步促进血小板活化、聚集，加速止血过程。可以通过测定血浆 β-血小板球蛋白和 PF_4 的含量来了解体内血小板的活化情况。

4. 收缩 血小板的收缩与血小板内的收缩蛋白有关。在血小板中存在着类似肌肉的收缩蛋白系统，包括肌动蛋白、肌球蛋白、微管和各种相关蛋白。血小板活化以后，胞质内 Ca^{2+} 浓度增高可引起血小板的收缩反应。当血凝块中的血小板发生收缩时，可使血块回缩变硬，有利于生理性止血。

5. 吸附 血小板表面可吸附血浆中的多种凝血因子（如凝血因子 I、V、XI、XIII 等）。如果血管内皮破损，随着血小板黏附和聚集于破损部位，局部凝血因子浓度升高，有利于血液凝固和生理止血。

（三）血小板的生成和调节

血小板由巨核细胞分化产生。造血干细胞首先分化为巨核系祖细胞，然后再分化为原始巨核细胞，并经过巨幼核细胞发育为成熟的巨核细胞。一个巨核细胞可产生数百到上千个血小板。从原始巨核细胞到释放血小板入血大约需要 1 周的时间，进入血液的血小板有 2/3 存于外周血中，其余储存在脾和肝中。

血小板的生成受血小板生成素（thrombopoietin，TPO）的调节，TPO 主要由肝产生，也有一小部分由肾产生。它能刺激造血干细胞向巨核系祖细胞分化，并能特异性地促进巨核系祖细胞增殖、分化，以及巨核细胞成熟并释放血小板。

（四）血小板的破坏

血小板进入血液后，其寿命为 7～14 天，但只在最初两天具有生理活性。衰老的血小板在脾、肝和肺组织中被吞噬破坏。此外，在生理性止血过程中，血小板聚集后，其本身将解体并释放出全部活性物质，这说明血小板除衰老破坏外，还可在发挥生理功能时被消耗。

肺——血小板生成的另一个重要场所

长久以来，医学界普遍认为血小板是骨髓成熟的巨核细胞胞质裂解脱落下来的具有生物活性的小块胞质。然而，1893 年，Aschoff 首次发现人和哺乳动物肺血管中存在大量巨核细胞。1937 年，Howell 首次提出肺可产生血小板。2017 年，Looney 团队通过双光子活体成像技术和荧光标记小鼠直接观察到了肺产生血小板的过程。肺是产生血小板的重要部位。同时，采用小鼠肺移植实验证明，肺血管内可产生血小板的巨核细胞起源于肺外组织，如骨髓、脾等，而且肺组织内存在大量的造血干细胞。这一发现对血小板减少症、骨髓功能障碍等造血功能异常的疾病的研究和治疗具有重要意义。

第三节 生理性止血

生理性止血（hemostasis）是指在正常情况下，小血管受损后引起的出血在几分钟内自行停止的现象。

一、生理性止血的基本过程

生理性止血主要包括三个过程：①血管收缩；②血小板止血栓的形成；③血液凝固。

（一）血管收缩

在小血管受到损伤后，受损的血管壁立即收缩，减小血管直径，增加局部的血流阻力，降低血流速度，从而导致受损部位血液的流出减少。血管收缩是神经反射、局部血管肌源性收缩、来自血小板和受损组织释放的体液因子共同作用的结果。神经反射是由受损组织或邻近组织产生痛觉神经冲动以及其他神经冲动所诱发的，其特点是缩血管反应出现快，持续时间短。由受损的血管壁引起的局部肌源性反应对于血管收缩的作用最强。对于小血管而言，血小板和受损的组织释放的缩血管物质的作用也非常强烈，这些物质主要包括血栓烷 A_2（thromboxane A_2，TXA_2）、5-HT 和内皮素（endothelins，ETs）等。它们引起的缩血管效应比较缓慢，但是持续时间比较长。局部血管收缩可以持续数分钟到数小时，在此期间可以形成血小板止血栓并且发生血液凝固。

（二）血小板止血栓的形成

血小板接触到受损的血管表面下的胶原纤维蛋白，黏附于胶原纤维上，并被激活。血小板开始肿胀，呈现出不规则的形状，并在表面形成数个伪足，收缩蛋白强力收缩引起颗粒中所含的多种活性因子被释放；同时释放 vW 因子、大量的 ADP 和 TXA_2。ADP 和 TXA_2 可以将邻近的血小板激活并且粘贴于最初已经黏附于胶原表面的血小板上，发生血小板的聚集。因此在任何血管受损的部位上，受损的血管或血管外组织可引起一定数量的血小板活化，它们会吸引更多的血小板一同构成血小板止血栓。最先构成的是一个疏松的止血栓，如果损伤比较小，如同机体血管每天都出现的很多微小损伤一样，它通常就可以堵塞受损血管的破口，阻止血液的丢失；但是如果损伤比较大，则需要在形成血栓后进一步进行血液凝固来阻止出血。

（三）血液凝固

止血的第三个环节是血液凝固。如果血管壁损伤比较严重，凝血块在损伤后 15～20 s 内开始形成；如果损伤比较轻微，凝血块将在损伤后 1～2 min 内开始形成。来自损伤的血管壁、血小板和血浆蛋白的活性物质黏附于损伤的血管部位开始凝血（详见后文）。如果面积不是很大，损伤后 3～6 min，损伤的部位完全被凝血块填塞；损伤后 20 min～1 h，血凝块开始收缩，变成坚实的止血栓。血小板在血凝块收缩过程中起重要作用。

临床上常以出血时间（bleeding time）作为判断受试者止血功能是否正常的依据。出血时间的测定是从皮肤被小针刺破出血时起、到出血停止的这一段时间。若生理止血功能减退，则有出血倾向，而生理止血功能过度则可导致血栓形成。

二、血液凝固

血液凝固（blood coagulation）是指血液从流动的液体状态变成不能流动的胶冻状凝块的过程。这是由凝血因子参与的一系列复杂的酶促反应。血液凝固的关键是血浆中可溶性的纤维蛋白原转变为不溶性的纤维蛋白的过程。多聚体纤维蛋白交织成网，将血细胞网罗其中形成血凝块。将静脉血放入玻璃试管中，自采血开始到血液凝固所需的时间为凝血时间（clotting time）。正常人为 4～12 min。

（一）凝血因子

在血液和组织中有 50 余种物质会影响血液凝固，其中促进血液凝固的物质称为促凝物（procoagulants），阻碍血液凝固的物质称为抗凝物（anticoagulants），血液是否凝固依赖于这两组物质的平衡。在血管内，抗凝物质通常是占优势的，所以血液可以不凝固地循环于血管中。血管损伤后，在受损组织区域内的促凝物被激活并超过抗凝物的活性，导致血液凝固的发生。血液和组织中直接参与凝血的物质统称为凝血因子（coagulation factors）。按国际命名法用罗马数字编号的凝血因子共有 12 种（表 3-3），简称为 FⅠ～FⅩⅢ，其中 FⅥ是血清中活化的 FVa，已不再视为一个独立的凝血因子。此外，前激肽释放酶（prekallikrein，PK）、高分子激肽原以及来自血小板的磷脂等也都直接参与凝血过程。在这些凝血因子中，因子Ⅳ是钙离子，其余的凝血因子均是蛋白质，其中因子Ⅱ、因子Ⅶ、因子Ⅸ、因子Ⅹ、因子Ⅺ和因子Ⅻ均为蛋白内切酶。通常在血液中，因子Ⅱ、因子Ⅸ、因子Ⅹ、因子Ⅺ和因子Ⅻ都是以无活性的酶原形式存在，必须经过激活才具有活性，被激活的酶被称为这些因子的活性型，习惯上在该因子代号的右下角标"a"表示，如因子Ⅹa。因子Ⅲ正常时存在于血管外的组织中，其他凝血因子均存在于新鲜的血浆中。因子Ⅱ、因子Ⅶ、因子Ⅸ、因子Ⅹ都在肝中合成，合成时需要维生素 K 的参与，又称为依赖维生素 K 的凝血因子。当肝发生病变时，可出现凝血功能障碍。

表 3-3　按国际命名法编号的凝血因子

编号	同义名	编号	同义名
因子Ⅰ	纤维蛋白原	因子Ⅷ	抗血友病因子
因子Ⅱ	凝血酶原	因子Ⅸ	血浆凝血激酶
因子Ⅲ	组织凝血激酶	因子Ⅹ	Stuart-Prower 因子
因子Ⅳ	钙离子	因子Ⅺ	血浆凝血激酶前质
因子Ⅴ	前加速素	因子Ⅻ	接触因子
因子Ⅶ	前转变素	因子ⅩⅢ	纤维蛋白稳定因子

注：因子Ⅵ已被取消

（二）血液凝固的过程

1964 年，Macfarlane、Davies 和 Ratnoff 提出血液凝固的"瀑布学说"，认为凝血是一系列凝血因子相继酶解激活的过程，每一步酶解反应均有放大的效应，这个学说得到了大多数研究人员的认同。凝血过程可分为凝血酶原激活物形成、凝血酶原激活和纤维蛋白形成三个阶段（图 3-3）。

1. 凝血酶原激活物形成　凝血酶原激活物（prothrombin activator）是因子Ⅹa 与因子Ⅴ、血小板磷脂（platelet phospholipid，PL）和 Ca^{2+} 组成的复合物。在其形成过程中，依据因子Ⅹ

的激活途径不同，又可将凝血过程分为内源性凝血和外源性凝血两个途径。内源性凝血途径是指参与凝血过程的全部凝血因子都存在于血液中；外源性凝血途径是指在凝血过程中，还有血液外组织因子（Ⅲ）的参与。二者的主要区别在于凝血酶原激活物形成的过程不同。

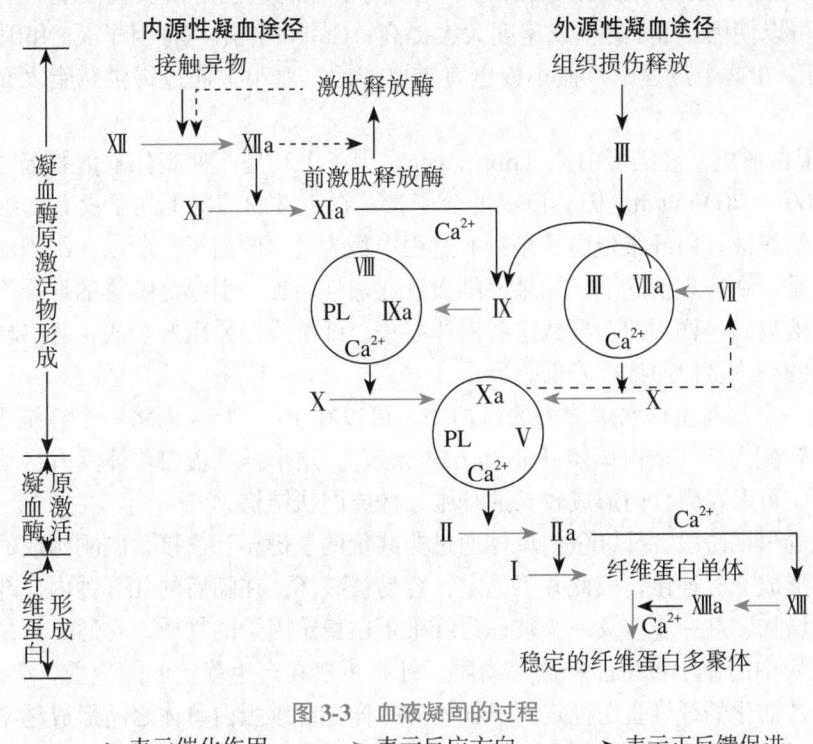

图 3-3 血液凝固的过程
⟶ 表示催化作用； ⟶ 表示反应方向；----→ 表示正反馈促进

（1）内源性凝血途径：内源性凝血途径是因为血液与带有负电荷的异物（如胶原、玻璃）表面接触而触发凝血。内源性凝血途径比较复杂，可人为地将其分为两步。

1）第一步：凝血因子Ⅻ在血管内膜下组织，特别是胶原纤维的作用下被激活，形成Ⅻa，Ⅻa再激活因子Ⅺ形成Ⅺa，这个过程需要 PK 和高分子激肽原（HMWK）的参与。与此同时，血浆中的血小板也被大量活化释放血小板磷脂，其主要成分是血小板因子 3（PF_3）。

2）第二步：Ⅺa 在 Ca^{2+} 的参与下激活因子Ⅸ。因子Ⅸa 与Ⅷ、PL 和 Ca^{2+} 组成一个复合物，协同激活因子Ⅹ，复合物中的因子Ⅸa 作为蛋白酶可激活因子Ⅹ；Ca^{2+} 的作用是将因子Ⅸa 和因子Ⅹ连接在磷脂表面；因子Ⅷ与其他因子不同，平时在血浆中与 vW 因子形成复合物，这种结合形式可调节血浆因子中Ⅷ的浓度，因子Ⅷ只有从复合物中解离后才表现出活性。血小板磷脂是提供反应的磷脂表面，上述凝血过程是在磷脂表面进行的，所以又称为磷脂表面阶段。

（2）外源性凝血途径：外源性凝血途径是在组织损伤、血管破裂的情况下，由凝血因子Ⅲ与血液接触而启动的凝血过程。凝血因子Ⅲ由组织释放，是一个脂蛋白复合物，含有蛋白酶的活性成分。创伤出血后，因子Ⅲ进入血管与血浆中的因子Ⅶa 和 Ca^{2+} 形成复合物，激活因子Ⅹ。复合物中的因子Ⅶa 是蛋白酶，可使因子Ⅹ被水解激活效率增加 1000 倍；血小板提供反应的磷脂表面；Ca^{2+} 的作用是将因子Ⅶa 和因子Ⅹ连接在磷脂表面。

内源性和外源性凝血途径最终都是激活因子Ⅹ，但其激活的机制不同，造成血液凝固速度的差异。外源性凝血途径简单，参与的因子少，故外源性凝血的过程耗时极短，比内源性凝血快几倍甚至几十倍。通常情况下，单纯由一种途径引起的血液凝固并不多见，内源性途径和外源性途径可以相互促进。

因子Ⅹa 形成后，与因子Ⅴ、PL 和 Ca^{2+} 组成复合物，称为凝血酶原激活物。凝血酶原激活物的形成是整个血液凝固过程的限速步骤。

2. 凝血酶原激活　凝血酶原（prothrombin，因子Ⅱ）在凝血酶原激活物的作用下，几秒钟内即可活化为凝血酶（thrombin）。在凝血酶原激活物中，因子Xa是催化生成凝血酶的蛋白酶，因子Ⅴ在最初合成的凝血酶原激活物中是没有活性的，但是很快就被凝血酶激活，激活后的因子Ⅴa可以使因子Ⅱa的生成速度大大提高；Ca^{2+}的作用是将因子Xa和因子Ⅱ同时连接到磷脂表面。在这个过程中，血小板也有重要作用，血小板通过提供磷脂表面，加速凝血过程。

3. 纤维蛋白形成　纤维蛋白原（fibrinogen，因子Ⅰ）是一种高分子量的蛋白质，在血浆中的含量为100～700 mg/dl。因其巨大的分子量，在正常的情况下几乎没有纤维蛋白原分子漏出血管进入组织液，而纤维蛋白原是凝血过程中最为基本的因子，所以在组织液内不会发生凝集反应。但是，在病理情况下，如果毛细血管通透性增加，引起足够量的纤维蛋白原漏入组织液，如同血液凝固一样，即会导致这些液体凝集。纤维蛋白原由肝合成，肝出现病变时可导致循环血液中的纤维蛋白原浓度降低。

凝血酶是一个具有蛋白水解能力的蛋白酶，可以在10～15 s内将一个纤维蛋白原脱去4个小分子肽，转变为纤维蛋白单体（fibrin monomer）。这个纤维蛋白单体具有自动与其他单体多聚化的能力，可以在数秒内形成较长的纤维，构成网状结构。

在多聚化的早期阶段，纤维蛋白单体通过非共价的氢键相互连接，刚刚构成的纤维多聚体分子之间没有形成交叉连接，因此并不稳定，容易被破坏。在随后的几分钟内，纤维网状结构的强度被大大增加；这一步涉及一个被称为纤维蛋白稳定因子的物质，它通常少量存在于血浆蛋白中，血凝块中的血小板也能释放该物质。纤维蛋白在产生稳定的效应前，必须首先被Ⅱa活化。随后，被活化的纤维蛋白稳定因子如同酶一样在纤维蛋白单体之间形成越来越多的共价键，在邻近的纤维蛋白单体间形成交叉联系，构成永久的、高强度的、不溶于水的三维纤维蛋白网状结构——纤维蛋白多聚体（fibrin polymer）。

以不同方向交织在一起的纤维蛋白形成网状结构，将血细胞、血小板和血浆网罗于其中构成血凝块。纤维蛋白也黏附于血管的开放部位，阻止血液的进一步丢失。

血栓形成后在数分钟内开始回缩（clot retraction），通常在20～60 min内将一些液体挤出。这个被挤压出的淡黄色液体称为血清（serum）。与血浆相比，血清中缺乏纤维蛋白原和大多数凝血因子，但又增添了少量凝血过程中血小板释放的物质。血小板对于血栓的回缩非常重要，血块回缩不良通常是由循环血液中的血小板数量较低所致。

三、抗凝和纤维蛋白溶解

人在正常状态下血管经常有轻微的损伤发生，体内的凝血系统也常有不同水平的激活，但血液并未发生凝固；即使在组织损伤后导致生理性凝血时，也只是在损伤部位形成血栓，凝血过程并不扩散至其他部位，并且在出血停止、损伤愈合后，血栓将被逐渐溶解，从而保证血管的基本通畅。这是由于体内存在着抗凝和纤维蛋白溶解机制，能够防止正常状态下的血液凝固，并对凝血反应加以适当的限制和调节。

（一）血液的抗凝机制

1. 血管内皮表面因子　在正常的血管系统中，防止凝固的最重要因素包括：①光滑的血管内皮表面，可防止激活内源性凝血系统；②内皮的多糖-蛋白质复合物是吸附于血管内皮表面的黏多糖，可以抵制凝血因子和血小板的附着，防止激活凝血过程；③结合于内皮细胞膜上的一种蛋白质——凝血酶调节蛋白（thrombomodulin），可以通过结合凝血酶的方式除去凝血酶，减慢凝血过程，此外，凝血酶调节蛋白-凝血酶复合物也能激活一种被称为蛋白质C的血浆蛋白。蛋白质C可以通过将活化的因子Ⅴ和因子Ⅷ失活的方式达到抗凝的目的。

当血管内皮受损时，失去了其平滑性和多糖-蛋白质复合物、凝血酶调节蛋白层，则将导致因子Ⅻ和血小板的同时激活，从而诱发内源性凝血途径。当因子Ⅻ和血小板接触到内皮下的胶原蛋白时，这个激活过程将会变得更为强烈。

2. 纤维蛋白和抗凝血酶　在血液中最重要的抗凝血物质就是那些可从血液中除去凝血酶的物质。其中最有活性的是在凝血过程中形成的纤维蛋白网和一种被称为抗凝血酶（antithrombin）的α-球蛋白。

在血栓形成过程中，85%~90%活化的凝血酶被纤维蛋白网吸附，这有助于防止凝血酶扩散到其他部位的血液中，从而防止凝血过度扩散。没有被纤维蛋白网吸附的凝血酶随后被抗凝血酶结合，以抑制凝血酶对纤维蛋白原的作用，并在随后的12~20 min内使凝血酶失活。

3. 肝素　肝素（heparin）是另一种有效的抗凝物，其本身几乎没有抗凝血酶的特性，但是当与抗凝血酶结合后，可以显著增加抗凝血酶灭活凝血酶的活性。因此，在肝素存在的情况下，抗凝血酶可以瞬间除去血液中游离的凝血酶。此外，肝素与抗凝血酶形成的复合物还可以除去一些其他已经被激活的凝血因子，如激活的因子Ⅻ、因子Ⅺ、因子Ⅸ和因子Ⅹ，进一步增强其抗凝血的活性。肝素是一种黏多糖硫酸酯，由肥大细胞合成，因首先在肝内被发现而称之为肝素。生理情况下，血浆中几乎不含肝素。在临床工作中，肝素作为抗凝剂以远高于生理剂量的浓度被广泛使用。

（二）血栓溶解

血浆蛋白中含有一种被称为纤溶酶原（plasminogen）的球蛋白，其激活后被称为纤溶酶（plasmin）。纤溶酶是一种蛋白水解酶，类似于胰蛋白酶。纤溶酶可以消化纤维蛋白网以及其中的多种蛋白质，包括纤维蛋白原、因子Ⅴ、因子Ⅷ、凝血酶原和因子Ⅻ。因此，当纤溶酶被激活后，能通过分解凝血因子的方式水解血凝块（图3-4），在某些时候甚至会引起凝血功能低下。

在形成血栓后，大量的纤溶酶原结合到纤维蛋白上，但是在纤溶酶原被激活前并不能引起血凝块溶解。在血栓形成或停止出血1天或更长时间以后，受损伤的组织和血管内皮非常缓慢地释放一些有活性的激活剂，称为组织纤溶酶原激活物（t-PA），进而将纤溶酶原转化为纤溶酶，其最终将血栓溶解。此外，血液中还存在尿激酶型纤溶酶原激活物（u-PA），主要在组织中激活纤溶酶原溶解血管外纤维蛋白。许多小血管被血栓阻塞时就是通过纤溶系统的激活而复通，因此纤溶系统的重要功能就是维持外周小血管的通畅。

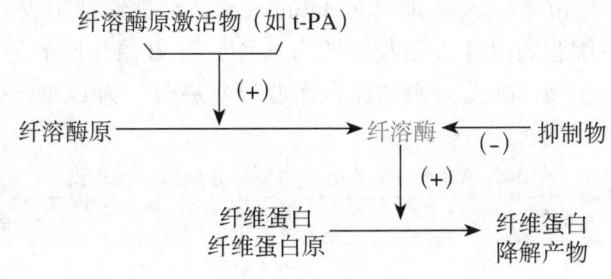

图3-4　纤维蛋白溶解系统示意图

第四节 血型和输血原则

一、血型与红细胞凝集

在历史上最初试图将一个人的血液输给另一个人时，经常会引起立即或延迟发生的血液凝集和溶血反应，这种典型的输血反应通常会致人死亡。后来发现，不同人的血液有不同的抗原和免疫学特征，一个人血浆中的抗体会与另一个人红细胞上的抗原发生抗原-抗体反应，这是导致输血反应发生的主要原因。位于红细胞膜上特异性抗原的类型就是血型（blood group）。将两个血型不相容的人的血液混合，则红细胞可凝集成簇，这一现象称为红细胞凝集（agglutination）。在补体的参与下，可引起凝集的红细胞破裂，发生溶血。

在人类血细胞上，目前已发现 30 多种常见抗原以及数百种罕见抗原。许多存在于红细胞上的血型抗原也存在于白细胞、血小板和一般组织细胞上。此外，在白细胞和血小板上还存在其本身的特异性抗原。因此，广义的血型概念应包括红细胞血型、白细胞血型和血小板血型。血型问题不仅是输血反应和新生儿溶血性疾病的病因，也成为组织器官移植、法医鉴定、亲子鉴定和人类学研究的一个重要问题。

二、红细胞血型

在人类红细胞上，目前已经发现了 35 个独立的血型系统，其中有两个血型系统最常引起输血反应，与临床工作的关系最为密切，即 ABO 血型系统和 Rh 血型系统。此外还有一些血型系统如 MNSs、Kell、Lewis、Lutheran、Duff 和 Kidd 等。

（一）ABO 血型系统

1. ABO 血型的分型及其抗原 ABO 血型系统（ABO blood group system）是 1901 年由奥地利人 Landsteiner 发现的。他观察到如果将一些人的红细胞与另一些人的血清混合，就会出现有的凝集、有的并不凝集的现象。据此，他认为可以将人的血液分为 4 种类型，即 A、B、AB 和 O 型。这 4 种血型在西欧人群中所占的比例大约为：A 型 41%，B 型 9%，AB 型 3%，O 型 47%；在我国汉族人群中的比例为 A 型 31.3%，B 型 28.1%，AB 型 9.8%，O 型 30.8%。

ABO 血型系统中有两种抗原，即 A 抗原和 B 抗原，存在于大多数人类的红细胞表面，因其可以引起血液凝集，也被称为凝集原（agglutinogen）。根据红细胞表面存在的凝集原类型，确定红细胞的血型。红细胞表面有 A 凝集原的为 A 型，有 B 凝集原的为 B 型；如果同时存在 A 和 B 凝集原，则为 AB 型；既无 A 凝集原也无 B 凝集原时，为 O 型（表 3-4）。

表 3-4 ABO 血型的基因型与其凝集原和凝集素

基因类型	血型	凝集原	凝集素
OO	O	—	抗 A 或抗 B
OA 或 AA	A	A	抗 B
OB 或 BB	B	B	抗 A
AB	AB	AB	—

研究表明，位于 9 号染色体（9q34.1-q34.2）上的 3 个基因决定 ABO 血型。这 3 个基因是等位基因，其可以是 3 种不同类型中的任意 1 种或 2 种，但是在每个染色体上仅为 1 种，即：O 型、A 型或 B 型。O 型基因是无功能基因，或基本上无功能的基因，所以在细胞上没有明确的 O 型凝集原。与之相反，A 型或 B 型基因可以在细胞上形成抗原性非常强的凝集原。一共有 6 种可能的基因组合方式，即 OO、OA、OB、AA、BB 和 AB。如表 3-4 所列，OO 基因型的人在细胞表面没有 A 或 B 凝集原，因此是 O 型血；OA 或 AA 基因型的人为 A 型血；OB 或 BB 基因型的人为 B 型血；基因型为 AB 的人，则为 AB 型血。在 5~6 周龄的人胚胎红细胞膜上已可以检测出 A 和 B 抗原，但是数量较少，仅为成人的 1/3，直到 2~4 岁时才逐渐发育完全。正常人 A、B 抗原的抗原性终生不变。

2. ABO 血型系统的抗体　在 ABO 血型系统中，血浆内的抗体也称凝集素（agglutinin）。如果人的红细胞表面没有 A 型凝集原，那么在其血浆中出现的血型抗体就称为抗 A 凝集素；反之，则为抗 B 凝集素。应注意，O 型血虽然没有 A 和 B 凝集原，但是却有抗 A 和抗 B 凝集素。AB 型血在红细胞表面有 A 和 B 凝集原，但无抗 A 和抗 B 凝集素。

ABO 血型抗体属于天然型抗体 IgM。新生儿的血液中尚无 ABO 血型系统的抗体，于出生后 2~8 个月开始产生，8~10 岁时达到高峰。IgM 的分子量大，不能通过胎盘到达胎儿体内。此外，在出生后由于受到自然界广泛存在的 A 抗原与 B 抗原的刺激，可以产生 IgG 型的免疫型抗 A 或抗 B 抗体。

（二）Rh 血型系统

1. Rh 血型的发现和分布　1940 年 Landsteiner 等将恒河猴（Rhesus monkey）的红细胞注射到家兔的体内，使家兔体内产生抗恒河猴红细胞的抗体，再用含抗体的家兔血清与人的红细胞混合，发现约有 85% 的白种人的红细胞可被这种血清凝集，说明这些人的红细胞上含有与恒河猴红细胞相同的抗原，因此将这部分人的血型称为 Rh 阳性血型；另有 15% 的白种人不能被这种血清凝集，称为 Rh 阴性血型。这一血型系统被称为 Rh 血型系统。在我国汉族和大部分民族中，Rh 阳性者约占 99%，Rh 阴性者占 1%。但是在有些民族，Rh 阴性者较多，如在塔塔尔族人中 Rh 阴性者约占 15.8%，在苗族人中占 12.3%。因此在这些民族聚集地区，Rh 血型的问题应该受到特别的关注。

2. Rh 血型系统的抗原与分型　Rh 血型系统一共有 6 种常见的 Rh 抗原，可称其为 Rh 因子，包括 C、D、E、c、d 和 e。一个人如果有 C 抗原，那么就没有 c 抗原；但是如果没有 C 抗原，那么一定有 c 抗原。同样的现象在 D-d、E-e 中也存在。D 抗原在人群中的分布最为广泛，且其抗原性也远强于其他类型的抗原。如果一个人有 D 抗原，那么就是 Rh 阳性；反之，就是 Rh 阴性。但是应当注意，其他类型的 Rh 抗原也可以引起输血反应，只是其反应通常比较温和。

3. Rh 血型的特点及其临床意义　与 ABO 血型系统不同，人的血清中没有天然的抗 Rh 抗体，只有当 Rh 阴性者接受了 Rh 阳性血液后，才会通过体液免疫反应产生抗 Rh 的免疫抗体，在输血后的 2~4 个月，血清中抗 Rh 抗体的水平达到高峰。如果给同一个人再次输入 Rh 阳性的血液，即可发生抗原-抗体反应，输入的 Rh 阳性的红细胞将被破坏而导致溶血。

Rh 血型系统与 ABO 血型系统之间的另一个差异是抗体的特性。Rh 系统的抗体是 IgG，其分子量较小，所以可以透过胎盘。当 Rh 阴性的母亲孕育 Rh 阳性的胎儿时，Rh 阳性胎儿的少量红细胞或 D 抗原可以进入母体，使母体产生免疫抗体。这种抗体可以透过胎盘进入胎儿体内，使胎儿的红细胞发生溶血反应，造成新生儿溶血性贫血，严重时可导致胎儿死亡。一般仅在妊娠晚期才有足量胎儿的红细胞进入母体，使母亲产生抗体，故 Rh 阴性的母亲在第一次孕育 Rh 阳性胎儿时很少发生新生儿溶血；但在第二次妊娠时，母亲血液中足量的抗体进入胎儿可引起新生儿溶血。如果在 Rh 阴性母亲生育第一胎后，及时输注特异性抗 D 免疫球蛋白，则可中和进入母体的 D 抗原，从而预防第二次妊娠时新生儿溶血的发生。

三、输血原则

在临床上输血（blood transfusion）已经成为治疗疾病、抢救伤员、保障手术的重要手段。但是如果输血过程处理不当就会给患者造成严重的伤害甚至危及生命，因此在输血时必须严格遵守以下基本原则。

1. 正常情况下应坚持同型输血 因为同型输血时受者血液中不含有抗供者红细胞的抗体，供者血浆中也不含有抗受者红细胞的抗体。

2. 必须进行交叉配血 因为存在着多种罕见的血型系统，且发生输血反应的后果非常严重，故在临床上，输血前即使已知供者和受者的血型相同，也必须进行交叉配血试验（cross-match test）（图3-5），将供者的红细胞与受者的血清相混合，称为交叉配血试验主侧；再将受者的红细胞与供者的血清相混合，称为交叉配血试验次侧。如果交叉配血的主侧与次侧均无凝集反应，即为交叉配血相合，可以进行输血；如果主侧发生凝集反应，则为配血不合，不能进行输血，否则会产生严重的后果；如果主侧不发生凝集反应，而次侧发生凝集反应，称为配血基本相合，这种情况见于将O型血输给其他血型的受者或AB血型者接受其他血型的血液时。在输血时先考虑供者的红细胞不被受者的血清所凝集破坏，故在缺乏同型血源的紧急情况下可输入少量配血基本相合的血液（＜200 ml），但血清中血型抗体的效价不能过高（＜1：200），且输血的速度不宜过快，并在输血过程中严密观察受者的状态，如发生输血反应，必须立即停止。

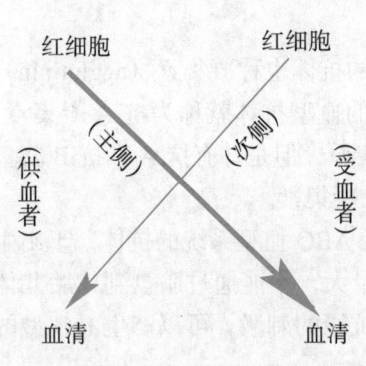

图3-5 交叉配血试验示意图

以往曾将O型血的人称为"万能供血者"，认为他们的红细胞上没有A型和B型凝集原，不会被受者的血浆所凝集，但O型血的血浆中存在抗A和抗B凝集素，这些抗体能与其他血型受者的红细胞发生凝集，特别是在输血量较大的情况下更是如此。另外，也曾将AB血型的人称为"万能受血者"，同样这种说法也存在片面性。

微整合

临床应用

自身输血

输血包括异体输血和自身输血，自身输血可以避免血源传播性疾病和免疫抑制，是无法获得同型血的患者的唯一血源。自身输血有3种方法：①贮血式自身输血：手术前3天完成患者的血液采集并进行保存，在手术期间输注给患者，每次采血不超过500 ml（或不超过自身血容量的10%），两次采血间隔不少于3天；②急性等容血液稀释：一般在麻醉后、手术主要出血步骤开始前，抽取患者一定量自身血在室温下保存备用，同时输入胶体液或等渗晶体液补充血容量，使血液适度稀释，降低血细胞比容，使手术出血时血液的有形成分丢失减少，然后根据术中失血及患者情况回输；③回收式自身输血：是指用血液回收装置，将患者体腔积血、手术失血及术后引流血液进行回收、抗凝、滤过、洗涤等处理，然后回输给患者。

四、组织和器官移植

多数可引起输血反应的红细胞表面抗原也存在于机体的其他细胞上,每种机体组织也拥有其自身抗原的抗体,这导致了机体可对移植到任何部位的外源性组织或细胞产生免疫反应。换句话说,多数受者可以如排斥任何异常进入的细菌或红细胞那样排斥入侵的外源性组织细胞。

将来自同一个体的组织或完整的器官移植到另一部位,称为自体移植(autologous transplantation);将遗传背景完全相同的个体间进行的细胞、组织或器官移植,称为同系移植(isotransplantation);将同一种属不同个体间的包括皮肤在内的各种组织与器官的移植,称为同种异体移植(allogeneic transplantation);将不同种属个体间进行的细胞、组织或器官的移植,称为异种移植(xenotransplantation)。

在自体移植或同系移植的情况下,被移植组织的细胞上各种抗原类型与受者组织相同,如果有充足的血液供应,移植物几乎可以长期正常生存。但是在异种移植这种极端情况下,势必会发生免疫反应,如果没有采用抗移植免疫反应的特殊治疗,被移植的细胞会在移植后的1~5周内全部死亡。

目前,出于实验或治疗的目的,一些组织或器官现在已经被成功地进行了同种异体移植,包括皮肤、肾、心脏、肝、腺体组织、骨髓和肺。因为组织与器官的移植具有非常重要的临床意义,因此抑制与移植相关的抗原-抗体反应就显得格外重要。

(魏丽丽　张海峰　刘云霞　张晓燕)

思政案例

吴宪:中国生物化学和营养学之父

吴宪先生是中国生物化学家、营养学家、医学教育家,是我国生物化学学科的主要奠基人之一。吴宪先生在1919年完成的博士论文《一种血液分析系统》(*A System of Blood Analysis*)奠定了他在生物化学界的地位。他的系列研究为现代临床化学分析提供了重要的分析手段,在国际上被长时间广泛采用。其中关于血糖测定的方法在国际上沿用长达70年。在20世纪20年代以前,测验血中的非蛋白氮组分对患者来说是个沉重的负担。而福林-吴(宪)的新方法只需要10 ml血液就足以进行包括尿素、肌氨酸、肌氨酸酐、尿素和糖的测定(其中只需一滴血就能测定血糖)。此外,为了解决国人的营养不良问题,提高国人的身体素质,1938年,吴宪先生主持制定了国内第一个《中国民众最低限度之营养需要》标准,为改善我国民众营养、健康做出了重要贡献。

思考题

1. 将正常红细胞放置于2.2% NaCl的高渗溶液中,细胞会发生什么变化?原因是什么?
2. 简述血细胞生成的部位和一般过程。
3. 机体缺铁和缺乏叶酸引起的贫血是否相同?原因是什么?

第四章

循环系统

第四章数字资源

循环系统（circulatory system）是封闭的管道系统，包括心血管系统和淋巴管系统。血液由心脏泵入动脉，再沿动脉分流到各器官组织和毛细血管，最后经静脉回流至心脏，周而复始，形成血液循环（blood circulation）。其中心脏是驱动血液循环的动力器官，血管是输送和分配血液的管道。

血液循环的主要功能是运输氧、营养物质到各个器官组织，并将其代谢产生的二氧化碳和代谢产物运出；在神经、体液系统的精密调节下，血液循环与机体的代谢需求相适应，保证机体各器官活动的能量和代谢需求，维持内环境稳态。

心血管系统还具有内分泌功能，可分泌多种生物活性物质，如心房肌细胞可合成和分泌心房利尿钠肽（atrial natriuretic peptide，ANP），血管内皮细胞能合成和分泌内皮素（endothelin，ET）及一氧化氮（nitric oxide，NO）等，这些生物活性物质不仅直接参与心血管系统的调节，还与多种心血管疾病密切相关。此外，血液循环还可将各种激素、信号分子运输至靶细胞参与机体的体液调节，运输各种细胞因子、抗体等参与机体免疫反应。

第一节 心脏的生物电活动

心肌细胞按其结构和功能特点，可分为两大类：①一类是工作细胞，包括心房肌和心室肌，它们含有丰富的肌原纤维，具备收缩和舒张功能，此类细胞具有兴奋性、传导性和收缩性的特征，但缺乏自律性，故也称非自律细胞；②另一类是自律心肌细胞，这些细胞是经特殊分化的心肌细胞，构成心脏内特殊传导系统，包括窦房结、房室交界、传导束（结间束、房室束等）、浦肯野细胞（Purkinje cell），这类细胞具有自动节律性、兴奋性和传导性的特征，但因其细胞质中肌原纤维甚少或完全缺乏，故无收缩性。这两类心肌细胞的特性与其生物电活动密切相关。

一、心肌细胞的跨膜电位及其形成机制

与神经细胞和骨骼肌细胞相比，心肌细胞的生物电活动更为复杂。不同类型心肌细胞的跨膜电位差异较大，从而具有不同的电生理特性。

（一）工作细胞的跨膜电位

1. 静息电位 人和哺乳动物心室肌细胞的静息电位约为 –90 mV，其形成机制与骨骼肌和神经细胞类似，即与静息时细胞膜对离子的通透性不同和离子的跨膜浓度差有关。心肌细胞

膜内外几种主要离子的浓度及平衡电位值如表 4-1 所列。

表 4-1 心肌细胞膜内外几种主要离子的浓度及平衡电位值

离子	浓度（mmol/L）		膜内与膜外比例	平衡电位（mV）（根据 Nernst 公式计算）
	细胞内液	细胞外液		
Na^+	10	145	1∶14.5	+70
K^+	140	4	35∶1	−94
Ca^{2+}	10^{-4}	2	1∶20 000	+132
Cl^-	9	104	1∶11.5	−65

静息状态下，心肌细胞膜 K^+ 的通透性较高，而对其他离子的通透性很低。因此，K^+ 顺其浓度梯度由膜内向膜外扩散达到电化学平衡，即 K^+ 平衡电位；心肌细胞膜上的内向整流钾通道（inward rectifier K^+ channel，I_{K1}）引起的 K^+ 平衡电位是构成心肌工作细胞静息电位的主要成分。其次，静息时细胞膜对 Na^+ 也有一定的通透性，使少量 Na^+ 内流形成静息时的 Na^+ 背景电流，这使静息电位的实际数值（绝对值）小于按 Nernst 公式（见第二章相关内容）计算所得的 K^+ 平衡电位的数值。此外，Na^+-K^+ 泵的活动也可影响静息电位的数值，Na^+-K^+ 泵每消耗 1 分子 ATP，可将 3 个 Na^+ 排出细胞外，同时摄入 2 个 K^+，由此产生的外向电流或泵电流，使静息电位的绝对值略微增大。因此，在心室肌细胞实际测得的静息电位是 K^+ 平衡电位、Na^+ 背景电流和泵电流的总和。

由于心室肌细胞静息电位主要是 K^+ 平衡电位，细胞外与细胞内浓度的比值是决定静息电位大小的主要因素。高血钾时，由于膜两侧 K^+ 浓度梯度减小，而使 K^+ 外流减少，静息电位绝对值降低，发生去极化。但低血钾时，细胞膜 I_{K1} 通道对 K^+ 的通透性降低，细胞内 K^+ 外流也减少，发生去极化。

2. 动作电位 不同心肌细胞的动作电位形态和形成的离子机制各不相同，这与不同心肌细胞的功能特性密切相关。以心室肌细胞为例（图 4-1），其动作电位与骨骼肌和神经细胞明显不同。心室肌细胞兴奋过程中离子活动较复杂，因其复极化过程缓慢，动作电位的升支与降支不对称，动作电位时程可长达 250～350 ms。为便于分析，通常将心室肌细胞动作电位分

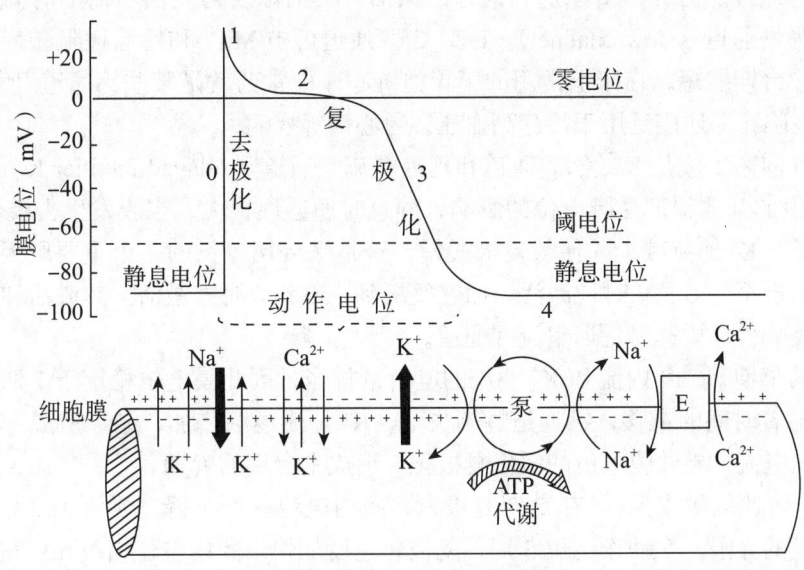

图 4-1 心室肌细胞动作电位及其主要离子机制示意图
箭头的粗细显示该离子电流的大小

为 5 个时期：即 0、1、2、3、4 期。

(1) 0 期（去极期）：0 期是心室肌细胞的去极化过程。当细胞受到刺激发生兴奋时，膜内电位由静息时的 –90 mV 迅速上升到 +30 mV 左右，形成动作电位的升支。0 期去极化的持续时间很短，仅为 1～2 ms，而去极化的幅度很大，约 120 mV。可见，心室肌细胞的去极化速度很快，最大速率（Vmax）可达 200～400 V/s。

心室肌细胞 0 期去极化的离子机制与骨骼肌和神经细胞类似。当心室肌细胞受到刺激使膜内电位由 –90 mV 除极至阈电位（约 -70 mV）时，膜 Na^+ 通道大量开放，Na^+ 的通透性剧增，Na^+ 快速涌入细胞，使膜内电位升高至动作电位顶点（+30 mV），快钠通道关闭，完成 0 期。

0 期去极化的钠通道激活开放的速度和失活关闭的速度都很快，因此是一种快通道（fast channel）。当膜去极化达阈电位水平时，快钠通道激活开放；到 0 mV 左右时开始失活；到 0 期顶点时，钠通道几乎全部关闭，持续开放时间约 1 ms。心室肌细胞 0 期去极化速度快，动作电位升支陡峭，是典型的快反应细胞。临床上常用的 I 类抗心律失常药基本属于钠通道阻滞剂，如利多卡因、普鲁卡因胺等。

(2) 1 期（快速复极早期）：复极化初期，仅出现部分复极。膜内电位由 +30 mV 迅速下降到 0 mV 左右，历时约 10 ms。0 期去极化和 1 期复极化期间膜电位的变化迅速，形成锋电位。

因 0 期顶点时，快钠通道已经失活，且在 0 期细胞膜去极化到 –30 mV 时，瞬时外向钾通道被激活，开放时间为 5～10 ms，此时 K^+ 外流产生的瞬时外向电流（transient outward current，I_{to}）使膜内电位从 +30 mV 迅速复极到 0 mV 水平。换言之，K^+ 的 I_{to} 是形成 1 期复极化的离子基础。

(3) 2 期（平台期）：在 1 期复极使膜电位降到 0 mV 左右后，复极化过程变得非常缓慢，动作电位变化比较平坦，历时 100～150 ms，形成平台期（plateau phase）。这是心室肌细胞动作电位持续时间较长的主要原因，也是其区别于骨骼肌和神经细胞动作电位的主要特征。

平台期的形成是由于此期同时存在内向电流和外向电流。内向离子流主要由 Ca^{2+} 形成。心室肌细胞膜上存在一种电压门控型钙通道，因其失活慢、电流持续时间长（long-lasting current），故被称为 L- 型钙通道（L-type calcium channel）。当细胞膜在 0 期去极化达到 –40 mV 时，该通道即被激活，Ca^{2+} 顺浓度梯度内流，使膜去极化。L- 型钙通道主要对 Ca^{2+} 通透，但也允许少量 Na^+ 通过。另外，由于这一通道的激活、失活以及再复活所需的时间均比钠通道长，故又被称为慢通道（slow channel）。L 型 Ca^{2+} 通道可被 Mn^{2+} 和钙通道阻滞剂双氢吡啶类药物阻滞，使平台期缩短。临床上常用的第 IV 类抗心律失常药就是某些钙通道阻滞剂。此外，钙通道阻滞剂在临床上还广泛用于治疗高血压、冠心病等疾病。

平台期的外向离子流是 K^+ 经 I_{K1} 通道和延迟整流钾通道（delayed rectifier K^+ channel，I_K）的外流。I_{K1} 通道的开放程度受膜电位的影响，静息时通透性很大，当膜发生去极化时，I_{K1} 通道的通透性降低，K^+ 外流减少，使得复极缓慢，这是平台期较长的一个重要原因。I_K 通道在动作电位 0 期去极至 –40 mV 时被激活，而在复极到 –50 mV 时去激活。其激活和去激活均很缓慢，持续数百毫秒，故称为延迟整流钾通道。

在平台期的早期，Ca^{2+} 内流和 K^+ 外流的电荷量相当，因此膜电位稳定于 1 期复极所达到的电位水平。随着时间的推移，钙通道逐渐失活，K^+ 外流逐渐增加，结果造成一种逐渐增强的微弱的净外向电流，导致膜电位的缓慢复极化，形成平台期的晚期。

(4) 3 期（快速复极末期）：在 2 期复极末，膜内电位逐渐下降，延续为 3 期复极，与 2 期之间没有明显的界限。在动作电位 3 期，复极化速度加快，膜内电位由 0 mV 左右较快地下降到 –90 mV，完成整个复极化过程。故 3 期又称为快速复极末期，历时 100～150 ms。

3 期复极是由于 L 型钙通道失活关闭，内向离子流终止，而外向 K^+ 流成为 3 期主要的离子流。I_K 的逐渐加强是促进膜复极的重要因素。K^+ 外流随时间而递增，促使膜电位转向负电位，而膜电位越负，K^+ 电流就越大，因此是一种正反馈式的再生性外向电流。到 3 期末，随着膜内电位负值越大，膜对 K^+ 的通透性越高，此正反馈效应导致膜的复极化越来越快，直至复极化完成。此外，I_{K1} 通道在膜电位复极化至 –60 mV 左右时通透性开始变大，使 K^+ 电流增多，从而加速了 3 期的终末复极化。临床上的 Ⅲ 类抗心律失常药的作用机制是抑制 I_K 通道，使复极化减慢，从而使动作电位时程明显延长。

（5）4 期（静息期）：此期，膜复极化完毕，膜电位恢复至静息电位水平。但此时离子的跨膜转运仍在活跃进行，因为在动作电位期间大量 Na^+ 和 Ca^{2+} 进入细胞内，而 K^+ 流出细胞，造成细胞内外离子分布发生改变。此时，细胞需要排出 Na^+ 和 Ca^{2+}，摄回 K^+，以恢复细胞内外各种离子的正常浓度梯度，保持心肌细胞的正常兴奋性，为下一次兴奋做好准备。

Na^+ 的外运和 K^+ 的摄回靠 Na^+-K^+ 泵完成。细胞膜上 Na^+-K^+ 泵可将 3 个 Na^+ 排出细胞外，同时摄入 2 个 K^+。Ca^{2+} 主动转运出细胞主要是通过细胞膜上的 Na^+-Ca^{2+} 交换体（Na^+-Ca^{2+} exchanger）和钙泵（calcium pump）进行的。Na^+-Ca^{2+} 交换体是存在于细胞膜上的一种双向转运蛋白，在生理状态下，Na^+-Ca^{2+} 交换体在将 3 个 Na^+ 转运入细胞的同时，将 1 个 Ca^{2+} 转运出细胞。进入细胞的 Na^+ 再由 Na^+-K^+ 泵的活动排出细胞。Na^+-Ca^{2+} 交换是一种继发性主动转运，其转运过程也是生电性的，产生的内向电流称为 Na^+-Ca^{2+} 交换电流。此外，尚有少量的 Ca^{2+} 可通过细胞膜上的 Ca^{2+}-ATP 酶（即钙泵）主动排出细胞。

实际上，Na^+-K^+ 泵和 Na^+-Ca^{2+} 交换体的活动是持续进行的，而不只是在 4 期。在动作电位的不同时期，它们的活动强度可依当时膜内外不同离子分布情况而改变。它们的活动对维持细胞内外离子分布的稳态起重要作用。临床常用于抗心衰治疗的洋地黄类药物就是通过阻断心肌细胞膜上的 Na^+-K^+ 泵，从而减少 Na^+-Ca^{2+} 交换，使更多的 Ca^{2+} 留在细胞内，从而增加心肌的收缩力。

（二）自律细胞的跨膜电位

自律细胞（autorhythmic cell）没有稳定的静息电位，在 3 期复极达到最大极化状态时的电位称为最大复极电位（maximal repolarization potential，MRP），此后，4 期膜电位并不稳定在这一水平，而是又立即开始自动去极化，形成起搏电位（pacemaker potential）。起搏电位达到阈电位水平即触发动作电位产生下一次兴奋。4 期自动去极化的实质是进行性地形成净内向电流，其产生可由于内向电流逐渐增强或外向电流逐渐减弱，或二者兼而有之。4 期自动去极化是心脏可产生自动节律性兴奋的基础。不同类型的自律细胞其 4 期自动去极化的速度及机制亦不同。

1. 窦房结自律细胞的动作电位 窦房结的自律细胞是心脏在生理情况下的起搏者（pacemaker），故称为 P 细胞。窦房结 P 细胞的动作电位具有以下特点：①由 0 期、3 期、4 期构成，无明显的复极 1 期和平台期；② 0 期去极是由于细胞膜上慢钙通道被激活，Ca^{2+} 内流而形成，故其幅度低（70 mV）、速率慢（10 V/s）、时程长（约 7 ms）；③最大复极电位小（–70 mV）；④阈电位为 –40 mV；⑤ 4 期自动去极速率较其他自律细胞快（0.1 V/s）（图 4-2）。

（1）0 期去极与 3 期复极：窦房结 P 细胞膜中 I_{K1} 通道较为缺乏，因此其最大复极电位仅约 –70 mV。当自动去极至阈电位水平（–40 mV）时即爆发动作电位。由于窦房结 P 细胞膜缺乏快 Na^+ 通道，其动作电位 0 期的产生主要依赖 L- 型钙通道开放，Ca^{2+} 内流（I_{Ca-L}）形成 0 期去极，膜内电位由原来的 –70 mV 上升至 0～15 mV。L- 型钙通道的激活过程比较缓慢，故 0 期去极化速率较慢（约 10 V/s），持续时间较长（约 7 ms）。这种 0 期去极化过程是由慢钙通道介导的动作电位，称为慢反应动作电位（slow response action potential），故窦房结属于慢反应细胞。因为 0 期由 Ca^{2+} 内流而形成，所以其受细胞外 Ca^{2+} 浓度的影响明显。钙通道阻滞剂维拉帕米可减慢窦房结 P 细胞的 0 期自动去极，从而减慢心率。窦房结 P 细胞缺乏瞬时外向通道（I_{to}），其动作电位无明显的 1 期和 2 期，0 期去极化后，P 细胞直接进入 3 期复极化过程，此时，Ca^{2+} 通道失活关闭，使 Ca^{2+} 内流终止，同时 I_K 通道被激活，使 K^+ 递增性外流，膜电位逐渐恢复至最大复极电位。

（2）4 期自动去极：4 期自动去极化的离子机制较为复杂，主要是外向电流（I_K）减弱和内向电流（I_f、I_{Ca-T}）增强两方面共同作用的结果（图 4-2）。

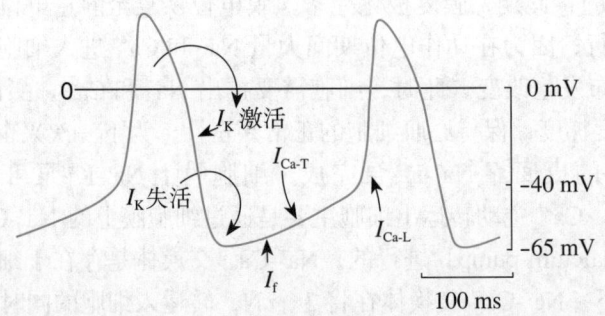

图 4-2　窦房结 4 期自动去极化和动作电位发生的离子机制示意图

1）I_K：目前认为，I_K 通道的时间依赖性失活导致 K^+ 外流进行性衰减（递减性外流）是窦房结 P 细胞 4 期自动去极重要的离子基础之一。I_K 在动作电位复极到 –50 mV 左右时逐步减小，其减小的速率正好与窦房结细胞的 4 期自动去极速率同步，提示其是窦房结细胞主要的起搏电流（pacemaker current）之一。I_K 通道阻滞剂 E-4031 可以降低最大复极电位，进而影响 I_f 的充分激活，减慢窦房结的起搏频率。

2）I_{Ca-T}：P 细胞存在另一种缓慢激活的钙通道，因开放时间较短（transient current），被称为 T- 型钙通道（T-type calcium channel）。当膜电位在 –70 ～ –60 mV 时该通道被激活，Ca^{2+} 内流，当膜电位继续去极到 –40 mV 时又激活 L- 型钙通道，引起慢内向 Ca^{2+} 电流，形成 0 期去极化。

（3）I_f：I_f（见浦肯野细胞的动作电位）在窦房结 P 细胞的起搏活动中所起作用较小，不如 I_K 外流衰减重要。因为 I_f 最大激活电位在 –100 mV 左右，而窦房结 P 细胞的最大复极电位为 –70 mV，这可能是 I_f 在窦房结 P 细胞 4 期自动去极中作用很小的原因。

2. 浦肯野细胞的动作电位　浦肯野细胞是一种快反应自律细胞，其动作电位 0 期、1 期、2 期、3 期与心室肌细胞动作电位的形态和离子基础相似，所不同的是，其 4 期不稳定，可自动去极化。4 期自动去极的机制也包括外向电流的减弱和内向电流的增强两个方面。其中主要是由于 I_f 内向电流随时间而进行性的增强，也有外向 K^+ 电流的递减（图 4-3）。I_f 通道是一种特殊的离子通道，具有电压依赖性和时间依赖性双重特征，其激活程度随膜电位的超极化和时间的推移而增强，这与其他心肌细胞电压依赖性通道的特性相反。最初的发现者因不能解释该通道的奇特之处，故称其为 4"奇异"通道（funny channel，I_f 通道）。I_f 通道开放主要形成 Na^+ 内流，也有少量 K^+ 外流的参与，不同于心室肌快 Na^+ 通道，二者的比较见表 4-2。当膜电位复极达 –60 mV 左右时，I_f 通道开始被激活、开放，膜电位复极至 –100 mV 左右时被充分激活，I_f 电流的产生和增强导致膜进行性去极化，去极达阈电位时则再次产生新的动作电位。因此，I_f 电流也被称为浦肯野细胞的起搏电流。之后，当膜电位去极达 –50 mV 左右时，I_f 通道失活，I_f 电流随即终止。由于 I_f 通道在浦肯野细胞膜中的密度很低，且其激活和开放的速率均较慢，导致其 4 期自动去极化速度较慢，因而浦肯野细胞自动节律性较低。在动作电位 3 期复极化至 –50 mV 左右时，I_K 通道去激活而关闭，I_K 电流逐渐减小，浦肯野细胞在最大复极电位（–90 mV）时的 I_K 电流已经很小，因此，I_K 电流的衰减并不是引起浦肯野细胞 4 期自动去极化的主要原因。

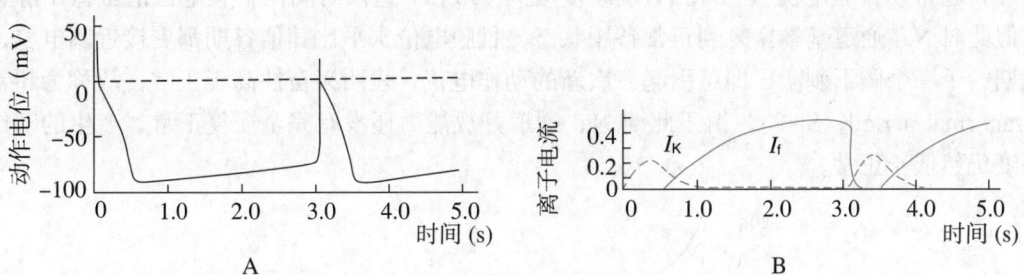

图 4-3 浦肯野细胞动作电位及其形成机制示意图
A．跨膜电位；B．I_K 衰减和 I_f，以及两者在形成起搏电位中的相对关系

表 4-2 快钠通道（电流）与 I_f 通道（电流）的比较

项目	快钠通道（电流）	I_f 通道（电流）
离子	Na^+	Na^+、K^+
作用	快反应细胞 0 期去极的离子基础	快反应自律细胞 4 期自动去极的离子基础
激活电压	0 期去极达 -70 mV	3 期复极达 -60 mV
阻滞剂	河豚毒（TTX）	铯（Cs^+）

二、心肌的生理特性

心肌的生理特性主要包括兴奋性、自律性、传导性和收缩性，其中前三者是心肌的电生理特性，收缩性是心肌的机械特性。工作细胞（心房肌细胞、心室肌细胞）有兴奋性、传导性和收缩性，无自律性。自律细胞（浦肯野细胞、P 细胞）有兴奋性、自律性和传导性，但无收缩性。

（一）兴奋性

心肌细胞与神经、骨骼肌细胞一样，都是可兴奋组织。心肌细胞受到刺激时产生动作电位的能力，称为心肌的兴奋性（excitability）。心肌兴奋性的高低通常用能引起心肌细胞兴奋的最小刺激强度即阈强度的大小来衡量。阈强度大，表示兴奋性低；反之，则兴奋性高。

1. 兴奋性的周期性变化　在一次兴奋过程中，心肌细胞的膜电位发生一系列有规律的变化，兴奋性也随之发生相应的周期性变化，经历有效不应期、相对不应期、超常期的不同阶段。现以心室肌细胞为例，说明在一次兴奋过程中兴奋性的周期性变化（图 4-4）。

（1）有效不应期：心肌细胞发生一次兴奋后，从 0 期去极到复极 3 期膜电位达到 -55 mV，在这一期间，无论给予心肌多大的刺激，都不会产生动作电位，这段时期称为绝对不应期（absolute refractory period，ARP）。其机制是此期膜电位过小，钠通道完全失活，还没有恢复到备用状态。从 -55 mV 继续复极到 -60 mV 这段极短时间内，钠通道刚开始复活，给予阈上刺激可使膜发生局部的部分去极化，但仍不能产生动作电位，这一时期称为局部反应期（local response period，LRP）。上述两段时间可合称为有效不应期（effective refractory period，ERP）。

（2）相对不应期：从有效不应期刚结束的 -60 mV 继续复极到 -80 mV 这段期间，用大于正常阈值的强刺激才能产生动作电位，故称为相对不应期（relative refractory period，RRP）。此期内，Na^+ 通道已逐渐复活，兴奋性也逐渐恢复，但仍低于正常，产生的动作电位幅度也比正常低。

(3) 超常期：膜电位从 –80 mV 继续复极到 –90 mV 这段时间内，膜电位值虽低于静息电位，但此时 Na^+ 通道基本恢复到正常备用状态，且膜电位水平比其他各期都更接近阈电位，若在此期给予一个阈下刺激，即可引起一次新的动作电位，表明兴奋性高于正常，故称为超常期（supranormal period，SNP）。由于此期 Na^+ 通道开放能力还没有完全恢复正常，产生的动作电位幅度仍然低于正常。

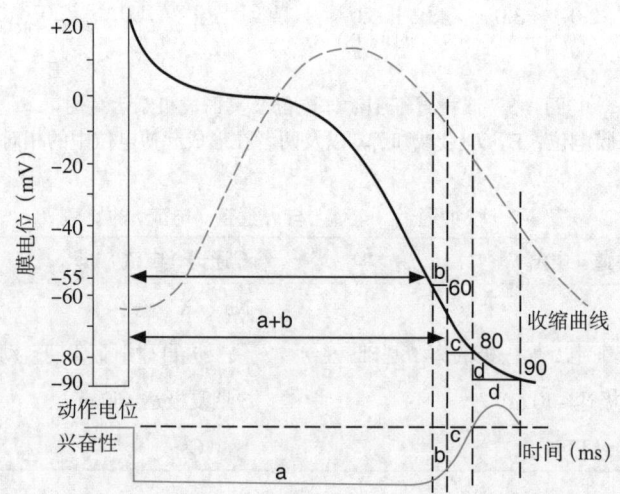

图 4-4　心室肌动作电位期间兴奋性的变化及其与机械收缩的关系
——表示动作电位；- -表示机械收缩；——表示兴奋性
a：绝对不应期；b：局部兴奋；a+b：有效不应期；c：相对不应期；d：超常期

2. 兴奋性周期性变化的生理与临床意义　心肌细胞在每次兴奋过程中，兴奋性发生的周期性变化是可兴奋细胞的共同特征。但心肌的有效不应期特别长（200～300 ms），该特性赋予了心肌诸多重要的功能特点和意义。

(1) 不产生强直收缩：心肌的有效不应期长（200～300 ms），相当于心肌收缩活动的整个收缩期和舒张早期（图 4-4）。在此期内无论用多强的刺激都不会使心肌产生动作电位和收缩，因而不会产生强直收缩，从而保证了心脏舒张和收缩的交替活动，以完成其正常的充盈和泵血功能。

(2) 抗心律失常：由于心肌的有效不应期很长，故任何额外刺激落在该期内均不能引发兴奋而导致心律失常。因此，临床上凡是能延长有效不应期的药物通常都具有抗心律失常的作用，如奎尼丁可抑制 Na^+ 通道而延长有效不应期。延长有效不应期可作为寻找抗心律失常新药的策略之一。

(3) 期前收缩与代偿间歇：正常心脏是按窦房结的节律而兴奋的，如果在心室有效不应期后受到额外刺激，则可在下一次窦房结正常冲动传来之前产生一次正常节律以外的兴奋和收缩，称为期前收缩（premature systole）或早搏（premature beat）（图 4-5）。期前兴奋也有其自身的有效不应期，当紧接在期前收缩后的一次窦房结的兴奋传到心室时，常常正好落在期前兴奋的有效不应期内，因而不能引起心室兴奋和收缩，形成一次"脱失"，必须等到再下一次窦房结的兴奋传到心室时才能引起收缩。因此，在一次期前收缩之后出现一段较长的心室舒张期，称为代偿间歇（compensatory pause）（图 4-5）。

3. 影响兴奋性的因素　心肌细胞兴奋的产生包括细胞膜电位与阈电位水平的相对关系以及引起 0 期去极化相关离子通道的性状这两个环节。任何能影响这两个环节的因素均可改变心肌细胞的兴奋性。以快反应细胞为例，分析这两个环节中的 3 个因素对心肌兴奋性的影响。

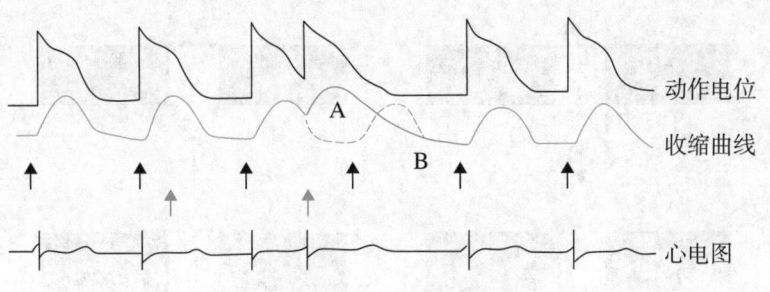

图 4-5 期前收缩和代偿间歇
↑表示窦房结冲动；↑表示期前刺激
A. 期前收缩；B. 代偿间歇

（1）膜电位水平：若阈电位水平不变，而静息电位或最大复极电位增大，则膜电位与阈电位之间的差距增大，需要更强的刺激才能达到阈值引起兴奋，故兴奋性降低；反之，静息电位或最大复极电位减小时，距阈电位的差距缩小，兴奋性增高。但当静息电位显著减小时，由于部分钠通道失活，导致阈电位水平上移，结果兴奋性反而降低。

（2）阈电位水平：阈电位实质是反映离子通道电压依赖性的一种内在特性，它决定了在什么条件下该通道可被激活而大量开放。若静息电位或最大复极电位不变而阈电位水平下移，则其与静息电位（或最大复极电位）之间的差距缩小，引起兴奋所需刺激减小，兴奋性增高；反之，则兴奋性降低。

（3）Na^+ 通道的性状：细胞膜快 Na^+ 通道存在"备用""激活"和"失活" 3 种功能状态（图 4-6）。每个 Na^+ 通道有两个闸门（m 门与 h 门）控制 Na^+ 的通过，这两个闸门的启闭随膜电位的变化而变化。m 门位于细胞膜外侧面，膜电位变小时，倾向于开放，称为激活门；h 门位于细胞膜内侧面，膜电位变小时，倾向于关闭，称为失活门。m 门与 h 门处于串联状态，如果 m 门与 h 门都打开，Na^+ 可以进入细胞内，只要有一个门关闭，无论是 m 门或 h 门，则 Na^+ 都无法通过。Na^+ 通道 3 种状态之间的转换是电压依赖性和时间依赖性的。当膜电位处于静息电位水平（-90 mV）时，Na^+ 通道处于备用状态，其特点是 m 门关闭，即使 h 门开启，Na^+ 也不能进入细胞内，但备用状态下的 Na^+ 通道可迅速被激活。当膜去极化至阈电位水平（-70 mV）时，分别引起 m 门的激活和 h 门的关闭。但 m 门的激活开放速度快，而 h 门的关闭速度稍慢于 m 门的激活开放，因此，有一个短暂的瞬间 m 门打开而 h 门尚未关闭，Na^+ 迅速内流，此时 Na^+ 通道为激活状态。此后，随着 h 门的关闭，Na^+ 也不再能通过，此时 Na^+ 通道为失活状态，Na^+ 内流迅即停止，细胞兴奋性降至最低。处于失活状态的 Na^+ 通道不仅限制了 Na^+ 的跨膜扩散，而且在短时间内不能再次被激活，必须待膜电位恢复到静息电位时，Na^+ 通道才能恢复到备用状态，这个过程称为复活（recovery）。Na^+ 通道从备用状态到激活状态又到失活状态，最后再复活到备用状态的过程，其顺序见图 4-6。

显然，Na^+ 通道的复活不是激活、失活的逆过程，失活状态不能直接进入激活状态，必须先进入备用状态，然后才能进入激活状态，这也就解释了膜由 -90 mV 去极至 -70 mV 时可产生动作电位，而复极至 -70 mV 时则不能产生动作电位的原因。因为去极至 -70 mV 时，m 门与 h 门均开放，Na^+ 通道被激活，而复极至 -70 mV 时，m 门与 h 门均关闭，Na^+ 通道失活（图 4-6）。由此可见，备用状态是决定心肌细胞具有兴奋性的前提，而静息膜电位的水平则是决定 Na^+ 通道能否进入备用状态的关键。

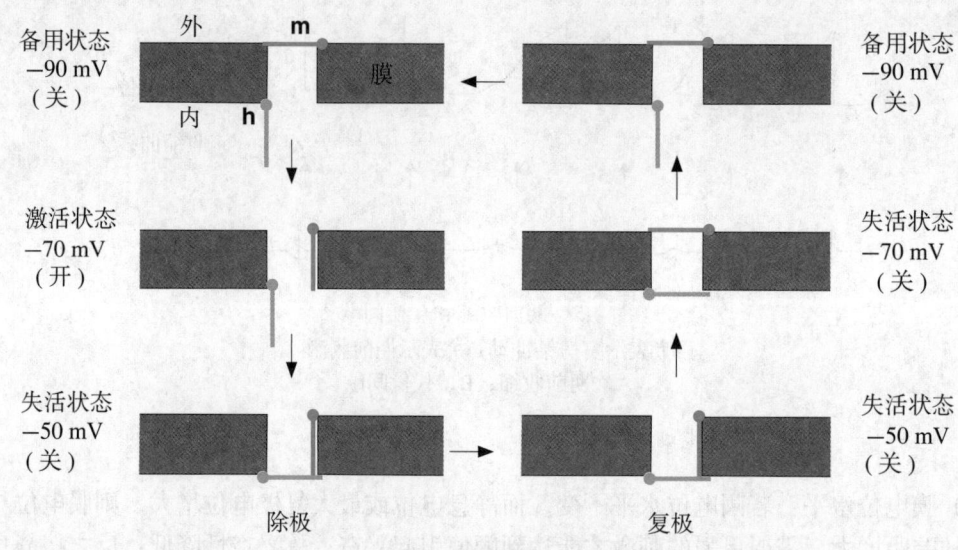

图 4-6 Na⁺ 通道的功能状态示意图
m：激活门；h：失活门

（二）自律性

心肌能在没有外来刺激的条件下自动地发生节律性兴奋的特性，称为自动节律性（autorhythmicity），简称自律性。自动兴奋频率的快慢与规整度的高低是衡量自律性高低的指标。心脏内特殊传导系统各部位的自律性高低不同，其中以窦房结 P 细胞的自律性最高（90～100 次/分），其次是房室交界和房室束支（40～60 次/分），浦肯野细胞的自律性最低（15～35 次/分）。

1. 正常起搏点与潜在起搏点　心脏的传导系统绝大多数都具有自律性，但由一个起搏点主宰整个心脏的兴奋和收缩，对心脏的整体活动至关重要。在生理情况下，心脏活动总是按照自律性最高的组织所发出的节律性兴奋来进行的。由于窦房结细胞的自律性最高，其产生的兴奋"抢先"激动下游自律性较低的组织，使心房、心室依次按窦房结的节律性兴奋活动。因此，生理情况下，窦房结是心脏兴奋的发源地，称为正常起搏点（normal pacemaker），由此产生的心脏节律称为窦性节律（sinus rhythm）。窦房结细胞自律性的高低决定心率的快慢。而窦房结以外的心脏自律组织在生理情况下因受窦房结兴奋的控制，不表现出各自的自律性，只起着兴奋传导的作用，称为潜在起搏点（latent pacemaker）。当正常起搏点的兴奋及其传导发生障碍，或潜在起搏点的自律性增高时，潜在起搏点的起搏作用才显现出来，可代替窦房结产生可传导的兴奋，从而控制心脏的活动。此时，异常的起搏部位称为异位起搏点（ectopic pacemaker），由异位起搏点所引起的心脏节律称为异位节律（ectopic rhythm）。

2. 正常起搏点控制潜在起搏点的机制　窦房结对于潜在起搏点的控制是通过两种方式实现的。

（1）抢先占领（capture）：窦房结的自律性高于其他潜在起搏点，故在其他自律细胞 4 期自动去极尚未达阈电位之前，窦房结传来的兴奋已抢先将其激活而产生动作电位，从而控制心脏的节律性活动。由于抢先占领的作用，使潜在起搏点自身的自律性不能表现出来。

（2）超速驱动压抑（overdrive suppression）：窦房结对潜在起搏点不仅有驱动作用，还通过这种快速驱动抑制潜在起搏点。例如，当窦房结对心室潜在起搏点的控制突然中断后，心脏首先会出现一段时间的停搏，然后心室才能按其自身潜在起搏点的节律发生兴奋。这是因为在窦房结的长期"超速"驱动下，潜在起搏点被动兴奋，其单位时间内产生动作电位的数目远超其按自身节律产生的兴奋，致使 Na⁺ 内流和 K⁺ 外流均增加，于是钠泵活动增强，产生的外向泵电流增加，使细胞膜发生超极化，故自律性降低。一旦窦房结的驱动中断，心室潜在起搏点细胞上增强的钠泵活动并不立即停止,故膜电位仍保持超极化状态,在其自身节律的刺激下仍无法达到阈电位而产生兴奋,故而出现一个短暂的心搏停止,需经过一定时间待其本身电活动恢复正常,才表现出自身的节律。这种自身节律性由于超速驱动而受到压抑的现象称为超速驱动压抑。压抑程度与两个起搏点自动兴奋的频率差呈正相关。频率差越大,受压抑越强,超速驱动中断后,恢复越慢(停搏时间越长)。因此在病理情况下,当窦房结兴奋停止或传导阻滞后,通常是与窦房结自动兴奋频率差最小、受超速驱动压抑最轻的房室交界代替窦房结作为新的起搏点。临床上为装有人工起搏器的患者更换起搏器时,应在更换之前逐步减慢起搏器的驱动频率,然后再取出更换,以免发生心脏停搏。

3. 影响自律性的因素 心肌自律性的高低受自律细胞动作电位 4 期自动去极化的速度、最大复极电位和阈电位水平的影响,其中以 4 期自动去极化速度最为重要。

(1) 4 期自动去极化速度:在最大复极化电位和阈电位水平不变的情况下,4 期自动去极化速度越快,到达阈电位就越快,则单位时间内发生兴奋的次数增多,自律性增高;反之,则自律性降低。交感神经和儿茶酚胺(CA)可通过增加 I_{Ca-T} 和 I_f 加快 4 期自动去极化速度,使心率加快(图 4-7A)。

(2) 最大复极电位水平:在 4 期自动去极化速度不变的情况下,最大复极电位变小(绝对值),则与阈电位距离变近,自动去极达阈电位更快,自律性则增高,心率变快。迷走神经兴奋时,释放的乙酰胆碱(ACh)可使细胞膜对 K^+ 的通透性增高,最大复极电位增大,心率减慢(图 4-7B)。

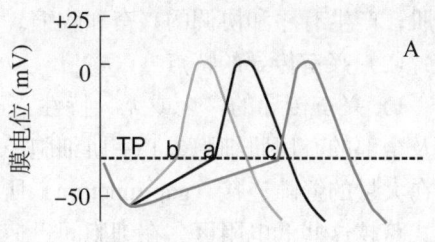
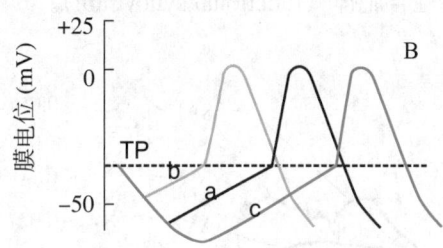
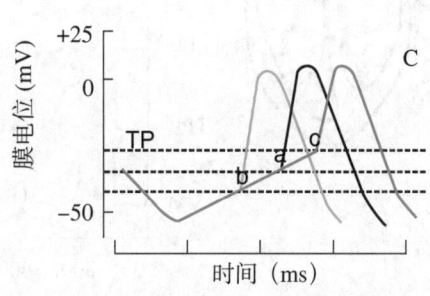

图 4-7 决定和影响自律性的因素
A. 4 期自动去极化速度:a. 对照;b. 4 期自动去极化速度↑;c. 4 期自动去极化速度↓
B. 最大复极电位:a. 对照;b. 最大复极电位变小;c. 最大复极电位增大
C. 阈电位(TP):a. 对照;b. 下移;c. 上移

(3) 阈电位水平:在 4 期自动去极化速度不变的情况下,阈电位水平下移可使最大复极电位与阈电位的距离缩短,4 期自动去极达阈电位快,自律性升高,心率加快;反之,则自律性降低(图 4-7C)。

(三)传导性

传导性(conductivity)是指心肌细胞具有传导兴奋的能力。传导性的快慢可用动作电位的传播速度来衡量。相邻心肌细胞之间以闰盘相连接,而闰盘处的肌膜中存在较多的缝隙连接,形成沟通相邻细胞间的亲水性通道,使动作电位能从一个心肌细胞传到相邻的另一个心肌细胞,实现细胞间的兴奋传导。

1. 兴奋在心脏内的传导途径和特点
(1) 兴奋传导的途径:窦房结、房室交界和浦肯野细胞组成心脏的特殊传导系统,兴奋在心脏内的传导是通过特殊传导系统有序进行的。正常情况下,窦房结发出的兴奋通过心房肌传播至整个右心房和左心房,尤其是沿着一些心房小肌束组成的优势传导通路(preferential pathway)迅速传到房室交界区,进而经房室束和左、右束支传到浦肯野纤维网,最终传到心室肌，产生有序和协调的兴奋和收缩。

(2) 兴奋传导的特点

1) 兴奋传导的"全或无"特性：正常情况下，左、右心房或左、右心室的每次兴奋活动涉及全部的心房肌细胞或心室肌细胞，这种兴奋的"全或无"特性是由于心肌细胞间的闰盘上存在大量的缝隙连接（gap junction）所致。缝隙连接构成细胞间的通道，兴奋可以局部电流的形式跨越这些低电阻区，在细胞间迅速传播，实现同步性活动，使心室和心房各自构成一个功能性合胞体（functional syncytium）。

2) 兴奋传导速度的差异性：各部分心肌细胞的特性不同，兴奋在心脏各个部位的传导速度也不同（图4-8）。一般心房肌的传导速度较慢，约为0.3 m/s，而优势传导通路的传导速度较快（1.0～1.2 m/s），窦房结的兴奋可通过优势传导通路很快传播到房室交界区。

生理状态下，房室交界是窦房结兴奋传入心室的唯一传导途径。房室交界包括房结区、结区和结希区三个功能区，传导速度慢，尤以结区最慢，仅约0.02 m/s。兴奋通过房室交界耗时约0.1 s，即心室的兴奋比心房的兴奋延迟约0.1 s，称为房-室延搁（atrioventricular delay）。房-室延搁保证了心房收缩后心室才收缩，有利于心室的血液充盈，具有重要的生理意义。同时，该处传导慢，也是病理情况下传导系统中最易发生传导阻滞的部位。由于房室交界的细胞为慢反应细胞，其有效不应期长，当心房传来快速兴奋（如室上性心动过速、心房颤动、心房扑动）时，房室交界较长的不应期可阻断部分下传的兴奋，是保护心室免受过快波动的天然屏障，对心室节律有保护作用。兴奋在心室肌的传导速度为1 m/s，

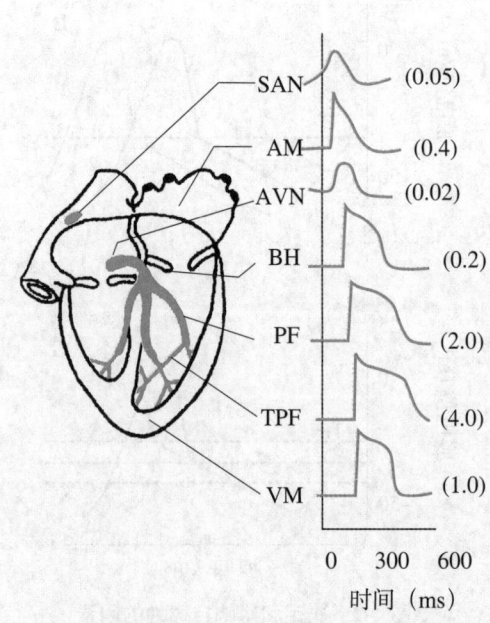

图4-8 心脏各部分心肌细胞的跨膜电位及兴奋传导速度

SAN. 窦房结；AM. 心房肌；AVN. 结区；BH. 希氏束；PF. 浦肯野纤维；TPF. 末梢浦肯野纤维；VM. 心室肌

括号内数值指传导速度（单位：m/s）

在浦肯野细胞传导最快，为4 m/s。由浦肯野细胞组成的浦肯野纤维网连接房室结和心室肌细胞，传导速度高达4 m/s，保证了左、右心室肌的同步兴奋与收缩。此外，心室内浦肯野纤维网的兴奋首先到达乳头肌，再传遍整个心室，使乳头肌的收缩先于室壁收缩，可防止房室瓣反流。

2. 影响心肌传导性的因素

(1) 结构因素：心肌细胞兴奋传导的速度与细胞直径和闰盘的密度有关。直径（横截面积）越大，对电流的阻力越小，兴奋传导速度越快。例如，结区细胞直径小（为3～4 μm），兴奋传导速度慢（约为0.02 m/s）；而浦肯野细胞直径最大（约为70 μm），兴奋传导速度最快（为2～4 m/s）。闰盘是心肌细胞间的缝隙连接，浦肯野细胞的闰盘密度高，传导速度快；心房肌闰盘密度低，传导速度慢。某些病理情况下，如心肌缺血等，可使细胞间缝隙连接关闭，使兴奋的传导明显减慢。

(2) 生理因素：由于心脏解剖结构是相对固定的，因此影响心肌传导性的主要因素是心肌细胞的电生理特性。心脏内兴奋的传导受到以下因素的影响。

1) 动作电位0期去极化的速度和幅度：0期去极化速度越快，局部电流的形成越快，因而使邻近未兴奋部位膜去极达阈电位越快，故传导速度越快；0期去极化幅度越高，与邻近未兴奋部位膜电位差越大，形成的局部电流越强，电紧张扩布的距离也越大，传导速度越快。

兴奋前膜电位水平是决定0期去极化幅度和上升速度的重要因素。在一定范围内，膜电位（绝对值）降低，0期去极化的速度和幅度减小，则兴奋传导速度减慢。若以膜电位为横坐标，以0期最大去极化速率为纵坐标，可得到"S"形的膜反应曲线（membrane response curve）（图4-9）。

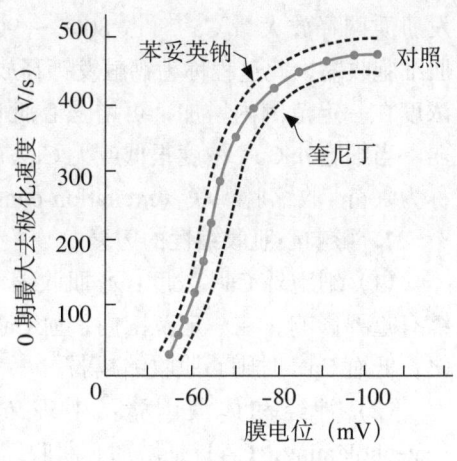

图4-9 膜反应曲线

膜反应曲线表明：心室肌膜电位在正常静息电位（-90 mV）时，细胞膜受刺激后，Na$^+$通道快速开放，0期去极化速率可达最大值400～500 V/s；若膜电位值减小，0期去极化速度显著降低，当膜电位降至-55 mV时，Na$^+$通道处于失活状态，0期去极化速度几乎为零，即传导完全阻滞。若在正常静息电位基础上继续增大膜电位值，去极化速度将不再明显增加，这是由于Na$^+$通道已经都处于备用状态。膜反应曲线反映的是Na$^+$通道效应的电压依从性。某些药物，如苯妥英钠可使膜反应曲线向左上移位，增加传导性；奎尼丁则相反，使膜反应曲线向右下移位，降低传导性。

2) 阈电位水平：邻旁部位的阈电位水平下移，则静息电位与阈电位差距小，邻旁部位易产生动作电位，兴奋传导快；反之，阈电位水平上移，则静息电位与阈电位差距大，兴奋传导慢。

3) 邻近未兴奋部位膜的兴奋性：兴奋传导是细胞膜依序兴奋的过程，因此邻近未兴奋部位膜的兴奋性必然会影响传导。只有邻近未兴奋部位心肌的兴奋性正常且处于非不应期时，兴奋才可以传导。当邻近未兴奋部位膜电位（或最大复极电位）与阈电位差距增大时，所需刺激阈值增高，兴奋性降低；同时，膜去极化到达阈电位所需时间延长，故传导速度减慢。如果在邻旁部位受到额外刺激产生期前兴奋，由兴奋部位形成的局部电流落在期前兴奋的有效不应期内，则不能引起兴奋，而导致传导阻滞；如果落在期前兴奋的相对不应期或超常期内，则兴奋引起的动作电位去极化速率慢，幅度小，传导速度减慢，可导致不完全传导阻滞。

（四）收缩性

收缩性（contractility）是心肌的机械特性。心肌细胞与骨骼肌细胞类似，在受刺激发生兴奋时，首先是细胞膜产生动作电位，然后通过兴奋-收缩耦联，使肌丝滑行而引起收缩。但与骨骼肌相比，心肌细胞收缩有其自身的特点，使心脏能更好地完成泵血功能。

1. 心肌收缩的特点

（1）"全或无"收缩：心脏内快速的特殊传导系统及相邻心肌细胞间大量的闰盘结构，可使兴奋在细胞间迅速传播，因此，可将整个心房或心室分别看作一个功能合胞体，左、右心房是一个合胞体，左、右心室也是一个合胞体。一个心肌细胞兴奋会引起整个心房或心室肌细胞发生同步的兴奋和收缩，称为"全或无"式收缩。只有当心肌同步收缩时，心脏才能更有效地完成其泵血功能。

（2）不发生完全强直收缩：心肌细胞在发生一次兴奋后，其有效不应期长，相当于整个收缩期和舒张早期。在有效不应期内，任何刺激都不能使心肌细胞产生兴奋和收缩。因此，正常情况下，心脏不会发生完全强直收缩，这一特征保证了心脏节律性舒张和收缩活动的交替进行，有利于心脏的充盈和泵血功能。

（3）对细胞外Ca^{2+}的依赖性强：心肌细胞的肌质网不如骨骼肌细胞发达，Ca^{2+}储备量较少，在T管与肌质网之间形成二联管而非三联管。因此，心肌细胞的兴奋-收缩耦联过程高度依赖于细胞外的Ca^{2+}。当心肌细胞兴奋时，经L-型钙通道内流的Ca^{2+}（占10%～20%）可触

发肌质网释放大量 Ca^{2+}（占 80%～90%），使胞质 Ca^{2+} 浓度迅速升高约 100 倍，从而引起心肌细胞收缩，此过程称为钙触发钙释放（calcium-induced calcium release，CICR）。细胞外 Ca^{2+} 浓度在一定范围内增加，可增强心肌收缩力；反之，细胞外 Ca^{2+} 浓度降低，则心肌收缩力减弱。当细胞外 Ca^{2+} 浓度很低或无 Ca^{2+} 时，虽然心肌细胞仍能产生动作电位，却不能引起收缩，称为兴奋-收缩脱耦联（excitation-contraction decoupling）。

2. 影响心肌收缩性的因素

(1) 细胞外 Ca^{2+} 浓度：心肌收缩对细胞外 Ca^{2+} 有显著的依赖性，故血 Ca^{2+} 变化对心脏收缩有重要影响。在一定范围内，血 Ca^{2+} 升高，心肌兴奋时 Ca^{2+} 内流增多，心肌收缩增强；反之，低血 Ca^{2+} 时则心肌收缩减弱。

(2) 神经和体液因素：生理条件下，支配心脏的交感神经及血液中的儿茶酚胺（catecholamine，CA）是增加心肌收缩能力的最重要因素。儿茶酚胺能激活心肌细胞膜上的 $β_1$ 受体，通过兴奋型 G 蛋白激活腺苷酸环化酶，使 cAMP 增加，促进 L-型钙通道开放，Ca^{2+} 内流并触发肌质网 Ca^{2+} 释放增多，增加心肌收缩能力。此外，还可促进肌质网对胞质内的 Ca^{2+} 摄取，促进肌钙蛋白 C 与 Ca^{2+} 的解离。因此，交感神经兴奋在增强心肌收缩的同时，也能促进心肌舒张。反之，支配心脏的迷走神经释放的乙酰胆碱（acetyl choline，ACh）可激活心肌细胞膜中的 M 受体，通过抑制性 G 蛋白-腺苷酸环化酶-cAMP-蛋白激酶 A（protein kinase A，PKA）通路，使细胞中的 cAMP 水平降低，PKA 活性下降，从而抑制 L-型钙通道开放，使 Ca^{2+} 内流减少，心肌收缩力减弱。

(3) 缺氧和酸中毒：缺氧时酸性代谢产物增多，使 $[H^+]_i$ 增高，后者可竞争性与肌钙蛋白结合，抑制 Ca^{2+}-肌钙蛋白的结合，使心肌收缩能力减弱。此外，缺氧也可减少 ATP 生成，进一步抑制心肌收缩能力。

值得指出的是，上述细胞外 Ca^{2+}、神经体液因素、氧供给及酸碱度等可影响心肌收缩能力，而与心肌前、后负荷无关。整体情况下，心脏收缩及泵血功能既与上述因素有关，也受心脏前、后负荷改变的影响（详见本章第二节相关内容）。

三、体表心电图

正常心脏的兴奋由窦房结发出，按一定的传导途径和时程依次传向心房和心室，引起整个心脏的兴奋。心脏各部分在兴奋过程中出现的生物电活动可通过心脏周围的导电组织和体液传到体表。若将测量电极置于体表的特定部位，即可引导出心脏兴奋过程中所发生的电变化，将这种电变化经一定处理后记录下来，即成为心电图（electrocardiogram，ECG）。

心电图与心肌细胞动作电位不同，动作电位是用细胞内记录方法采集到的单细胞生物电活动，而心电图的电极均位于体表，是一种细胞外记录方法，反映的是整个心脏在兴奋产生、传导和恢复过程中的综合的生物电变化。心电图上每一瞬间的电位数值反映的是当时整个心脏所有细胞生物电变化的综合向量（图 4-10）。心电图与心脏的机械收缩活动无直接关系，不反映心肌的收缩能力。

心电图记录纸上有长和宽均为 1 mm 的小方格。纵线表示电压，横线表示时间。通常将心电图机的灵敏度和走纸速度分别设置为 1 mV/cm 和 25 mm/s，故纵向每一小格相当于 0.1 mV，横向每一小格相当于 0.04 s。因此，可以在记录纸上测量出心电图各波的电位数值和经历的时间。

记录心电图的测量电极安放位置和连线方式称为导联（lead）。临床上检查心电图时，一般需要记录 12 个导联。不同导联记录到的心电图波形不同，但都包含几个基本波形和间期。

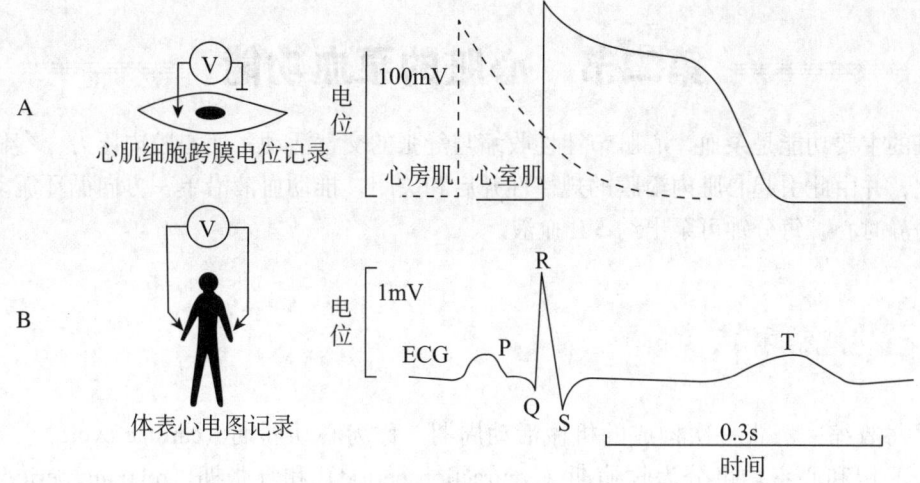

图 4-10 心肌细胞动作电位与心电图记录模式比较
A. 心肌细胞动作电位是利用细胞内电极记录到的单个细胞电活动；B. 心电图是在体表记录到的整个心脏顺序活动所产生的心肌细胞电活动的总和。

现以 Ⅱ 导联心电图为例，介绍心电图各波和间期的形态及其生理意义（图4-11）。

（1）P波：反映左、右两心房的去极化过程。P波小而圆钝，历时 0.08～0.11 s，波幅不超过 0.25 mV。右心房肥大可造成 P 波高耸，左心房肥大可导致 P 波时程延长或伴有切迹，切迹的前、后分别代表右心房和左心房的去极化过程。心房去极化前的窦房结兴奋因电信号过弱而不能被记录出来。

（2）QRS 波群：继 P 波之后出现的一个短时程、较高幅度及波形尖锐的波群，称为 QRS 波，代表左、右心室去极化过程。典型的 QRS 波群包括 3 个紧密相连的电位波，第一个向下

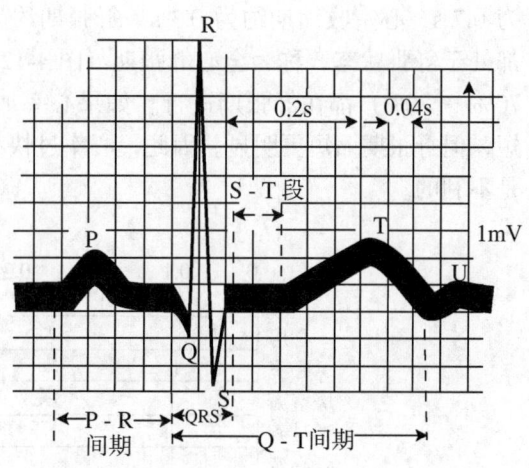

图 4-11 正常人心电图

的波称为 Q 波，第一个向上的波称为 R 波，其后向下的波称为 S 波。在不同导联的记录中，这三个波不一定都出现。正常的 QRS 波群历时 0.06～0.10 s，反映兴奋在心室内传播所需的时间；各波波幅在不同导联中变化较大。正常的传导途径是经过左右束支、浦肯野纤维再到心室肌，这是最快速和有效的动作电位传导途径。因此，经任何其他路径传导的时程均会延长而导致异常的 QRS 时程。

（3）T波：QRS 波群后的一个持续时间较长、波幅较低的向上的波，称为 T 波，反映心室的复极化过程（相当于心室肌细胞 3 期复极），历时 0.05～0.25 s，波幅为 0.1～0.8 mV。在 R 波较高的导联中，T 波不应低于 R 波的 1/10。T 波的方向与 QRS 波群的主波方向相同。如果出现 T 波低平、双向或倒置等改变，通常反映心肌缺血。

（4）U波：是在 T 波后 0.02～0.04 s 可能出现的一个低而宽的小波，方向一般与 T 波一致，波宽 0.1～0.3 s，波幅大多在 0.05 mV 以下。U 波的意义和成因尚不十分清楚，一般推测 U 波可能与浦肯野纤维网的复极化有关。

（5）PR 间期：指从 P 波起点到 QRS 波群起点之间的时程，一般为 0.12～0.20 s。PR 间期代表由窦房结产生的兴奋经心房、房室交界和房室束到达心室，并引起心室肌开始兴奋所需要的时间，故也称为房室传导时间。当发生房室传导阻滞时，PR 间期延长。

（冯丹丹）

第二节 心脏的泵血功能

心脏的主要功能是泵血,心脏节律性收缩与舒张的交替活动,使心腔内压力、容积发生周期性变化,并由此引起心脏内瓣膜的规律性开启和关闭,推动血液沿单一方向循环流动。正常成年人安静时心脏每分钟可泵出约 5 L 血液。

一、心动周期和心率

心脏每收缩、舒张一次构成的机械活动周期,称为心动周期(cardiac cycle)。一个心动周期中,心房和心室均可分为收缩期(contraction period)和舒张期(relaxing period)。由于心室在心脏泵血活动中起主要作用,故心动周期通常是指心室活动周期。每分钟心脏收缩和舒张的次数称为心率(heart rate)。一个心动周期的时程长短与心率成反比关系。以健康成人平均心率 75 次 / 分计算,则一个心动周期为 0.8 s。这其中,心房收缩期约为 0.1 s,舒张期约为 0.7 s;心室收缩期约为 0.3 s,舒张期约为 0.5 s。在一个心动周期中约有 0.4 s 心房与心室都处于舒张状态,称为全心舒张期(图 4-12),冠脉供血及心室充盈的大部分(占总充盈量的 70%~80%)都在舒张期进行。如果心率加快,则心动周期缩短,收缩期和舒张期都相应缩短,但舒张期缩短更明显。因此,心率过快将影响冠脉供血和心室充盈,这对心脏的持久活动是不利的。

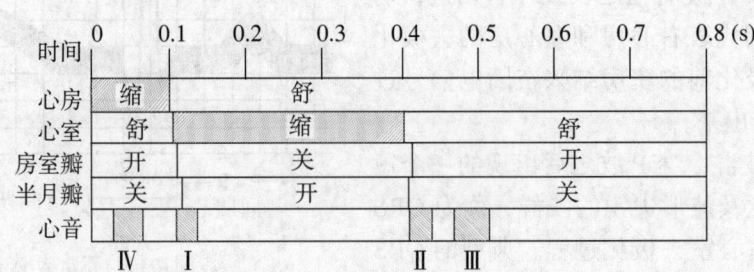

图 4-12 心动周期中房室舒缩及瓣膜开闭的时序关系

正常人的心率随年龄、生理状态和体质改变等而有较大变动范围。新生儿的心率较快,可达 130 次 / 分以上,此后随年龄增长而逐渐减慢;经常进行体力活动或运动锻炼者,安静状态下心率较慢,可低至 50~60 次 / 分。同一个人,在安静或睡眠时心率减慢、运动或情绪激动时心率加快。

值得指出的是,心率不同于心律(heart rhythm),前者是指心脏搏动的快慢,即频率;而后者则是指心搏的节律是否规则、均匀。

二、心脏的泵血过程

在一个心动周期中,心脏通过收缩和舒张的交替活动完成泵血功能。心脏之所以能使静脉回流至心脏的血液定向从心房流入心室,又使心室的血液射入动脉,主要由两个因素决定:一是心脏节律性收缩和舒张建立的心室、心房与动静脉之间的压力梯度;二是心脏瓣膜的单向开启和闭合控制单向血液流动。左、右心室的泵血原理基本相同,而且几乎同时进行,下面以左心室为例具体说明(图4-13)。

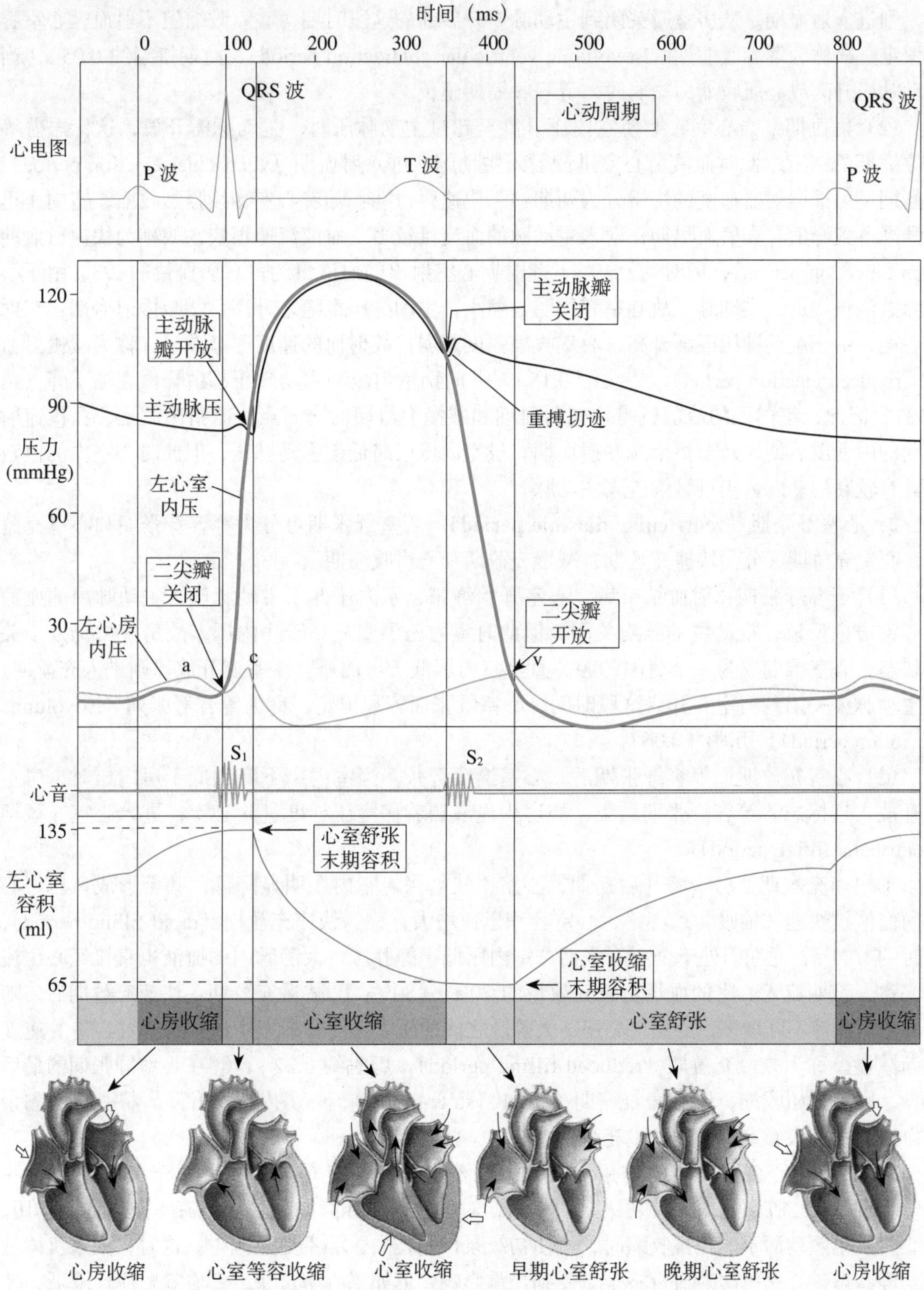

图 4-13 心动周期中左心压力、容积及瓣膜启闭状态等变化及其相互关系

1. 心室收缩期(ventricular systole period) 心室收缩期可分为等容收缩期和射血期,而射血期又可分为快速射血期和减慢射血期。

(1)等容收缩期:心室开始收缩后,心室内压力立即升高,当室内压超过房内压时,即可推动房室瓣关闭，阻止血液倒流入心房。但此时室内压尚低于主动脉压，主动脉瓣仍处于关闭状态，心室暂时成为一个封闭的腔。当心室继续收缩时，室内压超过主动脉压，主动脉瓣开放，则进入射血期。从房室瓣关闭到主动脉瓣开启前的这段时期，心室收缩但不射血，心室容积恒定，故称为等容收缩期（isovolumic ventricular contraction period），此期持续约 0.05 s。当主动脉压升高或心肌收缩力减弱时，等容收缩期延长。

（2）射血期：当心室收缩使室内压升高至超过主动脉压时，主动脉瓣开放，这标志着等容收缩期的结束，此时血液由心室迅速射入主动脉，进入射血期（ventricular ejection period）。射血期又可根据射血速度的快慢分为两期：①快速射血期：随着心室继续强烈收缩，室内压迅速升高达到峰值。在射血早期，射入主动脉的血流量较多，血液流速很快，故称为快速射血期（rapid ejection period），历时约 0.10 s，此时期心室射出的血液量约占总射血量的 2/3，由于心室内血液很快进入主动脉，故心室容积明显缩小，主动脉压也随之升高；②减慢射血期：在射血后期，由于主动脉压逐渐升高，心室收缩强度减弱，故射血的速度逐渐减慢，称为减慢射血期（reduced ejection period），持续约 0.15 s，此时期室内压和主动脉压都由峰值逐渐下降（图 4-13）。因此，室内压的峰值就是快速射血期和减慢射血期的分界点。需指出的是，在快速射血期的中期或后期，乃至整个减慢射血期，虽室内压已略低于主动脉压，但此时心室内的血液因具有较高的动能，仍可继续进入主动脉。

2. 心室舒张期（ventricular diastole period） 心室舒张期可分为等容舒张期和心室充盈期，心室充盈期又分为快速充盈期、减慢充盈期和心房收缩期。

（1）等容舒张期：射血结束后，心室开始舒张，室内压低于主动脉压，主动脉内的血液向心室方向反流，推动主动脉瓣关闭；但此时室内压仍明显高于房内压，故房室瓣仍处于关闭状态，心室再度成为一个封闭的腔。直至室内压低于房内压，房室瓣开放，则进入充盈期。从主动脉瓣关闭到房室瓣开启这段时间，心室舒张而容积恒定，称为等容舒张期（isovolumic relaxation period），历时约 0.06 s。

（2）心室充盈期：等容舒张期后，心室继续舒张，当室内压下降到低于房内压时，房室瓣开放，这标志着等容舒张期结束，心房内血液顺着房室压梯度进入心室，进入心室充盈期（ventricular filling period）。

①快速充盈期：房室瓣开启初期，心室很快舒张，室内压明显降低，甚至形成负压，心房内血液被快速"抽吸"入心室，心室容积迅速增大，称为快速充盈期（rapid filling period），历时约 0.11 s。此期因处于全心舒张期，室内压低于静脉压，大静脉内的血液也直接经心房流入心室，该期流入心室的血量占总充盈量的 70%~80%；②减慢充盈期：快速充盈期后，随着心室内血液不断增多，心室、心房、大静脉之间的压力梯度逐渐减小，血液流入心室的速度逐渐减慢，称为减慢充盈期（reduced filling period），历时约 0.22 s；③在心室舒张期的最后 0.1 s，心房开始收缩，即心房收缩期（atrial systole period），心房内压力升高，将心房内剩余的血液继续挤入心室，增加心室充盈量。

3. 心房在心脏泵血中的作用 由心房收缩增加的心室充盈量仅占总充盈量的 10%~30%。心房在心脏泵血中起着初级泵的作用，对心脏射血和静脉血液回流有一定的促进作用。当心房发生颤动而不能正常收缩时，可使初级泵作用丧失，心室充盈减少。这时，如果机体处于安静状态，心室每次射血量不至于受到严重影响；但如果心率过快或者心室顺应性降低，使心室舒张期被动充盈减少时，心房初级泵作用的丧失则会进一步加重心室充盈的减少，从而使心室射血量明显降低，就可能出现心输出量不足等心脏泵血功能的严重损害。

右心室的泵血过程与左心室基本相同，但由于肺动脉压约为主动脉压的 1/6，因此在心动周期中右心室内压力的变化幅度比左心室小得多。

综上所述，心室的节律性舒缩是心脏充盈和射血的动力，瓣膜的结构特点和启闭活动特征是保证血液在心脏内单向流动的关键。

4. 心动周期中房内压的变化 在心动周期中，左心房内压力曲线依次出现 a、c、v 三个较小的正向波（图 4-13）。其中 a 波是心房收缩的标志，心房收缩时房内压升高，形成 a 波的升支，随后心房舒张，房内压回降，形成 a 波的降支。当心室收缩时，心室内的血液向上推动已关闭的房室瓣并使之凸入心房，造成房内压略有升高而形成 c 波的升支；随着心脏射血，心室容积减小，房室瓣向下移动，房内压降低，遂形成 c 波的降支。此后，由于血液不断从静脉回流入心房，房室瓣仍处于关闭状态，心房内血液增加，房内压持续升高，形成 v 波的升支；当心室舒张时，房室瓣开放，血液迅速由心房进入心室，房内压很快下降而形成 v 波的降支。在心动周期中，右心房也有类似的房内压力波动，并可逆向传播到腔静脉，使腔静脉内压也发生同样的波动。

三、心音

在心动周期中，由心肌收缩、瓣膜启闭和血液流速改变形成的湍流以及血液撞击心室壁和大动脉壁引起的振动，可通过邻近组织传递到胸壁，用听诊器在胸部某些部位可听到相应的声音，称为心音（heart sound）。若用传感器将这些机械振动转换成电信号记录下来，便可得到心音图（图 4-13）。心音发生在心动周期的特定时期，其音调和持续时间有一定的特征。正常心脏在一次搏动过程中，可产生 4 个心音，即第一、第二、第三和第四心音。通常用听诊的方法只能听到第一和第二心音（在某些健康青年人和儿童可听到第三心音），用心音图可能记录到全部 4 个心音。某些心脏病或瓣膜活动异常可导致心音变化，产生相应特定的改变。临床上根据心音变化的特征，可协助诊断某些心脏疾病。

1. 第一心音 出现在心室收缩期，标志着心室收缩的开始，其特点是音调较低，持续时间较长。第一心音是由于房室瓣突然关闭引起心室内血液和室壁的振动，以及心室射血引起大血管壁的振动和血液涡流所产生的，在心尖搏动处（左锁骨中线上第 5 肋间）听诊最清楚。

2. 第二心音 出现在心室舒张期，标志着心室舒张的开始，其特点是音调较高，持续时间较短。第二心音主要是由于主动脉瓣和肺动脉瓣关闭，血流冲击大动脉根部引起血液、大血管壁和心室壁的振动而产生的，在胸骨旁第 2 肋间处听诊最清楚。

3. 第三心音 在部分健康儿童和青年人，偶尔可出现第三心音，这是一种低频振动。第三心音是血液从心房流入心室、在快速充盈期末室壁和乳头肌突然伸展及充盈血流突然减速而引起的振动所致，紧随第二心音后出现。

4. 第四心音 也称心房音，出现在心室舒张的晚期，是与心房收缩有关的一组低频短音。正常心房收缩时一般不产生心音，但异常强烈的心房收缩或左心室壁顺应性下降时，可产生第四心音。

四、心脏泵血功能的评定

心脏的主要功能是泵血，对心脏泵血功能进行评价，是医学临床实践中必须关注的重要问题。通常将单位时间内心脏的射血量和做功量作为评定心脏泵血功能的指标。

1. 每搏输出量与每分输出量 一侧心室一次搏动所输出的血液量，称为每搏输出量（stroke volume，SV），简称搏出量。心室舒张末期血液充盈量最大（120～140 ml），此时的心室容积称为舒张末期容积（end-diastolic volume，EDV）；心室收缩期末，容积最小（约为

60 ml），此时的心室容积称为收缩末期容积（end-systolic volume，ESV）。舒张末期容积与收缩末期容积之差即为搏出量。健康成人安静时，每搏输出量为 60～80 ml。

每搏输出量乘以心率即为每分输出量，反映一侧心室每分钟输出的血液量，即通常所说的心输出量（cardiac output），是评定心脏泵血功能的重要基本指标。以平均心率 75 次／分计算，则每分输出量 =（60～80 ml）×75 次／分 = 4.5～6 L/min。每分输出量与机体新陈代谢的水平相关，可因性别、年龄及生理状况而异，如女性比同体重男性的心输出量约低 10%，青年人心输出量一般高于老年人，体位变换可使心输出量增减 10%～20%，其他生理因素如运动、情绪激动、妊娠等情况下，心输出量均增加。由于左心和右心从血流关系上看是串联的，所以左室和右室的心输出量基本相等。但临床上提到心输出量，一般指的是左心室输出量。

2. 射血分数 心脏每次射血，心室收缩并不能将心室内的血液全部射入动脉，射血完毕时心室内尚剩余一定量的血液。搏出量占心室舒张末期容积的百分比称为射血分数（ejection fraction，EF），正常为 50%～60%。正常情况下，搏出量始终与心室舒张末期容积相适应，即当心室舒张末期血液增多时，搏出量也相应增加，射血分数基本不变。但对于因某些心脏病变出现心室异常扩大的患者，尽管其搏出量可能与正常人无明显差异，但因心室舒张末期容积增大，因此射血分数降低。例如，患者心室舒张末期容积增至 180 ml，搏出量虽仍可能为 70 ml，但其射血分数已降至 39%，出现心功能减退。

每搏输出量和射血分数都能反映心室泵血的效率。因射血分数考虑了泵血前心室舒张末期容积的差异，与搏出量相比，能更准确地反映心脏泵血功能。临床上，射血分数是反映心脏收缩功能的重要指标，一般用超声心动图进行测量，对早期发现慢性心力衰竭患者的心功能异常具有重要意义。一般认为，射血分数如果低于 50%，表示有心泵功能不全（心力衰竭）存在；如果低于 33%，则表示有严重心力衰竭。

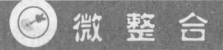

临床应用

超声心动检查

超声心动检查是通过胸腔（经胸超声心动检查）或食管壁（经食管超声心动检查）将听不见的高频声音传输到心脏，然后将组织和液体界面反射的超声回音记录下来，从而形成心脏影像图的技术。在标准超声心动检查中，超声心动图是心脏的二维切面图像。在多普勒超声心动检查中，使用连续多普勒超声可以评估心脏内的血流速度。借助这些技术，可以：①确定瓣膜和心脏各腔室的大小和结构；②确定射血分数和其他参数；③检测异常的室壁运动、瓣膜反流（渗漏）或狭窄、心脏内的细菌生长（赘生物）和其他情况。

3. 心指数 心输出量是以个体为单位计算的。不同身材的人，其新陈代谢率不同，心输出量也就不同。人体静息时的心输出量与体表面积成正比。按每平方米体表面积计算的每分输出量，称为心指数（cardiac index，CI）。因此，比较不同个体之间的心功能，一般多采用空腹和静息时的心指数。普通成人的体表面积为 1.6～1.7 m²，静息时每分输出量为 4.5～6.0 L，故其心指数为 3.0～3.5 L/（min·m²）。由于女性基础代谢率低，同龄女性的心指数一般比男性低 7%～10%。在同一个体的不同年龄段或不同生理情况下，心指数也可发生变化，10 岁左右时，静息心指数最大，可达 4.0 L/（min·m²）以上，以后随年龄增长而下降，到 80 岁时可降到 2.0 L/（min·m²）左右；运动时，心指数随运动强度的增加大致成比例地增高；妊娠、应激或进食时，心指数也会有不同程度的增高。心指数是分析比较不同功能状态和不同个体心脏功能的常用指标。需指出的是，在心指数的测定过程中，并未考虑心室舒张末期容积的变化，因此，对心脏扩大患者心泵功能的评价，其价值不如射血分数的测定。

4. 心力储备 健康人的心输出量能在机体需要时显著增加，如健康成年人安静时的心输出量约为 5 L/min，运动时的最大输出量可增至 25～30 L/min，为安静时的 5～6 倍，表明正常心脏的泵血功能具有很大的储备。心输出量随机体代谢需要而增加的能力称为心力储备（cardiac reserve）。心力储备可反映心脏的健康状况，通常用最大心输出量，即心脏每分钟能射出的最大血量来表示。

心力储备的大小主要取决于搏出量和心率能提高的程度。最大心输出量就是通过最大限度地动用心率储备和搏出量储备来实现的。搏出量储备又可分为收缩期储备和舒张期储备两部分，前者是通过增强心肌收缩能力和提高射血分数来实现的，而后者则是通过增加心脏舒张末期容积而获得的。一般体力活动时，心输出量增加主要靠搏出量和心率的同时增加，但先以搏出量动员为主；剧烈活动时，因搏出量储备已经达到上限，则主要靠增加心率来提高心输出量。运动员活动时，心率可达 180～200 次/分，搏出量可提高到 180 ml，使心输出量较安静时增加约 7 倍；而对于心功能不全患者，尽管静息时的心输出量可能与健康人无明显差别，但在活动增强时心输出量不能相应增加，最大心输出量较正常人显著减少，表示其心力储备已明显降低。由此可见心力储备也是反映心脏泵血功能的一个重要指标。

5. 心脏做功 血液在心血管内的流动依赖于心脏做功，心室一次收缩所做的功称为每搏功（stroke work），简称搏功，包含压力-容积功（pressure-volume work）和动力功（dynamic work）。前者是指将一定容积的血液提升至一定的压力水平（动脉压）而增加的势能，是心脏做功的主要部分；后者是使一定容积的血液以较快的流速向前流动而增加的动能，该部分所占比重小，在正常静息状态下可以忽略不计。因此，每搏功可用下面公式表示：

$$每搏功 = 搏出量 \times （左心室射血期内压 - 左心室舒张末期压）$$

为方便计算，通常用平均动脉压代替左心室射血期内压，以平均心房压代替左心室舒张末期压。假设某人左室舒张末期容积为 145 ml，收缩末期容积为 75 ml，收缩压为 120 mmHg，舒张压为 80 mmHg（平均动脉压为 92 mmHg），心房压为 6 mmHg，将各项数值代入上式，并经力学单位换算，可计算出其搏功为 0.8 J。心室每分钟所做的功称为每分功（minute work），计算方法为搏功乘以心率。若心率按 75 次/分计算，则每分功为 60 J/min。

当动脉血压升高时，为克服增大的射血阻力，心脏需通过增强收缩才能使搏出量保持不变，因而心脏做功必然增加。可见，与单纯的心输出量相比，用心脏做功量来评定心脏泵血功能更为全面，尤其是在动脉血压不同的个体之间，心脏做功是衡量比较心脏泵血功能更具优越性的指标。

五、影响心脏泵血功能的因素

心输出量等于搏出量和心率的乘积。因此，凡能影响搏出量和心率的因素，都能影响心输出量，进而影响心脏泵血功能。

1. 搏出量的调节 在心率不变时，心脏的每搏输出量取决于心肌收缩的前负荷、后负荷和心肌收缩力。

（1）前负荷（preload）：指心室收缩之前承载的负荷，即心室舒张末期充盈的血量或承受

的压力（后者使心室肌伸展形成一定的初长度）。实验中常用心室舒张末期压力（end-diastolic pressure）来反映前负荷。正常人心室舒张末期的压力几乎与心房内压力相等，因心房内压力的测定更为方便，故常用心房内压力反映心室的前负荷。

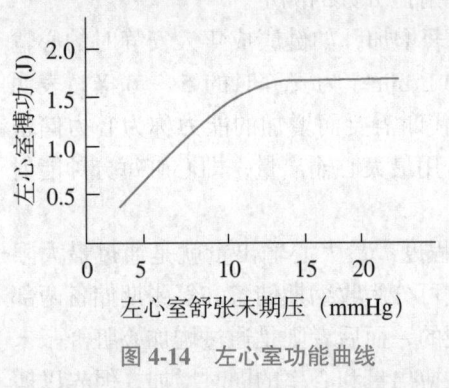

图 4-14　左心室功能曲线

为了分析前负荷或心肌初长度对搏出量的影响，在实验中可通过逐步改变心室舒张末期压力（横坐标），测量其相对应的搏出量或每搏功（纵坐标），可绘制出心室功能曲线（ventricular function curve）（图 4-14）。心室功能曲线可分为 3 段。

1）心室舒张末期压力（充盈压）在 5～15 mmHg 时为曲线的上升支，搏出量随心室舒张末期压增大而增加。通常状态下，心室舒张末期压为 5～6 mmHg，而心室舒张末期压在 12～15 mmHg 时为心室最适前负荷（此时肌小节处于最适初长度 2.0～2.2 μm，粗、细肌丝处于最佳重叠状态，肌小节收缩产生的张力最大），表明心室有较大的初长度储备，即在较大范围内，增加心室充盈量可明显增加搏出量（而体内骨骼肌的自然长度已接近最适长度，故其初长度储备很小）。这种通过改变心肌初长度而改变心肌收缩力的调节，称为异长自身调节（heterometric autoregulation）。异长自身调节是 1914 年由英国生理学家 Ernest Starling 发现的，故也称为 Starling 定律，又称心定律（law of the heart）。

知识拓展

心定律

1914 年，英国生理学家欧内斯特·斯塔林（Ernest Starling）在狗的心-肺制备标本上观察到，在一定范围内增加静脉回心血量，心室收缩力随之增强；而当静脉回心血量增大到一定限度时，则心室收缩力不再增强，而室内压开始下降。Starling 将心室舒张末期容积在一定范围内增大可增强心室收缩力的现象称为心定律（law of the heart）。而早在 1895 年，德国生理学家奥托·富兰克（Otto Frank）在离体蛙心实验中就已观察到这种心肌收缩力随心肌初长度增加而增强的现象，因此，心室功能曲线又称为 Frank-Starling 曲线。

2）心室舒张末期压在 15～20 mmHg 时，心室功能曲线逐渐平坦，表明前负荷在其上限范围内变动时，对泵血功能的影响不大。

3）心室舒张末期压大于 20 mmHg 时，曲线呈平坦状或轻度下倾，但并不出现明显的下降支，表明正常心室充盈压即使超过 20 mmHg，搏功仍不变或仅轻度减小。通常只有在心脏发生严重病变时，心室功能曲线才出现降支，即心脏通常不会在前负荷明显增加时，引起搏出量和做功量的下降。该特性对心脏维持正常泵血功能具有重要的生理意义。

在整体情况下，心室前负荷取决于心室舒张末期充盈的血量，是静脉回心血量和心室射血剩余血量的总和。多数情况下，静脉回心血量是决定前负荷的主要因素。静脉回心血量受下述因素的影响：①心室舒张充盈期持续时间：在一定范围内，心率增快时，充盈期缩短，心室充盈不完全，充盈压降低，搏出量减少；反之亦然。但如果在心室完全充盈后继续延长心室充盈时间，则不能进一步增加静脉回心血量。正常人在运动时，交感神经系统兴奋，心率加快，同时心肌的收缩能力增强,心室收缩和舒张的速度都加快,故虽然心动周期缩短,搏出量却能增加。②静脉回流速度:取决于外周静脉压与心房压和心室压之差,压差越大,静脉回流速度越快,心室充盈量越大,搏出量相应增加。③心包腔内压:正常情况下,心包有助于防止心室的过度充盈。心包内压力升高,心室充盈受限,静脉回心血量减少。④心室顺应性:心室顺应性(ventricular compliance)是指单位压力的变化所引起的心室容积变化,即 $\Delta V/\Delta P$。心室顺应性高时,相同充盈压下心室可容纳更多的血量;反之,心室顺应性降低,如发生心肌纤维化或心肌肥厚时,则心室充盈量减少。

心脏异长自身调节机制通过对搏出量的精细调节,使心输出量与回心血量相适应,使左、右心室的搏出量相一致,这是心脏维持自身稳态(心室舒张末期容积和压力保持在正常范围内)的一种重要的自身调节机制。

(2)后负荷(afterload):指心肌收缩后遇到的负荷或阻力,即动脉压就是心室的后负荷。在心率、心肌初长度和收缩能力不变的情况下,动脉压增高,由于心室等容收缩期延长,射血期相应缩短,射血速度减慢,每搏输出量减少;反之,动脉血压降低,则有利于心脏射血。然而,在健康人,动脉血压于 80~170 mmHg 范围内变化时心输出量并无明显改变,这与体内的多种调节机制有关。当动脉血压增高时,一方面由于左心室搏出量减少,残余血量增多,左心室舒张末期容积增加,通过异长自身调节作用,维持左心室正常的心输出量;另一方面,后负荷增大也可通过等长调节(见下文)使心肌收缩能力增加,以适应动脉血压的增高。但当动脉血压持续增高超过 170 mmHg 时,因心肌长期加强收缩,心脏做功量增加,使心脏效率降低,心肌将逐渐发生肥大,最终导致泵血功能减退。因此长期高血压病可导致左心室肥厚、扩张以至左心衰竭。

(3)心肌收缩能力(myocardial contractility):指心肌不依赖于前、后负荷而改变其力学活动的一种内在特性。研究表明,给予去甲肾上腺素后心室功能曲线向左上移位,说明在同一前负荷下,搏功或搏出量增加,心室泵血功能明显增强。给予乙酰胆碱后,心室功能曲线向右下移位,搏功减小,心脏泵血功能减弱(图 4-15)。这种通过改变心肌收缩能力而调节心脏泵血功能的调节,称为等长调节(homometric autoregulation)。心肌收缩能力受神经、体液及药物等多种因素的影响。生理条件下,支配心脏的交感神经及血液中的儿茶酚胺是增加心肌收缩能力的最重要因素。其机制主要是激活心肌细胞上的 β_1 受体,通过兴奋型 G 蛋白激活腺苷酸环化酶,使 cAMP 增多和 PKA 活化,引起 L-型钙通道的磷酸化,促进 Ca^{2+} 内流和肌质网 Ca^{2+} 的释放,提高心肌兴奋后胞质 Ca^{2+} 浓度,肌钙蛋白对胞质钙的利用增加,活化横桥数增加,加之横桥 ATP 酶的活性增高,使心肌收缩力增强。相反,支配心脏的迷走神经通过释放 ACh 激活心肌细胞膜中的 M 受体,使细胞中的 cAMP 水平降低,PKA 活性下降,从而抑制 L-型钙通道开放,Ca^{2+} 内流减少,心肌收缩力减弱;同时,ACh 敏感的 K^+ 离子通道被激活,复极化时 K^+ 外流加速,平台期缩短,也导致 Ca^{2+} 内流减少,从而使心肌收缩力减弱。

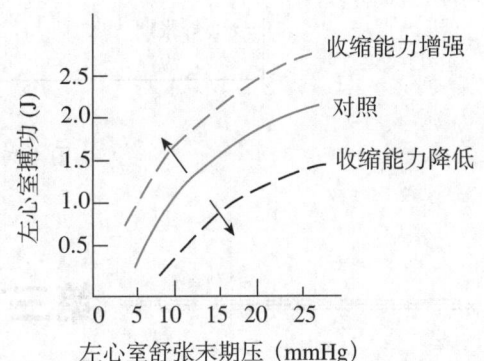

图 4-15 心肌收缩力对心室功能曲线的影响
----:给予去甲肾上腺素;——:正常;
----:给予乙酰胆碱

机体通过增加心肌收缩能力可大幅提高每搏输出量,使机体能更好地适应持续、剧烈的循环功能变化。心肌收缩能力降低是心力衰竭发生的主要原因。心肌收缩能力降低时射血分数减低,搏出量减少,心输出量减少。

2. 心率的调节 健康成年人安静时心率为 60~90 次/分,平均为 75 次/分。若搏出量不变，在一定范围内（40～180次/分），心率与心输出量成正比，心率增快，心输出量增加。但心率过快（超过180次/分）时，则会因心室舒张不完全，充盈时间缩短，充盈量减少，导致搏出量及心输出量减少；反之，如果心率过慢（低于40次/分），心输出量也减少，这是因为心率过慢虽使舒张期延长，但因心室充盈已接近最大限度，加之心包的限制，延长的舒张期已不能进一步增加充盈量和搏出量。经常高强度训练的运动员由于其心肌舒缩功能强大，心室射血快、舒张快，且"抽吸力"大，即使心率在180～200次/分时，心输出量仍能增加。

在整体情况下，心率受神经和体液因素的调节。交感神经活动增强时，心率加快；迷走神经活动增强时，心率减慢。循环血液中肾上腺素、去甲肾上腺素和甲状腺激素水平增高时，心率加快。此外，心率还受体温的影响，体温每升高1℃，心率可增加12～18次/分。影响心输出量的因素简要总结于图4-16。

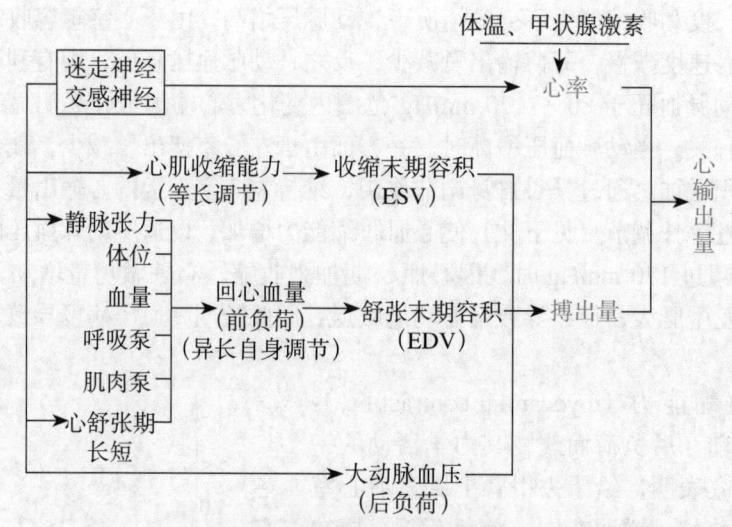

图4-16　影响心输出量的因素

（冯丹丹）

第三节　血管生理

心血管系统由心脏（heart）和血管（blood vessel）构成。血液由心房进入心室，再从心室泵出，依次流经动脉、毛细血管和静脉，然后返回心房，如此循环往复。在心血管系统中，血管不仅为血液的流动提供了通道，而且在推动血流、调节血压、调控器官血流量、进行物质交换、生成组织液、分泌生物活性物质等方面都有重要作用。

一、各类血管的功能及其分类

在形态学上，一般将血管分为动脉、毛细血管和静脉三大类。在生理学上，可按照其功能特点，将血管分为以下几类。

1. 弹性贮器血管　弹性贮器血管（windkessel vessel）是指主动脉、肺动脉主干及其发出的最大分支。这类血管口径粗，管壁厚，富含弹性纤维，有明显的可扩张性和弹性。心室射血时，大动脉压升高，一方面推动动脉内的血液向前流入外周；另一方面使主动脉扩张，容积增大，将一部分血液暂时贮存在主动脉中，当心室舒张时，大动脉压降低，被扩张的动脉管壁发生弹性回缩，推动射血期暂存的那部分血液继续流向外周，可使心脏的间断射血变成血管内连续的血流。心室射血时主动脉和大动脉被动扩张，容积增大，这样可缓冲主动脉和大动脉内的压力，使之不至于在收缩期内升高很多，可缓冲心动周期中血压的波动。

2. 分配血管 分配血管（distribution vessel）是指中动脉，即从弹性贮器血管以后到小动脉前的动脉管道，这类血管壁平滑肌较多，收缩性较强。通过其收缩和舒张作用可以调节分配到全身各组织器官的血流量。

3. 毛细血管前阻力血管 毛细血管前阻力血管（precapillary resistance vessel）是指小动脉和微动脉（arteriole）。此类血管管径细，长度长，管壁富含平滑肌纤维，该血管在生理状态下保持一定的紧张性收缩，通过平滑肌的舒缩活动，可以改变血流的阻力，调节所在器官、组织的血流量；这些血管活动形成的血管外周阻力对于维持一定的动脉血压起着重要的作用。

4. 毛细血管前括约肌 在真毛细血管的起始部常有一、两个平滑肌细胞环绕，称为毛细血管前括约肌（precapillary sphincter），是阻力血管的一部分。该括约肌的舒缩活动可调控真毛细血管的启闭，决定某一时间内毛细血管开放的数量；还可影响毛细血管床中血液和组织液之间进行物质交换的面积、有效滤过压及组织液的生成与回流量。

5. 交换血管 交换血管（exchange vessel）是指真毛细血管（true capillary）。真毛细血管数量多，口径小，血流速度非常缓慢。毛细血管的管壁极薄，仅由一层内皮细胞和基膜构成，通透性高，是血液与组织间进行物质交换的部位。

6. 毛细血管后阻力血管 微静脉（venule）管径小，对血流也有一定的阻力，故称为毛细血管后阻力血管（postcapillary resistance vessel），该血管的舒缩可改变毛细血管前、后阻力的比值，直接影响毛细血管血压和体液在血管内和组织间隙内的分布。

7. 容量血管 容量血管（capacitance vessel）是指静脉系统的血管。静脉口径大、管壁薄、容量较大。静脉的可扩张性大，表现为在静脉口径变化较小时就可使静脉的容积发生较大的变化，而静脉压力改变不大。在安静状态下，容量血管容纳了60%～70%的循环血量，起血液贮存库的作用。

8. 短路血管 微循环内微动脉与微静脉之间直接联系的动-静脉吻合支称为短路血管（shunt vessel）。短路血管开放时，动脉血液不经毛细血管而直接流入小静脉，主要参与体温调节。

二、血流动力学的若干概念

血液在心血管系统中流动的一系列物理学问题属于血流动力学（hemodynamics）的范畴。血流动力学主要研究血流量、血流阻力和血压及它们之间的关系。

血液在血管内的流动可表现为层流（laminar flow）和湍流（turbulent flow）两种形式。层流是指液体中每个质点的移动方向与血管的长轴平行。但由于靠近管壁的血液摩擦力较大，血流速度较慢，而靠近管腔中心的血流速度较快，因此可以设想血管内的血流由无数层同轴的圆柱面组成，处于同一层的液体所有质点的流速均相等，由轴心向管壁，各层液体的流速依次减慢（图4-17）。湍流是指血液

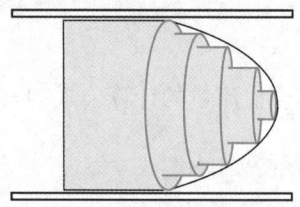

图4-17 层流情况下各轴层流速矢量图

中各质点的移动方向不一致，出现旋涡。血流速度快，血管口径大，血液黏滞度低的情况下，容易产生湍流。由于湍流使血液的总摩擦阻力增加，因此产生的阻力大于层流。生理情况下，心腔、主动脉和动脉分支处的血流可出现湍流，其余则以层流形式流动。病理情况下，血管局

部狭窄，狭窄下游出现湍流，在相应的体表处可听到杂音，如房室瓣、主动脉瓣狭窄易形成湍流而产生杂音，后者可被用于临床心血管异常的诊断。

（一）血流量和血流速度

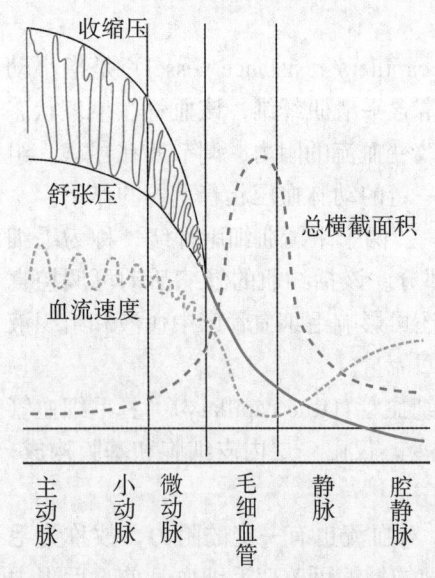

图 4-18　血流速度与血管总横截面积的关系

1. 血流量　单位时间内流过血管某一横截面积的血量称为血流量（blood flow），又称为容积速度（volume velocity），通常以 ml/min 或 L/min 表示。血流量（Q）的大小与血管两端的压力差（ΔP）成正比，与血管对血流的阻力（R）成反比，即：$Q = \Delta P/R$。对一个器官而言，Q 为该器官的血流量，ΔP 为该器官的灌注平均动脉压与该器官静脉压之差，R 为该器官的血流阻力。一般情况下，不同器官的动脉血压基本相等，故某器官的血流量主要取决于该器官对血流的阻力。

2. 血流速度　血流中一个质点在血管内移动的直线速度，称为血流速度（velocity of blood flow），通常以 cm/s 或 m/s 表示。各类血管的血流速度与血流量成正比，与同类血管总横截面积成反比。主动脉总横截面积最小，毛细血管的总横截面积最大。因此，在主动脉处血流速度最快，在毛细血管处最慢（图 4-18）。

（二）血流阻力

血液在血管内流动时所遇到的阻力称为血流阻力（resistance of blood flow，R）。血液在流动时，血液内部的摩擦、血液与血管壁之间的摩擦产生阻力，消耗的能量通常表现为热能。这部分热能不能再转化成动能，所以，压力在驱动血液流动时，因需不断克服阻力，各段血管血压逐渐降低。

根据泊肃叶定律，单位时间内液体的流量（Q）与管道两端的压力差（ΔP）及管道半径（r）的 4 次方成正比，与管道长度（L）成反比，则方程式为：

$$Q = K\Delta P r^4 / L \tag{4-1}$$

其中 K 为常数，其值等于 $\pi/(8\eta)$，η 为液体黏滞度。则此方程式可写为：

$$Q = \Delta P \pi r^4 / (8\eta L) \tag{4-2}$$

结合血流量的计算公式 $Q = P/R$，则得出血流阻力的方程式为：

$$R = 8\eta L/(\pi r^4) \tag{4-3}$$

这一公式表明，血流阻力与血管的长度和血液的黏滞度成正比，与血管半径的 4 次方成反比。对于同一个测量对象，其血管的长度短时间内变化很小，因此血流阻力主要由血管口径和血液黏滞度决定。小动脉和微动脉的口径只要发生很小的变化，血流阻力就会发生很大的变化。

在血液内部的摩擦力和血液与管壁间的摩擦力中，前者主要取决于血液黏滞度（η），后者主要取决于血管的半径（r）和长度（L）。

（三）血压

血管内流动的血液对单位面积血管壁的侧压力称为血压（blood pressure），实际为压强。按照国际标准计量单位表示，压强的单位为帕（Pa）或千帕（kPa），但习惯仍用毫米汞柱（mmHg）来表示，1 mmHg = 0.1333 kPa。一般说的血压是指动脉血压。大静脉压和心房压力较低，常以厘米水柱（cmH_2O）为单位，1 cmH_2O = 0.098 kPa。

三、动脉血压

（一）动脉血压的概念

1. 动脉血压 动脉血压是指动脉内流动的血液对动脉管壁单位面积上的侧压力，即压强。在一个心动周期中，动脉血压随着心室的收缩与舒张而发生规律性的波动。心室收缩时，主动脉压升高，在收缩期的中期达到最高值，称为收缩压（systolic pressure）；心室舒张时，主动脉压下降，在心舒末期降到最低值，称为舒张压（diastolic pressure）。收缩压和舒张压之差称为脉搏压，简称脉压（pulse pressure）。一个心动周期中动脉血压的平均值，称为平均动脉压（mean arterial pressure），约等于舒张压 + 1/3 脉压（图 4-19）。

血液从主动脉流向外周时，不断克服阻力而消耗能量，血压逐渐降低。动脉血压降落的幅度与经过的血管的阻力大小成正比。主动脉和大动脉的血流阻力小，血压在该段降落较小。而小动脉和微动脉的血流阻力大，血压在该段降落大。

2. 动脉血压的正常值 一般所说的动脉血压是指主动脉压。由于在大动脉中血压降落很小，故通常将在上臂测得的肱动脉压代表主动脉压。我国健康青年人在安静状态时的收缩压为 90～120 mmHg（12.0～16.0 kPa），舒张压为 60～80 mmHg（8.0～10.6 kPa），脉压为 30～40 mmHg（4.0～5.3 kPa），平均动脉压在 100 mmHg（13.3 kPa）左右。正常动脉血压存在个体差异。临床上，通常以安静时舒张压高于 90 mmHg（12 kPa）和（或）收缩压高于 140 mmHg（18.7 kPa）诊断为高血压；舒张压低于 60 mmHg（8 kPa）和（或）收缩压低于 90 mmHg（12 kPa）诊断为低血压。

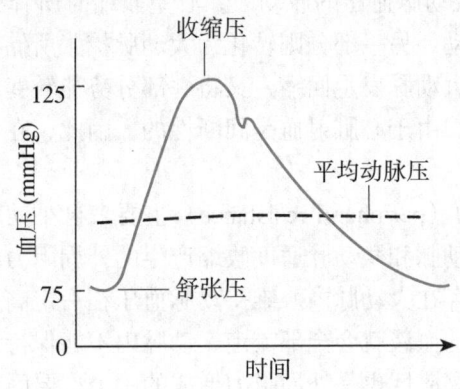

图 4-19 收缩压、舒张压和平均动脉压的关系

案例 4-1

患者林某，男，51岁。因反复头痛、头晕3个月余，加重1周来院就诊。3个月前患者无原因出现头痛、头晕症状，易反复，自觉易疲劳，休息后症状好转。一直未就医。患者自发病以来，无恶心、呕吐，无晕厥、黑矇，无胸闷、胸痛，无气促，无畏寒、发热，无咳嗽、咳痰，精神、食欲可，二便正常，尿量每天约2000 ml。体重无明显变化。

患者自诉既往体健，否认糖尿病、冠心病病史，否认肝炎、结核等传染病史，否认食物、药物过敏史。预防接种史不详。

父母均有高血压病史。自诉无吸烟、嗜酒史。

查体：体温（T）36.3 ℃，心率（HR）95次/分，血压（BP）145/105 mmHg，呼吸16次/分。体胖，神清，无贫血貌。甲状腺触诊无异常，心、肺、腹查体未见异常。双下肢无水肿。

检查结果：血脂高，其他血常规、尿常规无异常，肝、肾、甲状腺功能无异常。

问题与思考：
1. 高血压诊断的标准是什么？
2. 用生理学的知识解释该患者可能发生高血压的原因。
3. 为什么还要检查肝、肾、甲状腺功能？

3．动脉血压的测量　血压一般是指主动脉血压。因在大动脉中血压降落很小，临床上通常用肱动脉压代表主动脉压。动脉血压的测量在临床上常用Korotkoff听诊法，可间接测量肱动脉的收缩压和舒张压。

（二）动脉血压的形成机制

心血管系统内足够的血液充盈、心脏射血、血管的外周阻力以及主动脉和大动脉的弹性贮器作用是血压形成的基本条件。

1．心血管系统内足够的血液充盈　心血管系统内有足够的血液充盈是血压形成的前提。当心室颤动或停搏时，心血管管腔各处的压力都趋于相等，此时血管内的压力仍比大气压高出7 mmHg左右，称为循环系统平均充盈压（mean circulatory filling pressure）。循环系统中血液充盈的程度可用循环系统平均充盈压表示。循环系统平均充盈压的大小反映循环系统内血量和循环系统容积之间的相对关系，血量增多或循环系统容积减小，循环系统平均充盈压升高；反之则降低。

2．心脏射血　这是形成动脉血压的原动力。心室收缩时所释放的能量一部分作为血液流动的动能，推动血液向前流动；另一部分则转化为大动脉扩张所储存的势能，即压强能，形成动脉血压。在心室舒张期，大动脉发生回缩，又将一部分势能转变成推动血液流动的动能，使血液在血管中继续向前流动。由于心脏射血是间断性的，因此，在心动周期中动脉血压将发生周期性的变化。

3．外周阻力　外周阻力（peripheral resistance）主要来自小动脉和微动脉。外周阻力是形成动脉血压的必要条件。小动脉和微动脉适度收缩产生的外周阻力能阻碍血液从大动脉快速流向外周，从而使部分血液暂存在大动脉内，维持动脉血压在一定高度。如果只有心脏射血而无外周阻力，心室射入主动脉的血液就会全部流走，动脉内不能保持足够的血量，动脉血压就不能形成和维持。另外，血液黏滞性也是外周阻力形成的一个次要因素。

4．主动脉和大动脉的弹性贮器作用　心室收缩射血，主动脉和大动脉的被动扩张，使射血期血压不至于升得过高；心室舒张，主动脉和大动脉弹性回缩，一方面推动血液向前，使心室的间断射血变为动脉内的连续血流，另一方面可同时维持舒张期的血压。

（三）动脉血压的变化和维持稳定的意义

健康人在安静状态时的动脉血压比较稳定。但有个体、性别和时间的差异，还受到体重、能量代谢和情绪等许多因素的影响。女性在更年期前的动脉血压较同龄男性的略低，更年期后动脉血压则升高；肥胖者动脉血压略高于中等体型者；在正常生理状态下，人体24 h内血压波动呈现"双峰双谷"特点：一般清晨醒来后血压开始升高，上午6～8时达第一次高峰；下午4～6时为第二次高峰；晚上8时后缓慢下降，凌晨2～3时血压降至最低谷。血压随季节变化也有差异，夏季的血压值偏低，冬季的血压值偏高。

动脉血压是推动血液流向各器官组织的动力。动脉血压在多种因素调节下保持相对稳定，从而为各组织器官提供足够的血量，保持血流速度，维持组织器官正常的新陈代谢，因此相对稳定的动脉血压具有重要意义。正常的动脉血压是血液循环流动的前提，动脉血压过低或过高（低血压、高血压）都会造成严重后果。如果动脉血压过高，心脏的后负荷过重，长期高血压往往会引起心脏代偿性肥大型心功能不全，甚至导致心力衰竭；长期动脉血压升高也可以引起血管壁本身发生硬化，甚至可导致破裂而引起脑出血等严重后果；如果动脉血压过低，组织器官血液供应减少，导致缺血、缺氧，引起组织器官变性坏死，尤其脑和心脏等重要器官的供血不足，会导致严重后果。所以，保持动脉血压的相对稳定状态是非常重要的。

（四）影响动脉血压的因素

凡能影响动脉血压形成的各种因素，都能影响动脉血压。在下面的分析中，都是在假定其他条件不变的情况下，单独分析其中一种因素变化对动脉血压产生的影响。

1. 搏出量 搏出量增加时，心缩期射入主动脉的血量增多，动脉管壁所承受的压力也增大，收缩期动脉血压明显升高。由于收缩压升高使血流速度加快，因此大动脉内存留的血量在心舒期流到外周也增多，在舒张期末，留在大动脉内的血量增加不多。因此，舒张压升高不多，脉压增大；反之，当每搏输出量减少时，主要使收缩压降低，舒张压变化不明显，脉压减小。因此，收缩压的高低主要反映心脏每搏输出量的多少。

2. 心率 心率加快，心室舒张期明显缩短，舒张期流向外周的血液就减少，故心室舒张末期主动脉内存留的血量增多，舒张压升高。心舒期末主动脉内血量增加的基础上，心缩期动脉系统内血量增多，使收缩压也升高。但由于血压升高使血流速度加快，导致收缩期动脉内血量的增加不如舒张期多，因此收缩压升高不如舒张压明显，脉压也相应减小；相反，心率减慢时，舒张压降低的幅度比收缩压降低的幅度大，故脉压增大。因此心率主要影响舒张压。

3. 外周阻力 外周阻力增加，心室舒张期血液流向外周的速度减慢，心室舒张末期存留在主动脉中的血量增多，舒张压明显升高。心缩期，动脉血压升高使血流速度加快，收缩压的升高不如舒张压的升高显著，脉压减小；反之，外周阻力减小时，舒张压的降低比收缩压的降低明显，脉压加大。因此，在一般情况下，舒张压的高低主要反映外周阻力的大小。

4. 主动脉和大动脉的弹性贮器作用 由于有主动脉和大动脉的弹性贮器作用，动脉血压的波动幅度明显小于心室内压的波动幅度。老年人的主动脉和大动脉管壁中胶原纤维增生，而平滑肌和弹性纤维减少，使血管壁的弹性和可扩张性减小，导致收缩压升高，舒张压降低，脉压加大。但是，老年人发生主动脉和大动脉硬化的同时往往伴有小动脉硬化，因此收缩压升高的同时也伴有舒张压的升高。因此，脉压主要反映动脉弹性。

5. 循环血量与血管系统容积的比例 一般情况下，循环血量与血管容积相适应，心血管系统内有足够的充盈度，这是产生动脉血压的前提条件。失血时，如果失血量小，可通过神经体液调节机制使容量血管收缩，血管容积减小，因而血压下降不明显或仅有短暂的轻度下降；如果失血量超过全身血量的20%，虽然通过机体调节机制可使容量血管收缩，但血管充盈仍不足，血压下降明显。另外，虽然循环血量没有减小，但血管容积加大，也可导致血压下降；相反，如果增加循环血量或缩小血管容积，都可以使血压升高，这就是临床上通过输血和缩血管药物能明显升高血压的生理学基础所在。

在不同的生理或病理情况下，上述各种因素均可影响动脉血压。因此，实际测得的动脉血压往往是各种因素相互作用的综合结果。

（五）动脉脉搏

在每个心动周期中，随着心脏的舒缩活动，动脉内压力和容积发生周期性变化而导致动脉管壁发生周期性的搏动，称为动脉脉搏（arterial pulse），简称脉搏。脉搏搏动可以沿着动脉管壁向小动脉传播。检查脉搏时一般选择桡动脉。在特殊情况下，也可以检查颞动脉、颈动脉、股动脉和足背动脉。

1. 脉搏的产生和传播 脉搏的产生主要是由左心室射血到主动脉所引起的。左心室收缩射血时，主动脉内压力升高，因动脉管壁有弹性而扩张；左心室舒张时，主动脉内压力降低，动脉管壁回缩。脉搏从动脉发生后，沿动脉管壁向外周血管传播。脉搏波是血液推动引起的血管壁的运动，其传播速度远较血流速度为快。一般来说，动脉管壁的可扩张性越大，脉搏波的传播速度就越慢。由于主动脉的可扩张性最大，故脉搏波在主动脉的传播速度最慢，为 3～5 m/s，在大动脉的传播速度为 7～10 m/s，到小动脉可加快到 15～35 m/s。老年人动脉管壁的可扩张性减弱，所以脉搏波的传播速度比年轻人快一些。由于小动脉和微动脉对血流的阻力很大，故在微动脉以后脉搏波动大大减弱，到毛细血管脉搏已基本消失。

2. 脉搏的波形 用脉搏描记仪记录到的浅表动脉脉搏的波形称为脉搏图（sphygmogram）。脉搏的波形可因描记方法和部位的不同而有差别，但一般都由上升支和下降支组成（图4-20）。

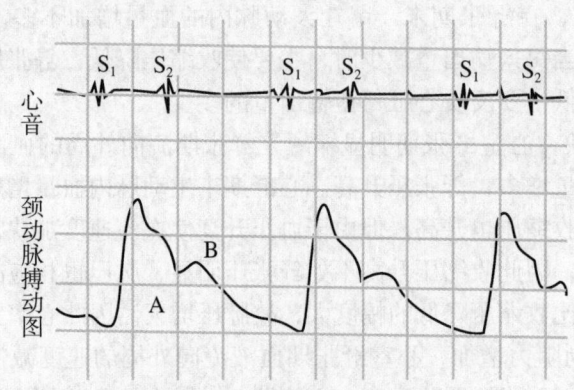

图 4-20 正常人的颈动脉搏动图
A．降中峡；B．降中波

（1）上升支：上升支是心室快速射血期，动脉血压迅速上升、管壁突然扩张所致。因此，上升速度和幅度受每搏输出量、射血速度、血流阻力和动脉弹性等因素的影响。如心室射血遇到的阻力大，心排血量少，射血速度慢，则脉搏波形中上升支的速率小，幅度也低；反之，若射血所遇的阻力小，心排血量大，射血速度快，则上升支较陡，幅度也较大。

（2）下降支：心室减慢射血期，射血速度减慢，动脉血压逐渐降低，被扩张的动脉血管开始回缩，形成下降支的前段；随后，心室舒张，动脉血压继续下降，形成下降支的后段。在心室舒张、主动脉瓣关闭的瞬间，主动脉内的血液向心室反流，撞击在主动脉瓣上而弹回，使主动脉根部的容积增大。因此，在主动脉记录脉搏图时，在降支中因动脉血压再度升高，构成一个降中波,其前面的小切迹称为降中峡。

动脉脉搏波的形状常因循环系统情况变化而不同。主动脉瓣健全与否、心搏节律和动脉血管的弹性状态等,都可根据脉搏波的波形进行分析判断。

四、静脉血压和静脉回心血量

静脉是血液回流入心脏的通道,也是循环系统的血液储存库。安静状态下,静脉的收缩或舒张可有效调节回心血量和心输出量,使循环系统的功能适应不同生理条件下机体的需要。

(一)静脉血压

体循环的血液经动脉和毛细血管到达微静脉时,血压已降至 15～20 mmHg。到腔静脉时血压更低,右心房压力接近于零。通常将右心房和胸腔内大静脉的血压称为中心静脉压(central venous pressure,CVP),而将各器官静脉的血压称为外周静脉压(peripheral venous pressure)。中心静脉压的数值较低,正常值为 5～12 cmH$_2$O。中心静脉压的高低取决于心搏出量与静脉回心血量之间的相对关系,是反映心血管功能的一项重要指标。如果心脏射血能力较强,能及时将回流入心脏的血液射入动脉,中心静脉压就较低;反之,如果心脏射血能力减弱,中心静脉压就升高。另外,静脉回心血量减少时,中心静脉压降低;反之则升高。测定中心静脉压可反映心脏功能和回心血量的相互关系。临床上输液治疗休克时,常将中心静脉压作为判断输液量和输液速度的重要参数。如果中心静脉压超过 16 cmH$_2$O,应慎重或停止输液;如果中心静脉压低于 4 cmH$_2$O,常提示输液量不足。

(二)影响静脉回心血量的因素

单位时间内静脉回心血量(venous return)的多少取决于周围静脉压与中心静脉压之差,以及静脉对血流的阻力。静脉血压与右心房压之差是驱动血液回心的动力,因此,凡能影响外周静脉压、中心静脉压以及静脉血流阻力的因素,都能影响静脉回心血量。

1. 体循环平均充盈压　循环系统平均充盈压是反映循环系统内血液充盈程度的指标,受血管容积与循环血量的影响。当容量血管收缩或血量增加时,循环系统平均充盈压高,静脉回心血量也就增多;反之,当容量血管舒张或血量减少时,循环系统平均充盈压降低,静脉回心血量减少。

2. 心肌收缩力　心脏收缩时将血液射入动脉,舒张时则可从静脉抽吸血液。如果心脏收缩力量强,则收缩时心室排空比较完全,在心舒期心室内压就较低,对心房和大静脉内血液的抽吸力量就比较大,回心血量增加;反之,则回心血量减少。因此,当右心衰竭时,血液淤积在右心房和大静脉内,患者可出现颈外静脉怒张、肝充血肿大、下肢水肿等体征。左心衰竭时,左心房和肺静脉压升高,可造成肺淤血和肺水肿及呼吸困难。

3. 体位改变　静脉可扩张性大,受重力作用,心脏水平以下的静脉较充盈,而头颈部静脉几乎是塌陷的。当人体由平卧位转变为直立位时,因血液的重力作用,使身体低垂部分的静脉扩张,容量增大,可多容纳 400～600 ml 的血液,回心血量减少。长期卧床的患者,静脉管壁的紧张性较低,可扩张性较高,加之腹壁和下肢肌肉的收缩力量减弱,对静脉的挤压作用减小,故由平卧位突然变为直立位时,可因大量血液积滞在下肢,回心血量过少,心输出量减少,引起脑供血不足而发生昏厥。

4. 骨骼肌的挤压作用　骨骼肌收缩时,位于肌肉内或肌肉间的静脉受到挤压,静脉血流加快;肌肉舒张时,对静脉的挤压作用消失,静脉内压降低。静脉内有瓣膜,瓣膜只能朝心脏的方向打开，因此静脉内的血液只能向心脏方向流动而不能倒流。这样，骨骼肌和静脉瓣膜一起对静脉回流起着"泵"的作用，称为"静脉泵"或"肌肉泵"。肌肉收缩，可将静脉内的血液挤向心脏；肌肉舒张，静脉内的压力降低，有利于微静脉和毛细血管的血液流入静脉，使静脉充盈。肌肉节律性的舒缩活动对于立位时降低下肢静脉压和减少下肢的血液潴留有重要作用。但是，如果肌肉不是做节律性地舒缩，而是维持在紧张性的收缩状态，则静脉持续受压，静脉回流反而减少。

5. 呼吸运动 由于胸膜腔内压通常为负压，使胸腔内大静脉跨壁压加大，静脉处于扩张状态。吸气时，胸腔容积增大，胸膜腔内负压值进一步增大，使胸腔内的大静脉和右心房更加扩张，中心静脉压降低，右心的回心血量增多。反之，呼气时胸膜腔内负压值减小，右心的回心血量减少。因此，呼吸运动对静脉回流也起着"呼吸泵"的作用。但是应当注意，呼吸运动对左心及右心的回心血量影响不同。吸气时，随着肺的扩张，肺部血管被牵拉扩张，容积增大，能储存较多的血液，因而由肺静脉回流至左心房的血量减少；呼气时的情况则相反。

（三）重力对静脉压的影响

血管系统内的血液因受地球重力的影响，产生一定的静水压。各部分血管静水压的数值，与人体所处的体位有关，主要取决于该血管所处位置与右心房水平之间的垂直距离。平卧时，身体各部分血管大致与心脏处在同一水平，故静水压大致相同。当人体由平卧位转为直立位时，足部的静脉血压比卧位时高出约 90 mmHg，脑膜矢状窦内压可降至 –10 mmHg 左右。因此，在测量静脉血压时，为排除重力的影响，应采取平卧位，并使被测部位、检压计零点与心脏处于同一水平。重力形成的静水压，对处于同一水平的动脉和静脉是相同的，但其对静脉功能的影响要比动脉大，这是因静脉管壁较薄，可扩张性大，静脉血压较低，其充盈程度受跨壁压的影响较大所致。跨壁压（transmural pressure）是指血管内血液对管壁的压力与血管外组织对管壁的压力之差。一定的跨壁压是保持血管充盈的必要条件。静脉跨壁压改变时可改变静脉的扩张状态，从而也改变静脉对血流的阻力。当跨壁压减少到一定程度时，静脉就不能保持充盈膨胀而塌陷，此时静脉的横截面从圆形变成椭圆形，静脉的容积减小，血流的阻力增大。同样，血管周围组织对静脉的压迫也可增加静脉对血流的阻力。当人体直立不动时，由于身体绝大部分容量血管都处于心脏水平以下，受静水压的影响，导致其跨壁压增大，静脉充盈，容积增大，因此可比平卧时多容纳 400～600 ml 的血液，导致回心血量减少。

五、微循环

微循环（microcirculation）是指微动脉和微静脉之间的血液循环。微循环最根本的功能是进行血液和组织液间的物质交换。微循环发生障碍时，可导致器官衰竭和疾病。微循环血流量的调节，主要是通过毛细血管前后阻力血管的舒缩活动改变阻力的大小而实现的，以保证组织代谢活动的正常进行。

（一）微循环的组成和功能

1. 微循环的组成 一个典型的微循环（如肠系膜的微循环）由微动脉、后微动脉、毛细血管前括约肌、真毛细血管、通血毛细血管、动 - 静脉吻合支和微静脉等部分组成（图 4-21）。

（1）微动脉（arteriole）：是小动脉的延续部分，管壁有较丰富的平滑肌，接受神经体液因素的控制而舒张或收缩，微动脉可影响微循环的血液灌注量，是控制微循环血流的"总闸门"。

（2）后微动脉（metarteriole）：是微动脉的分支，管壁只有一层平滑肌细胞，接受神经体液因素的调节。

(3) 真毛细血管（true capillary）：由后微动脉以垂直方向分出，由单层内皮细胞构成，外面包裹基膜，总厚度约为 0.5μm；内皮细胞之间有细微的裂隙，成为沟通毛细血管内外的孔道。真毛细血管通透性大，是完成物质交换功能的有效部位，也是物质交换的主要场所。

(4) 毛细血管前括约肌（precapillary sphincter）：在真毛细血管起始端由 1～2 个平滑肌细胞形成一个环，其舒缩决定着进入真毛细血管的血量，在微循环中起"分闸门"的作用。

(5) 通血毛细血管（thoroughfare vessel）：是后微动脉的直接延伸，其管壁平滑肌很少，最后汇入微静脉。

(6) 动-静脉吻合支（arterio-venous anatomosis）：是连接微动脉与微静脉之间的吻合血管，管壁结构与微动脉相似，主要调节体温。

(7) 微静脉（venule）：为微循环后阻力血管，起始部管壁没有平滑肌，具有物质交换功能，后段管壁含有平滑肌。微静脉活动受神经体液因素的影响，其舒缩影响毛细血管血压，进而影响微循环的血液流出量，构成控制微循环血流的"后闸门"。

2. 微循环通路及功能 因各器官和组织的结构和功能不同，微循环的结构和血流通路也不同。常见的有迂回通路、直捷通路和动-静脉短路等（图 4-21）。

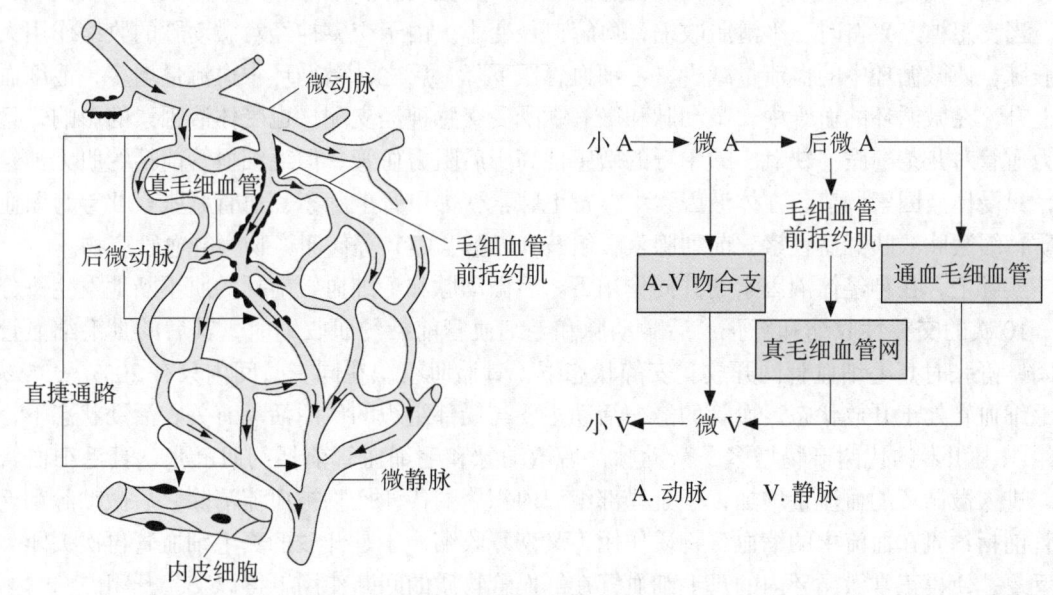

图 4-21 肠系膜微循环模式图

(1) 迂回通路：迂回通路（circuitous channel）由微动脉、后微动脉、毛细血管前括约肌、真毛细血管和微静脉构成。由于真毛细血管数量多，迂回曲折，交错成网，分布于各细胞之间，因此，这一通路血流缓慢，是血液与组织进行物质交换的主要部位，又称营养性通路。真毛细血管是交替开放的，安静时，骨骼肌中真毛细血管大约只有 20% 处于有血流通过的开放状态。通过毛细血管前括约肌的控制，开放部位可以轮换，每分钟 5～10 次。活动时，由于局部酸性代谢产物增加，毛细血管前括约肌舒张，真毛细血管网开放的数量亦增加，从而使血量增多，以适应代谢增强的需要。常见于肠系膜、肝、肾等。

(2) 直捷通路：直捷通路（thoroughfare channel）由微动脉、后微动脉、通血毛细血管和微静脉组成。直捷通路经常处于开放状态而有血流通过。由于通血毛细血管的管径比真毛细血管大，所以直捷通路的血流速度较快，几乎没有物质交换的功能。它的主要功能是使一部分血液能迅速通过微循环回流到心脏，保证心脏有足够的前负荷。

(3) 动-静脉短路：动-静脉短路（arteriovenous shunt）由微动脉、动-静脉吻合支和微静脉构成。吻合支管壁厚，有完整的平滑肌层。该通路血流速度快，不能进行物质交换，一般处于关闭状态。在人的皮肤，特别是手掌、足底、耳郭等处，这类通路较多，参与体温调节功能。当环境温度升高时，动-静脉吻合支开放，皮肤血流量增多，皮肤温度升高，有利于散热；反之，当环境温度降低时，动-静脉吻合支关闭，皮肤血流量减少，有利于保存热量。

3. 微循环的血流动力学

(1) 微循环中的血流阻力：微循环的血流一般为层流。血液在流经微循环血管网时不断克服来自血管的阻力，血压逐渐降低。小动脉、微动脉、后微动脉、毛细血管前括约肌构成微循环的前阻力，在微动脉处，对血流的阻力最大，血压降落也最大。毛细血管动脉端血压为 30～40 mmHg，毛细血管中段的血压约为 25 mmHg，至静脉端为 10～15 mmHg。微静脉和小静脉是微循环的后阻力血管。毛细血管血压的高低取决于毛细血管前、后阻力的比值。当该比值增大时，毛细血管血压就降低；比值变小时则毛细血管血压升高。某组织中微循环的血流量与微动脉和微静脉之间的血压差成正比，与微循环中总的血流阻力成反比。由于在总的血流阻力中微动脉处的阻力占较大比例，故微动脉的阻力对血流量的控制起主要作用。

(2) 微循环血流量的调节：微循环血流量取决于血管的舒缩活动。微循环的前、后阻力血管均受神经与体液调节。交感神经支配微动脉、后微动脉和微静脉的平滑肌，并以微动脉为主。当交感神经兴奋时，平滑肌收缩，血管口径变小。由于交感神经对微动脉的收缩作用大于微静脉，使微循环中的血流量减少，毛细血管压下降；反之，微循环中血流量增多，毛细血管压上升。在微循环的血管中，微动脉和微静脉既受交感神经支配，也受体液因素的影响，且前阻力血管对儿茶酚胺、缺氧、酸中毒的敏感性高于后阻力血管。但毛细血管前括约肌无神经支配，只受体液因素调节。在体液因素中，肾上腺素、去甲肾上腺素、血管紧张素Ⅱ等为缩血管物质；缓激肽、胰舒血管素、前列腺素、组胺和乳酸、CO_2 等代谢产物为舒血管产物。

实际上，在神经体液因素的共同作用下，后微动脉和毛细血管前括约肌不断地发生每分钟 5～10 次的交替性收缩和舒张。后微动脉和毛细血管前括约肌收缩时，其后的真毛细血管网关闭，舒张时真毛细血管网开放。安静状态下，骨骼肌组织在同一时间内只有 20%～35% 的真毛细血管处于开放状态。血管的舒缩活动主要与局部组织的代谢活动有关。活动状态下，局部组织内积聚的代谢产物增多，微动脉、后微动脉和毛细血管前括约肌舒张，真毛细血管开放，进入微循环的血流量增加，于是局部组织内积聚的代谢产物被血流清除，后微动脉和毛细血管前括约肌在血流中的缩血管物质作用下又恢复收缩，于是开放的真毛细血管再次关闭。如此反复，使得正常微循环内的真毛细血管在舒血管物质的间断作用下得以交替开闭。

总之，通过微循环血流量的多少，主要取决于微动脉（总闸门）的舒缩状态，而血液在微循环中的分配，则主要取决于毛细血管前括约肌（分闸门）的舒缩活动和交替开放。

（二）血液和组织液之间的物质交换

组织与细胞之间的空间称为组织间隙，其中充满组织液。组织液是组织和细胞直接所处的环境，组织和细胞通过细胞膜和组织液进行物质交换，组织液与血液之间则通过毛细血管壁进行物质交换，组织细胞和血液之间的物质交换以组织液为中介。血液和组织液之间进行物质交换的主要方式有以下几种。

1. 扩散　扩散（diffusion）是血液与组织液之间进行物质交换的最主要形式。Na^+、Cl^- 和葡萄糖等分子直径小于毛细血管壁裂隙的物质，能通过管壁进出毛细血管。毛细血管壁孔隙的总面积虽仅约占毛细血管壁总面积的 1/1000，但由于分子热运动的速度非常快，高于毛细血管血流速度数十倍，因此血液在流经毛细血管时，血浆与组织液中的溶质分子仍有充分的时间进行扩散交换。脂溶性物质，如 O_2、CO_2 等可直接通过毛细血管内皮细胞进行扩散，因此，所有毛细血管壁都可成为扩散面，扩散的速率极高。脂溶性物质在管壁两侧的浓度差是该物质扩散的驱动力。溶质分子在单位时间扩散的速率与该物质在管壁两侧的浓度差、管壁对该物质的通透性以及管壁有效交换面积成正比，与管壁厚度成反比。

2. 滤过和重吸收 当毛细血管内外的静水压不等时，水分子会从压力高的一侧移向压力低的一侧；在毛细血管壁的两侧还存在渗透压，使水分子从渗透压低的一侧移向渗透压高的一侧。在生理学上，将由于管壁两侧静水压和渗透压的差异，促使液体由毛细血管内向毛细血管外的移动，称为滤过（filtration），而将液体反方向的移动称为重吸收（reabsorption）。分子直径小于毛细血管壁孔隙的溶质可随水的移动一同移动。血液和组织液之间通过滤过和重吸收方式进行的物质交换只占一小部分，但在组织液的生成中起重要作用。

3. 吞饮 当分子直径大于毛细血管壁裂隙时，大分子物质可通过毛细血管内皮细胞管腔侧的细胞膜以吞饮（pinocytosis）方式进入细胞内，形成吞饮囊泡，囊泡被运送至内皮细胞的另一侧，并被排出细胞外，从而使被转运物质穿过整个内皮细胞。血液中的血浆蛋白能以此种方式通过毛细血管壁进行交换。

六、组织液的生成

在细胞外液中，存在于组织细胞间隙的液体称为组织液（interstitial fluid）。组织液是组织、细胞和血液之间进行物质交换的媒介。组织液绝大部分不能自由流动，呈凝胶状态，因此正常情况下组织液不会因重力作用而流至身体低垂部位。组织液凝胶的基质是胶原纤维与透明质酸细丝。邻近毛细血管的小部分组织液呈溶胶状态，可自由流动。组织液中各种离子成分与血浆相同。组织液中也存在各种血浆蛋白质，但其浓度明显低于血浆。

（一）组织液的生成与回流

组织液是血浆滤过毛细血管壁形成的。组织液生成的过程是血液中的液体滤过到组织间隙的过程。液体通过毛细血管壁移动的方向由毛细血管血压、组织液静水压、血浆胶体渗透压和组织液胶体渗透压 4 个因素综合作用来决定。其中，毛细血管血压和组织液胶体渗透压是促使液体由毛细血管内向血管外滤过的力量，而组织液静水压和血浆胶体渗透压是将液体从血管外重吸收入毛细血管内的力量。滤过力量和重吸收力量之差，称为有效滤过压（effective filtration pressure），有效滤过压计算公式如下。

有效滤过压 =（毛细血管血压 + 组织液胶体渗透压）−（血浆胶体渗透压 + 组织液静水压）

当有效滤过压为正值时，滤过的力量大于重吸收的力量，液体就由毛细血管滤出；反之，当有效滤过压为负值时，重吸收力量大于滤过的力量，液体就从组织间隙中被吸收回毛细血管。如图 4-22 所示，毛细血管动脉端血压约为 30 mmHg，静脉端约为 12 mmHg，血浆胶体渗透压为 25 mmHg，组织液静水压约为 10 mmHg，组织液胶体渗透压约为 15 mmHg。毛细血管动脉端的有效滤过压约为（30 + 15）−（25 + 10）= 10 mmHg，于是液体便滤出毛细血管；而毛细血管静脉端的有效滤过压约为（12 + 15）−（25 + 10）= −8 mmHg，故发生液体的重吸收。从毛细血管动脉端到毛细血管静脉端，血压是逐渐下降的，因此有效滤过压也逐渐变小。毛细血管中液体的滤出与重吸收是一个逐渐变化的过程，组织液的生成与回流是一个动态平衡过程。总体来说，流经毛细血管的血浆量，约有 0.5% 在毛细血管动脉端以滤过的方式生成组织液，其中 90% 的组织液在毛细血管静脉端重吸收回血液中，10% 的组织液则流入毛细淋巴管内，成为淋巴液，经淋巴系统流入大静脉。

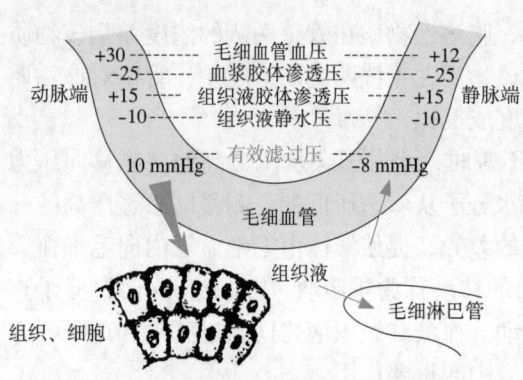

图 4-22 组织液的生成与回流示意图
"+"代表使液体滤出毛细血管的力量；
"-"代表使液体重吸收回毛细血管的力量

（二）影响组织液生成的因素

在正常情况下，组织液不断生成，又不断被重吸收，二者之间保持动态平衡，因此血量和组织液量能维持相对稳定。一旦这种动态平衡遭到破坏，发生组织液生成过多或重吸收减少，组织间隙中就有过多的液体潴留，形成组织水肿（edema）。根据组织液生成的原理，以下影响有效滤过压和毛细血管壁通透性的因素，都可以影响组织液的生成与回流。

1．毛细血管血压 毛细血管血压取决于毛细血管前、后阻力的比值。毛细血管前阻力降低或后阻力升高均可使毛细血管血压升高，从而增大有效滤过压，使组织液生成增多。例如，炎症部位微动脉扩张使毛细血管前阻力降低；右心衰竭使静脉回流受阻而导致毛细血管后阻力升高，均可引起组织液生成增多而发生水肿。

2．血浆胶体渗透压 血浆胶体渗透压降低，有效滤过压升高，组织液生成增多。在某些肾脏疾病的情况下，由于大量血浆蛋白随尿排出，使血浆胶体渗透压降低，有效滤过压升高，组织液生成增多而出现水肿。肝功能受损，严重营养不良或蛋白尿时，有效滤过压增大，组织液生成增多，出现水肿。

3．毛细血管壁通透性 毛细血管壁通透性增高，组织液生成增加。在烧伤、炎症、变态反应等某些病理情况下，由于毛细血管壁通透性加大，血浆蛋白质进入组织液，使组织液胶体渗透压升高，组织液生成增多，出现局部水肿。

4．淋巴回流 如果淋巴回流受阻，在受阻部位远端的组织间隙中组织液积聚而出现水肿。如在丝虫病导致的淋巴管阻塞条件下，可产生上述的水肿情况。

七、淋巴液的生成与回流

未被毛细血管重吸收的组织液进入淋巴管即成为淋巴液（lymph fluid）。淋巴系统（lymphatic system）是组织液向血液回流的一个重要的辅助系统。毛细淋巴管以稍膨大的盲端起始于组织间隙，彼此吻合成网，并逐渐汇合成大的淋巴管。全身的淋巴液经淋巴管收集，最后由右淋巴导管和胸导管导入静脉。

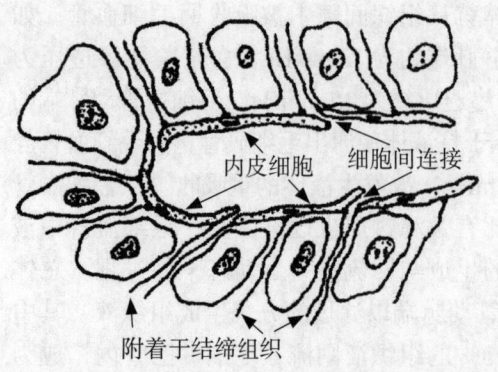

图 4-23 毛细淋巴管盲端结构示意图

（一）淋巴液的生成与回流

组织液进入淋巴管成为淋巴液。因此淋巴液的成分与该组织的组织液非常接近。毛细淋巴管起始端由单层内皮细胞组成，管外无基膜，故通透性极高。而且毛细淋巴管内皮细胞的边缘像瓦片般互相覆盖，形成只朝向淋巴管管内开放的单向活瓣（图 4-23），因此，组织液及悬浮于其中的微粒可自由进入毛细淋巴管而不能倒流。当组织液积聚在组织间隙时，组织中的胶原纤维和毛细淋巴管之间的胶原细丝可将互相重叠的内皮细胞边缘拉开，使内皮细胞之间出现较大的缝隙，通透性增大，组织液包括其中的血浆蛋白质分子可以自由地进入毛细淋巴管。组织液和淋巴液的压力差是淋巴液生成的动力。

正常成人在安静状态下大约每小时有 120 ml 淋巴液流入血液循环，其中约 100 ml 由胸导管、20 ml 由右淋巴导管进入血液。以此推算，每天生成的淋巴液总量为 2～4 L，大致相当于全身血浆总量。组织液和毛细淋巴管内淋巴液的压力差是组织液进入淋巴管的动力。凡能增加组织液生成的因素，如毛细血管血压升高、血浆胶体渗透压降低、组织液胶体渗透压升高、毛细血管壁通透性增加等，都能增加淋巴液的生成和回流量。淋巴管壁平滑肌的收缩活动和淋巴管腔内的瓣膜共同作用，构成"淋巴管泵"，能推动淋巴液向心回流。淋巴管周围组织对淋巴管的压迫，如肌肉收缩、相邻动脉的搏动以及外部力量对身体组织的压迫和按摩等也能推动淋巴液回流。

（二）淋巴液回流的生理意义

1. 回收蛋白质　由毛细血管动脉端滤出的血浆蛋白质分子只能通过毛细淋巴管进入淋巴液，再回流入血液。每天由淋巴液回流到血液的蛋白质多达 75～200 g，这对于维持血浆和组织液中蛋白质的正常浓度非常重要。

2. 运输脂肪及其他营养物质　食物被消化后，80%～90% 的脂肪是由小肠绒毛的毛细淋巴管吸收并运输到血液的。小肠的淋巴液呈乳糜状。少量的胆固醇和磷脂也是经淋巴管吸收进入血液循环的。

3. 调节体液平衡　淋巴系统是血液循环系统的一个重要辅助系统，在调节血浆量与组织液量的平衡中起重要作用。约 10% 的组织液进入淋巴管形成淋巴液，经淋巴系统回流入静脉。

4. 防御和免疫功能　组织受损伤时，红细胞、异物、细菌等可进入组织间隙，再进入毛细淋巴管，并随淋巴液回流入血；在淋巴液回流途中经过多个淋巴结时，可被淋巴结内的巨噬细胞吞噬。此外，淋巴结能释放具有免疫功能的淋巴细胞和单核细胞，参与机体的免疫和防御过程。

（赵艳芝　孔　炜）

第四节　心血管活动的调节

在不同的生理状态下，人体各器官组织的代谢水平不同，对血流量的需求也有变化，因而需要对心血管活动进行适当的调节。心血管活动的调节包括神经调节、体液调节和自身调节，其主要的生理意义是维持心率、心输出量、血压和全身各组织器官血流量等心血管活动的相对稳定。

一、神经调节

机体对心血管活动的神经调节是通过各种心血管反射实现的。心肌和血管平滑肌均接受自主神经的支配。

（一）心脏和血管的神经支配

1. 心脏的神经支配　心脏受自主神经系统交感神经和副交感神经的双重支配。安静状态下，心迷走神经对心脏的支配作用占优势，故对心脏的抑制作用较强，但这一作用会随着年龄的增长而减弱。

(1) 心交感神经：心交感神经（cardiac sympathetic nerve）节前神经元位于脊髓第 1～5 胸段的中间外侧柱，发出节前纤维，在星状神经节或颈神经节中更换神经元。换元后发出节后纤维组成心脏神经丛，支配心脏各个部分，包括窦房结、房室交界、房室束、心房肌和心室肌。两侧心交感神经对心脏的支配各有侧重，右侧心交感神经主要支配窦房结，左侧心交感神经主要支配房室交界和心室肌。

心交感神经节后纤维释放的递质是去甲肾上腺素（norepinephrine，NE），通过与心肌细胞膜上的 $β_1$ 肾上腺素受体结合改变其功能活动，使心率加快、房室交界的传导加速、心房肌和心室肌的收缩能力增强。这些作用分别称为正性变时作用（positive chronotropic action）、正性变传导作用（positive dromotropic action）和正性变力作用（positive inotropic action）。在去甲肾上腺素对心脏的作用中，其正性变时作用主要是由于去甲肾上腺素能增强窦房结 P 细胞的 4 期内向电流 I_f，使自动去极化速度加快；同时能使 3 期 K^+ 外流增快，导致复极化过程加速，不应期缩短，从而使自律性增高，心率增快。其正性变传导作用主要是由于在房室处，去甲肾上腺素能增加细胞膜上 Ca^{2+} 通道开放的概率和 Ca^{2+} 的内流，使慢反应细胞 0 期动作电位的幅度增大，去极化加快，房室传导时间缩短。其正性变力作用主要是由于去甲肾上腺素可激活腺苷酸环化酶，使细胞内 cAMP 增加，从而激活蛋白激酶 A，导致蛋白质磷酸化，激活心肌细胞膜上的 Ca^{2+} 通道并使其开放，导致心肌细胞动作电位 2 期 Ca^{2+} 内流增加和肌质网释放 Ca^{2+} 增加，使心肌的收缩力增强，同时去甲肾上腺素又能促使肌钙蛋白对 Ca^{2+} 的释放并加速肌质网对 Ca^{2+} 的摄取，故能加速心肌舒张。$β_1$ 受体阻滞剂普萘洛尔（心得安，propranolol）可阻断心交感神经对心脏的兴奋作用。

(2) 心迷走神经：心迷走神经（cardiac vagus nerve）节前神经元胞体位于延髓的迷走神经背核和疑核，发出的节前纤维在迷走神经干中下行。在胸腔内，心迷走神经和心交感神经一起组成心神经丛。心迷走神经在心内神经节换元，换元后的纤维支配窦房结、心房肌、房室交界、房室束及其分支。心室肌也有少量迷走神经纤维支配。两侧心迷走神经对心脏的支配也有差异，右侧心迷走神经对窦房结的影响占优势，左侧心迷走神经则对房室交界的作用占优势。

心迷走神经节后纤维末梢释放的递质是乙酰胆碱（acetylcholine，ACh），与心肌细胞膜上的 M 型胆碱受体结合，使心率减慢，房室传导减慢，心房肌收缩能力减弱，即具有负性变时作用（negative chronotropic action）、负性变传导作用（negative dromotropic action）和负性变力作用（negative inotropic action）。在乙酰胆碱对心脏的作用中，其负性变时作用主要是由于乙酰胆碱能增加窦房结细胞 3 期的 K^+ 外流，使最大复极电位变得更负。此外，乙酰胆碱还能抑制 4 期的内向电流 I_f，使自动去极化速度变慢，从而降低心率。其负性变传导作用主要是乙酰胆碱能抑制 Ca^{2+} 通道，减少内向 Ca^{2+} 流，使房室交界处的慢反应细胞 0 期动作电位的幅度减小，上升速率减慢，致使房室传导速度减慢。其负性变力作用主要是乙酰胆碱能抑制腺苷酸环化酶，使细胞内 cAMP 减少，肌质网释放的 Ca^{2+} 减少；乙酰胆碱也能增加动作电位 2 期的 K^+ 外流和减少 Ca^{2+} 内流；乙酰胆碱还能直接抑制 Ca^{2+} 通道，这些均可造成心肌收缩力的减弱。M 型胆碱受体拮抗剂阿托品可阻断心迷走神经和乙酰胆碱对心脏的抑制作用。

(3) 肽能神经：心脏中存在着肽能神经纤维，其末梢释放肽类递质，如神经肽 Y（neuropeptide Y）、血管活性肠肽（vasoactive intestinal peptide）、降钙素基因相关肽（calcitonin gene-related peptide）、阿片肽（opioid peptide）、神经降压素（neurotensin）和速激肽（tachykinin）等。这些肽类递质可与其他递质（单胺类和乙酰胆碱等）共存于同一神经元中，并共同释放。目前关于心脏中肽类递质的生理功能还不完全清楚，可能与参与心肌和冠脉活动的调节、协调交感与副交感神经的功能有关。

2. 血管的神经支配　除真毛细血管外，血管壁都有平滑肌分布。绝大多数血管平滑肌（vascular smooth muscle）的活动受自主神经的调节，毛细血管前括约肌的舒缩活动主要受局部组织代谢产物的影响。支配血管平滑肌的神经纤维可分为缩血管神经纤维（vasoconstrictor nerve fiber）和舒血管神经纤维（vasodilator nerve fiber）两大类，两者又统称为血管运动神经纤维。缩血管神经纤维都是交感神经纤维，故一般称为交感缩血管神经纤维（sympathetic vasoconstrictor nerve fiber）；舒血管神经纤维种类较多，包括交感舒血管神经纤维、副交感舒血管神经纤维和脊髓背根舒血管神经纤维等。

（1）交感缩血管神经纤维：交感缩血管神经纤维节前神经元位于脊髓胸、腰段（$T_1 \sim L_3$）灰质的中间外侧柱中，在椎旁神经节和椎前神经节交换神经元，节后纤维释放去甲肾上腺素。血管平滑肌有 α 和 $β_2$ 两类肾上腺素受体。去甲肾上腺素与 α 受体结合，引起血管平滑肌收缩；与 $β_2$ 受体结合，则引起血管平滑肌舒张。去甲肾上腺素与 α 受体结合的能力较与 $β_2$ 受体结合的能力强，故交感缩血管纤维兴奋时主要引起缩血管效应。

体内几乎所有的血管都受交感缩血管神经纤维的支配，但不同部位的血管中缩血管纤维的分布密度不同。皮肤血管中缩血管纤维分布最密，骨骼肌和内脏的血管次之，冠脉血管和脑血管中分布较少。在同一器官中，各段血管中缩血管纤维的分布密度也不相同。动脉中缩血管纤维的密度高于静脉，微动脉中密度最高。

人体内多数血管只接受交感缩血管纤维的单一神经支配。在安静状态下，交感缩血管纤维持续发放每秒 1～3 次的低频冲动，称为交感缩血管紧张（sympathetic vasoconstrictor tone），这种紧张性活动使血管平滑肌保持一定程度的收缩状态。当交感缩血管紧张加强时，血管平滑肌进一步收缩；当交感缩血管紧张减弱时，血管平滑肌的收缩程度减弱，血管舒张。因此，交感缩血管神经通过改变血管口径调节器官的血流量和血流阻力。

（2）交感舒血管神经纤维：有些动物如狗和猫，支配骨骼肌微动脉的交感神经中除有缩血管纤维外，还有舒血管纤维。在人体内可能也有交感舒血管纤维存在。交感舒血管神经纤维（sympathetic vasodilator nerve fiber）末梢释放的递质是乙酰胆碱，它能与血管平滑肌上的 M 受体结合，引起骨骼肌血管舒张，阿托品可阻断其效应。交感舒血管纤维在平时无紧张性活动，不参与血压调节，只有在情绪激动或做剧烈的肌肉运动时才发放冲动，使骨骼肌血管舒张，血流量增加。

（3）副交感舒血管神经纤维：副交感舒血管神经纤维（parasympathetic vasodilator nerve fiber）只存在于少数器官中，如脑膜、唾液腺、胃肠外分泌腺和外生殖器等，其末梢释放的递质是乙酰胆碱，它能与血管平滑肌上的 M 受体结合，引起血管舒张，但副交感舒血管神经纤维只对器官组织局部血流起调节作用，对循环系统总的外周阻力影响很小。

（4）脊髓背根舒血管神经纤维：皮肤伤害性感觉传入纤维在外周末梢处可发出分支。当皮肤受到伤害性刺激时，感觉冲动一方面沿传入纤维向中枢传导，另一方面可在末梢分叉处沿其他分支到达受刺激邻近部位的微动脉，使微动脉舒张，局部皮肤出现红晕。这种仅通过轴突外周部分完成的反应，称为轴突反射（axon reflex）。这种神经纤维也称为脊髓背根舒血管神经纤维（dorsal root vasodilator nerve fiber）。

（5）血管活性肠肽神经元：有些自主神经元内有血管活性肠肽和乙酰胆碱共存。这些神经元兴奋时，其末梢一方面释放乙酰胆碱，引起腺细胞分泌；另一方面释放血管活性肠肽，引起舒血管效应，使局部组织血流增加。

（二）心血管活动的中枢调节

在中枢神经系统内，控制心血管活动的神经元集中的部位称为心血管中枢（cardiovascular center）。心血管中枢并非集中在中枢神经系统内的某个部位，而是分布于从脊髓到大脑皮质的各个水平,它们各具不同的功能,又互相密切联系,使整个心血管系统的活动协调一致,并与整个机体的活动相适应。

1. 延髓心血管中枢 一般认为,最基本的心血管中枢位于延髓。这一概念最早是在19世纪70年代被提出的。它基于以下的动物实验结果:在延髓上缘横断脑干后,动物的血压并无明显的变化;但如果将横断水平逐步移向脑干尾端,则动脉血压将逐渐降低;当横断水平下移至延髓闩部时,血压降低至大约40 mmHg(5.3 kPa)。这些结果说明,心血管正常的紧张性活动不是起源于脊髓,而是起源于延髓,因为只要保留延髓及其以下中枢部分的完整,就可以维持心血管正常的紧张性活动,并完成一定的心血管反射活动。

延髓心血管中枢的神经元是指位于延髓内的心迷走神经元、心交感神经元和交感缩血管神经元。这些神经元在平时都有紧张性活动,分别称为心迷走紧张、心交感紧张和交感缩血管紧张。安静时,心迷走紧张占优势。因此,窦房结的起搏频率虽为100次/分,但安静状态下心率只有75次/分左右。

2. 延髓以上的心血管中枢 在延髓以上的脑干部分及大脑和小脑中,也都存在与心血管活动有关的神经元,它们对延髓心血管中枢起调节作用,并可根据不同的环境或机体功能状态对心血管活动进行更复杂的整合,并表现为一定形式的反应。例如,下丘脑是一个非常重要的整合部位,在体温调节、摄食、水平衡以及发怒、恐惧等情绪反应的整合中,都起着重要的作用。这些反应都包含有相应的心血管活动的变化。在动物实验中可以看到,电刺激下丘脑的"防御反应区",可立即引起动物的警觉状态,骨骼肌的肌紧张加强,表现出准备防御的姿势等行为反应,同时出现一系列心血管活动的改变,主要是心率加快,心肌收缩能力增强,心输出量增加,皮肤和内脏血管收缩,骨骼肌血管舒张,血压轻度升高。这些心血管反应与机体所处的状态相协调,有利于骨骼肌获得充足的血液供应,以适应防御、搏斗或逃跑等行为的需要。

大脑边缘系统能影响下丘脑和脑干其他部位心血管神经元的活动,并与机体各种行为的改变相协调。大脑新皮质的运动区兴奋时,除引起相应的骨骼肌收缩外,还能引起该骨骼肌的血管舒张。刺激小脑顶核可引起血压升高,心率加快。顶核的这种效应可能与姿势和体位改变时伴随的心血管活动变化有关。

(三)心血管反射

神经系统对心血管活动的调节是通过各种心血管反射(cardiovascular reflex)实现的。机体内、外环境的变化可以被各种内、外感受器所感受,通过反射引起心血管活动的改变,如心输出量和血管舒缩活动的变化等。其生理意义在于使循环功能适应当时机体所处的状态或环境的变化,维持机体心血管活动的相对稳定。

1. 压力感受性反射 压力感受性反射(baroreceptor reflex)又称减压反射(depressor reflex),是指当动脉血压突然升高时,可反射性引起心率减慢、心输出量减少、血管舒张、外周阻力减小,血压下降,这是调节心血管活动最重要的一种心血管反射。

(1)感受器:压力感受性反射的感受器是位于颈动脉窦(carotid sinus)和主动脉弓(aortic arch)血管壁外膜下的感觉神经末梢,称为动脉压力感受器(图4-24)。该感受器的适宜刺激并不是动脉血压对管壁的压力刺激,而是由动脉血压导致血流对动脉管壁的机械牵张刺激,因此它是机械牵张感受器。在一定范围内,压力感受器的传入冲动频率与动脉管壁的扩张程度成正比(图4-25)。当动脉血压升高时,动脉管壁被牵张的程度就升高,压力感受器发放的神经冲动也就增多。正常情况下,颈动脉窦压力感受器的兴奋性比主动脉弓压力感受器的兴奋性高。

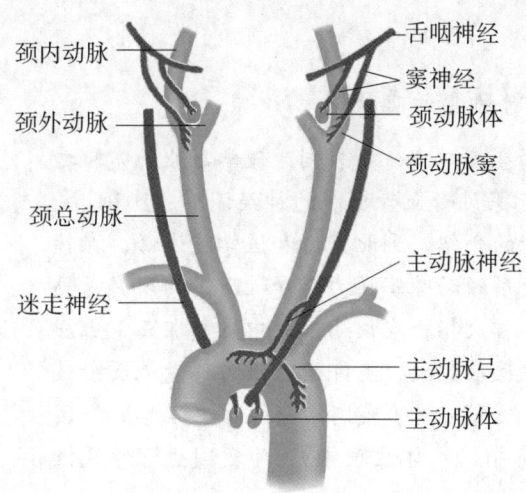

图 4-24 颈动脉窦区和主动脉弓区的压力与化学感受器

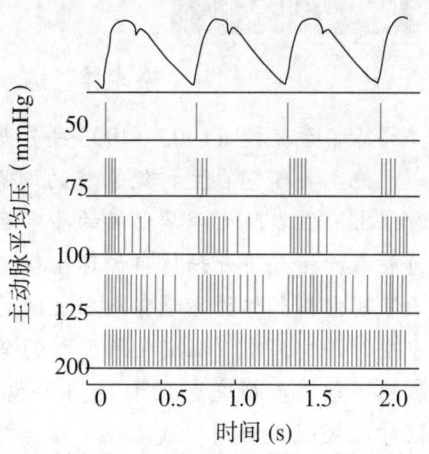

图 4-25 在不同平均动脉压时，单根窦神经纤维放电频率

最上方为主动脉血压波

（2）传入神经、中枢、传出神经和效应器：颈动脉窦压力感受器的传入神经为窦神经（sinus nerve），窦神经加入舌咽神经，进入延髓与孤束核的神经元发生突触联系。主动脉弓压力感受器的传入神经纤维行走于迷走神经干内，然后进入延髓，到达孤束核。兔的主动脉弓压力感受器的传入神经在颈部自成一束，与迷走神经伴行，称为主动脉神经（aortic nerve）。压力感受器的传入神经冲动到达孤束核后换元，再与延髓内其他神经核团以及中枢其他部位如脑桥、下丘脑等的心血管神经元发生联系。压力感受性反射的传出神经为心迷走神经、心交感神经和交感缩血管神经，其效应器主要是心脏和血管。

（3）反射效应：压力感受性反射具有双向调节能力。当动脉血压升高时，压力感受器发放冲动增加，经窦神经和迷走神经的传入冲动增加，到达延髓，通过中枢机制，引起心交感神经传出冲动减少、心迷走神经传出冲动增多以及交感缩血管神经的传出冲动减少，结果使心率减慢，心肌收缩力减弱，心输出量减少，血管舒张和外周阻力降低，导致动脉血压回降；相反，当动脉血压下降时，压力感受器发放冲动减少，经窦神经和迷走神经的传入冲动减少，引起心交感神经传出冲动增加、心迷走神经传出冲动减少以及交感缩血管神经的传出冲动增多，结果使心率加快，心肌收缩力加强，心输出量增加，血管收缩和外周阻力增加，导致动脉血压回升，这也被称为减压反射的升压效应。

（4）生理意义：压力感受性反射是一种负反馈调节机制，其生理意义主要是在短时间内快速调节动脉血压，使动脉血压保持相对稳定而不致发生过大的波动，因此在生理学中将动脉压力感受器的传入神经称为缓冲神经（buffer nerve）。尤其是由于压力感受器正好位于脑和心脏供血通道的起始部，所以减压反射对于脑和心脏的正常血液供应尤为重要。

在一定的压力范围内（60～180 mmHg），压力感受器的传入冲动与动脉血压成正比。压力感受器对快速的压力变化要比对缓慢的压力变化更加敏感，压力感受性反射在心输出量、外周血管阻力、血量等发生突然变化的情况下，对动脉血压进行快速调节的过程中起重要作用。特别是动脉血压在正常水平波动时，减压反射的调节最为敏感，因此，减压反射对维持正常血压的稳定具有重要作用。当血压持续升高时，压力感受性反射可发生重调定（resetting），即引起反射调定点（set point）的上移。压力感受性反射重调定的机制较为复杂。重调定可发生在感受器的水平，也可发生在反射的中枢部分。

徐丰彦：压力感受性反射研究的贡献者

徐丰彦教授（1903—1993年）是我国老一辈生理学家，是我国生理学事业的先驱之一。他主要研究自主神经系统的调节功能，重点探讨心血管功能的神经调节。1930年，时任上海医学院生理学助教的徐丰彦经蔡翘教授的介绍，到北京协和医学院进修，在林可胜教授指导下开始从事循环生理学研究，进行了颈动脉窦压力感受性反射的研究，画出了窦内压和体循环动脉血压之间的关系曲线，首次指出在该曲线的中点（即正常血压水平时）处，窦内压变化所引起的全身血压反射反应最大，也即此时压力感受性反射最敏感，该重要研究成果于1931年发表。徐丰彦教授主编了我国第一本《生理学》全国医学院校通用教材、我国第一本生理学大型参考书《人体生理学》，为我国生理学及医学教育事业发展做出了重要贡献。

2. 心肺感受器引起的心血管反射　在心房、心室和肺循环大血管壁内存在许多感受器，总称为心肺感受器（cardiopulmonary receptor）。其传入神经纤维走行于迷走神经干内。引起心肺感受器兴奋的适宜刺激有两类：①一类是血管壁的机械牵张刺激，例如当心房、心室或肺循环大血管中压力升高或血容量增多使之受到牵张时，感受器发生兴奋。任何引起心房充盈的因素都能使感受器放电频率增多，因生理情况下，心房壁的牵张主要是因为血容量增多所致，故位于心房壁感受牵张刺激的心肺感受器亦称为"容量感受器"（volume receptor），又由于它们位于循环系统压力较低的部分，故又称为"低压力感受器"（low-pressure receptor）。②另一类是化学物质刺激，前列腺素、缓激肽和某些药物如藜芦碱等也能刺激心肺感受器，大多数心肺感受器受刺激引起的反射效应是心交感和交感缩血管紧张降低，心迷走紧张加强，导致心率减慢，心输出量减少，外周血管阻力降低，故血压下降。心肺感受器兴奋还能抑制血管升压素的释放，使肾排水和排钠增多。

3. 颈动脉体和主动脉体化学感受性反射　在颈总动脉分叉处和主动脉弓区域，存在一些特殊的感受装置，称为颈动脉体（carotid body）和主动脉体（aortic body）化学感受器（chemoreceptor）（图4-24）。这些感受器内有感受细胞和感觉神经末梢，并有丰富的血液供应，能直接和迅速地感受血液中某些化学成分的变化。例如血液中PO_2降低、PCO_2增高和H^+浓度过高等，都可刺激这些感受器。传入冲动由颈动脉窦神经和迷走神经传入至延髓孤束核，然后使延髓内呼吸神经元和心血管神经元的活动发生改变。

化学感受性反射（chemoreceptor reflex）的兴奋性效应主要是调节呼吸运动，使呼吸加深、加快（详见第五章相关内容），但可间接地引起心率加快，心输出量增加，脑和心脏的血流量增加，而腹腔内脏的血流量减少，外周血管阻力增大，血压升高。

化学感受性反射在平时对心血管活动并不起明显的调节作用。只有在低氧、窒息、失血、动脉血压过低和酸中毒等情况下才发挥作用，如血压降低时由于颈动脉体和主动脉体的血流减少而导致局部PO_2降低、PCO_2增高和H^+浓度增高，可通过化学感受性反射提高心输出量，增加外周阻力，重新分配血液，保证心、脑等重要器官的血液供应。

4. 其他心血管反射

（1）躯体感受器引起的心血管反射：刺激躯体传入神经时可以引起各种心血管反射。反射的效应取决于感受器的性质、刺激的强度和频率等因素。例如，用低至中等强度的低频电脉冲刺激骨骼肌的传入神经，常引起降血压效应；而用高强度、高频率电刺激皮肤的传入神经，则常引起升血压效应。在平时，肌肉活动、皮肤的冷热刺激以及各种伤害性刺激都能引起心血管反射活动。

（2）其他内脏感受器引起的心血管反射：扩张肺、胃、肠、膀胱等空腔器官，或挤压睾丸等，常可引起心率减慢和外周血管舒张等效应。这些内脏感受器的传入神经纤维走行于迷走神经或交感神经内。

（3）脑缺血反应：当脑血流量减少时，心血管中枢的神经元可对脑缺血发生反应，引起交感缩血管紧张显著加强，外周血管高度收缩，动脉血压升高，称为脑缺血反应。

二、体液调节

心血管活动的体液调节是指血液和组织液中一些化学物质对心肌和血管平滑肌活动的调节。这些体液因素中，有些物质是通过血液运输的，可广泛作用于心血管系统；有些则在组织中形成，主要作用于局部血管，对局部组织的血流量起调节作用。

（一）肾素-血管紧张素系统

肾素-血管紧张素系统（renin-angiotensin-system，RAS），也称肾素-血管紧张素-醛固酮系统（renin-angiotensin-aldosterone system，RAAS），既存在于循环系统中，也存在于血管壁、心脏、中枢、肾和肾上腺等组织中，共同参与对靶器官的调节。生理情况下，它对心血管系统的正常发育、心血管功能稳态、电解质和体液平衡的维持，以及血压的调节均有重要作用。

1. 肾素-血管紧张素系统的构成 当机体肾血流量不足或血 Na^+ 降低时，可刺激肾球旁细胞合成和分泌一种酸性蛋白酶，称为肾素（renin）。交感神经兴奋也能使肾素分泌增多。肾素进入血液，启动RAS的链式反应。反应过程包括：①肾素将由肝合成的血管紧张素原（angiotensinogen）水解成十肽的血管紧张素Ⅰ（angiotensinⅠ，AngⅠ）；②血管紧张素Ⅰ经过肺循环时，在血管紧张素转换酶1（angiotensin-converting enzyme 1，ACE1）的作用下生成八肽的血管紧张素Ⅱ（angiotensinⅡ，AngⅡ），也可在ACE2的作用下生成九肽的Ang1-9；③血管紧张素Ⅱ在血浆或组织中的氨基肽酶（aminopeptidase）或中性内肽酶（neutral peptidase，NEP）的作用下生成七肽的血管紧张素Ⅲ（angiotensinⅢ，AngⅢ）和六肽的血管紧张素Ⅳ（angiotensinⅣ，AngⅣ）；④AngⅠ和AngⅡ可在脯氨酰肽链内切酶、脯氨酰羧肽酶和肽链内切酶作用下形成Ang1-7；⑤Ang1-7在氨基肽酶和NEP作用下生成AngⅣ、Ang2-7和Ang3-7；⑥上述的血管紧张素家族成员还可被继续降解为无活性的小肽片段，它们共同构成血管紧张素家族（图4-26）。

近些年来随着分子生物学技术的发展，以Dzau等为代表的学者发现，在心肌、血管平滑肌、骨骼肌、脑、肾、性腺等多种器官组织中均有肾素及血管紧张素原的基因表达，且这些组织中富含ACE和AngⅡ的受体，从而证实了除全身性的RAS外，在心血管等器官组织中还存在相对独立的局部RAS，它们通过旁分泌和（或）自分泌方式直接调节心血管活动，如在心脏引起心肌重构、调节冠状动脉阻力；而分布于大、小动脉和静脉的局部RAS可调节血管张力和内皮细胞功能，参与血管重塑和血栓形成。越来越多的证据也表明，这种局部RAS比全身RAS在心血管活动调节中起着更直接、更重要的生理与病理作用。

2. 血管紧张素的主要生物学作用 血管紧张素通过与血管紧张素受体（angiotensin receptor，AT）结合发挥其生物学效应，目前已报道有4种AT亚型，分别是AT_1、AT_2、AT_3和AT_4。AT_1受体是被研究得最清楚的血管紧张素受体，分布于人体的血管、心、肝、脑、肾和肾上腺皮质等部位；AT_2 受体主要分布于人胚胎组织和未发育成熟的脑组织中；AT_3 受体的分布和信号通路仍不太清楚；AT_4 受体广泛分布于哺乳动物的心血管、脑、肾、肺等处。

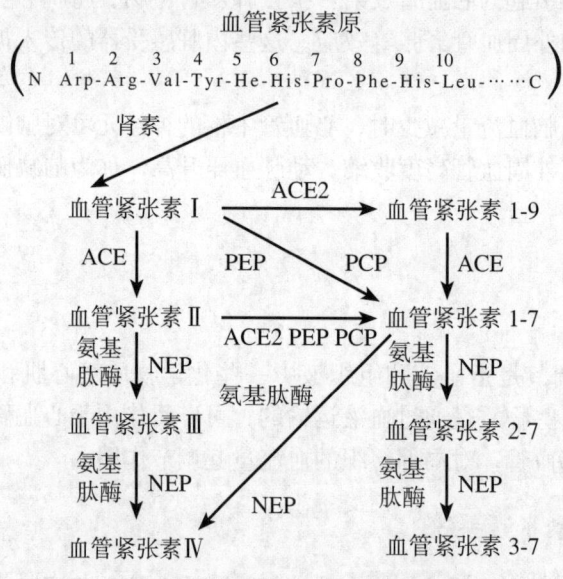

图 4-26　肾素 - 血管紧张素系统组成

ACE．血管紧张素转换酶；NEP．中性内肽酶；PCP．脯氨酰羧肽酶；PEP．脯氨酰肽链内切酶

　　Ang Ⅱ 是血管紧张素中最具活性的一种，在循环系统中，Ang Ⅱ 主要通过作用于 AT_1 受体发挥生理作用，包括：①可直接使全身微动脉收缩，外周阻力增加；也可使静脉收缩，回心血量增加，心输出量增加；②可作用于中枢神经系统的某些部位，加强交感缩血管的紧张性；③可作用于交感神经末梢，促进其分泌去甲肾上腺素；④可刺激肾上腺皮质球状带细胞合成和释放醛固酮，后者又可促进肾小管对 Na^+ 和水的重吸收，结果使血量增加。总之，Ang Ⅱ 的上述作用均与血压升高有关。

　　Ang Ⅰ 对体内多数组织细胞不具有活性。Ang Ⅲ 的缩血管作用仅为 Ang Ⅱ 的 10%～20%，但刺激肾上腺皮质合成和释放醛固酮的作用较强。Ang Ⅳ 作用于神经系统和肾的 AT_4 受体，可调节脑和肾皮质的血流量。Ang1-7 表现出与 Ang Ⅱ 相反的效应，如舒张血管，抑制血管平滑肌细胞增殖和增强压力感受器反射的敏感性等。Ang 1-9 被视为 Ang Ⅱ 的内源性生物效应抑制剂。

　　RAS 尤其是心血管局部 RAS 的功能活动持续亢进，是高血压、冠心病、心力衰竭、心肌肥大等心血管疾病的重要病因，临床上常用 ACE 抑制剂（ACEI）和 Ang Ⅱ 受体拮抗剂（ARB）对这些疾病进行治疗或预防。

（二）肾上腺素和去甲肾上腺素

1. 生成部位　肾上腺素（epinephrine，E）和去甲肾上腺素在化学结构上都属于儿茶酚胺（catecholamine）。血液循环中的肾上腺素和去甲肾上腺素主要来自肾上腺髓质的分泌。肾上腺素能神经末梢释放的递质去甲肾上腺素也有一小部分进入血液循环。在肾上腺髓质释放的儿茶酚胺中，肾上腺素约占 80%，去甲肾上腺素约占 20%。

2. 生理作用　肾上腺素与去甲肾上腺素对心脏和血管的作用有许多共同点，但并不完全相同，因为两者与不同肾上腺素受体的结合能力不同。肾上腺素可与 α 和 β（$β_1$ 和 $β_2$）两类肾上腺素受体结合。在心脏，肾上腺素与心肌细胞膜上的 $β_1$ 受体结合，引起心率加快、心肌收缩力增强和心输出量增加。在血管，肾上腺素的作用取决于血管平滑肌上 α 和 $β_2$ 受体的分布情况：在皮肤、肾、胃肠血管的平滑肌上，α 受体在数量上占优势，肾上腺素的作用是使这些器官的血管收缩；在骨骼肌和肝的血管平滑肌上，β_2受体占优势，小剂量肾上腺素常引起这些器官的血管舒张。大剂量肾上腺素也可通过兴奋α受体，引起体内大多数血管收缩。可见肾上腺素对血管既有收缩作用，又有舒张作用，因此，肾上腺素的主要作用是调节全身各器官的血流分配。由于肾上腺素对心脏的兴奋作用较强，临床上常用于心脏复苏。由于肾上腺素对血管的作用是使部分血管收缩，部分血管舒张，因而对总外周阻力的影响不大。

去甲肾上腺素主要与α受体结合，也可与心肌的β_1受体结合，但与血管平滑肌上β_2受体结合的能力较弱。因此，去甲肾上腺素可使体内大多数血管收缩，外周阻力增加，血压升高，但其强心作用远较肾上腺素为弱。静脉注射去甲肾上腺素，可使全身血管广泛收缩，动脉血压升高；血压升高又使压力感受性反射活动加强，压力感受性反射对心脏的效应超过去甲肾上腺素对心脏的直接效应，故心率减慢。

（三）血管升压素

血管升压素（vasopressin）由下丘脑视上核和室旁核的神经元合成，经下丘脑-垂体束运输到神经垂体储存，并经常少量释放入血液循环。血管升压素有两种受体，即V_1和V_2受体。生理情况下血管升压素与肾远曲小管和集合管上皮的V_2受体结合，促进肾小管对水的重吸收，使尿量减少，细胞外液量增多，故又称抗利尿激素（antidiuretic hormone，ADH）。大剂量的血管升压素可作用于血管平滑肌上的V_1受体，引起血管平滑肌收缩，外周阻力增加，血压显著上升。正常情况下，血浆中血管升压素浓度升高时首先出现抗利尿效应，只有当其血浆浓度明显高于正常时，才引起升压效应。故一般认为，生理状态下的血管升压素在血压调节中可能不起重要作用，而在急性大失血时，血管升压素的释放量显著增加，不仅能增加体液量，而且对维持动脉血压也有重要的作用。

（四）激肽

激肽（kinin）是一类具有舒血管作用的多肽，由激肽原（kininogen）在激肽释放酶（kallikrein）的作用下转变而来，主要包括缓激肽（bradykinin）和血管舒张素（kallidin）。激肽可通过刺激内皮细胞释放一氧化氮（nitric oxide）而使血管平滑肌舒张和毛细血管通透性增高。缓激肽和血管舒张素是已知较强烈的舒血管物质。在一些器官组织中生成的激肽，主要使器官局部的血管舒张，血流量增加。在循环血液中的激肽也参与对动脉血压的调节，使血管舒张，血压降低。但是激肽也可引起其他平滑肌（如内脏平滑肌）收缩。

（五）心房利尿钠肽

心房利尿钠肽（atrial natriuretic peptide，ANP），也称心房钠尿肽，是由心房肌细胞合成和释放的一类心血管活性多肽。心房利尿钠肽可使血管舒张，外周阻力降低，也可使心输出量减少，故血压降低。心房利尿钠肽作用于肾，可使肾排水和排钠增多。此外，心房利尿钠肽还能抑制肾近球细胞释放肾素，抑制肾上腺皮质球状带细胞释放醛固酮，抑制血管升压素的释放。这些作用都可导致体内细胞外液量减少，血压降低。当血容量增多、血压升高或头低足高体位时，心房壁受到牵拉，使心房利尿钠肽释放增加，引起尿量和尿钠排出增多。因此，心房利尿钠肽是体内调节水、电解质平衡的一种重要的体液因素。

体内还有一些其他的心血管活性多肽。如阿片肽（opioid peptide）、肾上腺髓质素（adrenomedullin）、降钙素基因相关肽（calcitonin gene-related peptide，CGRP）可导致血管平滑肌舒张，其中CGRP是目前发现最强烈的舒血管物质；尾加压素Ⅱ（urotensin Ⅱ，UⅡ）是迄今所知最强的缩血管活性肽。

（六）前列腺素

前列腺素（prostaglandin，PG）是一种二十碳不饱和脂肪酸（花生四烯酸）的代谢产物。全身各部位的组织细胞几乎都能生成前列腺素。前列腺素按其分子结构的差别，可分为多种类型。各种前列腺素对血管平滑肌的作用各不相同，如前列腺素 E_2 具有强烈的舒血管作用，而前列腺素 $F_{2α}$ 则使静脉收缩。去甲肾上腺素和血管紧张素Ⅱ等缩血管物质作用于血管平滑肌上相应的受体，引起血管平滑肌收缩，同时也使血管平滑肌生成前列腺素，生成的前列腺素可使血管平滑肌对去甲肾上腺素和血管紧张素Ⅱ的敏感性降低。因此，前列腺素在局部对血管平滑肌的调节中起负反馈调节作用。

（七）血管内皮细胞合成的血管活性物质

血管内皮细胞可以合成、释放多种血管活性物质，引起血管平滑肌细胞舒张和收缩。血管内皮生成的舒血管和缩血管物质分别被称为内皮源性舒张因子（endothelium-derived relaxing factor，EDRF）和内皮源性收缩因子（endothelium-derived contracting factor，EDCF）。EDRF 包括一氧化氮（NO）、前列环素（prostacyclin，PGI_2）、内皮源性超极化因子（EDHF）、P 物质（substance P，SP）等。这些物质通过不同途径最终产生舒血管效应；EDCF 包括内皮素（ET）、血栓素 A_2（TXA_2）、超氧阴离子（superoxide anion）、内过氧化物（endoperoxide）、前列腺素 H_2（PGH_2）、AngⅡ、血清素（serotonin）等。它们也通过各种不同的途径产生缩血管效应。

（八）其他非经典血管活性物质

一些非经典血管活性物质也参与心血管活动的调节。主要有一氧化碳（carbon monoxide，CO）、NO 和硫化氢（hydrogen sulfide，H_2S）等气体分子和循环 miRNA（microRNA）。

气体信号分子与经典血管活性物质有所不同，他们在酶催化下内源性产生，产生后即向周围扩散，不依赖于受体，可自由穿透细胞膜；在生理浓度下有明确的功能。CO、NO 和 H_2S 三种气体信号分子都具有舒张血管的作用。

通过动物模型证实，循环 miRNA 在体内的来源是损伤或坏死组织，如心肌损伤或心肌梗死后，miRNA 从心肌细胞中被动释放入血。也有研究认为循环 miRNA 为细胞主动释放。循环 miRNA 与心血管疾病密切相关，在各种病理应激条件下，心肌细胞中 miRNA 的表达可发生明显改变，其很有可能成为新的生物标志物而应用于临床心血管疾病的诊断。

三、自身调节

如果将调节血管的各种神经、体液因素都去除，当血压在一定范围内波动时，各器官的血流量仍能通过局部血管的舒缩而得到适当的调节，并维持相对稳定水平。这种调节机制来源于器官或血管本身，故称为自身调节。心脏泵血功能的自身调节机制已在前文叙述。关于血管自身调节的机制，主要有以下两种。

（一）代谢性自身调节

组织细胞代谢需要氧和营养物质，并产生各种代谢产物。组织中的氧和代谢产物对该组织的血流量有调节作用。当组织代谢活动增强时，局部组织中氧分压降低，代谢产物增多，使局部的微动脉和毛细血管前括约肌舒张，结果使局部血流量增多，向组织提供更多的氧，并带走代谢产物，代谢产物的减少又会使微动脉和毛细血管前括约肌不再舒张，局部血流量相应减少。这一效应称为代谢性自身调节，其意义在于使器官组织的血流量与代谢水平相适应。

（二）肌源性自身调节

血管平滑肌本身经常保持一定的紧张性收缩，称为肌源性活动（myogenic activity）。肌源性活动强度与血管平滑肌被牵张的程度呈正相关，当供应某一器官的血管灌注压突然升高时，阻力血管跨壁压增大，血管平滑肌受到的牵张刺激增加，肌源性活动增强，血管收缩，血流阻力增加，器官的血流量不致因灌注压升高而过度增加；当器官血管的灌注压突然降低时，肌源性活动减少，血管舒张，血流阻力减小，器官的血流量不致因灌注压下降而过度减少。血管平滑肌的这种肌源性自身调节现象，在肾血管表现得特别明显，也可见于脑、心、肝、肠系膜和骨骼肌的血管，对保持这些器官血流量的相对稳定有重要意义。

四、动脉血压的长期调节和短期调节

根据动脉血压的调节时程，可将动脉血压调节分为短期调节（short-term regulation）和长期调节（long-term regulation）。短期调节是指对短时间内发生的血压变化起即刻调节作用，主要是指神经调节，包括各种心血管反射通过调节心肌收缩力和血管外周阻力，使动脉血压恢复正常并保持相对稳定。当血压在较长时间内（数小时、数天、数月或更长）发生变化时，神经调节不足以将血压调节到正常水平，主要通过肾 - 体液控制系统（renal-body fluid system）使动脉血压恢复正常，这一方式称为长期调节。当细胞外液量增多时，循环血量增多，循环血量与血管系统容量的相对比增加，回心血量和心输出量增加，血压升高，升高的血压能使肾血流量增多和肾小球滤过率升高，肾排水和排钠增加（压力性利尿），循环血量减少，从而使血压恢复到正常水平。当细胞外液量和循环血量减少、血压下降时，则发生相反的调节。

循环血量增多、动脉血压升高不仅通过压力性利尿减少血容量，还与体液调节有关，其中较重要的是血管升压素（抗利尿激素）、心房利尿钠肽和肾素 - 血管紧张素 - 醛固酮系统。当循环血量增多、动脉血压升高时，肾可通过以下机制使循环血量和血压恢复至正常水平：①血管升压素释放减少，可使肾远曲小管和集合管对水的重吸收减少，肾排水量增加，细胞外液量回降；②心房利尿钠肽分泌增多，使肾对 Na^+ 和水的重吸收减少，Na^+ 和水排出增加，细胞外液量回降；③血管紧张素Ⅱ生成减少，血管紧张素Ⅱ引起的血管收缩效应减弱，血压回降；血管紧张素Ⅱ促进肾上腺皮质分泌醛固酮的作用也减弱，醛固酮分泌减少，肾小管对 Na^+ 和水的重吸收减少，Na^+ 和水排出增加，细胞外液量回降。反之，当循环血量减少、动脉血压降低时，则出现相反的效应。通过肾 - 体液控制系统，机体保持体液量的动态平衡和血压的相对稳定。

（冯丹丹）

第五节　器官循环

体内各器官的血流量一般与灌注该器官的动脉和静脉间压力差成正比，而与该器官的血流阻力成反比。由于各器官的结构和功能各不相同，器官内部的血管分布又各有特征，因此，其血流量的调节除服从前述的一般规律外，还有其自身的特点。

一、冠脉循环

供应心脏的血液循环称为冠脉循环（coronary circulation）。

（一）冠脉循环的功能结构特点

冠状动脉直接起自主动脉根部，分左、右两支。左冠状动脉主要供应左心室的前部，右冠状动脉主要供应左心室的后部和右心室。冠状动脉的主干走行于心脏的表面，其小分支常以垂直于心脏表面的方向穿入心肌，并在心内膜下层分支成网，供应内层心肌。因此，冠脉血管分支容易在心肌收缩时受到压迫。心肌的毛细血管网分布极为丰富，与心肌纤维平行排列，毛细血管数与心肌纤维数的比例为 1∶1，所以心肌与冠状动脉血液之间的物质交换可迅速完成。但当心肌肥厚时，毛细血管数量不能随着心肌细胞的增大而增加，单位面积的血液供应相对减少，因此肥大的心肌易发生缺血。此外，冠状动脉之间有侧支互相吻合，但正常心脏的冠状动脉侧支较细小，血流量很少。因此，当冠状动脉突然阻塞时，侧支循环不能很快建立，常可导致心肌梗死。但如果冠状动脉阻塞是缓慢形成的，则侧支可逐渐扩张，并建立新的侧支循环，对心肌供血起到一定的代偿作用。

（二）冠脉循环的血流特点

1. 途径短、流速快、压力高 冠状动脉直接开口于主动脉根部，血流途径短。血液从主动脉根部经冠脉血管到达右心房，只需 6～8 s。由于冠脉开口于主动脉根部，并直接流入较小的血管，故压力相对较高。

2. 血流量大且储备丰富 冠脉血流量较大，安静时人体冠脉血流量为每百克心肌 60～80 ml/min，左心室单位克重心肌组织的血流量大于右心室。中等体重的人，总的冠脉血流量为 225 ml/min，占心输出量的 4%～5%。当心肌活动加强、冠状动脉在最大舒张状态时，冠脉血流量可增加到每百克心肌 300～400 ml/min，为安静时的 5 倍。

3. 耗氧量大，摄氧能力强 心肌耗氧量大，摄氧能力强，主要通过有氧氧化获取能量。安静状态时，动脉血流经心脏后，65%～70% 的氧被心肌摄取，故经冠脉循环后的静脉血氧储备已很小。当机体进行剧烈运动时，主要靠扩张冠状动脉、增加血流量来满足心肌对氧的需求。

4. 冠脉血流量随心动周期呈周期性变化 冠状动脉直接起源于主动脉，其分支垂直于心脏表面穿过心肌至心内膜。因此，在心肌的收缩期和舒张期，受主动脉压和心室壁张力的影响，冠脉血流量呈周期性变化。图 4-27 所示为左、右冠状动脉血流与主动脉压在一个心动周期中的变化情况。当左心室等容收缩期开始时，心室壁张力升高，左冠状动脉受压而致血流量突然减少甚至发生倒流；在左心室射

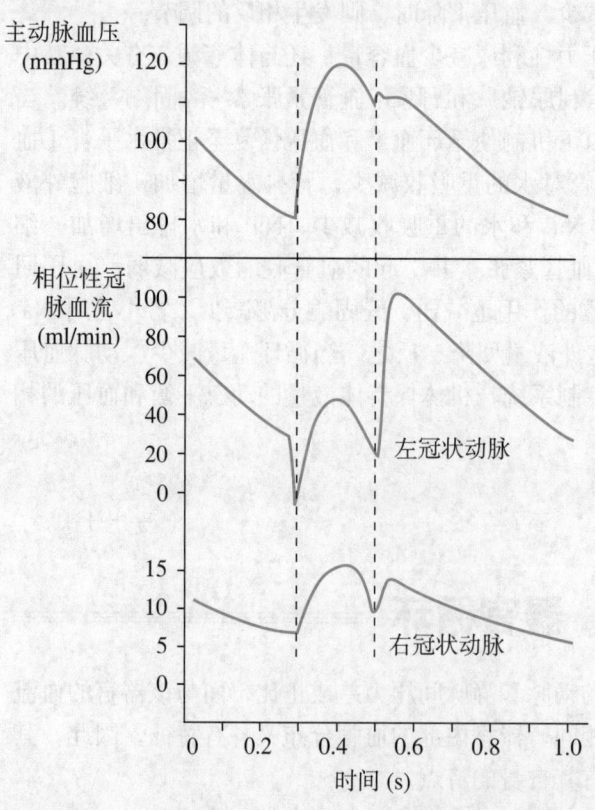

图 4-27　一个心动周期中左、右冠状动脉血流变化情况

血期，主动脉压升高，冠状动脉灌注压也随之升高，故冠脉血流量逐渐增加；进入减慢射血期，随着主动脉压下降，冠脉血流量再次下降；在等容舒张期开始时，心肌对冠状动脉的挤压作用减弱或消失，冠脉血流阻力减小，血流量突然增加，到舒张早期冠脉血流量达最高峰，然后又随着主动脉压的下降逐渐减少。通常左心室在收缩期的血流量只有舒张期的20%~30%。当心肌收缩加强时，心缩期血流量所占比例更小。由此可见，心肌的血液供应主要在舒张期。舒张压的高低和心舒期的长短是影响冠脉血流量的重要因素，舒张压升高时，冠状动脉灌注压也随之升高，冠脉血流量增多。心率加快时，心动周期缩短，且以心舒期缩短为主，冠状动脉灌注时间缩短，冠脉血流量减少。右心室肌肉比较薄弱，收缩时对血流的影响不如左心室明显，安静时，右心室收缩期的血流量和舒张期的血流量相差不多，甚至收缩期的血流量多于舒张期的血流量。

（三）冠脉血流量的调节

生理情况下，冠脉血流量主要受心肌本身代谢水平的调节，神经、体液因素对冠脉血流量也有一定的调节作用。

1. 心肌代谢水平　心肌本身代谢水平是调节冠脉血流量的最重要因素。实验证明，冠脉血流量与心肌代谢水平成正比。在失去神经支配和体液调节等作用时，这种关系依旧存在，故有人称其为心肌血流量的自身调节。因此，当心肌耗氧量增加或心肌组织中的氧分压降低时，可引起冠状动脉舒张，血流量增加，以满足心肌对氧的需求。

心肌代谢增强引起冠状动脉血管舒张的原因并非低氧本身，而是由于某些心肌代谢产物的增加。在各种代谢产物中，腺苷（adenosine）具有强烈的舒张小动脉的作用，使冠脉血流量增加。腺苷生成后，在几秒钟内即被破坏，因此不会引起其他器官的血管舒张。心肌的其他代谢产物，如H^+、CO_2、乳酸等也有较弱的舒张冠状动脉的作用。在冠状动脉硬化时，即使心肌代谢产物增多，冠状动脉也难于舒张，因而容易发生心肌缺血。

2. 神经调节　冠状动脉受迷走神经和交感神经的支配。迷走神经兴奋对冠状动脉的直接作用是舒张，但迷走神经兴奋时又使心率减慢，心肌代谢率降低，代谢产物减少，这些因素可部分抵消迷走神经对冠状动脉的直接舒张作用。交感神经兴奋时，可激活冠状动脉平滑肌的α肾上腺素受体，使血管收缩，同时，交感神经兴奋也可激活心肌的$β_1$肾上腺素受体，使心率加快，心肌收缩加强，耗氧量增加，代谢产物增多，从而使冠状动脉舒张。给予β受体拮抗剂后，刺激交感神经则表现出直接的冠状动脉收缩反应。总之，在整体条件下，冠状动脉血流量主要受心肌本身的代谢水平调节，神经因素对冠状动脉血流量的影响在很短时间内就被心肌代谢改变所引起的血流量变化所抵消。

3. 体液调节　甲状腺激素、肾上腺素和去甲肾上腺素通过增强心肌代谢活动使冠状动脉舒张，冠脉血流量增加；NO、PGI_2、组胺、5-羟色胺、缓激肽等可直接舒张冠状动脉，增加冠脉血流量；血管紧张素Ⅱ、内皮素、TXA_2和大剂量血管升压素等能收缩冠状动脉，减少冠脉血流量。

二、肺循环

血液由右心室经肺动脉、肺泡毛细血管、肺静脉返回左心房的血液循环过程称为肺循环（pulmonary circulation）。肺循环的主要功能是从肺泡气中摄取O_2，排出CO_2，进行气体交换。营养呼吸性小支气管以上呼吸道组织的支气管动脉，属于体循环系统，因肺循环血管和支气管血管的末梢间有吻合支沟通，因此少量的支气管静脉血可以通过吻合支进入肺静脉和左心房，使主动脉血液中掺入1%~2%的静脉血。

（一）肺循环的血流特点

1. 途径短、阻力小 肺动脉主干长 4 cm，随即分为左、右两支，再分为若干小支进入肺泡壁形成毛细血管网，最后汇入肺静脉流回左心房，整个肺循环的血流途径比体循环短得多。肺动脉分支短、管径大、管壁薄，血管的总横截面积大，加上肺循环的全部血管都位于比大气压低的胸膜腔内，经常处于扩张状态，因此肺循环的阻力小。

2. 压力低 由于右心室的收缩能力弱，肺循环对血流的阻力小，所以肺循环的血压较低，仅为体循环的 1/6～1/5。正常人右心室收缩压平均为 22 mmHg，舒张压为 0～1 mmHg；肺动脉收缩压与右心室收缩压相同，舒张压为 8 mmHg，肺循环平均压约为 13 mmHg；肺静脉与左心房内压相近，为 1～4 mmHg。肺循环毛细血管平均血压约 7 mmHg，肺毛细血管血浆胶体渗透压约为 25 mmHg，所以将肺泡间隙的液体吸收入毛细血管的力量较大。这一状态不仅可使肺泡膜与毛细血管壁紧密相贴，而且能促进肺泡间隙和肺泡内液体的吸收，有利于肺泡与血液之间的气体交换。左心衰竭时，肺静脉压及肺毛细血管压升高，当高于血浆胶体渗透压时，会有血浆滤出毛细血管，积聚在肺泡及肺组织间隙中，形成肺淤血和肺水肿，阻碍气体交换，导致严重缺氧和二氧化碳潴留。

3. 血容量变化大 安静状态下，肺部的血容量约为 450 ml，占全身总血量的 9%。由于肺组织和肺血管顺应性大，故肺血容量变化较大。用力呼气时，肺血容量可减少至 200 ml 左右，而用力吸气时则可增加到 1000 ml 左右。因容量大，变化范围也大，故肺循环有贮血库作用。当机体失血时，肺循环可将一部分血液转移至体循环，起代偿作用。肺循环的血容量还受呼吸周期的影响，并可对左心室输出量和动脉血压产生影响。吸气时，由腔静脉回流入右心房的血量增多，右心室射出血量增多。由于肺扩张时可将肺循环的血管牵拉扩张，使其血容量增大，故能容纳较多的血液，而由肺静脉回流入左心房的血液则减少。但经过几次心搏后，扩张的肺循环血管已被充盈，故肺静脉回流入左心房的血液逐渐增多。在呼气时，发生相反的过程。因此，在吸气开始时，动脉血压下降，到吸气相的后半期降到最低点，以后逐渐回升，在呼气相的后半期达到最高点。受呼吸周期影响而出现的这种血压波动称为动脉血压的呼吸波（respiratory waves of blood pressure）。

（二）肺循环血流量的调节

1. 神经调节 肺血管受交感神经和迷走神经支配。交感神经兴奋可产生缩血管作用，肺血管阻力增大，但体循环血管收缩，将一部分血液挤入肺循环，肺血容量增加。刺激迷走神经可使肺血管舒张，肺循环血流量增加。

2. 肺泡气的氧分压 当肺泡气氧分压降低时，肺泡周围的微动脉收缩，局部血流阻力增大，血流量减少，这有利于较多的血液流经通气充足的肺泡，进行有效的气体交换。当吸入气氧分压低时，如高海拔地区，可使肺循环微动脉广泛收缩，肺动脉压升高。低氧引起的肺血管收缩反应称为低氧性肺血管收缩反应（hypoxic pulmonary vasoconstriction）。长期肺动脉高压可使右心室肥厚、右心衰竭。

3. 体液调节 肾上腺素、去甲肾上腺素、血管紧张素Ⅱ、内皮素、血栓素 A_2、前列腺素 F_2 等能使肺循环的微动脉收缩。组胺、5-羟色胺能使肺循环的微静脉收缩。ACh、PGI_2、NO、缓激肽等能使肺循环的血管舒张，血流量增加。

三、脑循环

脑循环（cerebral circulation）是脑组织血液循环的简称。脑循环的主要功能是为脑组织提供氧、能量和营养物质，排出代谢产物，以维持脑的内环境稳定。

（一）脑循环的血流特点

1. 血流量大　脑组织的代谢水平高，血流量较多。安静状况下，每百克脑组织的血流量为 50～60 ml/min，整个脑的血流量为 700～900 ml/min。可见，脑的重量虽仅占体重的约 2%，但血流量却占心输出量的 15% 左右。脑组织的耗氧量也较大。安静状况下，每百克脑组织每分钟耗氧 3～3.5 ml，整个脑的耗氧量约占全身耗氧量的 20%。脑组织对缺血和缺氧的耐受性较低。当每百克脑组织的血流量低于 40 ml/min 时，就会出现脑缺血症状；正常体温条件下，脑血流完全中断数秒钟即可导致意识丧失，中断 5 min 以上则出现不可逆性脑损伤。

2. 血流量变化小　脑位于颅腔内，颅腔容积是固定的，而颅腔内为脑组织、脑血管和脑脊液（cerebrospinal fluid）所充满。由于脑组织和脑脊液是不可压缩的，故脑血管舒缩程度受到很大的限制，所以脑血流量的变化明显小于其他器官。脑组织血液供应的增加主要依靠提高脑循环的血流速度来实现。当脑水肿或脑脊液循环障碍时，颅内压升高，压迫脑血管，脑血流量减少。

（二）脑血流量的调节

1. 自身调节　由于脑血管的舒缩受到限制，故脑血流量主要受脑的动 - 静脉压差以及脑血管阻力的调节。平均动脉压降低或颅内压升高都可使脑的灌注压降低。但当平均动脉压在 60～140 mmHg 的范围内波动时，脑血管可通过自身调节机制使脑血流量保持相对恒定。当平均动脉压低于 60 mmHg 时，脑血流量就会显著减少，引起脑功能障碍；反之，当平均动脉压超过 140 mmHg 时，脑血流量显著增加，严重时可因毛细血管血压过高而引起脑水肿。

2. CO_2 分压和 O_2 分压　血液中的 CO_2 分压和 O_2 分压对脑血流量也有影响。当血液中 CO_2 分压升高时，通过细胞外液 H^+ 浓度的升高使脑血管舒张，脑血流量增加；相反，过度通气时，CO_2 呼出过多，动脉血 CO_2 分压过低，脑血管收缩，脑血流量减少，可引起头晕等症状。血液中 O_2 分压降低时，也能使脑血管舒张。

3. 脑组织局部代谢水平　脑各部位的血流量与该部位脑组织的代谢水平有关。实验证明，在同一时间，脑不同部位的血流量是不同的。当脑的某一部位活动加强时，该部位的血流量就增多。例如在握拳时，对侧大脑皮质运动区的血流量就增加；在阅读时，脑的许多区域血流量增加，特别是皮质枕叶和额叶与语言功能有关的部位血流量增加更为明显。代谢活动加强引起局部脑血流量增加的机制，可能与代谢产物如 H^+、K^+、腺苷等的增加引起脑血管舒张有关，也可能与局部氧分压增高有关。

4. 神经调节　脑血管虽接受交感缩血管神经和副交感舒血管神经的支配，但神经纤维的分布较少，故所起的作用也不大。刺激或切除支配脑血管的交感或副交感神经，脑血流量没有明显的变化。在多种心血管反射中，脑血流量的变化一般都很小。

（三）血 - 脑脊液屏障和血 - 脑屏障

脑脊液在脑、脊髓和颅腔、椎管之间起缓冲作用，既有保护中枢神经的作用，又可作为脑和脊髓与血液之间物质交换的媒介。脑脊液的成分与血浆相比，蛋白质含量极微，葡萄糖含量也较少，但 Na^+ 和 Mg^{2+} 的浓度较高，K^+、HCO_3^- 和 Ca^{2+} 的浓度也较低。可见，血液和脑脊液之间的物质转运并不是被动过程，而是主动转运过程。另外，一些大分子物质较难从血液进入脑脊液，因为在血液与脑脊液之间存在一种特殊的屏障，称为血 - 脑脊液屏障（blood-cerebrospinal fluid barrier，BCFB）。血 - 脑脊液屏障的基础是无孔的毛细血管壁和脉络丛细胞中运输各种物质的特殊载体系统。这种屏障对不同物质的通透性是不同的，例如，O_2 和 CO_2

等脂溶性物质很容易通过屏障，但对许多离子的通透性则较低。

血液与脑组织之间也存在着类似的屏障，可限制物质在血液与脑组织之间的自由交换，称为血-脑屏障（blood-brain barrier，BBB）。脂溶性物质如 O_2、CO_2、某些麻醉药和乙醇等，很容易通过血-脑屏障。对于不同的水溶性物质来说，其通透性并不一定与分子的大小相关，例如，葡萄糖和氨基酸的通透性较高，而甘露醇、蔗糖和许多离子的通透性则很低，甚至不能通透。这说明脑内毛细血管处的物质交换与身体其他部位的毛细血管处是不同的，也是一种主动的转运过程。毛细血管的内皮、基膜和星状胶质细胞的血管周足等结构可能是血-脑屏障的结构基础。

血-脑脊液屏障和血-脑屏障对于保持脑组织周围稳定的化学环境和防止血液中有害物质侵入脑内具有重要的生理意义。脑组织发生缺氧和损伤等情况或在脑肿瘤的发生部位，毛细血管壁的通透性增加，故平时不易透过血-脑屏障的物质此时较易进入受损部位的脑组织，导致脑脊液的理化性质发生改变。因此，临床上将用同位素标记的白蛋白注入体内，这些蛋白质进入正常脑组织的速度很慢，但容易进入脑肿瘤组织，以此来检查脑瘤的部位。此外，临床上可通过收集并检查脑脊液样本对某些神经系统疾病进行诊断。在用药物治疗神经系统疾病时，必须明确所用的药物是否容易通过血-脑屏障。由于脑脊液中的物质很容易通过室管膜或软脑膜进入脑组织，因此，临床上可将不易通过血-脑屏障的药物直接注入脑脊液，使之能较快地进入脑组织。

（陈丽红）

思 考 题

1. 试述影响动脉血压的因素有哪些。
2. 哪些因素可以影响静脉回心血量？
3. 影响心脏泵血功能的因素有哪些？
4. 如何检测心室的收缩功能和舒张功能？其临床意义是什么？
5. 冠脉循环有哪些特点？有何临床意义？

第五章

呼吸系统

呼吸（respiration）是指机体与外界环境之间的气体交换过程，是维持正常生命活动所必需的基本生理活动过程之一，其意义在于为机体补充 O_2，并排出 CO_2，从而维持血液中 O_2 和 CO_2 含量的稳定，确保机体新陈代谢的正常进行。

呼吸过程由呼吸、血液和循环三个系统共同参与完成。呼吸系统的活动是整个呼吸过程的基础，为气体交换提供动力。血液是气体的载体。循环系统推动的血液流动将 O_2 运输到组织，并将 CO_2 运输到肺。呼吸、血液或循环任一系统出现功能障碍，均可引起组织缺氧，影响正常的生命活动。

人体呼吸的全过程由三个环节组成（图 5-1）：①外呼吸（external respiration）：指肺毛细血管血液与外界环境之间的气体交换过程，包括肺通气和肺换气两个过程：肺与外界环境之间的气体交换过程称为肺通气（pulmonary ventilation）；肺泡与肺毛细血管血液之间的气体交换过程称为肺换气（gas exchange in lungs）；②气体运输（transport of gas）：指由循环流动的血液运送 O_2 和 CO_2 的过程；③内呼吸（internal respiration）：包括组织换气（gas exchange in tissues）和细胞内的生物氧化，其中组织换气是指组织毛细血管血液与组织细胞之间的气体交换过程。

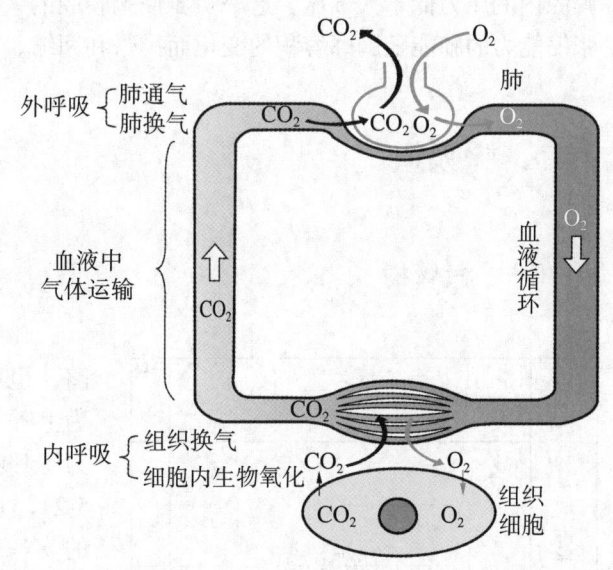

图 5-1　呼吸全过程示意图

知识拓展

肺的非呼吸功能

除了呼吸功能外，肺还广泛地参与机体的其他非呼吸功能活动，如：①滤过功能：来自全身各组织器官静脉回流血液中的微血栓被肺毛细血管截留，以避免进入体循环造成心、脑、肾等重要器官血管的栓塞；②酸碱平衡的调节：当血液 pH 发生改变时，通过改变呼吸运动实现对 CO_2 排出量的控制，从而维持机体酸碱平衡的相对稳定；③生物转化：丰富的肺血管内皮细胞参与去甲肾上腺素、前列腺素和 5-羟色胺等生物活性物质的代谢；肺血管内皮细胞含丰富的血管紧张素转换酶，可将血管紧张素 I 转变为活性更强的血管紧张素 II；④贮血功能：当机体失血时，肺循环可将一部分血液转移到体循环，发挥代偿作用；⑤其他：如肺泡巨噬细胞的吞噬以及免疫保护功能，另外肺还是产生血小板的重要部位。

第一节 呼吸器官的功能结构

一、肺与胸廓

肺（lung）是机体与大气之间进行气体交换的重要器官，主要由支气管、肺泡和毛细血管网等构成。在呼吸过程中，肺容积周期性变化导致肺内压相应改变，肺内压与大气压之间形成压力梯度，从而驱动气体出入肺，使肺泡内气体得到不断更新。

胸廓（thorax）由脊柱、肋骨和胸骨等组成的胸廓骨架与封闭胸廓的呼吸肌共同构成。呼吸肌在中枢神经系统的控制下发生节律性收缩，使胸廓的容积发生周期性变化，从而使嵌套在胸廓内的肺也随之改变容积，并引起肺内压的升降，实现肺通气过程。

胸膜腔（pleural cavity）是存在于肺和胸廓之间的密闭潜在腔隙，由紧贴于肺表面的脏层和紧贴于胸廓内壁的壁层组成。通常情况下胸膜腔内存在少量稀薄的浆液，通过浆液分子间的内聚力可使两层胸膜紧贴在一起，少量薄层的浆液也起润滑作用，可减少呼吸过程中两层胸膜之间的摩擦。但在许多病理状态下，浆液量可出现显著增多，形成胸腔积液。通常状态下，胸膜腔内的压力低于大气压，这一负压使胸膜腔的壁胸膜和脏胸膜相互贴附，保证了不具有主动张缩能力的肺能随胸廓容积的变化而扩张和回缩。

二、呼吸道

（一）气管树

呼吸道（respiratory tract）是气体出入肺的通路，也称气道（air way）。临床上将鼻、咽、喉称为上呼吸道；将气管、支气管及其在肺内的分支称为下呼吸道。下呼吸道由树状的分级管道构成（图5-2），从气管到肺泡共分支约23级。16级以上的支气管树构成传导区（conducting zone）或通气区，是气体流通的管道；16级以下的结构则经过渡区（transitional zone）直到形成呼吸区（respiratory zone）。呼吸区是机体与环境进行气体交换的部位，主要由肺泡构成。随着呼吸道的逐级分支，气道数目增多，口径减小，管壁变薄，总横断面积增大。

呼吸道不仅是呼吸气流的通道，还可以在神经、体液等因素的控制下，通过调节气道阻力来调整出入肺的气体量、气流速度等。同时，呼吸道具有对吸入气体进行加温、湿化、过滤和清洁等作用，还具有防御反射等保护功能。咳嗽反射和喷嚏反射均属于防御反射。

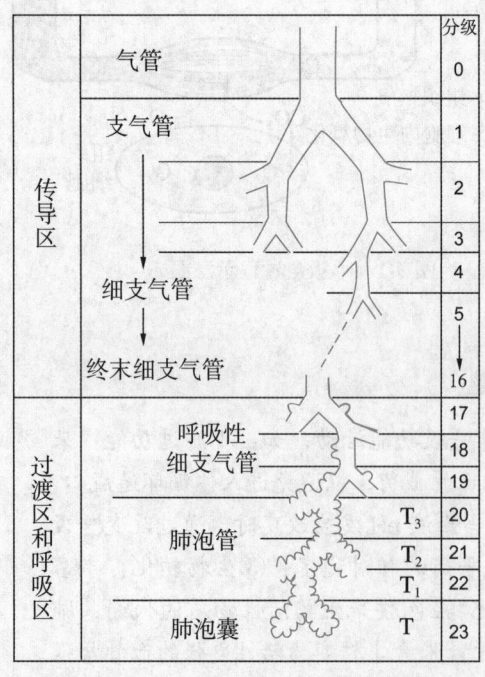

图 5-2 气管树结构的分级

（二）呼吸道口径的神经体液调节

1. 神经调节 自主神经系统通过交感神经与副交感神经支配呼吸道的平滑肌。交感神经兴奋时，神经末梢释放去甲肾上腺素，与支气管平滑肌上 β_2 受体结合，使其舒张，气道口径扩大，气道阻力减小；迷走神经兴奋时，神经末梢释放乙酰胆碱，与 M 受体结合后可使支气管平滑肌收缩，气道口径缩小，气道阻力增大，并且使气道黏膜腺体分泌增多。临床上常用异丙肾上腺素等拟肾上腺素类药物解除支气管平滑肌痉挛，缓解呼吸困难。在手术麻醉前常用阿托品阻断迷走神经兴奋引起的平滑肌收缩和腺体分泌，以保持呼吸道的通畅。此外，自主神经纤维还可释放血管活性肠肽、速激肽等物质，通过不同的作用机制，影响呼吸道口径。

2. 体液调节 儿茶酚胺类物质、前列腺素 E_2 等可使气道平滑肌舒张；前列腺素 $F_{2\alpha}$ 可使气道平滑肌收缩；过敏反应时，由肥大细胞释放的组胺和白三烯等物质也可使气道平滑肌收缩。吸入气中 CO_2 含量的增加，可以引起支气管收缩。一定状态下，气道黏膜上皮细胞也可通过合成释放一些生物活性物质影响气道平滑肌的活动，如内皮素可使气道平滑肌收缩等。现已发现哮喘患者内皮素的合成和释放增加，提示内皮素可能与哮喘的发生有关。

三、肺泡与呼吸膜

1. 肺泡 肺泡（alveolus）是气管树终末盲端的膜性囊状结构，被肺循环系统的毛细血管所包绕（图 5-3）。肺泡内壁主要衬有 I 型和 II 型两种肺泡上皮细胞。I 型肺泡上皮细胞呈扁平状，约覆盖 95% 的肺泡表面积，为呼吸膜的基本部分；II 型肺泡上皮细胞呈圆形或立方形（图 5-4），散在分布于肺泡壁，约覆盖 5% 的肺泡表面积，其特征是胞质中含有肺表面活性物质，具有降低肺泡表面张力、稳定肺泡的作用。

2. 呼吸膜（respiratory membrane） 即肺泡-毛细血管膜，是肺泡内气体与肺毛细血管血液之间进行气体交换的膜性间隔，由六层结构组成（图 5-5）：含肺表面活性物质的液体分子层、肺泡上皮细胞层、肺泡上皮基膜、肺泡上皮基膜和毛细血管基膜之间的间隙（基质层）、

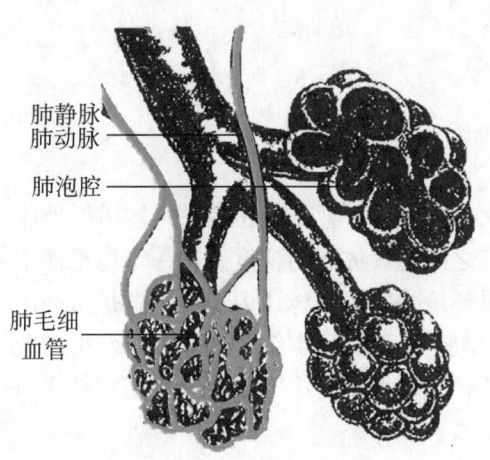

图 5-3 气管树的终末结构

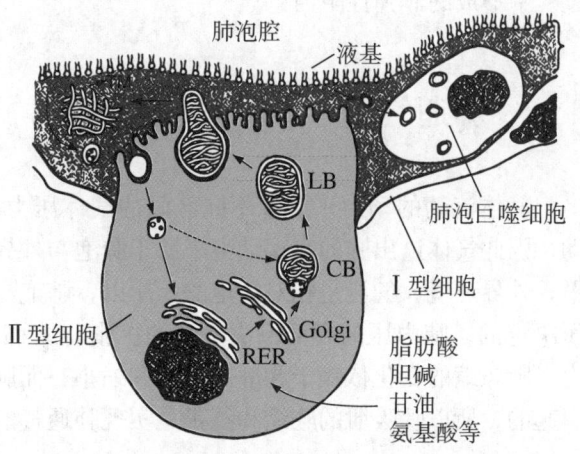

图 5-4 肺表面活性物质的形成与分泌

肺表面活性物质在 II 型肺泡上皮细胞的粗面内质网（RER）合成，经高尔基体（Golgi）浓缩，并与多板体（CB）合并形成板层体（LB）。II 型上皮细胞通过胞吐作用将板层体分泌至肺泡腔，其中的表面活性物质分布于肺泡液层表面，形成磷脂表面薄膜（SF）。肺表面活性物质多数可被 II 型上皮细胞经胞吞作用摄取，部分可被巨噬细胞吞噬

毛细血管基膜及毛细血管内皮细胞层。呼吸膜的平均厚度约 0.6 μm，最薄处仅 0.2 μm，O_2 和 CO_2 易于扩散通过。人类两肺共有约 3 亿个肺泡，呼吸膜的总面积可达 70 m^2。

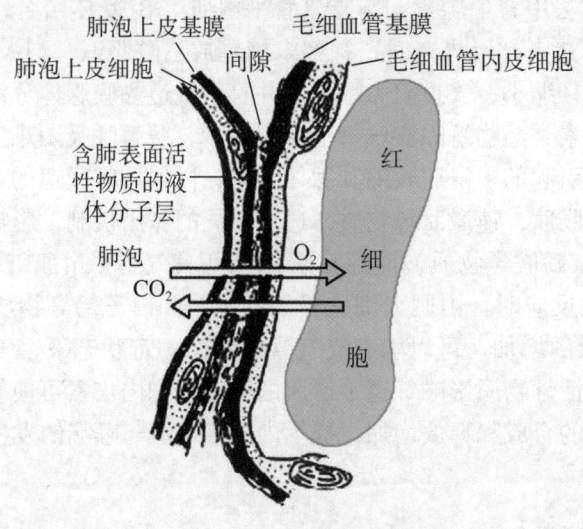

图 5-5　呼吸膜结构示意图

第二节　肺通气原理

肺通气（pulmonary ventilation）是肺与大气之间的气体交换，即气体经呼吸道出入肺泡的过程。气体能够出入肺泡，取决于气体流动时遇到的动力和阻力之间的相互作用，只有动力克服阻力方能实现肺通气。实现肺通气的主要结构基础包括呼吸道、肺、胸膜腔、胸廓和膈等。呼吸道是气体进出肺的通道，肺是气体交换的场所，胸膜腔可使肺随胸廓的张缩而张缩；胸廓和膈的呼吸肌是实现肺通气的动力器官。肺通气的阻力来源于呼吸器官本身的弹性阻力和通气过程中形成的非弹性阻力。

一、肺通气动力

气体流动的动力来源于不同区间的气体压力梯度，即气体总是从气压高处向气压低处流动，因此气体进出肺的直接动力来源于肺泡与外界环境之间的气体压力梯度。在一定海平面水平，外界环境大气压是相对恒定的，所以，肺泡与外界环境之间的气体压力梯度主要是由肺内压决定的。肺内压的高低取决于肺的扩张和缩小，但是肺本身并不具有主动扩张和缩小的能力，肺张缩的变化依赖于胸廓的扩大和缩小，而胸廓的扩大和缩小是由呼吸肌的收缩和舒张所引起的，所以呼吸肌的收缩和舒张是实现肺通气的原动力。

（一）呼吸运动

呼吸肌收缩和舒张所引起的胸廓节律性扩大和缩小的运动称为呼吸运动（respiratory movement）。呼吸运动可使肺容积发生周期性的增大和减小，从而导致肺内压的降低和升高，引起吸气和呼气。引起呼吸运动的肌肉称为呼吸肌。使胸廓扩大，产生吸气动作的肌肉为吸气肌，主要有膈肌和肋间外肌；使胸廓缩小，产生呼气动作的肌肉是呼气肌，主要有肋间内肌和腹肌。此外，还有一些辅助呼吸肌，如斜角肌、胸锁乳突肌和胸背部的肌肉等，这些肌肉只在用力呼吸时才参与呼吸运动。

1. 呼吸运动的过程 当吸气肌收缩时，胸廓扩大，肺随之扩张，肺内压降低，空气进入肺，称为吸气运动（inspiratory movement）；当吸气肌舒张或呼气肌收缩时，胸廓缩小，肺也随之缩小，肺内压升高，肺内气体流出，称为呼气运动（expiratory movement）。

平静呼吸时，吸气（inspiration）是由吸气肌，即膈肌和肋间外肌的主动收缩引起的。当膈肌收缩时，膈顶下降，使胸腔的上下径增大。由于胸腔近似于锥形，膈顶稍下降就可使胸腔容积大幅度增加。平静吸气时，因膈肌收缩而增加的胸腔容积约占一次通气量的4/5，因此膈肌的舒缩活动在肺通气中起重要作用。膈顶下降的幅度取决于膈肌收缩的程度，平静吸气时，膈顶下降1~2cm；用力吸气时，下降幅度可达7~10cm。当肋间外肌收缩时，可使各肋骨及胸骨上升，并且肋下缘还稍向外翻转，从而使胸廓前后径、左右径均增大。胸廓上下径、前后径和左右径的增大，使胸廓容积增大，肺容积也随之增大，肺内压降低。当肺内压低于大气压时，空气即可顺此压力差由大气环境进入肺内。用力吸气时，除膈肌和肋间外肌收缩外，斜角肌、胸锁乳突肌等吸气辅助肌也参与收缩，可使胸廓和肺的容积进一步增大，更多的气体进入肺内。由上可知，平静吸气和用力吸气都是由吸气肌收缩来实现的主动过程。

平静呼吸时，呼气（expiration）的发生是由吸气肌舒张引起的。膈肌舒张、松弛上移，使胸廓上下径减小；肋间外肌舒张，胸廓和肺依靠重力及其本身的弹性回缩力恢复到吸气前的位置和容积，从而使胸廓前后径和左右径也减小。胸廓上下径、前后径和左右径的减小，使胸廓和肺容积减小，肺内压升高。当肺内压高于大气压时，肺内气体顺此压力差被排出。

用力呼气时，除吸气肌舒张外，还需要呼气肌的收缩。呼气肌主要有肋间内肌和腹肌。肋间内肌走行方向与肋间外肌正相反，所以当其收缩时，迫使肋骨和胸骨均进一步向下移位，肋骨还向内侧旋转，使胸廓前后径、左右径进一步减小，由肺排出更多的气体。同时，腹壁肌肉收缩，尤其是腹直肌收缩不仅可压迫腹腔脏器，挤压膈肌上移，还可使胸廓尽量向下、向内移动，胸廓容积再度缩小，辅助用力呼气。由上可知，平静呼气是被动过程，而用力呼气则是主动过程。

2. 呼吸运动的形式 根据参与呼吸运动的呼吸肌的主次、多少和用力程度，呼吸运动可表现为不同的呼吸形式。

机体在安静状态下的呼吸称为平静呼吸（quiet respiration）。此时呼吸运动均匀、平稳，呼吸频率为12~18次/分。平静呼吸时，吸气运动是由吸气肌（膈肌和肋间外肌）的收缩引起的，是主动过程；平静呼吸时，呼气运动并不是由呼气肌收缩引起的，而是由膈肌和肋间外肌的舒张引起的胸廓弹性回位，是被动过程。当机体活动时，或吸入气中的CO_2含量增加而氧含量减少时，呼吸运动增强，这时吸气肌和辅助吸气肌均收缩，而且还有呼气肌的收缩，这种呼吸运动称为用力呼吸（forced respiration）或深呼吸（deep respiration）。在严重缺氧和CO_2增多的情况下，会出现呼吸困难，这时不仅呼吸幅度进一步加深，还会出现鼻翼扇动、张口呼吸，在吸气时甚至可出现胸骨上窝、锁骨上窝和肋间隙的明显凹陷（三凹征）。

在呼吸过程中，膈肌的收缩与舒张，在引起胸廓上下径改变的同时，腹腔内的脏器也发生移位，造成腹壁的起伏变化，这种以膈肌舒缩为主的呼吸运动称为腹式呼吸（abdominal breathing）；肋间外肌舒缩时主要表现为胸部的起伏，这种以肋间外肌舒缩活动为主的呼吸运动称为胸式呼吸（thoracic breathing）。通常腹式呼吸和胸式呼吸同时存在，称为混合式呼吸。只有当胸部或腹部活动因疾病等原因受到限制时，某种呼吸形式才可能占优势。

（二）肺内压

肺内压（intrapulmonary pressure）是指肺泡内的气压，是形成驱动气体出入肺所需压力梯度的主要因素，它在呼吸过程中呈周期性波动（图5-6）。吸气时，肺容积随胸廓的牵引而扩大，肺内压下降，低于大气压时，空气进入肺内。随着肺内气体的增加，肺内压不断升高，当其升高到与大气压相等时，气流停止，吸气终止。呼气时，肺容积因胸廓和肺弹性回位而减小，肺内压升高，肺内气体被排出。随着肺内气体量的减少，肺内压逐渐降低，低至大气压水平时，呼气停止。所以，在呼吸道通畅的情况下，吸气末和呼气末，肺内压等于大气压。

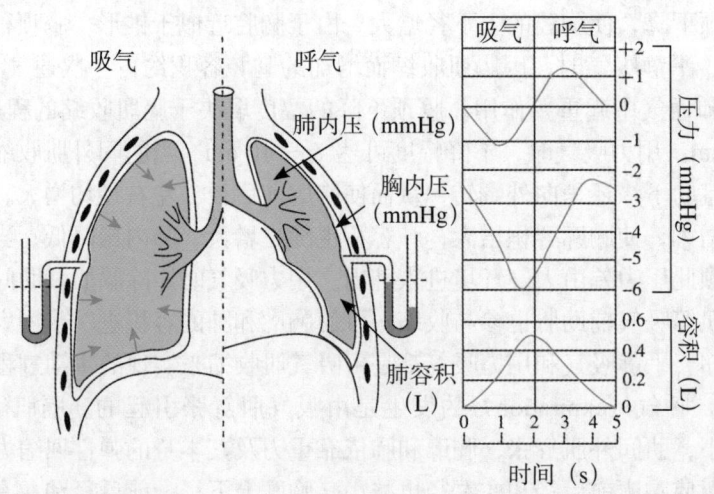

图 5-6　呼吸过程中肺内压、胸内压及肺容积的变化和胸膜腔内压直接测量示意图
右图中，上曲线示肺内压变化，中曲线示胸内压变化，下曲线示肺容积变化

肺内压的变化幅度与呼吸的深浅、缓急和气道通畅程度等变化相关联。在平静呼吸时，肺容积变化较小，肺内压的变化幅度也小。吸气时肺内压比大气压低 1～2 mmHg，呼气时肺内压比大气压高 1～2 mmHg。用力呼吸时，肺内压变化幅度增大。当呼吸道不通畅时，肺内压的升降幅度更加明显。

如上所述，肺内压和大气压之间的压力梯度是肺通气的直接动力。根据这一原理，当患者自然呼吸停止时，可用人工方法建立肺内压和大气压之间的压力差来维持肺通气，这就是人工呼吸（artificial respiration）。人工呼吸分为正压法和负压法两类。正压法是施以正压引起吸气的方法，如口对口人工呼吸，就是人为地升高气道开口处压力，使其高于肺内压，将气体压入肺内，形成吸气，再依靠胸廓和肺的弹性回位形成呼气；负压法是利用负压呼吸机于吸气期使胸廓外压力降低到大气压之下，引起胸廓扩张和肺内压降低而完成吸气。一旦患者自然呼吸停止，必须紧急实施人工呼吸。在实施人工呼吸时，注意要清除异物和痰液等，保持呼吸道通畅。

（三）胸膜腔内压

在肺和胸廓之间密闭的胸膜腔内没有气体，仅有少量浆液，这一薄层浆液可在两层胸膜之间起到内聚和润滑作用。浆液分子之间的内聚力可使两层胸膜紧紧贴附在一起，不易分开，使肺能够随胸廓的运动而张缩。胸膜腔的这种特征对于肺通气具有重要意义。浆液还可在两层胸膜之间起润滑作用，以减小两层胸膜相互滑动时的摩擦力，并可避免胸膜摩擦损伤。

胸膜腔内压（intrapleural pressure）即胸膜腔内的压力，简称胸内压。胸膜腔内压可用直接法和间接法测定。直接测定法是将与检压计相连接的穿刺针头刺入胸膜腔内，直接由检压计读取相应数值（图5-6），测定时需避免损伤胸膜脏层和肺。间接测定法是令受试者将带有薄壁气囊的导管吞入至下胸段食管内，通过测定食管内压来间接反映胸膜腔内压，此法简单、安全。因食管介于肺和胸壁之间,壁薄而软,在呼吸时食管内压的变化与胸膜腔内压的变化基本一致,所以通过测定食管内压可间接反映胸膜腔内压的变化。平静呼吸时,胸膜腔内的压力低于大气压,故为负压。

胸膜腔内负压的产生主要与通过胸膜脏层作用于胸膜腔的两种力有关:一是肺内压通过胸膜脏层作用于胸膜腔;二是在人的生长发育过程中,胸廓发育的速度快于肺,胸廓的自然容积大于肺的自然容积,以致肺被胸廓牵引而处于扩张状态,肺产生回位力,即肺弹性回缩力(图 5-7)。所以,胸膜腔内压是这两种方向相反的作用力的代数和,即:

$$胸膜腔内压 = 肺内压 + (-肺弹性回缩力)$$

在吸气末或呼气末,肺内压等于大气压,此时:

$$胸膜腔内压 = 大气压 + (-肺弹性回缩力)$$

若将大气压视为 0,则:

$$胸膜腔内压 = -肺弹性回缩力$$

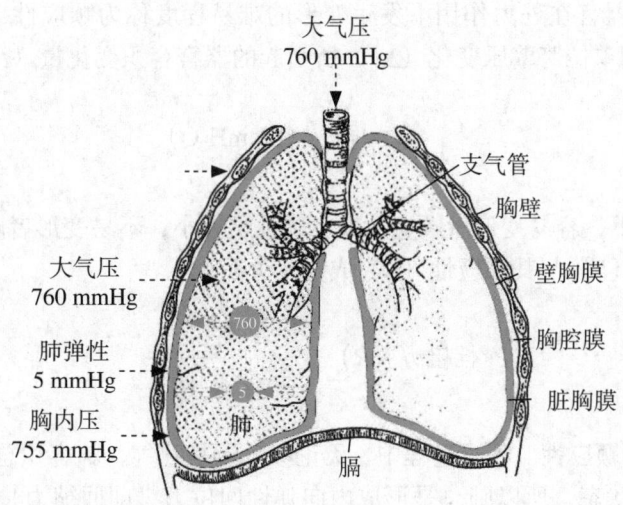

图 5-7 胸膜腔内负压产生的原理

在吸气时,肺被动扩张的程度大,肺弹性回缩力增大,胸膜腔负压增大。平静吸气末,胸膜腔负压为 -10～-5 mmHg;关闭声门用力吸气时,胸内压可降至 -90 mmHg。呼气时,肺被动扩张程度小,肺弹性回缩力也减小,胸膜腔负压相应减小。平静呼气末,胸膜腔内压为 -5～-3 mmHg;只有在关闭声门并用力呼气时,胸膜腔内压才可升高为正压。

胸膜腔负压对于维持肺的被动扩张状态具有重要的生理意义。胸膜腔负压的牵拉作用可使肺总是处于扩张状态而不至于萎缩,并使肺能随胸廓的扩大而扩张。胸膜腔的密闭性是产生胸膜腔负压的前提条件,一旦胸膜腔密闭状态被破坏,空气将立即进入胸膜腔造成气胸(pneumothorax),当胸膜腔内压等于大气压时,肺将因其自身内向回缩力的作用而萎陷(肺不张),这时虽然呼吸运动仍可进行,肺随胸廓运动而张缩的能力却减弱甚至丧失,从而影响肺通气功能。此外,胸膜腔负压可使右心房、腔静脉和胸导管等扩张,使其中的压力降低,有助于静脉血液及淋巴液的回流。因此,当出现气胸时,不仅呼吸功能出现障碍,而且循环功能也将受到不同程度的影响,特别是严重气胸时,会危及生命,必须紧急处理。治疗气胸的关键是使胸膜腔密闭,恢复胸膜腔负压。

综上所述，呼吸肌的收缩和舒张是肺通气的原动力，肺内压与大气压之间的压力差是肺通气的直接动力，胸膜腔负压能使肺处于扩张状态并随胸廓的运动而张缩，可使原动力转化为直接动力。

二、肺通气阻力

肺通气过程中所遇到的阻力称为肺通气阻力。肺通气阻力分为弹性阻力和非弹性阻力。弹性阻力在气流停止的状态下仍然存在，属于静态阻力，约占总阻力的70%，包括肺弹性阻力和胸廓弹性阻力；非弹性阻力是在气体流动时形成的，属于动态阻力，约占总阻力的30%，包括气道阻力、惯性阻力和黏滞阻力，其中以气道阻力为主。

（一）呼吸器官的弹性阻力

1. 弹性阻力与顺应性 物体对抗外力作用所引起变形的力即弹性阻力（elastic resistance）。肺和胸廓等呼吸器官都是由弹性成分构成的空腔弹性体，因此在外力作用下发生变形时，自然就会产生使肺和胸廓恢复其自身初始容积的趋势，形成肺通气过程的弹性阻力。

具有弹性的空腔器官在外力作用下发生变形的难易程度称为顺应性（compliance）。呼吸器官的顺应性（C）用单位跨壁压变化（ΔP）所引起的器官容积变化量（ΔV）来表示。

$$C = \frac{\Delta V}{\Delta P} \ (\text{L/cmH}_2\text{O}) \tag{5-1}$$

在同样外力作用下，容易变形者顺应性大，弹性阻力小；不易变形者顺应性小，弹性阻力大。物体的弹性阻力（R）与其顺应性（C）成反变关系。

$$弹性阻力（R） = \frac{1}{顺应性（C）} \tag{5-2}$$

2. 肺弹性阻力与顺应性 呼吸过程中，无论吸气还是呼气，肺容积总是大于其自然容积，肺始终处于被动扩张状态，所以肺总是形成内向弹性回位力（即回缩力），其与肺扩张的方向相反，成为吸气的阻力，但有助于呼气过程，是呼气的动力。肺的弹性阻力可用肺的顺应性来表示，式中跨肺压是肺内压与胸内压之差。

$$肺顺应性（C_L） = \frac{肺容积的变化\ \Delta V}{跨肺压的变化\ \Delta P} \tag{5-3}$$

测定离体肺顺应性时，一般采用分步向肺内充入气体（或生理盐水）或分步从肺内抽出气体（或生理盐水）的方法。每次打入一定量的气体（或生理盐水）后，观察检压计水柱的变化，直到水柱不再降低时，即为肺内的压力。根据每次测得的数据绘制成的压力-容积曲线就是肺的静态顺应性曲线，所测得的顺应性就是肺的静态顺应性（static compliance）。曲线的斜率反映不同肺容积状态下的顺应性或弹性阻力的大小。曲线斜率大，表示肺顺应性大，弹性阻力小；反之，则表示肺顺应性小，弹性阻力大。曲线中段斜率最大，成年人平静呼吸时的肺顺应性就位于曲线中段，所以平静呼吸比较省力；而用力吸气或呼气的初期则相当于曲线的下段或上段，曲线斜率小，肺顺应性小，弹性阻力大，所以呼吸就费力。

肺顺应性不仅受肺缩小和扩张程度的影响，还与肺容积大小有关。肺容积大，顺应性较大；反之亦然。因为吸入同等体积的气体，由于基础肺容积较大，其扩张程度较小，弹性回缩程度也较小，仅需较小的跨肺压作用，故表现为顺应性大，弹性阻力小；但对于肺容积较小者，则需较大的跨肺压作用，才可扩张至同等程度，弹性回缩程度较大，故表现为顺应性小，弹性阻力大。例如，若用 5 cmH$_2$O 的压力将 1 L 气体注入两肺，计算得出两肺总顺应性为 0.2 L/cmH$_2$O。如果左、右两肺的容积和顺应性相同，每侧肺容积仅增加 0.5 L，每侧肺的顺应性只有 0.1 L/cmH$_2$O，而不是 0.2 L/cmH$_2$O。为排除肺容积对肺顺应性的影响，在比较不同个体之间肺顺应性时，需注意排除基础肺容积的影响，以单位肺容积计算的肺顺应性称为比顺应性（specific compliance）。因为平静吸气从功能余气量开始，所以可用功能余气量进行校正。

$$比顺应性 = \frac{肺顺应性（L/cmH_2O）}{功能余气量（L）} \tag{5-4}$$

图 5-8 是向离体肺分别充入生理盐水和空气时各自的肺顺应性曲线。使肺扩张到一定容积时，充气所需的跨肺压力要比充生理盐水大得多，前者约为后者的 3 倍。这是因为充气时，肺泡内气体与肺泡内表面液体层之间形成气 - 液界面，产生表面张力；而充生理盐水时，消除了气 - 液界面，无表面张力作用，只有肺组织本身弹性成分所产生的弹性阻力。

由以上结果可知，肺的弹性阻力包括液气界面产生的表面张力和肺组织本身弹性成分所产生的弹性回缩力，前者约占肺弹性阻力的 2/3。

肺泡表面张力（alveolar surface tension）由肺泡内气体与肺泡内表面液体层之间的气 - 液界面所形成。由于液体分子之间的吸引力大于液体分子与气体分子之间的吸引力，因此产生了使液体表面尽量缩小的力，这就是肺泡表面张力。在肺泡球形气 - 液界面，表面张力指向气 - 液界面的切线方向，其合力指向肺泡腔（图 5-9），使肺泡趋于缩小，成为阻止肺泡扩张的弹性阻力。

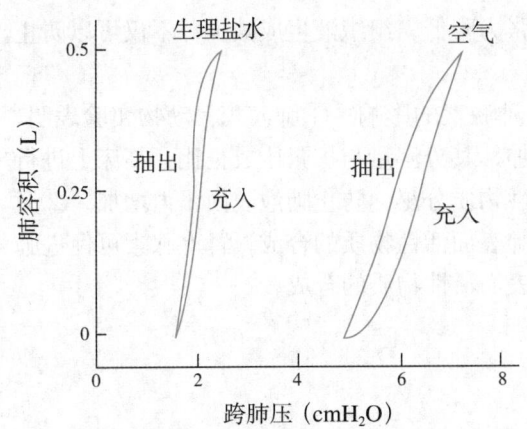

图 5-8 向离体肺内分别充入生理盐水和空气时的肺顺应性曲线

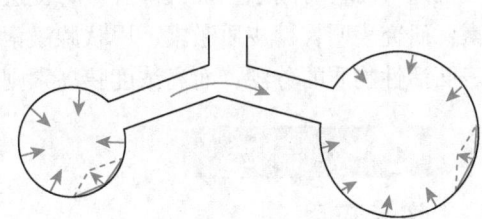

图 5-9 相连通的大小不同的肺泡内压及气流方向示意图

根据 Laplace 定律，即

$$P = \frac{2T}{r} \tag{5-5}$$

式中，P 为表面张力合力在气泡内所形成的附加压强（N/m^2），它能使肺泡回缩；T 为肺泡气 - 液界面的表面张力系数，即单位长度的表面张力（N/m）；r 为肺泡半径（m）。

由公式可知，如果表面张力系数不变，则小肺泡的回缩力大，大肺泡的回缩力小。肺内约有 3 亿个大小不等的肺泡，其半径相差 3～4 倍，而肺泡之间又彼此相通，所以，小肺泡内的气体将流入大肺泡，引起小肺泡萎陷而大肺泡过度膨胀。此外，肺泡表面张力过大，还会降低肺顺应性，增加吸气的阻力；肺泡表面张力过大，也可促进组织液的生成，导致肺水肿。但在生理情况下，上述情况不会发生，因为在肺泡的气 - 液界面上存在着表面活性物质。

肺表面活性物质（pulmonary surfactant，PS）是由Ⅱ型肺泡上皮细胞分泌的由磷脂（80%）、蛋白（10%）和中性脂质（10%）组成的混合物，其中表面活性物质相关蛋白（surfactant-associated proteins，SPs）参与肺表面活性物质的重吸收和肺泡局部固有免疫。磷脂成分主要包括二棕榈酰磷脂酰胆碱（dipalmitoyl phosphatidyl choline，DPPC），在肺泡表面形成一层可以降低表面张力的单分子层。DPPC 分子的一端是非极性的脂肪酸，是疏水的；分子的另一端具有极性，是亲水的。因此，DPPC 分子垂直排列于肺泡气 - 液界面，极性端插入液体层，非极性端朝向肺泡腔，形成单分子层分布，从而减少液体分子之间的相互吸引，降低肺泡表面张力。

肺表面活性物质的作用是降低肺泡表面张力，该作用具有以下重要生理意义。

（1）降低吸气阻力：肺表面活性物质降低肺泡表面张力后，使肺顺应性增高，易于扩张，从而降低吸气阻力，减少吸气做功。

（2）维持肺泡的稳定性：因为肺表面活性物质的分布密度随肺泡表面积的减小而增大，或随表面积的增大而减小，所以，小肺泡由于表面活性物质的分布密度大，降低表面张力的作用较强，因此表面张力小，不会发生萎陷；相反，大肺泡由于表面活性物质的分布密度小，降低表面张力的作用较弱，因此表面张力大，不会过度膨胀，这样就能维持不同大小肺泡的稳定性，吸入气体能在肺内均匀分布，有利于气体在肺部的交换。同理，在呼气末，肺泡表面积缩小，表面活性物质分布密度增大，降低表面张力的作用增强，肺泡回缩力明显降低，从而防止肺泡塌陷；相反，在吸气末，由于肺表面活性物质分布密度减小，肺泡表面张力增大，从而阻止肺泡过度扩张。此外，表面活性物质对肺泡表面张力的调整可减缓肺泡内压的过度波动，有利于肺换气。

（3）减少肺组织液生成，防止肺水肿：肺泡表面张力的合力指向肺泡腔，对肺间质起"抽吸"作用，可引起肺水肿。肺表面活性物质使表面张力降低，组织液生成减少，不仅可以防止肺水肿的发生，也有利于气体交换。

肺表面活性物质的合成和分泌受到肺容积及多种激素的影响。①肺容积：动物实验表明，在一定范围内扩张肺，可使肺表面活性物质分泌增加，其分泌量与扩张压成正比。临床上进行人工通气时，可间歇性加大潮气量，促进肺表面活性物质分泌，防止肺泡表面张力增加。②激素：研究表明，糖皮质激素、甲状腺激素等可促进肺表面活性物质的合成，肾上腺素可促进肺表面活性物质的分泌；而高浓度胰岛素则可抑制肺表面活性物质的合成。

临床应用

新生儿呼吸窘迫综合征

新生儿呼吸窘迫综合征（neonatal respiratory distress syndrome，NRDS）是因为肺表面活性物质缺乏所引起的以生后不久出现进行性呼吸困难为特征的临床综合征。在胎肺发育过程中，表面活性物质在孕 18～20 周开始产生，然后缓慢增多，于分娩前达高峰。因此，本病多见于早产儿，且胎龄越小，发病率越高。由于缺乏肺表面活性物质，肺泡表面张力增高，肺顺应性降低，引起吸气困难、部分肺泡塌陷（肺不张）、肺组织液增多。后期还可因纤维蛋白沉积于肺泡表面而形成透明质膜，又称肺透明膜病。NRDS 患儿因肺通气减少和肺气体交换障碍出现严重缺氧。肺表面活性物质替代是 NRDS 的有效治疗手段。对于早产风险较高的孕妇可于产前给予糖皮质激素促进肺表面活性物质的合成，从而预防本病的发生。

影响肺弹性阻力的因素 健康成年人肺顺应性（C_L）约为 0.2 L/cmH$_2$O。肺的顺应性和弹性阻力除与年龄、性别、身高等相关外，还与肺组织的病变有关。肺充血、肺组织纤维化等疾患以及使肺表面活性物质减少的因素，都可降低肺顺应性，增加肺的弹性阻力，引起吸气困难；而肺气肿时，肺弹性成分被大量破坏，肺顺应性增大，弹性回缩力减小，引起呼气困难。

3．胸廓弹性阻力和顺应性 与肺的弹性阻力不同，胸廓的弹性阻力既可成为吸气或呼气的阻力，也可成为吸气或呼气的动力（表 5-1）。胸廓对肺通气的影响取决于胸廓的位置。当胸廓处于自然容积位置时，此时肺容积约为肺总量的 67%，因胸廓无变形，所以无弹性回位力。当胸廓被动压缩（平静呼气或用力呼气）时，此时肺容积小于肺总量的 67%，胸廓产生向外扩张的回位力，成为吸气的动力、呼气的阻力；当胸廓被动扩张（用力吸气）时，此时肺容积大于肺总量的 67%，胸廓产生向内紧缩的回位力，成为吸气的阻力、呼气的动力。但是，在临床上因胸廓弹性阻力变化而导致肺通气障碍的情况较少见。通过测定胸廓的顺应性（C_{chw}），可反映其弹性阻力的大小，胸廓的顺应性是单位跨胸壁压（胸膜腔内压与胸壁外大气压之差）作用下的胸腔容积变化。正常成人胸廓的顺应性大约也是 0.2 L/cmH$_2$O。

表 5-1 肺与胸廓弹性阻力的比较

	肺弹性阻力	胸廓弹性阻力
方向	单向性，方向向内	双向性，当胸廓容积大于自然容积时方向向内，小于自然容积时方向向外
作用	吸气的阻力，呼气的动力	既可是吸气（或呼气）的阻力，也可是吸气（或呼气）的动力
来源	2/3 来源于肺泡表面张力，1/3 来源于肺本身的弹性组织	来源于胸廓的弹性组织
影响因素	较多，如肺充血、肺水肿、肺气肿、肺组织纤维化、肺表面活性物质减少等	较少，主要有胸膜壁层增厚、胸廓畸形、肥胖等

4．肺和胸廓的总弹性阻力和顺应性 肺和胸廓都是弹性空腔器官，呈串联关系，所以肺和胸廓的总弹性阻力是两者弹性阻力之和。因为弹性阻力是顺应性的倒数，所以平静呼吸时，肺和胸廓的总弹性阻力可用下式计算。

$$\frac{1}{C_{L+chw}} = \frac{1}{C_L} + \frac{1}{C_{chw}} = \frac{1}{0.2} + \frac{1}{0.2} \tag{5-6}$$

式中，C_{L+chw} 为肺和胸廓的总顺应性，C_L 为肺的顺应性，C_{chw} 为胸廓的顺应性。如以顺应性表示，则平静呼吸时肺和胸廓的总顺应性为 0.1 L/cmH$_2$O。

平静呼气时，吸气肌舒张，此时肺的内向回缩力大于胸廓的外向弹性回位力，胸廓被牵拉而缩小，产生呼气。在呼气时，随着胸廓的容积逐渐小于其自然容积，胸廓的外向弹性回位力逐渐增大，当其等于肺的内向回缩力时，呼气停止，此时的肺容积为功能余气量（见后文）。肺和胸廓在平静呼气末的位置和容积大小取决于胸廓外向回位力和肺内向回缩力的平衡状态。当肺回缩力下降（如肺气肿）时，平衡位置外移，胸廓外扩呈桶状，功能余气量增大；当肺回缩力增高（如肺纤维化）时，平衡位置内移，胸廓容积缩小，功能余气量减少。

平静吸气时，吸气肌收缩，吸气肌收缩产生的力量再加上胸廓的外向弹性回位力要大于肺内向回缩力，胸廓扩大，产生吸气。

（二）通气过程中的非弹性阻力

与弹性阻力不同，非弹性阻力是在气流形成时才出现的阻力，并随流速的加快而增加，属于动态阻力，包括气道阻力、黏滞性阻力和惯性阻力等。气道阻力是非弹性阻力的主要成分，占非弹性阻力的 80%～90%。

1. 气道阻力 气体流经呼吸道时，呼吸道内气体分子之间以及气体分子与气道壁之间发生摩擦所形成的阻力称为气道阻力（airway resistance）。气道阻力的大小可用维持单位时间内气体流量所需要的压力差来表示：

$$气道阻力 = \frac{大气压 - 肺内压（cmH_2O）}{单位时间内气体流量（L/s）} \tag{5-7}$$

维持气体流量所需的压力越小，表明气道阻力越小，呼吸越省力；反之，维持气体流量所需的压力越大，表明气道阻力越大，呼吸越费力。健康成人平静呼吸时的总气道阻力为 1～3 cmH$_2$O·s/L，呼气时略高于吸气。在生理情况下，总气道阻力中约 50% 来源于鼻，故呼吸困难时患者常张口呼吸。产生于声门、气管及主支气管、直径小于 2 mm 的小气道的阻力分别约占总阻力的 25%、15% 和 10%。临床上进行气管切开术后可避免上呼吸道约 75% 的阻力，可显著减少呼吸功，缓解呼吸困难。

气道阻力受气流形式、气流速度、气体密度和管道口径的影响。气流表现为层流和湍流两种形式。层流时气流阻力小，湍流时则阻力增大。气道不规则、气流速度过快或气道内有黏液、渗出物等情况时，易发生湍流。气道阻力与气流速度成正变关系，如其他条件不变，气流速度越快，阻力越大；反之，气流速度越慢，阻力越小。吸入气的气体密度加大，也使气道阻力增加。根据 Posieuille 定律，气流阻力与管道半径的 4 次方成反比，可知，当气道管径缩小时，气道阻力将显著增加。因此，气道管径的大小是影响气道阻力的主要因素。

呼吸过程中气道阻力的周期性变化由气道口径变化所致：①吸气时，肺容积增大，因肺的扩张使弹性成分对小气道的牵拉作用增强，气道口径增大，气道阻力变小；呼气时则相反；②吸气时，因胸膜腔负压增大而引起呼吸道内外两侧的跨壁压增大，气道管径被动扩大，阻力变小；呼气时则相反；③吸气时，交感神经兴奋使气道平滑肌舒张，管径变大，阻力降低；呼气时则相反。以上三方面也是支气管哮喘患者呼气比吸气更为困难的主要原因。

2. 黏滞性阻力 来自呼吸时各相关器官组织相对位移所发生的摩擦。吸气量大，吸气速度快，黏滞性阻力增加。肺纤维化、脊柱变形等病理情况下，黏滞性阻力可有所增加。

3. 惯性阻力 气流在发动、变速、换向时因气流和组织惯性所产生。平静呼吸时，呼吸频率较低、气流速度较慢，呼吸频率及气流速度变化也不大，惯性阻力很小，可忽略不计。

（三）呼吸功

呼吸功（work of breathing）是指呼吸过程中，呼吸肌为克服肺通气阻力实现肺通气所做的功。通常以一次呼吸过程中的跨壁压变化与肺容积变化的乘积来表示。如果功的单位用焦耳（J），跨壁压的单位用 cmH$_2$O，肺容积单位用 L，则：

$$1\ J = 10.2\ L \cdot cmH_2O$$

正常人平静呼吸时，每一次呼吸功很小，约为 0.25 J，其中 65% 用于克服呼吸过程中的弹性阻力，28% 用于克服气道阻力，7% 用于克服黏滞性阻力。在体力劳动或运动时，呼吸加深，潮气量增大，呼吸功增加。病理情况下，肺通气阻力增大时，呼吸功也增大。

三、肺通气功能评价

(一)肺容积

肺容积(pulmonary volume)是指不同状态下肺内气体的容积。肺容积可分为潮气量、补吸气量、补呼气量和余气量,四者之间无重叠关系,全部相加后等于肺总量(图5-10)。

1. 潮气量 每次呼吸时吸入或呼出的气体量称为潮气量(tidal volume,TV)。潮气量可随呼吸强弱而变化。平静呼吸时,健康成年人的潮气量为400~600 ml,平均约为500 ml。运动强度增大时,潮气量增大。潮气量可反映肺的一次通气幅度。因潮气量大小受年龄、性别、身材、呼吸肌收缩强度和机体代谢水平等的影响,故单独测定潮气量不能反映肺通气功能的好坏。

2. 补吸气量 平静吸气末,再尽力吸气所能吸入肺内的气体量称为补吸气量(inspiratory reserve volume,IRV)。健康成年人的补吸气量为1500~2000 ml。补吸气量又称吸气储备量,其反映肺的吸气储备能力。

3. 补呼气量 平静呼气末,再尽力呼气所能呼出的气体量称为补呼气量(expiratory reserve volume,ERV)。健康成年人的补呼气量为900~1200 ml。补呼气量又称呼气储备量,其反映肺的呼气储备能力。

4. 余气量 最大呼气末仍存留于肺内不能被呼出的气体称为余气量(residual volume,RV)。健康成年人的余气量为1000~1500 ml。余气量的存在可避免肺泡塌陷。余气量过大,表示肺通气功能不良。老年人因肺弹性减弱和呼吸肌力量衰退,故余气量比青壮年大。支气管哮喘和肺气肿患者的余气量增加。

(二)肺容量

肺容量(pulmonary capacity)是肺容积中两项或两项以上的组合气体量。肺容量包括深吸气量、功能余气量、肺活量和肺总量等(图5-10)。

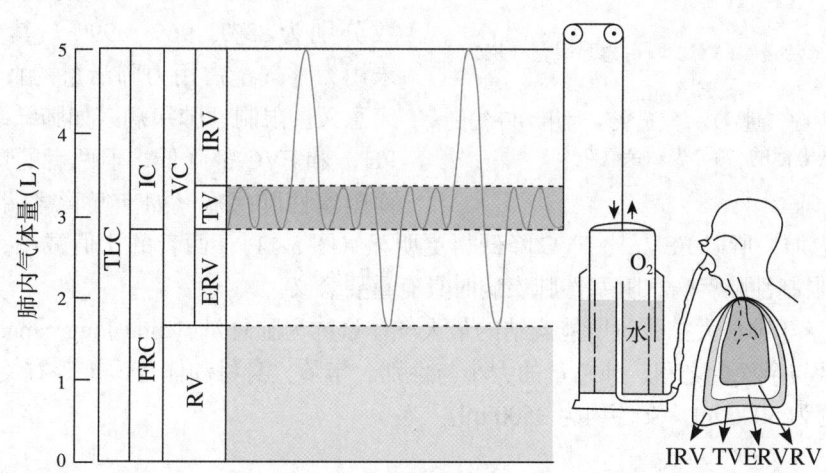

图5-10 肺容积和肺容量图解

1. 深吸气量 平静呼气末做深吸气,所能吸入的最大气体量为深吸气量(inspiratory capacity,IC),相当于潮气量和补吸气量之和,是衡量最大通气潜力的一个指标。胸廓、胸膜和肺组织等发生病变,均可导致深吸气量减小,表明最大通气潜力降低。

2. 功能余气量 平静呼气末仍存留在肺内的气体量为功能余气量（functional residual capacity，FRC），相当于余气量和补呼气量之和。健康成年男性约为 2500 ml，女性约为 2000 ml。功能余气量的生理意义是稀释每次吸入肺泡的 O_2 和排入肺泡的 CO_2，以缓冲呼吸过程中氧分压（PO_2）和二氧化碳分压（PCO_2）的变化幅度，保证 PO_2 和 PCO_2 的相对稳定。因此，肺泡气和血液之间的 PO_2 和 PCO_2 就不会随呼吸周期而发生过大的波动，从而保证肺换气过程的平稳进行。支气管哮喘患者，气道阻力增大，功能余气量增大；肺气肿患者，肺弹性回缩力降低，功能余气量也增大；肺纤维化和弹性阻力增大的患者，功能余气量减小。

3. 肺活量 尽力深吸气后，再尽力呼气，所能呼出的最大气体量称为肺活量（vital capacity，VC），相当于潮气量、补吸气量和补呼气量之和。肺活量个体差异较大，与身材、性别、年龄、呼吸肌功能的强弱等有关。正常成年男性的肺活量平均约为 3500 ml，女性约为 2500 ml。肺活量测定方法简单，可反映一次肺通气的最大能力，是肺功能测定的常用指标。由于肺活量是静态指标，测定时并无时间限制，因此难以充分反映肺组织的弹性状态和气道通畅程度等的变化。例如肺组织弹性降低或气道阻力增大的患者，虽然肺通气功能已有损害，但如果延长呼气时间，测定的肺活量仍可在正常范围。

4. 用力肺活量和用力呼气量 在尽力深吸气后，再尽力、尽快呼出的最大气体量称为用力肺活量（forced vital capacity，FVC）。用力肺活量略小于不受时间限制的肺活量。在一次尽力深吸气后，再尽力、尽快呼气，在特定的时间段所呼出的气体量称为用力呼气量（forced expiratory volume，FEV），通常以第 1、2、3 秒末的 FEV 占 FVC 的百分数来表示。用力呼气量是一种动态指标，它能反映气道阻力的变化。通过计算，可得出正常成年人第 1、2、3 秒末用力呼气量（FEV_1、FEV_2、FEV_3）占用力肺活量的百分数分别为 83%、96%、99%，其中以第 1 秒末用力呼气量占用力肺活量的百分数最有临床意义。限制性肺疾病（如肺纤维化）患者，FEV_1 和 FVC 都降低，但两者的比值可正常；而阻塞性肺疾病（如支气管哮喘）患者，由

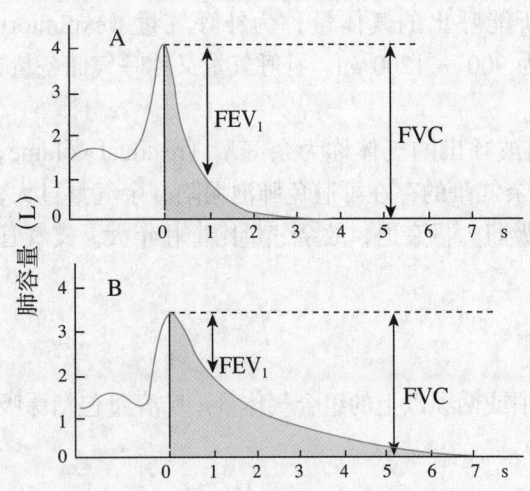

图 5-11 用力肺活量（FVC）和用力呼气量（FEV）示意图
A. 正常人用力呼气量；B. 气道狭窄时用力呼气量
纵坐标的"0"表示余气量

于气道阻力增加，所以 FEV_1 比 FVC 降低得更明显（图 5-11），两者的比值减小。由此可见，FEV_1 在鉴别限制性肺疾病和阻塞性肺疾病时具有重要意义。

5. 肺总量 肺最大扩张时所能容纳的最大气体量称为肺总量（total lung capacity，TLC），相当于肺活量与余气量之和。肺总量的大小与性别、年龄、身材和体育锻炼等有关。成年男性肺总量平均约为 5000 ml，女性约为 3500 ml。

四、肺通气量和肺泡通气量

（一）肺通气量

肺通气量（pulmonary ventilation volume）是指每分钟吸入或呼出的气体总量，为潮气量

和呼吸频率的乘积。正常成年人平静呼吸时，呼吸频率为每分钟 12~18 次，潮气量为 500 ml，则肺通气量为 6~9 L/min。肺通气量存在个体差异，与性别、年龄、身材和活动量有关。剧烈运动和从事重体力劳动时，肺通气量增大。

最大随意通气量（maximal voluntary ventilation volume）为尽力做深、快呼吸时，每分钟所能吸入或呼出的最大气体量，简称最大通气量。最大通气量能反映肺通气功能的储备能力，是估计一个人所能进行最大运动量的一项重要生理指标。测定时，一般只测量尽力做深、快呼吸时 10 s 或 15 s 的吸入或呼出气量，再换算为每分钟的通气量。成人最大通气量一般可达 150 L/min。任何原因导致的肺或胸廓顺应性降低、气道阻力增大、呼吸肌收缩力降低或呼吸中枢病变，均可使最大通气量减小。最大通气量与平静呼吸时的每分平静通气量之差占最大通气量的百分比，称为通气储量百分比，可用下式表示：

$$通气储量百分比 = \frac{最大通气量 - 每分平静通气量}{最大通气量} \times 100\% \quad (5\text{-}8)$$

通气储量百分比的正常值 ≥ 93%，比值减小表示通气储备功能不良。

（二）肺泡通气量

在通气过程中，每次自外界吸入的新鲜空气并非全部进入肺泡内，有一部分留在鼻或口与呼吸性细支气管之间的气道内，不能参与肺泡和血液之间的气体交换，这部分呼吸道的容积称为解剖无效腔（anatomical dead space）或死腔。成人解剖无效腔可容纳约 150 ml 气体。进入肺泡内的气体，也有一部分可因肺内血流的分布不均而不能与血液进行气体交换，这部分未能参与气体交换的肺泡容积称为肺泡无效腔（alveolar dead space）。肺泡无效腔与解剖无效腔合称为生理无效腔（physiological dead space）。健康人平卧时，生理无效腔与解剖无效腔相等或接近，肺泡无效腔接近或等于零。由于解剖无效腔的存在，每次吸气时，最先吸入的气体是上次呼气末存留在解剖无效腔中已进行气体交换的气体，这部分气体氧含量较低；每次呼气时，则先呼出前次吸入的最后一部分新鲜空气。可见，由于解剖无效腔的存在，肺通气量中有一部分气体不能进行气体交换。所以，计算真正有效的气体交换量，应以肺泡通气量为准。肺泡通气量（alveolar ventilation）是指每分钟吸入肺泡的新鲜空气量。由于这部分气体一般情况下能与血液进行气体交换，因此也称为有效通气量（effective ventilation），其计算公式为：

$$肺泡通气量 = (潮气量 - 无效腔气量) \times 呼吸频率 \quad (5\text{-}9)$$

因为解剖无效腔的容积是个常数，所以肺泡通气量主要受潮气量和呼吸频率的影响。潮气量和呼吸频率的变化，对肺通气量和肺泡通气量的影响是不同的。当潮气量减半和呼吸频率加倍或潮气量加倍而呼吸频率减半时，肺通气量均可保持不变，但肺泡通气量却发生明显变化（表 5-2）。由表 5-2 可见，从气体交换效率角度看，深而慢的呼吸可以增加肺泡通气量，有利于肺换气；而浅而快的呼吸则使肺泡通气量减少，不利于肺换气。

表 5-2 不同呼吸形式的肺通气量和肺泡通气量

呼吸形式	潮气量（ml）	无效腔气量（ml）	呼吸频率（次/分）	肺通气量（ml/min）	肺泡通气量（ml/min）
平静呼吸	500	150	12	6000	4200
深慢呼吸	1000	150	6	6000	5100
浅快呼吸	250	150	24	6000	2400

（王 乐 罗自强）

第三节 气体交换

气体交换（gas exchange）包括肺换气和组织换气。连续进行的肺通气使肺内气体成分不断更新，从而保持肺泡气 PO_2 和 PCO_2 的相对稳定，为气体交换的进行奠定基础。

一、气体交换原理

（一）气体扩散

气体扩散遵循物理原理，气体分子在其所处的空间不停地进行无定向的运动，但其活动的总趋势是从分压高处（高浓度区）向分压低处（低浓度区）发生净转移，最终使各处的气体分压（浓度）趋于相等。气体分子从分压高处向分压低处发生净转移的过程称为扩散（diffusion），分压差是气体分子扩散的驱动力。因为 O_2 和 CO_2 是脂溶性的气体，所以肺换气和组织换气以单纯扩散方式进行。气体在单位时间内的扩散容积，称为气体扩散速率（gas diffusion rate，D），其受多种因素的影响，如下式所示：

$$D = \frac{\Delta P \cdot T \cdot A \cdot S}{d \cdot \sqrt{MW}} \tag{5-10}$$

式中，ΔP 为某气体分压差；T 为温度；A 为气体扩散的面积；S 为气体分子溶解度；d 为气体扩散的距离；MW 为气体分子量。

1. 气体的分压差 在混合气体中，每种气体分子运动时所产生的压力称为该气体的分压（partial pressure，P）。混合气体的总压力等于各气体分压之和。在一定条件下，某一气体的分压取决于其自身在混合气体中的容积百分比，而与其他气体无关。气体分压的计算公式如下：

$$某气体的分压 = 混合气体总压力 \times 该气体容积百分比 \tag{5-11}$$

气体在两个区域之间的分压差越大，驱动气体分子扩散的力越强，扩散速率越高；反之，分压差越小，驱动气体分子扩散的力越弱，扩散速率越低。

2. 气体的分子量与溶解度 因为气体分子的扩散速率与气体分子量（MW）的平方根成反比，所以质量轻的气体分子扩散较快。如果扩散发生在气体和液体之间，则扩散速率与气体分子的溶解度（S）成正比。溶解度是在单位分压下，溶解于单位容积溶液中的气体量。通常以 1 个大气压（760 mmHg）、38℃时，在 100 ml 液体中溶解的气体毫升数来表示。溶解度与气体分子量平方根之比称为扩散系数（diffusion coefficient），其与气体分子本身的特性有关。虽然 CO_2 的分子量（44）略大于 O_2 的分子量（32），但因为 CO_2 在血浆中的溶解度（51.5 ml）约是 O_2 溶解度（2.14 ml）的 24 倍，所以 CO_2 的扩散系数是 O_2 的 20 倍。

3. 气体扩散面积和距离 气体扩散通过的面积越大，气体分子扩散的总量越多；气体分子扩散的距离越远，扩散所需时间越长，气体分子扩散的总量也就越少。因此，气体扩散速率与扩散面积（A）成正比，与扩散距离（d）成反比。

4. 温度 温度升高，气体分子的运动速度加快，扩散速率也提高。因此，气体扩散速率与温度（T）成正比。由于人体体温相对恒定，故温度对气体扩散速率的影响很小，可忽略不计。

（二）大气与人体不同部位的气体分压

大气与人体存在着气体的分压梯度，人体不同部位也存在着气体的分压梯度（表 5-3）。分压梯度是气体交换的动力，决定了气体扩散的方向。

1. 大气的主要成分与分压 大气的主要成分是 N_2、O_2、CO_2 等，大气成分中具有生理意义的是 O_2 和 CO_2。空气中各气体的分压可因大气压的变化而改变。高原地区大气压降低，各气体的分压也相应降低。如在海平面上，大气压约为 760 mmHg，PO_2 约为 158.4 mmHg；在海拔 5500 m 处，大气压约为 380 mmHg，PO_2 约为 79.2 mmHg；在海拔高度为 8848 m 的珠穆朗玛峰顶，大气压约为 250 mmHg，PO_2 约为 52.1 mmHg。因此，人在高海拔区域活动如登山时，就会造成机体缺 O_2 而出现异常反应，表现为乏力、倦怠、嗜睡等；在海拔 7000 m 以上地区，人可出现昏迷甚至很快死亡。

2. 呼吸气的分压 ①吸入气：吸入的空气进入呼吸道后，被水蒸气所饱和，所以吸入呼吸道内气体的成分不同于大气，各种气体的分压也发生相应改变。②呼出气：呼出气是无效腔中尚未进行气体交换的吸入气和已经完成气体交换的肺泡气的混合物，所以呼出气与吸入气的成分和分压不同。

3. 肺泡气的分压 肺泡内所含气体是可以与血液进行交换的气体。由于气体交换，使肺泡气 PO_2 降低，PCO_2 提高，所以肺泡气分压与吸入气分压不同；肺泡气分压与呼出气分压也不同，这是因为呼出气是肺泡气与无效腔中尚未进行气体交换的吸入气的混合气体。

从表 5-3 中可以看出，肺泡气与吸入的空气在气体组成的容积百分比和分压方面都有明显不同，其原因是：①吸入气在通过气道过程中被水蒸气饱和，使肺泡内的气体因水分子的加入而被稀释，气体的容积百分比减小，分压也随之降低；②大量的 PO_2 较低、PCO_2 较高的功能余气量与吸入气混合，使进入到肺泡内的气体 PO_2 降低，PCO_2 升高；③由于肺泡内的气体与血液中气体的不断交换，导致肺泡气 PO_2 降低，PCO_2 升高。

表 5-3 海平面各气体的容积百分比（ml%）和分压（mmHg）

项目	大气		吸入气		呼出气		肺泡气	
	容积百分比	分压	容积百分比	分压	容积百分比	分压	容积百分比	分压
O_2	20.84	158.4	19.67	149.5	15.70	119.3	13.60	103.4
CO_2	0.04	0.3	0.04	0.3	3.60	27.4	5.30	40.3
N_2	78.62	597.5	74.09	563.1	74.50	566.2	74.90	569.2
H_2O	0.50	3.8	6.20	47.1	6.20	47.1	6.20	47.1
合计	100	760	100	760	100	760	100	760

4. 血液和组织液中气体的分压 溶解在液体中的气体分子从液体中溢出的力称为气体张力，也可以说，气体张力就是液体中的气体分压。动脉血中气体的分压取决于肺换气的效率，而静脉血和组织液中的气体分压取决于组织的代谢水平。

混合静脉血流经肺时，经过肺换气使 PO_2 升高、PCO_2 降低，转变为动脉血。动脉血流经组织时，经组织换气后 PO_2 降低、PCO_2 升高，转变为静脉血。因为不同组织新陈代谢的水平不同，所以 PO_2 和 PCO_2 值各不相同。代谢旺盛的组织 O_2 消耗量和 CO_2 生成量均增加，则 PO_2 降低、PCO_2 升高。即使同一组织的 PO_2 和 PCO_2 也受其自身代谢水平的影响。来自机体各部位回流的静脉血经上、下腔静脉血进入右心房，通过右心室的充分搅拌后射入肺动脉，此时静脉血已充分混合，故一般通过肺动脉导管进入主肺动脉取血作为混合静脉血。表 5-4 所列为安静状态下血液和组织液中气体的分压。

表 5-4　血液和组织液中气体的分压（mmHg）

项目	动脉血	混合静脉血	组织液
PO_2	97～100	40	30
PCO_2	40	46	50

二、气体在肺部的交换

肺部的气体交换是在肺泡与肺毛细血管血液之间进行的，其驱动力是二者之间的 O_2 和 CO_2 的分压差。同时也受其他多种因素的影响，尤其是肺泡通气量与肺血流量之间合适的匹配关系。

（一）肺换气过程

体循环静脉血在右心房混合后，经右心室进入肺循环。由于混合静脉血 PO_2（约为 40mmHg）比肺泡气 PO_2（约为 102mmHg）低（图 5-12），O_2 就在分压差的作用下由肺泡扩散进入肺毛细血管血液中，使血液 PO_2 逐渐上升，最后接近肺泡气的 PO_2（约为 100 mmHg）；混合静脉血 PCO_2 为 46 mmHg，肺泡气 PCO_2 为 40 mmHg，CO_2 也在分压差的驱动下，由肺毛细血管血液扩散至肺泡中，使血液 PCO_2 逐渐降低。气体跨呼吸膜的扩散极为迅速，约在 0.3 s 内即可达到平衡，使流经肺的静脉血变成气体分压与肺泡气相近的动脉血。

正常安静状态下，经过肺换气，1 L 血液的 O_2 含量由混合静脉血的约 150 ml 上升到动脉血的约 200 ml，即 1 L 血液摄取 O_2 约 50 ml；CO_2 含量由约 520 ml 下降到约 480 ml，即 1 L 血液释放 CO_2 约 40 ml。若按心输出量为 5 L/min 计算，则流经肺毛细血管的血液每分钟可从肺泡摄取 O_2 约 250 ml，向肺泡释放 CO_2 约 200 ml。

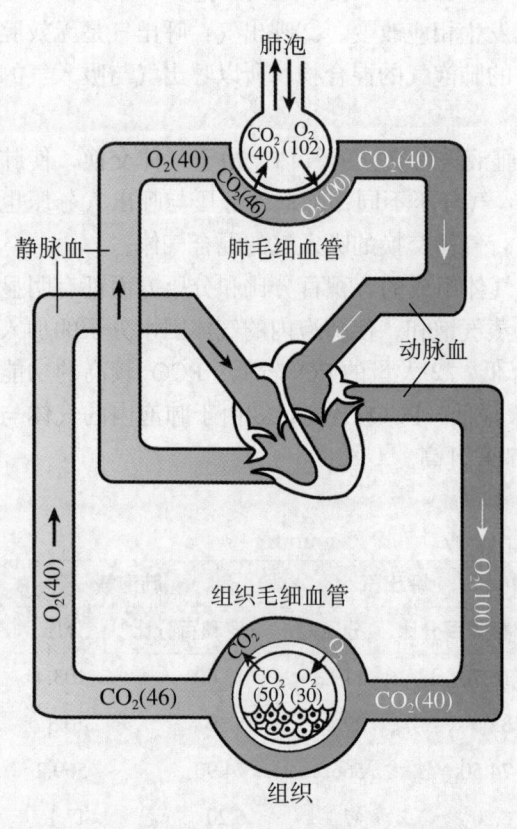

图 5-12　肺换气和组织换气过程
括号内数字指气体分压，单位为 mmHg

（二）影响肺换气的因素

1. 气体分压差　肺换气的动力是肺泡气与肺毛细血管血液之间的气体分压差，其中肺泡气体分压是影响分压差的主要因素。这是因为肺毛细血管中的静脉血气体分压取决于组织的代谢水平，不受呼吸系统调节的影响，而通过对呼吸系统的调节可以改变肺泡通气量，改变肺泡气体分压，从而影响气体分压差，所以肺泡气体分压是影响分压差的主要因素。另外，当气体扩散达到平衡时，动脉血的 PO_2 接近肺泡气的 PO_2。肺泡气 PO_2 升高，动脉血 PO_2 也相应升高；反之，动脉血 PO_2 则降低。所以肺泡气体分压也是影响动脉血 PO_2 和肺换气效率的决定性因素。气体扩散速率与分压差成正比。肺泡气与血液间气体分压差增大，可使驱动气体扩散的动力增强，肺部气体交换效率提高。在同一海平面，肺泡气体分压主要受肺泡气更新率的影响，因为肺泡气是功能余气量和吸入气的混合体，随呼吸过程不断更新。吸入肺泡的空气越多，更新率越高，PO_2 越高而 PCO_2 越低，分压差也分别增大。肺泡气更新率 =（潮气量－无效腔气量）/ 功能余气量。通常状态下肺泡气体的更新率约为 14%。呼吸幅度加深，潮气量增加，可使肺泡气更新率提高；反之，则肺泡气更新率降低。

2. 呼吸膜 呼吸膜是肺换气时气体扩散必须经过的结构。因为气体扩散速率与气体扩散面积成正比，与气体扩散距离成反比，所以呼吸膜面积的大小和厚度也是影响肺换气的因素。

（1）呼吸膜面积：呼吸膜总面积约 70 m^2，在安静状态下，气体扩散使用的呼吸膜面积只有约 40 m^2。运动时，随着肺毛细血管开放数量和开放程度的增加，气体扩散面积相应增大，气体交换效率提高。肺气肿、肺实变、肺不张以及肺毛细血管阻塞等均可使呼吸膜面积减小，从而影响肺换气。

（2）呼吸膜厚度：呼吸膜厚度变化不仅影响气体扩散距离，而且影响对气体的通透性。呼吸膜平均总厚度仅约 0.6 μm，O_2 与 CO_2 均极易跨膜扩散。肺毛细血管总血量仅 60～140 ml，所以血液层很薄，利于气体交换。肺毛细血管直径平均约 5 μm，红细胞常紧贴毛细血管壁，O_2 和 CO_2 扩散距离短，交换速度快。肺炎、肺水肿、肺纤维化和尘肺等，都可使呼吸膜厚度增加，影响肺换气，尤其容易发生低氧血症，其原因是 O_2 的扩散速率比 CO_2 慢。

3. 通气/血流比值 每分钟肺泡通气量与每分钟肺血流量的比值称为通气/血流比值（ventilation/perfusion ratio，$\dot{V}_A/\dot{Q}$）。健康成年人在安静状态下，肺泡通气量约为 4200 ml/min，肺血流量约为 5000 ml/min，因此，$\dot{V}_A/\dot{Q}$ 约为 0.84。这一比值的维持需要"气泵"和"血泵"的协调配合。"气泵"使肺泡气不断更新，提供足够的 O_2，排出 CO_2；"血泵"则不断将周身组织的静脉血泵入肺循环，带来机体产生的 CO_2，同时带走由肺泡摄取的 O_2。$\dot{V}_A/\dot{Q}$ 可作为衡量肺换气功能的指标。如果 $\dot{V}_A/\dot{Q}$ 增大，意味着通气过剩，血流相对不足，部分肺泡气不能与血液气体充分交换，导致肺泡无效腔增大，如肺动脉栓塞；反之，$\dot{V}_A/\dot{Q}$ 减小，则意味着通气不足，血流相对过多，部分血液流经通气不良的肺泡，混合静脉血中的气体不能得到充分更新，即未转化为动脉血就流入左心，犹如发生了功能性动-静脉短路，如支气管痉挛（图 5-13）。

图 5-13　通气/血流比值及其变化示意图

只有肺泡通气量与肺血流量匹配才能实现有效换气。无论 $\dot{V}_A/\dot{Q}$ 增大或减小，都会降低肺换气效率，导致机体缺 O_2 以及 CO_2 的潴留，但缺 O_2 更明显，其原因是：①动、静脉血液之间 PO_2 差远高于 PCO_2 差，动-静脉短路出现时，动脉血 PO_2 下降的程度大于 PCO_2 升高的程度；②CO_2 的扩散系数是 O_2 的 20 倍，因此 CO_2 的扩散较 O_2 快，不易发生潴留；③动脉血 PO_2 下降和 PCO_2 升高都可以刺激呼吸，增加肺泡通气量，有助于 CO_2 的排出，却几乎无助于 O_2 的摄取，这与氧解离曲线和二氧化碳解离曲线的特点有关（见本章第四节相关内容）。因为随着肺通气的改善，CO_2 分压差提高促使 CO_2 排出；O_2 分压差虽然也提高，但由于 HbO_2 的饱和现象而不能结合更多的 O_2。

在临床上，肺气肿是造成肺换气功能障碍最常见的一种疾病，患者因肺泡壁不同程度的破坏和大量细支气管的闭塞，$\dot{V}_A/\dot{Q}$增大和减小都可能出现，致使肺换气效率降低。

案例 5-1

2020年2月17日，我国科学家在著名医学期刊《柳叶刀呼吸医学》首次报道新冠感染导致肺炎死亡患者的病理解剖改变。该报道为新冠感染导致肺炎发病机制的研究和治疗策略的制定提供了第一手资料。

患者，男性，50岁，因寒战、咳嗽8天，高热、乏力、气促2天就诊。胸片显示双肺多发性斑片影。通过核酸检测证实该患者为COVID-19感染。

患者入院后接受氧疗支持、抗病毒治疗及糖皮质激素抑制肺部炎症，但病情进展迅速，胸片显示双肺病变的范围扩大。患者因严重缺氧接受了高流量鼻导管吸氧治疗，但血气分析显示，动脉血pH 7.27（正常值7.35～7.45），PaO_2 28 mmHg（正常80～100 mmHg），$PaCO_2$ 39 mmHg（正常35～45 mmHg），血氧饱和度60%。患者于起病第14日不幸去世。组织病理学检查显示双侧弥漫性肺泡损伤伴细胞纤维黏液样渗出物。右肺显示明显的肺细胞脱落和透明膜形成；左肺组织表现为肺水肿和肺透明膜形成。

问题与思考：
(1) 请解释患者在高浓度吸氧的情况下仍存在严重缺氧的机制。
(2) 请解释患者存在严重PaO_2降低，而$PaCO_2$仍维持正常的机制。

（三）肺换气功能储备

每分钟的气体交换量能随机体代谢水平的提高而增加，这一潜在的换气能力即肺换气功能储备。肺换气量增加的方式主要有以下几种。

1. 延长气体扩散时间 通常情况下血液流经肺毛细血管的时间约为0.7 s，气体的扩散仅需约0.3 s即可达到平衡，所以当血液流经肺毛细血管全长约1/3时就完成了肺换气，而后2/3仍具有换气的潜能，这是肺换气的时间储备（图5-14）。当呼吸膜在一定范围内增厚时，虽然气体扩散速率减慢，达到扩散平衡时间推迟，但仍可在0.7 s内完成气体的交换，使动脉血的PO_2维持在正常范围内。

2. 增大气体扩散面积 安静状态下，用于肺换气的呼吸膜面积仅占呼吸膜总面积的60%，所以供气体交换的呼吸膜面积具有很大的储备。运动时，随着肺毛细血管开放数量和开放程度的增加，气体扩散面积相应增大，肺换气量增多。另外，运动时，心输出量增加，肺血流速度加快，气体扩散平衡点后移，即肺毛细血管的后段2/3也有气体扩散，气体实际扩散面积增大，使换气效率大大提高。

3. 改善肺内不同部位通气/血流比值 正常成年人安静时的$\dot{V}_A/\dot{Q}$为0.84是指全肺的平均水平，但肺泡通气量和肺毛细血管血流量在肺内的分布是不均匀的，所以肺内各部位的$\dot{V}_A/\dot{Q}$不完全相同。人在直立体位时，由于重力因素的影响，从肺底部到肺尖部，肺泡通气量和肺毛细血管血流量都逐渐减少，但血流量的减少更明显，所以肺尖部$\dot{V}_A/\dot{Q}$较大，而肺底部$\dot{V}_A/\dot{Q}$较小。运动时，肺泡通气量和血流量均增加，肺尖部血流量增加明显，而肺底部肺通气量增加明显，使这两个部位的$\dot{V}_A/\dot{Q}$都得到改善，分别使得肺尖部肺泡无效腔减小和肺底部功能性动-静脉短路减少，从而使肺换气量增加，换气效率提高。

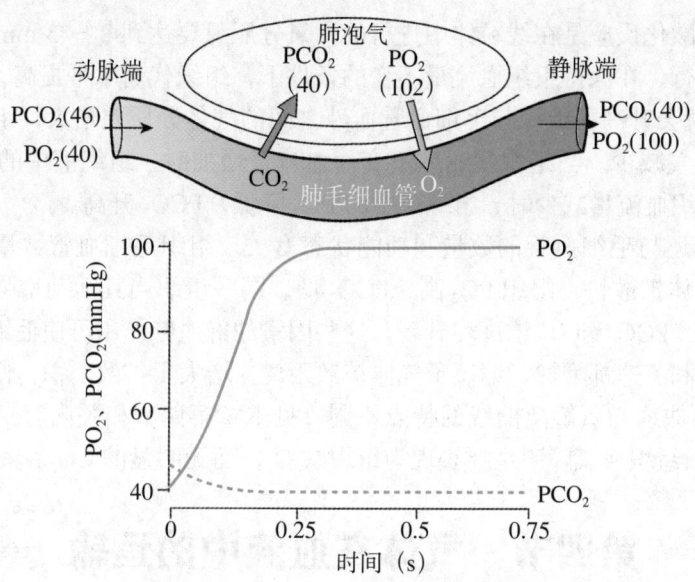

图 5-14 肺部气体交换的过程与时间
括号内数字指气体分压，单位为 mmHg

（四）肺扩散容量

在单位分压差（1 mmHg）的作用下，每分钟通过呼吸膜进行扩散的气体毫升数称为肺扩散容量（diffusion capacity of lung，D_L），即：

$$D_L = \frac{V}{|\overline{P}_A - \overline{P}_C|} \tag{5-12}$$

式中，V 代表每分钟通过呼吸膜的气体量（ml/min），P_A 代表肺泡气中该气体的平均分压，P_C 代表肺毛细血管内该气体的平均分压。D_L 是衡量呼吸气体通过呼吸膜能力的一种指标。正常成人安静时的 D_L 平均约 20 ml/（min·mmHg），CO_2 的 D_L 约为 O_2 的 20 倍，即 400 ml/（min·mmHg）。D_L 受个体大小、体位和运动的影响。例如，身材高大者因为肺容积和呼吸膜的面积大于身材矮小者，D_L 较大；平卧位时，因为肺血流量增加和 $\dot{V}_A/\dot{Q}$ 的改善，D_L 比直立位时大 15%~20%；运动时，由于参与肺换气的呼吸膜面积和肺毛细血管血流量增加，以及通气、血流的不均匀分布得到改善，故 D 增加。在肺部疾病情况下，D_L 可因有效面积减小或扩散距离增加而降低。

三、气体在组织的交换

组织换气是指发生在血液、组织液和细胞之间的气体交换。虽然组织换气过程完全发生在液相（血液、组织液、细胞内液）中，但其换气机制及影响因素与肺换气相似。组织换气的驱动力是扩散膜两侧的气体分压差，其大小主要受细胞内氧化代谢的强度和组织血流量大小的影响。由于细胞代谢不断地摄取 O_2 和产生 CO_2，所以细胞内及组织液中的 PO_2 总是低于组织毛细血管血液中的 PO_2，而 PCO_2 总是高于组织毛细血管血液中的 PCO_2，结果 O_2 和 CO_2 各顺其分压差由分压高处向分压低处扩散，即 O_2 顺分压差从组织毛细血管血液向组织液和细胞扩散，CO_2 由细胞和组织液向组织毛细血管血液扩散，结果使组织毛细血管血液中的 PO_2 逐渐降低，PCO_2 逐渐升高，动脉血也因此而转变为静脉血。

细胞的氧化磷酸化反应是在线粒体中进行的，氧分压只要达到 2～3 mmHg，细胞内氧化磷酸化过程就能进行。在保持组织血流量不变的条件下，组织代谢水平提高，组织液中的 PO_2 就会降低，PCO_2 就会升高，组织与毛细血管血液之间的气体分压差增大，组织换气也相应增多；反之，组织换气减少。当组织代谢率不变而血流量增加时，组织液中的 PO_2 升高，PCO_2 降低；反之，当组织血流量减少时，组织液中的 PO_2 降低，PCO_2 升高。

组织换气效率还与毛细血管的数量和功能状态有关。组织毛细血管数量多，气体扩散面积大，距离短，气体扩散快，组织 PO_2 高，PCO_2 低。同一组织当其活动增强、代谢水平升高时，由于局部温度、PCO_2 和 H^+ 浓度均升高，这些因素的舒血管作用可使毛细血管的开放数量增多，局部血流量和流速都增加，缩短了气体扩散距离，增大了扩散面积，使组织换气加快。

由于 CO_2 解离曲线与氧解离曲线的特点不同（见本章第四节相关内容）以及 CO_2 的扩散速率较 O_2 快，多数组织换气障碍主要表现为组织缺 O_2，而无明显的 CO_2 潴留。

第四节　气体在血液中的运输

血液是运输氧（O_2）和二氧化碳（CO_2）的载体。肺换气过程摄取的 O_2 经体循环动脉血输送到周身组织细胞，组织代谢生成的 CO_2 通过组织换气经体循环静脉血运输到肺并排至体外。

一、氧和二氧化碳的运输方式

O_2 和 CO_2 在血液中的运输方式有两种，即物理溶解和化学结合（表 5-5）。

表 5-5　血液中 O_2 和 CO_2 的含量（ml/100 ml）及所占比例（%）

		O_2			CO_2		
		物理溶解	化学结合	合计	物理溶解	化学结合	合计
动脉血	含量	0.31	20.0	20.31	2.53	46.4	48.93
	比例（%）	1.5	98.5	100	5.2	94.8	100
静脉血	含量	0.11	15.2	15.31	2.91	50.0	52.91
	比例（%）	0.7	99.3	100	5.5	94.5	100

1. 物理溶解　气体在溶液中溶解的量与气体分压和溶解度成正比，与温度成反比。在温度 38℃、大气压 760 mmHg 的状态下，每 100 ml 动脉血含物理溶解的 O_2 为 0.31 ml，占总 O_2 含量的 1.5%；每 100 ml 静脉血含物理溶解的 CO_2 为 2.91 ml，占总 CO_2 含量的 5.5%。平静时，正常成年人心输出量约为 5 L/min，因此，动脉血中物理溶解方式运输 O_2 的量约为 15 ml/min，静脉血中物理溶解方式运输 CO_2 的量约为 145 ml/min。在安静状态下，机体耗 O_2 量约为 250 ml/min，CO_2 生成量约为 200 ml/min，在运动状态下，机体的耗 O_2 量和 CO_2 生成量将成倍增加。显然，仅靠物理溶解方式运输 O_2 和 CO_2 是不可能适应机体正常代谢需求的。

2. 化学结合　气体分子通过与血液中化学物质结合进行运输的方式成为化学结合。如 O_2 与红细胞中的血红蛋白结合生成氧合血红蛋白进行运输；CO_2 主要以碳酸氢根形式，也可与血红蛋白结合生成氨基甲酰血红蛋白的方式进行运输。如表 5-5 所列，血液中 O_2 和 CO_2 通过化学结合方式进行运输的比例均在 90% 以上，是气体运输的主要方式。

虽然以物理溶解方式运输的气体量很少，但在气体运输和交换过程中起着非常重要的作用。在肺或组织进行气体交换时，进入血液的气体必须先溶解在血浆中，提高气体的分压，气体分子再进行化学结合。气体从血液释放时，也是物理溶解的气体先逸出，降低气体的分压，然后化学结合的气体再解离。物理溶解和化学结合之间保持着动态平衡。

二、氧的运输

血液中物理溶解的 O_2 量极少。血液中的 O_2 绝大部分是以化学结合形式运输的，占血氧总含量的 98.5%。O_2 的化学结合形式是氧合血红蛋白（HbO_2）。

（一）血红蛋白的分子结构

血红蛋白分子由一个珠蛋白和 4 个血红素组成（图 5-15A）。珠蛋白有 4 条多肽链，每条肽链与一个血红素相连接。每个血红素又由 4 个吡咯基组成一个环，其中心为一个 Fe^{2+}。血红蛋白是由 4 个单体构成的四聚体，其立体构象呈椭圆形，4 个亚基聚集成四面体，血红素分别位于 Hb 表面各亚基的裂隙中（图 5-15B）。Hb 各亚基内部和亚基之间通过盐键连接。Hb 与 O_2 结合或解离时，盐键的形成或断裂可使 Hb 的分子构象改变，Hb 与 O_2 的亲和力也随之改变。

由于 Hb 分子中珠蛋白组成的差异，可形成不同类型的血红蛋白。成年人红细胞中的 Hb 主要是 HbA 型（adult hemoglobin），分子组成为 $\alpha_2\beta_2$ 型。此外，还含有约 2% 的 HbA_2（$\alpha_2\delta_2$）型和 1% 的 HbF（$\alpha_2\gamma_2$）型。HbF（fetal hemoglobin）为胎儿型 Hb，占胎儿体内 Hb 总含量的 70%～80%，但出生后不久 HbF 即被 HbA 所取代。

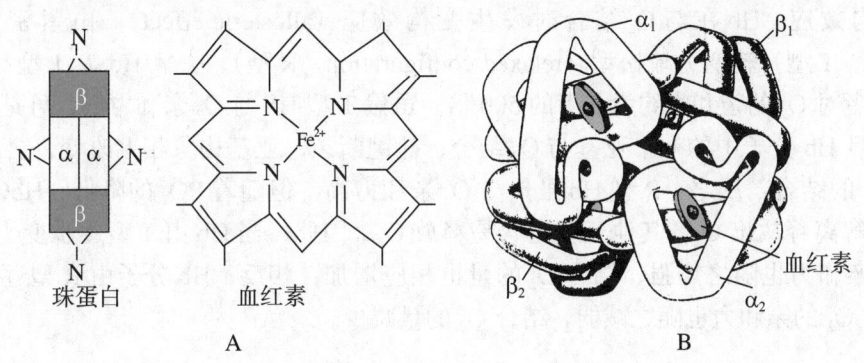

图 5-15　血红蛋白组成和结构示意图
A．血红蛋白的四聚体结构；B．血红蛋白的立体构象

（二）氧与血红蛋白结合的特征

1. 迅速且可逆　Hb 与 O_2 结合或解离反应快，反应时间不足 0.01 s，此反应不需要酶的催化，反应的方向取决于 PO_2 的高低。当血液流经肺泡时，由于 PO_2 高，Hb 与 O_2 结合，形成氧合血红蛋白（oxyhemoglobin，HbO_2）；当血液流经 PO_2 低的组织时，HbO_2 则迅速解离，释放 O_2，形成去氧血红蛋白（deoxyhemoglobin，Hb）。其反应式为：

$$Hb + O_2 \underset{PO_2 低（组织）}{\overset{PO_2 高（肺部）}{\rightleftharpoons}} HbO_2 \tag{5-13}$$

2. 氧合作用 在此反应中，Fe^{2+} 与 O_2 结合后仍是二价的铁，未涉及电子转移，铁原子未被氧化。所以 Hb 与 O_2 结合的反应是氧合作用（oxygenation），而不是氧化反应（oxidation），结合 O_2 的 Hb 称为氧合 Hb。由于 α 亚基的裂隙空穴大于 β 亚基，所以氧合作用总是起于 α 亚基。

3. 饱和性 Hb 的分子量为 64 458。1 分子 Hb 最多可以与 4 分子 O_2 结合变成 $Hb(O_2)_4$，从而达到饱和。健康成人在足够的 PO_2（> 100 mmHg）下，1 g Hb 可结合 1.34 ml O_2。在特定条件下（一个大气压，38℃，pH 7.4 等），每 100 ml 血液中 Hb 结合的最大氧量称为血红蛋白氧容量（oxygen capacity），它取决于血液中 Hb 的浓度。而每 100 ml 血液中 Hb 实际结合 O_2 的量称为血红蛋白氧含量（oxygen content），其值取决于血液的 PO_2。Hb 氧含量占 Hb 氧容量的百分比为血红蛋白氧饱和度（oxygen saturation）。当 Hb 浓度为 15 g/100 ml 血液时，Hb 氧容量 = 1.34 × 15 = 20.1 ml/100 ml 血液，如 Hb 氧含量为 20.1 ml，Hb 氧饱和度是 100%。如果 Hb 氧含量为 15 ml，则 Hb 氧饱和度 =15/20.1 × 100% ≈ 75%。通常情况下，血液中溶解的 O_2 极少，故可忽略不计。因此，Hb 氧容量、Hb 氧含量和 Hb 氧饱和度可分别视为血氧容量、血氧含量和血氧饱和度。一个大气压下，Hb 即达到饱和，故在高压条件下，血氧含量可随着 PO_2 升高而溶解增多，但 Hb 氧容量和 Hb 氧饱和度则不再升高（图 5-16）。

4. 吸收光谱的变化 HbO_2 吸收短波光谱（如蓝光）区域光线的能力较强，而 Hb 吸收长波光谱（如红光）区域光线的能力较强，所以血液中 HbO_2 呈鲜红色，如动脉血。如果血液中含去氧 Hb 多，血液呈紫蓝色，如静脉血。当体表表浅毛细血管网中血液去氧 Hb 含量达 50 g/L 以上时，皮肤、黏膜出现紫蓝色的现象，称为发绀（cyanosis），发绀一般是缺氧的标志。值得注意的是，有些严重贫血的患者，虽然存在缺氧，但由于 Hb 总量过少，以致毛细血管床血液中去氧 Hb 达不到 50 g/L，故不出现发绀；相反，患高原性红细胞增多症的患者，虽不缺氧，但因 Hb 总量很多，以致毛细血管床血液中去氧 Hb 可达 50 g/L 以上，而出现发绀。CO 中毒时，由于 CO 与 Hb 结合的能力是 O_2 的 250 倍，O_2 与 Hb 结合机会减少，造成缺 O_2，此时去氧 Hb 并未增多，因此不出现发绀，而呈现樱桃红色。

5. 变构效应 Hb 在与 O_2 结合时发生变构效应（allosteric effect），由紧密型（tense configuration，T 型）转变为疏松型（relaxed configuration，R 型）。去氧 Hb 为 T 型，氧合 Hb 为 R 型，后者对 O_2 的亲和力约为前者的 500 倍。虽然 T 型 Hb 与 O_2 亲和力低，可是随着 PO_2 的升高，一旦 Hb 分子中的一个亚基与 O_2 结合，盐键断裂，亚基构象相继改变，会促进下一个亚基与 O_2 的结合；反之，R 型 Hb 虽然与 O_2 亲和力高，但随着 PO_2 的降低，HbO_2 中的某个亚基只要解离释放出 O_2，其他亚基更容易释放 O_2。因此，当 Hb 由 T 型逐步变为 R 型时，Hb 对 O_2 的亲和力也随之增强，结合 O_2 的量也相应增加；相反，Hb 分子由 R 型逐步变为 T 型时，Hb 对 O_2 的亲和力也随之减弱，结合 O_2 的量减少。

（三）氧解离曲线

氧解离曲线（oxygen dissociation curve）是表示血液 PO_2 与 Hb 氧饱和度关系的曲线（图 5-16），也称为氧合血红蛋白解离曲线（oxyhemoglobin dissociation curve）。该曲线以 PO_2 为横坐标，以血氧饱和度为纵坐标，反映在不同 PO_2 条件下 O_2 与 Hb 的结合与解离情况。根据曲线的"S"形变化趋势和功能意义可将曲线分为三段。

1. 氧解离曲线的上段 相当于 PO_2 在 60 ~ 100 mmHg 之间时的 Hb 氧饱和度，该段曲线较平坦，表明在此范围内 PO_2 的变化对 Hb 氧饱和度影响不大。如 PO_2 为 100 mmHg 时（相当于动脉血 PO_2），血氧饱和度约为 97.4%，氧含量约为 19.4 ml/100 ml（血液）；如将吸入气中 PO_2 提高到 150 mmHg，血氧饱和度为 100%，只增加了 2.6%，此时的血氧含量约为 20 ml/100 ml（血液），增加不到 1 ml。这就解释了为何 $\dot{V}_A/\dot{Q}$ 不匹配时，肺泡通气量的增加几乎无助于 O_2 的摄取；当 PO_2 下降到 60 mmHg 时，血氧饱和度仍有 90%，血氧含量下降也并不明显。

因此，即使在高原、高空或某些呼吸系统疾病时，只要 PO_2 不低于 60 mmHg，血液仍可携带足够的 O_2，不致发生明显的低氧血症。

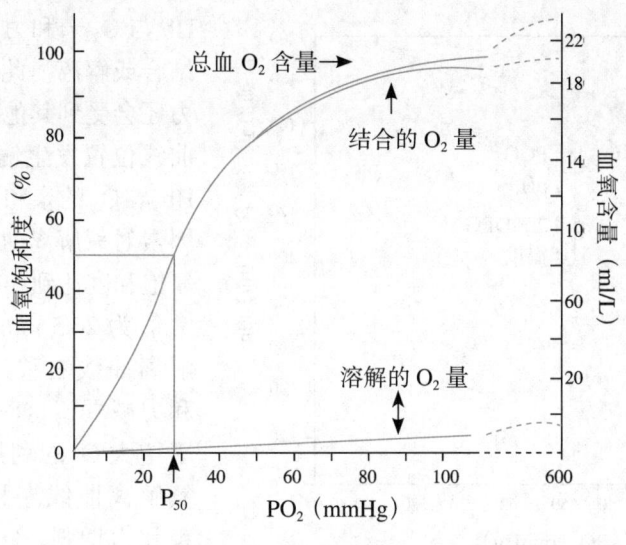

图 5-16 氧解离曲线

2. 氧解离曲线的中段 相当于 PO_2 在 40～60 mmHg 之间时的 Hb 氧饱和度，该段曲线较陡，表明 PO_2 在这一范围内变化对 Hb 氧饱和度或 Hb 氧含量影响较大，有利于 HbO_2 与 O_2 的解离、释放和利用。PO_2 为 40 mmHg 时，相当于混合静脉血的 PO_2，此时血氧饱和度约为 75%，氧含量约为 14.4 ml/100 ml（血液），即每 100 ml 血液流经组织时释放 5 ml O_2。血液流经组织时释放出的 O_2 容积占动脉血氧含量的百分比称为氧利用系数（utilization coefficient of oxygen）。安静状态下，如动脉血氧含量为 20 ml/100ml（血液），则氧利用系数为 25% 左右。中段曲线为组织细胞供氧段，其意义是血液在流经组织时可释放适量的 O_2，保证机体在安静状态下组织代谢的需 O_2 量。

3. 氧解离曲线的下段 相当于 PO_2 在 15～40 mmHg 之间时的 Hb 氧饱和度，该段曲线陡直，表明 Hb 氧饱和度可随血液 PO_2 的降低而急剧降低，从而解离出大量的 O_2 供组织细胞利用。在剧烈运动时，组织 PO_2 可降低到 15 mmHg，Hb 氧饱和度降低至 22%，Hb 氧含量仅约 4.4 ml/100 ml（血液），这样每 100 ml 动脉血流经组织时，能释放 15.6 ml O_2，氧利用系数升高到 75%，是安静时的 3 倍。可见这段曲线反映出血液有较大的 O_2 储备，其意义是更好地适应机体活动加强时对 O_2 的需要。

因此，Hb 氧解离曲线的特殊形态不仅解释了 Hb 的运氧机制，也反映了 Hb 的氧缓冲作用，从而保证体内氧的运输和利用（表 5-6）。

表 5-6 氧解离曲线三段的比较

项目 / 分段	上段	中段	下段
PO_2（mmHg）	60～100	40～60	15～40
曲线特点	平坦	较陡	最陡
Hb 与 O_2 的结合力	高	低	最低
发挥作用的相应人体部位	肺	组织（安静时）	组织（运动时）
PO_2 变化对血氧饱和度的影响	不明显	较明显	最明显
曲线移位对血氧饱和度的影响	不明显	较明显	最明显
生理意义	反映肺部 Hb 与 O_2 的结合及特点	反映静息时组织中血液 HbO_2 释放 O_2	反映血液 O_2 的储备，满足运动时组织细胞需要

（四）影响氧解离曲线的因素

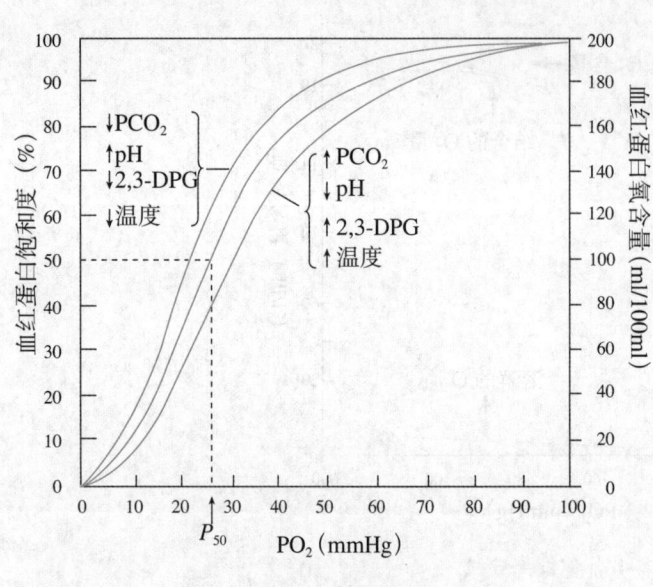

图 5-17　影响氧解离曲线的因素

如前所述，血液 PO_2 的变化引起 Hb 与 O_2 亲和力的改变，使 Hb 与 O_2 结合或解离。此外，Hb 与 O_2 的亲和力还会受到其他因素的影响，从而使曲线位置发生偏移。通常用 P_{50} 表示 Hb 与 O_2 的亲和力，以定量评价其他因素对氧解离曲线的影响。P_{50} 是 Hb 氧饱和度达到 50% 时血液的 PO_2，正常值为 26.5 mmHg。P_{50} 增大时，氧解离曲线右移，表示 Hb 与 O_2 的亲和力减弱，这时 O_2 释放增加，有利于增大 O_2 的利用系数；P_{50} 降低时，氧解离曲线左移，表示 Hb 对 O_2 的亲和力增强，O_2 释放减少，O_2 的利用系数减小。pH、PCO_2、温度（T）和二磷酸甘油酸（DPG）等因素均可影响血液对 O_2 的运输（图 5-17）。

1. 血液 pH 和 PCO_2 的影响　血液 pH 降低或 PCO_2 升高，可使 Hb 与 O_2 的亲和力降低，P_{50} 增大，曲线右移；pH 升高或 PCO_2 降低，Hb 与 O_2 的亲和力增强，P_{50} 减小，曲线左移。血液酸度对 Hb 与 O_2 亲和力的影响称为波尔效应（Bohr effect）。波尔效应的发生与 Hb 分子构型变化有关。酸度增加时，H^+ 与 Hb 多肽链中某些氨基酸残基的基团结合，通过促进盐键形成，使 Hb 向 T 型转化，对 O_2 的亲和力减弱，曲线右移；酸度降低时，则盐键易于断裂释出 H^+，Hb 向 R 型转化，对 O_2 的亲和力增强，曲线左移。PCO_2 对 Hb 与 O_2 亲和力的影响，分别通过影响血液 pH 的间接效应，以及 CO_2 与 Hb 结合产生的直接效应影响 Hb 与 O_2 的亲和力。

波尔效应具有重要的生理意义，它既可促进肺毛细血管血液摄取 O_2，又有利于组织毛细血管血液释放 O_2，提高血液的运 O_2 效率。由于全身组织细胞的代谢活动不断进行，组织中 H^+ 和 CO_2 含量均较高。当血液流经组织时，CO_2 扩散进入血液，血液中的 PCO_2 和 H^+ 浓度随之升高，Hb 对 O_2 的亲和力减弱，HbO_2 解离趋势增强并向组织释放 O_2。当血液流经肺部时，CO_2 由血液向肺泡扩散，血液 PCO_2 下降，H^+ 浓度降低，使 Hb 对 O_2 的亲和力增强，促进对 O_2 的结合，使血氧含量增加。

2. 温度的影响　温度升高，Hb 对 O_2 的亲和力减弱，曲线右移，有助于 HbO_2 释放 O_2；温度降低，Hb 与 O_2 的亲和力增强，曲线左移，则不利于 O_2 的释放。温度对氧解离曲线的影响，可能与温度影响了 H^+ 活度有关。温度升高时，H^+ 活度增加，可降低 Hb 与 O_2 的亲和力。当组织代谢活跃时，局部组织温度升高，且 CO_2 和酸性代谢产物增加，这些因素有利于 HbO_2 解离，组织可获得更多的 O_2 以适应其代谢的需要。临床上进行低温麻醉手术时，低温可以降低组织的耗 O_2 量，但 HbO_2 释放 O_2 的量也减少，可导致组织缺氧，这时血液因血氧含量较高而呈鲜红色，因此组织缺氧容易被忽略。

3. 2,3-二磷酸甘油酸的影响　2,3-二磷酸甘油酸（2,3-diphosphoglycetate，2,3-DPG）是无氧糖酵解的产物，可与 Hb 分子 β 链结合形成盐键，促使 Hb 向 T 型转化。2,3-DPG 浓度升高时，Hb 与 O_2 的亲和力降低，有助于 HbO_2 解离释放 O_2，使氧解离曲线右移；反之，曲线左移。2,3-DPG 也可以通过提高血液 H^+ 浓度，通过波尔效应影响 Hb 对 O_2 的亲和力。在高原低

O_2 环境中，糖酵解加强，红细胞 2,3-DPG 增加，氧解离曲线右移，有利于 O_2 的释放。在血库中用抗凝剂枸橼酸-葡萄糖液保存 3 周后的血液，由于糖酵解停止，红细胞内 2,3-DPG 的含量下降，导致 Hb 与 O_2 的亲和力增加，O_2 不容易解离，并不能有效向组织中释放 O_2。因此，临床上采用枸橼酸-葡萄糖液保存的血液的保存期不能超过 3 周。

4. 其他因素的影响 一氧化碳（CO）与 Hb 的亲和力是 O_2 的 250 倍，这意味着在极低的 PCO 下，CO 就可占据 O_2 的结合位点，取代 O_2 与 Hb 结合形成碳氧血红蛋白（HbCO），使 HbO_2 形成减少，血液运输 O_2 的能力下降。此外，当 CO 与 Hb 分子中某个血红素结合后，将增加其他血红素对 O_2 的亲和力，使氧解离曲线左移，HbO_2 不易解离。可见，CO 既妨碍 Hb 与 O_2 的结合，又妨碍 HbO_2 的解离，所以 CO 中毒后，血液运 O_2 的效率急剧降低而危及生命。

Hb 与 O_2 的结合还受其自身状态的影响。胎儿的 Hb 与 O_2 的亲和力高，有助于胎儿血液流经胎盘时从母体摄取 O_2。Hb 的 Fe^{2+} 可在氧化剂（如亚硝酸盐）作用下被氧化成 Fe^{3+}，因此形成高铁 Hb，失去运 O_2 的能力。珠蛋白基因缺失或点突变使 Hb 中的珠蛋白肽链有一种或几种合成减少或不能合成，形成异常的血红蛋白，导致红细胞变形性降低，寿命缩短，运氧能力下降，如地中海贫血。

三、二氧化碳的运输

血液中的 CO_2 也是以物理溶解和化学结合两种形式运输的，其中化学结合又有两种存在形式，即碳酸氢盐和氨基甲酰血红蛋白。这三种运输形式占总运输量的比例分别是 5%、88% 和 7%。

（一）二氧化碳化学结合的形式

1. 碳酸氢盐 组织细胞代谢生成的 CO_2 扩散进入血液，其中大部分进入红细胞内，在较高浓度碳酸酐酶（carbonic anhydrase，CA）的催化下，与 H_2O 反应生成 H_2CO_3。H_2CO_3 再解离成 HCO_3^- 与 H^+。此反应极为迅速，而且可逆，是血浆中同样反应速度的 5000 倍，不到 1 s 即达平衡。

$$CO_2 + H_2O \underset{CA}{\overset{CA}{\rightleftharpoons}} H_2CO_3 \rightleftharpoons HCO_3^- + H^+$$

随着红细胞内 HCO_3^- 浓度的不断增加，HCO_3^- 顺浓度差经红细胞膜扩散进入血浆。由于 HCO_3^- 向外扩散，红细胞内负离子减少，此时只有等量正离子同时向外扩散，才能维持细胞内外电平衡，但红细胞膜不允许正离子自由通过。血浆中的 Cl^- 可通过红细胞膜上特异 HCO_3^--Cl^- 转运体扩散进入红细胞内，出现氯转移（chloride shift）现象（图 5-18）。这样，HCO_3^- 便可不断生成和运出，不会在红细胞内堆积，也有利于反应向右进行和 CO_2 运输。在红细胞内，HCO_3^- 可与 K^+ 结合成碳酸氢钾（$KHCO_3$），在血浆中则与 Na^+ 结合成碳酸氢钠（$NaHCO_3$）。在上述反应中产生的 H^+，大部分与 Hb 结合，所以 Hb 还是红细胞内的重要缓冲剂。

在肺部，反应向相反方向进行。因为肺泡气 PCO_2 低于静脉血，所以血浆中溶解的 CO_2 扩散进入肺泡，血浆中红细胞内的碳酸酐酶又催化 H_2CO_3 分解成 CO_2 与 H_2O。随着 CO_2 由红细胞扩散入血浆，血浆中的 HCO_3^- 则进入红细胞内与 H^+ 生成 H_2CO_3，以补充反应中消耗的 H_2CO_3。Cl^- 则从红细胞中返回到血浆。通过这一过程，以 HCO_3^- 形式运输的 CO_2，在肺部又转变成 CO_2 排出。

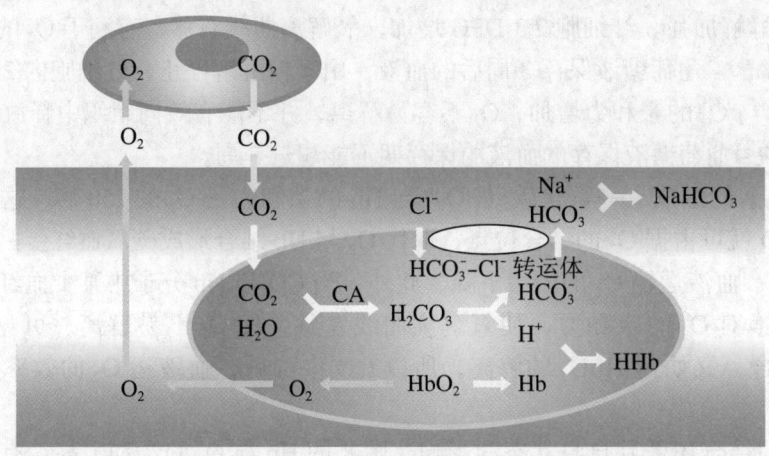

图 5-18 CO_2 在血液中的运输

2. 氨基甲酰血红蛋白 少部分 CO_2 与红细胞内 Hb 的自由氨基结合生成氨基甲酰血红蛋白（carbamino hemoglobin，HHbNHCOOH），这一反应无需酶的催化，且 CO_2 与 Hb 的结合松散，因而反应迅速、可逆，如下式所示

$$HbNH_2O_2 + H^+ + CO_2 \underset{\text{肺部}}{\overset{\text{组织}}{\rightleftharpoons}} HHbNHCOOH + O_2$$

这一反应进行的方向取决于 Hb 的氧合作用。HbO_2 与 CO_2 结合形成 HHbNHCOOH 的能力比 Hb 弱。在组织，部分 HbO_2 解离释放出 O_2 变成 Hb，再与 CO_2 结合生成 HHbNHCOOH。此外，Hb 酸性较 HbO_2 弱，易于和 H^+ 结合，也促进反应向右进行，并缓冲血液 pH 的变化。在肺部，HbO_2 生成增多，促使 HHbNHCOOH 解离释放 CO_2 和 H^+，反应向左进行。虽然以氨基甲酰血红蛋白形式运输的 CO_2 仅占总运输量的 7%，但在肺排出的 CO_2 中却有 17.5% 是从氨基甲酰血红蛋白释放出来的，说明这种运输形式的效率较高。

（二）二氧化碳解离曲线

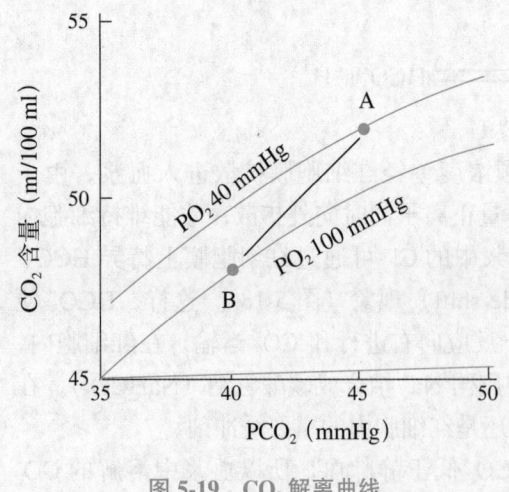

图 5-19 CO_2 解离曲线

二氧化碳解离曲线（carbon dioxide dissociation curve）是反映血液中 CO_2 含量与 PCO_2 之间关系的曲线（图 5-19）。与氧解离曲线不同，CO_2 在血液中的含量随 PCO_2 的升高而增加，两者几乎呈线性关系，而不是呈"S"形，且没有饱和点。因为在血液中二氧化碳分压升高的范围内，生成的碳酸氢盐和氨基甲酰血红蛋白不会出现饱和，所以 CO_2 解离曲线纵坐标用 CO_2 的含量标注，而不用饱和度来表示。这一特点反映了血液结合和运输 CO_2 的巨大潜能，是组织不易出现 CO_2 潴留的原因之一。

图 5-19 中，A 点是静脉血的情况，即 PO_2 为 40 mmHg、PCO_2 为 46 mmHg 时血液中 CO_2 的含量约为 52 ml/100ml（血液）；B 点是动脉血的情况，即 PO_2 为 100 mmHg、PCO_2 为 40 mmHg 时血液中的 CO_2 含量约为 48 ml/100 ml（血

液）。PCO_2 生理变动范围虽然只有 6 mmHg，但每 100 ml 静脉血 CO_2 含量却比动脉血增加了 4 ml；动脉血 PO_2 虽比静脉血 PO_2 升高了 60 mmHg，但每 100 ml 动脉血 O_2 含量也仅增加了 5 ml，说明血液中 PCO_2 对 CO_2 含量的影响明显高于 PO_2 对 O_2 含量（或饱和度）的影响。这一特点不仅有利于 CO_2 的结合、运输和排放，也有利于保持血液中 PCO_2 的相对稳定，这对防止 PCO_2 过度波动、维持 CO_2 在呼吸调节中的作用及其敏感性有着重要意义。CO_2 运输障碍可导致机体 CO_2 潴留，出现代谢性酸中毒。

（三）影响 CO_2 解离曲线的因素

Hb 与 O_2 结合情况是影响 CO_2 解离曲线的主要因素，受血液 PO_2 的影响。Hb 与 O_2 结合可促进 CO_2 释放，而释放了 O_2 的 Hb 则更容易与 CO_2 结合，这一现象被称为何尔登效应 (Haldane effect)。PO_2 升高时，CO_2 解离曲线向右下方移位，即在相同 PCO_2 下，动脉血携带的 CO_2 量少于静脉血（图 5-20）；反之，PO_2 降低时，静脉血可运输更多的 CO_2。由于 HbO_2 酸性较强，不易与具有酸性的 CO_2 结合生成 HHbNHCOOH，而去氧的 Hb 酸性较弱，易与 CO_2 结合生成 HHbNHCOOH，同时也易与 H^+ 结合，使 H_2CO_3 解离过程中产生的 H^+ 被及时中和，有利于生成 HCO_3^-，提高血液 CO_2 运输量。

PO_2 使 CO_2 解离曲线移位的效应具有重要的生理意义。当血液流经肺部时，因 PO_2 高，HbO_2 生成增多，促使 CO_2 释放并排出；血液流经组织时，由于 PO_2 低，血液中 HbO_2 解离形成去氧 Hb，便于与 CO_2 结合，带走组织产生的 CO_2。由上可见，O_2 与 CO_2 在血液中的运输彼此互相影响。动脉血流经组织时，较高水平的 CO_2 通过波尔效应促使 HbO_2 释放 O_2；静脉血流经肺时，O_2 又通过何尔登效应促使 CO_2 释放。

（刘宇宁　罗自强）

第五节　呼吸运动的调节

呼吸运动是由呼吸肌舒缩所引起的胸廓节律性扩大和缩小的运动，并受意识控制。呼吸运动的频率和幅度随机体内外环境的变化而发生相应的变化，以适应机体代谢的需要。如在运动时，呼吸加深加快，肺通气量增加，机体摄 O_2 增加，排出更多的 CO_2，以适应代谢增强的需要。呼吸节律的形成及其与人体代谢水平的适应，主要是通过自主性调节和随意性调节两种神经系统调节实现的。

一、呼吸中枢与呼吸节律

（一）呼吸中枢

呼吸中枢 (respiratory center) 是指中枢神经系统内与呼吸运动产生和呼吸节律调节有关的神经细胞群，广泛分布于大脑皮质、间脑、脑桥、延髓和脊髓等各部位。它们之间协调配合，互相制约，对各种传入冲动进行整合，以此共同维持人体正常的呼吸运动。

1. 脊髓　脊髓中有支配呼吸肌的运动神经元，支配膈肌的运动神经元位于第 3~5 脊髓颈段前角，支配肋间肌和腹肌等的运动神经元位于脊髓胸段。动物实验中发现，如果在延髓和脊髓之间做一横切，动物将立即停止呼吸，并不再恢复。临床上脊髓的高位损伤或横断将会导致呼吸运动停止。保留延髓与脊髓的联系，可保持基本的呼吸节律。另外，脊髓在某些呼吸反

射活动的初级整合中发挥一定的作用。脊髓呼吸运动神经元和呼吸肌不能产生呼吸节律，脊髓仅仅是高位呼吸中枢和呼吸肌联系的中转部位以及某些呼吸反射的初级整合中枢，各级高位中枢对呼吸的调控作用最终都是通过位于脊髓前角的运动神经元实现的。当其神经元受到损害时，呼吸肌麻痹，呼吸运动停止。

2. 低位脑干 低位脑干指脑桥和延髓。早期实验已证明，低位脑干是产生呼吸节律的基本中枢。呼吸运动可因脑干横断平面的高低而改变：在动物的中脑和脑桥之间横切，呼吸节律无明显变化（图 5-20，A 平面）；在延髓和脊髓之间横断（图 5-20，D 平面），则呼吸停止。由此表明呼吸节律产生于低位脑干，而高位中枢对于自主性节律呼吸运动的产生不是必需的。进一步实验观察到，在脑桥上、中部之间横断，呼吸将变慢、变深，若同时切断双侧迷走神经，吸气时相大为延长（图 5-20，B 平面），表现为长吸式呼吸（apneusis）。因而推测脑桥上部存在促进吸气转换为呼气的呼吸调整中枢（pneumotaxic center）；来自肺部的迷走神经传入冲动也有抑制吸气的作用，当延髓失去来自这两方面对吸气活动的抑制作用后，吸气活动不能及时中断，便出现长吸式呼吸。如果再在脑桥和延髓之间横断，不论迷走神经完整与否，长吸式呼吸均消失，呼吸不规则，呈喘息样呼吸（gasping）（图 5-20，C 平面）。这说明脑桥中下部存在兴奋吸气活动的长吸中枢，而延髓是产生呼吸节律的基本中枢。据此，在 20 世纪 20—50 年代形成了三级呼吸中枢理论：脑桥上部有呼吸调整中枢，脑桥下部有长吸中枢，延髓有喘息中枢，产生最基本的呼吸节律，三者共同作用，形成节律性呼吸运动。但后来的研究未能证实长吸中枢的存在。

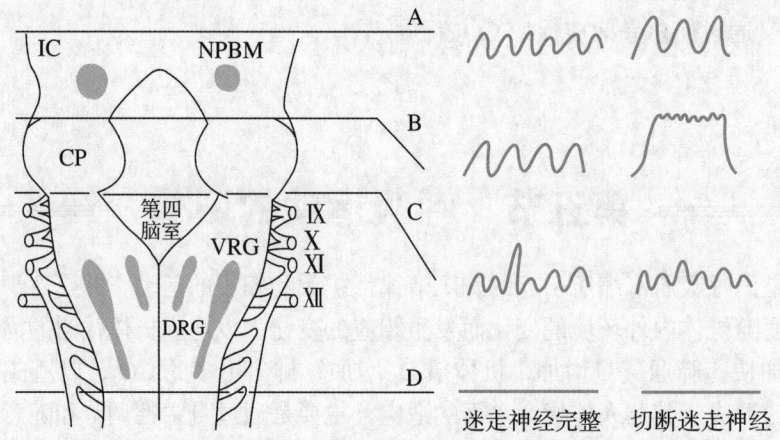

图 5-20 脑干的呼吸神经元分布及不同平面横断后呼吸运动的变化
DRG：背侧呼吸组；VRG：腹侧呼吸组；NPBM：臂旁内侧核
A、B、C、D 为脑干不同平面横断及对应的呼吸活动变化
IC：下丘；CP：中小脑脚

利用微电极等电生理技术研究发现，在中枢神经系统内分布有与呼吸周期相关的、呈节律性自发放电的神经元，这些神经元被称为呼吸相关神经元（respiratory related neuron，又名吸气前起搏神经元）或呼吸神经元（respiratory neuron）。在低位脑干，呼吸神经元主要集中在左右对称的三个区域（图 5-21）：①延髓腹侧呼吸组（ventral respiratory group，VRG）：该区从尾端到头端位于后疑核、疑核、面神经后核平面及其邻近区域。延髓尾端主要含呼气神经元，兴奋时引起主动呼气；中段主要含吸气神经元，兴奋时引起主动吸气；头端主要含呼气神经元，兴奋时抑制吸气神经元的活动；中段和头端也能调控咽喉部辅助呼吸肌的活动。②延髓背侧呼吸组（dorsal respiratory group，DRG）：该区位于延髓背侧孤束核的腹外侧部，主要含吸气神经元，兴奋时膈肌和肋间外肌收缩，产生吸气。③脑桥呼吸组（pontine respiratory group，

PRG）：该区位于脑桥上部，呼吸神经元相对集中于臂旁内侧核与相邻的 Kolliker-Fuse（KF）核，合称为 PBKF 核群，主要含呼气神经元，与延髓的呼吸神经核团之间形成调控呼吸的神经元回路，从而限制吸气，促使吸气向呼气转换。

20 世纪 90 年代以来，有学者发现，在 VRG 中，相当于疑核头端平面，存在着一个被称为前包钦格复合体的区域，该区可能是哺乳动物呼吸节律起源的关键部位。

3. 高位中枢 脑桥以上中枢，如下丘脑、边缘系统、大脑皮质等对呼吸运动均有调节作用，以保证其他与呼吸相关活动的完成。体温升高时呼吸加快就是通过刺激下丘脑的体温调节中枢所致。大脑皮质可以分别通过皮质脊髓束和皮质脑干束随意控制脊髓和低位脑干呼吸神经元的活动，如人可以有意识地控制呼吸幅度和频率。此外，如讲话、读书、唱歌等需要依靠呼吸运动配合的活动，也都由大脑皮质调控。

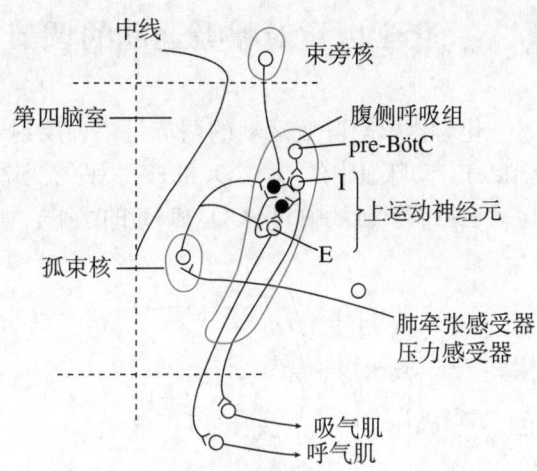

图 5-21 脑干呼吸神经元间的网络联系示意图
E：呼气神经元；I：吸气神经元；pre-BötC：吸气前起搏神经元

呼吸运动受随意和非随意调节系统的双重调节，大脑皮质的呼吸调节系统是随意呼吸调节系统，低位脑干的呼吸调节系统是不随意的自主节律呼吸调节系统，两个系统分别有相对独立的下行通路。在临床上，脊髓损伤伤及自主呼吸通路后，可以观察到自主呼吸和随意呼吸分离的现象。

（二）呼吸节律的形成

关于呼吸节律的形成机制尚无定论，目前主要有两种学说：起搏细胞学说和神经元网络学说。

起搏细胞学说认为，节律性呼吸运动类似窦房结起搏细胞的节律性兴奋引起整个心脏产生节律性收缩那样，由延髓内具有起搏样活动的神经元的节律性兴奋引起，该神经元可能就位于前包钦格复合体内。数十年来对新生大鼠脑干-脊髓标本进行的研究发现，只要保留了前包钦格复合体的脑片标本，就存在自发节律性活动。

神经元网络学说认为，呼吸节律的产生是延髓内呼吸神经元之间相互联系和相互作用的结果。其中回返抑制假说认为，在延髓内存在具有"中枢吸气活动发生器"和"吸气切断机制"两种作用的神经元，解释了平静呼吸时吸气的发动与吸气向呼气转化两个关键问题，但有待实验进一步证实。虽然许多学者在关于延髓呼吸神经元轴突投射的大量实验研究基础上提出了多种网络模型，但均不能很好地解释呼吸节律的产生原理。

根据两种学说实验依据的动物分析，起搏细胞学说动物依据主要来自新生动物，而神经元网络学说主要来自成年动物。因此，有可能两种机制都起作用，只是发生在动物的不同发育阶段，即新生期以起搏细胞的活动起主导作用，随着动物的成长发育，呼吸神经元之间联系加强，神经元网络的作用更加重要。

二、化学因素对呼吸运动的调节

化学因素对呼吸运动的调节是一种反射性的活动，称为化学感受性反射（chemoreceptor reflex）。动脉血中的 O_2、CO_2 和 H^+ 水平的变化可作用于化学感受器调节呼吸运动，反过来呼吸运动也可调节血液中 O_2、CO_2 和 H^+ 的水平，如此共同维持机体内环境的稳定。

（一）化学感受器

化学感受器是感受体液中化学物质刺激的一类感受器，根据感受器所在部位的不同，分为中枢化学感受器和外周化学感受器。

1. 中枢化学感受器 中枢化学感受器（central chemoreceptor）位于延髓腹外侧浅表部位，左右对称，可分为头、中、尾三个区域（图 5-22）。头端区和尾端区都可感受化学刺激，中间区虽然没有化学感受性，但却是头端区和尾端区传入冲动向脑干呼吸中枢投射的中继站。近年来研究表明，在斜方体后核、孤束核、下丘脑等部位也存在化学敏感神经元。

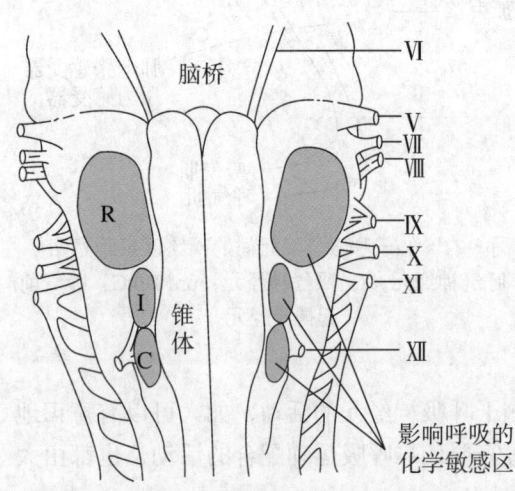

图 5-22　延髓腹外侧表浅部位化学敏感区
R：头端区；I：中间区；C：尾端区

中枢化学感受器的生理刺激是脑脊液和局部细胞外液的 H^+ 浓度。在保持人工脑脊液 pH 不变的实验条件下，用含高浓度 CO_2 的人工脑脊液灌流脑室时所引起的通气增强反应消失，可见有效刺激不是 CO_2 本身，而是 CO_2 所引起的 H^+ 浓度升高，传入神经放电增加。在体内，血液中的 CO_2 能迅速通过血脑屏障，使化学感受器周围体液中的 H^+ 浓度升高，从而刺激中枢化学感受器，引起呼吸中枢兴奋。由于脑脊液中碳酸酐酶含量少，CO_2 与水的反应慢，所以对 CO_2 的反应有一定的时间延迟，潜伏期较长。由于血液中的 H^+ 不易通过血脑屏障，因此血液 pH 变化对中枢化学感受器的直接作用不大，也较缓慢。中枢化学感受器不能感受低 O_2 的刺激，但对 CO_2 的敏感性高于外周化学感受器。中枢化学感受器的作用可能是通过调节 CO_2 的呼出而调节脑脊液的 H^+ 浓度，使中枢神经系统内部始终维持 pH 环境的稳态。

2. 外周化学感受器 外周化学感受器（peripheral chemoreceptor）位于颈动脉体和主动脉体，当动脉血 PO_2 降低、PCO_2 或 H^+ 浓度升高时刺激外周化学感受器，冲动分别经窦神经和迷走神经传入延髓孤束核，反射性地引起呼吸加深、加快和心血管活动的变化。与中枢化学感受器不同，外周化学感受器能感受低 O_2 的刺激，是机体低 O_2 时维持对呼吸中枢活动驱动的重要机制。比利时生理学家 Heymans 曾因发现外周化学感受器对呼吸运动的调节作用而获得 1938 年诺贝尔生理学或医学奖。

颈动脉体重约 20 mg，含 I 型细胞（球细胞）和 II 型细胞（鞘细胞）。细胞周围被毛细血管窦所包绕，血液供应十分丰富，远大于脑组织和肾组织的血供。这有利于保持感受器细胞实时监测的动脉血与全身动脉血理化性质的一致性，最大限度地发挥呼吸在维持内环境稳态方面的作用，降低动脉血气体分压和 pH 的波动幅度。I 型细胞内有大量囊泡，内含神经递质和调质，起着化学感受器的作用。目前认为，当细胞受到刺激时，胞质内 Ca^{2+} 浓度升高，触发递质多巴胺（DA）的释放，引起传入神经纤维兴奋。II 型细胞数量较少，没有囊泡，功能上类似神经胶质细胞，可能起支持作用。窦神经的传入纤维末梢分支穿插于 I 型和 II 型细胞之间，并与 I 型细胞形成多种特化接触，如单向突触、交互突触、缝隙连接等（图 5-23）。此外，颈动脉体还接受传出神经支配，通过调节血流和化学感受器的敏感性来改变化学感受器的活动。

用游离的颈动脉体，记录其传入神经单纤维的动作电位，观察改变灌流液成分时动作电位频率的变化，可了解颈动脉体所感受的刺激性质和刺激与反应之间的关系。结果发现，当灌流液 PO_2 降低、PCO_2 或 H^+ 浓度升高时，传入冲动频率增加。如果保持灌流液的 PO_2 在 100 mmHg，仅减少灌流量，其传入冲动频率也增加，而贫血或 CO 中毒时，虽然动脉血氧含量减少，但只要灌流量充分，传入神经放电并不增加。这说明颈动脉体的适宜刺激是感受器所处环境的 PO_2，而不是动脉血 O_2 含量。PO_2 降低可抑制颈动脉体 I 型细胞 K^+ 通道的开放，K^+ 外流减少，细胞膜去极化，从而促使电压依赖性 Ca^{2+} 通道开放，Ca^{2+} 进入细胞，引起多巴胺的释放，使传入神经冲动频率增加。而当 PCO_2 或 H^+ 浓度升高时，进入颈动脉体 I 型

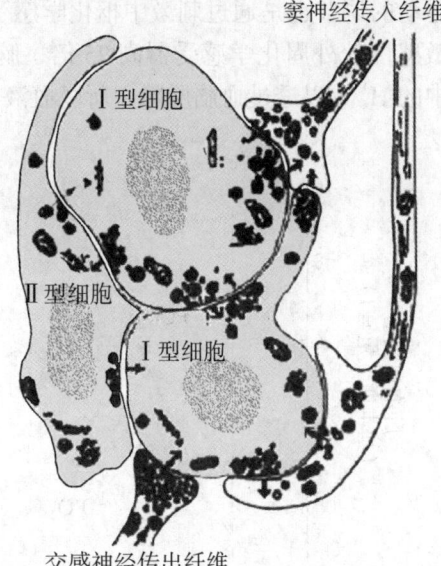

图 5-23 颈动脉体的组织结构

细胞内的 H^+ 增多，激活了细胞的 Na^+-H^+ 交换机制，使细胞内 Na^+ 浓度提高，继而抑制细胞的 Na^+-Ca^{2+} 交换活动，Ca^{2+} 外流减少，使细胞质内 Ca^{2+} 浓度升高。CO_2 对感受器的刺激比 H^+ 强。实验中还观察到，PO_2 降低、PCO_2 和 H^+ 浓度升高三种因素对化学感受器的刺激作用有相互增强的现象，即两种因素同时作用比单一因素的作用强。其意义在于，当机体循环或呼吸衰竭时，PO_2 降低、PCO_2 或 H^+ 浓度升高常常同时存在，它们协同作用于外周化学感受器，共同促进代偿性呼吸增强反应。

（二）CO_2、H^+ 和低氧对呼吸运动的调节

1. CO_2 对呼吸运动的调节 临床实践与动物实验表明，在麻醉的人或动物，动脉血液 PCO_2 降得很低时可发生呼吸暂停。因此，一定水平的 PCO_2 对维持呼吸中枢的基本活动是必要的，CO_2 是调节呼吸运动最重要的生理性化学因素。

当吸入气中 CO_2 浓度升高时，血液中 PCO_2 也随之升高，反射性引起呼吸加深、加快，肺通气量增加（图 5-24），肺通气量增加可使 CO_2 排出量增加，从而恢复血液中 PCO_2 水平。肺通气或换气功能障碍、代谢活动增强等都可导致血液中 PCO_2 升高，引起该反射活动。血液中 PCO_2 在一定范围内升高可加强呼吸运动，但当吸入气中 CO_2 浓度超过 7% 时，则起抑制作用，导致包括呼吸中枢在内的中枢神经系统活动的抑制，引起呼吸困难、头痛、头晕，甚至昏迷，严重时出现 CO_2 麻醉。

CO_2 对呼吸运动的影响通过两条途径实现，即刺激中枢化学感受器和外周化学感受器。这两条途径中前者的作用是主要的，因为动脉血 PCO_2 只需升高 2 mmHg，就可通过刺激中枢化学感受器，出现通气加强效应；而对于外周化学感受器，则需升高 10 mmHg。另外，阻断外周化学感受器的作用途径之后，CO_2 引起的通气反应仅下降约 20%，可见中枢化学感受器在 CO_2 引起的通气反应中起主要作用。由于中枢化学感受器对刺激的反应慢，潜伏期长，所以当动脉血 PCO_2 突然升高时，外周化学感受器可接受这一刺激而引起快速的呼吸调节反应。此外，当中枢化学感受器受到抑制或麻痹，对 CO_2 的敏感性降低时，如出现睡眠呼吸暂停综合征、药物中毒性呼吸中枢麻醉等，外周化学感受器的作用就更显重要。

2. H^+ 对呼吸运动的调节 当动脉血液中 H^+ 浓度升高时，呼吸运动加深、加快，肺通气量增加；相反，当 H^+ 浓度降低时，呼吸运动受到抑制，肺通气量减少（图 5-25）。H^+ 对呼吸

运动的调节也是通过刺激中枢化学感受器和外周化学感受器实现的。中枢化学感受器对 H^+ 的敏感性较外周化学感受器高 25 倍，脑脊液中的 H^+ 是中枢化学感受器的最有效刺激，但血液中的 H^+ 难以透过血脑屏障，所以血液中的 H^+ 主要通过外周化学感受器起作用。

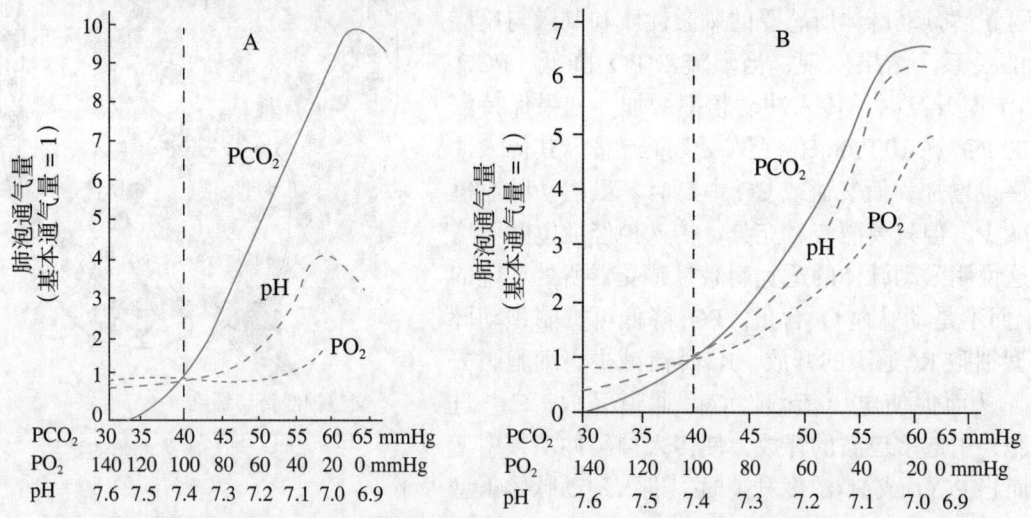

图 5-24 动脉血液 PCO_2、PO_2、pH 改变对肺泡通气量的影响
A. 改变 PCO_2、PO_2、pH 其中一种因素，对另两种因素不加控制；B. 维持两种因素在正常水平，改变一种因素

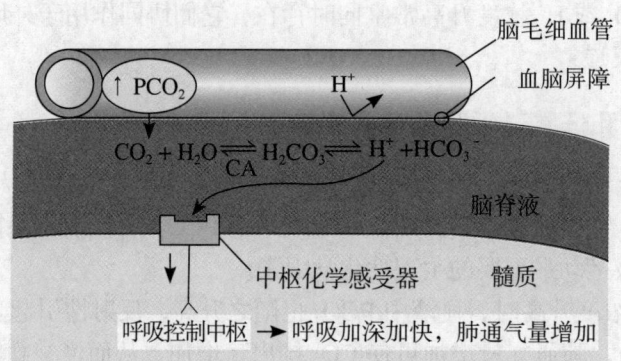

图 5-25 CO_2 与 H^+ 作用的中枢途径

3. 低氧对呼吸运动的调节 当吸入气 PO_2 降低时，动脉血中 PO_2 随之降低，呼吸运动加深、加快，肺通气量增加。一般在动脉血 PO_2 下降到 80 mmHg 以下时，才可觉察到肺通气量的增加，可见动脉血 PO_2 的改变在正常呼吸运动的调节中作用不大，当机体严重缺氧时才有重要意义。此外，严重肺气肿、肺心病患者，肺换气功能障碍，导致机体慢性缺 O_2 和 CO_2 潴留，长时间 CO_2 潴留，使中枢化学感受器对 CO_2 的刺激出现适应现象，而外周化学感受器对低 O_2 刺激适应很慢，此时低 O_2 对外周化学感受器的刺激成为驱动呼吸运动的主要因素。因此，临床上在给有 CO_2 潴留的患者吸 O_2 时，应予以高度注意，不能给予快速吸入纯 O_2，否则一旦解除了低 O_2 对外周化学感受器的刺激，将会引起呼吸运动暂停。低 O_2 对呼吸运动的刺激作用完全是通过外周化学感受器实现的（图 5-26）。切断动物外周化学感受器的传入神经或摘除其颈动脉体，急性低 O_2 引起的呼吸运动刺激反应将完全消失。低 O_2 对中枢的直接作用是抑制，但其通过外周化学感受器对呼吸中枢的兴奋作用可对抗中枢途径的直接抑制效应，在严重

缺氧时，这种对抗作用减弱，将导致呼吸运动减弱。

4. PCO_2、H^+ 和 PO_2 在呼吸运动调节中的相互作用 在自然呼吸情况下，单一因素起作用的情况是不可能的，一种因素的改变往往会引起另外一种或两种因素相继改变或三种因素同时改变。三者之间的相互作用对肺通气的影响既可使其增强，也可使其减弱。若在实验中改变三种因素之一而保持其他两者不变，可观察到各单一因素对肺泡通气的调节效应（图 5-24B）；若改变三者中的单一因素而对其他两种因素的变化不加控制，则实际观察到的是各因素对肺泡通气调节的综合效应（图 5-24A），而这种情况更接近自然呼吸的状况。上述实验均表明，CO_2 对呼吸运动的刺激作用最强，且共同作用比单因素作用更强；H^+ 的作用次之，低氧的作用最弱。这是由于随着 PCO_2 的升高，血中 H^+ 浓度也升高，两者的协同作用使肺通气量增加更为明显（图 5-27）。H^+ 浓度增加时，因肺通气量增加导致 CO_2 排出增加，PCO_2 下降，可部分抵消 H^+ 的刺激作用。PO_2 降低时，肺通气量增加，呼出较多的 CO_2，使 PCO_2 和 H^+ 浓度降低，从而减弱低氧的作用。

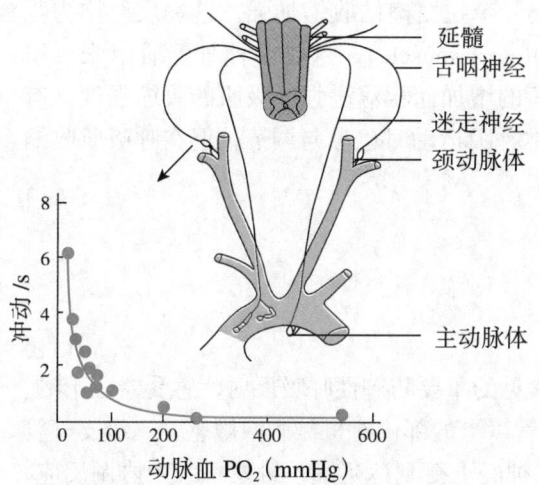

图 5-26 动脉血氧分压改变对颈动脉体单纤维传入冲动的影响

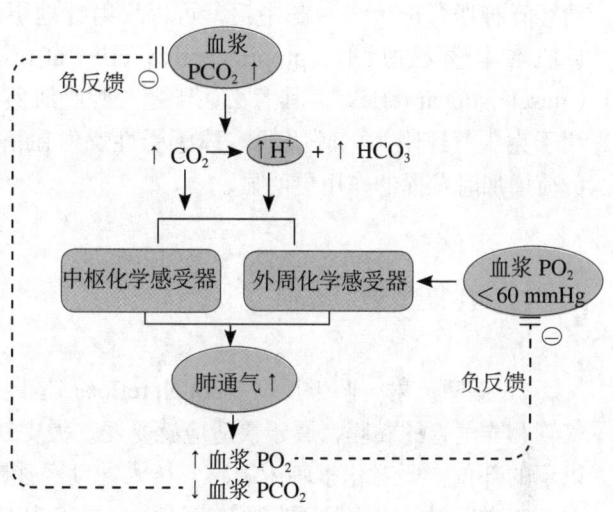

图 5-27 化学因素对呼吸调节的相互影响

三、机械因素对呼吸运动的调节

（一）肺牵张反射调节

19 世纪中叶，Breuer 和 Hering 在实验中发现，使麻醉动物的肺扩张或充气，可出现吸气活动受抑制的现象；若使肺缩小或抽气，则可引起吸气活动的发生。切断迷走神经后，上述反应消失，由此推断这是由迷走神经参与的反射性反应。这种由肺扩张或缩小所引起的吸气抑制或吸气兴奋的反射称为肺牵张反射（pulmonary stretch reflex），又称黑 - 伯反射（Hering-Breuer reflex），包括肺扩张反射和肺缩小反射。

1. 肺扩张反射 由肺扩张引起吸气抑制的反射称为肺扩张反射（pulmonary inflation reflex）。感受器位于从气管到细支气管的平滑肌中，属于牵张感受器，其阈值低，适应慢，为慢适应感受器。当肺扩张牵拉呼吸道时可刺激牵张感受器，冲动经迷走神经传入延髓，经延髓和脑桥呼吸中枢的作用抑制吸气而转入呼气过程。可见肺扩张反射的意义在于促使吸气向呼气的转换，使呼吸频率增加。若切断两侧迷走神经，动物的吸气时间延长、幅度加深，变成深而慢的呼吸。

肺扩张反射的敏感性存在种属差异，兔的反射最灵敏，而人类的最弱。在人类，新生儿出生 4~5 天后，反射的敏感性显著减弱。在成年人，只有当潮气量增加至 1500 ml 以上时，才引起肺扩张反射，所以平静呼吸时，肺扩张反射不参与呼吸运动的调节。在病理情况下，肺顺应性降低，肺扩张时对气道的牵张刺激增强，可使呼吸变浅、加快。

2. 肺缩小反射　肺缩小时引起吸气活动或使呼气转换为吸气的反射称为肺缩小反射（pulmonary deflation reflex）。感受器也位于气道平滑肌内，但其性质尚不十分清楚。肺缩小反射只在肺过度缩小时才出现，在平静呼吸中的调节意义不大，但在防止过深呼气和肺不张等时可能起一定作用。

（二）呼吸肌本体感受性反射

呼吸肌是骨骼肌，其内部的肌梭属于本体感受器。当肌梭受到牵拉刺激而兴奋时，其冲动经脊神经背根传入脊髓中枢，可以反射性地引起受牵拉肌肉的收缩加强，这种反射称为呼吸肌本体感受性反射（proprioceptive reflex of respiratory muscle），这是一种骨骼肌牵张反射（muscle stretch reflex），其意义在于随着呼吸肌负荷的增加而相应增强呼吸肌的收缩强度，有利于克服气道阻力。呼吸肌本体感受性反射在正常呼吸运动时也参与调节，但在呼吸肌收缩负荷增加时发挥的作用更明显。

四、其他呼吸反射

1. 咳嗽反射　咳嗽反射（cough reflex）是最常见的重要防御性呼吸反射，感受器位于喉、气管和支气管的黏膜，属于快适应感受器。大支气管以上的部位对机械刺激敏感，二级支气管以下的部位主要对化学刺激敏感。传入冲动经迷走神经上行到达延髓，触发一系列协调反应，引起咳嗽反射，以清除下呼吸道刺激物，避免其进入肺泡。咳嗽时，先是短促的深吸气，随之声门紧闭，呼气肌强烈收缩，肺内压和胸膜腔内压急速上升，然后声门突然开放，由于瞬间气压差极高，气体以极快的速度由肺内冲出，使呼吸道内的异物及分泌物强力排出。剧烈咳嗽时，因胸膜腔内压显著升高，可阻碍静脉回流，使静脉压和脑脊液内压等升高。

2. 喷嚏反射　喷嚏反射（sneeze reflex）也是一种防御性呼吸反射，其作用与咳嗽反射相似，但其刺激主要作用于鼻黏膜的感受器，在受到机械或化学刺激时，经三叉神经向中枢传入，反射性引起腭垂下降，舌面压向软腭，声门并不关闭，气流主要由鼻腔喷出，以清除鼻腔中的刺激物。

3. 肺毛细血管旁感受器反射　肺毛细血管旁感受器（juxtacapillary receptor）又称 J 感受器，位于肺组织和气管内，肺泡毛细血管组织间隙，其适宜刺激是组织间隙的膨胀作用，在肺毛细血管充血、肺泡间质积液水肿时刺激 J 感受器，冲动经迷走神经传入延髓，引起反射性呼吸暂停。该反射在呼吸调节中的作用尚不清楚，可能与运动时呼吸运动加快及肺充血、肺水肿时的急促呼吸有关。

五、特殊环境对呼吸的影响

当人体处于高海拔、潜水和运动等特殊环境时，呼吸运动除遵循一般的调节规律外，还有其自身特点。

1. 高海拔对呼吸的影响 在高原低气压地区，吸入气中PO_2降低，刺激外周化学感受器，进而兴奋呼吸中枢，使呼吸加快、加深，以改善机体缺氧。同时，排出CO_2增多，动脉血中PCO_2降低，H^+浓度降低，使氧解离曲线左移，不利于O_2的释放。以上因素将造成一定程度的缺氧，但长期生活在高原环境的人，会逐渐适应这种低氧环境，这一过程称为习服。

2. 潜水对呼吸的影响 潜水时肺内气体被压缩，如人在潜入20 m深的海水时，肺内气体的容积将被压缩为海平面的1/3，使肺容积小于余气量容积，造成肺泡塌陷。随着压力的增加，呼吸运动将变得深而慢，其机制可能是气体压力升高后密度增加，从而增大了呼吸阻力。

3. 运动对呼吸的影响 运动时呼吸运动加深、加快，肺通气量增大，其增加程度与运动量和个人体质关系密切。潮气量可增加1500 ml，呼吸频率可增快至50次/分，O_2的吸入量和CO_2排出量均相应增加。运动时肺通气量的增加常表现为骤升之后缓升，然后稳定在一定水平，运动停止后这一过程则反向进行。其机制为运动时，肌肉、关节的本体感受器受到刺激，传入冲动反射性地影响呼吸运动。此外，也与化学感受性反射有关。

六、异常呼吸

1. 陈-施呼吸 陈-施呼吸（Cheyne-Stoke breathing）表现为呼吸频率和深度逐渐增强又逐渐减弱，然后呼吸暂停，二者交替出现。常见于尿毒症、脑病、心力衰竭患者以及在高原生活的正常人处于睡眠状态时。其产生机制可能是：①呼吸中枢对CO_2的敏感性增高；②中枢血液供应不足而使CO_2增多；③睡眠时中枢化学感受器对PCO_2的敏感性降低；④肺-脑循环时间延长。

2. 比奥呼吸 比奥呼吸（Biot breathing）表现为在4~5次较强的呼吸后，突然出现较长时间的呼吸停止，之后又突然开始呼吸，如此反复。常见于脑损伤等颅内压增高患者，是病情危急的表现。其发病的原因可能是脑部病变已侵及延髓，使呼吸中枢节律活动发生异常。

3. 睡眠呼吸暂停 睡眠呼吸暂停（sleep apnea）表现为在睡眠时出现周期性的呼吸暂停，一般在数十秒内自动恢复节律性呼吸运动，以快速眼球运动睡眠期为多见。可发生于任何年龄阶段，常见于老年人或婴儿睡眠时、某些神经系统疾病以及使用麻醉剂的患者，主要症状是打鼾、晨起头痛和困倦乏力等。睡眠呼吸暂停分为中枢性和阻塞性两大类，前者呼吸运动完全消失，膈神经无放电活动，主要原因是呼吸中枢对刺激的反应性降低；后者为气道肌肉松弛和上呼吸道塌陷阻塞等所致，因而有呼吸运动但无气流。长期发生睡眠呼吸暂停会导致肺动脉高压、心力衰竭、心肌梗死等疾病。此外，睡眠呼吸暂停患者比普通驾驶员的交通事故发生率高7倍。

（彭　涛　罗自强）

思政案例

藏在中医古书中的急救术——心肺复苏

东汉张仲景所著《金匮要略方论》（简称《金匮要略》）是中国现存最早的一部诊治杂病的专著。古今医家对此书推崇备至，称之为方书之祖、医方之经、治疗杂病的典范。在《金匮要略·杂疗方》的"救自缢死方"中记载："……上下安被卧之。一人以脚踏其两肩，手少挽其发，常弦勿纵之。一人以手按据胸上，数动之。一人摩捋臂胫，屈伸之。若已僵，但渐渐强屈之，并按其腹。如此一炊顷，气从口出，呼吸眼开。"1800多年前的"救自缢死方"实则为心肺复苏的急救技术，虽在急救技术的步骤和方法上略显粗糙，但基本包含了现代心肺复苏中平卧的复苏体位（安被卧之）、头后仰畅通气道（一人登肩挽发，使患者头部后仰，开放呼吸道）、胸部按压（一人以手按压缢者胸部，上下反复按压）、腹部按压（推动膈肌以助通气）以及多人合作持续复苏（需持续一顿饭时间）等多个基本要素。张仲景的医学理论和实践对中国古代医学的发展和人民的健康做出了巨大贡献，他本人也被后人尊称为医圣，激励着后世的行医者悬壶济世，救死扶伤。

思 考 题

1. 简述胸膜腔内负压的形成原理及其生理意义。
2. 什么是肺表面活性物质？其有何生理意义？
3. 为什么支气管哮喘发作时患者多表现为呼气性呼吸困难？
4. 在对严重酸中毒患者进行纠酸时，为什么要采用"宁酸勿碱"的原则？
5. 机体发生代谢性酸中毒时呼吸运动有何变化？请简要解释其机制。
6. 动物实验中吸入气体中 CO_2 浓度增加对动物呼吸运动有何影响？请简要解释其机制。
7. 为什么严重阻塞性肺疾病患者不宜吸入纯 O_2 来改善其缺 O_2 症状？

第六章 消化和吸收

第六章数字资源

第一节 概 述

消化系统（digestive system）由消化道和消化腺组成。消化道是一条长为 8～10 m、自口腔至肛门的肌性管道；消化腺有大消化腺和小消化腺，大消化腺包括 3 对唾液腺、肝和胰腺，小消化腺散在于消化道各部的管壁内。消化系统的基本功能是消化食物和吸收营养物质，为机体新陈代谢提供必要的物质和能量来源（表 6-1）。

表 6-1 消化系统的基本功能

功能活动	概念	作用及生理意义
运动	以肌肉收缩为基础的消化道规律性活动过程，发挥机械性消化作用	摄取、研磨食物并与消化液充分混合；推送食物，排除残渣（排便）
分泌	消化腺将消化液分泌到消化道内的过程，发挥化学性消化作用	分解食物中的大分子；维持消化道内适宜的酸碱度
消化	将摄入消化道的食物分解为可吸收的小分子物质的过程，包括机械性消化和化学性消化	加工处理食物、分解提取其中的营养成分
吸收	通过消化道黏膜上皮细胞将食物中的营养成分转运到血液或淋巴液的过程	补充并维持机体新陈代谢所需的物质和能量

食物中的营养物质除维生素、水和无机盐可以被机体直接吸收利用外，糖类、脂肪和蛋白质等均需在消化道内被分解为结构简单的小分子物质后，才能被吸收利用。食物在消化道内被分解为可吸收的小分子物质的过程，称为消化（digestion），包括机械性消化和化学性消化。机械性消化（mechanical digestion）是指通过消化道的运动，将食物磨碎并与消化液充分混合，同时将食物向消化道远端推送的过程。化学性消化（chemical digestion）是指通过消化腺分泌的消化酶，将食物中的大分子物质分解为可吸收的小分子物质的过程。两种消化方式同时进行，密切配合。

经过消化分解后的小分子物质，通过消化道黏膜上皮细胞进入血液或淋巴循环的过程称为吸收（absorption）。不能被消化和吸收的食物残渣，最后以粪便的形式被排出体外。消化和吸收是两个紧密联系的过程，受神经和体液多种因素的调节。

一、消化道平滑肌的生理特性

（一）消化道平滑肌的一般生理特性

除口腔、咽、食管上端和肛门外括约肌为骨骼肌外，消化道其余部分均由平滑肌组成。消化道平滑肌在功能上属于单个单位平滑肌，平滑肌之间通过缝隙连接（gap junction）进行同步性活动，通过其舒缩活动完成对食物的机械性消化，并将残渣排出体外。

消化道平滑肌具有肌肉组织的共同特性，如兴奋性、传导性和收缩性等，又表现出自身的特点，其一般生理特性及意义见表6-2。

表6-2 消化道平滑肌的一般生理特性及生理意义

生理特性	特点	生理意义
兴奋性和收缩性	兴奋性较低；舒缩缓慢，且变异大	适应整体消化活动的需要，与消化过程相协调
节律性运动	缓慢节律性活动，且远不如心肌规则	反复进行充分的消化活动
具有一定紧张性收缩	经常保持微弱、持续的收缩状态	维持消化道基本形状和位置，保持消化道管腔内的基础压力
富有伸展性	可被动牵拉为自身原始长度的数倍	发挥容纳和贮存食物的作用
适宜刺激	对电刺激不敏感，但对温度、化学和机械牵拉刺激特别敏感	感受消化活动的局部自然刺激因素

（二）消化道平滑肌的电生理特性

消化道平滑肌细胞的生物电活动比骨骼肌复杂，包括静息电位、慢波电位和动作电位。

1. 静息电位 消化道平滑肌的静息电位较低，电位不稳定，存在一定波动，实测值为 $-60 \sim -50$ mV。静息电位主要由细胞内 K^+ 外流和生电性钠泵的活动形成。此外，少量的 Na^+、Ca^{2+} 内流以及 Cl^- 外流也参与静息电位的形成。

2. 慢波电位 消化道平滑肌在静息电位的基础上，可自发地产生去极化和复极化的节律性电位波动，由于其频率较慢，故称为慢波（slow wave）。因慢波决定平滑肌的收缩节律，故又称为基本电节律（basic electrical rhythm，BER）。慢波的波幅为 $5 \sim 15$ mV，持续时间由数秒至十几秒；不同部位消化道平滑肌的慢波频率不同，胃为3次/分，十二指肠为 $11 \sim 12$ 次/分，回肠末端为 $8 \sim 9$ 次/分。目前认为，慢波起源于纵行肌和环形肌之间的 Cajal 间质细胞（interstitial cell of Cajal，ICC）（图6-1）。

ICC 既非神经细胞又非平滑肌细胞，是一种兼有成纤维细胞和平滑肌细胞特性的间质细胞，能启动节律性电活动，因而被认为是胃肠活动的起搏细胞。慢波产生的离子机制尚未完全阐明，目前认为与细胞内 Ca^{2+} 浓度周期性震荡有关，这种 Ca^{2+} 震荡可激活细胞膜上的 Cl^- 通道，引起细胞膜节律性去极化。ICC 与平滑肌细胞之间的距离很近，并在多处形成缝隙连接，因而其慢波通过电紧张形式扩布到周围的平滑肌细胞。

在去除神经支配或用药物阻断神经冲动后，慢波依然存在，提示慢波的产生并不依赖于神经的支配。但慢波受自主神经的调节：交感神经活动增强时，慢波的幅度变小；副交感神经活动增强时，其幅度增大。

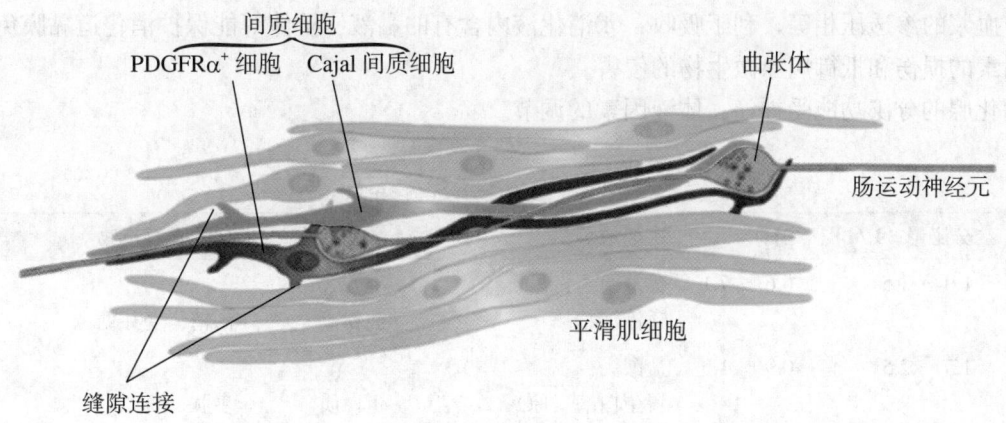

图 6-1 Cajal 间质细胞模式图
PDGFR α⁺ 细胞：血小板衍生因子受体 α 阳性细胞

3．动作电位　当消化道平滑肌受到各种理化因素刺激后，在慢波的基础上进一步去极化达到阈电位（–40 mV）时，就会爆发动作电位。有时当慢波去极化达到阈电位时，动作电位也可自发产生。消化道平滑肌动作电位时程很短，为 10～20 ms。动作电位常叠加在慢波的峰顶上，幅度 60～70 mV，可为单个，也可成簇出现。其产生机制是当平滑肌细胞膜去极化达阈电位后，膜上一种慢钙通道开放，大量 Ca^{2+} 内流产生去极化；复极化与骨骼肌相同，都是 K^+ 外流所致。

平滑肌细胞存在机械阈（mechanical threshold）和电阈（electrical threshold）两个临界膜电位值。当慢波去极化达到或超过机械阈时，细胞内 Ca^{2+} 浓度可增加到足以引起平滑肌细胞轻度收缩，而不一定依赖动作电位的产生；当去极化达到或超过电阈时，可引发动作电位，使更多的 Ca^{2+} 进入细胞，平滑肌收缩明显增强，每个慢波上出现的动作电位数目越多，收缩力就越强（图 6-2）。因此，动作电位在慢波去极化的基础上产生，收缩主要发生在动作电位之后，慢波是平滑肌的起步电位，决定消化道运动的方向、节律和速度。

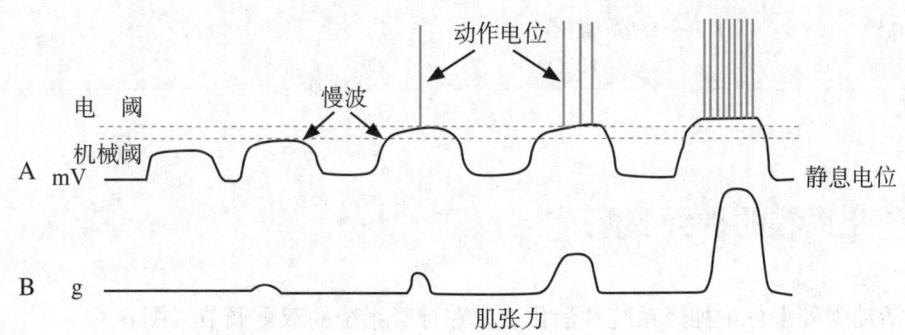

图 6-2　消化道平滑肌的电活动与肌肉收缩的关系
A．细胞内记录的细胞内电位变化曲线　B．肌肉收缩曲线

二、消化腺的分泌功能

人体各种消化腺每日分泌的消化液总量为 6～8 L，主要由水、无机物和消化酶、黏液、抗体等各种有机物组成（表 6-3）。消化液的功能主要有：①水解食物中大分子营养物质，使其利于吸收；②为各种消化酶提供适宜的 pH 环境；③稀释消化道内的食物消化产物，使其渗

透压与血浆的渗透压相等，利于吸收；④消化液内含有的黏液、抗体等能保护消化道黏膜免受理化因素的损伤和抵御病原微生物的侵害。

消化腺的分泌功能受神经、体液因素的调节。

表 6-3 消化液的成分及其作用

消化液	分泌量（L/d）	pH	主要成分	酶的底物	酶的水解产物
唾液	1.0～1.5	6.6～7.1	黏液		
			唾液淀粉酶	淀粉	糊精、麦芽糖
胃液	1.5～2.5	0.9～1.5	盐酸		
			胃蛋白酶（原）	蛋白质	多肽
			内因子		
			黏液		
胰液	1.0～2.0	7.8～8.4	HCO_3^-		
			胰蛋白酶（原）	蛋白质	小肽、氨基酸
			糜蛋白酶（原）	蛋白质	小肽、氨基酸
			羧基肽酶（原）	肽	氨基酸
			胰脂肪酶	三酰甘油	脂肪酸、甘油、甘油单酯
			胆固醇酯酶	胆固醇酯	脂肪酸、胆固醇
			磷脂酶 A_2	磷脂	溶血磷脂
			胰淀粉酶	淀粉	麦芽糖、寡糖
			核糖核酸酶	RNA	单核苷酸
			脱氧核糖核酸酶	DNA	单核苷酸
胆汁	0.8～1.0	6.8～7.4	胆盐		
			胆固醇		
			胆色素		
小肠液	1.0～3.0	7.6	黏液		
			肠激酶	胰蛋白酶原	胰蛋白酶
大肠液	0.5	8.3～8.4	黏液		
			HCO_3^-		

三、消化系统的神经支配

胃肠活动受外来自主神经系统和消化道内在神经系统的双重调节（图 6-3）。

（一）自主神经系统

1. 交感神经 支配胃肠道的交感神经节前纤维从脊髓胸 5～腰 2 段侧角发出，在腹腔神经节、肠系膜神经节或腹下神经节交换神经元后发出节后纤维，主要终止于壁内神经丛内的胆碱能神经元，抑制其兴奋性；少数交感节后纤维直接支配胃肠平滑肌、血管平滑肌和消化道腺细胞（图 6-3）。交感神经节后纤维末梢释放去甲肾上腺素（noradrenaline or norepinephrine, NA or NE），对胃肠道的运动、腺体分泌和血流量通常起抑制作用，而对消化道括约肌起兴奋作用。

2. 副交感神经　支配胃肠道的副交感神经主要来自迷走神经和盆神经，其节前纤维到达胃肠道并终止于胃肠壁内神经元，发出的节后纤维主要支配胃肠道的腺细胞、上皮细胞、平滑肌细胞（图6-3）。副交感神经大部分节后纤维释放的递质是乙酰胆碱（acetylcholine，ACh），通过激活毒蕈碱型（M）受体，对胃肠道运动和腺体分泌起兴奋作用，而对消化道括约肌则起抑制作用。但也有少数副交感神经节后纤维释放的递质既不是NE也不是ACh，而是某些肽类物质，如血管活性肠肽（vasoactive intestinal peptide，VIP）、P物质（substance P）、脑啡肽和生长抑素等，因而被称为肽能神经，在胃的容受性舒张、机械刺激引起的小肠充血等过程中起作用。

在交感和副交感神经中，除上述的传出神经外，还存在大量的传入神经，它们可将消化道感受器的各种信息传入中枢，以调节消化系统的活动（图6-3）。如迷走-迷走反射（vago-vagal reflex）就是通过迷走神经的传入和传出纤维完成的胃肠反射活动。

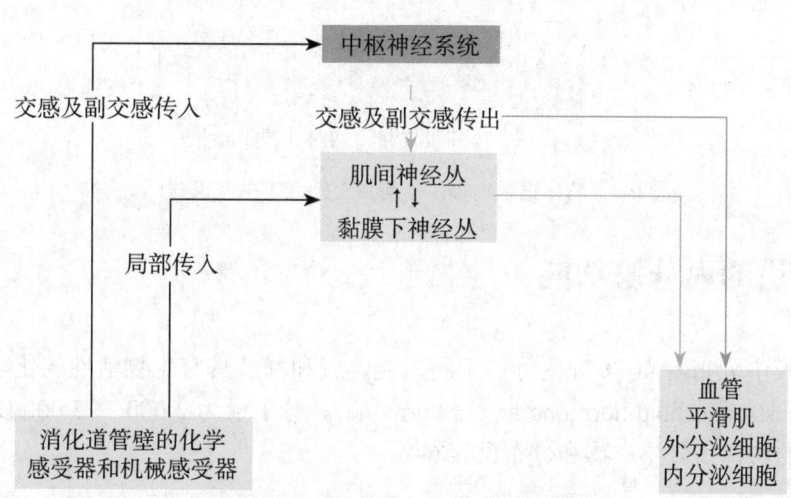

图6-3　消化系统的局部和中枢性调节通路

（二）内在神经系统

胃肠道内在神经系统（intrinsic nervous system）是指存在于消化道管壁内无数的神经元及其纤维组成的复杂的神经网络（图6-4），又称为肠神经系统（enteric nervous system，ENS）或壁内神经丛（intramural nerve plexus），包括黏膜下神经丛和肌间神经丛两类。

黏膜下神经丛（submucosal plexus，Meisser plexus）是指位于黏膜层和环形肌之间的神经丛，其神经元中的运动神经元释放ACh和VIP，主要调节腺细胞和上皮细胞功能，也有部分神经元支配黏膜下血管。肌间神经丛（myenteric plexus，Auerbach plexus）的神经元分布在环形肌和纵行肌之间，其中有以ACh和P物质为神经递质的兴奋性神经元，也有以VIP和一氧化氮（nitric oxide，NO）为递质的抑制性神经元。肌间神经丛的运动神经元主要支配平滑肌细胞。

内在神经系统由大量神经元及其纤维组成，包括感觉神经元、运动神经元和中间神经元，形成一个完整的、相对独立的神经网络，可独立完成局部反射活动，调节胃肠活动，因而有"肠脑"（brain of the gut）之称。从机体整体而言，胃肠道内在神经系统的活动也受交感神经和副交感神经的调控。

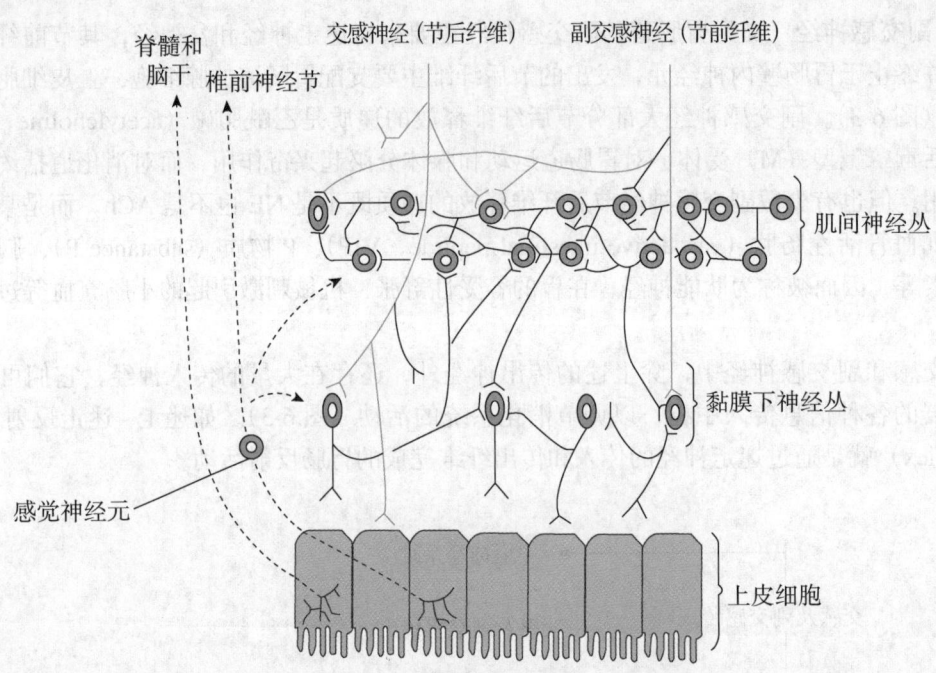

图 6-4　消化道壁内神经丛与自主神经的关系模式图

四、消化道的内分泌功能

胃肠道黏膜中分布着 40 多种内分泌细胞，能合成和释放具有生物活性的化学物质，统称为胃肠激素（gastrointestinal hormone 或 gut hormone），分子量为 2 000～5 000 Da。消化道主要内分泌细胞的名称、分泌产物和分布见表 6-4。

表 6-4　消化道主要内分泌细胞的名称、分泌产物和分布部位

细胞名称	分泌产物	分布部位
D 细胞	生长抑素	胰岛、胃、小肠、结肠
G 细胞	促胃液素	胃窦、十二指肠
I 细胞	缩胆囊素	小肠上部
K 细胞	抑胃肽	小肠上部
L 细胞	胰高血糖素样肽-1	小肠
M_0 细胞	胃动素	小肠
N 细胞	神经降压素	回肠
PP 细胞	胰多肽	胰岛、胰腺外分泌部分、胃、小肠、大肠
S 细胞	促胰液素	小肠上部
X/A 样细胞	促生长激素释放素	胃、小肠

（一）胃肠内分泌细胞

根据细胞的形态、结构和所在位置，可将胃肠内分泌细胞分为开放型细胞和闭合型细胞两类（图 6-5）。胃肠道的内分泌细胞大多为开放型细胞，呈锥形，顶端有微绒毛突起伸入胃肠腔内，直接感受食物成分和 pH 的刺激而引起细胞的分泌活动。闭合型细胞无微绒毛，与胃肠

腔无直接接触，其分泌受神经和周围环境变化的调节。闭合型细胞较少，主要分布在胃底和胃体泌酸区和胰腺。

（二）胃肠激素的分泌方式

胃肠激素分泌后，大多数（如促胃液素、促胰液素、缩胆囊素、抑胃肽等）经血液循环途径发挥作用，即远距分泌（telecrine）；有些则局部扩散作用于附近的细胞（如生长抑素），称为旁分泌（paracrine）；有些胃肠激素作为神经递质或神经调质（如 VIP、P 物质等）起作用，属于神经分泌（neurocrine）；有些胃肠激素（如促胃液素、胰多肽）可直接分泌入胃肠腔内发挥作用，称为腔分泌（solinocrine）；还有些胃肠激素分泌到细胞外，直接作用于分泌该激素的细胞本身，称为自分泌（autocrine）。消化道内还存在大量的分泌单胺类物质的内分泌细胞，如肠嗜铬细胞（enterochromaffin cells）释放 5-羟色胺（5-hydroxytryptamine，5-HT），肠嗜铬样细胞（enterochromaffin-like cells，ECL cells）释放组胺（histamine）等。它们往往表现为多种分泌方式。

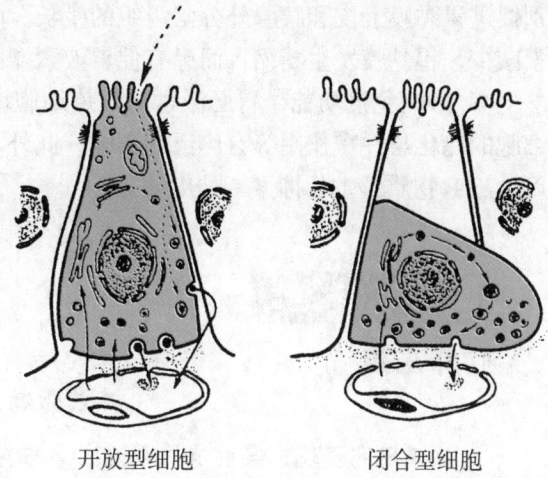

图 6-5　消化道内分泌细胞形态模式图

（三）胃肠激素的主要作用

1. 调节消化腺的分泌和消化道的运动　不同的胃肠激素对不同的消化腺、平滑肌和括约肌产生不同的调节作用。一种激素可调节多个消化器官的活动，而一个消化器官的功能又往往接受多种激素的调节。表 6-5 是五种胃肠激素的主要生理作用和引起释放的刺激物。

表 6-5　五种胃肠激素的主要生理作用及引起释放的刺激物

激素名称	主要生理作用	引起释放的刺激物
促胃液素	促进胃酸和胃蛋白酶分泌；加强胃肠运动，使胃窦和幽门括约肌收缩，延缓胃排空；促进胃肠上皮生长	蛋白质消化产物、迷走神经兴奋、胃扩张
缩胆囊素	刺激胰液中消化酶的分泌；促进小肠和大肠运动，增强幽门括约肌收缩，抑制胃排空，促进胆囊收缩和松弛肝胰壶腹括约肌；促进胰腺外分泌组织生长	蛋白质消化产物、脂肪酸
促胰液素	刺激胰液及胆汁中的 HCO_3^- 分泌；抑制胃酸分泌和胃肠运动，收缩幽门括约肌，抑制胃排空；促进胰腺外分泌组织生长	盐酸、脂肪酸
抑胃肽	刺激胰岛素分泌，抑制胃酸和胃蛋白酶分泌，抑制胃排空	葡萄糖、脂肪酸和氨基酸
胃动素	在消化间期刺激胃和小肠的运动	迷走神经、盐酸和脂肪

2. 调节其他激素的释放　胃肠激素如促胃液素（gastrin）、促胰液素（secretin）、缩胆囊素（cholecystokinin，CCK）在大剂量时都有促进胰岛素分泌的作用，而抑胃肽（gastric inhibitory peptide，GIP）在生理条件下即可刺激胰岛素的分泌。胰高血糖素（glucagon）可通过升高血糖浓度而间接刺激胰岛素分泌，也可直接刺激 B 细胞分泌胰岛素（insulin）。

3. 营养作用　某些胃肠激素对消化道组织的代谢和生长具有促进作用，称为营养作用。这种作用可能与刺激胃肠道黏膜的 DNA、RNA 和蛋白质合成有关，例如促胃液素和 CCK 分别促进胃黏膜上皮和胰腺外分泌组织的生长。临床观察到，切除胃窦的患者，由于血清促胃液素减少，胃黏膜发生萎缩；而患有促胃液素瘤的患者则多伴有胃黏膜增生肥厚。

4. 影响免疫功能 胃肠激素对免疫细胞增生及细胞因子的释放、免疫球蛋白的生成、白细胞的趋化与吞噬作用等有广泛的影响。此外，很多免疫细胞也能产生胃肠激素，如巨噬细胞可分泌 P 物质、生长抑素、蛙皮素等。

> **微整合**
>
> **临床应用**
>
> *胃肠激素与疾病*
>
> 临床研究发现，某些消化系统疾病与胃肠激素分泌障碍直接相关。例如部分十二指肠球部溃疡患者的胃酸增高是由于胃、十二指肠黏膜中 D 细胞分泌生长抑素减少，或是迷走神经中的促胃液素释放肽（gastrin releasing peptide，GRP）能纤维受到抑制，对刺激胃酸分泌的各种激素的抑制作用减弱，使胃酸分泌增加。胆结石的形成机制可能与胆囊平滑肌 CCK 受体缺乏、胆汁排放发生障碍有关。乳糜泻的发生与 CCK 和促胰液素释放减少所引起的胰腺分泌功能降低有关。多见于胰腺和胃窦的促胃液素瘤（gastrinoma，即 Zollinger-Ellison 综合征）是典型的内分泌肿瘤，其促胃液素的高水平分泌可引起胃酸过高，导致久治不愈的多发性消化性溃疡、出血甚至穿孔等。

（四）APUD 细胞和脑-肠肽

消化道的内分泌细胞都具有摄取胺前体、进行脱羧而产生肽类或活性胺的能力，这类细胞统称为胺前体摄取和脱羧细胞（amine precursor uptake and decarboxylation cell，APUD cell）。目前研究发现，具有这种能力的细胞颇多，神经系统、甲状腺、肾上腺髓质、腺垂体等组织中也含有 APUD 细胞。

一些被认为是胃肠激素的肽类物质也存在于中枢神经系统中，而原来认为只存在于中枢神经系统的神经肽也在消化道中被发现。这些在消化道和中枢神经系统内双重分布的肽类物质被统称为脑-肠肽（brain-gut peptide）。已发现的脑-肠肽有促胃液素、CCK、胃动素（motilin）、生长抑素、神经降压素等共 20 余种。对脑-肠肽功能的研究揭示了神经系统与消化道之间存在着密切的内在联系。

第二节 口腔内消化

消化过程从口腔开始。食物在口腔停留的时间为 15～20 s，但却能引起整个消化系统功能状态的改变，为依次进行食物的消化和吸收做好准备。食物经咀嚼和唾液中酶的作用得到初步消化，被唾液湿润和混合的食团经吞咽动作通过食管进入胃。口腔中的唾液对食物有较弱的化学性消化作用。

一、唾液分泌

人的口腔有三对大唾液腺，即腮腺、下颌下腺和舌下腺，以及众多散在于口腔黏膜内的小唾液腺，唾液就是由这些大小腺体所分泌的混合液。

（一）唾液的性质和成分

唾液（saliva）为无色、无味、近于中性的低渗液体，pH 为 6.6～7.1，比重为 1.002～1.012。正常成人每日唾液分泌量为 1.0～1.5 L，其中水分约占 99%，此外还有少量的有机物、无机物和一些气体分子（如 O_2、N_2、NH_3 和 CO_2）等。有机物主要为黏蛋白、黏多糖、唾液淀粉酶（salivary amylase）、溶菌酶、免疫球蛋白（IgA、IgG、IgM）、尿素、尿酸和游离氨基酸等；无机物有 Na^+、K^+、Cl^-、HCO_3^-、硝酸盐、亚硝酸盐和 SCN^-（硫氰酸盐）等。唾液渗透压通常低于血浆，并随分泌率的变化而不同。分泌率低时，唾液腺导管上皮细胞对 Na^+ 和 Cl^- 的重吸收作用使唾液渗透压较低，最低可达 50 mOsm/L；随分泌速率的提高，重吸收作用减弱，唾液渗透压将升高，最高可接近血浆渗透压，达 300 mOsm/L。

（二）唾液的作用

唾液的主要作用：①湿润和溶解食物，引起味觉并使食物易于吞咽。②清洁和保护口腔，清除口腔中的残余食物、脱落的上皮细胞和进入口腔的异物，当有害物质进入口腔时，唾液可以冲淡、中和这些物质，唾液中的溶菌酶和免疫球蛋白还有杀灭细菌和病毒的作用。③消化淀粉：唾液中含有唾液淀粉酶（最适 pH 为 7.0），可将淀粉分解为麦芽糖，因此淀粉类食物在口腔中咀嚼时间较长时会产生甜味觉。pH 低于 4.5 时该酶失活，故随食物进入胃后，在食团内还可以继续作用一段时间，直至食物 pH 降至 3.0～4.5 为止。④排泄功能：进入体内的重金属（如铅、汞等）、氰化物和狂犬病毒可随唾液分泌而排出。

（三）唾液分泌的调节

不同情况下唾液腺的分泌速率有很大差异，最低时仅为微量，最高时可达 4 ml/min。唾液分泌的调节完全是神经调节（图 6-6），包括非条件反射和条件反射。通常在进食时，条件反射和非条件反射调节唾液分泌的作用同时存在。

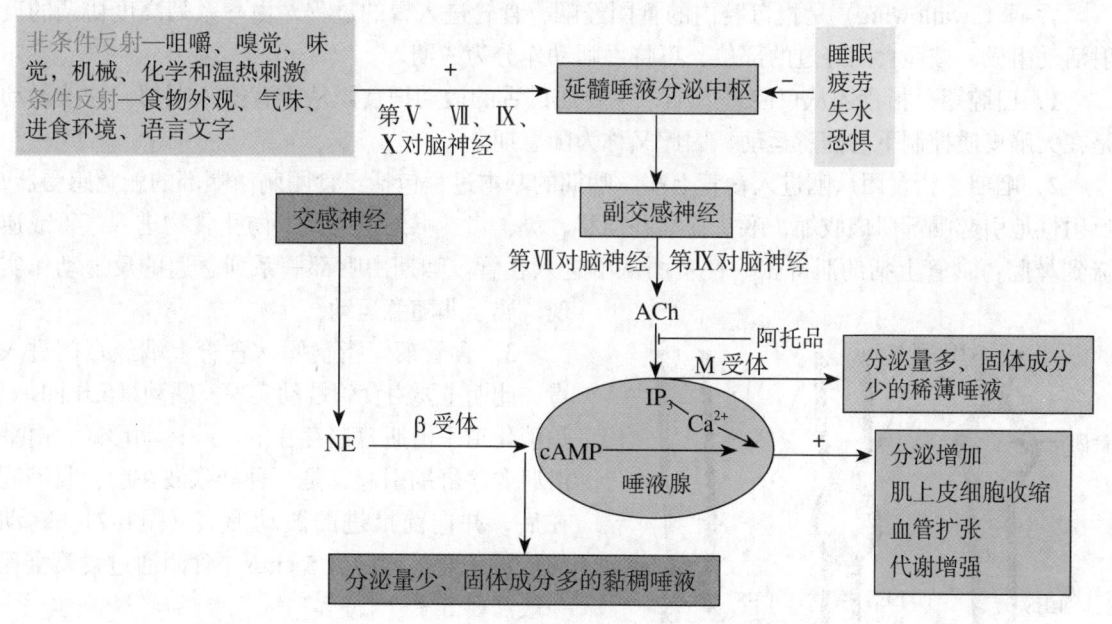

图 6-6　唾液分泌的神经调节

1. 非条件反射性分泌　食物对口腔的机械、化学和温度刺激，使口腔黏膜和舌的感受器兴奋，传入冲动经第 V、Ⅶ、Ⅸ、X 对脑神经传入各级中枢，然后通过第Ⅶ、Ⅸ对脑神经的副交感和交感神经的传出纤维到达唾液腺，引起唾液分泌，这种途径称为非条件反射性分泌。非条件反射性唾液分泌是与生俱来的，引起这类反射的刺激称为非条件刺激。

2. 条件反射性分泌　食物外观、气味、进食环境以及有关的语言文字描述等，都能形成条件反射，引起唾液分泌，称为条件反射性分泌。"望梅止渴"即是一种典型的条件反射引起的唾液分泌。

唾液分泌的基本中枢在延髓，下丘脑和大脑皮质中还存在更高级的中枢。支配唾液腺的传出神经主要是副交感神经，其末梢释放 ACh，与腺细胞膜上的 M 受体结合，引起胞内 IP_3 释放增加，触发细胞内钙库释放 Ca^{2+}，使腺细胞分泌功能加强、肌上皮细胞收缩、血管扩张、细胞代谢增加，最终使唾液分泌增加。副交感神经兴奋引起的唾液分泌的特点是量多而固体成分少的稀薄的唾液分泌增加，故临床患者服用 M 受体拮抗剂阿托品后可出现"口干"的现象。交感神经纤维也支配唾液腺，其节后纤维释放 NE，作用于腺细胞膜上的 β 受体，使细胞内 cAMP 增高，引起唾液腺分泌黏稠的唾液。

二、咀嚼

咀嚼（mastication）是由咀嚼肌的顺序收缩形成的复杂的节律性活动。咀嚼的主要作用是对食物进行机械性加工，将食物切割或磨碎，使食物与唾液混合形成食团，便于吞咽。咀嚼还可使食物与唾液淀粉酶充分接触，进行化学性消化。咀嚼还能反射性地引起胃肠、胰腺、肝、胆囊等活动加强，为下一步的消化和吸收过程做好准备。

三、吞咽

吞咽（swallowing）是指口腔内的食团经咽、食管进入胃的过程，由一系列高度协调的反射活动组成。按照食团经过的部位，可将吞咽动作分为 3 期。

1. 口腔期　指食团从口腔进入咽，主要通过舌的运动把食团从舌背推入咽部。这些运动是在大脑皮质控制下的随意运动，因此又称为随意期。

2. 咽期　指食团从咽进入食管上端。咽期的基本过程包括：食团刺激咽部的触觉感受器，反射性地引起咽部肌肉收缩，喉头提高并前移，鼻、口、喉通道关闭，防止食物进入气管或逆流到鼻腔；食管上括约肌舒张，使食团从咽进入食管。咽期由咽部一系列急速的反射动作实现，属于非随意运动。

3. 食管期　指食团从食管上端经贲门进入胃。此期主要由食管蠕动实现。蠕动（peristalsis）是消化道平滑肌普遍存在的一种运动形式，由平滑肌顺序舒缩引起，是一种舒张波在前、收缩波在后，并向前推进的波动形式（图 6-7）。蠕动的传播速度平均约为 5 cm/s，食团通过食管全程一般需要 6～7 s。

在食管下段，距离食管与胃贲门连接处 3～5 cm 的部位，其内压比胃内压高 5～10 mmHg，可阻止胃内容物逆流入食管，发挥类似生理性括约肌的作用，称为食管下括约肌（lower

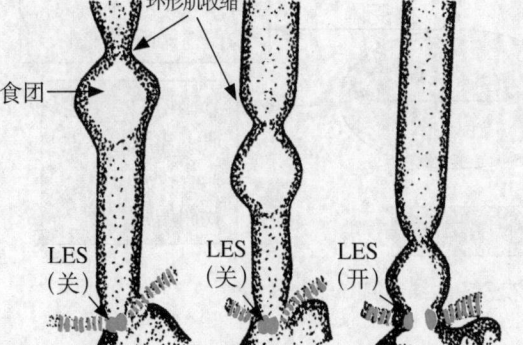

图 6-7　食管蠕动的模式图

esophageal sphincter，LES）（图 6-7）。食管下括约肌受迷走神经抑制性和兴奋性纤维的双重支配。当食管壁上的感受器受食团刺激时，迷走神经的抑制性纤维发出冲动增多，末梢释放 VIP 和 NO，引起食管下括约肌舒张，便于食团通过；当食团通过食管进入胃后，迷走神经的兴奋性纤维兴奋，末梢释放 ACh，使食管下括约肌收缩，防止胃内容物反流入食管。食管下括约肌的张力也受体液因素的调节，食物进入胃后引起促胃液素、胃动素等的释放，可加强该括约肌的收缩，而促胰液素、CCK、前列腺素 A_2 等则可使食管下括约肌舒张。此外，妊娠和月经期以及过量饮酒、吸烟亦可使食管下括约肌的张力降低。当食管下 2/3 部的肌间神经丛受损时，食管下括约肌松弛障碍，导致食管推送食团入胃受阻，从而出现吞咽困难、胸骨下疼痛、反流等症状，称为食管失弛缓症。

第三节　胃内消化

案例 6-1

患者，男，35 岁。间断性上腹痛 3 年。腹痛多发生于饥饿时，进食及口服碱性药物可缓解。查体：T 36.5 ℃，P 80 次 / 分，R 18 次 / 分，BP 100/60 mmHg。双肺呼吸音清，未闻及干、湿啰音，心律齐，腹软，无压痛。胃镜检查：十二指肠溃疡愈合期，^{14}C 尿素呼气试验阳性。

问题与思考：
1．患者患有十二指肠溃疡的主要病因是什么？
2．目前最有效的治疗方案是什么？

胃是消化道内最膨大的部分，具有储存和初步消化食物的功能。成年人胃的容量为 1 ~ 2 L。食物在胃内经过胃液的化学性消化和胃运动的机械性消化，逐渐被水解和研磨，形成食糜（chyme），逐次、少量地通过幽门排入十二指肠。

一、胃液的分泌

胃液（gastric juice）是由胃黏膜内多种外分泌腺细胞分泌的，发挥化学性消化作用。胃的外分泌腺包括：①贲门腺（cardiac gland）：胃与食管连接处的宽为 1 ~ 4 cm 的环状区，主要由黏液细胞组成，分泌碱性黏液；②泌酸腺（oxyntic gland）：分布在占胃黏膜约 2/3 的胃底和胃体部，由壁细胞（parietal cell）、主细胞（chief cell）和颈黏液细胞（neck mucous cell）等组成，它们分别分泌盐酸和内因子、胃蛋白酶原和黏液；③幽门腺（pyloric gland）：分布在幽门部，主要分泌碱性黏液。

胃黏膜内还含有多种内分泌细胞，如分泌促胃液素的 G 细胞、分泌生长抑素的 D 细胞以及分泌组胺的肠嗜铬样（ECL）细胞等。

（一）胃液的性质、成分和作用

胃液是无色酸性液体，pH 为 0.9 ~ 1.5，含水量为 91% ~ 97%。正常人 24 h 胃液分泌量为 1.5 ~ 2.5 L。进食情况下胃液的分泌量可大大增加，称为消化期胃液分泌，一般进食后半小时左右达高峰。胃液的成分除水分外，主要包括盐酸、胃蛋白酶原、黏液、碳酸氢盐

(HCO_3^-)、内因子、Na^+、K^+ 和水等。

1. 盐酸 胃液中的盐酸（hydrochloric acid，HCl）主要由泌酸腺的壁细胞分泌，也称为胃酸（gastric acid），有游离酸和结合酸两种形式，两者在胃液中的总浓度称为胃液总酸度。空腹时胃液分泌量很少，为基础胃液分泌。正常人空腹时的基础胃酸排出量（basal gastric acid output）为 0～5 mmol/h。在食物或某些药物刺激下，胃酸排出量可明显增加，正常人的最大胃酸排出量（maximal gastric acid output）可达 20～25 mmol/h，与壁细胞的数量及功能状态有关。

胃液中 H^+ 浓度为 150～170 mmol/L，Cl^- 浓度为 170 mmol/L；血浆中 H^+ 浓度为 0.0005 mmol/L，Cl^- 浓度为 104 mmol/L。可见，胃液中的 H^+ 比血浆高 300 万倍，Cl^- 浓度也比血浆高，因此，壁细胞分泌 H^+ 是逆着巨大浓度梯度进行的主动过程。这种逆浓度差分泌的能量来源与壁细胞顶端分泌小管膜上的质子泵（proton pump）的活动有关。质子泵具有转运 H^+、K^+ 和催化 ATP 水解的功能，又称为 H^+-K^+ATP 酶。

壁细胞分泌盐酸的基本过程如图 6-8 所示：壁细胞分泌的 H^+ 是由胞质中的 H_2O 解离生成的（$H_2O \rightarrow H^+ + OH^-$）。质子泵每降解 1 分子 ATP 所释放的能量，可驱动一个 H^+ 从胞质进入分泌小管腔，同时驱动一个 K^+ 从分泌小管腔进入胞质。H^+ 与 K^+ 的交换是 1 对 1 的电中性交换，顶端膜主动分泌 H^+ 和换回 K^+ 时顶端膜上的钾通道和氯通道也开放。K^+ 经 K^+ 通道进入分泌小管，而细胞基底侧膜上的 Na^+-K^+ATP 酶可使细胞外的 K^+ 通过与细胞内的 Na^+ 交换而进入细胞内，以补充由顶端膜丢失的部分 K^+。H^+ 被质子泵泵出后，留在胞质中的 OH^- 在碳酸酐酶（carbonic anhydrase，CA）的催化下迅速与 CO_2 结合，形成 HCO_3^-（$OH^- + CO_2 \rightarrow HCO_3^-$）；生成的 HCO_3^- 与 Cl^- 进行交换，HCO_3^- 进入血液，而 Cl^- 进入胞质，并通过细胞顶端膜特异的 Cl^- 通道进入分泌小管腔，与 H^+ 形成 HCl。

消化期胃酸大量分泌的同时，有大量的 HCO_3^- 进入血液，形成餐后碱潮（postprandial alkaline tide）现象。壁细胞分泌小管上的质子泵可被选择性质子泵抑制剂（proton pump inhibitor，PPI）所阻断，目前该类药已在临床上用于抑制胃酸分泌，治疗消化性溃疡。

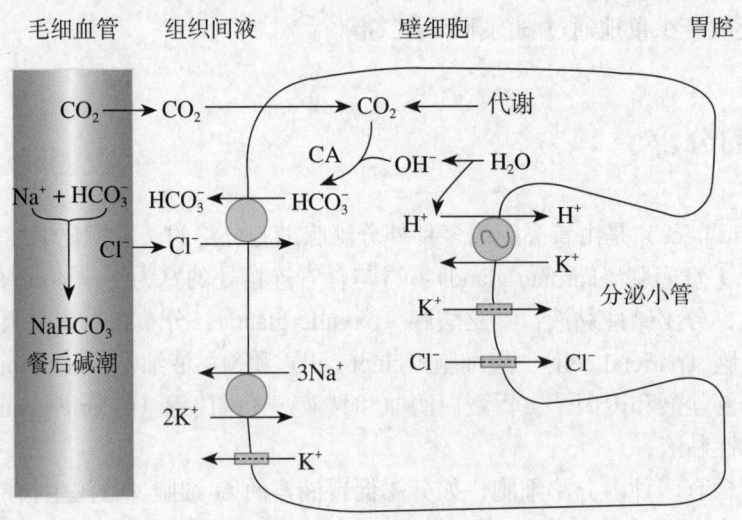

图 6-8 壁细胞分泌盐酸的基本过程模式图
CA. 碳酸酐酶

胃酸的生理作用：①抑制和杀死随食物进入胃内的细菌；②激活胃蛋白酶原，并为胃蛋白酶提供适宜的酸性环境；③使蛋白质变性而易于水解；④胃酸随食糜进入十二指肠后，促进胰液、胆汁和小肠液的分泌；⑤胃酸造成的酸性环境，有助于小肠对铁和钙的吸收。胃酸分泌过多，对胃和十二指肠黏膜具有侵蚀作用，是引起消化性溃疡的重要因素之一；胃酸分泌过少，常可产生腹胀、腹泻等消化不良的症状。

2. 胃蛋白酶原 胃蛋白酶原（pepsinogen）是胃液中最重要的消化酶，主要由泌酸腺的主细胞合成与分泌。颈黏液细胞、贲门腺和幽门腺的黏液细胞以及十二指肠近端的腺体也能分泌胃蛋白酶原。胃蛋白酶原常以无活性的酶原形式储存在细胞内，迷走神经兴奋、进餐等引起其分泌增多。分泌入胃腔的胃蛋白酶原在胃酸或已激活的胃蛋白酶作用下，转变为具有活性的胃蛋白酶（pepsin），其分子量也由 43 500 Da 减少到 35 000 Da。胃蛋白酶能水解蛋白质的多肽链，其主要产物是䏡和胨，并产生少量的多肽或氨基酸。胃蛋白酶作用的最适 pH 为 1.8～3.5，随着 pH 的升高，胃蛋白酶的活性降低。当 pH 超过 5.0 时，完全失活。

3. 黏液和碳酸氢盐 黏液（mucus）由胃黏膜表面上皮细胞、泌酸腺、贲门腺和幽门腺的颈黏液细胞共同分泌，主要成分为糖蛋白。由于黏液有较高的黏滞性和形成凝胶的特性，在胃黏膜表面形成一个厚约 500 μm 的保护层，可减少粗糙食物对胃黏膜的机械性损伤。

碳酸氢盐主要由胃黏膜的非泌酸细胞分泌，也有少量的 HCO_3^- 是从组织间液渗入的。胃黏膜表面的黏液凝胶保护层的黏稠度为水的 30～260 倍，可显著减慢 HCO_3^- 向胃腔移动和胃腔中的 H^+ 向黏膜上皮扩散的速度，两者在凝胶层内不断发生中和反应，形成一个跨黏液层的 pH 梯度（图 6-9），黏液层近胃腔侧呈酸性，pH 在 2.0 左右，而靠近上皮细胞侧呈中性，pH 值在 7.0 左右，可有效防止胃内 H^+ 对胃黏膜的直接侵蚀作用，以及胃蛋白酶对胃黏膜的消化作用。胃黏膜表面的黏液联合 HCO_3^- 组成抗胃黏膜损伤的"黏液 - 碳酸氢盐屏障"（mucus-bicarbonate barrier）。

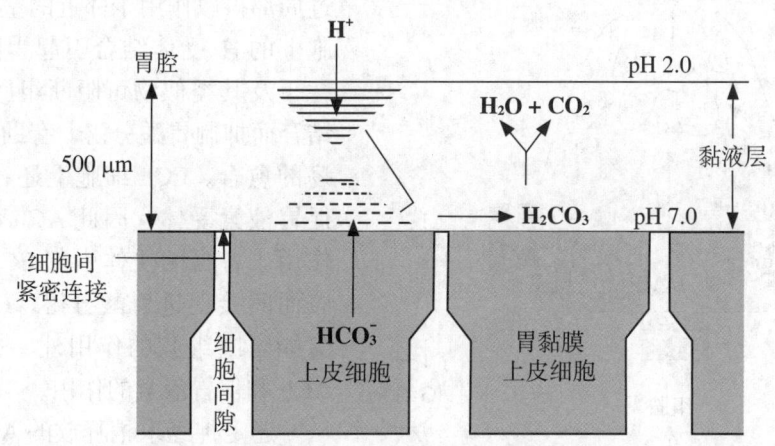

图 6-9 胃黏液 - 碳酸氢盐屏障模式图

此外，机体还有多重胃黏膜保护机制。相邻胃黏膜上皮细胞的顶端膜之间存在的紧密连接构成了胃黏膜屏障（gastric mucosal barrier），可防止胃腔内的 H^+ 向黏膜内扩散。胃黏膜和肌层合成和释放某些前列腺素（PGE_2、PGI_2）和表皮生长因子（epidermal growth factor, EGF），有抑制胃酸和胃蛋白酶原的分泌、刺激黏液和碳酸氢盐的分泌、促使胃黏膜的微血管扩张、增加黏膜血流量等作用，有助于胃黏膜的修复和维持其完整性。有害因素能够破坏胃黏膜的抗损伤能力，如大量饮酒或大量服用阿司匹林、吲哚美辛等，以及幽门螺杆菌（helicobacter pylori, Hp）感染等，可抑制黏液和 HCO_3^- 的分泌，破坏黏液 - 碳酸氢盐屏障，抑制胃黏膜合成前列腺素，降低细胞保护作用，损伤胃黏膜，引起 H^+ 逆渗至黏膜内，引起炎症渗出、水肿、糜烂、出血或溃疡。目前认为，消化性溃疡（十二指肠溃疡、胃溃疡）的发病主要由 Hp 感染所致。

4. 内因子 内因子（intrinsic factor）是由壁细胞分泌的糖蛋白，有两个活性部位，一个活性部位与进入胃内的维生素 B_{12} 结合成复合物，保护维生素 B_{12} 免遭肠道内水解酶的破坏，另一活性部位可与远端回肠黏膜上的受体结合,促进维生素 B_{12} 在远端回肠吸收。维生素 B_{12} 是红细胞成熟必需的辅酶,胃大部切除、广泛性萎缩性胃炎和胃酸缺乏的患者,内因子分泌减少,维生素 B_{12} 吸收障碍,引起巨幼细胞贫血。各种引起胃液分泌的刺激,如迷走神经兴奋、组胺和促胃液素等都可导致内因子分泌增多。

(二)促进胃液分泌的因素

胃液的分泌受神经和体液因素的调节。神经调节主要通过迷走神经的活动实现,体液调节通过激素或生物活性物质(促胃液素、组胺等)实现。

1. 迷走神经 支配胃的大部分迷走神经节后纤维末梢释放 ACh,作用于壁细胞膜上的 M_3 型胆碱能受体,引起胃酸分泌,该作用可被 M 受体拮抗剂阿托品阻断。也有迷走神经纤维支配胃泌酸区黏膜内的 ECL 细胞和幽门部的 G 细胞,通过组胺和促胃液素的释放间接引起壁细胞分泌胃酸。支配 ECL 细胞的纤维末梢释放 ACh,支配 G 细胞的纤维末梢释放促胃液素释放肽(gastrin releasting peptide,GRP)。

2. 促胃液素 促胃液素(gastrin)是由胃窦及十二指肠和空肠上段黏膜中的 G 细胞分泌的一种肽类激素,释放后主要通过血液循环运送到靶细胞发挥作用。促胃液素作用广泛,可以直接刺激胃酸和胃蛋白酶原的分泌;也可以通过刺激 ECL 细胞分泌组胺,间接促进壁细胞分泌胃酸;还可加强胃肠和胆囊的运动,促进胰液和胆汁的分泌。

3. 组胺 组胺(histamine)主要由胃泌酸区黏膜中的 ECL 细胞分泌,可通过局部扩散作用于邻近的壁细胞,与壁细胞上的 H_2 受体结合引起胃酸分泌。西咪替丁及其类似物可阻断组胺与 H_2 受体的结合而抑制胃酸分泌,有助于十二指肠溃疡的愈合。ECL 细胞上还存在 M 受体和促胃液素受体,因此 ACh 和促胃液素可作用于各自的受体引起 ECL 细胞释放组胺而间接促进胃酸分泌,H_2 受体阻断剂除能阻断组胺的作用外,也能部分阻断 ACh 和促胃液素的作用。

迷走神经末梢释放的 ACh、促胃液素和组胺都是影响胃酸分泌的重要因素,三者促进胃酸分泌的作用可相互影响(图6-10)。

此外,Ca^{2+}、低血糖、咖啡因和乙醇等也可刺激胃酸的分泌。

引起壁细胞分泌胃酸的大多数刺激均能促进主细胞分泌胃蛋白酶原及颈黏液细胞分泌黏液。ACh 是主细胞分泌胃蛋白酶原的强刺激物,促胃液素也可直接作用于主细胞,十二指肠黏膜分泌的促胰液素和缩胆囊素也能刺激胃蛋白酶原的分泌。

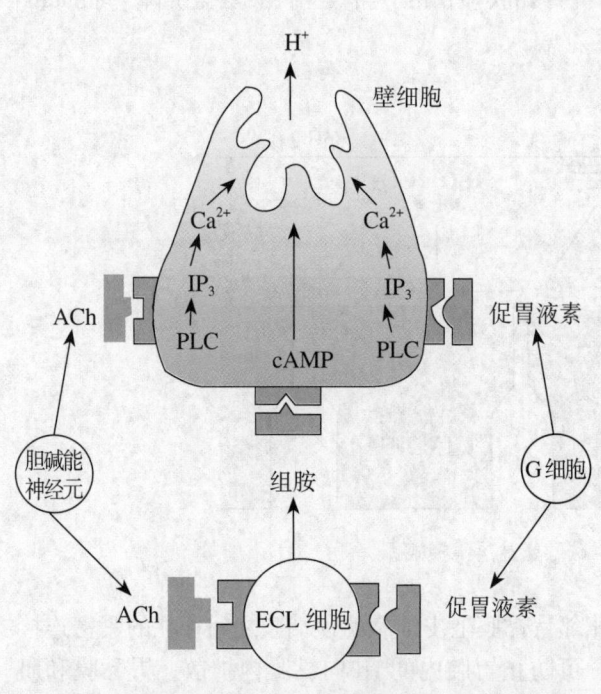

图 6-10 乙酰胆碱、组胺和促胃液素刺激壁细胞分泌胃酸的作用及其相互关系

(三)抑制胃液分泌的主要因素

进食过程中,胃液分泌除受兴奋性因素调节外,还受各种抑制性因素的调节,胃液分泌是兴奋性和抑制性因素共同作用的结果。抑制胃液分泌的主要因素有盐酸、脂肪和高张溶液三种。

1. 盐酸 盐酸对胃酸分泌有抑制作用，这是一种负反馈调节机制，对防止胃酸过度分泌、保护胃肠黏膜具有重要的意义。当胃窦内 pH 降到 1.2～1.5 时，胃酸分泌即受到抑制，其机制包括：盐酸直接抑制胃窦黏膜 G 细胞，减少促胃液素的释放；盐酸可引起胃黏膜内 D 细胞释放生长抑素（somatostatin，SS），间接地抑制促胃液素和胃酸的分泌。当十二指肠内 pH 降到 2.5 以下时，对胃酸分泌也产生抑制，其机制可能是：①胃酸刺激小肠黏膜释放促胰液素，对促胃液素引起的胃酸分泌有明显的抑制作用；②胃酸刺激十二指肠壶腹释放出一种抑制胃酸分泌的肽类激素——球抑胃素（bulbogastrone）。

2. 脂肪 脂肪及其消化产物进入小肠后可刺激小肠黏膜分泌促胰液素、CCK、肠抑胃肽、VIP 和胰高血糖素等，这些具有抑制胃液分泌和胃运动作用的激素统称为肠抑胃素（enterogastrone）。

3. 高张溶液 消化期十二指肠内的高张溶液可通过两种途径抑制胃液分泌：①兴奋小肠内渗透压感受器，通过肠-胃反射（entero-gastric reflex）抑制胃液分泌；②通过刺激小肠黏膜释放多种胃肠激素，抑制胃酸分泌。

此外，小肠上部的 S 细胞释放的促胰液素以及前列腺素、表皮生长因子等都能抑制促胃液素和胃酸的分泌；精神、情绪因素如恐惧和悲痛等，主要通过高位中枢抑制迷走神经中枢兴奋性而抑制胃酸分泌；任何原因导致交感神经紧张性增高，使胃血管收缩，黏膜血流减少时，都能间接抑制胃液的分泌。

（四）消化期胃液分泌的调节

进食后引起的胃液分泌称为消化期的胃液分泌。通常按感受食物刺激部位的不同，将消化期胃液分泌分为头期、胃期和肠期三个时期。事实上，进食时这三个时期几乎是同时开始、互相重叠的，而且都受神经和体液因素的双重调节，但头期主要受神经调节，而肠期则以体液调节为主。

1. 头期胃液分泌 头期分泌是指在咀嚼、吞咽时，由来自头部感受器（眼、耳、鼻、口腔、咽、食管等）的传入冲动引起的胃液分泌。头期胃液分泌可用假饲（sham-feeding）实验证实（图 6-11）。对实验狗事先进行手术处理，形成食管切口，并制备胃瘘，当食物经口腔进入食管后，随即从食管切口流出体外，食物并未进入胃内（假饲），但却有胃液从胃瘘流出。假饲时食物并不进入胃内，却仍然能有效刺激胃液大量分泌，这说明咀嚼、吞咽动作本身在头期胃液分泌中具有重要的刺激作用。

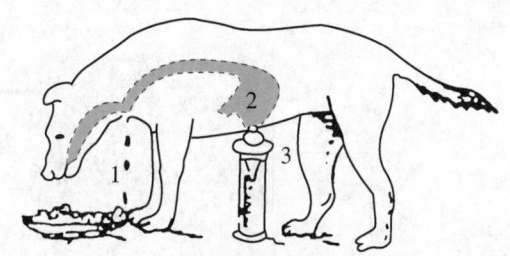

图 6-11 假饲实验示意图
1. 食物从食管切口流出；2. 胃；3. 从胃瘘收集胃液

头期引起的胃液分泌机制包括条件反射和非条件反射。条件反射是指食物颜色、形状、气味、声音等刺激作用于头面部视觉、嗅觉、听觉感受器引起的胃液分泌；非条件反射则是当咀嚼和吞咽食物时，食物刺激口腔和咽等处的化学和机械感受器引起的胃液分泌。这些反射的传入神经与引起唾液分泌的神经相同，反射中枢位于延髓、下丘脑、边缘叶和大脑皮质等。迷走神经是这些反射共同的传出神经，其末梢主要支配胃腺和胃窦部的 G 细胞，可直接促进胃液分泌，也可通过引起促胃液素分泌，间接促进胃液分泌。当切断支配胃的迷走神经后，假饲就不再引起胃液分泌。

头期胃液分泌的特点是持续时间较长，分泌量较大，占消化期胃液总分泌量的 30%，酸度及胃蛋白酶的含量均很高。头期胃液分泌量与食欲有很大关系，美味食物比不可口食物可引起较多的胃液分泌。人在情绪抑郁或惊恐时,可出现头期胃液分泌的抑制。

2. 胃期胃液分泌 胃期分泌是指食糜进入胃后,通过对胃的机械性和化学性刺激引起的胃液分泌。

胃期胃液分泌的主要途径:①食物直接扩张刺激胃底、胃体部的机械感受器,通过迷走-迷走反射和壁内神经丛的局部反射,直接或间接通过促胃液素引起胃腺分泌;②食物扩张刺激幽门部的感受器,通过壁内神经丛作用于G细胞,引起促胃液素释放;③食物的化学成分,主要是蛋白质的消化产物(肽和氨基酸),直接作用于G细胞引起促胃液素的分泌,促进胃腺分泌,而糖和脂肪本身并不直接刺激促胃液素的分泌。此外,可口可乐、牛奶、茶、啤酒、Ca^{2+}、咖啡以及高浓度的乙醇等都有明显增加胃酸分泌的作用。

胃期分泌的胃液量约占消化期胃液总分泌量的60%,酸度高,但胃蛋白酶的含量比头期少。

3. 肠期胃液分泌 食糜进入小肠上段(主要是十二指肠)后继续引起胃液分泌,称为肠期胃液分泌。将食糜、肉的提取液、蛋白胨液等通过瘘管直接注入十二指肠内,也可引起胃液分泌的轻度增加,说明当食物离开胃进入小肠后,还有继续刺激胃液分泌的作用。机械扩张游离的空肠袢可见胃液分泌增加,切断支配胃的神经后此种分泌仍然存在,说明肠期胃液分泌主要是通过体液调节机制实现的,迷走神经的支配并非此期所必需。当食糜进入小肠后,通过机械性和化学性刺激作用于十二指肠黏膜,可使其释放出多种胃肠激素,通过血液循环作用于胃。在切除了胃窦的患者,进食后血浆促胃液素水平仍然升高,说明由十二指肠释放的促胃液素是肠期胃液分泌的体液因素之一。在食糜作用下,十二指肠黏膜除能释放促胃液素外,还能释放一种名为"肠泌酸素"(entero-oxyntin)的激素刺激胃酸分泌。此外,静脉注射氨基酸也可引起胃酸分泌,表明从小肠吸收的氨基酸也可能参与肠期胃液分泌的体液调节。

肠期胃液分泌的特点是分泌量少,约占消化期胃液总分泌量的10%,酸度和胃蛋白酶的含量均较低,这可能与酸、脂肪、高张溶液在小肠内对胃液分泌产生的抑制作用有关。

进食后头期、胃期、肠期胃液分泌的机制归纳为图6-12。

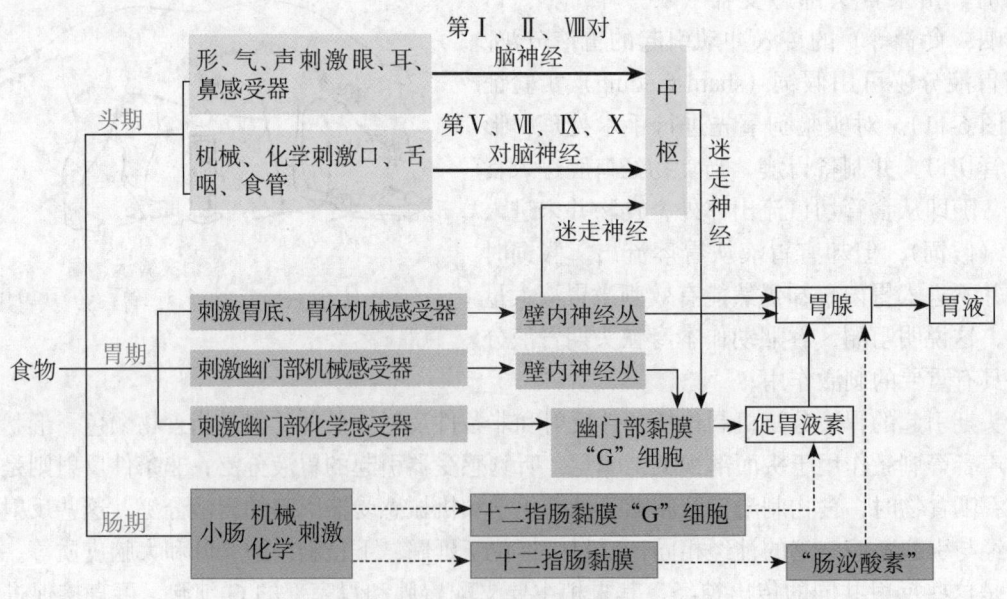

图6-12 消化期胃液分泌的调节

二、胃的运动

胃在消化期和非消化期具有不同的运动功能。消化期胃运动的主要功能是接纳和储存食物，对食物进行机械性消化，使食物与胃液充分混合成为糊状的食糜，然后以适当的速率排入十二指肠。非消化期的胃运动则主要是清除胃内的残留物。

根据胃运动功能的特点，可将胃分为头区和尾区两部分：头区是指胃底和胃体上 1/3 部分，其运动较弱，主要功能是接纳和储存食物，调节胃内压以及促进液体的排空；胃体其余的 2/3 和胃窦称为尾区，有较明显的运动，主要功能是混合、磨碎食物形成食糜，并加快固体食物的排空。

（一）胃运动的主要形式

1. 容受性舒张 进食时食物刺激口腔、咽、食管等处的感受器，可反射性地引起胃底和胃体（以头区为主）舒张，胃容量由空腹时的仅约 50 ml 可增加到进食后的 1.5 L，以接纳大量食物入胃，而胃内压无显著升高，称为容受性舒张 (receptive relaxation)。它的主要作用是接纳和储存食物。这一机制可以防止胃内压力突然升高所致的胃内容物迅速排空到十二指肠，或下段食管括约肌功能不全导致胃内容物反流入食管。

胃的容受性舒张是通过迷走 - 迷走反射实现的反射活动，但迷走神经传出纤维末梢释放抑制性递质，可能是某种肽类物质（如 VIP）或 NO，从而使胃壁肌肉舒张。切断双侧迷走神经后，容受性舒张消失。

2. 紧张性收缩 紧张性收缩 (tonic contraction) 是消化道平滑肌共有的运动形式，是指胃壁平滑肌经常处于一定程度的缓慢持续收缩状态，对于形成一定的胃内压和维持胃的形状和位置具有重要意义。胃充盈后，紧张性收缩加强，使胃内压上升，一方面促使胃液渗入食糜内部，有利于化学性消化；另一方面由于胃内压增加，有利于食糜向十二指肠推送。紧张性收缩是胃其他运动形式有效进行的基础。

3. 蠕动 食物入胃后 5 min 左右胃的蠕动便开始，以尾区为主。胃的蠕动是从胃中部开始，并向幽门推进的波形运动。蠕动波初起时较小，在向幽门传播过程中，波幅和传播速度逐渐增大，当接近幽门时明显增强，形成一个很深的收缩环，可将少量食糜（1~2 ml）推入十二指肠，故称为"幽门泵"。胃蠕动的收缩力之所以能够逐渐增强，主要与胃壁结构特点有关。胃体的肌层薄，收缩力较弱；胃窦方向肌层逐渐增厚，收缩力也随之增强。胃的蠕动波频率约 3 次 / 分，每个蠕动波约需 1 min 到达幽门。因此，进食后胃的蠕动通常是一波未平，一波又起。当蠕动波逼近终末胃窦时，幽门开放，但内腔很窄，仅少量液状食糜克服幽门阻力排入十二指肠。其后终末胃窦持续收缩，幽门关闭，幽门腔中央的食糜不能前行，而被反向推回到近侧胃窦或胃体（图 6-13）。食糜的这种后退有利于块状食物在胃内进一步被磨碎。胃蠕动的生理意义在于研磨、搅拌胃内的食团，促使胃内容物与胃液混合，促进机械性和化学性消化；胃蠕动还可将食糜逐步推入十二指肠。

胃的蠕动受胃平滑肌的慢波控制。胃的慢波起源于胃大弯上部。迷走神经兴奋、促胃液素和胃动素均可使胃的慢波和动作电位的频率增加，从而使胃的收缩频率和强度增加；交感神经兴奋、促胰液素和抑胃肽则起抑制作用。

（二）胃排空及其控制

1. 胃排空 食糜由胃排入十二指肠的过程称为胃排空 (gastric emptying)。食物进入胃后 5 min 左右即开始排空。胃排空的速度与食糜的理化性状、化学组成、食物量及胃运动等因素有关。一般来说，稀的、流体食物，比稠的、固体食物排空快；颗粒小的食物比大块的食物排空快；等渗溶液比非等渗溶液排空快。在三大营养物质中，糖类排空最快，其次是蛋白质，脂肪最慢。混合食物由胃完全排空通常需 4～6 h。胃内容物的增加会扩张胃壁，通过神经和体液调节引起胃运动增强。胃排空的直接动力是胃和十二指肠内的压力差，而其原动力为胃平滑肌的收缩。当胃运动增强使胃内压大于十二指肠内压时，则引起胃排空；在食糜进入十二指肠后，受十二指肠内因素的抑制，胃运动减弱，则胃排空延缓。

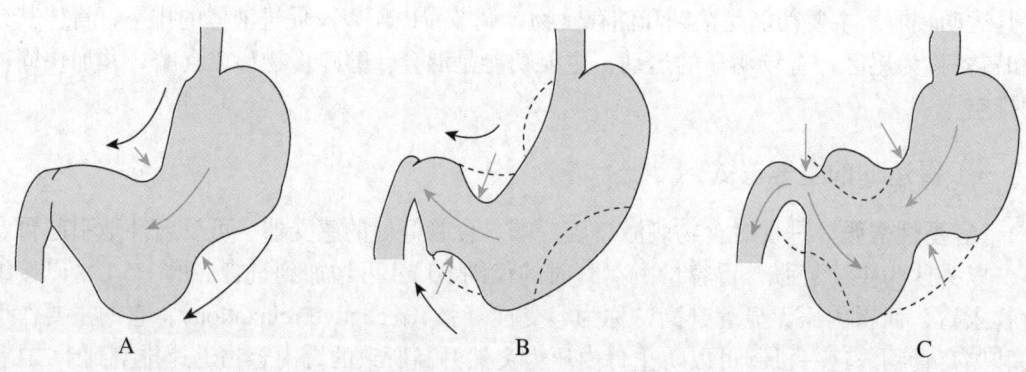

图 6-13　胃的蠕动示意图

A. 胃的蠕动起始于胃的中部，向幽门方向推进；B. 可将食糜推入十二指肠；C. 强有力的收缩波还可将部分食糜反向推回到近侧胃窦或胃体，使食糜在胃内进一步被磨碎

2. 胃排空的控制

（1）胃内因素促进胃排空：胃运动是胃排空的动力。食物对胃的扩张，刺激胃壁机械感受器，冲动通过迷走-迷走反射和壁内神经丛的局部反射，引起胃运动加强，促进胃排空。一般来说，胃排空的速率与胃内食物量的平方根成正比。另外，食物的扩张刺激和化学刺激（主要是蛋白质消化产物）还可引起促胃液素的释放。促胃液素除促进胃液分泌外，还能加强胃运动，同时增强幽门括约肌收缩，其综合效应是抑制胃排空。

（2）十二指肠内因素抑制胃排空：在十二指肠壁上存在着多种感受器，食糜中的酸、脂肪、高渗透压以及肠壁的机械扩张均可刺激这些感受器，反射性地抑制胃运动，使胃排空减慢。这种反射称为肠-胃反射（entero-gastric reflex），其传出冲动可通过迷走神经、壁内神经丛等途径到达胃。肠-胃反射对十二指肠内的刺激物和胃酸特别敏感，当小肠内 pH 降到 3.5～4.0 时，即可引起肠-胃反射，抑制胃运动和胃排空，延缓酸性食糜进入十二指肠，使十二指肠黏膜免受高酸的侵蚀。食糜中的酸和脂肪还可刺激十二指肠黏膜释放促胰液素、抑胃肽等，能够抑制胃运动，延缓胃排空。

胃内因素与十二指肠因素互相配合、共同作用。随着盐酸在肠内被中和以及食物消化产物被吸收，对胃的抑制性影响便渐渐消失，胃运动又逐渐增强，再推送少量食糜进入十二指肠。可见，胃排空是在神经和体液因素的控制下间断进行的，促进胃运动和抑制胃运动两种机制的相互作用使胃内食糜的排空能很好地适应十二指肠内消化和吸收的速度（图 6-14）。

（三）非消化期的胃运动

胃在空腹状态下呈现以间歇性强力收缩伴有较长时间的静息期为特征的周期性运动，并向肠道方向扩布，称为消化间期移行性复合运动（migrating motor complex，MMC）。MMC 的每一周期为 90～120 min，它可将胃肠内上次进食后遗留的残渣、脱落的细胞碎片和细菌等清除干净，起着"清道夫"的作用。MMC 的发生和移行受肠道神经系统和胃肠激素的调节，若 MMC 活动减弱可引起功能性消化不良和肠道内细菌过度繁殖等疾病。

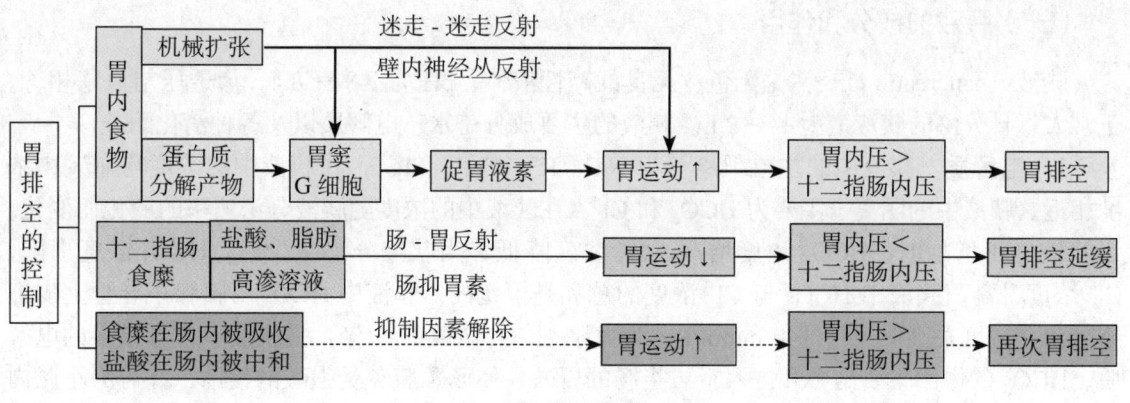

图 6-14　胃排空的控制机制

(四) 呕吐

呕吐 (vomiting) 是将胃内容物及部分肠内容物从口腔强力驱出的动作。呕吐是一种复杂的反射活动。各种机械和化学刺激作用于舌根、咽部、胃、肠道、胆总管、泌尿生殖器官、视觉和前庭器官等处感受器都可引起呕吐。冲动经迷走神经和交感神经传入延髓网状结构的背外侧缘的呕吐中枢，传出冲动则沿迷走神经、交感神经、膈神经和脊神经等传至胃、小肠、膈肌和腹壁肌肉等。颅内压增高（脑水肿、脑瘤等情况）可直接刺激呕吐中枢而引起喷射状呕吐。由于呕吐中枢在解剖上和功能上与呼吸中枢、心血管中枢均有密切联系，因而呕吐时常常伴随呼吸和心血管等方面的反应。

呕吐前常有恶心、流涎、呼吸急促和心率加快且不规则等表现，呕吐时先深吸气，接着声门和鼻咽通道关闭，胃上部和食管下端舒张，胃窦部、膈肌和腹壁肌强烈收缩，使胃内容物经过食管从口腔驱出。剧烈呕吐时，十二指肠和空肠上端也强烈收缩，使十二指肠内容物倒流入胃内，故呕吐物中常混有胆汁和小肠液。

呕吐是一种具有保护意义的防御性反射，可把胃内有害的物质排出。但长期剧烈的呕吐会影响进食和正常消化活动，使大量的消化液丢失，造成体内水、电解质和酸碱平衡的紊乱。

(张小郁　石瑞丽)

第四节　小肠内消化

食糜由胃进入小肠后，即开始小肠内消化。食物在小肠内停留的时间随食物的性质不同而不同，一般为 3～8 h。在小肠内胰液、胆汁和小肠液的化学性消化以及小肠运动的机械性消化作用下，营养物质被分解为可吸收的小分子物质。食物通过小肠后，消化过程基本完成，未被消化的食物残渣则从小肠进入大肠。

一、胰液的分泌

胰腺由外分泌部和内分泌部两部分组成。外分泌部主要由胰腺的腺泡及分泌导管组成，分泌的胰液经各级导管流入十二指肠。胰液中含有多种消化酶，是人体最重要的消化液。内分泌部是指散在分布于外分泌部之间的细胞团——胰岛，胰岛的功能将在第十一章内分泌系统中进行叙述。

(一)胰液的成分和作用

胰液(pancreatic juice)是无色、无臭的碱性液体,pH 为 7.8～8.4,渗透压与血浆相等。正常人每日分泌的胰液量为 1～2 L。胰液的主要成分是水、电解质以及各种消化酶。

1. 电解质 胰液中的主要阳离子为 Na^+、K^+、Ca^{2+}、Mg^{2+},在胰液中的浓度与血浆中浓度相近。胰液中的阴离子主要为 HCO_3^- 和 Cl^-,在胰液中的浓度随胰液分泌速率的变化而变化。当胰液分泌增加时,HCO_3^- 浓度增高,Cl^- 浓度降低;当胰液分泌减少时,HCO_3^- 浓度下降,Cl^- 浓度升高。胰液中 HCO_3^- 与 Cl^- 浓度的总和是恒定的。胰液中 HCO_3^- 由胰腺小导管上皮细胞分泌,浓度最高时可达 140 mmol/L,为血浆 HCO_3^- 浓度的 5 倍,是胰液中含量最多的电解质。HCO_3^- 的作用主要是中和进入十二指肠的胃酸,使肠黏膜免受强酸的侵蚀,并可为小肠内多种消化酶的活动提供适宜的弱碱性环境。

2. 消化酶 胰腺腺泡细胞可以分泌十余种消化酶,主要包括胰淀粉酶、胰脂肪酶、胰蛋白酶原和糜蛋白酶原,在食物的消化过程中起主要作用。

(1)胰淀粉酶:胰淀粉酶(pancreatic amylase)属于 α-淀粉酶,是一种糖蛋白,最适的作用 pH 为 6.7～7.0,无须激活即具活性,可将淀粉分解为糊精、麦芽糖及麦芽寡糖,但不能水解纤维素。在小肠内,淀粉与胰液接触约 10 min 就能全部被水解,故胰淀粉酶的水解效率高,速度快。

(2)胰脂肪酶:胰脂肪酶(pancreatic lipase)属于糖蛋白,最适的作用 pH 为 7.5～8.5,在有胆盐存在的情况下,其活性大大增强。胰脂肪酶可将三酰甘油分解为脂肪酸、单酰甘油和甘油,这一过程要依靠胰腺分泌的一种小分子蛋白质——辅脂酶(colipase)来协助完成。辅脂酶对胆盐微胶粒有较强的亲和力,辅脂酶与胰脂肪酶形成的复合物牢固地附着在脂肪颗粒表面,可防止胆盐将胰脂肪酶从脂肪颗粒表面清除掉。因此,可将辅脂酶的作用比喻为附着在三酰甘油表面的"锚"。除胰脂肪酶外,胰液中还含有一定量的胆固醇酯酶和磷脂酶 A_2,它们分别水解胆固醇酯和卵磷脂。

(3)胰蛋白酶原和糜蛋白酶原:胰蛋白酶原(trypsinogen)和糜蛋白酶原(chymotrypsinogen)都以无活性的酶原形式存在于胰液中。肠液中的肠激酶(enterokinase)可以激活胰蛋白酶原,使之变为有活性的胰蛋白酶(trypsin)。此外,胃酸、胰蛋白酶本身以及组织液也能使胰蛋白酶原激活。糜蛋白酶原在胰蛋白酶作用下转变为有活性的糜蛋白酶(chymotrypsin)。胰蛋白酶和糜蛋白酶的作用相似,都能将蛋白质分解为䏡和胨,当它们协同作用时可将蛋白质分解成为小分子的多肽和氨基酸,多肽则可被羧基肽酶进一步分解成氨基酸。此外,糜蛋白酶还有较强的凝乳作用。

胰液中还含有 RNA 酶、DNA 酶等核酸水解酶,它们也以酶原的形式存在,可被胰蛋白酶激活,并能使相应的核酸水解为单核苷酸。

正常情况下,胰液中的蛋白酶并不消化胰腺本身,这是因为胰蛋白酶均以无活性的酶原形式分泌。此外,腺泡细胞在分泌蛋白酶时,还分泌少量胰蛋白酶抑制物(trypsin inhibitor)。胰蛋白酶抑制物是一种多肽,可与胰蛋白酶结合形成无活性的化合物,从而防止由于少量胰蛋白酶原在胰腺内被激活而发生自身消化。当胰腺受到创伤或导管阻塞时,大量胰液进入损伤的组织,由于胰蛋白酶抑制物浓度比胰蛋白酶原低得多,因而不能阻止大量胰蛋白酶原活化所致的胰腺自身消化过程,从而引发急性胰腺炎。

如上所述,胰液中含有三种主要营养物质的水解酶,因此,胰液在所有消化液中消化食物最全面、消化力最强。当胰腺分泌发生障碍时,会明显影响蛋白质和脂肪的消化和吸收,但对糖的消化和吸收影响不大。

（二）胰液分泌的调节

1. 消化间期胰液分泌的调节　在消化间期，胰液分泌很少，但每 60～120 min 就有短暂的周期性分泌增加。胰液基础分泌的周期性变化与消化间期胃肠的周期性运动同步，对两次进食间残留在肠腔的食物残渣、脱落上皮细胞和细菌的清除具有一定的意义。

2. 消化期胰液分泌的调节　进食可引起胰液大量分泌，胰液分泌的调节也分为头期、胃期和肠期。头期以神经调节为主，胃期和肠期以体液调节为主（图 6-15）。

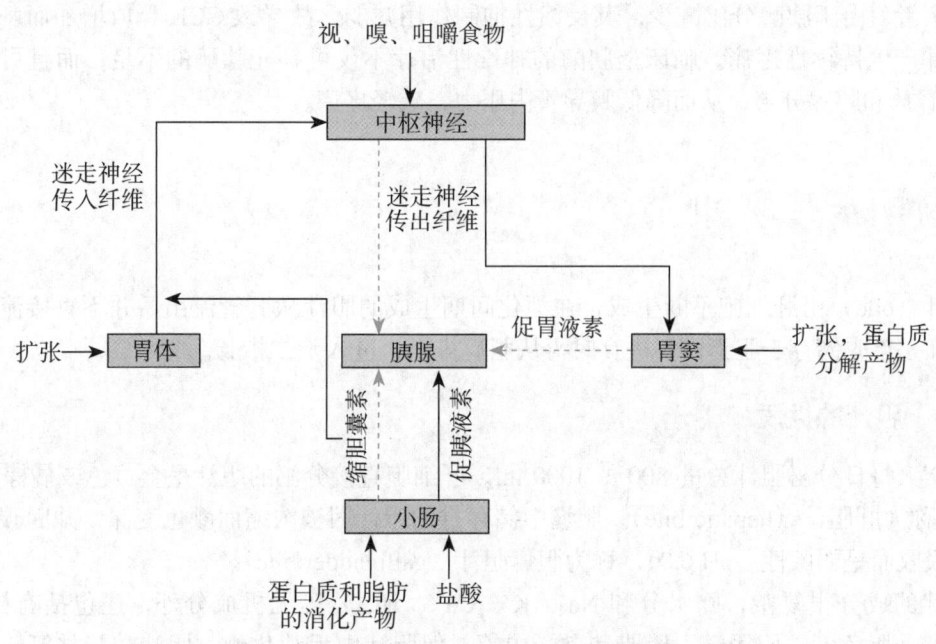

图 6-15　胰液分泌的神经体液调节示意图
⟶ 表示引起水样分泌；--▶ 表示引起酶的分泌

（1）头期：食物的色、香、味等对感觉器官的刺激，可通过条件反射或非条件反射引起胰液分泌，分泌量约占消化期胰液分泌量的 20%。此反射的传出神经是迷走神经，其末梢释放的 ACh 主要作用于胰腺的腺泡细胞，而对导管细胞的作用较弱，因此，迷走神经兴奋引起的胰液分泌特点是水分和碳酸氢盐含量很少，而酶的含量很丰富。此外，迷走神经也可通过引起促胃液素的释放，间接引起胰腺的腺泡细胞分泌，但这一作用较弱。

（2）胃期：食物扩张胃，通过迷走-迷走反射引起含酶多而液体量少的胰液分泌。食物对胃的扩张以及蛋白质的消化产物也可通过刺激胃窦黏膜释放促胃液素，间接引起含酶多而液体量少的胰液分泌。此期的胰液分泌占消化期胰液分泌量的 5%～10%。

（3）肠期：肠期胰液的分泌是消化期胰液分泌的最重要时相。此期的胰液分泌量最多，占消化期胰液分泌量的 70%，碳酸氢盐和酶的含量都很高。进入十二指肠的各种食糜成分，特别是蛋白质和脂肪的分解产物对胰液分泌具有很强的刺激作用。参与这一时相胰液分泌调节的因素主要是促胰液素和缩胆囊素。此外，消化产物刺激小肠黏膜，通过迷走-迷走反射，也参与对该时相胰液分泌的调节。

促胰液素（secretin）由小肠上段黏膜的 S 细胞分泌。胃酸是引起促胰液素释放的最强刺激因素，其次是蛋白质分解产物和脂肪酸，糖类几乎没有作用。促胰液素主要作用于胰腺小导管上皮细胞，促进水分和碳酸氢盐的分泌，使胰液量增加，而酶的含量不高。此外，促胰液素还可促进胆汁分泌，抑制胃酸分泌和促胃液素的释放。

缩胆囊素（cholecystokinin，CCK）是由小肠黏膜 I 细胞释放的一种肽类激素。引起 CCK

释放的因素由强至弱依次为：蛋白质分解产物、脂肪酸、盐酸和脂肪，糖类没有作用。CCK 的主要作用是促进胰腺腺泡细胞分泌胰酶以及促进胆囊平滑肌收缩和 Oddi 括约肌舒张。CCK 还可作用于迷走神经传入纤维，通过迷走-迷走反射刺激胰酶分泌。切断或阻断迷走神经后，CCK 引起的胰酶分泌明显减弱。

3. 胰液分泌的反馈性调节　进食后，上段小肠黏膜释放出一种 CCK 释放肽，可引起小肠 I 细胞释放 CCK，进而引起胰酶分泌增加，而胰蛋白酶又可使 CCK 释放肽失活，反馈性抑制 CCK 和胰酶的分泌。胰酶分泌反馈性调节的生理意义在于防止胰酶的过度分泌。在慢性胰腺炎患者，由于胰酶分泌减少，其反馈性抑制作用减弱，故导致 CCK 释放增加而刺激胰腺分泌，并产生持续性疼痛。临床上胰酶的补偿性治疗不仅可补充胰酶的不足，而且可以减少 CCK 的释放和胰腺分泌，从而降低胰导管内压力，减轻疼痛。

二、胆汁的分泌与排出

胆汁（bile）由肝细胞不断生成，在消化间期生成的胆汁从肝管流出后并不直接流入十二指肠，而是首先储存于胆囊内，进食时再从胆囊排出，进入十二指肠。

（一）胆汁的性质和成分

成年人每日分泌胆汁总量 800～1000 ml。肝细胞直接分泌的胆汁呈金黄色或橘棕色，pH 约 7.4，称为肝胆汁（hepatic bile）。胆囊中储存过的胆汁因被浓缩而颜色变深，并因碳酸氢盐被胆囊吸收而呈弱酸性（pH 6.8），称为胆囊胆汁（gallbladder bile）。

胆汁的成分很复杂，除水分和 Na^+、K^+、Ca^{2+}、HCO_3^- 等无机成分外，还包括有机成分，如胆汁酸、胆色素、胆固醇、磷脂和黏蛋白等，但胆汁中无消化酶。胆汁酸与甘氨酸或牛磺酸结合形成的钠盐或钾盐称为胆盐（bile salt），是胆汁参与脂肪消化和吸收的主要成分。胆色素是血红蛋白的分解产物，包括胆红素及其氧化物——胆绿素。胆色素的种类和浓度决定了胆汁的颜色。肝能合成胆固醇，其中约一半转化为胆汁酸，另一半则随胆汁排入小肠。胆汁中胆固醇含量过高时将形成胆固醇结晶。胆汁中的磷脂主要是卵磷脂，占胆汁固体成分的 30%～40%，有乳化脂肪的作用。

正常情况下，胆汁中胆盐、胆固醇和卵磷脂的适当比例是维持胆固醇呈溶解状态的必要条件。当胆固醇分泌过多，或胆盐、卵磷脂合成减少时，胆固醇就容易沉积下来，这是形成胆石的原因之一。

（二）胆汁的作用

胆汁的消化作用主要由胆盐来承担，胆盐对脂肪的消化和吸收具有重要意义。胆汁可通过以下方式影响脂肪的消化和吸收。

1. 乳化脂肪　胆汁中的胆盐、胆固醇和卵磷脂等都可作为乳化剂乳化脂肪，减少脂肪的表面张力，使脂肪裂解为直径 3～10 μm 的脂肪微滴，分散在肠腔内，从而增加胰脂肪酶的作用面积，加速胰脂肪酶对脂肪的消化分解（图 6-16A）。

2. 促进脂肪的吸收　胆盐是双嗜性分子，当水溶液中的胆盐达到一定浓度后，聚合形成疏水性朝向内部、亲水性朝向外部的微胶粒（micelle）。在肠腔中，脂肪的消化产物如脂肪酸、单酰甘油，以及胆固醇、脂溶性维生素等可渗入微胶粒内部，共同形成混合微胶粒（mixed micelles）。由于混合微胶粒的外面是亲水性的，因此它携带不溶于水的脂肪消化产物通过覆盖在小肠刷状缘表面的水层到达肠上皮细胞，从而促进脂肪消化产物的吸收（图 6-16B）。据估计，如肠中缺乏胆汁，将有 40% 的饮食脂肪不能被消化、吸收而随粪便排出。

3. 促进脂溶性维生素的吸收 由于胆汁能促进脂肪分解产物的吸收，所以对脂溶性维生素 A、维生素 D、维生素 E、维生素 K 的吸收也有促进作用。

4. 其他作用 胆汁在十二指肠内可中和胃酸。胆盐在小肠内被吸收后通过肠-肝循环回到肝，也是促进胆汁自身分泌的体液因素之一。

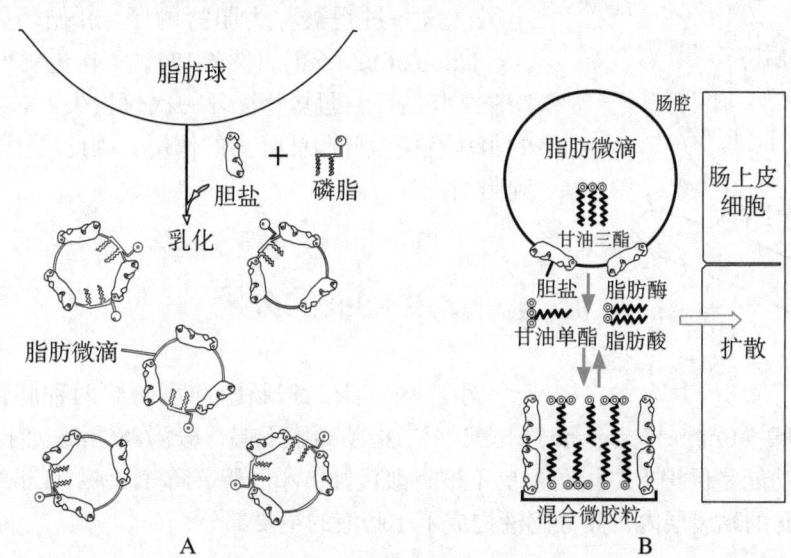

图 6-16 胆盐对脂肪消化和吸收的促进作用
A．乳化作用，促进消化；B．形成混合微胶粒，促进脂肪分解产物吸收

（三）胆汁分泌和排出的调节

肝细胞可以不断分泌胆汁，但在消化间期，肝胆汁大部分流入胆囊内储存。胆囊可以吸收胆汁中的水分和无机盐，使肝胆汁浓缩 4～10 倍，从而增加储存效能。在消化期，胆汁可直接由肝和胆囊大量排出至十二指肠，因此，在消化道内的食物是引起胆汁分泌和排出的自然刺激物，高蛋白食物（蛋黄、肉等）的作用最强，高脂肪和混合食物次之，糖类食物的作用最小。在胆汁排出过程中，胆囊和 Oddi 括约肌的活动具有相互协调的关系，即胆囊收缩时，Oddi 括约肌舒张；相反，胆囊舒张时，Oddi 括约肌收缩。

胆汁的分泌和排出受神经和多种体液因素的调节。

1. 神经调节 进食动作或食物对胃、小肠的刺激可通过神经反射轻度增加肝胆汁分泌和胆囊收缩，其传出神经为迷走神经，切断两侧迷走神经或用胆碱受体阻滞剂，均可阻断这种效应。迷走神经还可通过引起促胃液素释放而间接引起肝胆汁分泌和胆囊收缩。

2. 体液调节

（1）促胃液素：促胃液素可通过血液循环作用于肝细胞和胆囊，促进肝胆汁分泌和胆囊收缩。促胃液素也可先引起胃酸分泌，后者通过作用于十二指肠黏膜，引起促胰液素释放而促进肝胆汁分泌。

（2）促胰液素：促胰液素的主要作用是刺激胰液分泌，但对胆汁分泌也有一定的刺激作用。促胰液素主要作用于胆管系统而非肝细胞，因此可增加胆汁的分泌量和 HCO_3^- 含量，并不能增强胆盐的分泌。

（3）缩胆囊素（CCK）：在蛋白质分解产物、盐酸和脂肪等作用下，小肠黏膜 I 细胞释放

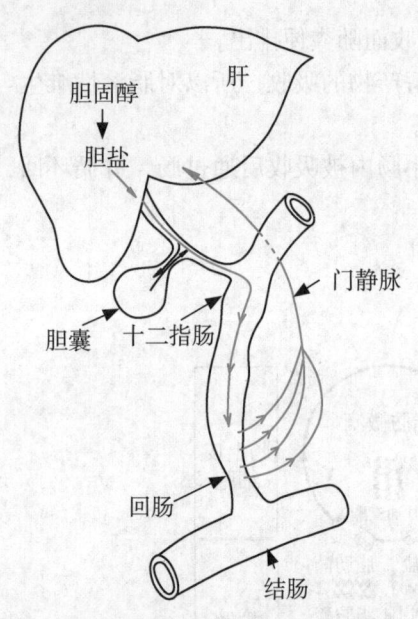

图 6-17 胆盐的肠-肝循环示意图

CCK，可通过血液循环兴奋胆囊平滑肌，引起胆囊的强烈收缩，CCK 对 Oddi 括约肌则有降低其紧张性的作用，因此可促使胆囊胆汁大量排放。CCK 对胆管上皮细胞也有一定的刺激作用，使胆汁流量和 HCO_3^- 的分泌轻度增加。

（4）胆盐：胆盐进入小肠后，90% 以上被末端回肠黏膜吸收，通过门静脉又回到肝，再参与组成胆汁分泌入小肠，这一过程被称为胆盐的肠-肝循环（enterohepatic circulation of bile salt）（图 6-17）。每次进餐后可进行 2～3 次肠-肝循环，胆盐每循环一次仅损失 5% 左右。返回肝的胆盐有刺激肝胆汁分泌的作用，因此临床常用胆盐作为利胆剂。

三、小肠液的分泌

小肠内有十二指肠腺和小肠腺两种腺体。十二指肠腺又称布伦纳腺（Brunner's gland），位于十二指肠黏膜下层，分泌碱性液，内含黏蛋白，黏稠度高，主要功能是保护十二指肠上皮不被胃酸侵蚀。小肠腺又称李氏腺（Liberkuhn gland），分布于全部小肠的黏膜层内，其分泌液构成了小肠液的主要部分。

（一）小肠液的性质、成分和作用

小肠液是一种弱碱性液体，pH 约为 7.6，渗透压与血浆相等，成年人每日分泌量为 1～3 L。在不同的情况下，小肠液分泌的量及成分变化很大，有时是较稀的液体，有时则由于含有大量的黏蛋白而较黏稠。小肠液的成分中还常有脱落的肠上皮细胞、白细胞以及由肠上皮细胞分泌的免疫球蛋白。小肠液中含有一种重要的酶——肠激酶，它能激活胰液中的胰蛋白酶原。在小肠液中还存在一些由脱落的肠黏膜细胞释放的寡肽酶、二肽酶、双糖酶等，但它们在小肠腔内并不能发挥消化作用，而是在小肠上皮细胞内的刷状缘上，将转运至上皮细胞内的寡肽进一步分解为氨基酸，将蔗糖、麦芽糖和乳糖分解为单糖，完成对营养物质的完全消化，阻止没有消化分解的产物吸收入血。小肠液中的黏蛋白具有润滑作用，HCO_3^- 可中和胃酸，故对肠黏膜具有保护作用。大量的小肠液可降低肠腔渗透压，有利于消化产物的吸收。

（二）小肠液分泌的调节

神经系统和体液因素都参与小肠液分泌的调节。食糜对肠黏膜的局部机械刺激和化学刺激都可以通过肠的壁内神经丛局部反射引起小肠液的分泌，其中对扩张刺激最为敏感，小肠内食糜量越多，小肠液分泌量越多。一般认为，自主神经的作用并不明显。另外，促胃液素、促胰液素等胃肠激素也有刺激小肠液分泌的作用。

四、小肠的运动

（一）小肠运动的形式

1. 紧张性收缩 小肠平滑肌经常保持一定程度的持续收缩状态，称为紧张性收缩（tonic

contraction）。小肠平滑肌的紧张性收缩是小肠其他运动形式有效进行的基础。当小肠紧张性降低时，肠腔易于扩张，肠内容物的混合和转运减慢；反之，当小肠紧张性升高时，食糜在肠腔内的混合与转运加快。紧张性收缩可使肠道保持一定的形状，维持一定的肠腔内压，使食糜与肠黏膜密切接触，有利于吸收的进行。

2. 分节运动 分节运动（segmentation movement）是以小肠壁环形肌分节段、交替收缩和舒张为主的节律性运动。在食糜所在的一段肠管上，环形肌在许多点同时收缩，将食糜分割成许多节段；随后，原来的收缩处舒张，原来的舒张处收缩，使原来的节段分为两半，而相邻的两半则混合形成一个新的节段。如此反复交替进行，食糜不断地分开，又不断地混合（图6-18）。分节运动在空

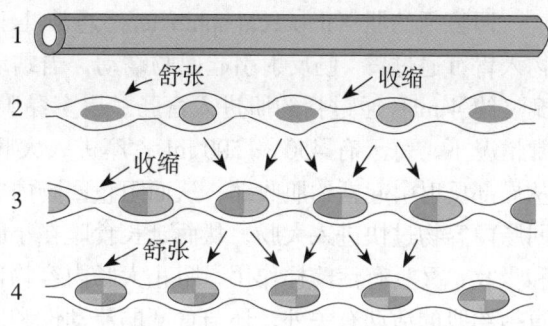

图6-18 小肠分节运动模式图
1：肠管表面观；2～4：肠管纵切面观，表示不同阶段的食糜节段分割与合拢的组合情况

腹时几乎不出现，进食后才逐渐变强。分节运动的作用主要为：①使食糜与消化液充分混合，便于进行化学性消化；②使食糜与肠壁紧密接触，为吸收创造良好条件；③挤压肠壁，有助于血液和淋巴的回流。小肠分节运动的频率和基本电节律的频率相同，在小肠上部频率较高，下部较低，呈阶梯式递减。人的十二指肠分节运动的频率约为11次/分，回肠末端为8次/分。这种活动梯度有助于食糜向远端推进。

3. 蠕动 小肠的蠕动由纵行肌和环形肌协调地顺序舒缩引起，是一种推进性的波形运动。小肠蠕动波行进速度很慢，为0.5～2.0 cm/s，近端小肠的蠕动速度快于远端。每个蠕动波通常只进行一段短距离（约数厘米）后即消失。蠕动的意义在于使经过分节运动的食糜向前推进一步，到达新的肠段后再开始分节运动。进食时在小肠部位还常常出现一种行进速度很快、传播较远的蠕动（2～25 cm/s），称为蠕动冲（peristaltic rush），它可在几分钟内将食糜从小肠的始端一直推送到末端，有时还可推送入大肠。蠕动冲可能是由进食时吞咽动作或食糜刺激十二指肠引起的。在回肠末端也可出现逆蠕动，其意义在于防止食糜过早通过回盲瓣进入大肠，使食物在小肠能充分地被消化吸收。小肠在消化间期也存在与胃相似的、周期性移行性复合运动。

（二）小肠运动的调节

小肠运动主要由肠腔内食糜的机械扩张刺激引起，是壁内神经丛局部反射的结果。此外，小肠蠕动还受外来神经及胃肠激素的影响。

1. 肠神经的作用 当机械和化学刺激作用于肠壁感受器时，通过局部反射可引起小肠蠕动。切断支配小肠的外来神经，蠕动仍可进行，说明肠道内在神经系统对小肠运动起主要的调节作用。

2. 外来神经的调节 一般来说，副交感神经兴奋能加强小肠的运动，而交感神经兴奋则产生抑制作用。但上述效果还要根据小肠平滑肌当时的状态而定，当小肠平滑肌紧张性高时，则无论副交感神经还是交感神经兴奋，均可使之抑制；相反，当小肠平滑肌紧张性低时，这两种神经兴奋都能增强其活动。

3. 体液因素的调节 胃肠激素对小肠运动具有重要的调节作用。如促胃液素、CCK可促进小肠运动；而促胰液素、生长抑素和VIP等可抑制小肠运动。越来越多的研究表明，消化

道本身也可以产生大量的单胺类物质，如 5- 羟色胺和多巴胺，对胃肠运动有重要的调节作用。

（三）回盲括约肌的功能

回盲括约肌（ileocecal sphincter）通常处于关闭状态，将回肠和结肠分隔开。进食时，食物入胃可通过胃 - 肠反射引起回肠蠕动，当蠕动波通过回肠末端时，回盲括约肌舒张，少量食糜（约 4 ml）通过括约肌进入盲肠。胃窦黏膜释放的促胃液素也能引起回盲括约肌舒张。正常情况下，每天有 450～500 ml 食糜进入大肠。肠内容物对盲肠的扩张刺激可通过壁内神经丛局部反射引起括约肌收缩，从而阻止回肠内容物向结肠排放。因此，回盲括约肌既可以防止回肠内容物过快进入大肠，从而延长食糜在小肠内停留的时间，有利于小肠内容物的完全消化和吸收，又具有活瓣样作用，阻止大肠内容物逆流入回肠。小肠内容物向大肠的排放，除与回盲括约肌的活动有关外，还与食糜的流动性和回肠与结肠内的压力差有关：食糜越稀薄，越容易通过回盲瓣；小肠腔内压力升高，可迫使食糜通过回盲括约肌。

（黄海霞　王　伟）

第五节　肝的消化功能和其他生理作用

肝是人体内最大的消化腺，也是体内新陈代谢的中心站。成年人肝重 1200～1500 g。肝的功能不仅和糖、脂类、蛋白质、维生素及激素等的代谢关系密切，而且具有分泌胆汁、解毒、免疫防御、生成凝血因子、调节血容量及水电解质平衡、产生热量等多种功能。在胚胎时期肝还有造血功能。

一、肝的功能特点

（一）肝血流的特点

肝的血液供应非常丰富，占心输出量的 25%～40%，每分钟为 1500～2000 ml，有门静脉和肝动脉双重来源，均注入窦状隙内混合。门静脉收集来自腹腔内脏的血液，富含从消化道吸收入血的丰富营养物质，它们在肝内被加工、储存或转运；门静脉血中的有害物质及微生物抗原性物质在肝内被解毒或清除。肝动脉是肝的营养血管，为肝细胞提供丰富的 O_2，并从其他器官运来各种代谢产物，在肝内进行生物转化。正常时肝内静脉窦可储存一定量的血液，在机体失血时，可从窦内排出，补充循环血量的不足。流经肝的血液最后由肝静脉进入下腔静脉而回到心脏。

（二）肝代谢的特点

肝细胞内存在体内几乎所有的酶类，酶蛋白含量约占肝内总蛋白量的 2/3，加上肝丰富的血液供应和独特的形态结构，使得肝内的各种代谢活动十分活跃。三大营养物质的代谢，包括糖的分解和糖原合成、蛋白质及脂肪的分解与合成，以及多种维生素及激素的代谢等均在肝内进行。

（三）肝功能储备的特点

肝具有巨大的功能储备。当实验动物的肝被切除 70%～80% 后，并不出现明显的生理功能紊乱，残余的肝可在 3～8 周内生长至原有大小，这被称为肝的再生。由此可见，肝的功能储备和再生能力是相当惊人的。肝的再生能力实际上是一种代偿性增生，是肝对受到损伤的细胞的修复和代偿反应。

二、肝主要的生理功能

（一）肝的消化功能

肝通过合成和分泌胆汁，参与脂肪在小肠内的消化和吸收，详见本章第四节小肠内消化相关内容。

（二）肝的物质代谢功能

1. 肝与糖代谢　单糖经小肠黏膜吸收后，由门静脉到达肝，在肝细胞内转变为肝糖原储存。当劳动、饥饿、发热状态下使血糖被大量消耗时，肝糖原又被分解为葡萄糖进入循环血液。肝糖原在维持血糖稳定中发挥着重要作用。一般成年人肝内约含 100 g 肝糖原，仅够禁食 24 h 之用。若肝糖原被耗竭，肝可通过糖异生为机体供糖，以维持血糖稳态。肝病患者体内常伴血糖的变化。

2. 肝与蛋白质代谢　肝是合成血浆蛋白的主要场所。由消化道吸收的氨基酸在肝细胞内进行蛋白质合成、脱氨、转氨等，合成的蛋白质进入循环血液供全身器官组织所需，对维持机体蛋白质代谢具有重要意义。肝还通过鸟氨酸循环将氨基酸代谢产生的氨合成尿素，经肾排出体外。严重肝病患者血浆蛋白减少，血氨升高。

3. 肝与脂类代谢　饱食后，肝可以合成甘油三酯、磷脂和胆固醇等，以极低密度脂蛋白的形式分泌入血供肝外组织器官利用。饥饿时，储存的体脂可水解为甘油和脂肪酸，被肝细胞摄取后，甘油可通过糖代谢途径分解，而脂肪酸分解产生的乙酰辅酶 A 可被彻底氧化为 CO_2 和水，也可生成酮体。高密度脂蛋白主要由肝合成，主要作用是清除体内多余的胆固醇。低密度脂蛋白是运载胆固醇进入外周组织细胞的脂蛋白，肝是降解低密度脂蛋白的重要器官。

4. 肝与维生素代谢　肝在机体多种维生素的吸收、储存、运输和转化等方面具有重要作用。肝通过分泌胆汁酸促进脂溶性维生素 A、维生素 D、维生素 E、维生素 K 的吸收，肝星状细胞（Stellate cell）储存的维生素 A 占体内总量的 95%。

（三）肝的解毒功能

肝可使有毒物质活性降低或水溶性增高，随胆汁或尿液排出体外，从而保护机体免受损害。肝的解毒功能主要有以下三种方式。

1. 化学作用　通过氧化、还原、水解、结合等多种化学反应发挥解毒功能。例如，氨作为一种有毒的代谢产物，在肝被合成尿素，随尿排出体外。有毒物质与葡萄糖醛酸、硫酸、氨基酸等结合形成无毒物质，同时水溶性增加，进而排出体外。

2. 分泌作用　一些重金属如汞，以及来自肠道的细菌产物，可随胆汁分泌排出。

3. 蓄积作用　某些生物碱如士的宁、吗啡等可蓄积于肝，然后由肝小量、逐渐释放，以降低机体的中毒程度。

（四）肝的防御和免疫功能

肝是最大的网状内皮细胞吞噬系统。肝静脉窦内皮层含有大量的库普弗细胞（Kupffer

cell），能吞噬细菌、病毒、染料、细胞碎片等。当致病性抗原物质穿过肠黏膜，经门脉系统到达肝时，可被枯否氏细胞吞噬，经过处理的抗原物质可刺激机体的免疫反应。因此，健康的肝可发挥免疫调节作用。

（五）肝的内分泌功能

肝是一个重要的内分泌器官，可以通过合成和分泌多种激素样因子参与全身稳态的调控。如肝分泌的 Fetuin-A 可以与细胞表面的 toll 样受体 4（toll-like receptor 4，TLR4）结合，激活炎症信号通路，参与炎症和胰岛素抵抗的发生。此外，肝还可以分泌成纤维细胞生长因子 21（fibroblast growth factor 21，FGF-21），参与饥饿状态下糖脂代谢稳态的调节；重组 FGF21、FGF21 类似物（analog）或 FGF21 受体激动剂有望成为治疗 2 型糖尿病和脂肪肝的潜在药物。

（黄海霞　王　伟）

第六节　大肠的分泌作用及运动

大肠是消化道的末段，包括阑尾、盲肠、结肠、直肠和肛管，全长约 1.5 m，最终开口于肛门。食糜的消化和吸收在小肠内已大部分完成，大肠没有重要的消化功能，其主要生理作用是吸收水和电解质，完成对食物残渣的加工，形成并暂时储存粪便，并控制排便。此外，大肠肠壁上有内分泌细胞，可分泌数种激素。大肠还有较强的免疫功能，如大肠的免疫组织接受肠道抗原刺激后可产生局部的免疫应答，其抗体主要有分泌性 IgA（sIgA）、IgM 和 IgG 等。

一、大肠液的分泌

结肠的黏膜有许多含分泌腺的隐窝，黏膜表面的柱状上皮细胞及杯状细胞分泌大肠液。大肠液的主要成分是黏液和碳酸氢盐，也含 Na^+、K^+ 等电解质成分，pH 为 8.3～8.4，呈碱性。大肠液比较浓稠，其主要功能是润滑粪便，使其易于下行，并可保护肠壁免受机械损伤，免遭细菌侵蚀；大肠液中的溶菌酶与大肠内菌群调节有关；大肠液中含有少量二肽酶和淀粉酶，但它们的化学性消化作用不大；大肠黏膜内分泌细胞可分泌 5-羟色胺、VIP、P 物质、生长抑素、蛙皮素、胰高血糖素和脑啡肽等。

大肠液的分泌受到很多因素的影响。食物残渣对肠壁的机械性刺激通过壁内神经丛的局部反射促进大肠液分泌；副交感神经兴奋可使其分泌增加，而交感神经兴奋则使其分泌减少；中枢神经也会影响大肠液的分泌，在情绪极度紊乱时，大肠液分泌增加，使人频频产生便意、排便次数增加；胃肠激素、肾上腺皮质激素等都可影响大肠液的分泌。

二、大肠的运动形式和排便

大肠的运动形式有多种，但运动比较少而且缓慢，对刺激的反应也较迟缓，有利于大肠作为粪便的暂时储存场所。

（一）大肠的运动形式

1. 袋状往返运动　袋状往返运动（haustral shuttling）是非推进性结肠运动，在空腹时最多见。它是由结肠环形肌交替发生节段性收缩所引起，使结肠袋中的内容物向上、下两个方向做短距离往返位移，而不是朝单方向远距离推进。

2. 分节或多袋推进运动 分节或多袋推进运动（segmental or multihaustral propulsion）是一个结肠袋或一段结肠收缩，其内容物被推移到下一段结肠的运动形式，多在餐后或副交感神经兴奋时出现。

3. 蠕动 大肠的蠕动由一些稳定向前的收缩波所组成，收缩波前面的肠壁舒张，该段肠腔内常充有气体；收缩波后面的肠壁则保持收缩状态，使这段肠管闭合并排空。

4. 集团蠕动 进食后数小时，大肠有一种传播速度很快且传播距离很远的蠕动，称为集团蠕动（mass peristalsis）。集团蠕动通常从横结肠开始，表现为一系列的多袋运动或蠕动，可以较快的速度将一部分大肠内容物推送至降结肠或乙状结肠。集团蠕动常见于进食后，由于胃内食糜进入十二指肠，使肠黏膜受到刺激，通过壁内神经丛反射引发十二指肠-结肠反射所致（表6-6）。

表 6-6 消化道器官的运动形式及生理意义

	运动形式	生理意义
口腔	咀嚼	切割、粉碎食物，与唾液混合形成食团
	吞咽	将食团推送入胃
胃	容受性舒张	容纳和储存食物
	紧张性收缩	形成一定的胃内压，保持胃的形状和位置
	蠕动	搅拌和研磨食物，使食物与胃液混合，实现胃排空
小肠	紧张性收缩	小肠其他运动形式的基础
	分节运动	使食糜与消化液充分混合；促进血液和淋巴回流，以利吸收
	蠕动	缓慢推进肠内容物
	蠕动冲	快速推进肠内容物
大肠	袋状往返运动	使结肠袋内容物双向短距离位移
	多袋推进运动	推进肠内容物
	蠕动	推进肠内容物
	集团蠕动	快速推进肠内容物

（二）排便反射

食物残渣在大肠内储存的过程中，其中一部分水、无机盐和维生素被大肠黏膜吸收，剩余的成分经结肠内细菌的发酵和腐败作用形成粪便（feces）。粪便中除食物残渣外，还包括脱落的肠上皮细胞、大量细菌、肝排出的胆色素衍生物，以及由肠壁排出的某些重金属如钙、镁、汞等盐类。

大肠内的粪便通常存留在乙状结肠。由于乙状结肠与直肠之间的环形肌收缩、肛提肌经常性紧缩形成的角度，以及黏膜的螺旋形皱褶具有阻止粪便进入直肠的作用，因而正常人的直肠内通常没有粪便。当结肠发生强烈的推进性运动时，粪便被送入直肠，使肠壁的压力感受器受到刺激。当直肠内容物的总量达 150～200 ml，压力达 55 mmHg（7.33 kPa）时，就会引起排便反射（defecation reflex）。排便是一个复杂的反射活动（图6-19），其初级中枢在脊髓的腰、骶段。在正常成人，该反射活动受大脑皮质控制。当粪便充盈直肠使肠壁感受器兴奋时，冲动沿盆神经和腹下神经传入脊髓内的初级排便中枢，同时上传至大脑皮质引起便意。如果条件允许，大脑皮质即下传冲动使脊髓初级排便中枢发出冲动，即可发生排便反射。此时，传出冲动沿盆神经下传，使降结肠、乙状结肠和直肠收缩，肛门内括约肌舒张；同时，阴部神经的传出冲动减少，使肛门外括约肌舒张，于是粪便被排出体外。此外，排便时支配腹肌和膈肌的神经也会兴奋，使腹肌和膈肌发生收缩，腹内压增加，可促进粪便排出。如果条件不允许，大脑皮质将发出冲动抑制脊髓初级排便中枢的活动，排便反射暂时被抑制。

直肠壁的感受器对粪便的压力刺激具有一定的感受阈值，若人经常有意识地抑制便意，会使直肠壁压力感受器的敏感性逐渐降低，加之粪便在大肠内停留时间过久，水分吸收过多而变得干硬，不易排出，这是导致便秘最常见的原因之一，所以应当养成定时排便的良好习惯。

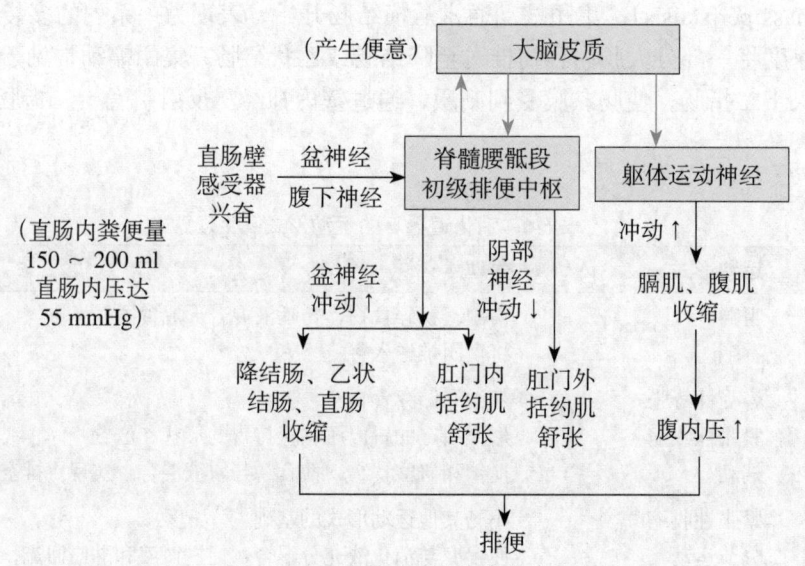

图 6-19　排便反射过程示意图

三、大肠内细菌的活动

大肠内的细菌来自空气和食物。外界的细菌由口腔进入胃时，大部分被胃酸杀灭。而在大肠，由于肠腔内容物呈弱碱性，且移动缓慢，有利于细菌的大量繁殖。

大肠内细菌的种类可达 400 多种，总量占粪便固体重量的 20%~30%。大肠内的细菌主要是厌氧菌，其中含有能分解食物残渣的酶。细菌对糖及脂肪的分解称为发酵（fermentation），能产生乳酸、醋酸、CO_2、沼气等。细菌对蛋白质的分解则称为腐败（decompose），能产生氨、硫化氢、组胺、吲哚等。正常情况下，胺类等有毒物质由肠壁吸收入血后，可在肝内转化、解毒，但在某些肝病患者，由于肝功能受损，就可能发生中毒。大肠内细菌还能利用肠内某些简单物质合成少量 B 族维生素和维生素 K 等，它们在肠内被吸收，对人体有营养作用。若长期服用广谱抗生素，肠内细菌被抑制或杀灭，可引起 B 族维生素和维生素 K 的缺乏。

> **知识拓展**
>
> **膳食纤维与机体功能**
>
> 消化道未能消化的食物残渣中有一些食物纤维，如纤维素、半纤维素、木质素、树胶、果胶等。适当增加纤维素的摄取能增进健康，有预防便秘和结肠癌等作用。膳食纤维主要有以下功能：①大部分多糖纤维能与水结合形成凝胶，限制水的吸收，使肠内容物容积加大、变软；②纤维素能刺激肠运动，缩短粪便在肠内的停留时间，从而减少机体对粪便中有害细菌所产生毒素的吸收；③纤维素可以吸收胆汁酸，增加其从粪便的排出，使消化道回收的胆盐减少，肝合成新的胆汁酸时就需要利用更多的胆固醇，因此膳食纤维可间接起到降低血浆胆固醇水平的作用；④更多摄入膳食纤维能够降低食物中热量的比率，减少高能物质的摄取，从而有助于纠正肥胖。

（石瑞丽　张小郁）

第七节　营养物质的吸收

一、吸收的部位

吸收（absorption）是指食物的成分或其消化产物通过消化道黏膜上皮细胞进入血液和淋巴液的过程。人体每天完成各种活动，消耗许多能量，食物中的糖、脂肪和蛋白质是人体能量的主要来源，但是这些大分子营养物质必须先被分解为小分子物质才能被吸收，所以吸收是在消化的基础上进行的。

由于消化道不同部位的组织结构不同，食物在消化道各部位被消化的程度以及停留的时间也不同，所以消化道的不同部位具有不同的吸收能力和吸收速度。口腔黏膜吸收营养物质的能力有限，但可以吸收一些药物，食物在食管几乎不被吸收，胃仅能吸收少量的水分和一些高脂溶性的物质（如乙醇等），大肠主要吸收水分和无机盐。大量消化后的营养物质、水和电解质都是在小肠被吸收的（图6-20）。因此，吸收营养物质的主要部位是小肠。

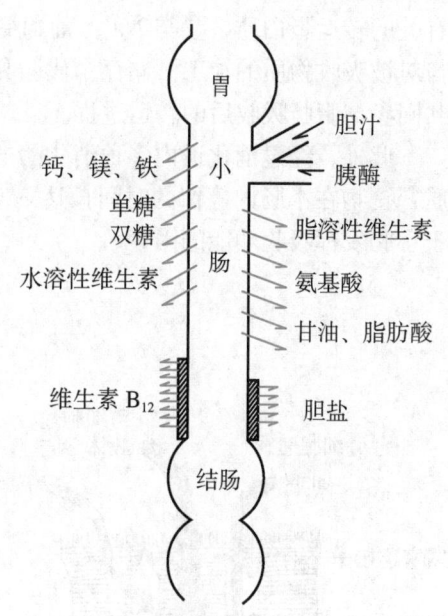

图 6-20　各种主要物质在小肠的吸收部位

二、小肠吸收的有利条件

小肠具有强大的吸收能力，与其巨大的吸收面积密切相关。正常成人的小肠长 4～5 m，由于小肠黏膜有许多环状皱襞（circular folds）向肠腔突出，结果使其吸收表面积增加约 3 倍。此外，皱襞上还有由固有层和黏膜上皮伸向肠腔而形成的大量长度为 0.5～1.5 mm 的绒毛

（villi），又使小肠吸收面积增大约10倍。在电镜下可以看到，每条绒毛的外表面是一层柱状上皮细胞，这些上皮细胞的顶端又伸出许多突起，形成微绒毛（microvilli），每一个柱状上皮细胞约有1700条微绒毛，这进一步使小肠黏膜的表面积增加达200～250 m^2（图6-21）。与小肠相比，胃和大肠的皱襞和绒毛等结构远不如小肠发达，微绒毛也短而稀少，因此吸收能力较差。

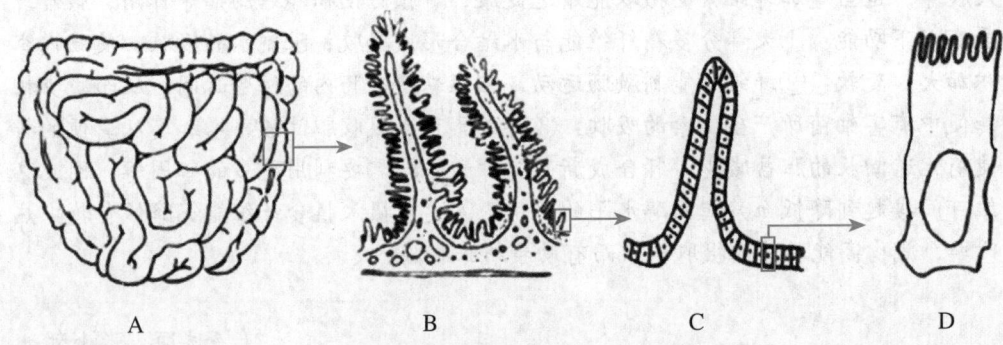

图6-21　增加小肠黏膜表面积的基本结构
A. 肠袢；B. 环状襞；C. 绒毛；D. 微绒毛

小肠绒毛内部有平滑肌纤维、神经丛、毛细血管、毛细淋巴管等结构，有利于吸收营养物质。平滑肌纤维的舒缩，可使绒毛产生节律性的伸缩和摆动，促进毛细血管内血液和毛细淋巴管内淋巴液的回流，有利于吸收。小肠绒毛上皮细胞顶端膜的微绒毛上还存在许多与吸收功能有关的转运蛋白质，参与Na^+、葡萄糖、氨基酸等物质的转运。上皮细胞内的许多细胞器也参与对被吸收物质的加工、储存、代谢和转运。例如，粗面内质网、滑面内质网和高尔基复合体共同参与脂肪吸收后的转运过程。

此外，经过消化道内多种消化酶的作用，食物在小肠内已经被分解为可被吸收的小分子物质；食物在小肠内停留的时间长达3～8 h，使营养物质有充分的时间被吸收，这些都是有利于小肠发挥吸收功能的因素。

三、吸收的途径与机制

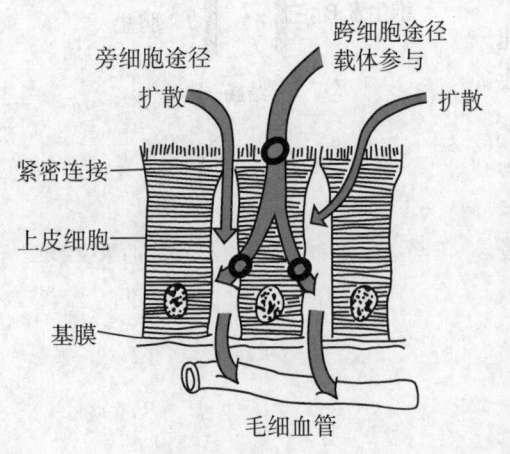

图6-22　小肠黏膜吸收水和小分子溶质的两条途径示意图

在消化道内，营养物质和水可通过两条途径进入血液或淋巴液。其一为跨细胞途径（transcellular pathway），即物质通过肠上皮细胞的腔面膜进入细胞内，再经细胞基底侧膜进入细胞间液，最后转运至血液或淋巴液；其二为旁细胞途径（paracellular pathway），即物质通过小肠上皮细胞间的紧密连接进入细胞间隙，再转运至血液或淋巴液（图6-22）。水或电解质通过这两种途径转运的相对比例是由某种途径对该物质的通透性大小决定的。营养物质通过细胞膜的吸收机制包括被动转运、主动转运以及入胞和出胞。

四、小肠内主要营养物质的吸收

(一) 水的吸收

人每天经口摄入的水有 1~2 L, 由各种消化腺分泌的消化液有 6~8 L, 而在离开小肠进入结肠后的水分只有约 0.5 L, 这说明大部分水在小肠被吸收。

肠腔内水的吸收与肠腔中内容物的渗透压以及成分有关。当肠腔内的溶液为低渗时,水以渗透方式通过小肠黏膜进入绒毛内的毛细血管;当肠腔内的溶液为高渗时,水能从血浆转运入肠腔,使肠腔容积增大。通过渗透作用,可在数分钟内使肠腔食糜与血浆等渗。在十二指肠和空肠上部,双向转运的水量都很大,所以肠腔内的液体不明显减少,但在回肠,从肠腔出去的液体量比进入的多,所以肠内容物明显减少。

水是随着溶质分子的吸收而被动吸收的,这一过程需要水通道的帮助。水吸收的主要驱动力是各种溶质,尤其是 NaCl 的主动吸收所造成的渗透压梯度。由于小肠黏膜上皮细胞膜及其细胞间的紧密连接对水的通透性都很高,所以水很容易被吸收。

(二) 无机盐的吸收

1. 钠的吸收 正常成人每日经口摄入 5~8 g 的 Na^+, 肠道分泌进入消化液的 Na^+ 有 20~30 g。小肠每天吸收的 Na^+ 有 25~35 g, 即吸收了肠内容物中 95%~99% 的 Na^+, 约相当于体内总钠量的 1/7。小肠黏膜上皮细胞通过主动转运的方式吸收 Na^+, 需要消耗能量 (图 6-23)。小肠上皮细胞内的 Na^+ 浓度远低于周围液体,而且细胞内的电位也比肠腔内低 40 mV 左右。在浓度差和电位差的双重驱动下,小肠腔内的 Na^+ 借助于刷状缘上的转运体(如 Na^+-葡萄糖同向转运

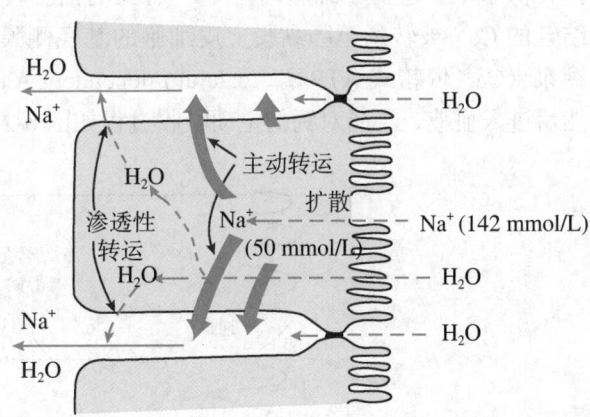

图 6-23 小肠黏膜对钠和水的吸收过程示意图

体1)或 Na^+ 通道, 以易化扩散的方式进入细胞内, 因此 Na^+ 是经跨细胞途径被吸收的。肠上皮细胞的基底侧膜存在钠泵, 钠泵的活动将细胞内的 Na^+ 主动转运入血浆, 使细胞内 Na^+ 浓度降低, 有利于 Na^+ 的继续吸收。由于单糖或氨基酸的转运往往是与 Na^+ 共用转运体完成的, 因此, Na^+ 的吸收为单糖和氨基酸的吸收提供动力, 而单糖和氨基酸的存在也可促进 Na^+ 的吸收。另外, HCO_3^-、Cl^- 和水的吸收也与 Na^+ 的主动吸收有关, Na^+ 的吸收对小肠其他营养物质的吸收具有重要意义。

2. 铁的吸收 每日膳食中含铁 10~15 mg, 但其中仅有 10%~15% 的铁被吸收, 吸收部位主要在十二指肠和空肠。食物中的铁大部分是三价铁 (Fe^{3+}), 不易被吸收, 需还原为亚铁 (Fe^{2+}) 后才能被吸收。维生素 C 能使 Fe^{3+} 还原为 Fe^{2+} 而有利于铁的吸收, 因此, 富含维生素 C 的水果和蔬菜可促进铁的吸收, 能够预防贫血。铁在酸性环境中易溶解而便于吸收, 故胃酸有促进铁吸收的作用, 慢性萎缩性胃炎或胃大部切除患者, 常因胃酸减少而伴有缺铁性贫血。铁的吸收量与机体对铁的需求量有关, 服用相同剂量的铁后, 缺铁患者的铁吸收量比正常人高很多。

铁在消化道内的吸收过程包括上皮细胞从肠腔摄取铁和向血浆转运铁两个过程, 都是需

要消耗能量的主动转运过程，需要多种转运蛋白的参与。在肠腔内，铁离子与肠黏膜上皮细胞顶端膜中存在的二价金属转运体 1（divalent metal transporter 1，DMT1）结合后被转运进入胞内；在胞内，只有少部分进入的 Fe^{2+} 通过基底侧膜中的铁转运蛋白（ferroportin 1，FP1）被主动转运至细胞外，然后进入血液；进入细胞的大部分 Fe^{2+} 被氧化为 Fe^{3+}，与胞内的脱铁铁蛋白（apoferritin）结合形成铁蛋白（ferritin，Fe-BP）而被暂时储存，慢慢向血液释放。这样，存储在上皮细胞内的铁就成为抑制铁继续吸收的因素，可避免铁被过量吸收而造成组织细胞损伤。

3. 钙的吸收　食物中的钙有 20%～30% 被机体吸收，大部分随粪便排出。食物中的结合钙必须转变为离子钙才能被吸收。

肠黏膜对钙的吸收是通过旁细胞和跨细胞两种途径进行的。钙在小肠各段都能够通过紧密连接被转运至细胞间液而吸收，即经旁细胞途径的被动吸收。十二指肠是小肠经跨细胞途径主动吸收钙的主要部位。但就吸收量而言，因为肠内容物在空肠和回肠的停留时间比较长，所以能吸收更多的钙。十二指肠黏膜对钙的主动吸收包括 3 个步骤：① Ca^{2+} 顺电 - 化学梯度经上皮细胞顶端膜上特异的钙通道由肠腔进入细胞；② Ca^{2+} 在细胞质内与钙结合蛋白（calbindin 或 calcium-binding protein，CaBP）结合，钙结合蛋白对 Ca^{2+} 有很强的亲和力，二者能够很迅速地结合，而且 1 分子的 CaBP 每次可运载 4 个 Ca^{2+}，所以细胞质中的游离 Ca^{2+} 浓度可以维持在低水平，避免了细胞内与 Ca^{2+} 有关的信号转导或其他功能受到干扰；③ 当与钙结合蛋白结合的 Ca^{2+} 被转运至肠黏膜上皮细胞的基底侧膜处时，Ca^{2+} 解离出来，被基底侧膜上存在的钙泵（Ca^{2+} 依赖式 ATP 酶，calcium-dependent ATPase）和 Na^+-Ca^{2+} 交换体转运至细胞间隙，然后进入血液。小肠对钙的主动吸收过程如图 6-24 所示。

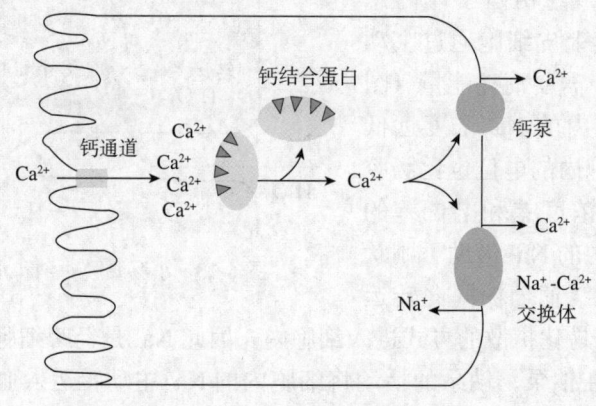

图 6-24　小肠黏膜对钙的主动吸收过程示意图

钙的吸收量是根据机体的需要而被精确控制的，儿童、妊娠后期和哺乳期妇女对钙的需求量增大，钙的吸收增多。此外，活化的维生素 D（1,25- 二羟维生素 D_3）和甲状旁腺激素是影响钙吸收的两个重要因素。活化的维生素 D 能够促进参与钙吸收的特异钙通道、钙结合蛋白、钙泵和 Na^+-Ca^{2+} 交换体的蛋白质表达，从而增加钙的吸收。甲状旁腺激素也能提升血钙水平（见第十一章相关内容）。钙的吸收还会受到其他一些因素的影响。因为钙盐只有在水溶液状态（如葡萄糖酸钙、氯化钙溶液）、且不被肠腔中其他物质沉淀的情况下才能被吸收，所以肠内容物的酸度对钙的吸收有重要影响。在 pH 约为 3 时，钙呈离子化状态，吸收最好，胃酸、乳酸等酸性物质能够降低肠内容物的 pH，从而有利于钙吸收。而食物中的草酸、植酸，因为可与 Ca^{2+} 形成不溶性的钙盐（硫酸钙、磷酸钙、草酸钙等），所以会妨碍 Ca^{2+} 的吸收。此外，脂肪食物和胆汁酸对钙的吸收有促进作用，脂肪分解释放的脂肪酸，与 Ca^{2+} 结合成钙皂，后者再与胆汁酸结合，形成水溶性复合物而被吸收。

4. 负离子的吸收 Cl^- 和 HCO_3^- 是肠腔内容物中的主要负离子。负离子被吸收的动力主要来自肠腔内的正离子（主要是 Na^+）通过主动转运产生的电位差。

（三）糖的吸收

食物中的糖类主要是低聚糖和多糖，必须在胃肠道中被彻底消化、分解为单糖才能被小肠上皮细胞吸收。食物中的多糖进入消化道后，先受到唾液淀粉酶的作用，之后又继续被胰淀粉酶分解为 α- 糊精、麦芽丙糖和麦芽糖。这些多糖分解产物和其他双糖（如乳糖和蔗糖）在小肠中又进一步受到低聚糖酶的水解而成为单糖。低聚糖酶存在于上皮细胞的刷状缘，主要包括麦芽糖酶、异麦芽糖酶、乳糖酶和蔗糖酶，这些酶可使 α- 糊精、麦芽丙糖和麦芽糖水解为葡萄糖，使乳糖水解为半乳糖和葡萄糖，使蔗糖水解为果糖和葡萄糖。

糖类的吸收部位主要在小肠上部。由于转运单糖的转运体种类不同，单糖与转运体的亲和力有差异，导致不同单糖的吸收速率有很大差别，己糖吸收很快，戊糖很慢。在己糖中，又以半乳糖和葡萄糖的吸收最快，果糖次之，甘露糖最慢。单糖的吸收形式主要是葡萄糖，约占总吸收量的 80%。小肠对单糖的吸收是逆浓度差、由钠泵间接提供能量的继发性主动转运过程，即通过与 Na^+ 共同转运而被吸收。小肠黏膜上皮细胞基底侧膜上的钠泵将胞内的 Na^+ 主动转运出细胞，导致胞内 Na^+ 浓度较低，然后使肠腔内的 Na^+ 顺浓度差通过肠上皮细胞的刷状缘进入细胞内。肠黏膜上皮细胞刷状缘上有一种依赖 Na^+ 的葡萄糖载体，即 Na^+- 葡萄糖同向转运体 -1（sodium-glucose cotransporter-1，SGLT-1），能选择性地将葡萄糖或半乳糖从肠腔转运进入细胞内，SGLT-1 通常与 2 个 Na^+ 和 1 分子葡萄糖或半乳糖结合形成复合体，将 Na^+ 和葡萄糖或半乳糖转运到细胞内；细胞基底侧膜上的非 Na^+ 依赖性葡萄糖转运体 -2（glucose transporter-2，GLUT-2）可将胞质中的葡萄糖以易化扩散的方式吸收入血（图 6-25）。钠泵的抑制剂哇巴因能抑制葡萄糖的主动转运。

果糖的吸收是不耗能的被动转运过程。果糖通过易化扩散进入小肠黏膜上皮细胞，并不通过 Na^+- 葡萄糖同向转运体转运吸收，这就导致了它的吸收速率只有葡萄糖或半乳糖转运速率的一半。

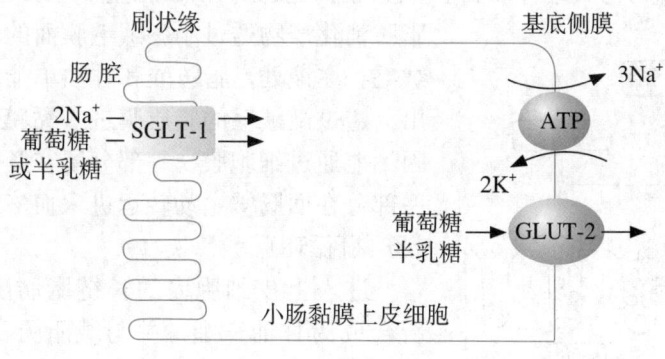

图 6-25　单糖的吸收机制示意图

（四）蛋白质的吸收

食物中的蛋白质必须在消化道内被蛋白酶分解为氨基酸和寡肽才能被小肠吸收。肠腔内的氨基酸吸收机制与葡萄糖相似，也是通过继发性主动转运的方式进入小肠上皮细胞内，但涉及的转运蛋白更为复杂。在小肠黏膜细胞的刷状缘上至少存在选择性转运中性、碱性、酸性氨基酸的转运系统，其中中性氨基酸转运系统的转运速率比酸性和碱性氨基酸转运系统快。进入上皮细胞的氨基酸也经细胞基底侧膜上的载体，以易化扩散的方式转运至组织间液，然后进入血液。

蛋白质经水解后产生的寡肽也能被小肠黏膜上皮细胞摄取。小肠黏膜上皮细胞的刷状缘上存在能继发性主动转运寡肽的 H^+- 肽同向转运系统，在顺浓度梯度将 H^+ 由肠腔转运进入上皮细胞的同时，逆浓度将寡肽带入细胞，这也是需要耗能的转运过程。在上皮细胞的刷状缘和细胞内还存在能够水解寡肽的酶，可将寡肽水解为自由氨基酸，再经基底侧膜上的载体转运出细胞，最终进入血液。蛋白质的消化和吸收过程见图 6-26。

此外，还有少量小分子的食物蛋白能够完整地通过入胞和出胞方式被小肠上皮细胞吸收进入血液，但并无营养价值，而且可能成为抗原而引发过敏反应或中毒反应。

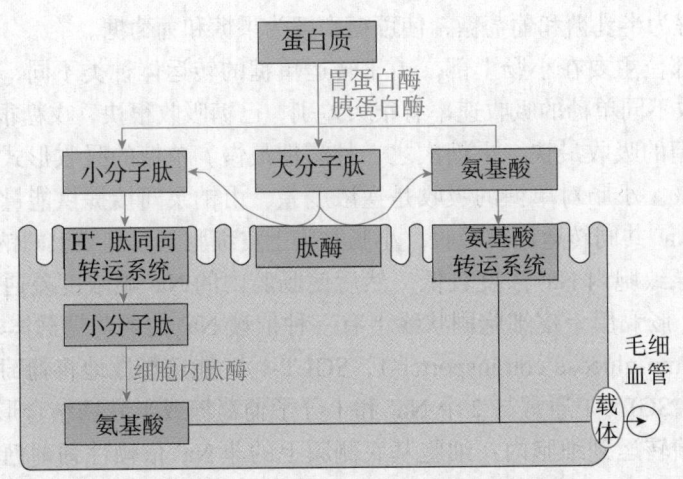

图 6-26 蛋白质的消化吸收过程示意图

（五）脂肪的吸收

人类膳食中的脂肪主要是甘油三酯。在肠腔内，甘油三酯被胰脂肪酶水解为甘油、脂肪酸和甘油单酯等，胆盐可与其结合形成水溶性混合微胶粒。由于胆盐具有双嗜性，所以能够携带脂肪消化产物透过小肠绒毛膜面的非流动水层到达微绒毛。在该处，脂肪酸和甘油单酯从混合微胶粒中释出，透过微绒毛的脂质膜进入黏膜上皮细胞，而胆盐因不能通过细胞膜，一部分留在肠腔内被再利用，另一部分在回肠被主动转运进入血液，经门静脉回到肝（肠 - 肝循环）。

进入上皮细胞内的长链脂肪酸和甘油单酯被重新合成为甘油三酯，并与载脂蛋白结合形成乳糜微粒（chylomicron），以出胞的形式释放到组织间隙，继而进入淋巴液，这就是脂肪吸收的淋巴途径。少于 10～12 个碳原子的中、短链脂肪酸及其甘油单酯水溶性较强，在上皮细胞中不再酯化，可在十二指肠和空肠从上皮细胞的基底侧膜直接扩散进入血液。由于膳食中的动、植物油中长链脂肪酸居多，所以脂肪的吸收途径以淋巴为主。脂肪的消化和吸收过程见图 6-27。

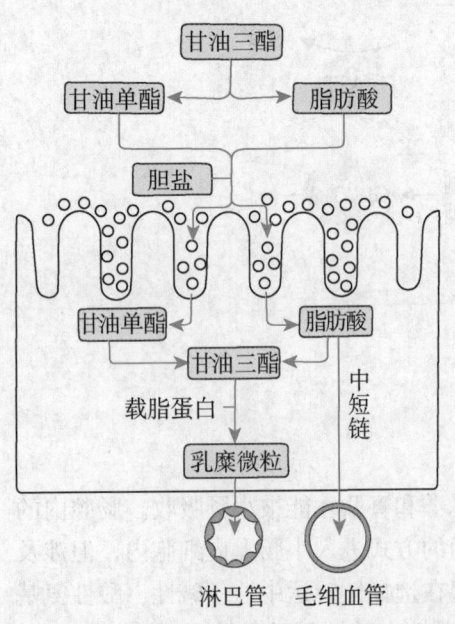

图 6-27 脂肪的消化和吸收过程示意图

（六）胆固醇的吸收

小肠的胆固醇主要有两类：一类是游离胆固醇，来自胆汁；另一类是酯化胆固醇，来自食物。食物来源的酯化胆固醇必须经过消化液中胆固醇酯酶的水解变成游离胆固醇才能被小肠黏膜吸收。游离胆固醇的吸收机制与长链脂肪酸及甘油单酯类似，也是以混合微胶粒的方式被运送并进入黏膜上皮细胞。在上皮细胞内胆固醇被酯化成胆固醇酯，再形成乳糜微粒出胞，经淋巴途径被吸收。

膳食中的胆固醇含量越多，被吸收的胆固醇也越多。食物内的脂肪和脂肪酸可促进胆固醇的吸收，而各种植物胆固醇则抑制其吸收。食物中的纤维素、果胶等易与胆盐结合而阻碍混合微胶粒的形成，故也能降低胆固醇的吸收。小肠上皮细胞除可以吸收胆固醇外，在体内胆固醇过多的情况下也可以通过微绒毛上的转运体向肠腔分泌胆固醇，继而随粪便排出体外。

（七）维生素的吸收

大部分维生素在小肠上段被吸收，只有维生素 B_{12} 在回肠被吸收。大多数水溶性维生素（如维生素 B_1、B_2、B_6、PP 等）的吸收需通过依赖 Na^+ 的同向转运体。维生素 B_{12} 需先与内因子结合成复合物，再到回肠被吸收。复合物形成后一方面避免了维生素 B_{12} 被蛋白酶消化，另一方面能够被回肠上皮细胞的特异性受体蛋白所识别和结合，进而将维生素 B_{12} 转运至上皮细胞内。脂溶性维生素 A、D、E、K 的吸收方式与脂类消化产物相同。

五、大肠的吸收功能

每天有 1000～1500 ml 半流体状的消化产物从小肠进入大肠，大肠黏膜对水和电解质的吸收能力很强，每天最多可吸收 5～8 L 的水和电解质，因而大肠中的水和电解质大部分被吸收，仅余留 100 ml 的水和少量 Na^+、Cl^- 由粪便排出，大肠因此参与了机体对水、电解质平衡的调节。大肠各段的功能有所不同，右半结肠主要进行物质吸收，左半结肠则形成和储存粪便。如粪便在大肠内停留时间过长，其中的水被进一步吸收，可使粪便变得干硬而引起便秘。结肠有强大的吸收能力，但如果由小肠进入大肠的液体过多、大肠分泌的液体过多或结肠的吸收能力下降，可因水不能被正常吸收而引起腹泻。霍乱毒素或细菌感染常可导致回肠末段隐窝和大肠每天分泌 10 L 以上的液体，造成严重甚至致命的腹泻。

肠道内细菌合成的 B 族维生素和维生素 K 也能在大肠被吸收，以补充食物中维生素摄入的不足。此外，细菌分解食物残渣中的纤维素而产生的短链脂肪酸，如乙酸、丙酸和丁酸等也能被大肠吸收。

（石瑞丽　张小郁）

思政案例

王志均：阐明胃肠激素释放的天然刺激物的中国科学家

王志均是我国著名的消化生理学家，中国生理学会名誉理事长，中国科学院院士，在胃液、胰液分泌调节，消化器官活动对代谢的影响以及脑-肠肽的消化道保护作用等方面从事系统研究。

20世纪初，消化液分泌的激素调节成为消化生理的重要研究领域，各种食物进入小肠对消化期促胰液素或促胰酶素分泌的调节成为困扰消化生理学家的难题。王志均先生创造性地将狗的带胰主导管的胰钩和胰头部的一部分胰腺移植于皮下，再将胰导管与右侧第二乳头（剪去乳头尖）相连，使胰液从乳头流出体外，这种术式既巧妙地解决了在消化期观测胰液分泌的瓶颈问题，又消除了移植胰腺的神经支配，便于探讨体液调节对胰液分泌的影响，并由此在世界上首次发现刺激促胰液素和促胰酶素释放的天然刺激物。他的博士论文《移植胰脏狗的小肠释放的促胰液素和促胰酶素的生理学测定》发表于1951年的《美国生理学杂志》，文中第一次详细阐明了各种食物在小肠刺激肠黏膜释放促胰液素和促胰酶素的作用，成为消化生理学研究的经典文献。

思 考 题

1．正常时胃液中含大量盐酸和胃蛋白酶，为什么胃黏膜不会发生自身消化？
2．试述胃酸的主要生理作用及其分泌机制（可用模式图表示）。
3．患者，男性，46岁，行胃镜检查时发现十二指肠乳头肿物，病理活检提示为低级别上皮内瘤变，且肿物较大。试分析该肿物对患者消化和吸收功能的影响。
4．糖和蛋白质在小肠被吸收的形式、机制和途径如何？
5．脂肪如何经淋巴途径被吸收？

第七章

能量代谢和体温

第七章数字资源

第一节 能量代谢

新陈代谢（metabolism）是生命最基本的特征之一。新陈代谢包括物质代谢（material metabolism）和能量代谢（energy metabolism）。物质代谢包括合成代谢（同化作用）和分解代谢（异化作用）两个相反的过程。在合成代谢中，机体利用从外界摄取的营养物质及分解代谢的部分产物合成新物质，同时将能量贮存在新合成物质的分子结构中；而分解代谢时，机体将自身结构成分及体内贮存的能源物质进行分解，并释放能量，供机体维持体温和进行各种生命活动。由此可见，在新陈代谢的过程中，物质的转化与能量的转移总是密不可分的。通常将在物质代谢过程中所伴随的能量的释放、转移、贮存和利用统称为能量代谢。

研究能量代谢对于临床医学、预防医学、运动生理学及营养学都有十分重要的意义。本节主要讨论机体能量的来源和利用、能量代谢的测定、影响能量代谢的因素和基础代谢。

一、机体能量的来源和利用

（一）能量的来源

细胞的一切生命活动，无论是维持自身生存的代谢过程，还是细胞的分裂增殖过程，都要消耗能量。然而人体无法直接利用外界环境供给的各种形式的能量，如太阳能、电能、机械能等。人体唯一能够利用的是食物中营养物质分子结构中所蕴藏的化学能。机体从外界摄取的营养物质包括糖类、脂肪、蛋白质、无机盐、水及维生素等，其中糖类、脂质和蛋白质是机体主要的能量来源。

1. 糖 糖类（carbohydrate）是机体所需能量的主要来源。按照中国人的膳食结构，机体所需能量的 70% 左右是由食物中糖类物质提供的，其余能量由脂肪供给。人体内的糖类大部分以糖原的形式贮存在肝和肌肉中。肝糖原主要维持血糖水平的相对稳定，肌糖原是骨骼肌中随时可以动用的贮备能源。

按照机体氧供给情况不同，糖的分解供能可分为有氧氧化和无氧酵解两种途径。在氧供应充足的情况下，葡萄糖可经有氧氧化分解成 CO_2 和 H_2O，并释放出大量能量。在一般生理情况下，体内绝大多数组织、细胞均有足够的氧供应，可通过糖的有氧氧化供能。1 mol 葡萄糖在体内完全氧化时释放的能量，可以合成 38 mol ATP。在氧供应不足的情况下，糖经无氧酵解只能分解到乳酸阶段，释放的能量很少，仅为有氧氧化的 1/19。尽管如此，糖酵解对于机体处于缺氧状态时的能量供应仍极为重要，因为它是人体内能源物质唯一不需要氧的分解供能途径。如在进行剧烈运动时，骨骼肌的耗氧量明显增加，循环、呼吸系统活动的加强不能很快满足骨骼肌对氧的需求，使骨骼肌处于相对缺氧的状态，此时骨骼肌只能动用储备的高能磷酸键和通过无氧酵解来获取能量。红细胞缺乏线粒体，因此糖酵解是其唯一产能方式。脑组织所需的能量主要来自糖的有氧氧化，因此脑对缺氧很敏感。此外，脑组织中糖原贮存量较少，所以脑对血糖的依赖性较强，体内缺氧或低血糖时，可以引起脑功能活动的障碍，重者可导致意识障碍，甚至昏迷。

2. 脂质 脂质（lipid）是体内重要的贮能和供能物质。机体中的脂质可分为组织脂质和贮存脂质两部分，前者是组织细胞的组成成分，包括胆固醇、磷脂等，在饥饿时不减少，不参与机体的供能；后者主要是脂肪，也称甘油三酯或三酰甘油，约占贮存脂质的 98%。贮存脂质是人体内能源物质的主要贮存形式，不仅直接来源于食物，也可由糖和氨基酸在体内转变而来。当食物提供的能量超过人体消耗的能量时，贮存脂质就会增多；反之，贮存脂质则减少。体内贮存的脂肪可占体重的 20%，远比糖贮存量（约 150 g）多。从能量贮存的形式来看，脂肪是体内最重要的贮能物质。从供能物质的角度来看，1 g 脂肪氧化所释放的能量约为 1 g 糖或蛋白质在体内氧化时释放能量的 2 倍。正常情况下，脂肪氧化分解可补充糖供能的不足，脂肪首先在酶的催化下分解为甘油和脂肪酸。甘油在肝经过磷酸化和脱氢处理，然后进入糖氧化途径供能；脂肪酸与辅酶 A 结合后，经 β- 氧化分解成乙酰辅酶 A，再经三羧酸循环氧化供能。在短期饥饿的情况下，主要由脂肪分解供能。但脂肪分解过多时，可发生酮血症。因此，对于较长时间不能进食的患者，补充葡萄糖可预防酮血症的发生。

3. 蛋白质 蛋白质（protein）是构成机体组织成分的重要物质。蛋白质的基本组成是氨基酸。氨基酸在体内经过脱氨基或氨基转换，可分解为非氮成分和氨基。氨基主要在肝合成尿素后由肾排出体外，非氮成分（α- 酮酸）则可进一步氧化供能。在一般生理情况下，人体主要利用糖和脂肪供能，还有一些氨基酸可转变为肝糖原和贮存脂质参与供能。只有在某些特殊情况下（如长期不能进食或过度消耗），机体所需的能源物质供应不足，组织蛋白质才被分解以供给生理活动所必需的能量。

（二）能量的转移和利用

机体各种能源物质在体内氧化时所释放的能量，50% 以上迅速转化为热能的形式，主要用于维持机体的体温。热能不能再转化为其他形式的能，因此不能用于机体做功。其余不足 50% 的能量是可以用于做功的"自由能"，这部分自由能以高能磷酸键的形式贮存于腺苷三磷酸（adenosine triphosphate，ATP）中，当机体需要消耗能量时，ATP 被水解为腺苷二磷酸（adenosine diphosphate，ADP）及磷酸，同时释放出能量供机体利用。由此可见，ATP 既是体内重要的贮能物质，又是直接供能的物质。机体的组织细胞可以直接利用 ATP 中的贮备能进行各种功能活动。例如，合成细胞的各种组成成分、各种生物活性物质及其他一些物质；细胞膜或细胞器膜上的各种离子泵，进行离子和某些物质的主动转运，维持膜两侧离子的浓度势能；心肌、平滑肌、骨骼肌的收缩和舒张活动等。以上各种功能活动除肌肉运动时所完成的外功以外，其余在体内完成的各种化学功、转运功与机械功最后均转变为热能向体外发散（图 7-1）。除 ATP 外，体内还有另一种含有高能磷酸键的贮能化合物，即磷酸肌酸（creatine phosphate，CP）。当体内物质分解生成的能量增多，使形成的 ATP 浓度升高时，ATP 会将高能磷酸键转移给肌酸，生成 CP，将能量贮存起来；反之，当组织细胞耗能增加，ATP 浓度降低时，CP 分解，又将高能磷酸键转移给 ADP，生成新的 ATP。因此，CP 常被看作 ATP 的贮存库。从能量代谢的整个过程来看，ATP 的合成与分解是体内能量转换和利用的关键环节。肌酸的磷酸化和去磷酸化称为肌酸循环，肌酸循环可以促进非寒战产热。在 ADP 受限的条件下，线粒体肌酸激酶（Mi-CK）介导的肌酸磷酸化与磷酸肌酸水解同时发生，从而产生由肌酸驱动的无效底物循环，消耗能量，促进产热。

（三）能量平衡

1. 能量平衡与体重 能量平衡（energy balance）是指机体从食物中摄取的能量与消耗的能量之间的平衡关系。能量平衡是一种动态平衡。在一段时间内，如果机体摄入的化学能和消耗的能量基本相等，即人体能量的"收支"达到平衡时，体重保持恒定；如果摄入的能量少于消耗的能量，机体则利用体内贮存的能源物质，糖原、脂肪和蛋白质被分解，导致体重有所减轻，表现为能量的负平衡；反之，如果机体摄入的能量多于消耗的能量，过多的能量则以脂肪的形式贮存起来，因而体重增加，表现为能量的正平衡。所以，能量

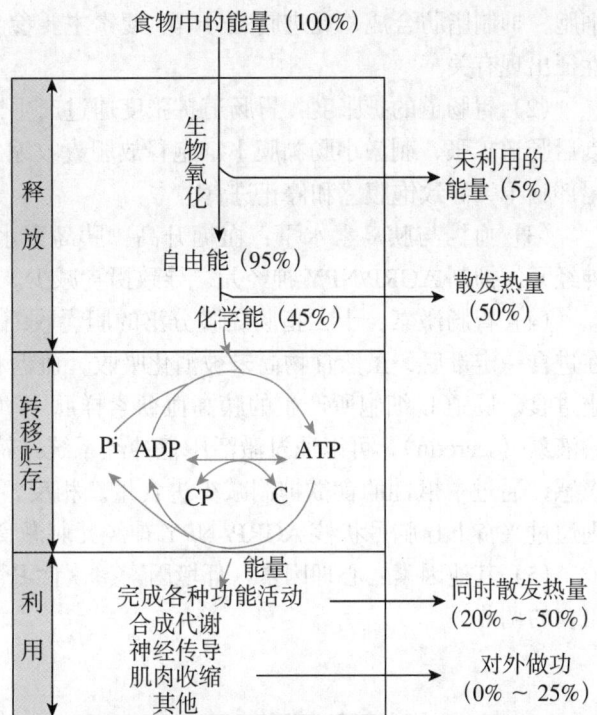

图 7-1 机体能量的来源、转移、贮存与利用
C：肌酸；Pi：无机磷酸；CP：磷酸肌酸

平衡异常是导致肥胖和消瘦的主要原因。有些情况下，体重恒定并不一定代表机体能量"收支"平衡，如随着年龄增长，体内蛋白质减少，脂肪增多，虽然体重恒定，但实际上机体摄入的能量已超出了消耗的能量，为能量正平衡。临床上判断肥胖的简易标准是腰围（waist circumference）和体质指数（body mass index，BMI）。腰围主要反映腹部脂肪的分布，成年人的腰围在男性不宜超过 85 cm，在女性不宜超过 80 cm。BMI 是体重（kg）除以身高（m）的平方所得之商，主要反映全身性营养状况。在我国，成年人 BMI 大于 24 被视为超重，大于 28 被视为肥胖。

2. 调节能量平衡的中枢 下丘脑弓状核是调节食欲和体重的基本中枢。弓状核位于第三脑室和正中隆起之间，该部位缺乏功能性的血脑屏障，从而使弓状核调节食欲和体重的神经元能直接接受血液中能量信号物质如胰岛素、瘦素等的变化。弓状核包含两类作用相反的神经元：①前阿片黑素细胞皮质激素（pro-opiomelanocortin，POMC）神经元，其末梢释放 α-促黑素细胞激素（α-melanocyte-stimulating hormone，α-MSH）、可卡因和苯丙胺调节转录因子（cocaine- and amphetamine-regulated transcript peptide，CART）等，α-MSH 通过激活室旁核（paraventricular nucleus，PVN）内的黑色素受体（MCR-3 和 MCR-4），继而激活传导入孤束核（nucleus tractus solitarius，NTS）的神经元通路，减少食物摄入和增加能量消耗，降低体重；②另一类型神经元产生刺豚鼠相关肽（agouti related peptide，AGRP）和神经肽 Y（neuropeptide Y，NPY），通过作用于下级神经元，增加食欲和减少能量消耗，增加体重。

3. 调节摄食行为的各种因素 机体的摄食行为受多种因素调节。虽然各种因素的作用机制不尽相同，但摄食行为能与机体长期和短期的能量状态相适应是多种因素共同作用的结果。这些因素很难保持机体 24 h 内的能量绝对平衡，但对机体能量收支的长期平衡具有重要意义。

（1）脂肪贮存量：反映脂肪贮存量的化学物质是血液中的瘦素水平。瘦素主要由脂肪细胞分泌，胎盘、肌肉和胃黏膜也可少量合成。体内贮存脂肪越多，血中瘦素水平越高。瘦素可兴奋弓状核 POMC/CART 神经元、抑制 AGRP/NPY 神经元，减少摄食量；也可直接作用于脂肪

细胞，抑制脂肪合成，促进脂肪分解。瘦素主要参与调节机体能量的长期平衡，也与女性第二性征出现有关。

（2）胃肠道的扩张度：胃肠道扩张度通过产生饱腹感和饥饿感而调节进食的时间和量。进食后肠道扩张，刺激小肠黏膜Ⅰ细胞释放胆囊收缩素（CCK），CCK可以通过迷走神经传送到尾部脑干，导致饱腹感和停止进食。

（3）血糖与胰岛素水平：血糖升高、胰岛素水平升高时，通过兴奋弓状核POMC/CART神经元、抑制AGRP/NPY神经元，导致摄食减少。

（4）胃肠激素：十二指肠黏膜分泌的胆囊收缩素可抑制进食而控制每餐的进食量，所以，在进食一定量后，虽然食物尚未被消化吸收，血糖和胰岛素水平还没有明显增加，机体仍会停止进食。肠道L细胞所产生的胰高血糖素样肽-1（glucagon-like peptide-1，GLP-1）属于肠促胰液素（secretin），可以通过激活中枢神经系统（特别是下丘脑）的GLP-1受体，使人产生饱腹感，通过中枢性的食欲抑制减少进食量。相反，胃黏膜分泌的胃生长激素释放素（ghrelin）则通过兴奋下丘脑弓状核AGRP/NPY神经元刺激食欲，促进进食。

（5）其他因素：心理因素、环境因素、饮食习惯、食物的味道和气味及文化差异均可参与摄食的调节。

二、能量代谢的测定

（一）测定原理

机体的能量代谢遵循能量守恒定律，即机体所利用的蕴藏于食物中的化学能等于机体散发的热量与所做的外功之和。因此，测定一定时间内机体所散发的热量和所做的外功，或者测定单位时间内机体利用的食物及这些食物中所含的能量，都可计算出整个机体的能量代谢水平。

按照国际单位系统的规定，法定能量计量单位是焦（joule，J）或千焦（kilojoule，kJ）。在生理学上有关能量代谢的研究中，热量单位传统使用卡（cal）或千卡（kilocal，kcal），1 kcal是指能使1 L纯水从15℃加热到16℃所需的热量。卡和焦耳之间的换算关系是：1 cal = 4.187 J或1 J = 0.23885 cal。

能量代谢水平用能量代谢率（energy metabolic rate，EMR）表示，即单位时间内每平方米体表面积的产热量，单位为kJ/（m² · h）。

（二）测定方法

通常测定机体的能量代谢率有两类方法，即直接测热法和间接测热法。

1. 直接测热法 直接测热法（direct calorimetry）是让受试者静止地处于密闭隔热的房间内，通过特殊装置，收集其机体在一定时间内向外界环境散发的总热量，因机体未对外做功，因此，用测得的总热量计算出单位时间内每平方米体表面积的产热量，即为能量代谢率。直接测热法原理简单，测得的数据准确，但装置复杂，操作繁琐，实际工作中很少采用。

2. 间接测热法 间接测热法（indirect calorimetry）的理论依据是化学反应的"定比定律"，即在一般化学反应中，反应前底物的量与反应后产物的量之间呈一定的比例关系。例如，氧化1 mol葡萄糖，需要6 mol O_2，同时产生6 mol CO_2和6 mol H_2O，并释放一定的热能（ΔH）。下面的反应式表明了这种定比关系：

$$C_6H_{12}O_6 + 6O_2 \longrightarrow 6CO_2 + 6H_2O + \Delta H$$

同一种化学反应，不论经过什么样的中间步骤，也不论反应条件差异有多大，这种定比关系是不变的。例如，在体内氧化 1 mol 葡萄糖，与在体外氧化燃烧 1 mol 葡萄糖的反应式完全相同，而且产生的热量也相等。也就是说，定比定律也适用于营养物质在体内的氧化反应。间接测热法就是利用这种定比关系，测出机体在一定时间内的耗 O_2 量和 CO_2 产生量，间接推算出同一时间内机体中糖、脂肪、蛋白质的氧化量和产热量，从而计算出能量代谢率。

（三）间接测热法的实施步骤

由于间接测热法是根据耗 O_2 量和 CO_2 产生量推算各种食物的消耗量和产热量，因此必须了解以下几个概念。

1. 食物的热价 1 g 食物氧化（或在体外燃烧）时所释放出来的热量，称为该种食物的热价（thermal equivalent of food）或食物的卡价（caloric value of food）。食物的热价分为物理热价和生物热价，前者指食物在体外燃烧时释放的热量，后者指食物在体内氧化所产生的热量。糖或脂肪的物理热价和生物热价相等，而蛋白质由于在体内不能完全氧化分解，一部分以尿素形式从尿中排出，所以蛋白质的生物热价小于其物理热价。三种营养物质的物理热价和生物热价如表 7-1 所列。

2. 食物的氧热价 某种食物氧化时，消耗 1 L 氧气所产生的热量称为该食物的氧热价（thermal equivalent of oxygen）。氧热价表示某种物质氧化时耗氧量和产热量之间的关系。分子结构不同，同样消耗 1 L 氧气氧化后释放的热量就不同。糖、脂肪、蛋白质的氧热价如表 7-1 所列。

3. 呼吸商和非蛋白呼吸商 机体依靠呼吸功能从外界摄取 O_2，以供各种营养物质在体内氧化分解时的需要，同时也将代谢终产物 CO_2 呼出体外。通常将一定时间内机体的 CO_2 产生量与耗 O_2 量的比值，称为呼吸商（respiratory quotient，RQ）。由于各种营养物质在细胞内的氧化供能属于细胞呼吸过程，因而可根据各种营养物质氧化时产生的 CO_2 量与消耗的 O_2 量，计算出其各自的呼吸商（表 7-1）。严格地说，呼吸商应该以 CO_2 和 O_2 的摩尔数来计算，但由于在同一温度和气压条件下，容积相等的不同气体的分子数都是相等的，所以通常可以用 CO_2 和 O_2 的容积数（ml 或 L）来计算呼吸商，即：

$$RQ = 产生的 CO_2 量（mol）/ 消耗的 O_2 量（mol）= 产生的 CO_2 体积（ml）/ 消耗的 O_2 体积（ml）$$

呼吸商比值的大小取决于食物的成分。由于糖、脂肪和蛋白质分子结构中的 C、H 和 O 元素的比例不同，所以氧化时，它们产生的 CO_2 量和耗 O_2 量各不相同，三者的 RQ 也不一样（表 7-1）。葡萄糖的分子式为 $C_6H_{12}O_6$，氧化时产生的 CO_2 和消耗的 O_2 分子数相等，RQ 等于 1.00。在脂肪的分子结构中，O 元素的含量远较 C 元素和 H 元素少，因此，脂肪氧化时需要消耗更多的 O_2，RQ 小于 1。如油酸甘油酯（triolein）氧化：$C_{57}H_{104}O_6 + 80 O_2 \to 57CO_2 + 52H_2O$，RQ=57/80=0.71。蛋白质的 RQ 较难测算，因为蛋白质在体内不能完全氧化，所以只能通过蛋白质分子中的碳和氢被氧化时的耗 O_2 量和 CO_2 产生量，间接算出蛋白质的 RQ 为 0.80。可见根据 RQ 的数值可以推测在某段时间内机体利用能量的主要来源。若某人的 RQ 接近于 1.00，则说明其能量代谢主要来自糖的氧化。糖尿病患者呼吸商偏低，接近于 0.71，说明其糖利用发生障碍，机体主要依靠脂肪代谢供能。在长期饥饿的情况下，体内的糖与脂肪耗竭，机体的能量主要来自蛋白质的分解，RQ 接近于 0.80。在日常生活中，人们所摄取的营养物质是糖、脂肪和蛋白质的混合膳食，一般情况下，RQ 在 0.85 左右。

表 7-1　糖、脂肪、蛋白质氧化时的几种数据

营养物质	产热量（kJ/g）			耗 O_2 量（L/g）	CO_2 产量（L/g）	氧热价（kJ/L）	呼吸商（RQ）
	物理热价	生物热价	营养学热价*				
糖	17.15	17.15	16.74	0.83	0.83	20.66	1.00
脂肪	39.75	39.75	37.66	2.03	1.43	19.58	0.71
蛋白质	23.43	17.99	16.74	0.95	0.76	18.93	0.80

*营养学通常采用概数来计算食物的热价

一般情况下，体内能量主要来自糖和脂肪的氧化，蛋白质的因素可忽略不计。将一定时间内产生的 CO_2 量和耗 O_2 量减去氧化分解蛋白质产生的 CO_2 量和耗 O_2 量，即为非蛋白质部分（糖和脂肪）氧化产生的 CO_2 量和耗 O_2 量。因此，通常将一定时间内氧化糖和脂肪产生的 CO_2 量和耗 O_2 量的比值，称为非蛋白呼吸商（non-protein respiratory quotient，NPRQ）。根据糖和脂肪按不同比例混合氧化时所产生的 CO_2 量和耗 O_2 量，可计算出相应的 NPRQ 值。表 7-2 显示了氧化不同比例的糖和脂肪时的 NPRQ 值以及相应的氧热价，供计算能量代谢率使用。

间接测热法的计算可分为以下四步：①测出机体在一定时间内的耗 O_2 量和 CO_2 产生量，并测出尿中尿氮的排出量，测定耗 O_2 量和 CO_2 产生量的方法有闭合式和开放式两种（见后）；②根据尿氮排出量计算氧化分解的蛋白质量（1 g 尿氮相当于氧化分解 6.25 g 蛋白质）；查表 7-1 计算出蛋白质的产热量、耗 O_2 量和 CO_2 产生量；③计算 NPRQ 和非蛋白食物（糖和脂肪）的产热量：从总耗 O_2 量和总 CO_2 产生量中减去蛋白质氧化分解的耗 O_2 量和 CO_2 产生量，计算出非蛋白呼吸商，查表 7-2 得出相应 NPRQ 的氧热价，计算出非蛋白代谢的产热量；④计算总产热量：总产热量＝蛋白质代谢的产热量＋非蛋白质代谢的产热量。

表 7-2　非蛋白呼吸商和氧热价

非蛋白呼吸商	氧化的百分比（%）		氧热价（kJ/L）	非蛋白呼吸商	氧化的百分比（%）		氧热价（kJ/L）
	糖	脂肪			糖	脂肪	
0.707	0.00	100.00	19.62	0.86	54.10	45.90	20.41
0.71	1.10	98.90	19.64	0.87	57.50	42.50	20.46
0.72	4.75	95.20	19.69	0.88	60.80	39.20	20.51
0.73	8.40	91.60	19.74	0.89	64.20	35.80	20.56
0.74	12.00	88.00	19.79	0.90	67.50	32.50	20.61
0.75	15.60	84.40	19.84	0.91	70.80	29.20	20.67
0.76	19.20	80.80	19.89	0.92	74.10	25.90	20.71
0.77	22.80	77.20	19.95	0.93	77.40	22.60	20.77
0.78	26.30	73.70	19.99	0.94	80.70	19.30	20.82
0.79	29.00	70.10	20.05	0.95	84.00	16.00	20.87
0.80	33.40	66.60	20.10	0.96	87.20	12.80	20.93
0.81	36.90	63.10	20.15	0.97	90.40	9.58	20.98
0.82	40.30	59.70	20.20	0.98	93.60	6.37	21.03
0.83	43.80	56.20	20.26	0.99	96.80	3.18	21.08
0.84	47.20	52.80	20.31	1.00	100.00	0	21.13
0.85	50.70	49.30	20.36				

上述方法的计算步骤繁多，在临床实际工作中，通常采用更简便的计算法。其步骤为：①用代谢率测定仪测出受试者在一定时间内（通常为 6 min）的耗 O_2 量；②以普通混合膳食

的呼吸商为 0.82，查出氧热价（20.20 kJ/L）；③依据下式计算，得出该时间内的产热量。

$$产热量（kJ）= 耗 O_2 量（L）\times 20.20\ kJ/L$$

实践证明，简便计算法的方法简单，测算方便，所得的数值与上述间接测热法的结果非常相近，因此在临床实践中被广泛应用。

（四）测定机体耗 O_2 量和 CO_2 产生量的方法

1. 闭合式测定法 临床和实验室中常用肺量计测定机体耗氧量。如图 7-2 所示，将一定量的氧气充于密闭的容器内，容器的上盖与记录装置相连，下端出口与呼吸口瓣相连，受试者通过呼吸口瓣吸入容器内的氧气，呼出气中的 H_2O 和 CO_2 被回路中的吸收剂吸收，容器随着呼吸上下移动时，与之相连的记录笔也随之上下移动，从而画出呼吸曲线。因每次呼吸都消耗一定量的 O_2，且 CO_2 和 H_2O 被吸收，所以描计出的曲线呈逐渐下降趋势，从曲线下降的高度就可以读出一定时间内（通常测定 6 min）机体的耗 O_2 量。

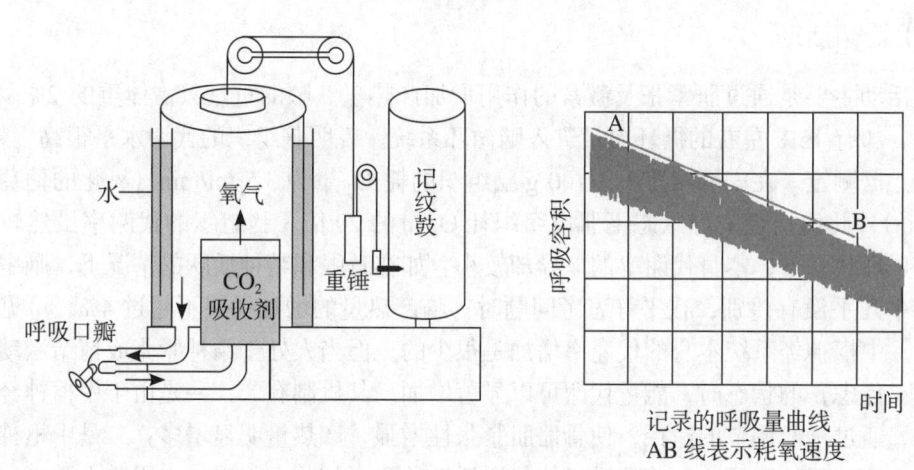

图 7-2 代谢率测定用肺量计模式图

2. 开放式测定法 开放式测定法是让受试者自然呼吸空气，收集受试者一定时间内的呼出气，用气量计测出呼出气量，并分析呼出气中 O_2 和 CO_2 的容积百分比，再与吸入气（空气）比较，算出两者 O_2 和 CO_2 的容积百分比的差值，结合呼出气量，就可得出该段时间内的耗 O_2 量和 CO_2 产生量。

三、影响能量代谢的因素

影响能量代谢的因素主要有肌肉活动、精神活动、食物的特殊动力作用、环境温度和性别。另外，身高、体重、体表面积、年龄、体温以及循环血液中的甲状腺激素、肾上腺素和去甲肾上腺素及影响糖代谢、脂代谢的多种激素等也可影响能量代谢。

（一）肌肉活动

肌肉活动对能量代谢的影响最为显著。机体任何轻微的活动都可提高代谢率。人在运动或劳动时耗氧量显著增加，因为肌肉活动需要补给能量，而能量则来自大量营养物质的氧化，导致机体耗氧量的增加。机体耗氧量的增加与肌肉活动的强度呈正比关系，耗氧量最多可达安静时的 10～20 倍。肌肉活动的强度称为肌肉工作的强度，也就是劳动强度。因此，能量代谢率可以作为评估劳动强度的指标。从表 7-3 可以看出不同劳动强度或运动状态时能量代谢率的变化情况。进行能量代谢测定时应静息半小时以上，剧烈活动时因供氧量相对不足产生氧债（oxygen debt），致使运动后一段时间内，骨骼肌仍处于相对缺氧的状态，机体耗氧量仍处于较高的水平。

表 7-3 人体不同状态下的能量代谢率

人体状态	产热量 [kJ/($m^2 \cdot min$)]	人体状态	产热量 [kJ/($m^2 \cdot min$)]
静卧	2.73	扫地	11.37
开会	3.40	打排球	17.50
擦窗	8.30	打篮球	24.22
洗衣	9.89	踢足球	24.98

（二）精神活动

精神活动主要是通过肌紧张及激素的作用增加产热量。脑的重量只占体重的 2%，但在安静状态下，却有 15% 左右的循环血量进入脑循环系统，说明脑组织的代谢水平很高，耗 O_2 量也比较大。据测定，在安静状态下，100 g 脑组织的耗 O_2 量为 3.5 ml/min（氧化的葡萄糖量为 4.4 mg/min），此值接近安静状态下肌肉组织耗 O_2 量的 20 倍。脑组织的代谢率虽然较高，但在不同的生理状态下，本身代谢率的差异却较小。如在睡眠和精神活跃的情况下，脑中葡萄糖的代谢水平几乎没有差别；在平静思考问题时，脑产热量的增加一般不超过 4%。可见，在精神活动时，中枢神经系统本身的代谢率增加是很少的。但当人处于精神紧张或情绪激动（如烦恼、恐惧、焦虑）的状态时，能量代谢可以显著增加。其机制有二：一是由于中枢神经系统的紧张状态，通过神经调节的途径，使骨骼肌紧张性增强，产热量明显增多；二是中枢神经的高度紧张使交感神经被激活，一些促进机体代谢活动的激素如肾上腺素、去甲肾上腺素、肾上腺皮质激素及甲状腺激素等分泌增多，通过体液的途径，促进细胞代谢活动，从而增加产热量。因此，在测定能量代谢率时，应摒除精神紧张的影响。

（三）食物的特殊动力效应

在安静状态下摄入食物后，人体释放的热量比摄入的食物本身氧化后所产生的热量要多，即摄食会产生"额外"的产热效应。例如，摄入能产 100 kJ 热量的糖类或脂肪后，机体产热量为 104～106 kJ；摄入能产 100 kJ 热量的蛋白质后，人体实际产热量为 130 kJ，额外多产生了 30kJ 热量。食物能使机体产生"额外"热量的现象称为食物的特殊动力效应（specific dynamic effect）。糖类或脂肪的食物特殊动力效应使其产热量增加 4%～6%，蛋白质产热量增加 30%，混合食物可使产热量增加 10% 左右。这种现象在进食后 1 h 左右开始，并延续到 7～8 h。这种额外产生的能量只能增加机体的散热量，不能被用来做功。食物特殊动力效应产生的原因目前尚不十分清楚，可能与摄食引起的交感神经反射导致机体褐色脂肪组织产热有关。现已证明，该效应并非由于进食后消化道和消化腺活动增强所致，因向静脉内注射氨基酸也可引起同样的增热效应，而切除肝后，这种效应就消失。因此，目前认为该效应可能与肝内氨基酸的脱氨基作用有关。

（四）环境温度

人（裸体或只着单衣）在安静状态时的能量代谢，以在 20～30℃的环境中最为稳定。环境温度过高或过低均可使机体的能量代谢率升高。有人测定了正常人体在 0～45℃环境温度时的耗氧量，其中在 0℃时耗氧量为 330 ml/min，在 30℃时，耗氧量减少至 240 ml/min，当温度升至 40℃时，耗氧量增至 260 ml/min。实验证明：当环境温度低于 20℃时，代谢率开始增加；在 10℃以下时，代谢率显著增加。这是由于寒冷刺激反射性引起肌肉紧张性收缩加强，机体发生寒战，使能量代谢率增高。此外，寒冷刺激会激活褐色和米色脂肪细胞。寒冷刺激时，交感神经末梢会释放儿茶酚胺并触发细胞内信号，如激活 β3-AR 产生 cAMP 信号，促进过氧化物酶体增殖物激活受体 γ 辅激活因子 1（peroxisome proliferator–activated receptor γ coactivator-1α，PGC1α）表达，增加棕色脂肪细胞产热，促进皮下脂肪中米色脂肪细胞生成，机体发生非寒战产热，使能量代谢率增高。当环境温度高于 30℃时，代谢率也会增加，这可能是因为体温升高，体内酶的活性提高，细胞生化反应速度加快，以及发汗功能旺盛、呼吸和循环功能增强等因素的作用。

（五）性别

一般情况下，女性的能量代谢率低于男性 5%～10%，能量代谢的性别差异导致女性能够储存更多的脂肪。性激素在能量代谢中发挥重要作用。一般来说，男性睾酮正常值为 260～1590 ng/dl，女性为 15～80 ng/dl。男性体内的雄性激素可以增加瘦素敏感性，促进能量消耗，而女性体内的雄性激素则有利于腹内脂肪的沉积，如临床上的多囊卵巢综合征，主要表现为高雄性激素和腹部肥胖。雌激素参与脂肪的分布调节，会使脂肪分布于皮下，比如胸部和臀部，而不分布在腹部。男性中的雌激素水平较低，因此，女性具有更多的皮下脂肪，而男性具有更多的内脏脂肪。雌激素可以抑制进食，提高能量代谢率。女性绝经后雌激素水平下降，会引起腹内脂肪增加，雌激素在限制腹内脂肪量方面有特殊作用。此外，绝经和（或）衰老（包括男性）也会引起循环中的卵泡刺激素（follicle stimulating hormone，FSH）上升，FSH 与脂肪细胞的 FSH 受体结合，抑制脂肪细胞线粒体密度增加，抑制褐色和米色脂肪组织产热，从而增加体脂含量。

四、基础代谢

（一）基础代谢的概念

如上所述，影响能量代谢的因素有很多，为了消除这些因素的影响，通常把基础代谢作为测定能量代谢的标准。基础代谢（basal metabolism）是指人体在基础状态下的能量代谢，基础状态是指人体处于清醒而又非常安静，不受肌肉活动、环境温度、食物及精神紧张等因素影响时的状态。在这种状态下，体内能量的消耗只用于维持基本的生命活动，如心搏、呼吸等，能量代谢较为稳定。临床测定基础代谢时要求在以下条件进行：①测定前避免剧烈运动，休息半小时以上，测定时清醒、平卧，全身肌肉放松，以排除肌肉活动的影响；②消除烦恼、恐惧、焦虑等心理活动，排除精神紧张的影响；③在清晨进餐以前（禁食后 12～14 h）进行，以排除食物特殊动力效应的影响；④室温要保持在 20～25℃，以排除环境温度的影响。

基础状态下的代谢率比较稳定，但不是最低，因为在熟睡无梦时，机体的能量代谢率更低，比基础状态下低 8%～10%，这可能与熟睡时机体代谢水平较低以及肌肉完全松弛有关。

（二）基础代谢的衡量标准及基础代谢率

基础代谢的高低与身高、体重并不成比例关系，而与体表面积基本成正比。因此，为了科学地比较个体间的差异，一般用体表面积（body surface area，BSA）来衡量基础代谢。将单位时间内单位体表面积的基础代谢称为基础代谢率（basal metabolic rate，BMR），其单位为 kJ/（m²·h）。

人体体表面积的大小可以从身高和体重两项数值来推算。Stevenson 早年曾对中国人进行调查，提出了计算中国人体表面积的 Stevenson 公式，即：体表面积（m²）= 0.0061 × 身高（cm）+ 0.0128 × 体重（kg）− 0.1529

为了使用方便，体表面积还可从 Stevenson 体表面积测算图（图 7-3）直接读出。具体方法是：将受试者的身高和体重在相应两条线上的两点连成一直线，此直线与中间的体表面积线的交点即为受试者体表面积的数值。

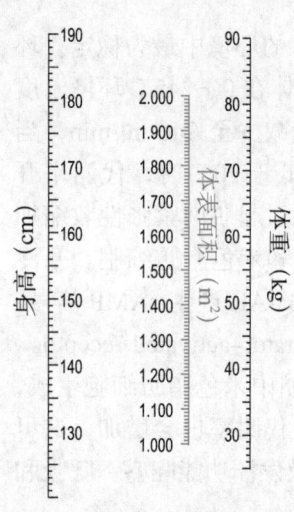

图 7-3 体表面积测算图

（三）基础代谢率的计算

通常采用简化法来测定和计算 BMR。即将呼吸商设定为 0.82，相对应的氧热价为 20.20 kJ/L，因此，只需测出一定时间内（通常为 6 min）的耗氧量和体表面积，可按下面公式计算出 BMR：

$$产热量 = 20.20 × 耗氧量$$

下面举例说明：某受试者，男性，20 岁，身高 170 cm，体重 60 kg，在基础状态下，1 h 的耗氧量为 15 L，则其产热量 = 20.20 kJ/L × 15 L = 303 kJ。经计算，此人的体表面积为 1.63 m²，因此，1 h 内每平方米体表面积的产热量，即 BMR 为：

$$BMR = 303\ kJ − 1.63\ m² = 185.88\ kJ/(m²·h)$$

由于以 kJ/（m²·h）表示 BMR，其数值比较繁琐、不易记忆，临床上常用百分法表示：

$$BMR（\%）=（实测值 − 相应年龄的正常值）/ 相应年龄的正常值 × 100\%$$

查表 7-4，20 岁男子的正常 BMR 为 157.8 kJ/（m²·h），此人的 BMR 超出正常值的百分数为：

$$(185.88 − 157.8) ÷ 157.8 × 100\% = 17\%，即 +17\%$$

关于我国正常人 BMR 的水平，男女各年龄组的平均值见表 7-4。

表 7-4 国人正常基础代谢率的平均值 [kJ/（m²·h）]

年龄（岁）	11～15	16～17	18～19	20～30	31～40	41～50	51～
男性	195.5	193.4	166.2	157.8	158.6	154.1	149.1
女性	172.5	181.7	154.1	146.5	146.9	142.4	138.6

（四）测定基础代谢率的临床意义

由表 7-4 可见，BMR 随性别、年龄的不同而有生理变动。当其他情况相同时，男子的 BMR 平均比女子的高；幼年人比成年人的高；年龄越大，BMR 值越低。重复测定同一个体的 BMR 则无明显差异，说明正常人的 BMR 是相当稳定的。

一般来说，BMR 的实际数值同上述正常的平均值进行比较，如相差在（±10% ~ ±15%）之内，属于正常范围；当超过 ±20% 时，才可能是病理变化。在各种疾病中，甲状腺功能的改变总是伴有 BMR 的明显异常。甲状腺功能低下时，BMR 将比正常值低 20% ~ 40%；甲状腺功能亢进时，BMR 将比正常值高 25% ~ 80%（图 7-4）。因此，BMR 的测量是临床诊断甲状腺疾病的重要辅助方法。当人体发热时，BMR 将升高，通常体温每升高 1℃，BMR 可升高 13%。其他如糖尿病、红细胞增多症、白血病以及伴有呼吸困难的心脏病等，也常伴有 BMR 升高。当机体处于病理性饥饿时，BMR 将降低。其他如肾上腺皮质功能减退、肾病综合征以及垂体肥胖症等也常伴有 BMR 降低。

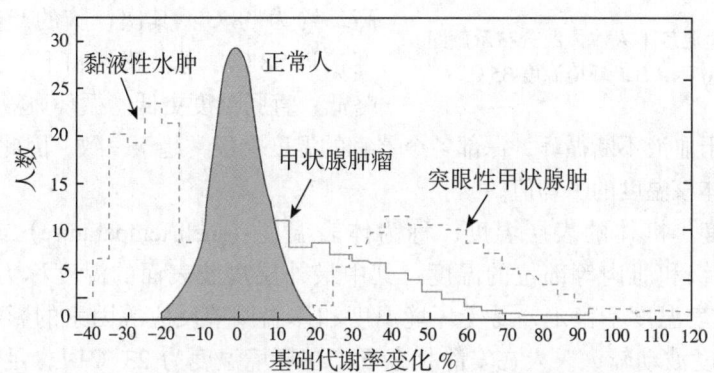

图 7-4 甲状腺疾病患者的基础代谢与正常人基础代谢的比较
纵坐标表示受检人数；横坐标的 0 代表正常平均值，-10 表示比正常平均值低 10%，10 表示高 10%

第二节 体温及其调节

体温是机体物质代谢的结果。人和动物的机体都具有一定的体温，根据体温和环境温度变化的关系，自然界中的动物被分为恒温动物（homeothermic animal）和变温动物（poikilothermic animal）两类。前者如人类和大多数哺乳动物，其体温在一定范围内无论环境温度如何变化，仍能保持相对恒定；后者如爬虫类、两栖类，其体温常随环境温度而变化。与呼吸、血压和心率一样，作为人体基本生命体征之一，体温是判断机体健康状况的重要指标，其相对稳定是保证机体新陈代谢和一切生命活动正常进行的必要条件。

一、体温

人和动物机体的温度称为体温（body temperature）。人体各部位的温度并不相同。生理学所说的体温是指机体深部的平均温度。

（一）深部温度和体表温度

1. 深部温度 机体深部的温度，称为深部温度或体核温度（core temperature），如心、

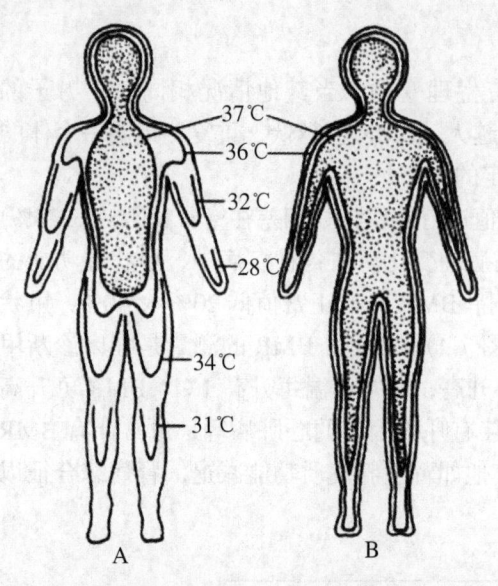

图 7-5 在不同环境温度下人体体温分布示意图
A. 环境温度 20℃ ；B. 环境温度 35℃

脑、肺、腹腔脏器的温度。深部温度比体表温度高，相对比较稳定，各部位之间的差异也较小。这里所说的深部与表层，不是从严格的解剖学结构来说的，而是从生理功能上划分的体温分布区域而言的。在不同环境温度中，深部温度和表层温度的分布会发生相对改变。在寒冷环境中，深部温度的范围缩小，主要集中在颅内、胸腔和腹腔内的器官，而表层温度的范围相应扩大；相反，在炎热的环境中，深部温度范围可以扩展到四肢，而表层温度的范围相应缩小（图 7-5）。

由于体内各器官的代谢水平不同，机体深部各器官的温度也略有差异，但不超过 0.5℃。在安静时，肝代谢最活跃，产热量最大，温度最高，约为 38℃；其次，脑的产热量也较大，温度接近 38℃；肾、胰腺和十二指肠等处的温度略低；直肠温度更低。循环血液是体内传递热量的重要途径。由于血液不断循环，深部各个器官的温度会经常趋于一致。因此，机体深部的血液温度可以代表体核温度的平均值。

2. 体表温度 机体的表层温度，称为体表温度（shell temperature）或体壳温度，包括皮肤、皮下组织和肌肉等部位的温度。其中最外层皮肤表面的温度称为皮肤温度（skin temperature）。体表温度不稳定，易受环境温度和体温调节反应等因素的影响，特别是皮肤和四肢末端的温度波动较大。人在安静状态下，在环境温度为 23℃时，足部皮肤温度约为 27℃，手部为 30℃，躯干为 32℃，额部为 33～34℃。由此可见，四肢末梢皮肤温度最低，越靠近躯干、头部，皮肤温度越高；当环境温度达 32℃以上时，皮肤温度的部位差异减小。在寒冷环境中，随着气温下降，手、足的皮肤温度降低最显著，而头部皮肤温度的变动相对较小。

皮肤温度与体表局部血流量有密切关系。凡是能影响皮肤血管舒缩的因素都能改变皮肤的温度。在寒冷环境中，由于皮肤血管收缩，皮肤血流量减少，皮肤温度随之降低，以防止体热散失；相反，在炎热环境中，皮肤血管舒张，皮肤血流量增加，皮肤温度因而上升，起到了促进散热的作用。由于皮肤温度的变化在一定程度上反映血管的功能状态，所以，临床上可以通过测定皮肤温度辅助诊断外周血管疾病。另外，当人情绪激动时，由于血管紧张度增加，皮肤温度，特别是手的皮肤温度便显著降低，例如手指的皮肤温度可从 30℃骤降到 24℃，当引起情绪激动的原因解除后，皮肤温度会逐渐恢复。此外，发汗时由于蒸发散热，皮肤温度也会出现波动。

（二）体温的测定

深部温度，特别是体核部分的血液温度不易被测量，所以临床上常采用直肠、口腔和腋窝等部位的温度来代表体温，分别称为直肠温度（rectal temperature）、口腔温度（oral temperature）和腋窝温度（axillary temperature）。

直肠的封闭性好，热容量大，不易受外界环境因素影响，将温度计插入直肠内 6cm 以上，测得的直肠温度比较接近机体的深部温度。但是，直肠温度易受下肢温度的影响。当下肢温度较低时，下肢血液回流至髂静脉，通过吻合支使直肠温度降低。此外，直肠温度的测定较不方便，因此在临床上并不常用。正常的直肠温度为 36.9～37.9℃，平均值为 37.5℃。

口腔温度是在闭合口唇的情况下从舌下测得的温度。临床测定结果比较准确，也较为方便。但是口腔温度易受进食、饮水、经口呼吸等因素的影响。对于不能配合的患者，如烦躁的患者和哭闹的小儿等，也不易测量口腔温度。正常的口腔温度为 36.7～37.7 ℃，平均值为 37.2 ℃。

腋窝温度是在腋窝皮肤测得的温度。测定腋窝温度时，上臂必须紧贴胸廓，使腋窝紧闭，形成密闭的人工体腔。在这种情况下，机体的热量传导至腋窝，并使该处皮肤温度逐渐升高到接近机体深部温度的水平。如果上臂不紧贴胸廓，使腋窝处皮肤不能吸收和保持相当多的热量，测得的腋窝温度便只是腋窝处的皮肤温度。使腋窝温度上升到接近机体深部的温度需要一定的时间，因此测量腋窝温度一般需要 5～10 min。此外，测量腋窝温度时须先将腋窝内的汗液擦净，以免汗液吸热而影响测量结果。正常的腋窝温度为 36.0～37.4 ℃，平均值为 36.8 ℃。可见，无论是直肠温度还是口腔温度或腋窝温度，正常值均为 37 ℃左右，变化的幅度一般不超过 1 ℃，这正是人体新陈代谢过程中一系列酶促反应的适宜温度范围。

此外，在临床上或实验研究中，也采用其他部位的温度作为监测指标。例如，食管中段的温度与右心房血液的温度大致相同，在体温调节中，二者发生反应的时间过程也比较一致，因此可以通过监测食管温度作为反映心脏血液温度的指标。一般食管温度比直肠温度低 0.3 ℃左右。鼓膜温度与下丘脑的温度比较接近，而且它们的变化也比较一致，因此可选用鼓膜附近的温度作为反映脑组织温度的指标。

（三）体温的生理变动

正常体温相对恒定，但有许多因素可引起体温的生理性波动，波动幅度一般不超过 1 ℃。

1. 昼夜波动　正常人（新生儿除外）的体温在一昼夜之中呈现周期性波动。通常清晨 2～6 时体温最低，午后 1～6 时最高。波动幅度一般不超过 1 ℃。体温的这种昼夜周期性波动称为昼夜节律或日节律（circadian rhythm）。大量研究结果表明，体温的日节律是机体的一种内在的生物节律，与肌肉活动状态以及代谢率没有直接因果关系。例如，使受试者处于特定的环境中，即消除时间、光线、声音以及环境温度的影响，受试者的体温仍表现出昼夜节律性波动。通常认为这种生物节律现象与机体内存在的生物钟（biological clock）的功能有关。实验表明，下丘脑的视交叉上核和松果体可能是生物节律的控制中心。损毁视交叉上核或同时损毁视交叉上核和松果体后，皮肤温度昼夜节律消失；损毁松果体或同时损毁视交叉上核和松果体后，肛门温度昼夜节律消失，提示视交叉上核和松果体可能分别是皮肤温度和深部体温昼夜节律的中枢调控部位。此外，也与其他内分泌腺的节律性活动有关，并且受机体昼夜活动、代谢、血液循环及呼吸的相应周期性变化的影响。例如，长期上夜班的人，昼夜节律可以颠倒，即夜间体温升高，白天体温下降。在夜间活动的动物，最高体温出现的时间在夜间。

2. 性别　成年女性的体温平均比男性约高 0.3 ℃。其原因可能与女性皮下脂肪较多、散热较少有关，因为皮下脂肪的导热性较差，只有其他组织的 1/3。生育年龄女性的基础体温随月经周期而发生规律性的波动。月经期和排卵前期体温较低，排卵日最低，排卵后体温升高 0.2～0.5 ℃，而且体温逐渐恢复到月经前期的较高水平，直至下次月经开始（图 7-6）。因此，连续测定成年女性的基础体温，可以判断有无排卵和排卵的日期。月经周期中的体温波动与性激素的分泌有关。一般认为，排卵后的体温升高是由于黄体分泌孕激素，后者具有产热作用所致。孕激素可能通过作用于下丘脑的体温调节中枢，使体温调定点发生重调定（见后文），引起产热增加，体温升高。

3. 年龄　体温与年龄有关。一般说来，青少年、儿童的体温较高，老年人的体温较低。特别是早产儿，由于体温调节中枢发育尚不完善，调节体温的能力差，所以体温容易受环境温度的影响而变动。老年人因基础代谢率低，体温也偏低，因此对新生儿、老年人应注意加强体温护理。

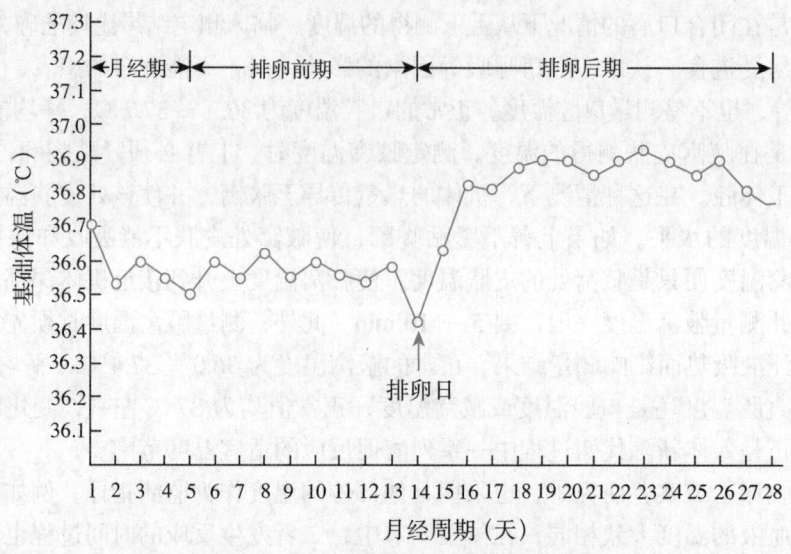

图 7-6 女性月经周期中基础体温的波动

4. 肌肉活动 肌肉活动时代谢加强，产热量因而增加，导致体温升高。如劳动或运动时，体温可升高 1～2℃，肌肉活动停止后可逐渐恢复。癫痫发作后，患者体温升高，这是由于骨骼肌剧烈地强直收缩的结果。有研究发现，运动员在经历 5 km 长跑竞赛后，其体温可暂时升高至 40～41℃。所以，临床上应待患者安静一段时间以后再测量体温。测定小儿体温时也应防止其哭闹。

5. 其他因素 环境温度、精神紧张、情绪激动、进食等因素对体温都会有影响。测定体温时应考虑到这些情况。许多麻醉药物可抑制体温调节中枢或神经冲动的传导，并且可扩张皮肤血管，增加体热的散失，所以对于麻醉手术的患者，在术中和术后应注意保温护理。解热镇痛药能使体温调定点恢复到正常水平，继而使皮肤血管扩张并促进出汗，使发热患者的体温趋向正常，但不能降低正常人的体温。

二、产热与散热

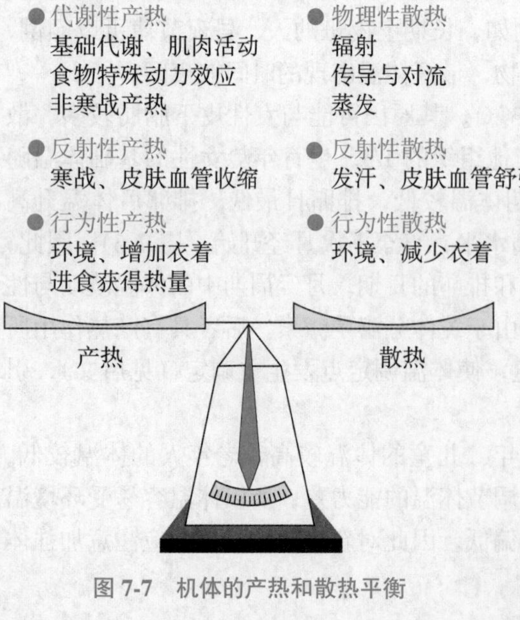

- 代谢性产热
  基础代谢、肌肉活动
  食物特殊动力效应
  非寒战产热
- 反射性产热
  寒战、皮肤血管收缩
- 行为性产热
  环境、增加衣着
  进食获得热量

- 物理性散热
  辐射
  传导与对流
  蒸发
- 反射性散热
  发汗、皮肤血管舒张
- 行为性散热
  环境、减少衣着

恒温动物之所以能够维持体温的相对稳定，是由于在体温调节机制的作用下，机体产热和散热活动取得动态平衡的结果。机体产热与散热之间的相对平衡状态称为体热平衡（body heat equipoise）。体热平衡是动态平衡，机体的产热过程和散热过程受许多因素的影响而不断变化，两者犹如天平两端的托盘（图 7-7），如果机体的产热量大于散热量，体温就会升高；相反，如果散热量大于产热量，则体温就会下降，直到产热量与散热量重新取得平衡时，即产热等于或接近散热时，体温才会相对恒定。

图 7-7 机体的产热和散热平衡

（一）产热过程

体内热量由三大营养物质在组织细胞中进行分解代谢及机体利用 ATP 时产生。因此，机体每一个组织器官均代谢产热。不同代谢状态及环境下，机体主要的产热器官和产热方式也有所不同。

1. 产热器官 机体的物质与能量代谢在各个组织中进行，因而体热来自各个器官。由于各器官的代谢水平不同，产热量有很大差异。如表 7-5 所列，机体的主要产热器官是内脏器官（特别是肝）和骨骼肌。肝是体内物质代谢最旺盛的器官，产热量最大，在机体处于安静状态时，肝血液的温度比主动脉内血液的温度高 0.4 ~ 0.8 ℃。因此，在安静状态下，肝和其他内脏器官是体内的主要产热器官。机体运动或劳动时骨骼肌释放大量热量，其产热量比安静时显著增加，剧烈运动时可增加 10 ~ 20 倍，可达到总产热量的 90%。因此，骨骼肌是机体运动时的主要产热器官。此外，特别对于新生儿，褐色脂肪组织在寒冷环境下可发挥重要的产热作用。

表 7-5　几种组织、器官在安静和活动情况下的产热百分比

组织、器官	占体重的百分比（%）	产热量（%）	
		安静状态	肌肉运动
内脏	34	56	8
骨骼肌	56	18	90
脑	2.5	16	1
其他	7.5	10	1

2. 产热的方式 机体有多种产热方式，主要包括基础代谢、食物特殊动力作用、肌肉活动所产生的热量以及一些激素作用后的产热。在安静状态下，机体的产热量大部分来自全身各组织器官的基础代谢；在寒冷环境中，由于散热量显著增加，机体将通过寒战产热和非寒战产热两种方式，增加产热量以维持体温。

（1）寒战产热：寒战产热（shivering thermogenesis，ST）是人在寒冷环境中主要的产热形式。所谓寒战，是指骨骼肌发生不随意的节律性收缩（频率为 9 ~ 11 次 / 分），其特点表现为屈肌和伸肌的同时收缩，许多肌纤维同步化放电，在肌电图上表现为成簇的高幅波群集性放电。此时肌肉基本上不做外功，能量全部转化为热量，产热量很高，最高可达每分钟 39.2 kJ/kg。发生寒战时，产热量可增加 4 ~ 5 倍。例如，在发烧的最初阶段，经过一段时间的寒战以后，体温会明显升高。实际上，寒冷刺激在使机体发生寒战之前，一般先出现温度刺激性肌紧张（thermal muscle tone）或称寒战性肌紧张，此时代谢率已开始增加 10% ~ 40%，以后由于寒冷刺激的持续作用，便在温度刺激性肌紧张的基础上出现肌肉寒战性收缩，使产热量大大增加，这样就维持了在寒冷环境中的体热平衡。

（2）非寒战产热：非寒战产热（non-shivering thermogenesis）又称代谢产热。在寒冷环境中，机体通过升高代谢率而增加产热的现象，称为非寒战产热。机体所有组织器官均有代谢产热的功能，但以机体褐色脂肪组织（brown adipose tissue，BAT）的代谢产热量最大，约占非寒战产热总量的 70%。BAT 是近年来才被人们发现的一种脂肪组织，主要分布于胸腹腔大血管周围、腹股沟、腋窝、肩胛间区以及颈背部等部位。BAT 的外观呈褐色，细胞内含有大量的脂肪小滴及高浓度的线粒体，细胞间含有丰富的毛细血管和大量的交感神经纤维末梢，组成了一个完整的产热系统。目前认为，BAT 的功能类似一个"产热器"，当机体遇到寒冷刺激时，交感神经兴奋，脂肪组织中的脂肪酸在线粒体被氧化，但不伴随 ATP 的产生，所产生的电子能量由线粒体内膜的解偶联蛋白以热能的形式释放出来。体内褐色脂肪量在人的生长发育

过程中是不断发生变化的，婴幼儿期所占比例较高，随着年龄的增长，体内褐色脂肪量逐渐减少。成年人体内褐色脂肪的重量一般都低于体重的2%。由于新生儿不能发生寒战，所以非寒战产热对新生儿在寒冷环境中维持体温恒定具有更重要的生理意义。除此之外，近年来研究发现，人体中还存在一类与褐色脂肪细胞功能相似的细胞——米色脂肪细胞。米色脂肪与褐色脂肪相似，含有丰富的线粒体和解偶联蛋白，正常生理状态下呈现白色脂肪细胞的形态和功能，但在寒冷刺激下，米色脂肪细胞能够被激活而发挥非寒战产热功能。

3. 产热的调节 机体产热受神经和体液因素的调节。如寒冷刺激可引起机体交感神经兴奋，同时引起肾上腺髓质释放肾上腺素和去甲肾上腺素。交感神经兴奋可使肌紧张活动增强以增加产热，同时皮肤血管收缩以减少散热。寒冷刺激还可以通过中枢神经系统促进下丘脑释放促甲状腺激素释放激素（thyrotropin releasing hormone，TRH），并通过腺垂体释放促甲状腺激素（thyroid stimulating hormone，TSH）引起甲状腺激素的分泌。甲状腺激素是调节产热活动最重要的体液因素，其作用特点是起效缓慢，但持续时间较长。肾上腺素、去甲肾上腺素、生长激素也可刺激产热，但维持时间较短。

（二）散热过程

1. 散热途径 机体通过血液循环和热传导（heat conduction）两条途径将深部的热量转移到皮肤，再散发到周围环境中，所以人体的主要散热部位是皮肤。皮肤的散热量受体温调节机制的调控，因此，皮肤散热在维持体温的稳定中起重要作用。安静状态下，在机体的总散热量中，大部分体热通过皮肤的辐射、传导、对流和蒸发散失热量，少部分体热通过呼出的气体，以及尿和粪便等排泄物散失（表7-6）。

表7-6 人体散热方式及其所占百分比率

散热方式	散热量（kcal）	百分比（%）
辐射、传导、对流	2100	70
皮肤水分蒸发	435	14.5
呼吸道水分蒸发	240	8
呼出气	105	3.5
吸入气加温	75	2.5
尿、粪	45	1.5
合计	3000	100

2. 散热方式 机体代谢产生的热量除了维持正常体温所需外，必须不断向外界散发，否则体温就会升高。据测算，在基础状态下如果不散热，体温每小时将升高1℃，在正常活动状态下每小时则升高2℃。当环境温度为21℃时，大部分的体热（70%）靠辐射、传导和对流的方式发散，少部分的体热（29%）则由蒸发发散；当环境温度升高时，皮肤和环境之间的温度差变小，辐射、传导和对流的散热量减少，而蒸发的散热作用则增强；当环境温度等于或高于皮肤温度时，辐射、传导和对流的散热方式不起作用，此时蒸发就成为机体唯一有效的散热方式。

（1）辐射散热：机体以热射线（红外线）的形式将热量传给外界较冷物体的散热方式，称为辐射散热（thermal radiation）。辐射散热不需要导热介质，体热可以直接从人体辐射到外界较冷的物体。在环境温度21℃、不着衣和安静状态下，约有60%的热量是通过辐射方式发散的。辐射散热量的多少取决于皮肤与环境间的温度差和机体有效辐射面积。皮肤与环境温度的温差越大，辐射的散热量就越多；反之，若环境温度高于皮肤温度，则机体不仅不能散热，反而会吸收周围的热量（如在高温环境下作业）。机体有效辐射面积越大，散热量就越多；相反，有效辐射面积减小时，辐射散热量也减少。如人体在两腿并立、两臂靠在身体两侧的情况下，有效辐射面积约为总体表面积的 75%；将两腿和两臂展开时，有效辐射面积可达总体表面积的 85%；将身体尽量卷曲时，有效辐射面积可减少到总体表面积的 50%。

(2) 传导散热：体热直接传给与其相接触的较冷物体的散热方式，称为传导散热（thermal conduction）。传导散热量取决于皮肤表面与接触物表面的温度差、接触面积、物体的导热率等。温度差和接触面积与辐射原理相似。物体的导热率决定了热量传导的速度，因此决定了热量散失的速度。衣物等是热的不良导体，因传导热量慢而起到保暖作用。另外，人体脂肪的导热效能也不高，因而肥胖的人由深部传向皮肤的热量要少些，在炎热的天气里容易出汗。水的比热度大，导热性能较好，因此在日常生活中或临床上常利用水的热传导作用进行局部加温，或利用冰袋、冰帽给高热患者降温。

(3) 对流散热：机体通过气体的流动来交换热量的散热方式，称为对流散热（thermal convection），是传导散热的一种特殊形式。在人体，当皮肤温度高于环境温度时，体热传给与皮肤表面相接触的较冷的空气，空气受热后将上升，流动的空气将体热发散到空间，并引起气体的对流。对流散热量的多少，受风速影响很大。一般而言，风速越大，对流散热量也越多；风速越小，则对流散热量就越少。例如，在暑天，有风时比无风时凉爽，就是由于对流散热的原因。有衣服覆盖的皮肤表层，不易实现对流；棉毛纤维间的空气不易流动，这些情况都有利于保暖。

(4) 蒸发散热：体表的水分汽化时吸收热量而散发体热的散热方式称为蒸发散热（thermal evaporation）。据测定，在人的体温条件下，1 g 水分从体表汽化蒸发可吸收 2.4 kJ 的热量。因此，体表水分的蒸发是一种有效的散热途径。蒸发散热分为不感蒸发和发汗两种形式。

1) 不感蒸发（insensible perspiration）：是指机体中的水分直接渗透出皮肤和呼吸道黏膜表面，在没有形成明显水滴之前被蒸发的一种散热形式，其中发生在皮肤的水分蒸发又称为不显汗（insensible perspiration）。即使环境温度低于皮肤温度，水分也不断从皮肤和呼吸道渗出而被蒸发。不感蒸发与汗腺的活动无关，也不受生理性体温调节机制的调节。在人体，每日经皮肤不感蒸发的水分有 600~800 ml，经呼吸道不感蒸发的水分有 200~400 ml。因此在临床给患者补液时，应考虑不感蒸发所丢失的体液量。由于婴幼儿不感蒸发的速率高于成人，所以婴幼儿在缺水时更容易造成严重脱水。不感蒸发是一种有效的散热途径，临床上对高热患者采用乙醇擦浴，通过乙醇的蒸发达到降温的目的。不感蒸发对某些动物更为重要，如狗的皮肤虽有汗腺结构，但在高温下不能分泌汗液，必须通过热喘呼吸由呼吸道来加强蒸发散热。

2) 发汗（sweating）：汗腺分泌汗液的活动称为发汗，机体可通过汗液的蒸发而散热。发汗是可以被机体感觉到的，因此汗液的蒸发又称为可感蒸发（sensible evaporation），也可称为显汗（sensible perspiration）。人在安静状态下，当环境温度达到 30℃ 左右时，便开始发汗；如果空气湿度大、衣着又多，气温达 25℃ 便可发汗；人在进行劳动或运动时，气温在 20℃ 以下亦可发汗。需要指出的是，汗液必须在皮肤表面汽化，即蒸发，才具有散热作用，如果被擦掉或流失，则不起散热作用。对于先天性汗腺缺乏症或大面积烧伤的患者，因其发汗存在障碍，因此在高温环境中体温可明显升高。

汗液中的水分占 99%，固体成分中大部分为 NaCl。与血浆相比，汗液为低渗液，NaCl 的浓度一般低于血浆。汗液是由汗腺细胞主动分泌的。由汗腺细胞刚刚分泌到管腔的汗液，与血浆是等渗的，但在流经汗腺导管时，在醛固酮的作用下，由于 Na^+ 和 Cl^- 的重吸收，导致最终排出的汗液是低渗的。汗液渗透压的这种变化具有保钠的生理意义。当机体大量出汗时，丧失的水分多于电解质，引起体液的晶体渗透压升高，可导致高渗性脱水。对于因高温作业等而大量出汗的人，汗液中丧失较多的 NaCl，因此应注意在补充水分的同时补充 NaCl，否则会引起电解质紊乱，重者可造成神经肌肉组织兴奋性异常而发生"热痉挛"。

蒸发散热受环境温度、风速、空气湿度、劳动强度及机体对高温的适应程度等的影响。环境温度越高，风速越快，则蒸发散热和发汗的速度越快；相反，蒸发散热和发汗的速度减慢。空气湿度越大，则蒸发散热越少，导致体热贮积，可反射性地引起大量发汗。在一定范围内，劳动强度越大，则产热量越多，发汗量越多，如在剧烈运动或劳动时，汗腺分泌量可达每小时 1.5 L。此外，衣着也会减少蒸发散热。因此，人在高温、高湿、通风差的环境中容易发生中暑（heat stroke）。

微整合

临床应用

运动性中暑 / 热射病

女性患者，17 岁，大学新生。9 月入学后进行军训时发病，表现为发热和大汗，伴头晕、眼花、恶心、全身无力。近 1 周夜间睡眠和午休质量不佳。发病时环境温度为 35℃。既往无慢性病史，入学复检身体正常。立即将患者移至阴凉处，用凉水擦浴，并迅速送往医院。入院后，继续用凉水擦浴，在头部、腋窝、腹股沟处放置冰袋，并用电扇吹风，已迅速散热。给予心电监护，静脉补给生理盐水、葡萄糖溶液和氯化钾，以纠正水、电解质紊乱，维持酸碱平衡。

为了纠正运动性中暑，临床中多采用静脉药物，如葡萄糖溶液、生理盐水和氯化钾，其主要作用是补充体内大量丢失的液体容量以及调节离子平衡，同时起到降温的作用。如已出现热射病，可考虑应用药物降温，如将盐酸氯丙嗪加入葡萄糖溶液后静脉滴注。如出现躁动或抽搐的患者，临床多采用地西泮或苯巴比妥镇静治疗，应用肾上腺皮质激素对抗高温引起的应激反应，对防治脑水肿和肺水肿有一定的效果。另外，应用 B 族维生素和维生素 C 进行神经保护。

3. 散热的调节

（1）皮肤循环的调节：机体主要的散热部位是皮肤。皮肤通过辐射、传导、对流方式散热的多少取决于皮肤与环境之间的温度差，而皮肤温度的高低则取决于皮肤的血流量。机体可以通过改变皮肤血管的舒缩状态来调节体热的散失量。皮肤血液循环的特点：分布到皮肤的动脉穿透隔热组织（如脂肪组织等），在真皮的乳头下层形成微动脉网，再经迂回曲折的毛细血管网延续为丰富的静脉丛；皮下还有大量的动 - 静脉吻合支。这些结构特点决定了皮肤血流量可以在很大范围内变动。机体的体温调节机制正是通过交感神经控制皮肤血管的口径，调节皮肤血流量，使散热量符合当时条件下体热平衡的要求。

在炎热环境中，交感神经紧张度降低，皮肤小动脉扩张，动 - 静脉吻合支开放，皮肤血流量因而大大增加。据测算，全部皮肤血流量最多可达到心输出量的 12%，于是较多的体热从机体深部被带到体表层，使皮肤温度升高，故散热量增加。此时汗腺的活动也是增强的，因为皮肤血流量的增加也给汗腺分泌提供了必要的原料。此外，四肢的皮下浅表静脉也有一定的散热作用。

在寒冷环境中，交感神经紧张度增强，皮肤血管收缩，皮肤血流量剧减，散热量也因此大大减少。此时机体表层宛如一个隔热器，可起到防止体热散失的作用。此外，四肢深部的静脉和动脉相伴行，深部静脉呈网状围绕着动脉。这样的解剖结构相当于一个热量逆流交换系统。静脉血温度较低，而动脉血温度较高。两者之间由于温度差而进行热量交换。逆流交换的结果，使动脉血带到末梢的热量，有一部分又被静脉血带回机体深部，这样就减少了热量的散失。环境温度适中或机体处于安静状态，产热量改变不大时，机体既不发汗，也无寒战，仅仅通过调节皮肤血管的口径，就可以精细地控制皮肤温度，从而增加或减少散热量，使体热维持平衡状态。

（2）发汗及其调节：发汗是一种反射活动。管理发汗的反射中枢位于中枢神经系统各个部位，但以下丘脑最为主要。下丘脑的发汗中枢很可能位于体温调节中枢之中或其附近，流入中枢的血液温度和皮肤温觉感受器的传入冲动能刺激发汗中枢，引起发汗。人体的汗腺分为大汗腺和小汗腺。大汗腺主要局限于腋窝、乳头和外阴部，开口于毛根。大汗腺不受神经支配，其分泌不被阿托品阻断，活动可能与性功能有关。小汗腺广泛分布于全身皮肤，开口于皮肤表面，在掌心和足底最多，头部次之，躯干和四肢最少。小汗腺受交感神经节后纤维控制，其末梢释放的乙酰胆碱对小汗腺有促进分泌汗液的作用，而胆碱受体阻断剂阿托品可阻断发汗，故临床上用阿托品治疗"多汗症"。血液中肾上腺素和去甲肾上腺素也可刺激手掌、前额等部位的汗腺分泌汗液，这一效应对运动时的散热起重要作用。

根据刺激因素不同，发汗可分为三种类型。由体内外温热性刺激引起的发汗称为温热性发汗（thermal sweating）。引起温热性发汗的主要原因：①温热环境刺激皮肤的温觉感受器，冲动传入至发汗中枢，反射性引起发汗；②机体运动或环境炎热，使皮肤血液温度升高，被加温的血液流至下丘脑发汗中枢，也可引起发汗。温热性发汗的生理意义在于参与体温调节，散发体热。由精神紧张或情绪激动而引起的发汗称为精神性发汗（mental sweating），主要见于掌心、足底和腋窝。精神性发汗的中枢可能在大脑皮质运动区。精神性发汗在体温调节中的意义不大。温热性发汗和精神性发汗并不是截然分开的，常以混合形式出现（如劳动或运动时的发汗）。此外，进食辛辣食物时，口腔内的痛觉神经末梢受到刺激，可反射性地引起头部和颈部发汗，称为味觉性发汗（gustatory sweating）。

三、体温调节

体温的相对稳定，是通过许多与体温调节有关的生理功能相互协调，以达到产热和散热的相对平衡而实现的。体温调节的方式包括行为性体温调节和自主性体温调节。

（一）行为性体温调节

人体有意识地通过改变行为活动而调节产热和（或）散热的方式称为行为性体温调节（behavioral thermoregulation）。例如，根据环境温度增减衣着、使用空调、人工改善气候条件等。行为性体温调节是一种以自主性体温调节为基础的有意识的活动，是对自主性体温调节的补充。

（二）自主性体温调节

当外界环境温度改变时，人和其他恒温动物通过体温调节中枢的活动，可对产热和散热过程进行调节，从而维持体温的相对恒定。这种体温调节方式称为自主性体温调节（autonomic thermoregulation）。在寒冷环境中，通过自主性体温调节，机体的产热增加而散热减少，使体温不致过低；相反，在炎热环境中，机体的产热减少而散热增加，使体温不致过高。自主性体温调节是不随意的，是体温调节的基本机制。下面主要讨论自主性体温调节。

自主性体温调节的机制非常复杂，其基本过程包括：①通过温度感受器感受体温的变化；②通过神经传导通路将温度变化的信息传输到体温调节中枢；③通过自主神经系统和躯体运动神经调节效应器（如皮肤血流量、竖毛肌、汗腺和骨骼肌等）的活动；④通过内分泌系统调节机体的代谢活动。

1. 温度感受器 温度感受器（temperature receptor）是感受机体体温变化的神经元或神经纤维。根据其分布的部位不同，温度感受器可分为外周温度感受器（peripheral temperature receptor）和中枢温度感受器（central temperature receptor）两大类。

（1）外周温度感受器：外周温度感受器是指位于中枢神经系统以外的温度感受器。其广泛分布于皮肤、黏膜、内脏、肌肉等部位，分为冷感受器（cold receptor）和热感受器（warm receptor），它们都是游离神经末梢，分别对相应部位的温度降低和温度升高敏感。如图7-8所示，当局部皮肤温度升高时，皮肤热感受器的活动增强；而当皮肤温度降低时，皮肤冷感受器的活动增强。二者的活动使相应的传入神经纤维动作电位频率增加，分别引起冷和热的温度感觉，同时引起机体产热和散热过程的改变，从而维持体温的相对恒定。通过动物实验观察到：冷感受器在28℃时发放冲动频率最高，而热感受器则在43℃时发放冲动频率最高。当温度偏离这两个值时，两种感受器发放冲动的频率都逐渐下降（图7-8）。此外，皮肤的温度感受器表现为对温度的变化速率更为敏感。皮肤的温度感受器呈点状分布，且冷感受器数量较多，约为热感受器数量的10倍。因此，外周皮肤温度感受器主要感受冷刺激，防止体温降低。内脏器官、大静脉处也有温度感受器。这些深部温度感受器可感受机体体核温度的变化，其作用可能与皮肤温度感受器一样，对机体深部的温度降低较为敏感。

（2）中枢温度感受器：中枢温度感受器是指位于中枢神经系统内、对温度变化敏感的神经元。温度敏感神经元分布于脊髓、延髓、脑干网状结构、下丘脑以及大脑皮质运动区等部位。根据其对温度变化的反应可分为两类：一类在温度升高时放电频率增高，称为热敏神经元（warm-sensitive neuron）；另一类在温度降低时放电频率增高，称为冷敏神经元（cold-sensitive neuron）。实验发现在脑干网状结构和下丘脑的弓状核冷敏神经元居多，而在下丘脑的视前区-下丘脑前部（preoptic anterior hypothalamus，PO/AH）存在着约30%的热敏神经元和约10%的冷敏神经元。它们对其局部温度变化非常敏感，如当温度变化0.1℃时，其放电频率就会发生明显改变，且不出现适应现象（图7-9）。PO/AH中热敏神经元兴奋可引起机体散热反应，冷敏神经元兴奋可引起机体产热反应。可见PO/AH能对机体产热和散热两种相反的过程进行调节。在PO/AH中，有些温度敏感神经元不仅具有温度感受器的作用，还能对来自中脑、延

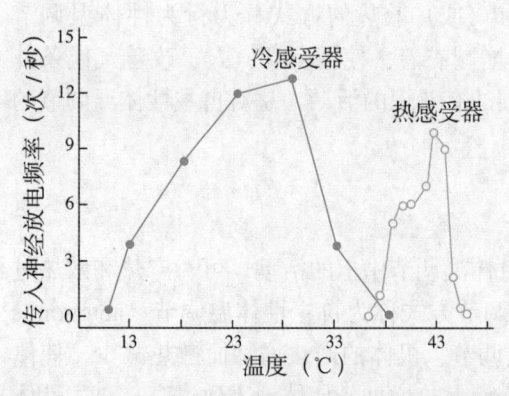

图7-8 动物皮肤冷感受器和热感受器在不同温度情况下的传入神经放电频率

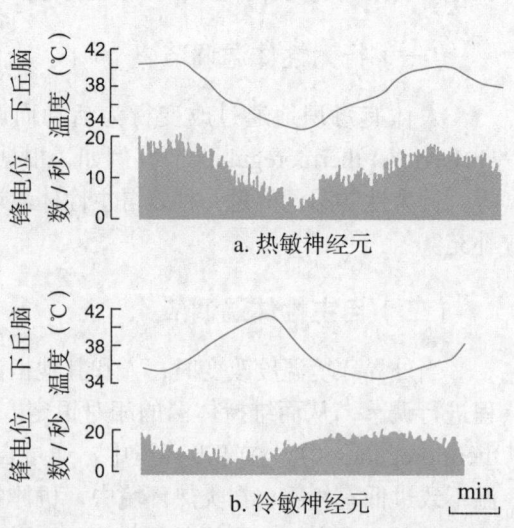

图7-9 下丘脑温度敏感神经元的放电活动

髓、脊髓以及皮肤、内脏等处的温度变化发生反应，即对传入的温度信息具有整合作用。此外，它们还能接受致热原（pyrogen）、前列腺素、5-羟色胺、去甲肾上腺素和一些多肽类物质的直接作用，进而引起体温变化。

近年发现的瞬时受体电位（transient receptor potential，TRP）非选择性阳离子通道，在皮肤、感觉神经末梢以及中枢神经系统等多种组织中广泛表达。其亚家族成员除了在分布及激活机制方面各有特点外，各种TRP通道皆可调节细胞内的Ca^{2+}、Na^+浓度和膜电位，介导各种感觉信号的传递。多种TRP通道具有感受温度刺激的功能，其中TRPV1、TRPV2感受伤害性高温刺激，TRPM8和ANKTM1则感受冷（凉）刺激。

2. 体温调节中枢　虽然与体温调节有关的中枢结构广泛地存在于中枢神经系统的各级部位，但根据多种恒温动物分段切除脑的实验证明，如果在下丘脑头端平面切除大脑皮质及部分皮质下结构，只要保持下丘脑及其以下的神经结构完整，动物的体温仍然能够维持相对恒定；如果在下丘脑尾端与中脑之间横断脑干，则动物的体温不能维持恒定。可见调节体温的基本中枢在下丘脑。在临床上，当病变损及下丘脑时，患者的体温将出现异常。虽然下丘脑产热中枢或散热中枢的确切部位还不清楚，但目前认为PO/AH是体温调节中枢整合的关键部位。PO/AH区域热敏神经元和冷敏神经元既能感受它们所在部位的温度变化，又能将传入的温度信息进行整合，分别调节散热和产热反应。

大脑皮质在后天生活的基础上，对体温有重要的调节作用，例如通过增减衣着、改变姿势和行为等有意识的活动调节体温。脊髓也存在调节体温的神经结构，如脊髓截瘫的患者，下段脊髓所支配的区域，仍表现出一定程度的体温调节作用，说明脊髓中存在低级的体温调节中枢。

3. 传出路径和效应器　正常情况下，体温调节中枢接受外周和中枢温度感受器的传入信息并加以整合，同时协同其他神经中枢，通过以下机制调节体温：①通过交感神经系统调节皮肤血管舒缩反应和汗腺的分泌活动，从而影响散热过程，还可调节褐色脂肪组织的分解，影响产热过程；②通过躯体神经活动的变化，一方面引起行为性体温调节，另一方面改变骨骼肌的活动和紧张度，影响产热过程；③通过改变甲状腺激素、肾上腺素、去甲肾上腺素、生长激素等激素的分泌，调节机体的代谢水平，影响产热过程。也有人认为，皮肤温度感受器兴奋主要调节皮肤血管舒缩活动和血流量；而深部温度改变则主要调节发汗和骨骼肌的活动。通过上述复杂的调节过程，使机体在外界温度改变时能维持体温的相对稳定（图7-10）。

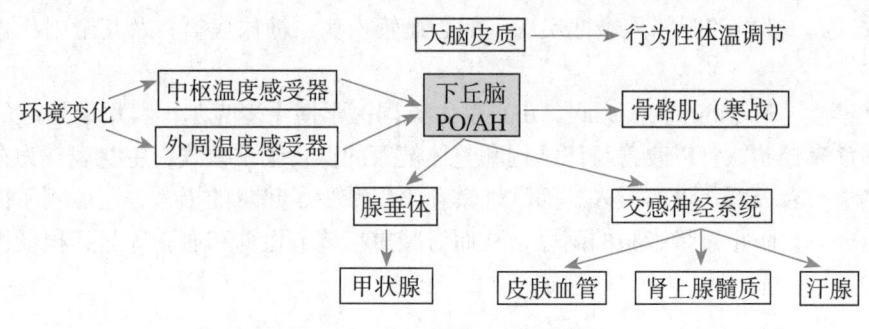

图7-10　体温调节途径示意图

（三）体温调定点学说

正常人的体温为何能维持在37℃左右？生理学上多用调定点（set-point）学说加以解释。该学说认为，体温调节类似于恒温器的调节，下丘脑PO/AH区中的中枢温度敏感神经元在体温调节中起调定点的作用，这些神经元感受温度的阈值为37℃。这个阈值被称为体温的调定点，也就是热敏神经元活动引起的散热速率与冷敏神经元活动引起的产热速率正好相等时的温度。当体温超过 37℃时，热敏神经元活动增强，使散热增加，产热减少，结果温度降至正常；当体温低于 37 ℃时，热敏神经元活动减弱，使散热减少，冷敏神经元活动兴奋，产热增多，所以体温回升至正常水平。

任何原因引起调定点改变时，热敏和冷敏神经元的活动便发生相应改变，机体产热和散热活动则在新的调定点水平达到动态平衡，体温则被稳定在这一新的水平上，这被称为体温调定点重调定（resetting）。体温调节的调定点学说可以较好地解释临床上的有些发热（fever）现象。例如细菌感染时，在致热原的作用下，PO/AH 热敏神经元的温度反应阈值升高，而冷敏神经元的反应阈值降低，结果使调定点上移，如调定点上移到 39 ℃，而实际体温为 37 ℃，则可兴奋冷敏神经元，引起畏寒和寒战等传入反应，直到体温升高到 39 ℃以上时才出现散热反应。如果致热原不被清除，则产热和散热将在新的体温调定点水平保持平衡，而此时机体的体温调节功能并无障碍。解热镇痛药阿司匹林（aspirin）可使被致热原重调定的体温调定点重新回到正常水平，因此能使发热患者的体温降低到正常，但并不影响正常人的体温。在全身麻醉的情况下，体温调节中枢的活动被抑制，因此如果没有适当的保温措施，可引起体温降低。

目前还有一些假说，认为调定点的形成是由体温调节中枢内的 Ca^{2+}/Na^+ 浓度比值所决定的。通过实验观察到，用 0.9 % 的生理盐水灌流下丘脑，可使动物产生寒战，引起体温上升；而在灌流液中加入 Ca^{2+} 后，可抑制 NaCl 的升温作用。但是，这些假说没有对它们如何实现或维持体温平衡的过程加以说明。

第三节　间歇性禁食

一、间歇性禁食的由来

人类在进化过程中由于长时间面临食物匮乏和能量不足，从而形成了对抗饥饿和营养不良的保护机制，当摄入热量超过消耗的能量时，机体会将过多的能量以脂肪形式储存起来。随着现代社会营养水平和生活方式的改变，能量过剩越来越普遍，导致人体脂肪贮存过多，使得超重和肥胖成为全球性的健康问题。目前，中国的成年人中超重和肥胖的人数已超一半，分别为 34.3% 和 16.4%。超重和肥胖是慢性疾病（如心血管疾病、糖尿病等）及其全因死亡率升高的主要风险。

间歇性禁食（intermittent fasting, IF）是由英国医学博士麦克尔·莫里斯发起的，是一种利用短期禁食来控制饮食以改善身体结构和整体健康的饮食干预模式，主要表现为在一定时间内保持零热量或者极低热量的摄入。间歇性禁食不仅减少了热量的摄入，还能刺激机体更有效地利用营养成分，防止过量脂肪的储存，从而对减重、调节血糖和血脂等起到积极作用。

二、禁食与能量代谢

在禁食状态下，机体通过"代谢转换"来维持血糖的正常水平。葡萄糖是大多数组织的主要能量来源。餐后，葡萄糖被用于供能，脂肪作为甘油三酯被储存在脂肪组织中。禁食初期，胰岛素水平降低，胰高血糖素增多，糖原分解成葡萄糖被释放入血增多，从而维持机体血糖的稳定。禁食一段时间后，肝糖原贮存耗竭，产生负能量平衡，脂肪动员增加，发生由葡萄糖向脂肪酸的代谢转换。此时肾上腺素、去甲肾上腺素、胰高血糖素分泌增加，作用于脂肪细胞表面膜受体，脂肪组织中的甘油三酯转化为甘油和游离脂肪酸，甘油经糖代谢利用，游离脂肪酸一部分经三羧酸循环直接氧化供能，一部分经肝转化为酮体（乙酰乙酸、β-羟丁酸和丙酮）。在禁食期间，酮体成为许多组织尤其是大脑的主要能量来源。脑组织不能氧化脂肪酸，但可以利用酮体。因此，长期饥饿和机体血糖不足时，酮体是脑组织的主要能量来源。

禁食状态下产生的酮体不仅是一种替代的能量来源，还是参与细胞信号转导的关键介质，可以影响蛋白质活性和基因表达，增强抗氧化及 DNA 修复功能，影响细胞的自噬作用，抑制炎症反应。

尽管禁食对机体有很多好处，但它也会带来一定的健康风险。例如，长时间禁食会导致机体维生素 B_1 和维生素 C 缺乏，进而引起脚气病、坏血病、脑损伤等；禁食 5 天后重新进食可能引发再进食综合征（refeeding syndrome），出现机体电解质紊乱和体液异常等危及生命的症状。

知识拓展

再进食综合征

再进食综合征（refeeding syndrome，RFS）：即再喂养综合征，是指机体经过长期饥饿后因提供喂养（包括经口进食、肠内、肠外营养）所引起的一组临床表现，包括严重的水电解质失衡、葡萄糖耐受性下降、维生素缺乏等。主要临床特征包括低磷血症、低镁血症、低钾血症、水钠潴留（可表现为顽固性的心力衰竭）和维生素 B_1 缺乏导致的症状。通常在营养治疗后 1 周内发生。

饥饿时，机体主要出现胰岛素分泌减少伴胰岛素抵抗。胰高血糖素分泌增多，人体主要能量来自人体自身脂肪、蛋白质的分解，所以会消耗人体本身的脂肪、蛋白质、电解质以及维生素。营养治疗期间，血糖升高，胰岛素分泌增多，胰高血糖素分泌减少，会引起糖代谢增加，蛋白质合成增加，脂肪分解停止，从而使氧化还原过程需要的原料如磷、钾、镁、维生素 B_1 进一步减少，进而引起充血性心力衰竭、高糖高渗性昏迷等临床症状。

三、间歇性禁食与能量代谢

间歇性禁食的代谢转换可改善代谢，介导这些效应的途径包括抑制多种合成代谢途径、刺激分解代谢反应，从而消除受损的蛋白质和细胞器，改善线粒体功能。在短期食物匮乏期间，血液中肾上腺素水平升高，这种适应性机制可促进脂肪水解，并加速糖和脂肪酸的氧化，导致代谢增强，体重逐渐下降。此外，间歇性禁食还可引起进化上保守的、适应性的细胞反应，如改善葡萄糖调节，增强抗压能力，并且在器官之间和器官内部进行整合调节。因此，间歇性禁食有益于细胞激活代谢应激的内在防御途径，从而去除或修复受损分子，保护机体免受衰老，促进细胞再生。

总之，间歇性禁食可以在不引起不良事件的同时增加代谢灵活性，可以促进脂肪的分解利用，降低血脂，还可以抑制胰岛素水平，增加胰岛素敏感性，维持血糖。在临床研究中，间歇性禁食方案主要针对肥胖患者，可不同程度地减慢心血管疾病、代谢综合征、高血压、糖尿病等疾病的进展。目前常用方案包括隔日禁食、改良版隔日禁食、5∶2 饮食、限时禁食等。

（蒙克嘎勒　何津岩　常永生）

思政案例

节约粮食，珍惜能量

"五谷者，万民之命，国之重宝"。按照中国人的膳食结构，机体所需能量的70%左右是由食物中的糖类物质提供的，其余由脂肪提供。作为能量的主要来源，粮食安全至关重要，是国家安全的重要基础。

目前全球正在经历粮食安全挑战，联合国发布的《2022年世界粮食安全和营养状况》报告指出，2021年全球受饥饿影响的人数已达8.28亿，全球约有23亿人（占比29.3%）面临中度或重度粮食不安全状况，近9.24亿人（占比11.7%）面临严重粮食不安全状况。

中国的粮食安全形势如何呢？据统计，2021年，我国粮食产量连续第7年稳定在1.3万亿斤以上，人均粮食占有量达到483公斤，高于国际公认的400公斤粮食安全线，创造了用全球7%的耕地养活占全球近20%的人口的奇迹。

增产不忘节约，尽管我国粮食生产连年丰收，在人多地少的基本国情和粮情下，节约粮食仍是保障全国14亿余人粮食安全的战略选择。

"一粥一饭，当思来处不易；半丝半缕，恒念物力维艰。"保障粮食安全、促进节粮减损，离不开全社会的共同参与。从我做起，从点滴做起，厉行节约、反对浪费，共同维护国家粮食安全。

思 考 题

患者，男性，24岁。因近半个月反复隔日周期性发生寒战1h、高热3h（体温升高可达39.6℃），伴全身酸痛，出汗后体温降至正常而入院。经规范联合抗疟治疗后不再出现发热。

既往史：患者当年夏季前往印度旅游，此地为疟疾流行区，患者度假时被蚊子叮咬。

查体：肝、脾轻度肿大。

实验室检查：体温最高时检测外周血，可查获间日疟原虫虫体。

诊断：疟疾（间日疟原虫）。

问题与思考：

1. 患者发热的原因是什么？临床上都有哪些原因可引起发热？
2. 患者体温恢复正常时出汗的原因是什么？
3. 根据体温调节的调定点学说，分析疟疾的寒战、高热、出汗退热的产生机制。

第八章

泌尿系统

第八章数字资源

生理学内环境的相对稳定是保证机体生存的必要条件。机体需要不断将新陈代谢的终产物、过剩的物质以及进入体内的异物和药物等，经过血液循环由相应的途径排出体外，这个过程称为排泄（excretion）。呼吸器官可排出 CO_2、少量水分和挥发性药物；消化道通过粪便排出一部分胆色素和无机盐；皮肤以汗液的形式排出一些水分、少量氯化钠和尿素等；泌尿器官通过生成尿液排出体内大部分的代谢终产物（如尿素、尿酸和肌酐）和过剩的物质等。由肾排出的代谢废物种类最多、数量最大，因此肾是机体最重要的排泄器官。

肾除了具有排泄功能外，更重要的是在抗利尿激素（antidiuretic hormone，ADH）和醛固酮（aldosterone）等激素的调控下，通过分泌 H^+ 和 NH_3 以及对不同电解质的吸收和排出调节，维持水、电解质及酸碱平衡和内环境的稳态。

此外，肾还具有内分泌功能，能产生多种生物活性物质，调节体内器官系统的功能。肾皮质间质细胞可产生促红细胞生成素，促进骨髓的造血功能，促进红细胞的生成。入球小动脉的颗粒细胞分泌肾素，能够发挥调节人体血压和血容量的作用。肾髓质间质细胞可分泌前列腺素，舒张肾的血管，并参与尿液的稀释和浓缩。肾近端小管上皮细胞可合成 1,25- 二羟维生素 D_3，促使小肠吸收钙离子，调节骨质中无机盐的转运。肾分泌的缓激肽类物质可扩张肾的血管和促进钠的排泄，从而参与人体血流动力学的调节。

第一节 概 述

一、肾的结构特征

（一）肾单位和集合管

肾单位（nephron）是肾结构和功能的基本单位，由肾小体和肾小管两部分构成。人的两侧肾有 160 万～200 万个肾单位，肾单位的组成如图 8-1 所示；集合管（collecting duct）在胚胎发生中起源于尿道嵴，不属于肾单位的组成成分，但在功能上与远端小管有许多相似之处。每一条集合管接受多条远曲小管运输来的液体。尿液在集合管内生成后，汇入乳头管，最后经肾盏、肾盂、输尿管进入膀胱储存。集合管在尿液生成过程中，特别是在尿液浓缩过程中起着重要作用。肾单位和集合管共同完成尿的生成过程。肾单位和集合管的结构示意图如图 8-2 所示。

肾单位按肾小体所在肾皮质部位不同，可分为皮质肾单位（cortical nephron）和近髓肾单位（juxtamedullary nephron）两类。

1. 皮质肾单位 主要分布于肾的外皮质层和中皮质层。人肾的皮质肾单位占肾单位总数的85%~90%。这类肾单位的肾小球体积较小，入球小动脉的口径比出球小动脉大（二者口径之比约为2∶1）。出球小动脉进一步分支为毛细血管网后，几乎全部分布于皮质部分的肾小管周围，有利于肾小管的重吸收。皮质肾单位的髓袢较短，甚至没有髓袢样结构，只达外髓质层，有的甚至不到髓质。该类肾单位的功能主要与肾小管的重吸收和肾素分泌有关。

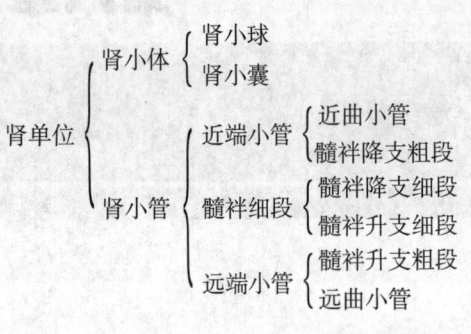

图8-1 肾单位的组成

2. 近髓肾单位 分布于接近肾髓质的内皮质层，占肾单位总数的10%~15%。近髓肾单位的肾小球体积较大，其髓袢较长，可深入到内髓质层，有的甚至到达乳头部。入球小动脉和出球小动脉的口径无明显差异；出球小动脉进一步分支形成两种小血管，一种是缠绕于邻近的近曲小管或远曲小管的网状毛细血管，另一种是细而长的"U"形直小血管。直小血管可深入到髓质，并形成毛细血管网包绕髓袢升支和集合管。近髓肾单位和直小血管的这些解剖特点，决定了它们在尿的浓缩与稀释过程中起重要的作用（详见本章第四节相关内容）。皮质肾单位和近髓肾单位的结构特点见图8-3。

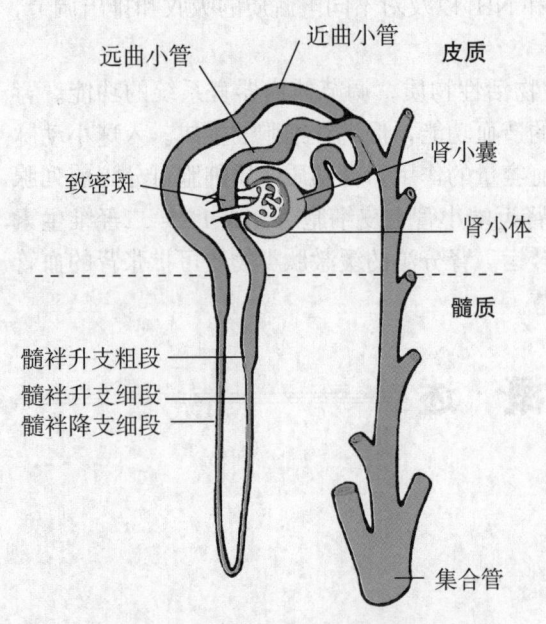

图8-2 肾单位和集合管示意图

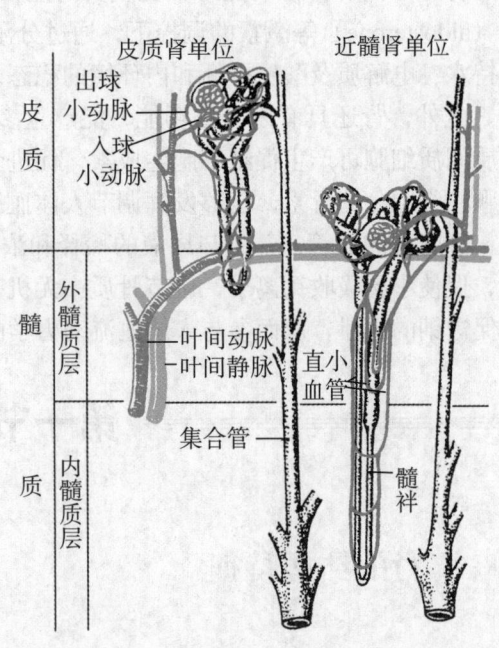

图8-3 两类肾单位和肾血管示意图

（二）球旁器

球旁器（juxtaglomerular apparatus）又称近球小体，主要分布于皮质肾单位，由球旁细胞（juxtaglomerular cell）、球外系膜细胞（extraglomerular mesangial cell）和致密斑（macula densa）三者组成（图8-4）。球旁细胞又称颗粒细胞（granular cell），是位于入球小动脉管壁中一些特殊分化的平滑肌细胞，细胞内的分泌颗粒含肾素（renin）。系膜细胞有两种类型，包括球内系膜细胞和球外系膜细胞。球内系膜细胞位于肾小球毛细血管袢之间，可调节滤过膜的面积和有效通透系数，还具有吞噬作用。球外系膜细胞是构成球旁器的系膜细胞，位于入球小动脉和出球小动脉之间。球外系膜细胞之间及球外系膜和血管平滑肌细胞之间存在缝隙连接，可能在管-球反馈的信号转导中发挥关键作用。致密斑位于远曲小管的起始部分，此处的上皮细胞变为高柱状细胞，局部呈现斑状隆起，细胞核密集地聚集在一起，染色较深，故称为致密斑。致密斑是一种化学感受器，可感受小管液中 NaCl 含量的变化。

组成球旁器的这些特殊细胞在部位上非常接近，致密斑能将髓袢升支粗段内小管液化学成分变化的信息传递到该肾单位的球旁细胞，从而调节球旁细胞肾素的释放量和肾小球滤过率。近年来的研究表明，球旁器的血管与致密斑的接触面积是控制肾素分泌的结构基础。当从髓袢升支粗段流到远曲小管的小管液流量和 NaCl 含量减少时，远曲小管的直径变小，致密斑与血

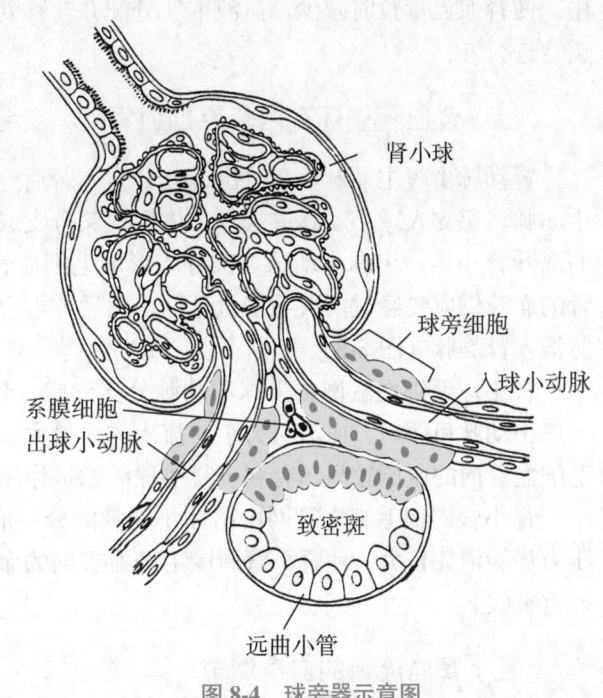

图 8-4 球旁器示意图

管的接触面积减小，导致肾素分泌增多；反之，致密斑与血管的接触面积增大时，则肾素分泌减少。

需要说明的是，球旁细胞能感受入球和出球小动脉的牵张刺激和致密斑传递的信息而分泌肾素。肾素 mRNA 翻译生成前肾素原，再移去一个单肽转变为肾素原（prorenin），一部分肾素原在细胞内转化成肾素，另一部分肾素原直接进入血液循环。肾素原受体（prorenin receptor）能与肾素结合，提高肾素的催化活性；当该受体与肾素原结合时，能够使无糜蛋白酶活性的肾素原发生构象改变，激活局部肾素-血管紧张素系统，也可通过激活丝裂原活化蛋白激酶信号途径，发挥局部纤维化等生物活性作用。

（三）肾的神经支配

肾交感神经由脊髓胸段第 12 节至腰段第 2 节发出，支配入球小动脉、出球小动脉、肾小管和球旁细胞，尤其是入球小动脉和出球小动脉的平滑肌细胞。当肾交感神经兴奋时，节后纤维末梢释放去甲肾上腺素，可调节肾血流量、肾小球滤过率、肾小管的重吸收和肾素的释放。有研究发现，肾神经中有少量纤维释放多巴胺，可引起肾血管扩张。目前尚未发现肾受副交感神经支配。

二、肾的血液循环特点及其调节

（一）血流量大，血流分布不均匀

肾的血液供应很丰富。正常成人安静时每分钟约有 1200 ml 血液流经肾，相当于心输出量的 20%～25%。肾血流量的 94% 分布于肾皮质层，5%～6% 分布于外髓质层，只有不到 1% 的血流量分布到内髓质层。肾血流量丰富除了有利于完成其泌尿功能外，还使肾成为机体的功能性贮血库之一。在运动、高温环境、大量失血或休克时，机体可通过交感神经的缩血管作

用，使肾血流量暂时减少，血液重新分配并转移到重要器官如心和脑，以保证整体功能活动的正常进行。

（二）肾血液循环有两套毛细血管网，二者血压差异大

肾动脉由腹主动脉垂直分出，其分支入肾后经叶间动脉、弓形动脉、小叶间动脉形成入球小动脉。每支入球小动脉进入肾小体后，又分支成肾小球毛细血管网，后者汇集成出球小动脉而离开肾小体。出球小动脉再次分支形成毛细血管网，缠绕于肾小管和集合管的周围。所以，肾的血液供应要经过两次毛细血管网，然后才汇合成静脉，由小叶间静脉、弓形静脉、叶间静脉汇入肾静脉（图8-3）。

肾小球毛细血管网由入球小动脉分支形成，介于入球和出球小动脉之间。在皮质肾单位，入球小动脉粗而短，血流阻力小，流入的血量大；出球小动脉细而长，血流阻力大，故肾小球毛细血管内的血压较高，有利于肾小球的滤过作用。

肾小管周围毛细血管网由出球小动脉的分支形成。由于血流经过入球和出球小动脉之后，压力势能消耗较大，使肾小管周围毛细血管网的血压降低，从而有利于肾小管对小管液中物质的重吸收。

（三）肾血流量的自身调节

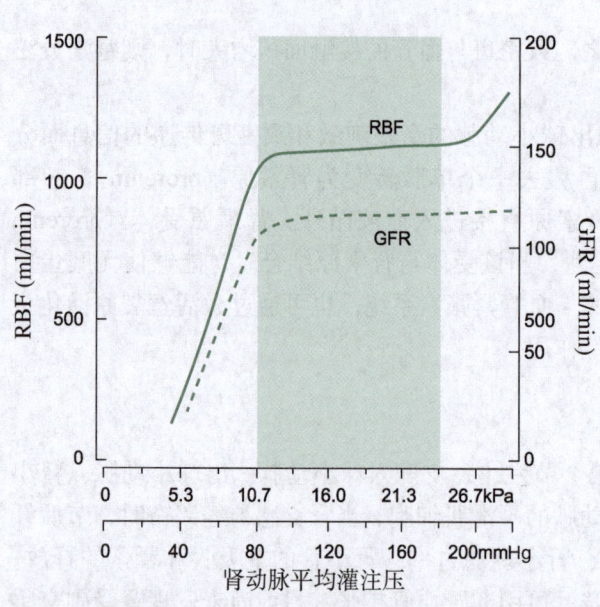

图8-5 肾血流量（RBF）和肾小球滤过率（GFR）的自身调节

肾血流量的自身调节是指动脉血压在一定范围内变动时，肾血流量仍然保持相对恒定。在离体肾实验中观察到，当肾动脉的灌注压（相当于体内的平均动脉压）由20 mmHg提高到80 mmHg的过程中，肾血流量随肾灌注压的升高而成比例地增加；而当灌注压在80～180 mmHg范围内变动时，肾血流量却保持相对稳定；进一步加大灌注压，肾血流量又将随灌注压的升高而增加。由于在去除肾外来神经支配的情况下，肾血流量在一定的动脉血压变动范围内仍能保持相对恒定，故称为肾血流量的自身调节（图8-5）。肾血流量自身调节的生理意义在于使肾小球滤过率不会因血压波动而改变，从而维持肾小球滤过率的相对恒定。

关于自身调节的机制，目前有两种解释，即肌源学说（myogenic mechanism）和管-球反馈（tubuloglomerular feedback, TGF）学说。

肌源学说认为，在一定范围内，当肾灌注压增高时，血管平滑肌因灌注压增高而受到牵张刺激，由于血管平滑肌本身的特性，可使平滑肌的紧张性升高，血管口径相应缩小，血流的阻力便相应增大，故可保持肾血流量稳定；而当肾灌注压减小时，则发生相反的过程，肾血流量也能保持稳定。由于在灌注压低于80 mmHg时，平滑肌舒张已达到极限，而灌注压高于180 mmHg时，平滑肌又达到收缩的极限，因此，当动脉血压在80 mmHg以下和180 mmHg以上时，肾血流量的自身调节便不能维持，肾血流量将随血压的变动而变化。实验证明，用罂粟碱、水合氯醛或氰化钠等药物抑制血管平滑肌的活动后，则肾血流量的自身调节消失，这是

支持肌源学说的有利证据。

管-球反馈学说认为，当肾血流量和肾小球滤过率降低时，到达远曲小管致密斑的小管液流量减少，致密斑将感受到的 NaCl 浓度反馈至入球小动脉和出球小动脉，肾素分泌增加，通过血管紧张素 II 的作用，使入球小动脉收缩力下降，血流阻力降低，而出球小动脉收缩力增加，血流阻力增大，反馈抑制肾血流量和肾小球滤过率的减少。相反，当肾血流量和肾小球滤过率增加时，流经致密斑的小管液流量增加，致密斑将信息反馈至肾小球，增加入球小动脉的阻力，同时降低出球小动脉的阻力，反馈抑制肾血流量和肾小球滤过率的增加。这种小管液流量变化影响肾血流量和肾小球滤过率的现象被称为管-球反馈。

（四）肾血流量的神经和体液调节

肾血流量的神经和体液调节可使肾血流量与全身的血液循环调节相配合。入球小动脉和出球小动脉的平滑肌受肾交感神经支配，当肾交感神经活动加强时，引起肾血管收缩，肾血流量减少。

肾上腺素、去甲肾上腺素、血管升压素和血管紧张素等都能使肾血管收缩，肾血流量减少；血管内皮细胞通过旁分泌释放内皮素可引起肾血管收缩，肾组织中生成的一氧化氮和前列腺素可使肾血管扩张。

一般情况下，肾主要依靠自身调节来保持肾血流量的相对稳定。而当机体进行剧烈运动，肌肉组织需要大量血液供应时，或当环境温度升高，皮肤血流量大量增加时，可反射性地通过交感神经和肾上腺素等的作用，使肾血管强烈收缩、肾血流量减少，从而使大量的血液能被分配到需要较多血液供应的组织。当大量出血、缺氧、中毒性休克等疾病使机体处于应激状态时，上述神经和体液调节机制可使肾血流量明显减少，以优先保证心和脑等重要脏器的血液供应，从而使肾血流量与全身血液循环相配合，起到移缓济急的效应。

三、尿生成的基本过程

尿生成的基本过程包括以下 3 个步骤：①肾小球的滤过；②肾小管与集合管的选择性重吸收；③肾小管与集合管的分泌（图 8-6）。由肾小球滤过生成的超滤液（ultrafiltrate）称为原尿（initial urine），而最后生成和排出的尿液称为终尿（final urine）。下文将分别叙述尿生成的 3 个过程。

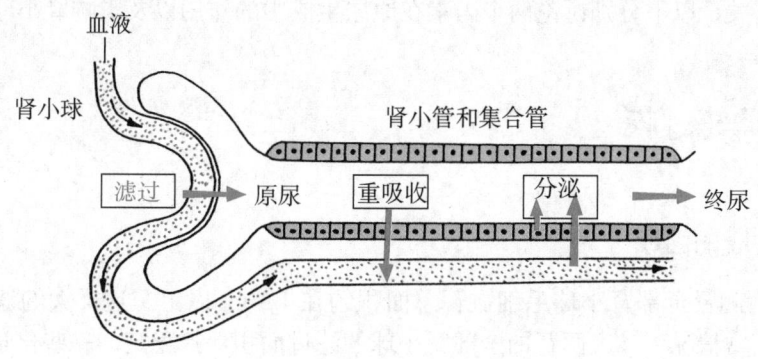

图 8-6　尿生成的基本过程

（杨秀红）

第二节 肾小球的滤过功能

血液流经肾小球毛细血管时,在有效滤过压的驱动下,血浆中的水和小分子物质透过肾小球滤过膜进入肾小囊形成超滤液的过程,称为肾小球的滤过(glomerular filtration)。这是尿生成的第一步。

用微穿刺的方法获取肾小囊腔内的液体进行微量化学分析,结果表明,肾小囊内的液体没有细胞成分,几乎不含蛋白质,钙和脂肪酸因与血浆蛋白结合而含量减少,其他成分如葡萄糖、氯化物、无机磷酸盐、尿素、尿酸和肌酐等的浓度都与血浆中的非常接近,渗透压及酸碱度也与血浆相似(表8-1),由此证明,肾小球的滤过液就是血浆的超滤液。

表8-1 血浆、原尿和终尿中物质含量及每天的滤过量和排出量

成分	血浆（g/L）	原尿（g/L）	终尿（g/L）	滤过总量（g/d）	排出量（g/d）	重吸收率（%）
Na^+	3.3	3.3	3.5	594.0	5.3	99
K^+	0.2	0.2	1.5	36.0	2.3	94
Cl^-	3.7	3.7	6.0	666.0	9.0	99
碳酸根	1.5	1.5	0.07	270.0	0.1	99
磷酸根	0.03	0.03	1.2	405.4	1.8	67
尿素	0.3	0.3	20.0	54.0	30.0	45
尿酸	0.02	0.02	0.5	3.6	0.75	79
肌酐	0.01	0.01	1.5	1.8	2.25	0
氨	0.001	0.001	0.4	0.18	0.6	0
葡萄糖	1.0	1.0	0	180.0	0	100*
蛋白质	微量	0	0	微量	0	100*
水				180L	1.5L	99

* 几乎为100%

在有足够肾血流量为前提的条件下,血液流经肾小球时的滤过状态,主要与肾小球滤过膜和有效滤过压有关,以下分别讨论两个因素在原尿生成中的作用以及影响肾小球滤过的因素。

一、肾小球滤过膜

(一)滤过膜的面积

正常人体两侧肾全部肾小球毛细血管总面积约在 1.5 m^2 以上,这样大的滤过面积有利于血浆的滤过。正常情况下,人两肾的全部肾小球的滤过面积保持稳定。一些化学信号分子可引起肾小球系膜细胞收缩或松弛,通过限制某些毛细血管回路的流动,有效地减少或增大可用于滤过的面积。在急性肾小球肾炎时,由于肾小球毛细血管管腔变窄或完全阻塞,致使有滤过功能的肾小球数量减少,有效滤过面积也随之减少,导致肾小球滤过率降低,可出现少尿甚至无尿。

（二）滤过膜的通透性

滤过膜的通透性可用血浆中物质通过滤过膜的能力来衡量。物质能否通过肾小球滤过膜取决于被滤过物质的分子大小及其所带的电荷。

1. 物质分子的大小 用不同有效半径的中性右旋糖酐分子进行实验，可清楚地证明被滤过物质的大小与滤过的关系。一般来说，有效半径 < 2.0 nm（分子量 < 10 000 Da）的中性物质，可以被自由滤过；有效半径 > 4.2 nm（分子量 > 70 000 Da）的大分子物质则不能滤过。有效半径在 2.0～4.2 nm 的各种物质分子，随着有效半径的增加，被滤过的量逐渐降低。例如，葡萄糖分子有效半径为 0.36 nm，相对分子质量为 180 Da，可自由透过滤过膜。

上述现象可通过滤过膜的超微结构特点来说明。滤过膜由 3 层结构组成（图 8-7）：①内层由毛细血管内皮细胞构成，即内皮细胞层。内皮细胞上有许多直径 50～100 nm 的小孔，称为窗孔（fenestrae），可防止血细胞通过，但并不阻止血浆蛋白的滤过；②中间层是非细胞性的肾小球基膜（glomerular basement membrane，GBM），是滤过膜的主要滤过屏障，GBM 是由水合凝胶构成的微纤维网结构，经特殊染色后可发现其上有 4～8 nm 大小的多角形网孔，微纤维网孔的大小决定着不同分子大小的溶质是否可以滤过，水和一些分子较小的溶质可以通过微纤维网的网孔，而大分子血浆蛋白不能滤过；③外层由肾小囊的足细胞突起构成，即上皮细胞层，上皮细胞足突相互交错，足突之间形成裂隙，裂隙上有一层滤过裂隙膜（slit membrane），膜上有直径 4～14 nm 的孔，它是滤过的最后一道屏障。当足细胞裂隙膜蛋白如 nephrin 缺乏时，可出现蛋白尿。内皮细胞层、GBM 和上皮细胞层共同构成了肾小球滤过膜的机械屏障。

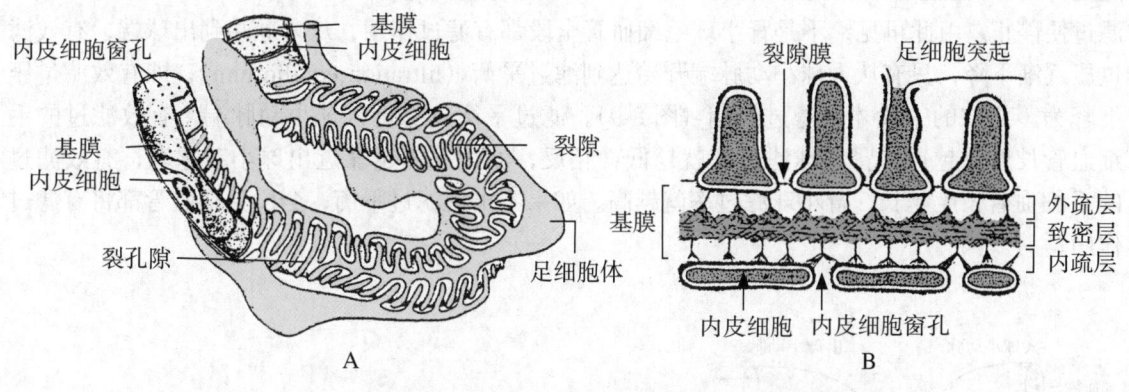

图 8-7　肾小球毛细血管、基膜和足细胞超微结构模式图
A．立体示意图　B．滤过屏障模式图

2. 物质带电性质 实验观察到，带负电荷的血浆白蛋白虽然其有效半径为 3.6 nm（小于 4.2 nm，相对分子质量为 69 000 Da），却很难通过滤过膜，这是由于白蛋白带负电荷所致。因此，滤过膜的通透性还取决于被滤过物质所带的电荷。用带不同电荷的右旋糖酐进行实验发现，即使有效半径相同，带正电荷的右旋糖酐较易被滤过，而带负电荷的右旋糖酐则较难通过滤过膜。研究证明，滤过膜各层均含有许多带负电荷的物质（主要为糖蛋白），如内皮细胞表面富含唾液酸蛋白，基膜层含有硫酸肝素和蛋白聚糖，这些带负电荷的物质排斥带负电荷的血浆蛋白，从而限制它们的滤过。

病理情况下，滤过膜上屏障的破坏或带负电荷的糖蛋白减少或消失，就会导致血浆蛋白滤过量比正常时明显增加，从而在尿中出现蛋白质，称为蛋白尿（proteinuria）。例如，肾病综合征患者由于免疫性炎症损害，使肾小球滤过膜的电学与机械屏障受损，血浆白蛋白大量漏出，其漏出量远超过近曲小管的重吸收量,形成大量蛋白尿。综上所述,肾小球滤过膜的结构与特性,导致其既可作为分子大小的选择性过滤器,构成滤过的机械屏障,又是分子电荷的选择性过滤器,从而形成滤过的电学屏障。

二、有效滤过压

肾小球滤过作用的动力是有效滤过压(effective filtration pressure)。滤过膜通透性和肾血浆流量不变时,原尿的生成量主要由有效滤过压来决定。肾小球有效滤过压与组织液生成的有效滤过压相似,由滤过动力和阻力组成,两者的差值即为有效滤过压。肾小球有效滤过压应为(肾小球毛细血管血压 + 肾小囊内液胶体渗透压)-(血浆胶体渗透压 + 肾小囊内压)(图8-8)。由于肾小囊内的滤过液中蛋白质浓度极低,其胶体渗透压可忽略不计。因此,肾小球有效滤过压 = 肾小球毛细血管血压 -(血浆胶体渗透压 + 肾小囊内压)。

前已述及,皮质肾单位的入球小动脉粗而短,血流阻力较小;出球小动脉细而长,血流阻力较大。因此,肾小球毛细血管血压较其他器官的毛细血管血压高。用微穿刺法测得大鼠肾小球毛细血管血压平均值为 45 mmHg,而且从肾小球毛细血管入球端到出球端,血压下降不多。肾小囊内压与近曲小管内压力相近,较为稳定,约为 10 mmHg。据测定,大鼠肾小球毛细血管入球端的血浆胶体渗透压约为 25 mmHg,因此在入球端的有效滤过压 = 45 -(25 + 10)= 10(mmHg)。但肾小球毛细血管内的血浆胶体渗透压不是固定不变的。在血液流经肾小球毛细血管时,由于不断生成滤过液,血液中血浆蛋白浓度就会逐渐增加,血浆胶体渗透压也随之升高。当血浆胶体渗透压上升至 35 mmHg 时,有效滤过压 = 45 -(35 + 10)= 0(mmHg),滤过便停止。由此可见,不是肾小球毛细血管全段都有滤过作用,从入球端到出球端,有效滤过压逐渐下降,只有从入球小动脉端开始达到滤过平衡(filtration equilibrium),即有效滤过压下降为零之前的一段才有滤过作用(图8-9)。滤过平衡越靠近入球小动脉端,有效滤过的毛细血管长度就越短,肾小球滤过率就越低;相反,滤过平衡越靠近出球小动脉端,有效滤过的毛细血管长度越长,肾小球滤过率就越高。如果不出现滤过平衡,全段毛细血管都将有滤过作用。

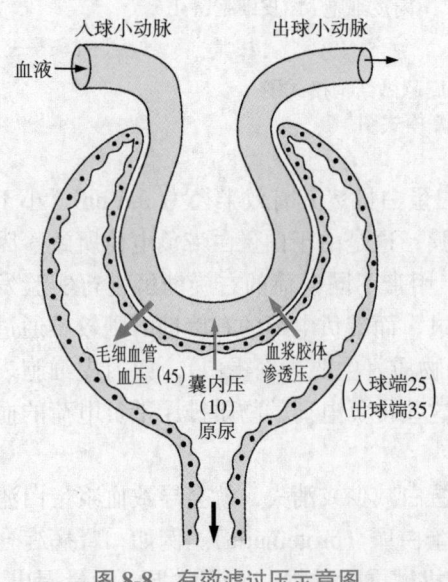

图 8-8 有效滤过压示意图
图中数字单位均为 mmHg

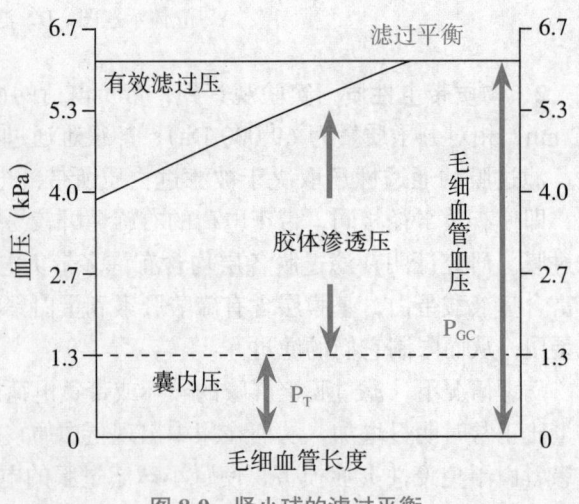

图 8-9 肾小球的滤过平衡

在肾小球有效滤过压的作用下，血浆中的水、小分子物质以及极微量的小分子蛋白质可经滤过膜进入肾小囊内形成原尿。

三、肾小球滤过率和滤过分数

单位时间内（每分钟）两肾生成的超滤液（原尿）的量称为肾小球滤过率（glomerular filtration rate，GFR）。目前尚无直接测定人 GFR 的精确数值，但可通过肾对血浆中某种物质例如菊粉的清除率来测定（见本章第六节相关内容），体表面积为 1.73 m^2 的正常人，其肾小球滤过率为 125 mL/min 左右，24 h 两侧肾从肾小球滤过的血浆总量将高达约 180 L。

肾小球滤过率与体表面积有关，用单位体表面积（m^2）的肾小球滤过率来比较时，男性的肾小球滤过率稍高于女性，个体间差异不大。生理情况下，运动、情绪激动、饮食、年龄、妊娠和昼夜节律等对肾小球滤过率有一定影响。目前临床主要根据以血肌酐为基础估算的肾小球滤过率（estimated GFR，eGFR）来评价肾功能，并对慢性肾脏病进行分期。用于估算 GFR 的公式有多个，包括肾脏病饮食改良（modification of diet in renal diseases，MDRD）公式、Cockcroft-Gault 公式和慢性肾脏病流行病学协作组（chronic kidney disease-epidemiology collaboration，CKD-EPI）公式（见本章数字资源）。

肾小球滤过率和肾血浆流量的比值称为滤过分数（filtration fraction）。正常成人肾血流量约为 1200 mL/min，肾血浆流量为 660 mL/min，则滤过分数为：125/660 × 100% = 19%。滤过分数的值表明，流经肾的血浆约有 1/5 由肾小球滤过到肾小囊腔中形成原尿。

滤过分数的改变会影响肾小球胶体渗透压。肾小球滤过增多或肾血浆流量减少，引起滤过分数增大，血浆蛋白浓缩，肾小球毛细血管胶体渗透压上升速度增快；相反，肾小球滤过减少或肾血浆流量增大，引起滤过分数减少，血浆蛋白浓缩速度减慢，肾小球毛细血管胶体渗透压上升速度减慢。临床上发生急性肾小球肾炎时，肾血浆流量变化不大，而肾小球滤过率由于滤过膜增厚却明显降低，因此滤过分数减小；而发生心力衰竭时，肾血浆流量明显减少，而肾小球滤过率却变化不大，因此滤过分数增大。

肾小球滤过率和滤过分数是衡量肾小球滤过功能的两个重要指标。肾小球滤过率的大小取决于有效滤过压、滤过膜的面积及其通透性等因素。

四、影响肾小球滤过的因素

影响肾小球滤过的因素主要包括有效滤过压、滤过膜的通透性和滤过面积、肾血浆流量。关于滤过膜的通透性和滤过面积的改变对肾小球滤过功能的影响，在前文中已有叙述。以下主要分析有效滤过压和肾血浆流量变化对肾小球滤过功能的影响。

（一）有效滤过压

有效滤过压取决于肾小球毛细血管血压、囊内静水压和胶体渗透压及血浆胶体渗透压，其中任何一项发生改变都会影响有效滤过压。

1. 肾小球毛细血管血压 肾小球毛细血管血压是促进肾小球滤过的因素，而肾小球毛细血管血压受动脉血压及入球、出球小动脉舒缩状态的影响。由于肾血流量的自身调节机制，动脉血压波动于 80～180 mmHg 范围内时，肾小球毛细血管血压可保持稳定，从而使肾小球滤过率基本保持不变。如果动脉血压变化超过自身调节范围，肾小球毛细血管血压将发生相应变化。如大出血时，当动脉血压降到 80 mmHg 以下时，肾小球毛细血管血压将相应下降，于是有效滤过压降低，肾小球滤过率也减少；当动脉血压下降到 40～50 mmHg 以下时，肾小球滤过率将下降到零，尿生成停止。

2. 囊内静水压和胶体渗透压 囊内静水压是阻碍肾小球滤过的因素，正常情况下，肾小囊内压保持稳定，约为 10 mmHg。当肾盂或输尿管结石、肿瘤压迫或其他原因引起输尿管阻塞时，可使肾盂内压显著升高，此时囊内静水压将升高，致使有效滤过压降低，肾小球滤过率减少。GBM 正常时，血浆蛋白基本不能滤过，因此囊内胶体渗透压可忽略不计。

3. 血浆胶体渗透压 血浆胶体渗透压是阻碍肾小球滤过的因素，其高低主要取决于血浆蛋白的浓度。正常情况下，血浆胶体渗透压不会有很大变动。但若全身血浆蛋白的浓度明显降低，血浆胶体渗透压也将降低，此时有效滤过压将升高，肾小球滤过率也随之增加。例如由静脉快速输入大量生理盐水使血液稀释时，肾小球滤过率将增加，其原因之一可能是血浆胶体渗透压降低；严重肝、肾疾病时，血浆蛋白合成减少或丢失过多，也可使血浆胶体渗透压降低。

（二）肾血浆流量

肾血浆流量（renal plasma flow）对肾小球滤过率有很大影响，主要通过影响血浆胶体渗透压上升的速度而影响滤过平衡的位置。当肾血浆流量加大时，肾的滤过分数降低，滤出的血浆量相对减少，肾小球毛细血管内血浆胶体渗透压的上升速度减慢，滤过平衡就靠近出球小动脉端，有滤过作用的血管段延长，肾小球滤过率将随之趋向增加；如果肾血浆流量进一步增加，滤过分数进一步降低，血浆胶体渗透压上升速度就进一步减慢，肾小球毛细血管的全长都达不到滤过平衡，肾小球滤过率就将进一步增加；相反，当肾血浆流量减少时，血浆胶体渗透压的上升速度加快，滤过平衡就靠近入球小动脉端，有滤过作用的血管段缩短，肾小球滤过率将趋向减少。例如，在严重缺氧、中毒性休克等病理情况下，由于交感神经兴奋，肾血流量和肾血浆流量都将显著减少，肾小球滤过也因而显著减少。

（杨秀红）

第三节 肾小管与集合管的重吸收和分泌功能

肾血流经过肾小球时，约 20% 形成超滤液，也称原尿（initial urine）。正常人两肾生成的原尿可达 180 L/d，当原尿流经肾小管和集合管时称为小管液，小管液经过肾小管的重吸收和分泌，最终形成约 1.5 L/d 的终尿（final urine）被排出体外。除 99% 的水被重吸收外，小管液中的多数溶质也全部或部分被肾小管和集合管重吸收，少数溶质也可通过肾小管上皮细胞分泌到小管液中。

重吸收（reabsorption）是指物质从肾小管和集合管的小管液中转运至管周毛细血管的过程。肾小管和集合管对水及不同溶质的重吸收具有选择性。正常情况下，小管液中的葡萄糖、氨基酸等营养物质基本上全部被重吸收；水和无机盐类绝大部分被重吸收，如水、Na^+、Cl^- 的重吸收率都约为 99%；尿素和尿酸等被部分重吸收，重吸收率分别为 45% 和 74%；而肌酐则几乎不被重吸收。分泌（secretion）是指小管和集合管上皮细胞将自身产生的或血液中的物质转运至小管液中的过程。正常情况下，细胞代谢产生的酸性产物多于碱性产物，上皮细胞通过分泌 H^+ 和 NH_3 不断排出固定酸，以维持机体的酸碱平衡。肾小管和集合管通过重吸收和分泌发挥回收对机体有用的物质、排出对机体无用或有害的代谢废物和过剩物质的作用。

肾小管和集合管对物质的转运存在两条途径：经细胞管腔膜的跨上皮细胞途径和经细胞紧密连接的细胞旁路途径。转运方式包括主动转运和被动转运。主动转运是溶质逆电化学梯度通过肾小管上皮细胞的过程，需要消耗能量，根据能量来源的不同，分为原发性和继发性主动转运。原发性主动转运所需的能量由 ATP 水解直接提供，如 Na^+-K^+-ATP 酶（钠泵）、H^+-ATP 酶（质子泵）和 Ca^{2+}-ATP 酶（钙泵）等；继发性主动转运所需的能量则来自原发性主动转运所形成的离子浓度梯度所提供的势能，如 Na^+-葡萄糖、Na^+-氨基酸同向转运、Na^+-H^+ 逆向转运等。被动转运是溶质顺电化学梯度通过肾小管上皮细胞的过程。水的转运来自于渗透压差的驱动，从渗透压低的一侧进入渗透压高的一侧。

一、Na^+、Cl^- 和水的重吸收

Na^+ 在肾小球中自由滤过，根据正常人原尿约 180L/d 计算，经肾小球滤过的钠含量约 580 g/d。原尿中的 Na^+ 99% 以上被重吸收，这对维持细胞外液的总量与渗透压的相对稳定十分重要。肾小管各段对 Na^+ 的重吸收能力不同，肾小球滤过的 Na^+ 65%～70% 在近端小管被重吸收，约 20% 在髓袢被重吸收，10% 在远曲小管被重吸收，其余在集合管被重吸收。Na^+ 的重吸收主要以主动转运方式实现。在 Na^+ 和 Cl^- 重吸收的同时也伴随着水的重吸收，两者密不可分。正常人尿量为 1～2 L/d，由此可见原尿中 99% 的水被肾小管和集合管重吸收。水和 NaCl 的重吸收在维持容量平衡中具有重要意义。

1. 近端小管 在近端小管前半段，Na^+ 进入上皮细胞的过程与葡萄糖、氨基酸、HCO_3^- 的重吸收以及 H^+ 的分泌相偶联。由于基底膜 Na^+-K^+-ATP 酶（钠泵）的持续作用，上皮细胞内的 Na^+ 被泵出至细胞间隙，使细胞内 Na^+ 的浓度降低，细胞内电位较负。小管液中的 Na^+ 可分别与葡萄糖、氨基酸或 HCO_3^- 等物质通过管腔膜上的 Na^+-葡萄糖同向转运体、Na^+-氨基酸同向转运体或电中性 Na^+-HCO_3^- 同向转运体 2（electroneutral Na^+-HCO_3^- cotransporter 2, NBCn2）顺电化学梯度进入细胞内，细胞内的葡萄糖或氨基酸再以易化扩散的方式通过基底膜，而 HCO_3^- 和 Na^+ 则通过基底膜上的产电性 Na^+-HCO_3^- 同向转运体 1（electrogenic Na^+-HCO_3^- cotransporter 1, NBCe1）回到体内。小管液中的 Na^+ 还可以和细胞内的 H^+ 通过管腔膜上的 Na^+-H^+ 交换体 3（Na^+-H^+ exchanger 3, NHE3）进行逆向转运，即小管液中的 Na^+ 顺电化学梯度通过管腔膜进入细胞内，同时将细胞内的 H^+ 分泌到小管液中（图 8-10A），该途径还参与 HCO_3^- 的重吸收（详见后文）。无论通过

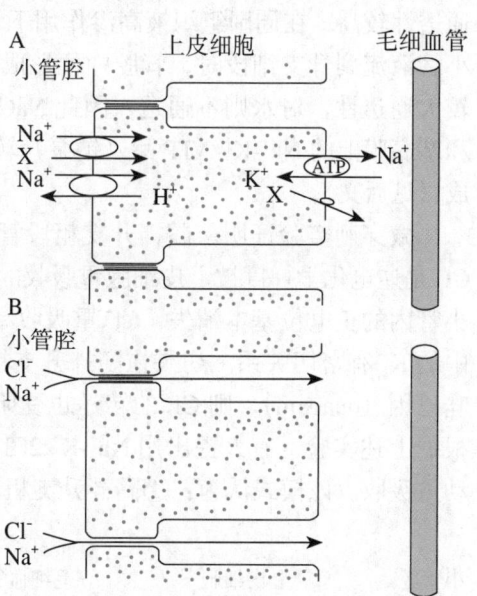

图 8-10 近端小管重吸收 NaCl 的示意图
A. 近端小管的前半段，X 代表葡萄糖、氨基酸、磷酸盐、HCO_3^-、Cl^-；B. 近端小管的后半段，NaCl 的细胞旁路重吸收

Na^+-葡萄糖或氨基酸或 HCO_3^- 同向转运，还是经 Na^+-H^+ 逆向交换进入细胞内的 Na^+，随即被基底膜上的钠泵转运至细胞间隙，使细胞间隙中的 Na^+ 浓度升高，渗透压升高，有利于水的重吸收。

近端小管对 NaCl 的重吸收包括跨上皮细胞的主动重吸收和通过旁路的被动重吸收两条途径。主动重吸收占近端肾小管对 NaCl 重吸收的 85%～90%，有以下机制参与：①在近端肾小管前半段，Na^+ 和有机溶质的偶联转运使得管腔中负电荷增加，进而带动 Cl^- 的重吸收，该途径对 NaCl 重吸收的贡献不超过 10%；②近端小管后段和近直小管的管腔膜似乎存在 Na^+ 通

道，Na^+ 重吸收产生的电位差也促使了 Cl^- 的重吸收，但该途径贡献不超过 5%～10%；③大多数 NaCl 的重吸收还是沿着整条肾小管的主动的、跨细胞的、电中性的重吸收，Na^+ 通过 NHE3 进入细胞，而 Cl^- 很可能是通过一些阴离子交换体进入上皮细胞。被动重吸收仅占近端肾小管对 NaCl 重吸收的 10%～15%。因在近端小管前半段绝大多数的葡萄糖、氨基酸、HCO_3^- 及水随 Na^+ 被重吸收，所以到达近端小管后半段的小管液中 Cl^- 的浓度比周围组织间隙的浓度高 20%～40%，Cl^- 顺浓度梯度经细胞旁路而被重吸收回血。Cl^- 的重吸收使小管液中正离子相对较多，管腔内带正电，管腔外带负电，在这种电位差作用下，Na^+ 顺电位梯度通过细胞旁路而被动重吸收（图 8-10B）。

Na^+、HCO_3^-、Cl^-、葡萄糖和氨基酸等溶质被重吸收进入细胞间隙后，小管液的渗透压降低，组织间隙的渗透压升高。在渗透作用下，水从小管液通过细胞间紧密连接和跨上皮细胞两条途径进入细胞间隙，使得细胞间隙静水压升高；由于管周毛细血管内静水压较低，胶体渗透压较高，水和 Na^+、Cl^- 等溶质便从管周间隙进入毛细血管内。这部分水的重吸收是伴随着溶质的重吸收进行的，属于等渗性重吸收，占水重吸收量的 65%～70%。近端肾小管的跨细胞水重吸收主要是顺渗透压差，通过表达在近端肾小管上皮细胞管腔膜和基底膜上的水通道蛋白 1（aquaporin 1，AQP1）介导的。

2. 髓袢 小管液在流经髓袢的过程中，约占肾小球滤过液 20% 的 Na^+、Cl^- 和 K^+ 以及 15% 的水被重吸收。髓袢降支细段对 Na^+、Cl^- 通透性极低，但由于有 AQP1 表达，故对水的通透性较高，在周围组织液高渗作用下水被重吸收到管周，小管内 NaCl 浓度也逐渐升高。当小管液流到升支细段时，管腔内便形成了 NaCl 的高浓度势能；此段小管上皮细胞对 NaCl 有较大通透性，对水则不通透，因此 NaCl 可顺浓度梯度通过管腔膜上的 Na^+-K^+-$2Cl^-$ 共转运体和基底膜上的 Na^+-K^+-ATP 酶（钠泵）转运到管周组织间隙，参与外髓部位高渗透压梯度的形成（见后文）。

微穿刺实验证明，髓袢升支粗段管腔内为正电位（+10 mV），因此，髓袢升支粗段中的 Cl^- 是逆电化学梯度被上皮细胞重吸收的。在微灌流实验中观察到，如果灌流液中不含 K^+，则小管内的正电位基本消失，Cl^- 重吸收率很低，这说明管腔内正电位与 Cl^- 的重吸收和小管液中的 K^+ 有密切关系。如果在髓袢升支粗段管周的浸浴液中加入选择性 Na^+-K^+-ATP 酶抑制剂哇巴因（ouabain），则 Cl^- 的转运也受阻，说明 Na^+-K^+-ATP 酶活动是 Cl^- 重吸收的重要因素。根据上述实验，有人提出用 Na^+-K^+-$2Cl^-$ 同向转运模式来解释髓袢升支粗段 NaCl 的继发性主动重吸收。该模式认为：①髓袢升支粗段上皮细胞基底膜上的 Na^+-K^+-ATP 酶将 Na^+ 由细胞内泵向组织间液，使细胞内的 Na^+ 浓度下降，造成管腔内与细胞内 Na^+ 有明显的浓度梯度；②Na^+ 与管腔膜上的同向转运体结合，形成 Na^+-K^+-$2Cl^-$ 同向转运体（NKCC）复合物，Na^+ 顺电化学梯度将 $2Cl^-$ 和 K^+ 一起同向转运至细胞内；③进入细胞内的 Na^+ 由 Na^+-K^+-ATP 酶转运至组织间液，Cl^- 顺浓度梯度经基底膜上的 Cl^- 通道进入组织间液，K^+ 则顺浓度梯度经管腔膜肾外髓钾通道（ROMK）返回管腔内，再与 Na^+-K^+-$2Cl^-$ 同向转运体结合，循环使用；④由于 Cl^- 进入组织间液，K^+ 返回管腔内，导致管腔内出现正电位；⑤管腔内正电位使管腔液中的 Na^+ 等正离子顺电位差从细胞旁路进入组织间液，这是不耗能的 Na^+ 被动重吸收过程（图 8-11）。髓袢升支粗段对水的通透

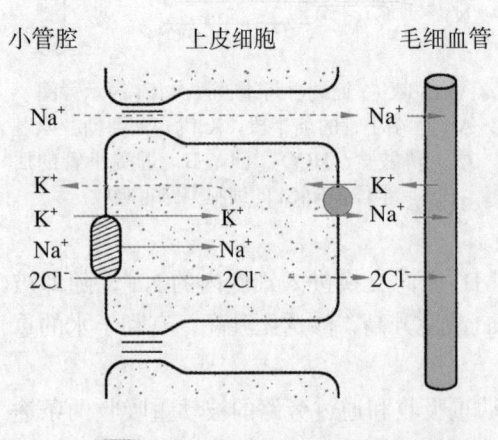

图 8-11 髓袢升支粗段继发性主动重吸收 Na^+、K^+ 和 Cl^- 的示意图

性很低，水不被重吸收而留在小管内，致管腔液渗透压逐渐降低。由于 NaCl 被上皮细胞重吸收至组织间液，因此造成小管液低渗而组织间液高渗。这种水和盐重吸收的分离，是尿液浓缩和稀释的基础（见本章第四节相关内容）。Na^+-K^+-$2Cl^-$ 同向转运体由 *NKCC2* 基因编码，对呋塞米（速尿）、利尿酸等利尿药很敏感。这些药物与 Na^+-K^+-$2Cl^-$ 同向转运体结合后，可抑制后者的转运功能，导致管腔内正电位消失，NaCl 的重吸收受抑制，从而干扰尿的浓缩机制，导致利尿。

3. 远曲小管和集合管　肾小球滤过的 Na^+ 和 Cl^- 大约 10% 在远曲小管和集合管被重吸收。Na^+ 在远曲小管和集合管的重吸收是逆电化学梯度进行的，为主动重吸收过程。在远曲小管初段，小管液中的 Na^+ 通过 *NCC* 基因编码的 Na^+-Cl^- 同向转运体进入小管上皮细胞内，细胞内的 Na^+ 再由基底膜上的 Na^+-K^+-ATP 酶泵出细胞，重吸收回体内（图 8-12A）。Na^+-Cl^- 同向转运体可被噻嗪类利尿药所抑制。远曲小管初段对水的通透性很低，但仍主动重吸收 Na^+ 和 Cl^-，小管液继续稀释，渗透压进一步降低。

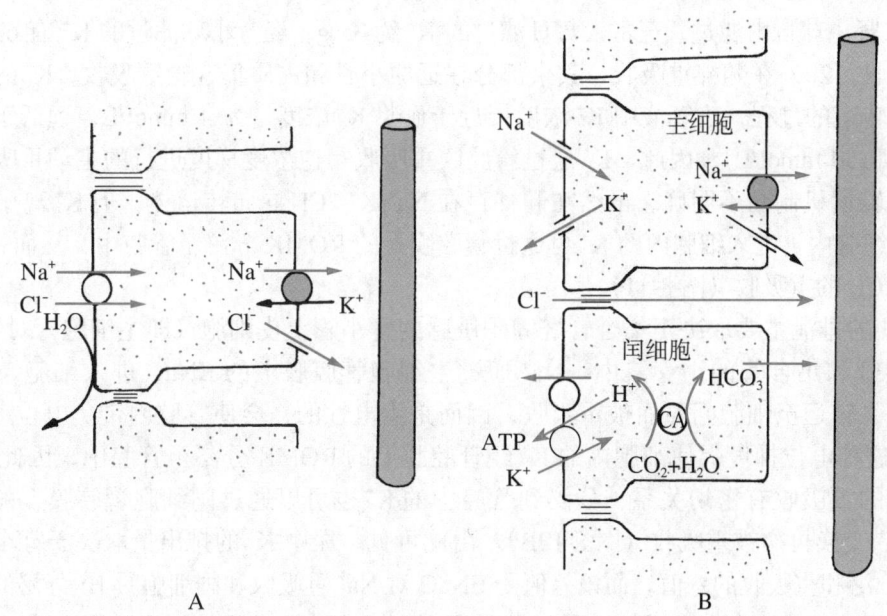

图 8-12　远曲小管和集合管重吸收 Na^+、Cl^-，分泌 H^+、K^+ 的示意图
A. 远曲小管初段；B. 远曲小管后段和集合管；
CA. 碳酸酐酶

远曲小管后段和集合管的上皮含有两类不同的细胞，即主细胞（principal cell）和闰细胞（intercalated cell）。主细胞通过其管腔膜上的上皮钠通道（epithelial sodium channel，ENaC）将小管液中的 Na^+ 转运至细胞内，Na^+ 的内流致管腔中阴离子相对增多，从而促进：①主细胞管腔膜上的肾外髓钾通道（renal outer medullary potassium channel，ROMK）向管腔中分泌 K^+；②管腔液中的 Cl^- 从细胞间的 Cl^- 通道进入体内；③闰细胞膜上的 H^+-ATP 酶向管腔中分泌 H^+，管腔液中的 K^+ 也可通过闰细胞管腔膜上的 H^+-K^+-ATP 酶与细胞内的 H^+ 交换，促进 H^+ 的分泌（图 8-12B）。该部位 K^+ 外流、Cl^- 内流和 H^+ 外流是应对 Na^+ 内流重吸收的 3 条途径。如果表达 ENaC 的基因发生功能获得性突变，Na^+ 持续重吸收，持续分泌 K^+ 和 H^+，则临床上表现为高血压、低钾血症和代谢性碱中毒，此疾病又称为 Liddle 综合征。

在连接管和集合管，上皮细胞对水不易通透，但在抗利尿激素（ADH）的作用下，其通透性增加，可重吸收小管液中 20%～30% 的水，这部分重吸收可根据机体的水、电解质平衡状况通过激素来进行调节，属于可调节性重吸收。其中连接管和集合管对水的重吸收量取决于这一节段主细胞对水的通透性，特别是主细胞管腔膜侧胞质的囊泡内 AQP2（详见本章第五节相关内容）。抗利尿激素可以通过作用于基底膜上的 ADH 受体（亦称精氨酸加压素 V2 受体），调控插入管腔膜上 AQP2 的量，继而决定上皮细胞对水的通透性。当血浆渗透压升高或容量不足时，ADH 分泌增加，AQP2 插入管腔膜增加，水的重吸收也增加；反之，水的重吸收则明显减少。

二、K^+ 的重吸收和分泌

正常饮食时 K^+ 的摄入量约为 100 mmol/d，肾是 K^+ 排泄的主要器官。正常人摄入的 K^+ 有 90% 从尿中排泄，10% 通过肠上皮细胞分泌，从粪便中排泄。尿中 K^+ 的排泄量主要受 K^+ 摄入量的影响。高钾饮食时，尿中排 K^+ 量增加；低钾饮食时尿中排 K^+ 量减少，机体 K^+ 摄入量与排出量的相对平衡可维持血浆 K^+ 浓度的相对恒定。

K^+ 可从肾小球自由滤过，正常人每日滤过的 K^+ 约 35 g。经肾小球滤过的 K^+ 有 67% 在近端小管重吸收，20% 在髓袢重吸收，其余部分在远曲小管和皮质集合管重吸收。K^+ 的重吸收是一个主动转运的过程，小管液中 K^+ 浓度接近于血浆 K^+ 浓度，为 4 mmol/L，远低于细胞内的 K^+ 浓度（150 mmol/L）。因此，K^+ 通过管腔膜重吸收是逆浓度梯度进行的主动重吸收，然而其详细的转运机制尚不明确。虽然在髓袢存在 Na^+-K^+-$2Cl^-$ 同向转运体，但 K^+ 离子可通过 NKCC 进入细胞内，进入细胞内的 K^+ 再通过管腔膜上的 ROMK 分泌至管腔中，从而补充 K^+，辅助 Na^+ 和 Cl^- 的重吸收（图 8-11）。

肾对 K^+ 的排泄主要取决于集合管醛固酮敏感的肾小管上皮细胞（即主细胞）对 K^+ 的分泌。在连接管和集合管的小管液中，Na^+ 通过主细胞管腔膜上的 ENaC 进入细胞，再由基底膜上的钠泵转运至细胞间隙而被重吸收，因而是生电性的，会使管腔内带负电位（$-40 \sim -10$ mV）。这种电位梯度促使细胞内的 K^+ 经管腔膜上的 ROMK 分泌至管腔中。因此，K^+ 的分泌与 Na^+ 的重吸收有密切关系。分泌到管腔中的 K^+ 也可以通过闰细胞管腔膜上的 H^+-K^+-ATP 酶和 H^+ 交换再次被重吸收（图 8-12B）。由此可见，尿中 K^+ 的排出量取决于肾小管和集合管对 K^+ 分泌和重吸收的差值，而该差值受 ENaC 对 Na^+ 重吸收和闰细胞对 H^+ 分泌的影响。

高钾饮食时，血 K^+ 浓度增加，基底膜钠泵的转运增加，细胞内 K^+ 浓度上升，肾小管管腔膜的 ROMK 分泌 K^+ 增加。此外，血 K^+ 浓度增加可刺激肾上腺皮质分泌醛固酮，上调 ENaC 的表达水平，促进远曲小管和集合管对 Na^+ 的重吸收，管腔中负电荷增加，进而增加 K^+ 的分泌。反之，低钾饮食时，血 K^+ 浓度降低，肾对 K^+ 的分泌减少。值得注意的是，钾的排泄除了有"多吃多排，少吃少排"的特点外，在没有钾摄入的情况下，肾仍然能分泌钾，即"不吃也排"。因此，临床上对钾摄入不足的患者应注意补钾，以防止低血钾产生的危害。

三、HCO_3^- 的重吸收和 H^+/NH_4^+ 的分泌

1. HCO_3^- 的重吸收 HCO_3^- 是机体重要的碱性物质，正常人血清 HCO_3^- 浓度为 24 mmol/L。血液中的 HCO_3^- 也可自由通过肾小球滤过膜，因此肾小管和集合管对 HCO_3^- 的重吸收对维持机体酸碱平衡有重要意义。生理状态下，肾小球滤过的 HCO_3^- 几乎全部被重吸收，其中 80%～85% 的重吸收发生在近端肾小管。近端小管对 HCO_3^- 的重吸收有两条途径：①与小管液中的 Na^+ 通过上皮细胞管腔膜上的 NBCn2 进入细胞内，该途径约占 HCO_3^- 重吸收的 20%（图 8-10）；②上皮细胞管腔膜上存在 Na^+-H^+ 交换体 3 和 H^+-ATP 酶，可将细胞内的 H^+ 分泌

至管腔中，管腔中的 H^+ 和 HCO_3^- 在Ⅳ型碳酸酐酶的作用下生成 CO_2 和 H_2O；CO_2 是高度脂溶性物质，能迅速通过细胞膜进入细胞内；CO_2 和 H_2O 在细胞内Ⅱ型碳酸酐酶的作用下生成 H^+ 和 HCO_3^-；H^+ 通过 NHE3 和 H^+-ATP 酶分泌至管腔中，HCO_3^- 和 Na^+ 则通过基底膜上的 NBCe1 进入体内。在该途径中，NHE_3 对 HCO_3^- 重吸收的贡献约占 50%，H^+-ATP 酶的贡献约占 30%（图 8-13）。如果滤过的 HCO_3^- 量超出了肾小管的重吸收阈值，HCO_3^- 就不能全部被重吸收，未被重吸收的 HCO_3^- 随尿排出，导致尿 HCO_3^- 含量增加，尿 pH 值上升。HCO_3^- 的重吸收对于维持机体酸碱平衡具有重要的意义，当近端肾小管因疾病导致 HCO_3^- 重吸收阈值下降时，会出现近端小管酸中毒。

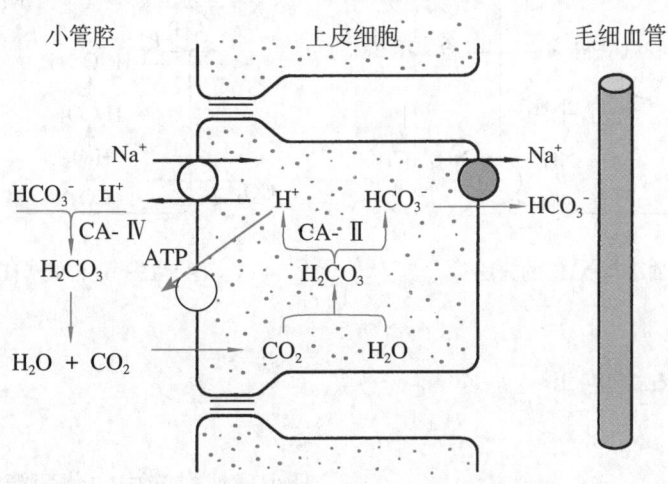

图 8-13　近端小管重吸收 HCO_3^- 的细胞机制

2. H^+ 的分泌　肾小管各段和集合管都能分泌 H^+。如上所述，在近端肾小管上皮细胞的管腔膜存在 Na^+-H^+ 交换体 3 和 H^+-ATP 酶，细胞内 CO_2 和 H_2O 在Ⅱ型碳酸酐酶的作用下生成 H^+ 和 HCO_3^-，部分 H^+ 通过 Na^+-H^+ 交换体 3 与管腔液中的 Na^+ 交换分泌到管腔中，而 Na^+ 进入细胞内，这一过程称为 Na^+-H^+ 交换，属于继发性主动转运；还有部分 H^+ 通过 H^+-ATP 酶分泌至管腔中。分泌到管腔中的 H^+ 与 HCO_3^- 在Ⅳ型碳酸酐酶作用下生成 H_2O 和 CO_2，后者可扩散到小管细胞中作为Ⅱ型碳酸酐酶的底物，从而形成 HCO_3^- 重吸收的环路。进入细胞内的 Na^+ 可通过基底膜上的 Na^+-K^+-ATP 酶和 NBCe1 吸收进入体内（图 8-13）。由此可见，近端肾小管上皮细胞 H^+ 的分泌对于 HCO_3^- 的重吸收具有重要的意义，每分泌一个 H^+，即有一个 $NaHCO_3$ 被重吸收回体内。

真正意义上的肾泌 H^+ 是指集合管中闰细胞对 H^+ 的分泌，这是一个逆电化学梯度进行的主动转运过程。在闰细胞中，代谢产生的 CO_2 和 H_2O 在Ⅱ型碳酸酐酶催化下生成 H^+ 和 HCO_3^-，H^+ 通过管腔膜上的 H^+-ATP 酶和 H^+-K^+-ATP 酶分泌至小管腔中，HCO_3^- 则通过基底膜上的阴离子交换子 1（Cl^--HCO_3^- 交换子）进入体内，从而调节酸碱平衡（图 8-12B）。闰细胞分泌的 H^+ 与小管液中的 HPO_4^{2-} 结合形成 $H_2PO_4^-$，这是可滴定酸；分泌的 H^+ 也可与上皮细胞分泌的 NH_3 结合，形成 NH_4^+。可滴定酸和 NH_4^+ 都不易透过管腔膜进入细胞而留在小管液中，因此，它们是尿液酸碱度的决定因素。

3. NH_3 的分泌　近端肾小管上皮细胞在代谢过程中，1 分子谷氨酰胺分解代谢生成 2 分子 NH_4^+ 和 2 分子 HCO_3^-。NH_4^+ 通过上皮细胞管腔膜的 Na^+-NH_4^+ 逆向转运体被主动分泌到小管液中，而 HCO_3^- 则伴随 Na^+ 的重吸收而被吸收回血液（图 8-14）。

在集合管，细胞对 NH_3 有较高的通透性，NH_3 能通过细胞膜上的氨转运体向小管周围组织间液和小管液自由扩散。扩散量取决于两种液体的 pH 值。小管液的 pH 较低（H^+ 浓度较高），所以 NH_3 较易向小管液中扩散。分泌的 NH_3 能与小管液中的 H^+ 结合并生成 NH_4^+，小管液的 NH_3 浓度因而下降，进一步加速 NH_3 由细胞向小管液中的扩散（图 8-15）。由此可见，NH_3 的分泌与 H^+ 的分泌密切相关；H^+ 分泌增加可促使 NH_3 分泌增多。NH_3 与 H^+ 结合生成 NH_4^+ 后，可进一步与小管液中的强酸盐（如 NaCl 等）的负离子结合，生成酸性铵盐（NH_4Cl 等）并随尿排出。

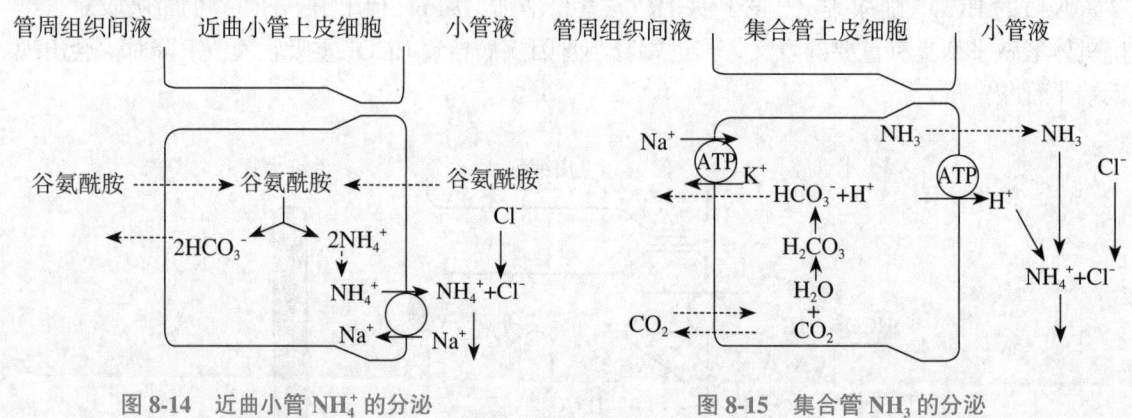

图 8-14　近曲小管 NH_4^+ 的分泌　　　　图 8-15　集合管 NH_3 的分泌

四、葡萄糖的重吸收

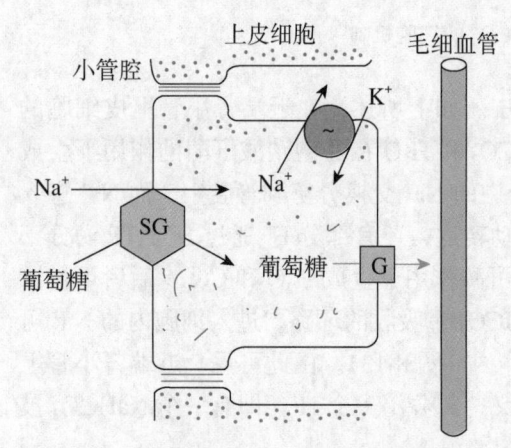

图 8-16　近端小管重吸收葡萄糖的机制

肾小球滤过液中的葡萄糖浓度与血糖浓度相同，但尿中几乎不含葡萄糖，这说明葡萄糖可被完全重吸收。微穿刺实验表明，重吸收葡萄糖的部位在近端小管，尤其在近端小管前半段，其他各段肾小管都没有重吸收葡萄糖的能力。因此，如果在近端小管以后的小管液中仍含有葡萄糖，则将出现糖尿。

葡萄糖的重吸收与 Na^+ 密切相关，属于继发性主动转运。如前所述，近端小管上皮细胞管腔膜上存在 Na^+-葡萄糖同向转运体 2（sodium-glucose co-transporter 2，SGLT2），小管液中 Na^+ 和葡萄糖与转运体结合后进入细胞内。进入细胞内的葡萄糖则由细胞基底膜上的葡萄糖转运体（glucose transporter，GLUT）转运进入细胞间隙（图 8-16）。

近端小管对葡萄糖的重吸收有一定的限度。正常成年人空腹血浆葡萄糖浓度为 3.9～6.1 mmol/L，肾小球滤过的葡萄糖约为 100 mg/min（血糖 ×125 ml/min）。当血浆葡萄糖浓度升高至 10 mmol/L 时，葡萄糖的滤过量达到 220 mg/min，肾小管对葡萄糖的吸收已达到极限，尿中开始出现葡萄糖，此时的血浆葡萄糖浓度称为肾糖阈（renal glucose threshold）。血浆葡萄糖浓度再继续升高，尿中葡萄糖含量也将随之增加；当血浆葡萄糖浓度达 16.7 mmol/L 时，葡萄糖的滤过量为 375 mg/min，则全部肾小管对葡萄糖的重吸收均已达到或超过近端小管对葡萄糖的最大转运率（maximal rate of glucose transport，Tm），此时每分钟葡萄糖的滤过量达两肾重吸收葡萄糖的极限量，尿中葡萄糖排出率将随血糖浓度升高而平行增加。成年人肾的葡萄糖重吸收极限量，男性为 375 mg/min，女性为 300 mg/min。肾之所以有葡萄糖吸收极限量，可能是由于近端小管 SGLT2 的数量有限。目前临床上使用的 SGLT2 抑制剂（如达格列净、恩格列净和卡格列净等)、SGLT2 和 SGLT1 双靶点抑制剂(索格列净)主要通过抑制近端肾小管对葡萄糖的重吸收来治疗糖尿病。

五、其他物质的重吸收和分泌

小管液中氨基酸的重吸收与葡萄糖的重吸收机制相似,也与 Na^+ 同向转运有关,但两者的转运体不同。HPO_4^{2-}、SO_4^{2-} 的重吸收也与 Na^+ 同向转运有关。

体内的代谢产物如肌酐可通过肾小球滤过,也可被肾小管和集合管分泌而排出;进入体内的某些物质,如青霉素、酚红和大多数利尿药等,由于与血浆蛋白结合而不能通过肾小球滤过,它们均在近端小管被主动分泌到小管液中而排出体外。

现将肾小管与集合管的重吸收与分泌功能总结于图 8-17。

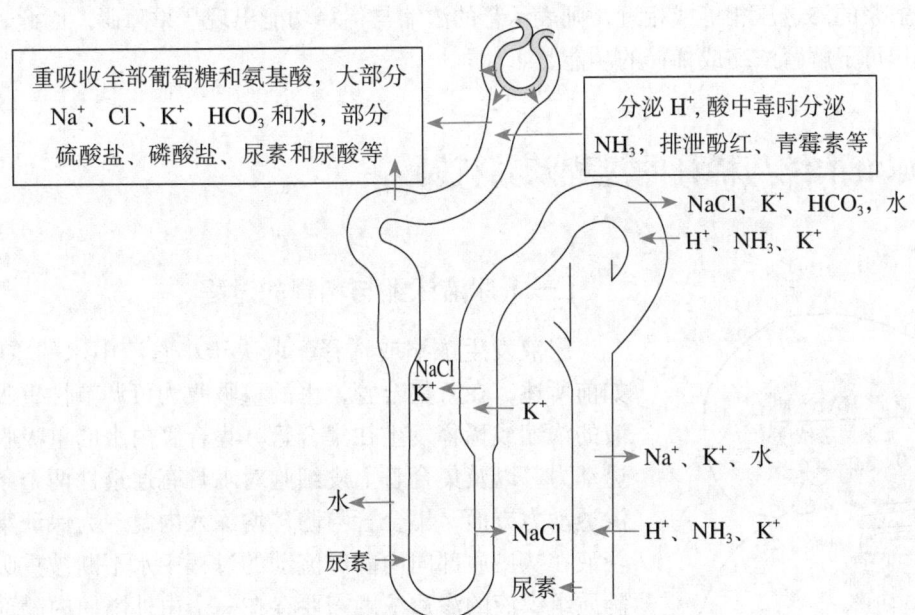

图 8-17　肾小管和集合管的重吸收和分泌作用示意图

微整合

临床应用

钠-葡萄糖同向转运体

钠-葡萄糖同向转运体(sodium-glucose cotransporter,SGLT)是人体内负责葡萄糖重吸收的主要转运蛋白,通过钠离子伴随的共转运机制驱动葡萄糖的主动运输。在人体 SGLT 蛋白家族中,SGLT1 和 SGLT2 对葡萄糖的平衡最为重要。其中,SGLT1 主要表达于小肠和肾近曲小管的 S3 段,负责肠道中食物来源的葡萄糖及原尿中残余葡萄糖的重吸收;SGLT2 主要表达于肾近曲小管的 S1 和 S2 段,负责原尿中绝大部分葡萄糖的重吸收,是糖尿病治疗的重要靶点。SGLT2 抑制剂通过抑制肾对葡萄糖的重吸收,促进葡萄糖从尿液中排泄,以达到降低血糖的目的。目前,SGLT2 抑制剂如达格列净、恩格列净和卡格列净已被我国批准用于 2 型糖尿病的治疗,且多项大型随机对照试验证实,SGLT2 抑制剂还具有心血管和肾保护作用。

(谢琼虹)

第四节 尿液的浓缩和稀释

一、尿液的渗透压

尿液的排出量和渗透压可以随着体内液体量和渗透压的改变而发生比较大的变化。正常成年人尿液的渗透压可在 50～1200 mOsm/L 的范围内变动。尿液渗透压高于血浆渗透压（300 mOsm/L）时，称为高渗尿（hypertonic urine），表示尿液被浓缩；尿液渗透压低于血浆渗透压时，称为低渗尿（hypotonic urine），表示尿液被稀释。肾对尿液的浓缩和稀释能力在维持体内液体平衡和渗透压稳定方面起着极为重要的作用。如果机体在缺水或水过剩时，其排出尿的渗透压都与血浆的渗透压相等或相近，则表示肾的浓缩与稀释功能出现严重障碍。因此，测定尿液的渗透压可了解肾浓缩或稀释的功能。

二、尿液浓缩与稀释的过程及其机制

（一）尿液浓缩与稀释的过程

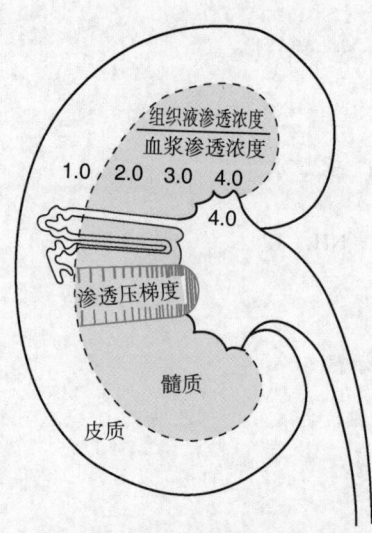

图 8-18 肾髓质渗透压梯度示意
线条越密，表示渗透压越高

尿液发生浓缩或稀释，取决于小管液中水的重吸收量。如前所述，在肾集合管，水的重吸收为可调节性重吸收。尿液的浓缩或稀释发生在集合管，集合管内水的重吸收需要渗透动力，以及集合管上皮细胞对水具有通透性两个条件。在渗透动力方面，集合管与髓袢均深入内髓，为保证集合管小管液在从皮质部向内髓部流动的过程中水不断被重吸收，肾髓质组织液的渗透浓度需要存在一个由外髓向内髓部逐渐升高的梯度。使用冰点降低法测定鼠肾组织间液的渗透压，结果发现肾皮质部组织间液的渗透压与血浆的渗透压之比为 1.0，说明皮质部组织间液与血浆是等渗的。然而，髓质部组织间液与血浆的渗透压之比，由髓质外层向乳头部逐渐升高，分别为 2.0、3.0、4.0，表明肾髓质组织液的渗透压由外向内逐步升高，这一现象称为肾髓质渗透压梯度（osmotic gradient），简称肾髓质高渗梯度（图 8-18）。在肾髓质高渗状态下，如果髓质集合管上皮细胞具有对水的通透性，那么小管液中的水就可以不断地被重吸收至组织间液，继而进入血液。目前已经明确，无论在尿液的浓缩还是稀释过程中，下丘脑分泌的抗利尿激素在集合管上皮细胞水的通透性调节中都起着决定性作用。

1. 尿液浓缩过程 当抗利尿激素存在时，集合管上皮细胞对水通透性较大，来自远曲小管的小管液中的水在肾髓质高渗梯度的作用下不断被重吸收，管内溶质浓度不断升高，形成高渗尿。

2. 尿液稀释过程 当抗利尿激素分泌减少时，集合管上皮细胞对水的通透性小，来自远曲小管的低渗或等渗小管液流经集合管时，其中的水不易被髓质集合管重吸收，但溶质继续被吸收，导致小管液中溶质浓度进一步降低，形成稀释尿。

综上所述，肾髓质高渗梯度是尿液浓缩的先决条件，抗利尿激素的有无是决定尿液浓缩与稀释的关键。

（二）肾髓质渗透压梯度的形成与维持

1. 肾髓质渗透压梯度的形成　目前认为，形成肾髓质渗透压梯度的机制包括以下两个方面：①逆流倍增（counter current multiplication）：髓袢升支粗段介导的 Na^+、K^+ 和 Cl^- 的重吸收在肾外髓渗透压梯度的形成中发挥重要作用（见下文）；②尿素再循环（urea recycling）：内髓集合管在抗利尿激素的作用下，对小管液中的尿素进行重吸收，使其成为构成内髓间质高渗的溶质之一。内髓重吸收的尿素和髓袢升支细段扩散出来的 NaCl 共同参与内髓高渗透压梯度的形成。

在物理学上，将一端相通而其中液体流动方向相反的两个并列管道称为逆流系统。如果这两管中间的隔膜允许液体中的溶质或热量在两管之间交换，就称为逆流交换（counter current exchange）。逆流系统的管内外浓度或热量差降低缓慢，能够最大效率地进行物质或热量交换，这与髓袢的结构和物质转运有一定的相似性。但逆流倍增不同于被动的逆流交换，其特点是系统中存在一种主动转运的过程，这是髓袢升支粗段的特殊功能。逆流倍增系统的工作原理如图 8-19 所示，模型中含有 NaCl 的等渗液体（300 mOsm/L）从甲管流进，折返流入乙管，然后从乙管反向流出，构成逆流系统，可视为肾中"U"形的髓袢；U 形管周围充满了等渗溶液，相当于肾髓质的组织间液。在图 8-19A 所示的逆流系统中，初始阶段，U 形管的降支和升支小管液及小管周围液体都为等渗液。然而，当 U 形管升支上端存在对 NaCl 从内向外的主动转运时，U 形管升支中的小管液渗透压降低，而周围组织间液中的渗透压将增加，U 形管降支对 NaCl 没有通透性，小管液中的水顺渗透压差，从内向外移动，从而使降支小管液中的渗透压增加（图 8-19B）。由于 U 形管降支小管开口处源源不断地注入等渗 NaCl 液体，则推动高渗透压的小管液从降支流向升支，U 形管升支的渗透压增高，升支上端继续对 NaCl 从内向外进行主动转运。如此往复，最后形成 U 形管内入口为等渗、出口为低渗、降支下行渗透压逐渐升高、升支上行渗透压逐渐降低的逆流倍增系统（图 8-19C）。其结果是在 U 形管周围形成自上而下渗透压不断增加的渗透压梯度。

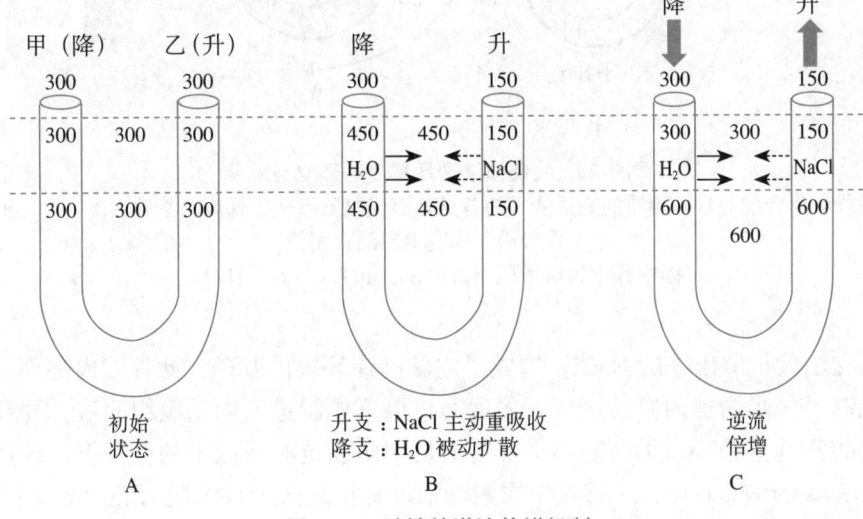

图 8-19　髓袢的逆流倍增机制

肾的髓袢和伴行的直小血管U形结构及髓质集合管是肾髓质高渗梯度建立的结构基础。在外髓部,由于髓袢升支粗段(mTAL)能通过Na^+-K^+-$2Cl^-$同向转运体主动重吸收Na^+和Cl^-,而对水不通透,故升支粗段内小管液向皮质方向流动时,管内NaCl浓度逐渐降低,小管液渗透浓度逐渐下降;而mTAL周围组织间液则变成高渗。因此,外髓部的高渗状态主要是由升支粗段NaCl的重吸收所致。髓袢升支粗段起始部小管上皮细胞管腔膜侧的Na^+-K^+-$2Cl^-$同向转运体及基底侧膜上的Na^+-K^+-ATP酶表达较为丰富,但越靠近皮质部,其表达越低,至远曲小管起始端时近乎消失。因此,肾外髓组织间液越靠近皮质,渗透浓度越低,越靠近内髓部,渗透浓度则越高;同理,髓袢升支粗段起始部小管液的渗透压在上行过程中逐渐降低,到达远曲小管起始端时管腔内甚至变为低渗。因为髓袢降支细段对Na^+和Cl^-完全不通透,但由于高表达水通道蛋白1(AQP1)而对水通透。由于mTAL构建的外髓高渗梯度的存在,髓袢降支细段小管液中的水分从起始处开始,在外周不断增加的渗透压的作用下向外移动,使得小管液的渗透压越来越高。因此,发生在髓袢的这种髓袢降支小管液渗透压不断升高,而髓袢升支小管液渗透压不断降低的现象,称为逆流倍增。髓袢的逆流倍增机制是髓质高渗状态建立的基础。在外髓部,由mTAL的Na^+-K^+-$2Cl^-$同向转运体建立的高渗状态从皮质到外髓-内髓交界处是一个从等渗(300 mOsm/L)逐渐增加到900 mOsm/L的连续过程(图8-20)。

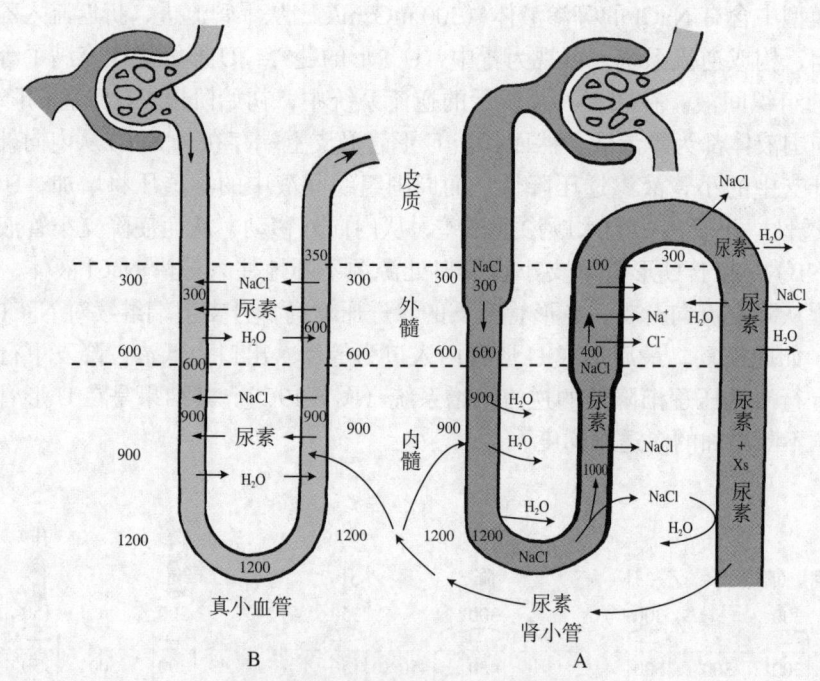

图8-20 肾髓质渗透压梯度的形成与维持
A. 肾小管各段与集合管对水和溶质的通透能力的差异是形成髓质渗透压梯度的基础;B. 直小血管在维持髓质渗透压梯度中起的作用
图中数字为渗透压值,单位:mOsm/(kg·H_2O)

髓袢升支细段扩散出来的NaCl,构成了内髓高渗环境的基础。此外,内髓部还可借助尿素再循环机制进一步增加内髓渗透压。尿素通过以下机制进入内髓组织间液,并在内髓集合管和髓袢之间实现再循环:①内髓部集合管上皮细胞在抗利尿激素的作用下,表达尿素通道蛋白(urea transporter,UT),小管液中尿素顺浓度梯度通过上皮细胞管腔膜表达的UT-A1和基底侧膜表达的UT-A3重吸收到内髓部组织间液,造成了内髓部组织间液中尿素浓度的增高,渗透浓度因此升高;②因为髓袢降支细段对尿素具有中等的通透性(由UT-A2介导),所以从内髓部集合管扩散到内髓组织间液的尿素可以进入降支细段，而后流过升支细段、升支粗段、远曲小管、皮质部和外髓部集合管，重新回到内髓部集合管处，实现了尿素再循环（urea recycling）。内髓集合管对尿素的通透性，即尿素通道蛋白表达的高低，由抗利尿激素的水平高低决定。机体缺水时，抗利尿激素水平增加，使内髓集合管 UT 表达增加，进入内髓组织间液的尿素随之增加，从而促进髓袢降支管腔中的水向内髓组织间液移动，再经与髓袢伴行的 U 形直小血管回到体循环系统，实现了对更多水分的重吸收及尿液浓缩（图 8-20）。

综上所述，渗透梯度的形成与 NaCl 重吸收及尿素再循环有密切关系：①由于外髓部高渗，皮质部和外髓部的集合管在抗利尿激素作用下对水的通透性增加，管腔中的水被不断重吸收，所以小管液中尿素的浓度逐渐升高。②当小管液进入内髓集合管时，由于管壁在抗利尿激素作用下对尿素的通透性增大，小管液中尿素顺浓度梯度通过管壁向内髓部组织间液扩散，造成了内髓部组织间液中尿素浓度的增高，渗透浓度因此升高。③髓袢降支细段对尿素中等程度通透，尿素可以进入降支细段；对水易通透，所以在渗透压的作用下，水被"抽吸"出来，从降支细段进入内髓部组织间液；由于降支细段对 Na^+ 不易通透，小管液将被浓缩，导致 NaCl 浓度越来越高，渗透浓度也随之不断升高。④当小管液绕过髓袢低部折返流入升支细段时，它同组织间液之间的 NaCl 浓度梯度就明显地建立起来。由于升支细段对 Na^+ 易通透，Na^+ 将顺浓度梯度被动扩散至内髓部组织间液，从而进一步提高内髓部组织间液的渗透浓度。因此，内髓部组织间液的渗透浓度，主要由内髓部集合管扩散出来的尿素及髓袢升支细段扩散出来的 NaCl 两个因素决定。⑤小管液在升支细段流动过程中，由于 NaCl 扩散到组织间液，而且该段管壁对水又不易通透，所以造成管内 NaCl 浓度逐渐降低，渗透浓度也逐渐降低。这样，降支细段与升支细段就构成了一个逆流倍增系统，使内髓组织间液形成高渗透梯度。

从髓质渗透梯度形成的全过程来看，髓袢升支粗段对 Na^+ 和 Cl^- 的主动重吸收是髓质渗透梯度建立的主要动力，内髓渗透压的进一步增加是尿素再循环的结果，NaCl 和尿素是建立髓质渗透梯度的主要溶质。

2. 肾髓质渗透压梯度的维持 如前所述，通过髓袢的逆流倍增作用，不断有溶质（NaCl 和尿素）进入髓质组织间液形成渗透梯度，也不断有水被肾小管和集合管重吸收到组织间液。因此，必须把组织间液中多余的水移走，才能保持髓质高渗透压梯度，这需要直小血管的逆流交换作用来实现。

直小血管是一种降支和升支并行的 U 形毛细血管，也是一种逆流系统。在直小血管降支进入髓质的入口处，其血浆渗透压约为 300 mOsm/L。由于直小血管对溶质和水的通透性都很高，因此当其在向髓质深部下行的过程中，周围组织间液中的溶质就会顺浓度梯度不断扩散到直小血管降支中，而其中的水则由于血管周围的高渗梯度不断渗出到组织间液中，使血管中的血浆渗透浓度与组织间液达到平衡。因此，越向内髓部深入，直小血管降支中的溶质浓度就越高，在折返处，其渗透压可高达 1200 mOsm/L。如果直小血管降支此时离开髓质，就会把进入直小血管降支中的大量溶质带回循环系统，而从直小血管内出来的水就会保留在组织间液中，这样，髓质渗透梯度就不能维持。但由于直小血管是逆流系统，当直小血管升支从髓质深部返回外髓部时，血管内的溶质浓度比同一水平组织间液的高，溶质又逐渐扩散回组织间液，并且可以再进入降支，完成逆流交换过程。相反，水则从组织间液向血管内移动。因此，当直小血管升支离开外髓部时，只把多余的水带回循环中，而将溶质留在了肾髓质，从而维持了肾髓质的渗透压梯度（图 8-20）。

（三）抗利尿激素

肾小管中的水有 20%～30% 是在抗利尿激素的调节下，在连接管和集合管被重吸收的，即水的可调节性重吸收。当各种原因造成机体缺水时，抗利尿激素分泌增加，连接管和集合管上皮细胞水通道蛋白 2（AQP2）表达增加，对水的通透性增大，在肾髓质高渗梯度的渗透作用下，水被重吸收至组织间液继而转运回血液，发生尿液的浓缩。反之，抗利尿激素分泌减少，则发生尿液的稀释。

1. 产生部位 抗利尿激素（antidiuretic hormone，ADH）也称精氨酸血管升压素（arginine vasopressin，AVP），是由 9 个氨基酸残基组成的肽，它是由下丘脑的视上核和室旁核的神经元分泌的一种激素，在细胞体中合成，经下丘脑-垂体束被运输到神经垂体，然后释放入血。

2. 生理作用 ADH 的抗利尿作用主要通过以下两个机制实现：①提高连接管和集合管上皮细胞对水的通透性，从而增加水的重吸收，使尿液浓缩，尿量减少（抗利尿），尿渗透压增高；②增加髓袢升支粗段对 NaCl 的主动重吸收和内髓部集合管对尿素的通透性，从而增加髓质组织间液的溶质浓度，提高髓质组织间液的渗透浓度，有利于尿液浓缩。

抗利尿激素与连接管和集合管上皮细胞基底侧膜上的 V2 受体结合，可刺激腺苷酸环化酶，使腺苷三磷酸（ATP）转变为环腺苷酸（cAMP），使细胞内 cAMP 水平升高。cAMP 能够激活胞质内蛋白激酶 A，使水通道蛋白 2（AQP2）磷酸化，并通过细胞骨架微管与微丝的功能活动使胞质内 AQP2 囊泡向管腔膜迁移并与之融合。通过出胞作用，囊泡膜上的 AQP2 嵌入管腔膜，使管腔膜 AQP2 的数量增加，从而使水的通透性增高。管腔膜 AQP2 增加的幅度与血浆 ADH 升高的浓度成正比。当肾髓质集合管内外存在显著渗透浓度差时，管腔中的水分子则通过上皮细胞管腔膜上的 AQP2 重吸收进入细胞内，随即通过表达在基底侧膜的水通道蛋白 AQP3 和 AQP4 的作用，进入组织间隙，最后被重吸收入血，从而实现集合管对水的重吸收。而当血浆 ADH 水平降低时，集合管主细胞管腔膜出现胞吞作用，又形成 AQP2 囊泡迁移到管腔膜下的胞质内。

此时主细胞管腔膜上的 AQP2 数量相应减少，管腔膜对水的通透性也相应降低。这样，通过含 AQP2 的囊泡镶嵌在管腔膜或从管腔膜进入细胞内，就可调节管腔膜对水的通透性。水重吸收至肾髓质组织间液，继而被直小血管转运回体循环（图 8-21）。此外，ADH 还可通过 cAMP-PKA 通路增加 *AQP2* 基因的转录，从而增加 AQP2 蛋白的供应。

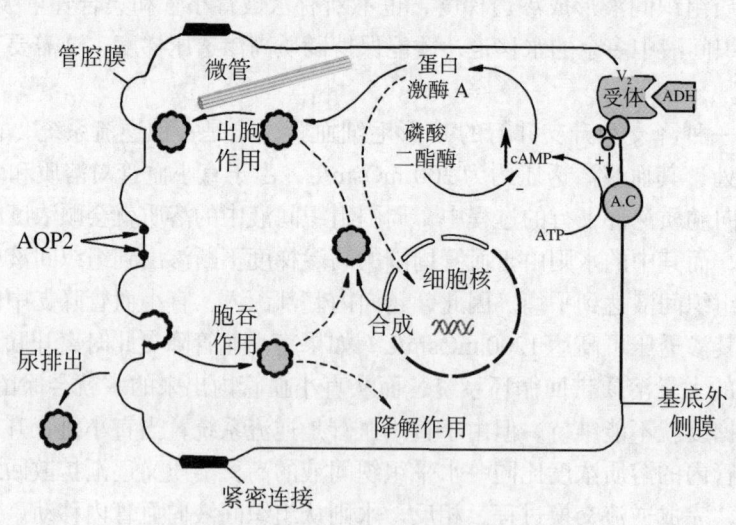

图 8-21 ADH 作用机制模式图

3. ADH 分泌的调节 调节抗利尿激素分泌的主要因素是血浆晶体渗透压、循环血量和动脉血压等。

（1）血浆晶体渗透压的改变：血浆晶体渗透压升高时，即使是微小的变化（改变 1%～2%），也可刺激位于下丘脑前部室周器（可能是终板血管器）的渗透压感受器

(osmoreceptor)，并引起抗利尿激素的分泌增加。大量出汗、严重呕吐或腹泻等情况引起机体失水导致血浆晶体渗透压升高，可引起抗利尿激素分泌、释放增多，使连接管和集合管对水的通透性增加，水重吸收明显增加，导致尿液浓缩和尿量减少，从而有利于保存体内水分和使血浆晶体渗透压回降到正常水平。相反，大量饮用清水后，血液被稀释，血浆晶体渗透压降低，引起抗利尿激素分泌减少，肾连接管和集合管对水的重吸收减少，尿液稀释，尿量增加，从而使体内多余的水被排出体外。例如，正常人一次饮用 1000 ml 清水后，约半小时后尿量就开始增加，到第一小时末，尿量可达最高值；随后尿量减少，2～3 h 后尿量恢复到原来水平。如果饮用的是等渗盐水（0.9% NaCl 溶液），则排尿量不出现饮清水后那样的变化（图 8-22）。这种大量饮用清水后引起尿量增多的现象，称为水利尿（water diuresis），临床上可用它来检测肾的稀释能力。

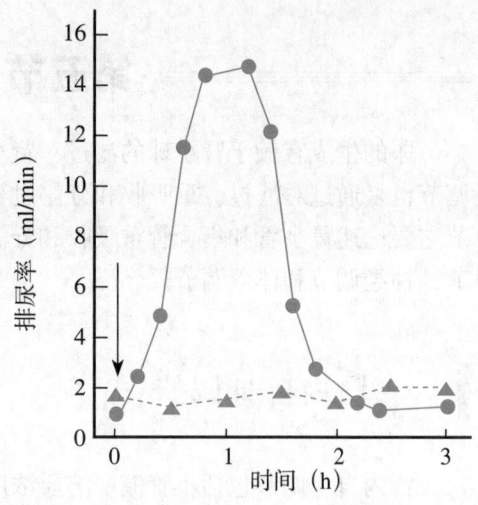

图 8-22　一次饮 1 L 清水（实线）和饮 1 L 等渗盐水（虚线）后的排尿率
箭头表示饮水时间

（2）循环血量的改变：左心房和胸腔大静脉内有容量感受器，当循环血量过多时，左心房被扩张，刺激容量感受器，传入冲动经迷走神经传入中枢，可抑制下丘脑 - 神经垂体系统释放抗利尿激素，从而引起利尿。由于排出了过多的水分，血量可得到恢复。血量减少时，发生相反的变化。体液缺失 24～48 h 即可使血浆 ADH 浓度高于正常 3～5 倍，血容量减少 6% 或者血浆容量减少 10% 即可增加抗利尿激素的分泌。

（3）其他：除上述两个因素外，动脉血压升高时，刺激颈动脉窦压力感受器，也可反射性地抑制抗利尿激素的释放。疼痛、情绪紧张等可促进抗利尿激素的释放。下丘脑病变累及下丘脑的视上核和室旁核或下丘脑 - 垂体束时，抗利尿激素的合成、释放障碍，出现尿量大幅度增加，称为尿崩症。此外，心房利尿钠肽可抑制抗利尿激素的分泌，血管紧张素 Ⅱ 则可刺激其分泌。

在以上这些因素中，刺激 ADH 分泌最主要的是血浆晶体渗透压的增高和循环血量的减少（图 8-23）。

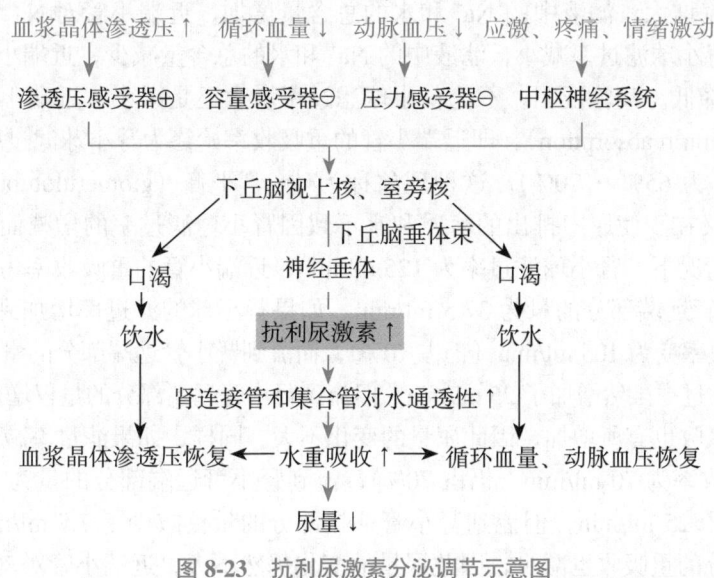

图 8-23　抗利尿激素分泌调节示意图
⊕ 兴奋　⊖ 抑制

（李春凌）

第五节 尿生成的调节

尿的生成有赖于肾小球的滤过、肾小管和集合管的重吸收和分泌。因此,机体对尿生成的调节也是通过对滤过、重吸收和分泌过程的调节来实现的。肾小球滤过的调节在前文已述,本节主要论述肾小管和集合管重吸收和分泌的调节。肾小管和集合管功能的调节包括肾内自身调节、神经调节和体液调节。

一、肾内自身调节

肾内自身调节包括小管液中溶质浓度的影响、球-管平衡等。

(一)小管液中溶质的浓度

小管液中溶质所形成的渗透压,是对抗肾小管重吸收水分的力量。如果小管液溶质浓度高,渗透压高,就会妨碍肾小管特别是近端小管对水的重吸收。例如,近端小管中某些物质未被重吸收,导致小管液渗透压升高,可保留一部分水在小管内,使小管液中的 Na^+ 被稀释而浓度降低,故小管液与细胞内的 Na^+ 浓度差变小,Na^+ 的重吸收也减少,结果尿量增多,NaCl 排出也增多。这种由于小管液中溶质浓度增加、渗透压升高而引起尿量增多的现象,称为渗透性利尿(osmotic diuresis)。

糖尿病患者由于血糖浓度超过了肾糖阈,肾小管不能将滤液中的葡萄糖完全重吸收回血液,使小管液中的葡萄糖含量增多,小管液渗透压因而增高,妨碍了水的重吸收,可导致多尿及尿中含葡萄糖。

临床上有时给水肿患者使用可被肾小球滤过而又不能被肾小管重吸收的物质,如甘露醇、山梨醇等,以提高小管液中溶质的浓度,借助渗透性利尿的机制达到利尿和消除水肿的目的。

(二)球-管平衡

近端小管对溶质和水的重吸收量不是固定不变的,而是随肾小球滤过率的变动而发生变化。肾小球滤过率增大,滤液中的 Na^+ 和水的总含量增加,近端小管对 Na^+ 和水的重吸收率也提高;反之,肾小球滤过率减小,滤液中的 Na^+ 和水的总含量减少,近端小管对 Na^+ 和水的重吸收率也相应降低。实验证明,不论肾小球滤过率增大还是减小,近端小管都是定比重吸收(constant fraction reabsorption),即近端小管的重吸收率始终为肾小球滤过率的 65%~70%(即重吸收百分率为 65%~70%)。这种现象称为球-管平衡(glomerulotubular balance)。球-管平衡的生理意义在于使尿中排出的溶质和水不致因肾小球滤过率的增减而出现大幅度的变动。例如,正常情况下,肾小球滤过率为 125 ml/min,近端小管的重吸收率为 87.5 ml/min(占 70%),流到肾小管远端部分的量为 37.5 ml/min。如果肾小球的滤过率增加到 150 ml/min,则近端小管的重吸收率变为 105 ml/min(仍占 70%),而流到肾小管远端部分的量为 45 ml/min。这几个数字表明,滤过率虽然增加了 25 ml/min,但流到肾小管远端部分的量仅增加 7.5 ml/min。此时远端部分的重吸收也有所增加,因此尿量的变化不大。同样,如果滤过率减少到 100 ml/min,近端小管的重吸收率为 70 ml/min(仍占 70%),流到肾小管远端部分的量为 30 ml/min。此时滤过率虽然减少了 25 ml/min,但流到肾小管远端部分的量仅减少了 7.5 ml/min;而且在这种情况下,远端部分的重吸收也减少,因此尿量的变化仍然不大。近端小管对 Na^+ 也是定比重吸收,即重吸收量为滤过量的 65%~70%。假如不存在定比重吸收,如近端小管对 Na^+ 重吸收的总量是固定不变的，则可以算出，肾小球滤过率只要增加 2 ml/min，Na^+ 的排出量就会比原来增加约 2 倍；肾小球滤过率减少 2 ml/min，尿中就不含 Na^+，可见，球管平衡具有重要的生理意义。

定比重吸收的机制与管周毛细血管血压和胶体渗透压的改变有关。例如，在肾血流量不变的前提下，当肾小球滤过率增加时，进入近端小管旁毛细血管的血液量就会减少，血浆蛋白的浓度相对增高（肾小球基本不滤过血浆蛋白），此时毛细血管内血压下降而胶体渗透压升高。在这种情况下，小管旁组织间液就加速进入毛细血管，组织间隙内静水压因而下降，使小管细胞间隙内的 Na^+ 和水加速通过基膜而进入小管旁的组织间隙，导致 Na^+ 和水的重吸收量增加。这样，重吸收仍可达到肾小球滤过率的 65%～70%。肾小球滤过率减少时，发生相反的变化，重吸收百分率仍能保持 65%～70%。球-管平衡在某些情况下可能被打乱。例如，渗透性利尿时，近端小管重吸收率减少，而肾小球滤过率不受影响，这时重吸收百分率就会小于 65%～70%，尿量和尿中 NaCl 排出明显增多。又如在充血性心力衰竭时，肾灌注压和血流量可明显下降；但由于出球小动脉发生代偿性收缩，所以肾小球滤过率仍能保持原有水平，因此滤过分数变大。此时近端小管旁毛细血管血压下降而血浆胶体渗透压增高。如上所述，这将导致 Na^+ 和水的重吸收增加，重吸收百分率将超过 65%～70%，于是体内钠盐潴留，细胞外液量增多而发生水肿。

二、神经调节

一般认为，肾主要受交感神经支配，没有或极少有迷走神经分布。肾交感神经兴奋时，节后纤维末梢释放去甲肾上腺素，通过下列作用影响尿生成：①与血管平滑肌 α 肾上腺素受体结合，引起入球小动脉和出球小动脉收缩，而前者收缩比后者更明显，因此，肾小球毛细血管的血浆流量减少，肾小球毛细血管血压下降，肾小球的有效滤过压下降，肾小球滤过率降低；②与球旁细胞的 β 肾上腺素受体结合，刺激球旁器中的球旁细胞释放肾素，导致循环血中的血管紧张素 II 和醛固酮含量增加，增加肾小管对 NaCl 和水的重吸收；③与肾小管上皮细胞 $α_1$ 肾上腺素受体结合，增加近端小管和髓袢上皮细胞重吸收 Na^+、Cl^- 和水。微穿刺实验表明，低频率低强度电刺激肾交感神经，在不改变肾小球滤过率的情况下，可增加近端小管和髓袢对 Na^+、Cl^- 和水的重吸收。这种作用可被 $α_1$ 肾上腺素受体拮抗剂所阻断。

三、体液调节

尿生成的体液调节因素主要有抗利尿激素、醛固酮、心房利尿钠肽和脑钠肽等。

（一）抗利尿激素

抗利尿激素的作用主要是提高远曲小管和集合管上皮细胞对水的通透性，从而增加水的重吸收，使尿液浓缩，尿量减少（详见本章第四节相关内容）。

（二）醛固酮

1. 醛固酮的生理作用　醛固酮调节电解质平衡、血容量和血压。醛固酮进入肾的远曲小管末端和集合管上皮细胞，与胞质内的盐皮质激素受体（MR）结合形成激素-受体复合物，后者通过核膜进入细胞核，调节其靶基因 mRNA 的转录，最后合成多种醛固酮诱导蛋白

(aldosterone-induced protein)。醛固酮诱导蛋白的作用：①可增加管腔膜的 Na^+ 通道（ENaC）数量；②增强基侧膜的钠泵活性，促进细胞内的 Na^+ 泵回血液和 K^+ 进入细胞，提高细胞内的 K^+ 浓度，同时由于 Na^+ 重吸收增加造成小管腔内的负电位，有利于 K^+ 的分泌和 Cl^- 的重吸收，因而醛固酮有"保钠排钾"的作用；③增加线粒体中 ATP 的生成，为上皮细胞活动（如钠泵）提供更多的能量；增加管腔膜 H^+-ATP 酶活性，促进 H^+ 的分泌。在醛固酮的作用下，远曲小管末端和集合管在重吸收 Na^+ 的同时，对 Cl^- 和水的重吸收也增加，促进钠和水潴留，导致血容量扩张和血压升高，同时诱导钾和氢离子排泄。此外，醛固酮还能提高血管对儿茶酚胺的敏感性，从而使血管收缩，血压升高。因此，醛固酮除了可维持电解质平衡，也是血容量和血压维持的重要调控分子。

2. 醛固酮的合成 醛固酮的合成与肾素-血管紧张素-醛固酮系统（renin-angiotensin-aldosterone system，RAAS）密切相关。肾素（renin）主要是由球旁器中的球旁细胞分泌的，它是一种蛋白水解酶，能催化血浆中的血管紧张素原（angiotensinogen）使之生成血管紧张素Ⅰ（十肽）。在血液和组织中，特别是肺组织血管内皮细胞中有血管紧张素转换酶（angiotensin converting enzyme），该酶可使血管紧张素Ⅰ降解，生成血管紧张素Ⅱ（angiotensin Ⅱ，八肽），再经血管紧张素酶A（angiotensinase A）的作用转变为血管紧张素Ⅲ（angiotensin Ⅲ），血管紧张素Ⅱ、血管紧张素Ⅲ可刺激肾上腺皮质球状带合成和分泌醛固酮。

有趣的是，肾组织中肾素活性比血浆肾素活性高 1000 倍以上，肾内 AngⅡ 水平是体循环中的 30 倍。因此，除了循环来源的 RAAS 外，肾局部还可以合成 RAAS，其在肾的功能调节中发挥重要作用。

3. 醛固酮分泌的调节 醛固酮的分泌主要受肾素-血管紧张素-醛固酮系统和血 K^+ 和 Na^+ 浓度的调节。

（1）肾素的分泌受多方面因素的调节。目前认为，肾内有两种感受器与肾素分泌的调节有关，一种是入球小动脉处的牵张感受器，另一种是致密斑感受器。当动脉血压下降、循环血量减少时，入球小动脉的压力下降，血流量减少，于是对小动脉壁的牵张刺激减弱，可使肾素释放量增加；同时，由于入球小动脉的压力降低和血流量减少，肾小球滤过率减少，滤过的 Na^+ 和 Cl^- 的量也因此减少，以致到达致密斑的 Na^+ 和 Cl^- 也减少，于是激活致密斑感受器，也可使肾素释放。此外，球旁细胞受交感神经支配，肾交感神经兴奋（如循环血量减少）时可导致肾素释放增加。肾上腺素和去甲肾上腺素也可直接刺激球旁细胞，增加肾素的释放（图 8-24）。

（2）醛固酮的分泌除了受血管紧张素调节外，血 K^+ 浓度升高、血 Na^+ 浓度降低也可直接刺激肾上腺皮质球状带增加醛固酮的分泌，导致保 Na^+、排 K^+，从而维持血 K^+ 和血 Na^+ 浓度的平衡；反之，血 K^+ 浓度降低或血 Na^+ 浓度升高，则醛固酮分泌减少。醛固酮的分泌对血 K^+ 浓度升高十分敏感，血 K^+ 浓度仅增加 0.5~1.0 mmol/L，就能引起醛固酮分泌，而血 Na^+ 浓度必须降低很多才能引起同样的反应（图 8-24）。

知识拓展

醛固酮对心血管系统的作用

近年研究证明，醛固酮也可在心血管系统和中枢神经系统中合成。心脏局部产生的醛固酮一般不会导致循环醛固酮浓度的明显改变，其可能通过旁分泌或自分泌的形式发挥效应。心血管局部组织独立存在的肾素-血管紧张素-醛固酮系统（renin-angiotensin-aldosteronesystem，RAAS）不受全身 RAAS 的影响。盐皮质激素受体不仅分布于肾远曲小管、结肠、涎腺、汗腺上皮细胞,也广泛分布于心血管系统,包括内皮细胞、血管平滑肌细胞和心肌细胞等。

正常情况下,盐皮质激素受体与皮质醇结合而处于非活化状态,当循环中或局部醛固酮水平升高时,可以活化 11β-羟类固醇脱氢酶 2,将结合在盐皮质激素受体(MR)上的皮质醇去氢成为可的松而脱落,暴露盐皮质激素受体的结合位点,醛固酮即与 MR 结合而发挥生理效应,可引起内皮功能紊乱,血管平滑肌及心肌肥厚,血管、心脏间质胶原沉积、纤维化,进而引起心血管系统的重构及功能异常。

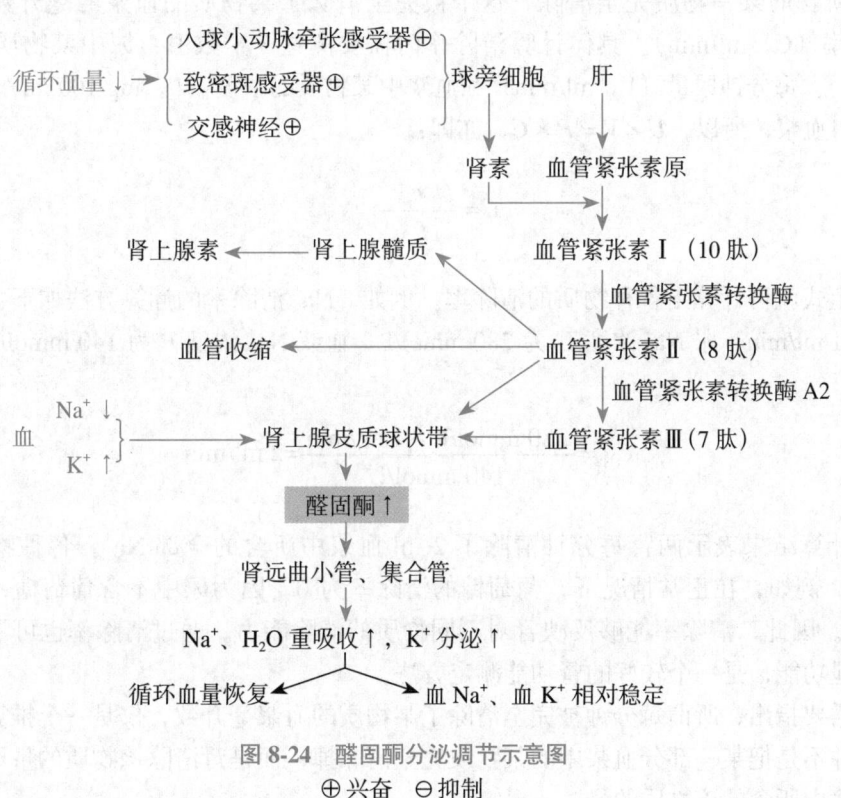

图 8-24 醛固酮分泌调节示意图
⊕兴奋 ⊖抑制

(三)利尿钠肽

具有分泌表型的心肌细胞产生两种多肽激素,称为心房利尿钠肽(atrial natriuretic peptide,ANP)和脑利尿钠肽(brain natriuretic peptide,BNP),分别源于心房和部分近端心室传导系统。二者可结合细胞膜上的鸟苷酸环化酶受体,主要是 A 型利尿钠肽受体而发挥作用。它们有明显地促进 NaCl 和水排出的作用。其作用途径可能包括:①抑制集合管对 NaCl 的重吸收。心房利尿钠肽与集合管上皮细胞基侧膜上的心房利尿钠肽受体结合,可激活鸟苷酸环化酶,造成细胞内 cGMP 含量增加,后者使管腔膜上的 Na^+ 通道关闭,抑制 Na^+ 重吸收,增加 NaCl 的排出。②使出球小动脉和入球小动脉(尤其是后者)舒张,增加肾血浆流量和肾小球滤过率。③抑制肾素的分泌。④抑制醛固酮的分泌。⑤抑制抗利尿激素的分泌。循环水平的利尿钠肽目前被用作评价心血管功能的临床生物标志物。

第六节 血浆清除率

一、血浆清除率的概念

血浆清除率（plasma clearance）是指两肾在单位时间（一般为每分钟）内能将多少毫升血浆中所含的某一物质完全清除，这个被完全清除了某物质的血浆的毫升数就称为该物质的清除率（C，ml/min）。具体计算清除率时需要测量3个数值：尿中某物质的浓度（U，mg/100 ml）、每分钟尿量（V，ml/min）和血浆中某物质的浓度（P，mg/100 ml）。因为尿中该物质均来自血浆，所以，$U \times V = P \times C$，亦即：

$$C = \frac{U \times V}{P} \tag{8-1}$$

根据上式就可计算出各种物质的清除率。例如，Na^+ 清除率的计算方法如下：测得每分钟尿量 V 为 1 ml/min，尿 Na^+ 浓度 U 为 280 mmol/L，血浆 Na^+ 浓度 P 为 140 mmol/L，则 Na^+ 清除率为：

$$C_{Na} = \frac{280 \text{ mmol/L} \times 1 \text{ ml/min}}{140 \text{ mmol/L}} = 2 \text{ ml/min}$$

这一计算结果表示两肾每分钟清除了 2 ml 血浆中所含的全部 Na^+。各种物质的清除率各不相同。例如，在正常情况下，葡萄糖的清除率为 0，因为尿中不含葡萄糖；而尿素则为 70 ml/min。因此，清除率能够反映肾对不同物质的清除能力。通过清除率也可了解肾对各种物质的排泄功能，是一个较好的肾功能测定方法。

这里需要指出，所谓每分钟被完全清除了某物质的血浆毫升数，仅是一个推算的数值。实际上，肾并不是把某一部分血浆中的某物质完全清除掉，而是肾清除该物质的量可以相当于多少毫升血浆中所含的该物质的量。

二、测定血浆清除率的意义

测定清除率不仅可以了解肾功能，还可以测定肾小球滤过率、肾血流量和推测肾小管转运功能。

（一）测定肾小球滤过率

肾小球滤过率可通过测定菊粉清除率和内生肌酐清除率等方法来测定。

1. 菊粉清除率 每分钟排出某物质的量（$U \times V$）应为肾小球滤过量与肾小管、集合管的重吸收量和分泌量的代数和。如果血浆中某一物质能自由地滤过，肾小球滤过率为 F，肾小囊囊腔超滤液中该物质的浓度应与血浆中的浓度相同，即为 P，重吸收量为 R，分泌量为 E，则 $U \times V = F \times P - R + E$。如果某物质可以自由滤过，而且既不被重吸收（$R=0$），也不被分泌（$E=0$），则 $U \times V = F \times P$，可据此算出肾小球滤过率 F。菊粉（inulin，也称菊糖）是符合这个条件的物质，所以它的清除率就是肾小球滤过率，即：

$$C_{In}=F=\frac{U_{In}\times V}{P_{In}} \quad (8\text{-}2)$$

式中，C_{In} 是菊粉的清除率，U_{In} 和 P_{In} 分别表示尿和血浆中菊粉的浓度。前文已提出，肾小球滤过率约为 125 ml/min，这个数值就是根据菊粉的清除率测得的。例如，静脉滴注一定量菊粉以保持血浆菊粉浓度恒定，然后分别测得尿量（V）为 1 ml/min，尿中菊粉浓度（U_{In}）为 125 mg/100 ml，血浆中菊粉浓度（P_{In}）为 1 mg/100 ml，则菊粉清除率为：

$$C_{In}=\frac{U_{In}\times V}{P_{In}}=\frac{1\text{ ml/min}\times 125\text{ mg/100 ml}}{1\text{ mg/100 ml}}=125\text{ ml/min}$$

所以，肾小球滤过率为 125 ml/min。

2. 内生肌酐清除率 由于菊粉清除率试验操作繁杂，临床上改用较为简便的内生肌酐清除率试验，也能较准确地测得肾小球滤过率。所谓内生肌酐，是指体内组织代谢所产生的肌酐。试验前 2～3 天，被试者禁食肉类，以免从食物中摄入过多的外来肌酐。其他饮食照常，但要避免剧烈运动或体力劳动，而只从事一般工作。在这种情况下，受试者血浆中的肌酐浓度（平均在 1 mg/L 左右）以及在一昼夜内尿中肌酐的排出总量都比较稳定。这样，在进行肌酐清除率试验时，就不必另给肌酐溶液，只需从清晨起收集 24 h 的尿，合并起来计算其尿量，并测定混合尿中的肌酐浓度。抽取少量静脉血，测定血浆中的肌酐浓度，按下式可算出 24 h 的肌酐清除率。

$$\text{肌酐清除率}=\frac{\text{尿肌酐浓度（mg/L）}\times 24\text{ h 尿量（L/24 h）}}{\text{血浆肌酐浓度（mg/L）}} \quad (8\text{-}3)$$

肌酐能自由通过肾小球滤过膜，在肾小管中很少被重吸收，但有少量是由近曲小管分泌的。给正常人滴注肌酐，使其血浆中浓度高达 10～100 mg/100 ml，近曲小管分泌肌酐的量增多，此时肌酐清除率可大于菊粉清除率，达 175 ml/min。内生肌酐在血浆中的浓度相当低（仅 0.1 mg/100 ml），近曲小管分泌的肌酐量可忽略不计。因此，内生肌酐清除率与菊粉清除率相近，可以代表肾小球滤过率。然而，由于测定方法（用苦味酸显色）上的原因，实际测得的数据一般偏低。我国成人内生肌酐清除率平均为 128 L/24 h。

目前临床主要根据以血肌酐为基础估算的肾小球滤过率（estimated GFR，eGFR）来评价肾功能，并对慢性肾脏病进行分期。用于估算 GFR 的公式有多个，包括肾脏病饮食改良（modification of diet in renal diseases，MDRD）公式、Cockcroft-Gault 公式和慢性肾脏病流行病学协作组（chronic kidney disease-epidemiology collaboration，CKD-EPI）公式。

（二）测定肾血流量

如果血浆中某一物质在经过一个肾循环后可以被完全清除掉（通过滤过和分泌），亦即在肾静脉中其浓度接近于 0，则该物质每分钟的尿中排出量（$U\times V$），应等于每分钟通过肾的血浆中所含的量。设每分钟通过肾的血浆量为 X，血浆中该物质浓度为 P，则 $U\times V=X\times P$，即该物质的清除率即为每分钟通过肾的血浆量。

如果静脉滴注碘锐特（diodrast）或对氨基马尿酸（PAH），维持其较低的血浆浓度（1～3 mg/100 ml），那么当血液流经肾一次，其所含的碘锐特或对氨基马尿酸就能被肾几乎全部清除掉，因此肾静脉中碘锐特或对氨基马尿酸的浓度将接近于 0（实际不是 0，因为有少量血流通过肾单位以外的部分）。这两种物质的清除率平均为 660 ml/min，这一数值代表了肾血浆流量。滤过分数就可以根据肾小球滤过率和肾血浆流量来计算。例如：

$$滤过分数 = \frac{125 \text{ ml/min}}{660 \text{ ml/min}} \times 100\% = 19\%$$

如果血浆量占全血量的55%，则：

$$肾血流量 = 660/55 \times 100 = 1200 \text{ ml/min}$$

供应肾的血液量应包括供应肾生成尿的部分和非生成尿的部分（如肾被膜、肾盂等）的血量，而上述用清除率方法测得的肾血浆流量仅代表供应肾生成尿的部分的流量，因此应称为肾有效血浆流量或肾有效血流量。

（三）推测肾小管的功能

通过对肾小球滤过率和其他物质清除率的测定，可以推测哪些物质能被肾小管重吸收，哪些物质能被肾小管分泌。例如，可以自由通过滤过膜的物质，如尿素和葡萄糖，它们的清除率均小于125 ml/min（肾小球滤过率），这必定是由于这些物质滤过之后又被重吸收。但是，不能由此而推断该物质不会被分泌，因为只要重吸收量大于分泌量，其清除率仍可小于125 ml/min。

如果一种物质的清除率大于125 ml/min，表明肾小管必定能分泌该物质，否则其清除率不可能大于肾小球滤过率。但是，不能由此推断该物质不会被重吸收，因为只要分泌量大于重吸收量，其清除率仍可大于125 ml/min。

（李春凌）

第七节　尿的排放

尿的生成是个连续不断的过程。持续不断进入肾盂的尿液，由于压力差以及肾盂的收缩而被送入输尿管。输尿管中的尿液则通过输尿管的周期性蠕动而被送入膀胱。尿液在膀胱内贮存并达到一定量时，才能引起反射性排尿（micturition）动作，将尿液经尿道排放至体外。因此，膀胱的排尿呈间歇性进行。

正常成人每昼夜排出的尿量为1000～2000 ml，平均为1500 ml。一般每次排尿量为300～400 ml，每天排尿4～5次，夜间0～1次。每日排尿量及次数受气候、年龄、饮水量及经其他途径排水量的影响。如每昼夜尿量长期保持在2500 ml以上称为多尿；每昼夜尿量长期保持在100～400ml范围内称为少尿；每昼夜尿量少于100 ml则称为无尿。由于正常成人每日至少有35 g代谢终产物需由肾以生成尿液的方式排泄，其溶解度为7 g/100 ml，故每日尿量不应少于500 ml。

一、膀胱与尿道的神经支配

膀胱逼尿肌和内括约肌受交感和副交感神经支配。由第2～4骶髓发出的盆神经中含副交感神经纤维，其兴奋可使逼尿肌收缩、膀胱内括约肌松弛，促进排尿。交感神经纤维是由腰髓发出，经腹下神经到达膀胱，其兴奋使逼尿肌松弛、内括约肌收缩，阻抑尿的排放。但在排尿活动中交感神经的作用比较次要。

膀胱外括约肌受阴部神经（由骶髓发出的躯体神经）支配，其兴奋可使外括约肌收缩。这一作用受意识控制。至于外括约肌的松弛，则是阴部神经活动的反射性抑制所造成的。

上述 3 种神经中也含有传入纤维。膀胱充胀感觉的传入纤维在盆神经中，传导膀胱痛觉的纤维在腹下神经中，而传导尿道感觉的传入纤维在阴部神经中（图 8-25）。

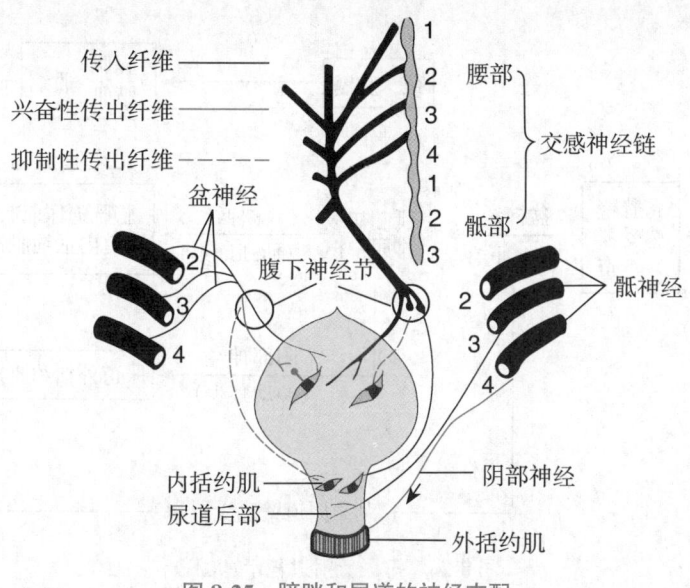

图 8-25　膀胱和尿道的神经支配

二、排尿反射

一般情况下，膀胱逼尿肌在副交感神经紧张性冲动的影响下，处于轻度收缩状态，使膀胱内压经常保持在 10 cmH$_2$O（1 cmH$_2$O = 0.1 kPa），因为膀胱具有较大的伸展性，因此内压稍升高后可以很快回降。当尿量增加到 400～500 ml 时，膀胱内压可达 10 cmH$_2$O 而明显升高。如果膀胱内尿量增加到 700 ml，膀胱内压随之增加到 35 cmH$_2$O 时，逼尿肌便出现节律性收缩，排尿欲明显增强，但此时还可有意识地控制排尿。当膀胱内压达到 70 cmH$_2$O 以上时，便出现明显的痛感，以致不得不排尿。可见引起排尿反射（micturition reflex）的主要因素是膀胱内压。

排尿活动是一种反射活动（图 8-26）。当膀胱内尿量充盈到一定程度时（400～500 ml），膀胱壁的牵张感受器受到刺激而兴奋，冲动沿盆神经传入，到达骶髓的初级排尿中枢；同时，冲动也到达脑干和大脑皮质的排尿反射高位中枢，并产生排尿欲。排尿反射进行时，冲动沿盆神经传出，引起逼尿肌收缩、尿道内括约肌松弛，于是尿液进入后尿道。这时尿液还可以刺激尿道的感受器，冲动沿阴部神经再次传到脊髓排尿中枢，进一步加强其活动，使尿道外括约肌开放，于是尿液被强大的膀胱内压（可达 150 cmH$_2$O）驱出。尿液对尿道的刺激可进一步反射性地加强排尿中枢活动。这是一种正反馈，使排尿反射一再加强，直至膀胱内的尿液排完为止。在排尿末期，由于尿道海绵体肌收缩，可将残留于尿道内的尿液排出体外。此外，在排尿时，腹肌和膈肌的强力收缩也可产生较高的腹内压，协助克服排尿的阻力。

大脑皮质等排尿反射高位中枢能对脊髓初级中枢施加易化或抑制性的影响，以控制排尿反射活动。小儿大脑发育未臻完善，对初级中枢的控制能力较弱，所以小儿排尿次数多，且易发生夜间遗尿现象。

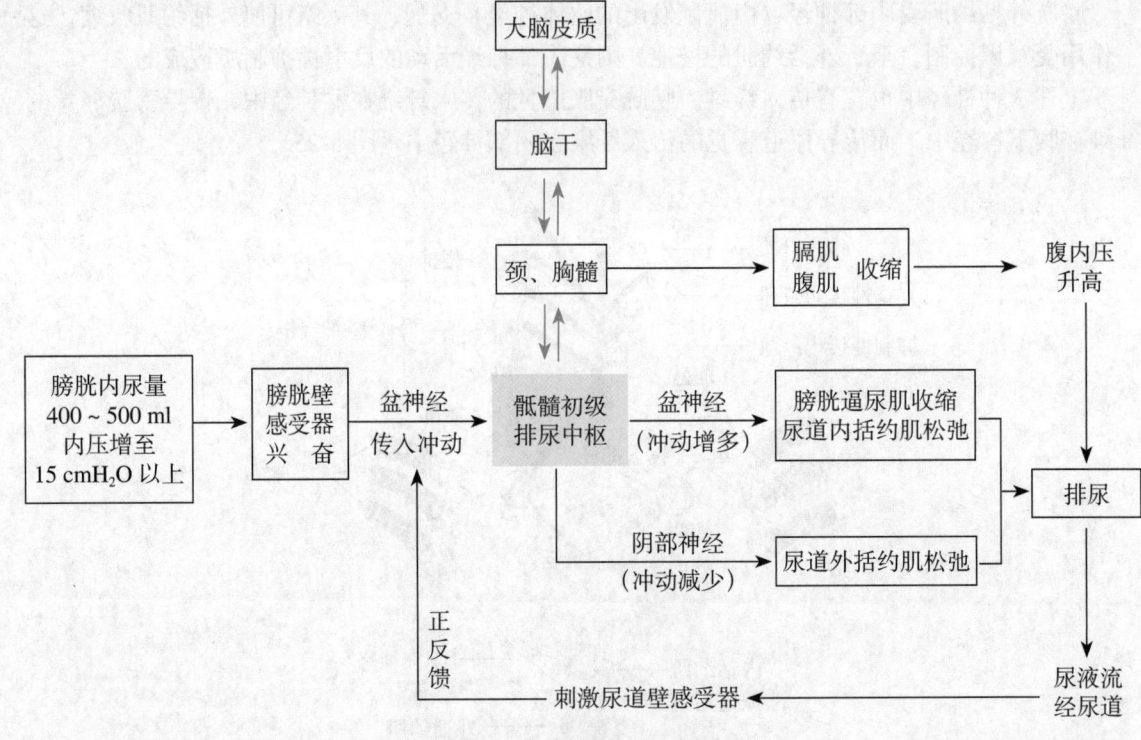

图 8-26 排尿反射过程示意图

排尿或贮尿任何一方发生障碍，均可出现排尿异常。临床上常见的有尿频、尿潴留和尿失禁。排尿次数过多时称为尿频，常常是由于膀胱炎症或机械性刺激（如膀胱结石）引起的。膀胱中尿液充盈过多而不能排出者称为尿潴留。尿潴留多半是由于腰骶部脊髓损伤使排尿反射初级中枢的活动发生障碍所致。但尿流受阻也能造成尿潴留。当脊髓受损，以致初级中枢与大脑皮质失去功能联系时，便失去对排尿的意识控制，可出现尿失禁。

（张晓燕）

 思政案例

王海燕：中国肾脏病学之母

肾小球的滤过功能是尿生成的第一步，其重要性不言而喻，肾小球滤过率的下降也是肾衰竭（尿毒症）诊断的金标准。原发性肾小球疾病是我国导致肾衰竭的第一位原因，但既往并不清楚其确切病因。20 世纪 80 年代，在美国 UCLA-Harbor 医疗中心深造的王海燕教授学成回国后，她对 8 种原发性肾小球疾病进行了系统的研究，显著提高了该类疾病诊断的精确性、治疗的针对性和有效性，并在 1986 年的伦敦学术会议上首次报告了中国肾小球疾病的特点，更新了我国"原发性肾炎"一元论观念。

在不断丰富的肾小球疾病谱系中，王海燕教授发现，中国最多的原发性肾病是一种 IgA 肾病。IgA 是一种免疫球蛋白，致病的 IgA 沉积在肾小球引起炎症和硬化，这种患者在中国最多。"既然是中国人得这种病较多，那么我们理应去解决这个问题。"为此，包括 33 例用药和 30 例对照的随机对照研究在王海燕领导的北大医院肾内科顺利完成，这对我国 IgA 肾病的治疗产生了重要的影响。这项研究成果在 2011 年被列入国际肾小球疾病的临床指南，成为 IgA 肾病蛋白尿治疗的重要依据。

从病因探查到机制研究，从临床试验到临床指南，中国科学家王海燕教授揭开了肾小球疾病的神秘面纱。王海燕教授以其前瞻性的眼光、国际化的视野、胸怀天下的担当、公正无私的品格、孜孜不倦的态度、坚韧乐观的精神，培养和引导了几代肾脏病学学者，不但建立了蜚声国内外的肾脏病医疗科室，而且成为了当之无愧的中国肾脏病学界的引领者和精神导师，被誉为"中国肾脏病学之母"。

思 考 题

1. 请根据所学过的生理学知识解释失血性休克患者尿量减少的原因。
2. 肾小管液流经近端小管、髓袢降支细段、髓袢升支和远曲小管时，其渗透浓度发生什么变化？机制是什么？
3. 肾集合管小管液的渗透压可以出现高渗，也可以出现低渗，其机制是什么？
4. 人长时间暴露在沙漠中，大量出汗，且未饮水，此时血尿渗透压及尿量有何变化？为什么？
5. 从生理学的角度解释肾性尿崩症多尿的原因。
6. 原发性醛固酮增多症患者可出现水肿、低血钾、高血压等表现，这是为什么？

第九章

神经系统

第九章数字资源

神经系统（nervous system）由中枢神经系统和外周神经系统两部分组成，是体内最高级和最复杂的功能调节系统。神经系统通过调节机体的功能活动，维持内环境的相对恒定，使人体成为一个完整的统一体；又能通过各种感受器接受外界刺激并做出相应反应，使人体与外环境经常保持适应性平衡。

人类中枢神经系统大约有 10^{11} 个神经元，这些神经元组成复杂的网络结构，进行着十分频繁的信息传输和加工。神经系统不仅调节人体各组织、器官以及系统的功能活动，而且还具有学习、记忆等高级功能，可以产生情绪和情感，具备语言、意志、计划等抽象的思维能力。由于人脑的复杂功能，人类得以超脱于普通动物的范畴，不仅能够主动地认识世界，还能主动地适应和改造世界。

第一节 神经细胞和神经胶质细胞

神经系统主要由神经细胞（又叫神经元）和神经胶质细胞组成。神经细胞是构成神经系统的基本功能单位。神经系统的功能主要由神经元承担，神经胶质细胞则主要起支持、营养、保护以及免疫防御等作用。

一、神经元及其神经纤维

（一）神经元的基本结构和功能

神经元（neuron）是神经系统的基本结构与功能单位，其主要功能是接受、整合、传导和传递信息。典型的神经元由胞体（soma）、树突（dendrite）和轴突（axon）三部分组成（图9-1）。胞体是神经元的核心部分，其内含有细胞核、线粒体等相应的细胞器；树突较短，有一至数个，呈树状分支；每个神经元通常只有一根轴突，由轴丘发出，开始部分称为始段，离开细胞体一定距离后，有的轴突获得髓鞘，称为有髓神经纤维；没有髓鞘、仅被神经膜包裹的称为无髓神经纤维。

从功能上来看，胞体和树突是接受和整合信息的部位，轴突始段是最先产生动作电位的部位，神经纤维的主要功能是传导兴奋。神经纤维的末端称为神经末梢。根据功能可将神经元分为感觉神经元、运动神经元和联络神经元。根据其所释放的神经递质可将神经元分为胆碱能神经元、肾上腺素能神经元、多巴胺能神经元等，还可以根据其对突触后神经元的影响分为兴奋性神经元和抑制性神经元。

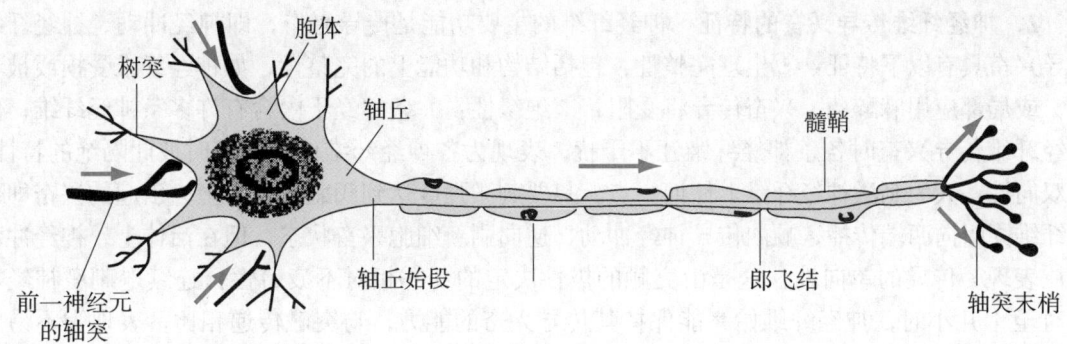

图 9-1　神经元模式图

（二）神经纤维及其分类

神经纤维（nerve fiber）分为有髓神经纤维和无髓神经纤维两种。在周围神经系统，髓鞘主要由施万细胞（Schwann cell）组成。每隔 0.5～2 μm 就有一个郎飞结（Ranvier node），该部位无髓鞘包裹。在中枢神经系统中，髓鞘则由少突胶质细胞构成。轴突可以分出很多分支形成许多轴突末梢，后者再将信息传递至下一个神经元或效应器细胞（如肌细胞或腺细胞）。

神经纤维的主要功能是传导兴奋，通常将沿神经纤维传导的一个个动作电位称为神经冲动（nerve impulse），简称冲动。冲动传导的速度受多种因素的影响。按神经纤维传导兴奋的方向不同，将神经纤维分为传入神经纤维和传出神经纤维。在反射活动中，传入神经纤维的作用主要是把来自于躯体和内脏的各种感觉信息传入中枢，而传出神经纤维的作用就是将中枢整合后的指令传出至效应器。

1. 神经纤维的分类　生理学上通常用两种分类方法来区分各类神经纤维，一种是由 Erlanger 和 Gasser 根据神经纤维的传导速度进行分类，将哺乳动物的周围神经纤维分为 A、B、C 三类。A 类纤维是指有髓鞘的躯体传入和传出纤维，根据其平均传导速度又进一步分为 α、β、γ、δ 四类；B 类纤维为有髓鞘的自主神经的节前纤维；C 类纤维包括无髓鞘的躯体传入纤维及自主神经节后纤维。另一种分类法是 Lloyd 和 Hunt 根据神经纤维的直径大小，将感觉神经传入纤维分为Ⅰ、Ⅱ、Ⅲ、Ⅳ四类，其中Ⅰ类又进一步区分出Ⅰa 和Ⅰb 两类。

这两种分类方法并不完全一致，在实际应用时常有重叠，例如 C 类和Ⅳ类纤维都可用来表示无髓纤维，Aα 和Ⅰ类纤维又常用来表示传导速度最快的纤维。两种分类方法的对应关系列于表 9-1。

表 9-1　两种神经纤维分类系统的对应关系

纤维分类	功能	纤维直径（μm）	传导速度（m/s）	相当于传入纤维的类型
A（有髓鞘）				
α	本体感觉、躯体运动	13～22	70～120	Ⅰa、Ⅰb
β	触 - 压觉	8～13	30～70	Ⅱ
γ	支配梭内肌（引起收缩）	4～8	15～30	
δ	痛觉、温度觉、触 - 压觉	1～4	12～30	Ⅲ
B（有髓鞘）	自主神经节前纤维	1～3	3～15	
C（无髓鞘）				
后根	痛觉、温度觉、触 - 压觉	0.4～1.2	0.6～2.0	Ⅳ
交感	交感节后纤维	0.3～1.3	0.7～2.3	

2. 神经纤维传导兴奋的特征　神经纤维的主要功能是传导兴奋，即神经冲动。神经纤维传导兴奋具有以下特征：①生理完整性：包括结构和功能上的完整性，如神经纤维受损或被切断，或局部应用麻醉药，兴奋传导将受阻；②绝缘性：一条神经干内含有许多条神经纤维，但神经纤维传导兴奋时各条神经纤维互不干扰，表现为各神经纤维传导兴奋时彼此隔绝的特性；③双向性：人为刺激神经纤维上任何一点，只要刺激强度达到阈刺激及以上，引起的兴奋即可沿纤维同时向两端传播，顺向传导神经冲动，逆向刷新细胞兴奋状态，但在活体上，神经冲动往往表现为传导的单向性，这是由突触的极性决定的；④相对不疲劳性：连续电刺激神经数小时至十几小时，神经纤维始终能保持其传导兴奋的能力，与突触传递相比，表现为不易发生疲劳。

3. 影响神经纤维传导速度的因素　用电生理方法记录神经纤维的动作电位，可以精确地测定各类神经纤维的传导速度，不同种类的神经纤维具有不同的传导速度（表9-1）。影响神经纤维传导速度的因素主要有神经纤维的直径大小、有无髓鞘、温度等。神经纤维的直径越大，其传导速度也就越快，这是由于神经纤维直径大时电阻就小，局部电流的强度和空间跨度就大。有髓神经纤维的传导速度与直径成正比，其大致关系为：传导速度（m/s）≈ 6× 直径（μm）。有髓神经纤维的直径是指包括轴索与髓鞘在一起的总直径，而轴索直径与总直径的比例与传导速度又有密切关系，最适宜的比例为 0.6 左右。直径相同的恒温动物与变温动物的有髓神经纤维相比，其传导速度亦不相同。如猫的 A 类纤维的传导速度为 100 m/s，而蛙的 A 类纤维传导速度只有 40 m/s。温度降低则传导速度减慢。经测定，人上肢正中神经的运动神经纤维和感觉神经纤维的传导速度分别为 58 m/s 和 65 m/s。当周围神经发生病变时其传导速度减慢。因此测定传导速度有助于诊断神经的疾患和估计神经损伤的预后。

4. 神经纤维的轴浆运输　轴突内的轴浆经常在流动，借助轴突轴浆流动进行物质运输和交换的现象，称为轴浆运输（axoplastic transport）。轴浆运输是双向的（图9-2），由胞体向轴突末梢流动为顺向运输，根据其运输速度不同可分为 3 种，其中滑面内质网、神经分泌颗粒、囊泡等通过快速顺向运输（250 ~ 500 mm/d），线粒体等的运输属中等速度顺向运输（15 ~ 70 mm/d），而轴浆内的可溶性成分随微丝、微管不断向轴突末梢延伸的转运过程属慢速顺向运输（1 ~ 8 mm/d）。物质由末梢运向胞体者称为逆向运输，如蛋白质、复合小泡、溶酶体等，可以 150 ~ 200 mm/d 的速度运向胞体。由轴突末梢向胞体方向的逆向流动速度约为快速顺向运输速度的一半。轴浆运输对轴突的生长、递质的释放、提供轴浆基质及代谢物质等有重要作用。顺向轴浆运输在疾病发生中也有一定的作用，如带状疱疹病毒、水痘病毒侵入后根神经节细胞后，可以在这些神经元的胞体内隐藏多年，当机体免疫功能降低时，这些病毒便活跃起来，沿着神经纤维经顺向轴浆运输向末梢迁移到皮肤及黏膜引起病变。逆向轴浆运输可能起着反馈控制胞体合成蛋白质的作用。某些病毒也可借逆向轴浆运输由轴突末梢转运到胞体。有人认为，脊髓灰质炎病毒、狂犬病病毒由外周向中枢神经系统转运的机制，可能就是逆向轴浆运输。运用辣根过氧化物酶（horseradish peroxidase）方法研究神经纤维的发源部位，其原理也是因为辣根过氧化物酶能被轴突末梢摄取，经轴浆逆向转运至神经细胞的胞体。

在缺氧、氰化物中毒等情况下，神经纤维的有氧代谢被扰乱，ATP 产生减少到 50% 以下时，快速轴浆运输停止，说明轴浆运输是一个耗能过程。

目前对轴浆流动机制的研究尚不透彻，但已经在微观领域有了一定的进展。2013 年诺贝尔生理学或医学奖被授予美国科学家詹姆斯·E. 罗斯曼（James E.Rothman）和兰迪·W. 谢克曼（Randy W. Schekman），以及德国科学家托马斯·C. 苏德霍夫（Thomas C. Südhof），以表彰他们发现细胞内部囊泡运输调控机制。

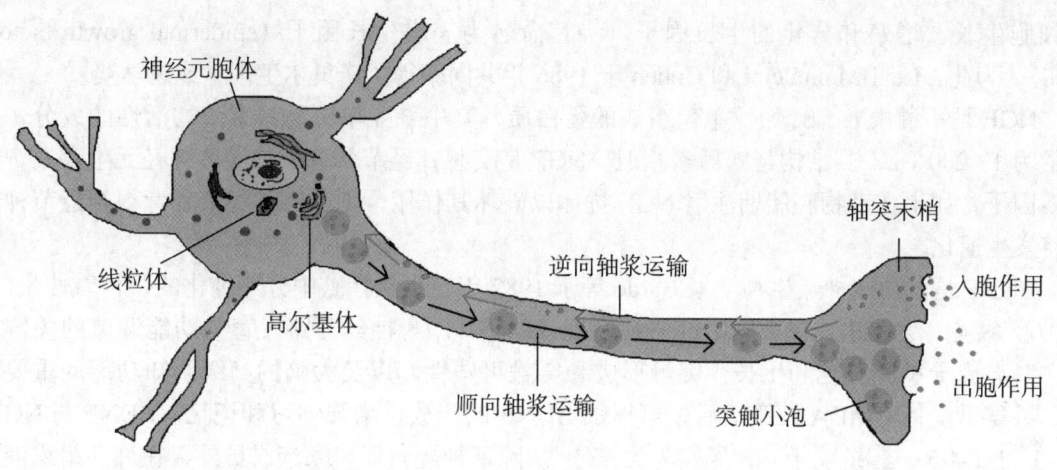

图 9-2 双向轴浆运输示意图

 知识拓展

马达蛋白与囊泡运输

轴突内的马达蛋白是运输物质的重要载体，其头端具有 ATP 酶活性，水解 ATP 释放的能量驱动自身沿微管或微丝前行。微管和微丝具有独特的极性，包括生长速度较快的（+）端和生长速度较慢的（-）端。马达蛋白既有与微丝或微管结合的部位（头端），也有与囊泡结合的部位。物质储存于囊泡内，囊泡在不同马达蛋白分子的搬运下依据微管或微丝的内在极性，完成顺向或逆向轴浆运输。囊泡运输异常与某些神经和免疫疾病形成有关。

5. 神经纤维的营养性功能 神经对其所支配的组织发挥两方面的作用：①一方面是功能性作用，即神经纤维将兴奋传导至神经末梢时突触前膜释放神经递质，作用于突触后膜，从而改变所支配组织的功能活动，如肌肉的收缩、腺体的分泌；②另一方面是营养性作用，神经纤维通过末梢经常释放某些物质，持续地调整被支配组织的内在代谢活动，影响其持久性的结构、生化和生理的变化，这一作用称为营养性作用（trophic action）。神经的营养性作用在正常情况下不易观察，但在神经切断或损伤后产生的变性与再生过程中就能明显地表现出来。如有人观察到切断味觉神经后出现味蕾退化，当神经重新长入时味蕾又恢复；在发育过程中若切断肌梭传入神经，肌梭则不再分化，不能再现结构特殊的梭内肌纤维。

神经细胞能合成某些营养性因子，维持所支配组织的正常代谢和功能，反过来组织也在不断地产生营养因子和生长刺激因子作用于神经细胞。神经营养因子（neurotrophin，NT）是一类由神经支配的组织（如肌肉）和星形胶质细胞产生的、维持神经元生长与存活所必需的蛋白质分子。它们通常以受体介导入胞的方式进入神经末梢，再经逆向轴浆运输抵达胞体，促进胞体合成相关的蛋白质，从而发挥其支持神经元生长、发育和功能完整性的作用。近年来发现，神经元也可以产生 NT，经顺向轴浆运输到达神经末梢，对突触后神经元的形态和功能完整性起支持作用。

目前已经发现并分离出很多神经营养因子，主要有神经生长因子（nerve growth factor，NGF）、脑源性神经营养因子（brain-derived neurotrophic factor，BDNF）、NT-3 和 NT-4/5 等。其中，NGF 是人类发现的第一个神经营养因子，于 1956 年由意大利神经科学家 Rita Levi-Montalcini 和美国生物化学家 Stanley Cohen 成功分离。Cohen 还意外发现了另一种能促进表皮细胞生长、增殖和分化的生长因子，将其命名为表皮生长因子（epidermal growth factor，EGF）。为此，Levi-Montalcini 和 Cohen 于 1986 年共同获得了诺贝尔生理学或医学奖。

NGF 是一种由 α、β、γ 亚单位组成的蛋白质，其中 β 亚单位是具有生物活性的成分，分子量为 13 200 Da，其结构与胰岛素相似。NGF 是交感神经节和背根神经节神经元生存发育的必要因子，如果在动物胚胎期注射 NGF 抗体以破坏其作用，则交感神经节和背根神经节神经元将发生退化。

BDNF 是由德国神经生物学家 Barde 等于 1982 年首次从猪脑中分离纯化的一种碱性蛋白，在神经系统广泛表达。越来越多的研究发现，BDNF 作为神经环路发育与功能调节的关键因子，具有介导神经分化和生长、突触形成和突触可塑性，以及大脑的高级认知功能的重要作用。谷氨酸受体 NMDA 被激活后，可增加 BDNF 的释放，增强学习和记忆。BDNF 与 NGF、NT-3、NT-4/5 一起统属于"神经营养素家族"。除了神经营养素家族成员外，在许多组织液和细胞外基质中还陆续发现了一些能促进神经元增殖、分化和存活的营养因子。例如，施万细胞和星形胶质细胞产生的睫状神经营养因子（ciliary neurotrophic factor，CNTF）能促进脊髓神经元存活；胶质细胞源神经营养因子（glial cell line-derived neurotrophic factor，GDNF）在离体实验中能支持中脑多巴胺能神经元的生存，在各种帕金森病动物模型上可提高多巴胺能神经元的存活率和神经末梢的密度而改善其症状。

此外，能促进神经元生长的还有白血病抑制因子（leukemia inhibitory factor，LIF）、胰岛素样生长因子-1（insulin like-growth factor-1，IGF-1）、转化生长因子（transforming growth factor，TGF）、表皮生长因子（epidermal growth factor，EGF）、成纤维细胞生长因子（fibroblast growth factor，FGF）和血小板源生长因子（platelet-derived growth factor，PDGF）等。

二、神经胶质细胞

（一）神经胶质细胞的类型

神经系统内除神经元外，还有大量的神经胶质细胞（neuroglia cell）（图 9-3），从数量上看，胶质细胞约为神经元的 10 倍，约占神经系统总体积的 50%。根据其形态、起源和功能的不同分为星形胶质细胞（astrocyte）、少突胶质细胞（oligodendrocyte）、小胶质细胞（microglial cell）和室管膜细胞（ependymal cell）。前面提到的施万细胞主要分布在外周神经系统，是形成外周神经纤维髓鞘的胶质细胞。从形态上看，胶质细胞虽然也有突起，但无树突和轴突之分，细胞间也不形成化学性突触，但普遍存在缝隙连接。它们的膜电位也随细胞外 K^+ 浓度的变化而改变，但不产生动作电位。在星形胶质细胞膜上还存在多种神经递质的受体，其被相应配体激活后的效应比较复杂，目前了解得还不甚清楚。此外，胶质细胞具有终身分裂增殖的能力。

（二）胶质细胞的生理功能

1. 支持作用 胶质细胞充填于神经元及其突起间的空隙内，与神经元紧密相连，并以其长突起交织成网，形成支持神经元的支架。

2. 隔离和绝缘作用 在中枢神经系统内，星形胶质细胞的足突可形成位于神经细胞与其他组织相邻界面之间的界膜或鞘。胶质细胞还可分隔神经元，起隔离和绝缘作用。少突胶质细胞和施万细胞还可形成有髓纤维的髓鞘。神经元和胶质细胞的关系有结构可塑性，当受到一定的刺激时，细胞和突起之间的胶质成分会消失，导致相邻神经元之间形成突触。

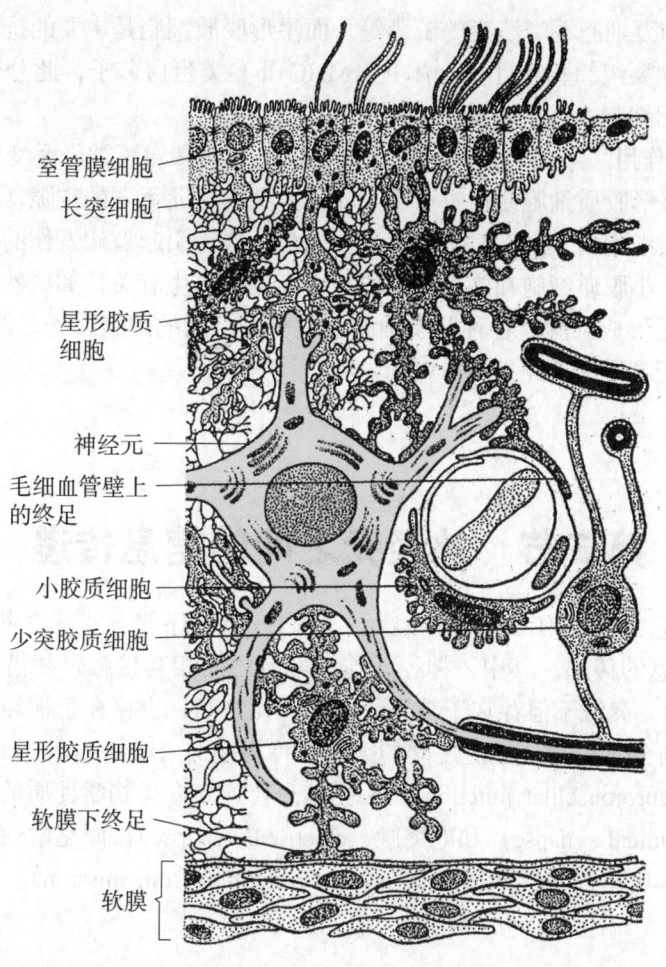

图 9-3 神经胶质细胞示意图

3. 参与神经递质的代谢 星形胶质细胞与突触有密切接触，故星形胶质细胞可借助其细胞内的高亲和载体摄取突触间隙内的神经活性氨基酸，如 γ-氨基丁酸（GABA）、甘氨酸等，传递给神经元或将其灭活。星形胶质细胞内的谷氨酰胺合成酶可将摄取的谷氨酸和 GABA 合成谷氨酰胺，然后再转运到神经元作为新一轮递质合成的原料。

4. 合成和分泌活性物质 有实验证实，星形胶质细胞可合成和分泌血管紧张素、神经生长因子（NGF）、胰岛素样生长因子（IGF）、细胞因子白介素-1（IL-1）、IL-6、IL-3、γ 干扰素（γinterferon）等细胞因子，以及很多细胞外基质（extracellular matrix，ECM）蛋白成分。研究表明，施万细胞可分泌 NGF、神经营养因子（NF-3、NF-4/5）和 ECM，为神经元提供营养并维持神经元存活，促进神经突起的生长。

5. 维持内环境的稳定 星形胶质细胞膜上有多种钾通道、电压门控钙通道和钠通道以及两种钙泵（Na^+/Ca^{2+} 交换、Ca^{2+}-ATPase），这些通道参与星形胶质细胞内外的 pH 调节，对维持内环境稳定起重要作用。当神经元的活动引起细胞外局部 K^+ 浓度升高时，星形胶质细胞可以通过 K^+-Cl^- 共转运体摄取细胞外 K^+。如在贫血、脑梗死、缺氧等情况下，脑内局部细胞外液中的 K^+ 浓度可升高达 20 mmol/L，引起神经元和突触末梢发生去极化，导致神经递质（如谷氨酸）释放，进一步引起神经元内 K^+ 的外流，这种 K^+ 的过多释放会加重神经元兴奋，导致其死亡。此时，局部的星形胶质细胞就会通过 K^+-Cl^- 共转运体摄取细胞外液中过多的 K^+，发挥局部调节作用。

6. 吞噬和免疫应答作用 当中枢神经系统病变程度较轻，无髓鞘变性及血管损伤时，小胶质细胞和星形胶质细胞是主要的吞噬细胞，少突胶质细胞也可参与吞噬活动。当周围神经系统病变时则主要由施万细胞吞噬溃变的髓鞘等。而星形胶质细胞是主要的抗原提呈细胞，该细胞膜上有特异性的主要组织相容性复合体Ⅱ（MHC Ⅱ）类蛋白分子，此分子可将处理过的外来抗原提呈给 T 淋巴细胞，产生中枢神经系统的免疫应答。

7. 修复和再生作用 某些疾病、缺氧或外伤可引起脑和脊髓神经元变性，当变性的神经元碎片被清除后，星形胶质细胞便通过增生来充填这些神经元留下的空隙，以修复受损的神经组织，但当星形胶质细胞增生过度时可形成胶质瘢痕，成为引起癫痫发作的病灶。少突胶质细胞、星形胶质细胞、小胶质细胞和施万细胞均与中枢神经再生有关，如成熟的少突胶质细胞是中枢神经系统的髓鞘形成细胞。各种胶质细胞通过分泌不同的细胞因子，例如细胞生长因子、IL-1 和神经营养因子等促进神经再生。

（臧　颖）

第二节　神经元之间的信息传递

人的中枢神经系统内约有 10^{11} 个神经元，它们按照有序的方式建立起一定形式的联系，以完成神经元间信息的传递。其中，神经元与神经元之间相互接触，并借以传递信息的部位就是突触（synapse）。突触不但存在于神经元与神经元之间，也存在于神经元与其他类型细胞之间。其中，传出神经元与效应细胞之间的突触又称为接头（junction），如第二章中学过的神经 - 骨骼肌接头（neuromuscular junction）。根据信息传递媒介生物学性质的不同，可将突触分为化学性突触（chemical synapse）和电突触（electrical synapse），而化学性突触又可以分为经典的化学性突触和非突触性化学传递（non-synaptic chemical transmission）。

一、经典的化学性突触

（一）突触的结构

经典的化学性突触由突触前膜、突触间隙和突触后膜三部分组成，结构如图 9-4 所示。轴突末梢的膜称为突触前膜，与突触前膜相对的胞体膜或突起膜则称为突触后膜，两膜之间为突触间隙。突触前膜和突触后膜较一般的神经细胞膜稍增厚，约 7.5 nm。突触间隙为 20～40 nm，其间有黏多糖和糖蛋白。突触前神经元的轴突末梢膨大的部分，通常呈球形，称为突触小体（synaptic knob）。在突触小体的轴浆内含有大量聚集的囊泡，称为突触囊泡（synaptic vesicle），其直径为 20～80 nm，内含高浓度的神经递质。所有的突触前末梢都有一个电子致密区域，称为活化区（active zone），成堆的突触囊泡"锚靠"在这里，时刻准备释放。突触间隙对面的突触后膜有另一个电子致密的结构，称为突触后致密（postsynaptic density）。不同突触内的突触囊泡大小和形状不完全相同，一般分为 3 类：①小而清亮透明的囊泡，内含乙酰胆碱、甘氨酸、γ- 氨基丁酸或谷氨酸等；②小而具有致密中心的囊泡，内含儿茶酚胺类递质；③大而具有致密中心的囊泡，内含神经肽类。前两类突触囊泡分布在轴浆内靠近突触前膜的部位，与膜融合并释放其内容物至突触间隙的过程十分迅速，在其相对应突触后膜上存在着相应的特异性受体或化学门控通道。第三类突触囊泡则均匀分布于突触前膜末梢内，并可从突触前膜的所有部位通过出胞作用释放其所含的递质。突触小体的胞质内含有丰富的线粒体，除提供能量促使突触小泡与突触前膜融合，并释放递质外，还可能与递质的合成或失活有关。突触后膜上密集分布着神经递质的特异性受体或化学门控通道，用于和释放至突触间隙的神经递质结合后引起后膜对某些离子通透性的改变和离子的跨膜转运,从而产生突触后膜的电位变化,完成突触的传递过程。

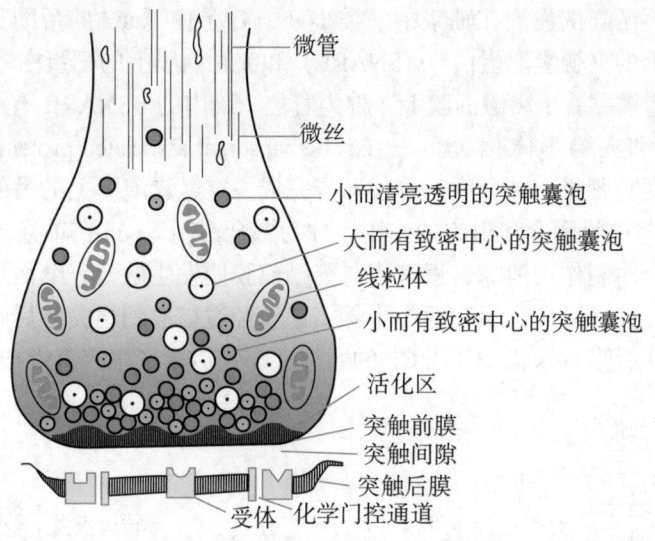

图 9-4 突触结构示意图

(二) 突触的分类

根据发生的部位,可将突触分为 3 类:①轴突-胞体突触(简称轴-体突触):指一个神经元的轴突末梢与后继神经元的胞体发生功能接触;②轴突-树突突触(简称轴-树突触):指一个神经元的轴突末梢与后继神经元的树突发生功能接触;③轴突-轴突突触(简称轴-轴突触):指一个神经元的轴突末梢与后继神经元的轴突发生功能接触(图 9-5)。前两类在神经系统内最为常见,第三类轴突-轴突突触通常交织于前两类突触中,作为突触前抑制的结构基础。

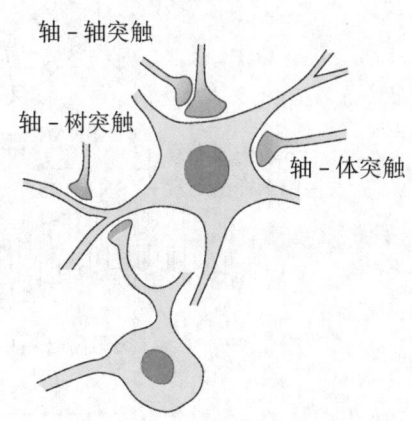

图 9-5 突触的分类示意图

(三) 突触传递的过程

当神经冲动传到突触前神经末梢时,突触前膜发生去极化,当去极化达到一定水平时,前膜上电压门控钙通道开放,细胞外 Ca^{2+} 由电压门控钙通道进入突触前末梢的轴浆内,使此处的钙离子浓度升高,触发突触囊泡释放神经递质到突触间隙。神经递质的释放是以囊泡为单位的,称为量子式释放(quantal release),即一个囊泡就是一个量子。递质释放入突触间隙后,经扩散抵达突触后膜,作用于后膜上的特异性受体或化学门控离子通道,引起后膜对某些离子的通透性改变,带电离子跨膜流动引起突触后膜去极化或超极化,从而形成突触后电位。经典的突触传递是一个电-化学-电的过程,通过突触前神经元的生物电变化,使突触前膜释放的化学物质作用于突触后神经元,引起突触后神经元的生物电改变。

1. 递质释放过程 当突触前神经元的动作电位传到末梢时,突触前膜去极化,膜上的电压门控钙通道开放,Ca^{2+} 内流引起轴浆内 Ca^{2+} 浓度迅速升高,触发囊泡中的神经递质以出胞的形式释放到突触间隙。递质释放的量与进入前膜的 Ca^{2+} 浓度成正比。囊泡释放神经递质的过程包括囊泡的动员、摆渡、着位、融合和出胞等多个步骤(图 9-6)。静息状态下,突触囊泡与突触蛋白结合而被锚定在细胞骨架上。当突触前膜去极化使局部 Ca^{2+} 浓度瞬时升高时,

Ca^{2+} 与轴浆中的钙调蛋白（calmodulin，CaM）结合为 Ca^{2+}-CaM 复合物，并激活 Ca^{2+}-CaM 依赖的蛋白激酶Ⅱ（CaMKⅡ），后者使突触蛋白磷酸化并与细胞骨架解离，形成可移动的囊泡，这个过程称为动员。游离的囊泡在轴浆中一类小分子 G 蛋白 Rab3 的帮助下向活化区移动，称为摆渡。在囊泡膜上的突触囊泡蛋白（v-SNARE）和突触前膜上的靶蛋白（t-SNARE）参与下，摆渡到活化区的囊泡被黏着于突触前膜上，称为着位。脑内的 t-SNARE 有两种，分别是突触融合蛋白（syntaxin）和突触小体相关蛋白-25（synapsomal-associated protein-25，SNAP-25）。当突触囊泡蛋白和这两种靶蛋白结合后，着位即告完成。突触囊泡膜上的另外一种突触结合蛋白（p65），有阻遏囊泡与前膜融合和出胞的作用，称为融合钳制。p65 在轴浆内高 Ca^{2+} 条件下发生变构，对囊泡的融合钳制作用消除，囊泡膜与突触前膜便发生融合，继而形成融合孔，使递质从囊泡中释放出来，完成融合和出胞两个步骤。递质经过扩散到达突触后膜，与突触后膜上特异性受体结合后改变后膜对 Na^+、K^+ 或 Cl^- 的通透性，使后膜产生兴奋性或抑制性的电位变化。

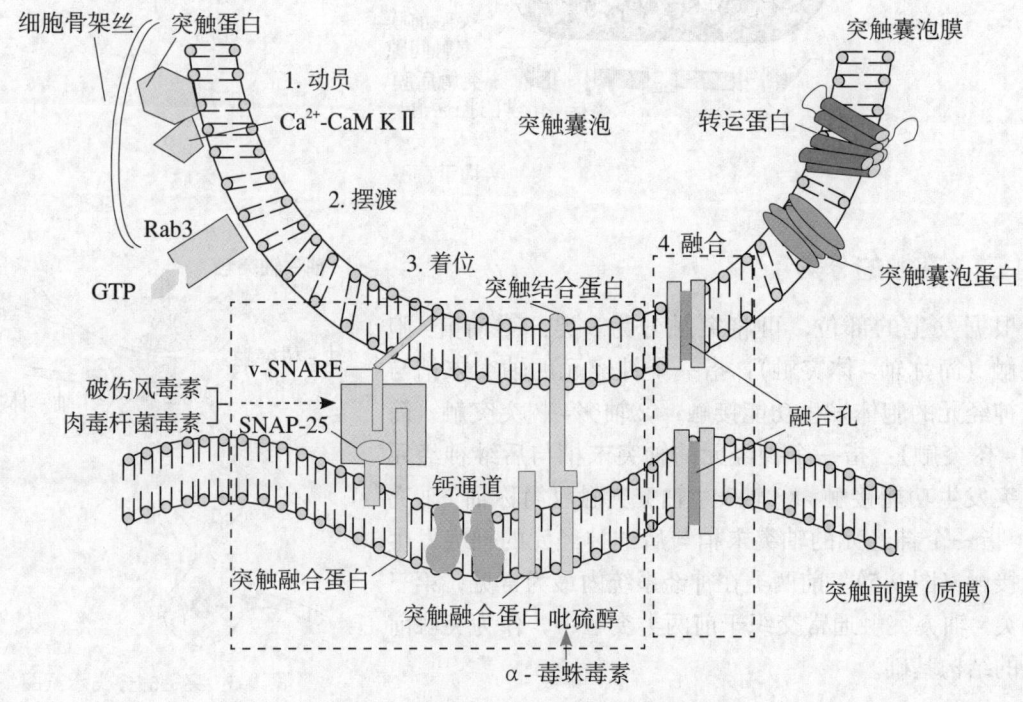

图 9-6 突触传递过程中递质释放示意图

2. 兴奋性突触后电位和抑制性突触后电位 突触前神经末梢兴奋时释放的递质使突触后神经元的膜电位在静息状态的基础上发生短暂的电位变化，称为突触后电位（postsynaptic potential，PSP）。PSP 属于局部电位，可以发生时间和空间的总和。根据其时程可分为快突触后电位和慢突触后电位两种。

（1）快突触后电位（fast postsynaptic potential）

1）兴奋性突触后电位：突触前膜释放的兴奋性递质与突触后膜相应的受体结合后，提高突触后膜对 Na^+、K^+ 的通透性，特别是 Na^+ 内流引起突触后膜去极化，产生兴奋性突触后电位（excitatory postsynaptic potential，EPSP）。当 EPSP 的幅值增大到阈电位水平时，可使突触后神经元产生动作电位而兴奋（图 9-7A）。

2）抑制性突触后电位：突触前膜释放的抑制性递质与突触后膜相应的受体结合后，提高突触后膜对 K^+、Cl^- 的通透性，尤其 Cl^- 内流引起突触后膜发生超极化而产生抑制性突触后电位（inhibitory postsynaptic potential，IPSP）。IPSP 使神经细胞不易发生兴奋，从而产生抑制效应（图 9-7B）。

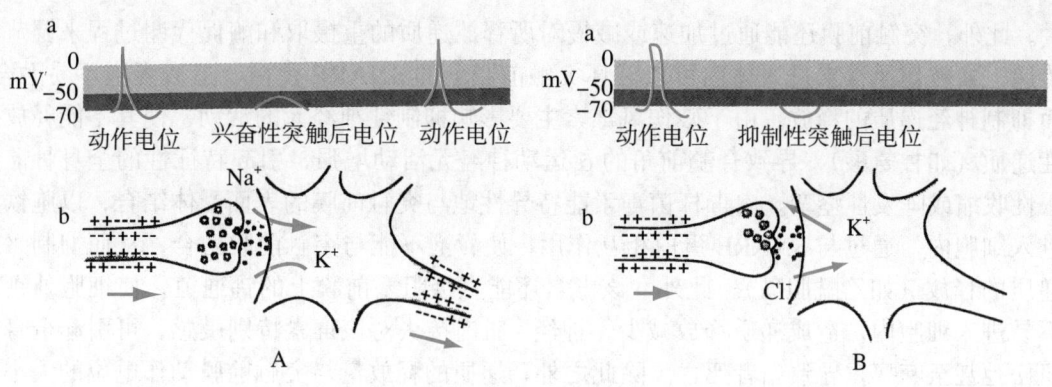

图 9-7 突触后电位产生机制示意图

(2) 慢突触后电位（slow postsynaptic potential）：在交感神经节后神经细胞和大脑皮质神经细胞内进行电位记录时，除了能观察到上述快 EPSP 和快 IPSP 以外，还可观察到慢突触后电位。后者包括慢 EPSP 和慢 IPSP，它们的潜伏期为 100～500 ms，持续时间可达几秒。2000 年诺贝尔生理学或医学奖获得者格林加德（Greengard）认为，慢突触后电位并非是突触前膜释放的递质与后膜受体结合后直接引起离子通道开放所产生的，而是通过促使细胞产生第二信使（如 cAMP），引起细胞内蛋白质磷酸化和去磷酸化，进而引起靶蛋白的结构和功能发生改变而产生的。这些靶蛋白可以调节离子通道开启的数量和速度，改变突触后神经细胞的兴奋性，也可以作为调控蛋白，控制神经递质的释放量和释放速度。

3. 突触后神经元的兴奋性　一个突触后神经元通常可与多个突触前神经末梢形成突触，其兴奋状态取决于同时或几乎同时产生的 EPSP 和 IPSP 的总和（图 9-8）。当膜电位总和为超极化时，突触后神经元表现为抑制状态；当膜电位总和为去极化且达到阈电位时，则爆发动作电位，呈现兴奋状态。

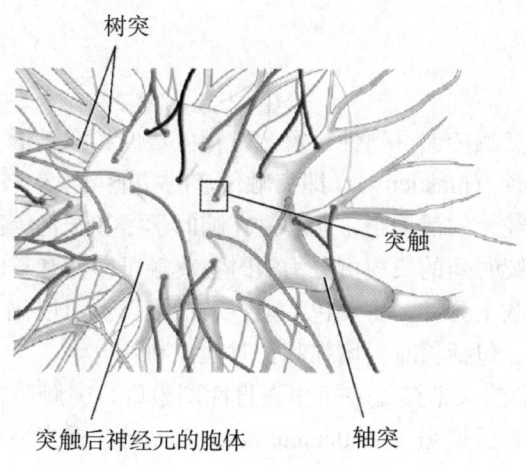

图 9-8 突触后神经元接收的突触传入示意图

（四）影响突触传递的因素

1. 影响突触前膜递质释放的因素　突触前神经末梢递质的释放量主要取决于进入末梢的 Ca^{2+} 量，因此，凡能影响 Ca^{2+} 内流量的因素均可能影响递质释放。近年来发现，在突触前末梢上分布有某些受体，它们可在某些神经调质或由该末梢释放的递质作用下直接改变递质的释放量。此外，突触前膜还能通过加速或减慢对所释放递质的重摄取和酶促代谢过程来调节突触传递。如破伤风毒素进入体内可以破坏突触前膜上的 SNARE 蛋白，造成囊泡不易融合，从而抑制神经递质的释放。由于破伤风毒素主要影响抑制性神经元的活动，使其不能释放抑制性递质（如甘氨酸），导致脊髓前角的 α 运动神经元活动增强，引起特征性的全身骨骼肌紧张性收缩或阵发性痉挛。肉毒杆菌毒素能特异性地与突触前膜的表面受体结合，以胞饮形式进入细胞内，通过与 SNARE 蛋白相互作用，使囊泡不能与突触前膜融合，从而抑制兴奋性递质的释放（如乙酰胆碱）。此外，该毒素还能直接阻塞前膜上的钙通道，使细胞外钙离子不易进入细胞内，造成递质释放减少。神经-肌肉接头对该毒素特别敏感，可引起全身骨骼肌松弛甚至麻痹，导致患者死亡。除此之外，递质的释放量与突触前膜动作电位的大小成正比。

2. 影响递质清除的因素　被释放的递质通常由突触前膜重摄取或被相应的酶分解而清除，因此，凡是能影响重摄取或酶分解的因素都能影响突触传递。如有机磷农药可抑制胆碱酯酶的活性，使乙酰胆碱持续作用，引起心率减慢、血压下降、腺体分泌等一系列症状和体征；利血平能够抑制神经末梢内的囊泡对去甲肾上腺素和肾上腺素的重摄取，使后者被胞质的酶分解，起到降压的效果。

3. 影响突触后膜递质受体的因素　递质受体的数量与配体结合的亲和力在不同的生理或病理情况下可发生改变。当递质分泌不足时，受体的数量将逐渐增加，亲和力将逐渐升高，称为受体的上调（up regulation）；反之，当递质释放过多时，则该递质受体的数量将逐渐减少，或受体对其相应递质的亲和力下降，此现象被称为受体的下调（down regulation）。受体数量的下调大多是通过内化（internalization）而实现的。当受体与配体结合后，形成的配体-受体复合物可通过受体介导的入胞作用进入胞质，以此减少膜上受体的数量。有些内化的受体经膜的再循环又回到细胞膜上。另一种下调形式是受体的脱敏（desensitization），受体蛋白可经某种修饰（如发生磷酸化或去磷酸化）降低其对递质的反应能力。同时，受体的阻断剂可以阻断神经递质的作用。临床上应用的筒箭毒碱即通过阻断骨骼肌终板膜上的 N_2 型 ACh 受体通道的作用而达到肌肉松弛的效果。

（五）突触的可塑性

广义的突触可塑性包括突触传递可塑性、突触发育可塑性和突触形态可塑性。一般讲的突触可塑性是指突触传递可塑性（plasticity），即突触传递的功能可发生较长进程的增强或减弱。这些改变在中枢神经系统神经元的活动中，尤其是在脑的学习和记忆等高级神经功能中具有重要意义。根据对刺激反应持续时间的长短可分为短时程突触可塑性和长时程突触可塑性。短时程突触可塑性持续数十秒到数十分钟，主要包括强直后增强以及习惯化与敏感化；长时程突触可塑性持续数小时乃至数周，包括长时程增强和长时程抑制。

1. 强直后增强　当突触前末梢接受一短串强直性刺激后，突触后神经元的突触后电位发生明显增强的现象，称为强直后增强（posttetanic potentiation）。强直后增强持续的时间可达数分钟，甚至可持续 1 h 或更久。其发生机制是：强直性刺激引起大量 Ca^{2+} 进入突触前末梢内，由于进入末梢的 Ca^{2+} 需要较长时间才能被回收到细胞内的钙库，且末梢内这些钙库往往出现暂时性 Ca^{2+} 饱和，使轴浆内的游离 Ca^{2+} 暂时蓄积，对 Ca^{2+} 敏感的酶如 Ca^{2+}-CaM 依赖的蛋白激酶Ⅱ可因轴浆内高 Ca^{2+} 而被激活，进而促进突触囊泡的动员，使递质持续大量释放，突触传递的强度持续增高，从而导致突触后电位持续性增强。

2. 习惯化和敏感化　当一种较为温和的刺激重复发生时，突触对刺激的反应逐渐减弱甚至消失，这种可塑性称为习惯化（habituation）。敏感化（sensitization）则表现为重复性刺激（尤其是有害刺激）使突触对刺激的反应性增强，传递效能增强。习惯化的发生是由于重复刺

激引起 Ca^{2+} 通道逐渐失活，Ca^{2+} 内流减少，突触前末梢递质释放减少。习惯化可能是短时程的，但如果温和的刺激多次重复，其时程也可能延长。与此相反，敏感化则是由于某种原因导致突触前末梢 Ca^{2+} 内流增加，递质释放量增多所致。所以，敏感化可能就是突触前易化（见后文）。

3. 长时程增强和长时程抑制　长时程增强（long-term potentiation, LTP）是突触前神经元在短时间内受到高频刺激后，使突触后神经元产生长时间持续的突触后电位增强的现象。它很像是强直后增强，但其持续时间要比强直后增强长得多，可长达数周。长时程增强的形成是由突触后神经元内 Ca^{2+} 在短时间内大量升高（而不是突触前神经元细胞内 Ca^{2+} 的增加）而引起。近年来，LTP 在海马（与学习和记忆有关）等中枢部位被发现，被认为是学习与记忆的神经生物学基础。与 LTP 相反，长时程抑制（long-term depression, LTD）是指突触传递效率的长时程降低，已在海马、小脑皮质和新皮质等脑区内被观察到。LTD 可能与 LTP 有相似的产生机制，都是由 Ca^{2+} 进入突触后神经元而引起，不同的是产生 LTD 时仅有少量 Ca^{2+} 内流，且 LTD 在不同部位的产生机制也不尽相同。

二、非突触性化学传递

在研究交感神经对平滑肌和心肌的支配方式时发现，交感肾上腺素能神经元的轴突分成许多分支，在分支末梢处有大量的串珠状曲张体（varicosity），曲张体内含有大量小而具有致密中心的突触小泡，内含高浓度去甲肾上腺素（图 9-9）。一个神经元的轴突末梢可拥有多达 30 000 个曲张体，但并不与效应细胞形成经典的突触联系，而是处于效应细胞的近旁。当神经冲动抵达曲张体时，递质从曲张体内释放出来，通过弥散方式作用于效应细胞的受体，使效应细胞发生反应。由于这种化学信息的传递不是通过经典突触进行的，故称为非突触性化学传递（non-synaptic chemical transmission），也称为非定向突触（non-directed synapse or non-targeted synapse）。已发现在中枢神经系统内也有非定向突触这种传递方式，如大脑皮质的无髓去甲肾上腺素能纤维、中脑黑质的多巴胺能纤维以及中枢 5-羟色胺能纤维的末梢分支上都有许多曲张体。同时，非突触性化学

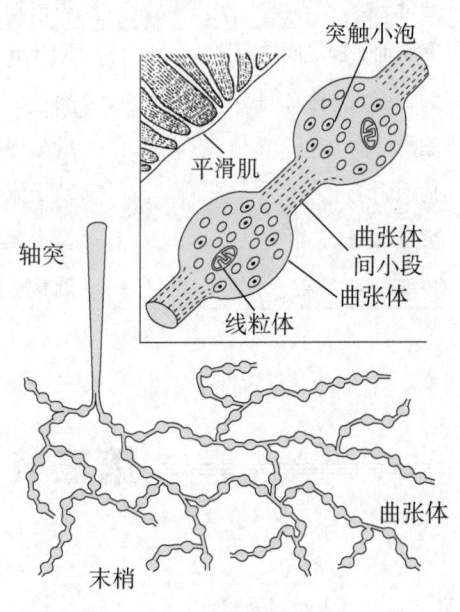

图 9-9　交感肾上腺素能神经元示意图

传递也能在轴突末梢以外的部位进行，如轴突膜（可释放胞质中的乙酰胆碱）和树突（黑质中树突可释放多巴胺）。

非突触性化学传递与突触性化学传递相比，有以下几个特点：①不存在突触前膜与后膜的特化结构；②不存在一对一的支配关系，一个曲张体可支配多个效应细胞；③曲张体与效应细胞间的距离至少在 20 nm 以上，距离大的可达几十微米；④递质弥散的距离远，传递所需的时间长，可大于 1 s；⑤递质弥散到效应细胞时，能否发生传递效应取决于效应细胞上有无相应的受体。

三、电突触

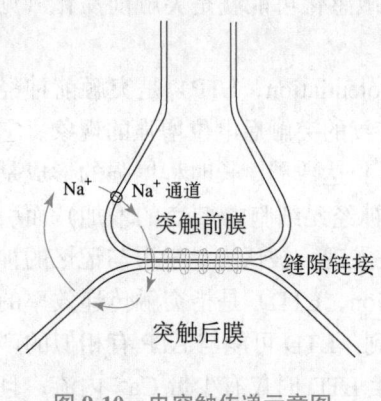

图 9-10 电突触传递示意图

电突触的结构基础是缝隙连接（gap junction）（图 9-10）。两侧细胞膜上各由 6 个亚单位构成的连接体蛋白端端相接而形成水相通道，沟通两相邻细胞的胞质。通道允许分子量小于 1000～1500 Da 或直径小于 1.0 nm 的带电离子自由通过。局部电流以电紧张扩布形式从一个细胞传至另一个细胞，从而使电信号在细胞间快速和直接地传播开来，是细胞之间形成同步活动的结构基础。电突触具有双向性、低电阻性和快速传播、几乎不存在潜伏期等特点，广泛存在于哺乳动物的大脑皮质星状细胞和小脑的篮状细胞，也普遍存在于无脊椎动物的神经系统中，参与介导逃避反射。在非神经细胞中，电突触还存在于内脏的平滑肌细胞、心肌细胞、肝细胞、胰腺的 β 细胞及眼角膜上皮细胞等处。电突触与化学性突触特征的比较见表 9-2。

表 9-2 电突触与化学性突触特征的比较

特征	电突触	化学突触
突触前后膜之间的距离	3.5 nm	20～50 nm
突触前后细胞之间胞质连续性	有	无
超微结构	缝隙连接通道	突触前活性区与囊泡，突触后受体
传递因子	离子流	化学递质
突触延搁	基本无	明显，通常 0.3～0.5 ms 或更长
传递方向	通常双向	单向

（邢江娃）

第三节 神经递质和受体

一、神经递质

神经递质（neurotransmitter）是由突触前神经元合成并由前膜末梢释放，能与突触后神经元或效应器细胞的受体特异性结合，产生一定效应的化学物质。作为神经递质，应符合以下条件：①在突触前神经元内具有合成递质的前体物质和相应的酶系统；②递质贮存于突触小泡内，当神经冲动到达时，递质能被释放到突触间隙；③递质释放后能与突触后膜的特异受体相结合，产生生理作用；④存在使递质失活的酶或递质回收环节；⑤递质的作用能被其受体激动剂所加强或被竞争性受体拮抗剂所阻断。

目前常用的确定递质的方法有放射免疫分析法（radioimmunoassay，RIA）、微电泳法（microiontophoresis）、免疫细胞化学技术（immunocytochemistry）和原位杂交组织化学技术（in situ hybridization histochemistry）等。

（一）神经递质的种类及分布

1. 乙酰胆碱　乙酰胆碱（acetylcholine，ACh）广泛分布于神经系统，在中枢神经系统内，合成和释放 ACh 的神经元称为胆碱能神经元。后者主要分布在脊髓前角、脑干网状结构上行激动系统和丘脑、纹状体等脑区。边缘系统的梨状区、杏仁核、海马等部位也存在 ACh 递质系统。在外周，凡释放 ACh 作为递质的神经纤维都称为胆碱能纤维（cholinergic fiber），主要有交感和副交感神经的节前纤维、副交感神经节后纤维、部分交感神经节后纤维（包括支配汗腺的交感神经、支配骨骼肌的交感舒血管纤维）和躯体运动神经纤维等，纤维的末梢都释放 ACh。

2. 单胺类递质　包括去甲肾上腺素（noradrenaline，NA，或 norepinephrine，NE）、肾上腺素（epinephrine，E，或 adrenaline，Adr）、多巴胺（dopamine，DA）、5-羟色胺（serotonin，或 5-hydroxytryptamine，5-HT）和组胺（histamine）等。

（1）去甲肾上腺素和肾上腺素：中枢神经系统内，合成去甲肾上腺素的神经元称为去甲肾上腺素能神经元，其胞体主要位于低位脑干，尤其是中脑网状结构、脑桥蓝斑以及延髓网状结构的腹外侧，其上行纤维主要投射到大脑皮质、边缘前脑和下丘脑，下行纤维则到达低位脑干及脊髓；在外周，大多数的交感神经末梢释放 NE 作为神经递质。凡是末梢释放 NE 作为神经递质的纤维，称为肾上腺素能纤维。肾上腺素能神经元主要位于延髓，上行纤维部分与去甲肾上腺素能纤维混合，分布到脑干、间脑、边缘前脑和脊髓中间外侧柱。外周神经纤维不能释放 Adr 作为神经递质。

（2）多巴胺：多巴胺递质主要分布于黑质-纹状体、中脑-边缘系统和结节-漏斗三个部分。黑质病变时 DA 缺乏会导致帕金森病（PD）的发生，左旋多巴（L-dopa）可治疗这种疾病。越来越多的研究表明，中脑边缘多巴胺系统的异常与精神病的发生密切相关。

（3）5-羟色胺：合成 5-羟色胺的神经细胞胞体主要分布于低位脑干的中缝核团，其纤维广泛投射到丘脑、间脑、基底神经节、边缘前脑、大脑、小脑和脊髓等部位。5-羟色胺能神经元数目的减少或功能减弱与抑郁症的发病密切相关，而 5-羟色胺重吸收抑制剂对抑郁症有较好的治疗效果。

3. 肽类神经递质　凡是神经末梢释放肽类物质作为递质的神经纤维统称为肽能纤维（peptidergic fiber）。在外周，肽能纤维主要分布在消化道的肠神经系统中。这类肽在脑内也有发现，这种双重分布在脑内和消化道内的肽类物质被称为脑-肠肽。另外还有下丘脑-垂体神经肽（见第十一章相关内容）；阿片肽（opioid peptide），如 β-内啡肽、脑啡肽、强啡肽等；速激肽（tachykinin），如 P 物质、神经激肽 A 等。神经肽一般分子量较大，作用较慢，故有慢作用递质之称。

4. 氨基酸类递质　包括兴奋性氨基酸（谷氨酸、门冬氨酸）和抑制性氨基酸（甘氨酸、γ-氨基丁酸）两类。谷氨酸（glutamate）为脑内含量最多、最主要的兴奋性氨基酸，以大脑、小脑、纹状体最多，也是初级传入纤维的递质；门冬氨酸多见于视皮质的锥体细胞和多棘星状细胞。在抑制性氨基酸中，甘氨酸主要分布于脊髓（以前角为多，是闰绍细胞的递质）和脑干。γ-氨基丁酸广泛分布于大脑皮质、小脑、海马、下丘脑、黑质、纹状体等中枢部位，有抗焦虑、抑制摄食、抗癫痫、抗震颤等作用。

5. 一氧化氮（nitric oxide，NO）　某些神经元含有一氧化氮合酶（nitric oxide synthase，NOS），现已克隆出 3 种 NOS 同工酶，分别称为诱导型 NOS（iNOS）、内皮型 NOS（eNOS）和神经元型 NOS（nNOS），分别存在于巨噬细胞（也包括神经胶质细胞）、内皮细胞和神经细胞内。NOS 能催化 L-精氨酸（L-Arg）生成 NO。NO 是小分子气体，能从一个神经元弥散到另一个神经元中，作用于鸟苷酸环化酶并能提高其活力，从而发挥生理作用。因此，NO 是神经元间信息沟通的一个传递物质，但与一般神经递质的区别在于：① NO 不贮存于突触小泡中，其释放不依赖于出胞作用，而是通过弥散；② NO 不作用于靶细胞膜上的受体蛋白，而是直接结合并激活鸟苷酸环化酶，使胞内的 cGMP 水平升高，从而产生生物效应。NO 在中枢参与 LTP 和 LTD 等突触活动的可塑性调节，作为一种逆行信使物质，由突触后神经元产生而作用于突触前神经元。给予 NOS 抑制剂可抑制海马的长时程增强效应（参见本章第八节相关内容）。

6. 一氧化碳（carbon monoxide，CO） CO 是另一种可能作为脑内递质的气体分子，它是在血红素代谢过程中由血红素氧合酶作用而形成的。CO 的作用与 NO 相似，也能激活鸟苷酸环化酶。

7. 腺苷三磷酸（ATP） 20 世纪 80 年代初，人们发现在中枢神经的许多部位普遍存在 ATP 对神经元的兴奋作用；1990 年 Burnstock 正式提出 ATP 是一种生理性的神经递质。在中枢神经系统，ATP 存在于含有乙酰胆碱的突触囊泡中，成为乙酰胆碱的共存递质。ATP 的释放是 Ca^{2+}、K^+ 依赖性的，呈量子性释放。细胞间隙中的 ATP 特异性水解酶可将其分解。ATP 及其代谢产物 ADP、AMP 及腺苷均具有信息传递作用，与它们能够特异性结合的受体统称为嘌呤能受体，包括 P_1 和 P_2 两种亚型。

（二）递质的共存

过去认为，一个神经元内只能合成和释放一种神经递质，这一原则称为戴尔原则（Dale's principle）。后来发现，同一神经元内有两种或两种以上的递质可以共存，这种现象称为递质共存（transmitter co-existence）。在同一神经元内共存的递质可以在神经元兴奋时被同时释放，也可以分别释放，这取决于刺激的频率。例如，当刺激频率较低时，只引起轴突末梢内 Ca^{2+} 浓度的轻度升高，此时只有透明的小囊泡释放小分子递质（如氨基酸类递质）；若刺激频率加快，进入轴突末梢的 Ca^{2+} 增多，此时不仅透明的小囊泡有递质释出，致密的大囊泡（如肽类递质）也有递质释放（图 9-11），其意义在于协调某些生理过程。如猫唾液腺接受副交感神经和交感神经的双重支配，副交感神经内含乙酰胆碱和血管活性肠肽，前者能引起唾液分泌，后

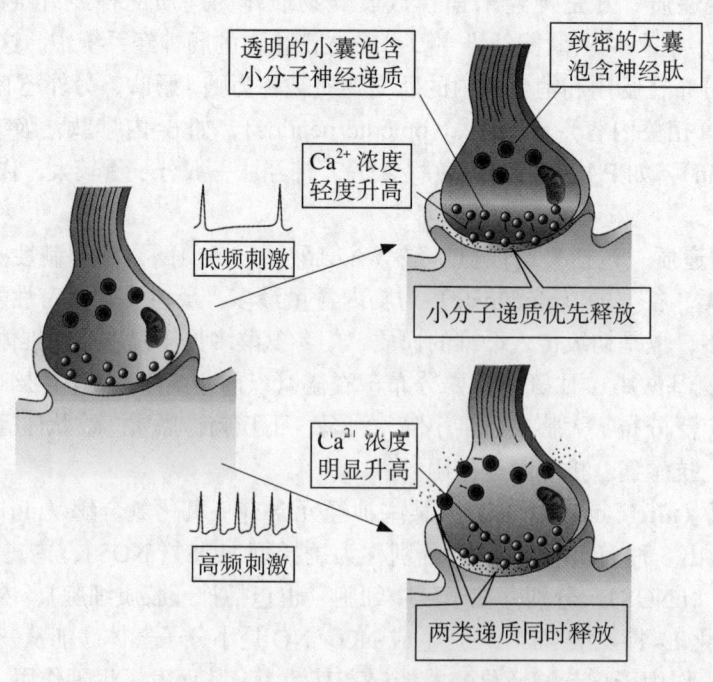

图 9-11　递质共存与共存递质的释放

者则可舒张血管，增加唾液腺的血液供应，并增强唾液腺上胆碱能受体的亲和力，两者共同作用，结果引起唾液腺分泌大量稀薄的唾液；交感神经内含去甲肾上腺素和神经肽 Y，前者有促进唾液分泌和减少血供的作用，后者则可收缩血管，减少血供，结果使唾液腺分泌少量黏稠的唾液。

（三）调质的概念

除递质外，神经元还能合成释放一些化学物质，它们并不在神经元之间直接起信息传递作用，而是增强或削弱递质的信息传递效应，通常将这类物质称为神经调质（neuromodulator）。调质一般均为肽类物质，调质所发挥的作用则称为调制作用。需要说明的是，有些递质在某些情况下也可起调质的作用，因而递质和调质两者之间并无明显的界限（表 9-3）。

表 9-3　递质与调质的比较

	递质	调质
功能	在神经元间直接传递信息	调节信息传递效率，增强或削弱递质的效应
作用方式	通过经典的突触联系	通过非经典的突触联系
中介物质	离子通道	第二信使（cAMP、cGMP、Ca^{2+}）
作用时间	快、短	慢、长

注：有些递质在某些情况下也可起调质的作用，二者无明显界限

（四）递质的代谢

递质的代谢包括递质的生物合成、贮存、释放和失活等过程，递质代谢过程障碍常可导致神经冲动传导功能的紊乱，而用药物影响递质的代谢过程又可对临床疾病发挥治疗作用。

在神经递质中，研究比较清楚的主要有乙酰胆碱和去甲肾上腺素。

1. 乙酰胆碱的代谢　乙酰胆碱（ACh）在胞质内由来自血液的胆碱和葡萄糖氧化所产生的乙酰辅酶 A 在胆碱乙酰化酶的催化作用下合成。ACh 被合成后，贮存于轴突末梢的囊泡中。当神经冲动到达轴突末梢时，ACh 通过出胞作用被释放入突触间隙，并与突触后膜上的乙酰胆碱受体结合而发挥生物学效应。ACh 在发挥作用后的 1～2 ms 内就被位于突触后膜上的胆碱酯酶（ChE）水解而失去活性，称为灭活。水解产生的乙酸进入血液，部分胆碱可被神经末梢再摄取利用。ACh 的迅速失活，可防止其持续作用于后膜上的受体，利于下一个神经冲动的传递。有机磷农药可与胆碱酯酶结合，使后者失去活性而不能清除乙酰胆碱，导致乙酰胆碱在突触间隙堆积，持续作用于靶细胞而产生一系列的兴奋乙酰胆碱受体，引起肌肉震颤、流涎等中毒症状。此种情况下，使用胆碱酯酶复活剂解磷定等可以起到较好的治疗效果。

2. 去甲肾上腺素（NE）和肾上腺素（Adr）的代谢　酪氨酸在酪氨酸羟化酶的作用下合成多巴胺，然后被摄取入突触囊泡，在囊泡内再由多巴胺 β- 羟化酶进一步催化生成 NE，之后 NE 又在苯乙醇胺 N 位甲基转移酶的作用下，生成肾上腺素，并贮存于囊泡内。去甲肾上腺素和肾上腺素大部分被突触前膜重新摄取并贮存于囊泡内，小部分则在突触后神经元内被单胺氧化酶（monoamine oxidase，MAO）破坏、灭活，或经血液循环被带到肝灭活。单胺氧化酶和儿茶酚氧位甲基转移酶（catechol-o-transmethylase，COMT）是催化儿茶酚胺分解的两种主要酶。利血平（reserpine）与突触囊泡有很强的亲和力，比 NE 与囊泡的亲和力大 1 万倍左右。因此，利血平能抑制囊泡对 NE 的摄取，致使 NE 在胞质中被单胺氧化酶分解而耗竭，故利血平有降血压的作用。

3. 其他　多巴胺递质的合成过程与去甲肾上腺素相似，只是在多巴胺进入囊泡后，因囊

泡中不含多巴胺 β- 羟化酶，故不再进一步合成去甲肾上腺素。5- 羟色胺是以色氨酸为原料，先后在色氨酸羟化酶和氨基酸脱羧酶的催化下合成，然后被摄入囊泡内贮存。多巴胺和 5- 羟色胺的失活与 NE 类同，也能被突触前膜重新摄取。

> **微整合**
>
> **临床应用**
>
> **单胺类神经递质与抑郁症**
>
> 抑郁症是由多种原因引起的，是一类以情感障碍主要是心境低落为突出特征的精神疾病。抑郁症的病因和发病机制尚未完全阐明。研究发现，脑内神经递质表达水平异常可能是抑郁症的发病机制之一。单胺类神经递质有广泛的生物学功能，参与睡眠节律调节、精神活动、体温调控、情绪反应等生理反应。目前认为与抑郁症发病密切相关的单胺类神经递质有 5-HT、多巴胺、去甲肾上腺素等。5-HT 在抑郁症的发生、发展中有重要地位。有研究表明，5-HT 水平与抑郁症的严重程度呈负相关。对抑郁症患者的尸检也发现，其缝核内 5-HT 含量明显减少。目前，在临床上使用的抗抑郁药物也是通过抑制 5-HT 的代谢和重摄取以提升 5-HT 的含量，从而起到抗抑郁的作用。另外，多巴胺的减少与抑郁症也有紧密联系。患有某些能引起机体多巴胺水平降低的疾病的患者，常常表现出抑郁的情绪。研究认为，中枢神经系统的 5-HT 能神经和多巴胺能神经存在着复杂的联系，脑组织内多巴胺和 5-HT 缺乏是引起抑郁的重要原因之一。

二、受体

受体（receptor）是指位于细胞膜上或胞质内、能与某些化学物质（如递质、调质、激素、细胞因子等）发生特异性结合并产生生物效应的特殊生物分子。凡能与受体结合的物质统称为配体（ligand）。能与受体发生特异性结合并产生生物效应的化学物质称为受体激动剂（agonist）。能与受体结合，但不产生生物效应的化学物质则称为受体拮抗剂（antagonist）。一般认为受体与配体的结合具有以下 3 个特性：①选择性：特定的受体与特定的配体结合，激动剂与受体结合后产生特定的生物效应；②饱和性：由于受体数量一定，因此能与之结合的配体也是有限的；③可逆性：配体与受体的结合是可逆的，可以结合，也可以解离，但解离常数差别很大，有些拮抗剂与受体结合后很难解离。

（一）受体的分类

根据受体存在的部位可分为膜受体、胞质受体和核受体三类。根据其结合配体的种类可分为很多种类型，如胆碱受体、肾上腺素受体、5-羟色胺受体、多巴胺受体、谷氨酸受体、嘌呤受体等。

从受体被激活后产生生物效应的机制来看，可将其分为两大类：①离子通道型受体：这类受体具有离子通道功能，如骨骼肌神经-肌接头处的 N_2 型乙酰胆碱受体门控通道（见第二章相关内容）。这类受体为数不多，主要是烟碱类受体和氨基酸类递质的促离子型受体。② G 蛋白耦联受体：神经递质受体大多属于这类，如毒蕈碱受体、肾上腺素受体、肽类递质受体，以及氨基酸类递质的促代谢型受体等。

（二）外周神经递质的受体

1. 胆碱受体及其分布 在神经细胞膜上能与乙酰胆碱特异结合并产生生物学效应的蛋白质称为胆碱受体（cholinoceptor）。胆碱受体有两种类型，一种是毒蕈碱受体（muscarinic receptor，M receptor），另一种是烟碱受体（nicotinic receptor，N receptor）。

M型乙酰胆碱受体存在于副交感神经节后纤维的效应细胞上，当乙酰胆碱与M型受体结合后能产生一系列副交感末梢兴奋效应，例如，心脏活动受抑制、支气管平滑肌收缩、胃肠道平滑肌收缩、膀胱逼尿肌收缩、瞳孔括约肌收缩以及消化腺分泌增加等。由于M型受体能与毒蕈碱相结合并产生类似副交感神经兴奋的效应，故将其称为毒蕈碱受体，简称M受体。目前已经克隆出由5个不同基因编码的5种亚型，分别为M_1、M_2、M_3、M_4和M_5受体，均为G蛋白耦联受体。阿托品（atropine）是M型受体的阻断剂。

N型受体存在于自主神经节细胞的突触后膜和神经-肌接头的终板膜上。因为N型受体能与烟碱相结合并产生相似效应，故称为烟碱受体，简称N型受体。N型受体又分为N_1和N_2两个亚型。神经节细胞突触后膜的受体是N_1受体，它是一种离子通道，激活后对Na^+和K^+通透，故又称为N_1型ACh门控阳离子通道。神经-肌接头的受体是N_2受体，也是Na^+和K^+离子通道，被称为N_2型ACh门控阳离子通道（见第二章相关内容）。为了区别上述两种离子通道或受体，现将神经-肌接头处的N_2型ACh门控通道称为肌肉型烟碱受体（muscle-type nicotinic receptor），而将中枢神经系统和自主神经节神经元上的N_1型化学门控通道称为神经元型烟碱受体（neuronal-type nicotinic receptor）。在周围神经系统，筒箭毒碱（tubocurarine）可阻断肌肉型和神经元型烟碱受体的功能，十烃季铵（decamethonium）主要阻断肌肉型烟碱受体的功能，而六烃季铵（hexamethonium）主要阻断神经元型烟碱受体的功能，从而拮抗ACh的N样功能。

2. 肾上腺素受体及其分布 能与儿茶酚胺发生特异结合并产生生物学效应的受体是肾上腺素受体（adrenoceptor）（表9-4）。大多数交感神经节后纤维支配的效应器细胞上都存在肾上腺素受体，只有支配汗腺的交感神经和支配骨骼肌的交感舒血管纤维末梢内的递质是乙酰胆碱，效应器细胞上存在M型受体。肾上腺素受体分为α型受体和β型受体两种。

（1）α型受体：主要分布在小血管的平滑肌上，如皮肤、肾和胃肠等内脏血管，也分布在子宫平滑肌、胃肠道括约肌和扩瞳肌上。NE与α受体结合，产生的平滑肌效应主要是兴奋性，包括血管、子宫和瞳孔的收缩等。此外，也有少数是抑制性的，如NE与小肠平滑肌的α受体结合时，使其发生舒张。α型受体又分为$α_1$和$α_2$两个亚型。$α_2$型受体主要分布在肾上腺素能纤维末梢的突触前膜上，对突触前NE的合成和释放起反馈性调节作用。酚妥拉明（phentolamine）是α型受体的阻断剂。

（2）β型受体：分布范围较广，除骨骼肌血管和腹腔内脏血管的平滑肌外，还广泛分布于心肌、胃肠道平滑肌、支气管平滑肌、子宫平滑肌以及膀胱逼尿肌等部位。β受体有三种亚型：$β_1$、$β_2$和$β_3$。去甲肾上腺素与$β_2$受体结合主要产生抑制性效应，使平滑肌舒张，但NE与心脏的$β_1$受体结合则产生兴奋性效应，使心脏活动加强。美托洛尔、普拉洛尔（心得宁）和阿替洛尔（氨酰心安）对$β_1$受体有选择性阻断作用，对$β_2$受体作用较弱，故增加呼吸道阻力作用较轻，可用于伴有呼吸系统疾病的心绞痛患者。噻吗洛尔（噻吗心安）主要阻断$β_2$受体；吲哚洛尔（吲哚心安、心得静）和普萘洛尔（心得安）则同时具有阻断$β_1$和$β_2$受体的作用。临床上应用阿替洛尔或普萘洛尔都可阻断$β_1$受体，使心脏的代谢和活动降低，从而达到治疗心绞痛和心动过速的效果。但对于伴有呼吸系统疾病的患者，应选用阿替洛尔而非普萘洛尔，以免发生支气管痉挛。

表 9-4 肾上腺素受体及其作用

效应器	受体	效应	临床常用激动剂	临床常用阻断剂
眼扩瞳肌	α₁	收缩（扩瞳）	去氧肾上腺素、肾上腺素异戊酯	
眼睫状肌	β₂	舒张（远视）		噻吗洛尔
窦房结及传导系统	β₁、β₂	心率加快，房室传导加速	异丙肾上腺素、多巴酚丁胺	普萘洛尔、吲哚洛尔、美托洛尔、阿替洛尔
心肌	β₁	收缩加强	异丙肾上腺素、多巴酚丁胺	普萘洛尔、吲哚洛尔、美托洛尔、阿替洛尔
血管	α₁、α₂	皮肤、黏膜、腹腔、骨骼肌血管及冠状血管收缩	肾上腺素、去甲肾上腺素、多巴胺	酚妥拉明、妥拉唑林、酚苄明
	β₂	皮肤、黏膜、腹腔、骨骼肌血管及冠状动脉舒张	肾上腺素、去甲肾上腺素、多巴胺	
支气管平滑肌	β₂	舒张	沙丁胺醇、特布他林、丙卡特罗、克伦特罗、美沙特罗等	
胃肠平滑肌	α₁、α₂、β₁、β₂	舒张，运动和张力减弱，括约肌收缩		
膀胱逼尿肌	β₂	舒张（经常性）		
子宫平滑肌	α₁	收缩（有孕子宫）		
	β₂	舒张（无孕子宫）	沙丁胺醇	
糖酵解代谢	β₂	增加	肾上腺素、异丙肾上腺素	
脂肪分解代谢	α₁、β₂、β₃	增加	肾上腺素、异丙肾上腺素	

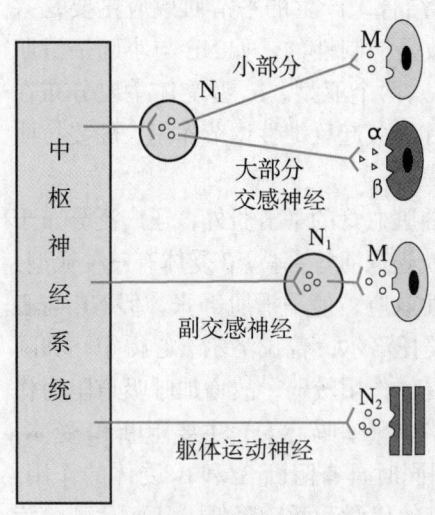

图 9-12 胆碱能纤维和肾上腺素能纤维末梢释放的递质与受体的关系

值得注意的是，不同效应器上分布的肾上腺素受体种类有所不同，有的效应器仅有 α 受体或仅有 β 受体分布，有的效应器既有 α 受体又有 β 受体分布，如心肌细胞上除有 β 受体外，还有 α 受体分布。因此，当交感神经节后纤维兴奋时释放出 NE，有的效应器表现为兴奋，有的表现为抑制，而另一些效应器则既有兴奋效应，又有抑制效应，其原因就是效应器上分布的受体种类或亚型的不同。α 受体和 β 受体不仅对交感神经末梢释放的递质起反应，而且对血液中的儿茶酚胺（包括 NE、肾上腺素、异丙肾上腺素等）也起反应。但由于它们与不同受体的结合能力有所不同，故效应也有强弱之别，如 NE 与 α 受体的结合力较强，故显示较强的缩血管作用，而异丙肾上腺素与 β 受体的结合力较强，故有明显增强心肌收缩的作用。图 9-12 和表 9-4 分别显示了胆碱能纤维和肾上腺素能纤维末梢释放的递质与受体的关系，以及自主神经受体的主要作用。

（三）中枢内递质的受体

中枢递质种类复杂，因此相应的受体也多，除胆碱 N 型和 M 型受体、肾上腺素 α 和 β 受体以外，还有嘌呤受体、多巴胺受体、5-羟色胺受体、兴奋性氨基酸受体、γ-氨基丁酸受体、甘氨酸受体、阿片受体（opioid receptor）等。

嘌呤受体分 P_1 和 P_2 型两种，P_1 型对腺苷较敏感，P_2 型对 ATP 较敏感。

多巴胺受体分为 D_1 样受体和 D_2 样受体两大类，均为 G 蛋白耦联受体。D_1 样受体包括 D_1 和 D_5 两个亚型，D_1 样受体的功能主要是通过激活腺苷酸环化酶（cAMP）引起细胞内 cAMP 升高；而 D_2 样受体包括 D_2、D_3 和 D_4 三个亚型，主要引起细胞内 cAMP 降低。多巴胺 D_3 受体在中枢神经系统突触前膜和突触后膜均有分布。抑郁症患者 D_3 受体的表达明显下调，其功能活动显著受到抑制，激活多巴胺 D_3 受体（抗抑郁治疗）能够逆转这种变化。目前，多巴胺 D_3 受体已成为抗抑郁治疗的药物靶点。

已克隆到的 5-羟色胺受体有 $5\text{-HT}_1 \sim 5\text{-HT}_7$ 7 种，共 14 个亚型。除 5-HT_3 为阳离子通道外，其余均为 G 蛋白耦联受体。

在中枢和外周均存在 3 种组胺受体，分别为 H_1、H_2 和 H_3。

谷氨酸受体分为两类：一类为离子型受体，包括 N-甲基-D-天冬氨酸受体（NMDA receptor 或 NMDAR）、海人藻酸受体（KAR）和 α-氨基-3-羟基-5-甲基-4-异恶唑丙酸受体（AMPA receptor 或 AMPAR），它们既是受体，激活后允许 Na^+、K^+ 或 Ca^{2+} 离子跨膜流动，因此又是离子通道，激活后介导快信号传递；另一类属于代谢型受体（mGluRs），与膜内 G-蛋白耦联，经过一系列代谢反应生成大量的"第二信使"分子，将细胞外的信号传递到细胞内，并引起相应的生物学效应。

γ-氨基丁酸（GABA）为脑内主要的抑制性神经递质，在中枢神经系统分布广泛，黑质是 GABA 密度最高的脑区。GABA 是在谷氨酸脱羧酶的作用下将谷氨酸分子中的一个羧基脱去而生成的。GABA 由突触前膜释放后与突触后膜上的 GABA 受体结合发挥作用之后，GABA 会被主动泵回突触前神经元或由神经胶质细胞摄取，并被 GABA 氨基转移酶（GABA-T）代谢降解。GABA 受体几乎分布于中枢神经系统内所有神经元的细胞膜上。GABA 受体有 $GABA_A$、$GABA_B$ 和 $GABA_C$ 三种亚型。$GABA_A$ 受体是配体门控的 Cl^- 通道，当 $GABA_A$ 受体激活时，通道打开，Cl^- 内流，细胞膜电位超极化。$GABA_A$ 受体是抗焦虑、镇静催眠、抗癫痫、抗惊厥以及肌肉松弛等药物的作用靶点。$GABA_B$ 受体是 G 蛋白耦联受体，主要分布于突触前膜，激活后使细胞膜对 K^+ 通透性增高产生抑制效应，结果抑制突触前膜递质的释放，因此，$GABA_B$ 受体属于自身受体。$GABA_C$ 受体亦属于配体门控的 Cl^- 通道，主要分布于视网膜。

上述受体也有相应的受体阻断药，例如匹莫齐特（pimozide）能阻断多巴胺受体，辛那色林（cinanserin）能阻断 5-羟色胺受体，荷包牡丹碱（dicentime）能阻断 $GABA_A$ 受体，印防己毒素（picrotoxin）能阻断 $GABA_B$ 受体，士的宁（strychnine）能阻断甘氨酸受体，纳洛酮（naloxone）能阻断阿片 μ 受体等。对每种递质来说，都有数个受体亚型。显然，这样可使一个特定的递质能对更多的效应器细胞进行选择性结合，并产生多样化效应。

（四）突触前受体

受体不仅存在于突触后膜，也存在于突触前膜，位于突触前膜的受体称为突触前受体（presynaptic receptor）。突触前受体的作用在于调节神经末梢的递质释放，例如肾上腺素能纤维末梢的突触前膜上存在 α 受体，当末梢释放的去甲肾上腺素在突触前膜处超过一定量时，即能与突触前 α 受体结合，从而反馈抑制末梢合成和释放去甲肾上腺素，起到调节末梢递质释放量的作用。在应用 α 受体阻断剂后，这种反馈抑制环节被阻断，这时刺激肾上腺素能纤维，末梢内合成和释放去甲肾上腺素增加。这种情况在支配心肌的肾上腺素能纤维上也存在，虽然心肌的受体为β受体，而突触前膜上的受体为α受体。由于突触前受体感受神经末梢自身释放的递质，因此又称为自身受体（autoreceptor）。

突触前膜的α受体不同于后膜的α受体，前者为α_2型，后者为α_1型。α受体分为α_1和α_2两个亚型，是根据不同受体阻断剂的选择性作用来确定的。如哌唑嗪（prazosin）可选择性阻断α_1受体，而育亨宾（yohimbine）可选择性阻断α_2受体；酚妥拉明对α_1和α_2受体均有阻断作用，但对α_1受体的作用比对α_2受体的作用强3～5倍。必须指出，α_2受体也可存在于突触后膜上，例如大脑皮质、子宫、腮腺等处突触后膜可能有α_2受体。此外，突触前受体除α_2型外，也有其他类型。

（蔡 青）

第四节 神经反射

反射是指在中枢神经系统的参与下，人体对内外环境刺激所做出的有规律性的反应。神经回路（neural circuit）是反射的结构基础，而最简单的神经回路就是反射弧（reflex arc），包括感受器、传入神经、中枢、传出神经及效应器五部分，是实现反射功能的基本单位。反射是神经系统最基本的功能特征。

一、反射的分类

反射可根据神经突触连接及传导途径的不同而分为单突触反射（monosynaptic reflex）和多突触反射（multisynaptic or polysynaptic reflex）；还可根据刺激信号的不同，按照俄国生理学家巴甫洛夫（Pavlov）的理论分为非条件反射（unconditioned reflex）和条件反射（conditioned reflex）（详见第一章绪论和本章后述）。

二、反射中枢

反射活动是在中枢神经的参与下完成的。反射弧中的中枢神经可以是单突触连接，也可以是中间神经元，还可以是对某一特定生理功能起调节作用的神经细胞群，它的作用是将传入信号进行整合，因此又称为整合中枢（integrating center）。单突触反射，如膝跳反射（knee-jerk reflex），其中枢位于腰髓，且仅为传入神经元与传出神经元之间的单突触连接；体温调节反射的中枢位于下丘脑；心血管调节反射的中枢位于延髓；呼吸运动调节反射的中枢则存在于延髓、脑桥、下丘脑以及大脑皮质等部位。这些不同形式的整合中枢接受传入神经的冲动，经过分析整合再将调节信息经传出神经传至效应器而产生应答。

三、中枢神经元的联系方式

在多突触反射中，参与反射活动的中枢神经元间彼此发生联系，借助神经递质完成复杂的信号整合。中枢神经元单线式的联系很少见（如视网膜视锥系统的联系方式），更多的为以下几种。

1. 辐散 一个神经元的轴突末梢通过其分支与多个神经元建立突触联系，称为辐散式联系（divergent connection）（图 9-13）。辐散式联系多见于感觉传入通路。通过辐散联系方式，传入神经的信息可扩布到许多神经元，使这些神经元同时发生兴奋或抑制。

2. 聚合 许多神经元通过其轴突末梢，共同与同一个神经元建立突触联系，这种联系方式称为聚合（convergence）（图 9-13）。聚合式联系多见于传出通路，是中枢总和功能的结构基础。在脊髓前角运动神经元上可有 2000 个左右突触，同时接收和整合来自不同作用神经元的兴奋或抑制信息，调节脊髓前角运动神经元的活动。

3. 链锁式与交互式联系 链锁式联系（chain connection）是指中间神经元在扩布冲动的同时，通过其发出的侧支直接或间接地将冲动扩布到许多其他神经元。兴奋通过链锁式联系时，可以在空间上加强或扩大作用范围。交互式联系（recurrent connection）是指一个神经元与中间神

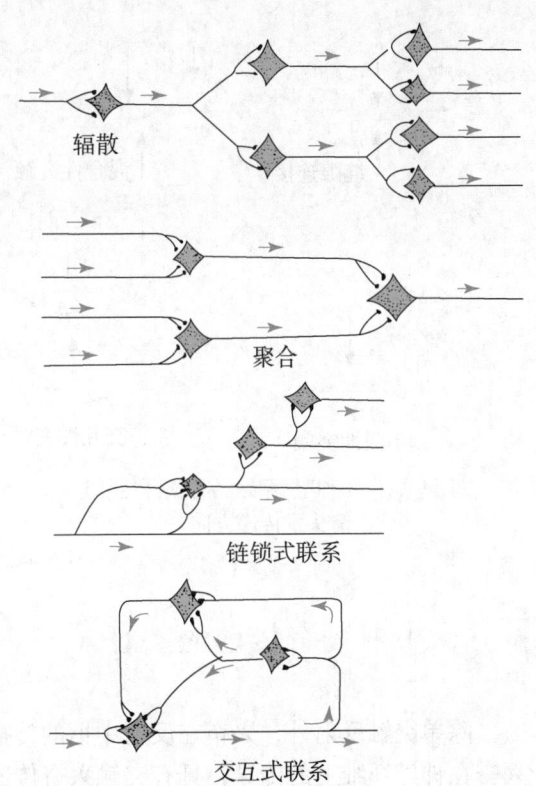

图 9-13　中枢神经元间的联系方式示意图

经元发生突触联系，中间神经元反过来直接或间接地再作用到该神经元。交互式联系是反馈调节和后放现象的结构基础。兴奋通过交互式联系时，如果环路内各个神经元效应一致，则兴奋得到加强和延续，属于正反馈作用；如果环路内某些神经元是抑制性的，并与其有回返联系的神经元构成抑制性突触，将使原来神经元的活动减弱或者中止，属于负反馈作用（图 9-13）。

四、局部神经元回路

（一）局部回路神经元

某些存在于中枢神经系统中的短轴突和无轴突神经元，它们的轴突和树突不投射到远隔部位，仅与其邻近神经元相接触，这些神经元称为局部回路神经元（local circuit neuron）或中间神经元。局部回路神经元在哺乳动物的中枢神经系统中广泛存在。动物越高级，其数目越多，也越复杂。在脊椎动物，局部回路神经元的数目超过投射神经元，而在哺乳动物，尤其是灵长类，局部回路神经元数目则达到高峰。据估计，在人的中枢神经系统中，局部回路神经元和投射神经元之间的比例大于 3∶1。它们的活动可能与学习、记忆等脑的高级神经功能有密切关系。

（二）局部神经元回路

由局部回路神经元及其突起构成的独立联系环路称为局部神经元回路（local neuronal circuit）。这种回路可由一个或几个局部回路神经元构成，也可由局部回路神经元的部分结构构成。神经冲动可以在这种回路中独立进行，不需整个神经元参与活动，不将信息传至远隔部

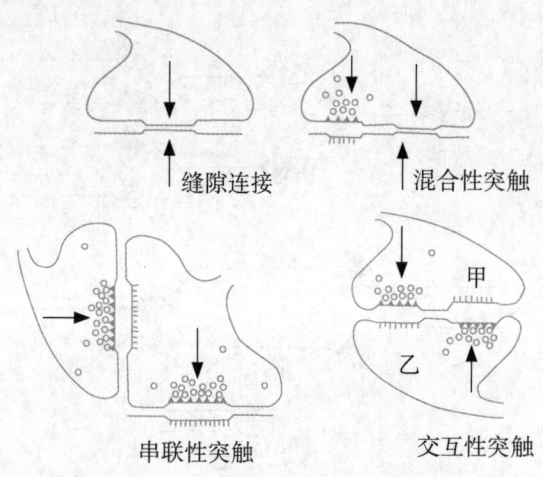

图 9-14　几种组合形式的突触模式图
　　　　箭头示传递方向

位，其功能是整合局部水平的信息。

局部神经元回路存在多种联系形式，主要属于化学性突触联系。其组合形式比较复杂，可以形成串联性突触（serial synapses），即一个轴突或其分支的末端与突触后神经元形成突触联系，但同时又可作为突触后成分，接受另一个神经元的信息；也可以形成混合性突触（mixed synapse），既有电突触，又有化学性突触；还可以是交互性突触（reciprocal synapse），即在同一个接头处的两边有同样而方向相反的结构（图 9-14）。

五、中枢兴奋传递的特征

除单突触反射外，兴奋在反射中枢的传播需经过多次的突触传递，且传递过程明显不同于兴奋在神经纤维上的传导，具有突触兴奋传递的诸多特征。

1. 单向传播　因为神经递质由突触前膜释放后引起突触后神经元的反应，所以突触兴奋的传递是由突触前神经元传向突触后神经元的单向传播（one-way conduction）过程。

2. 中枢延搁　兴奋由突触前神经元释放递质开始到引起突触后神经元的兴奋需要至少 0.3~0.5 ms，显著慢于兴奋在相同距离的神经纤维上传导所需时间。从刺激作用于感受器起，到效应器开始发生活动所经历的时间，称为反射时间（reflex time）。反射时间包括：①感受器发生兴奋和冲动在传入神经上传导所需的时间；②冲动在传出神经上的传导及其在末梢与效应器接头处（如神经 - 肌接头）传递所需的时间；③冲动经过中枢所需的时间。其中前两项的时间是容易检测的。从反射时间中减去这一时间，就是兴奋通过中枢所需的时间，称为中枢延搁（central delay）。中枢延搁的本质就是突触延搁，主要消耗在突触前膜释放递质、递质弥散和发挥作用等环节上。反射过程中通过的突触越多，中枢延搁所耗的时间就越长。在多突触反射中，中枢延搁可达 10~20 ms，甚至长达 500 ms（如与大脑皮质活动相联系的反射）。

3. 总和与阻塞　在中枢神经系统中，一次冲动所引起的兴奋性突触后电位不足以使突触后神经元发生动作电位。如果在前一次冲动引起的突触后电位消失之前，紧接着传来第二次冲动或多次冲动，则新产生的突触后电位与前者相加，使突触后电位增加，这种由时间先后产生的电位相加的现象称为时间总和（temporal summation）。多个轴突末梢同时或几乎同时将兴奋传给同一个突触后神经元，这样突触后膜不同部位上所产生的突触后电位也可以相加起来，这种现象称为空间总和（spatial summation）（图 9-15）。EPSP 和 IPSP 均有时间和空间总和。EPSP 总和之后达到阈电位水平时则引发动作电位产生，如果达不到阈电位水平，则产生易化（facilitation）。

冲动在神经元网络中传布，还会出现阻塞（occlusion）现象。如图 9-15 所示，如果重复刺激神经元 A，神经元

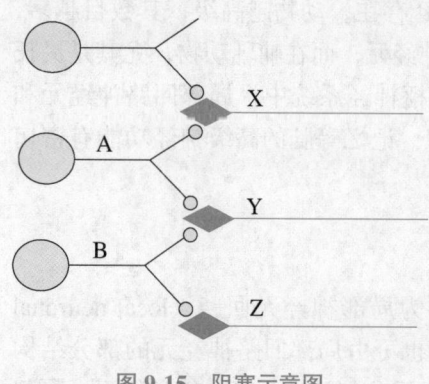

图 9-15　阻塞示意图

X 和神经元 Y 将会因时间总和达到阈电位而发生兴奋；如果重复刺激神经元 B，神经元 Y 和神经元 Z 将会兴奋；如果同时重复刺激神经元 A 和神经元 B，则神经元 X、神经元 Y 和神经元 Z 都将兴奋。显然，同时刺激神经元 A 和神经元 B 只能引起 3 个神经元兴奋，但其总效应小于单独刺激神经元 A 和神经元 B 时 4 个神经元兴奋的总效应。这是因为神经元 A 和神经元 B 的末梢都到达神经元 Y，从而使预期效应减弱。阻塞现象可发生在任何神经通路上，在传入通路上则更为多见。

4. 兴奋节律的改变　在反射活动中，传入和传出神经的放电频率往往不同。这是因为传出神经元的放电频率不仅取决于传入冲动频率，还与其本身和中间神经元的功能状态有关。

5. 后发放　在一个反射活动中，当刺激停止后，传出神经仍可在一定时间内发放神经冲动，这种现象称为后发放或后放电（after discharge）。后发放的原因是多方面的，中间神经元的环状联系是产生后发放的原因之一。此外，当效应器发生反应时，效应器内的感受器受到刺激，其传入冲动到达中枢，这种继发性传入冲动的反馈作用能纠正和维持原先的反射活动，也是产生后发放的原因之一。

6. 局限化与扩散　感受器在接受一个适宜的阈刺激后，一般仅引起较局限的神经反射，而不产生广泛的活动，称为反射的局限化（reflex localization）。例如，电刺激脊蛙（破坏脑而保留脊髓的蛙）的后肢，可出现蛙腿屈曲的屈肌反射，但若过强地刺激其皮肤或内脏（如过度充胀肠或膀胱），则会引起机体的广泛活动，称为反射的扩散（reflex generalization）。这是因为过强的刺激可通过神经元的辐散式联系方式，引起大部分或整个脊髓节段大量神经元放电而出现广泛的反应，包括机体大部分屈肌强烈收缩、排尿和排便、血压升高以及大量出汗等群体反射（mass reflex）。

7. 对内环境变化的敏感性和易疲劳性　突触部位最容易受内环境变化的影响。缺氧、CO_2 过多、麻醉药及一些药物等因素均可作用于突触，改变其兴奋性，影响突触部位的传递活动。同时，突触部位也容易发生疲劳。当重复快速刺激突触前末梢时，突触后神经元的高频放电量最长持续几秒钟，随后其放电频率逐渐降低，这就是突触传递的疲劳现象。突触疲劳可能与突触前神经末梢递质的耗竭或突触后神经元的适应现象有关。

六、中枢抑制与中枢易化

反射中枢内的各神经元通过空间上和时间上的多重联系，可在整体上产生神经系统的抑制和兴奋两种效应，即既有中枢抑制（central inhibition），也有中枢易化（central facilitation）。中枢抑制和中枢易化相辅相成，保证各种反射活动按一定的次序和强度协调进行。根据产生部位和机制的不同，中枢抑制和中枢易化又可分为突触前抑制或易化及突触后抑制或易化两大类，均为主动的过程。

（一）突触后抑制

突触后抑制（postsynaptic inhibition）是由抑制性中间神经元兴奋释放抑制性递质，引起突触后膜出现 IPSP 而产生的对突触后神经元的一种抑制效应。根据神经元之间联系方式的不同，突触后抑制可分为回返性抑制和传入侧支性抑制两种。

1. 回返性抑制（recurrent inhibition）　指某一中枢的神经元兴奋时，其传出冲动沿轴突传至末梢，同时又经其轴突侧支兴奋另一抑制性中间神经元。该抑制性中间神经元兴奋后回返作用于原先发动兴奋的神经元及同一中枢的其他神经元，抑制其活动（图9-16A）。如脊髓前角支配骨骼肌的 α 运动神经元兴奋时，传出冲动一方面沿轴突末梢传至效应器，另一方面则通

过其侧支传至中枢内的抑制性神经元闰绍细胞（Renshaw cell），使其兴奋，末梢释放抑制性递质，以负反馈方式作用于α运动神经元，使α运动神经元放电频率减慢或停止。回返性抑制是典型的负反馈调节，能使神经元的活动及时终止，也促使同一中枢内许多神经元之间的活动步调一致。丘脑与海马内就存在这种使神经元活动同步化的调节机制。闰绍细胞轴突末梢释放甘氨酸，其作用能被番木鳖碱（strychnine）和破伤风毒素（tetanus toxin）所破坏；当闰绍细胞功能受损后可出现强烈痉挛。

2. 传入侧支性抑制（afferent collateral inhibition） 指传入纤维除兴奋某一中枢神经元外，还发出侧支兴奋另一抑制性中间神经元，此中间神经元转而抑制另一中枢神经元（图 9-16B）。在牵张反射过程中，当伸肌的感受器受到刺激发生兴奋后，其传入冲动进入脊髓，除直接兴奋伸肌的α运动神经元外，同时发出侧支兴奋抑制性中间神经元，其末梢释放抑制性递质，抑制屈肌的α运动神经元，导致伸肌收缩而屈肌舒张。这种形式的抑制现象在脊髓及脑内均可观察到。传入侧支性抑制能使不同中枢之间的反射活动得以协调进行。

当某一中枢兴奋时，在功能上与之相对抗的中枢便发生抑制，这种抑制现象曾被称为交互抑制（reciprocal inhibition），其本质上就是侧支性抑制。

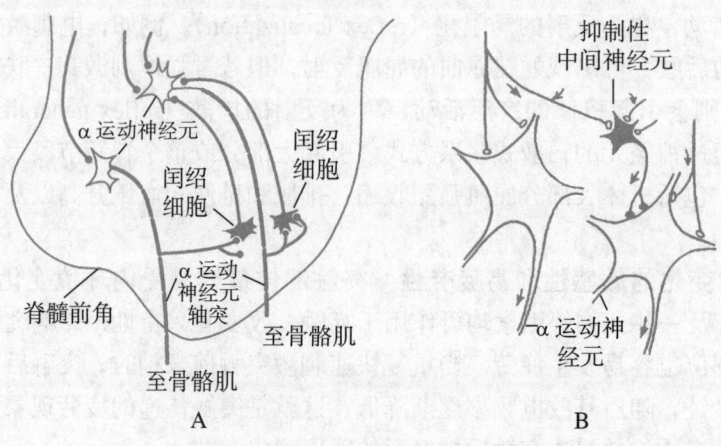

图 9-16 两类突触后抑制作用示意图
A. 回返性抑制；B. 传入侧支性抑制

（二）突触前抑制

突触前抑制（presynaptic inhibition）是通过两个神经元的轴突-轴突突触的活动而发生的。当传入神经受到与其构成轴突-轴突突触的另一末梢作用时，释放的兴奋性递质减少，从而使与其构成轴突-胞体突触的神经元产生的兴奋性突触后电位减小，以致不容易或不能产生动作电位，呈现抑制效应。

如图 9-17A 所示：轴突 1 与轴突 2 构成轴突-轴突突触，轴突 1 没有对神经元 3 直接产生作用，但它可通过对轴突 2 的作用来影响神经元 3 的递质释放，因为轴突 2 与神经元 3 构成轴突-胞体突触。实验中当刺激轴突 2 时，可使神经元 3 产生约 10 mV 的兴奋性突触后电位，刺激轴突 1 则神经元 3 不发生反应。如在轴突 2 受刺激兴奋之前，先刺激轴突 1，一定时间后再刺激轴突 2，可使得轴突 2 的神经递质释放减少，从而在神经元 3 产生较小的 EPSP，这就是突触前抑制。引起突触前抑制的机制可能有多种，下面举例说明。

当轴突 1 兴奋时，其末梢释放抑制性神经递质 γ-氨基丁酸（GABA），后者作用于轴突 2 末梢上的 $GABA_A$ 型受体，引起轴突 2 神经末梢细胞膜对 Cl^- 的通透性增加，Cl^- 外流，轴突 2 末梢细胞膜发生去极化，膜电位绝对值减小。如随后轴突 2 的兴奋到达末梢，则产生的动作电位幅度将减小，时程将缩短，导致轴突 2 细胞膜上的电压门控钙通道开放减少，进入轴突 2

末梢的 Ca^{2+} 减少，最终轴突 2 释放的兴奋性递质减少。减少的兴奋性递质作用于突触后神经元 3，使神经元 3 细胞膜上产生的 EPSP 也随之明显减小，神经元 3 不容易甚至不能发生兴奋，呈现抑制效应。由于这种抑制是由突触前神经元的轴突末梢去极化引起的，因而又称为去极化抑制（depolarized inhibition）（图 9-17B）。需要指出的是，在上述发生突触前抑制的轴突末梢所在的神经元或因为表达 Na^+-K^+-$2Cl^-$ 同向转运体，或因为其作用超过 K^+-Cl^- 同向转运体等原因，其细胞内 Cl^- 浓度较一般细胞相对较高，当细胞膜对 Cl^- 的通透性增加时，发生 Cl^- 外流而去极化。

突触前抑制在中枢神经系统内广泛存在，多见于感觉传入途径中，对调节感觉传入活动起重要作用。由于突触前抑制的潜伏期较长，因此认为传入神经必须通过两个以上中间神经元的多突触接替，才能与其他感觉传入神经末梢形成轴突-轴突型突触联系。突触前抑制一般约在刺激传入神经后 20 ms 左右出现最大化，而后其抑制作用逐渐减弱，整个抑制过程可持续 100～200 ms。

（三）突触的易化

与抑制作用相反，突触的易化（synaptic facilitation）作用是使突触兴奋性的产生变得更容易。突触易化也分为突触后易化和突触前易化两种情况。突触前易化与突触前抑制有同样的结构基础（图 9-17A）。如果到达轴突 2 末梢的动作电位时程延长，则 Ca^{2+} 通道开放时间延长，因此进入轴突 2 的 Ca^{2+} 量增多，轴突 2 末梢释放的兴奋性递质增多，最终使神经元 3 产生的 EPSP 增大（图 9-17C），即产生突触前易化。突触后易化表现为 EPSP 的总和。由于突触后膜的去极化，使膜电位接近阈电位水平，如果在此基础上再出现一个刺激，就较容易达到阈电位水平而爆发动作电位。

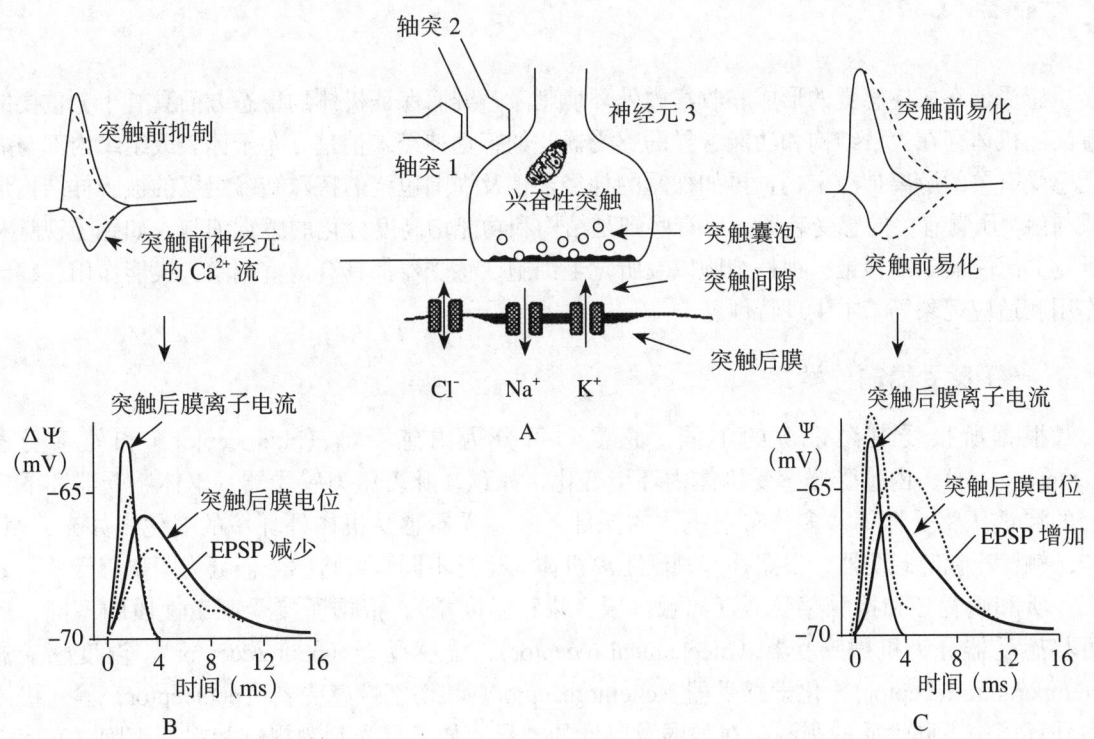

图 9-17　突触前抑制及突触前易化的神经元联系方式及机制示意图

图中实线为正常对照，虚线为变化。A."轴-轴-体"式的突触联系；B. 突触前抑制性电位变化；C. 突触前易化电位变化

七、中枢兴奋状态与中枢抑制状态

刺激引起的 EPSP 和 IPSP 可在脊髓内上、下传播，但通常十分短暂。在脊髓内，有时存在较长时间的兴奋，这可能是因为神经元之间的环状联系或突触传递调制的作用。中枢在较长时间内兴奋性影响超过抑制性影响的状态，称为中枢兴奋状态（central excitatory state）。当中枢处于高度兴奋状态时，兴奋性冲动可辐散到许多躯体神经元区和自主神经元区，引起反射的扩散，导致群体反射的出现；反之，中枢在较长时间内抑制性影响超过兴奋性影响的状态，则称为中枢抑制状态（central inhibitory state）。兴奋和抑制的相互协调是神经系统整合功能的基础。

（邢江娃）

第五节　神经系统的感觉分析功能

感觉（sense）是内、外环境的各种信息作用于机体后引起的多方面反应，它既是一种生理现象，也是一种心理现象。感受器（receptor）是机体感受内、外环境变化的结构和装置。感受器作为神经系统感觉分析功能的初始环节，将内、外环境变化所包含的信息进行接收和初步处理，进而传递到神经系统的各级感觉中枢并经分析整合而产生明确的主观感觉，或引起机体各种调节性反应，主要表现为行为的改变和自主功能的变化。

一、感受器

感受器在机体感觉的形成和收集内外环境刺激，继而保证机体的稳态方面具有十分重要的意义。机体存在大量结构和功能各异的感受器，如感觉神经末梢是分布于体表或组织内部与痛觉感受有关的游离神经末梢；再如裸露的神经末梢及周围包绕的特殊结缔组织的被膜样结构形成与触-压觉有关的感受装置。还有些则是结构和功能均高度分化的感觉细胞，如感受视觉和听觉的感受器中的视锥、视杆细胞以及听觉毛细胞。感受器都具有适宜刺激、换能作用、编码作用和适应现象等基本生理特性。

（一）感受器的分类

根据所接受刺激来源的不同，感受器可分为内感受器（interoceptor）和外感受器（exteroceptor）。内感受器感受机体内环境变化，如颈动脉窦压力感受器、本体感受器和下丘脑的渗透压感受器等，多分布于机体的深部。外感受器感受机体外环境的变化，如光、声、味、触、压觉等感受器。根据外部刺激距离机体的远近不同，可将感受器分为距离感受器（如视、听和嗅觉）和接触感受器（如触、压、味和温度觉）。根据所接受刺激性质的不同，还可将感受器分为机械感受器（mechanical receptor）、光感受器（photoreceptor）、温度感受器（temperature receptor）、化学感受器（chemoreceptor）和伤害性感受器（nociceptor）等。机体内外环境中不同性质的刺激存在强弱及属性的差异，如可见光刺激视锥和视杆细胞（光感受器），产生视觉，同时还可根据入眼光线的强弱和光谱不同而分辨出明暗和颜色等。

（二）感受器的一般生理特性

因结构和功能的不同，感受器各自具有其自身的作用机制和特点，但又具有共同的生理特性。

1. 感受器的适宜刺激 某种感受器对某些特定形式的刺激最为敏感，则将这种刺激称为该感受器的适宜刺激（adequate stimulus）。感受器的适宜刺激现象是在动物长期进化过程中逐步形成的，有利于机体对内、外环境中的变化进行精确分析。特定的感受器并不对所有的刺激做出敏感反应。特定感受器的适宜刺激仅限于某一种特定能量形式的变化，但引起痛觉的伤害性感受器则例外。当一定波长的电磁波和一定频率的机械振动刺激视网膜感光细胞和耳蜗听觉毛细胞时，电磁波是感光细胞的适宜刺激，而机械振动则是毛细胞的适宜刺激。然而感受器对非适宜刺激也可产生一定程度的反应，只是所需刺激强度通常要比适宜刺激大得多，例如强烈撞击头部可引起感光细胞兴奋而产生光感等。

适宜刺激作用于感受器还需达到一定刺激强度和持续一定时间才可引起某种相应的感觉，每一种感受器都有其相应的感觉阈值（sensory threshold）。引起感受器兴奋的最小刺激强度称为强度阈值，而引起感受器兴奋所需的最短作用时间则称为时间阈值。如果要使非适宜刺激引起感受器兴奋，就需用更大的刺激强度和更长的刺激时间。机械刺激作用于皮肤触觉感受器时，只有刺激了一定面积的皮肤才能产生触觉，这种能引起触觉感受器兴奋的最小刺激面积称为面积阈值。刺激弱时面积阈值较大。此外刺激强度的改变还会引起感觉强度的改变。例如皮肤要对不同重量的压力差异进行鉴别，必须是前后两种压力差异达到一定的程度，这种能分辨两种刺激的最小强度差称为感觉辨别阈（sensory discrimination threshold）。

2. 感受器的换能作用 感受器的换能（transduction）作用是指感受器将各种刺激能量转换为生物电的过程，即将作用于感受器的光能、声能、热能、机械能、化学能等不同形式的刺激能量最终转换为传入神经纤维上的动作电位的过程。

当刺激作用于感受器时，首先在感受器细胞（如嗅觉、味觉、冷觉、热觉的感受细胞）或感觉神经末梢（如触 - 压觉）处产生一种过渡性的局部膜电位变化，这种电位变化称为感受器电位（receptor potential）。但在另一些感受细胞（如感光细胞、毛细胞）产生的感受器电位则以电紧张的形式传至突触输出处，通过释放递质引起初级传入神经末梢发生膜电位变化，这种电位改变也是过渡性的，称为发生器电位（generator potential）。感受器电位和发生器电位均无潜伏期，且具有局部电位的特点。其产生机制是刺激信号作用于细胞膜上的通道蛋白质或膜的特异受体 -G 蛋白 - 第二信使系统，通过跨膜信号转导，最终转换成为生物电信号。感受器电位或发生器电位随后使与其相连的传入神经纤维膜发生去极化，当其去极化达到阈电位水平时，就能在传入神经上引发动作电位。例如，肌梭感受器电位的产生是由机械牵拉造成肌梭感觉神经末梢的变形，而使机械门控钙通道开放及 Ca^{2+} 内流所致的。感受器电位以电紧张的形式扩布至神经末梢，使该处的电压门控钠通道开放，通过 Na^+ 内流而产生动作电位。

3. 感受器的编码作用 感受器的编码（coding）作用是指感受器在受到刺激时，把刺激所包含的环境变化信息转移到传入神经动作电位的序列之中的过程。感受器的编码作用完成了信息的转移，其机制目前尚未完全阐明。目前认为，不同类型的刺激作用于不同感受器后，产生不同的感觉和反应，这取决于传入冲动经过何种特殊传入通路而最终到达特定的大脑皮质高级中枢部位；而同一感觉类型、不同强度的刺激作用于感受器时，则是通过单一传入神经纤维动作电位的频率高低和参与这个信息传输的神经纤维数目多少来编码，进而引起感觉程度的不同。

4. 感受器的适应现象 当以完全相同的刺激连续作用于感受器时，虽然刺激仍在持续作用，但传入神经纤维上动作电位的频率却随着时间的推移而逐渐下降，并且机体的主观感觉可以减弱或消失的现象，称为感受器的适应（adaptation）现象。不同种类的感受器所产生适应现象的速度不同（图 9-18）。根据感受器适应现象发生的快慢，可将感受器分为慢适应感受器和快适应感受器。皮肤的触压觉感受器如环层小体、麦斯纳小体等属于快适应感受器，而肌梭、关节囊感受器、颈动脉窦压力感受器、痛觉感受器等则属于慢适应感受器。感受器较慢的

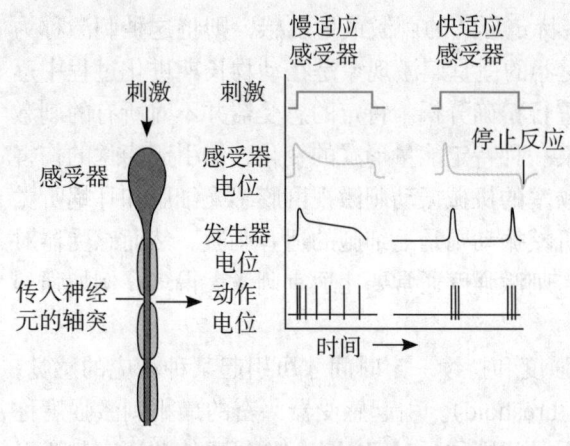

图 9-18 不同类型感受器受刺激后感受器电位及神经动作电位变化示意图

适应过程有利于机体对某些功能状态进行经常性监测，并根据其变化随时调节机体的功能。皮肤触觉感受器属快适应感受器，仅在刺激开始后的短时间内有传入冲动发放，以后虽然刺激仍在作用，但其传入冲动的频率却很快降低到零。感受器的这种快速适应现象有利于机体探索新异的刺激物以及感受器和中枢重新接受新刺激。

机体所有的感受器均存在适应现象。适应发生的机制很复杂，可发生在感觉信息转换的不同阶段。感受器的换能过程、离子通道的功能状态及感受器细胞与感觉神经纤维之间的突触传递特性等均可影响感受器的适应。感受器的适应现象在人的主观感受方面则表现为"入芝兰之室，久而不闻其香"。需要注意的是，感受器的适应现象并非疲劳。与疲劳不同的是，感受器对刺激强度产生适应后，若继续增加刺激强度，又可引起传入神经冲动的增加。

二、躯体感觉的传导通路

内、外环境的各种刺激作用于机体感受器而产生的传入冲动在中枢神经系统进行整合，最终上传至大脑皮质而形成感觉。躯体通过皮肤及其附属的感受器接受不同的刺激，产生各种类型的感觉，称为躯体感觉（somatic sense）。躯体感觉包括浅感觉和深感觉两大类，浅感觉有触-压觉（识别物体的质地、形状和纹理等）、温度觉（冷觉和热觉）和伤害性感觉（痛觉和痒觉）；深感觉即本体感觉，主要包括位置觉和运动觉。分布在内脏器官上的各种感受器在感受到内脏刺激时所引起的传入冲动会产生内脏感觉（visceral sense）。内脏感觉主要是痛觉，包括内脏痛和牵涉痛两种形式。

（一）脊髓和脑干的感觉传导功能

躯体感觉的传入通路一般由三级神经元组成。躯体感觉的传导通路一般分为浅感觉传导通路和深感觉传导通路。

1. 浅感觉传导通路 浅感觉传导通路传导痛觉、温度觉及粗略的触-压觉。感觉神经冲动沿初级传入纤维，经后根外侧部进入脊髓，在同侧后角换元。第二级神经元经白质前连合交叉至对侧，进而向上形成脊髓丘脑前束（传递粗触-压觉）及脊髓丘脑侧束（传递痛觉、温度觉）抵达丘脑（图9-19）。

2. 深感觉传导通路 深感觉传导通路传递肌肉本体感觉及皮肤的精细触-压觉。其传递途径是由传入纤维，经后根内侧部进入脊髓，并沿同侧后索的薄束或楔束上行，终止于同侧延髓下部的薄束核或楔束核，换元后再发出二级纤维交叉至对侧，并向上形成内侧丘系投射至丘脑（图9-20）。

头面部浅感觉的一级神经元位于三叉神经节内。感觉纤维进入中枢后，痛觉、温度觉纤维由三叉神经脊束核中继，触-压觉由三叉神经主核中继，二级纤维跨越至对侧组成三叉丘系（部分不交叉），上行至丘脑（图9-19）。头面部本体感觉也由三叉神经传导，三叉神经中脑核可能是其一级神经元所在部位，其上行途径目前仍不十分清楚。

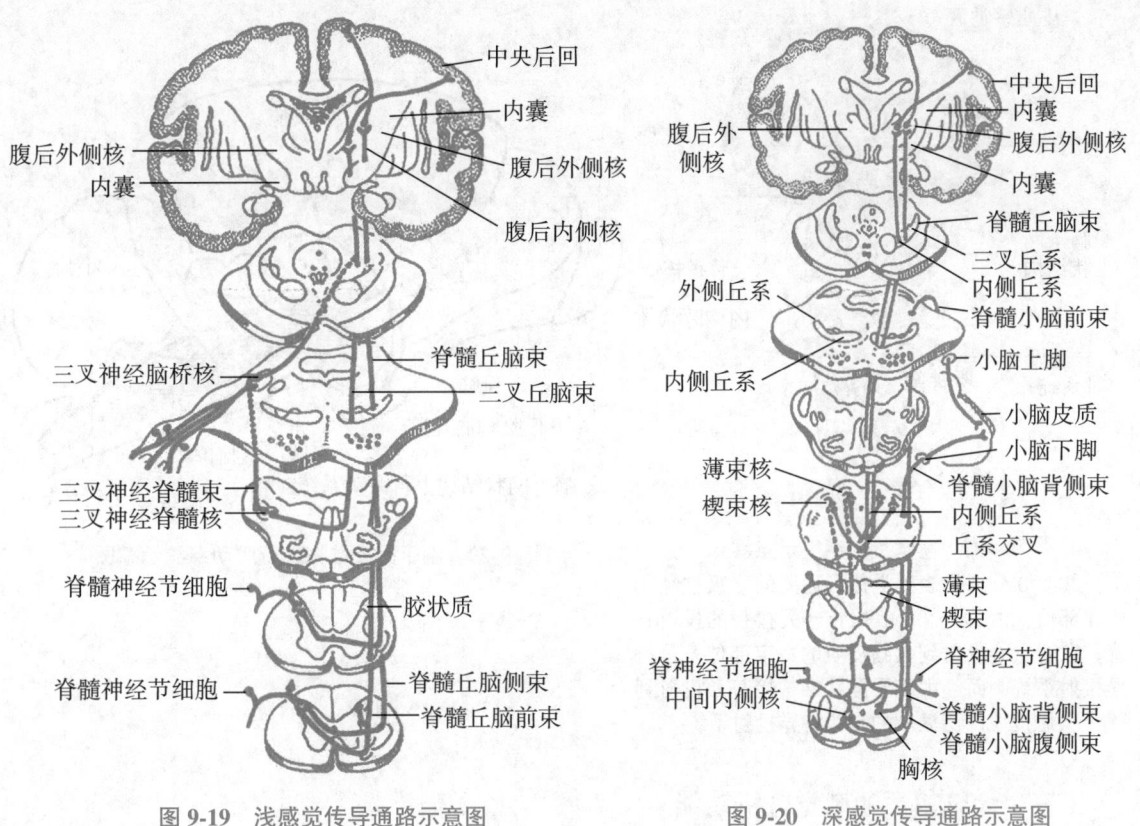

图 9-19 浅感觉传导通路示意图　　图 9-20 深感觉传导通路示意图

（二）丘脑及其感觉投射系统

丘脑是躯体感觉传导的中转结构。除嗅觉外的各种躯体感觉通路均在此进行换元后再向大脑皮质投射。它同时还具备对感觉信号进行粗略分析与综合的功能。在生理功能与结构上，可将丘脑的核团分为特异感觉接替核、联络核和非特异投射核三类，其中特异感觉接替核是感觉传导通路的换元站，联络核的功能与各种感觉在丘脑到大脑皮质的联系和协调有关，非特异感觉接替核与大脑皮质间建立了广泛的联系，对维持和改变大脑皮质的兴奋状态有重要作用。

丘脑感觉投射系统根据投射的生理功能特征分为两大系统。

1. 特异性投射系统　嗅觉以外的各种感觉传入冲动由脊髓、脑干上行，到达丘脑换元后，发出特异投射纤维，投射到大脑皮质的特定区域，这一投射系统称为特异性投射系统（图 9-21）。其特点是：特定刺激引起了特定感受器的兴奋，其传入纤维沿特定感觉通路，经由丘脑特异感觉接替核和联络核直接投射到大脑皮质特定的感觉区，即所谓的点对点联系，进而产生特定感觉并激发大脑皮质产生并发放冲动。

2. 非特异性投射系统　嗅觉以外的感觉传导通路的纤维经脑干时发出多个侧支，与脑干网状结构的神经元发生突触联系，经多次换元抵达丘脑非特异投射核，再由此发出纤维，弥散地投射到大脑皮质的广泛区域，这一投射系统称为非特异性投射系统（图 9-21）。该系统是各种感觉的共同途径，而不具备各种感觉的特异性，其主要生理功能对维持大脑皮质兴奋性和觉醒状态有重要作用。该系统也被称为脑干网状结构上行激动系统（图 9-22）。

以上两种投射系统之间相互依存、相互作用。非特异性投射系统的传入冲动来自特异性传入通路的侧支，而特异性投射系统特定感觉的产生依赖于非特异性投射系统引起的皮质兴奋性的普遍提高。

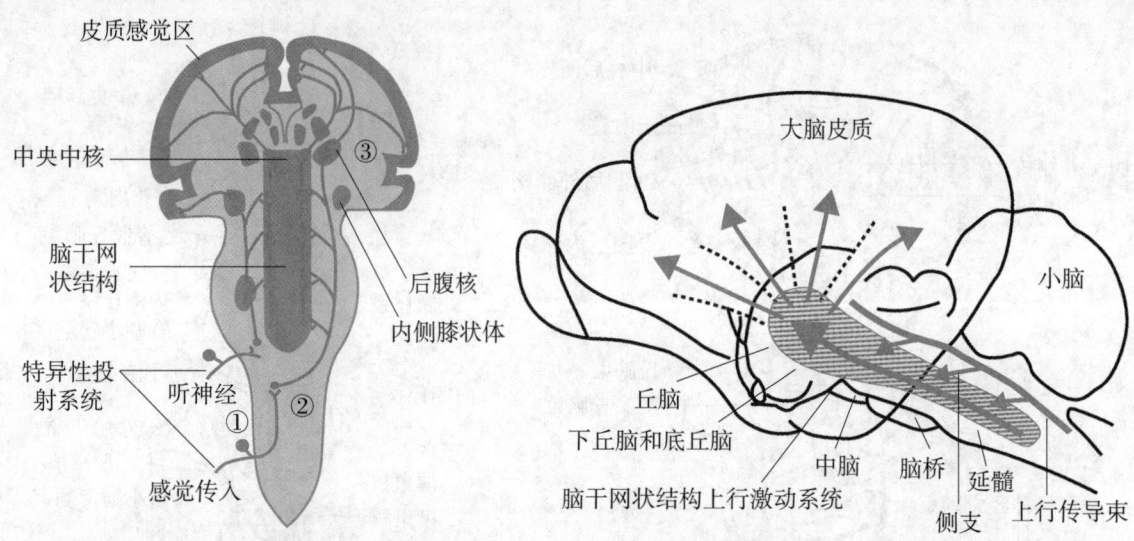

图9-21 感觉投射系统示意图
①、②、③分别代表感觉传导通路的三级神经元所在部位，由①、②、③级神经元接替的投射系统，点对点地投射到大脑皮质的特定部位，是特异投射系统，而经由脑干网状结构接替，投射到大脑皮质广泛区域的是非特异投射系统

图9-22 脑干网状结构上行激动系统示意图

（三）大脑皮质的感觉分析功能

大脑皮质是机体感觉分析的最高级中枢。各种感觉传入信息经丘脑特异性投射系统投射至大脑皮质的不同区域，再由大脑皮质对信息进行整合而产生不同的感觉。这依赖于大脑皮质不同的感觉功能定位，即大脑皮质的不同感觉功能代表区。

1. 第一体表感觉区 中央后回是全身体表感觉的主要投射区，称为第一体表感觉区。该区产生的感觉定位明确、定性清楚，其体表感觉投射规律如下：①交叉性投射，即一侧体表感觉向对侧皮质投射，但头面部感觉投射是双侧的；②倒置性分布，即下肢感觉区在皮质顶部，上肢感觉区在中间，头面部感觉区在底部，但头面部感觉区内部的安排是正立的；③投射区面积大小与感觉分辨精细程度有关，即投射区面积越大，感觉分辨精细程度越高。如拇指和示指在中央后回的投射面积比躯干的投射面积要大得多。这是因为感觉越精细的部位，存在的感受装置越多，投射到中央后回时与其相联系的皮质神经元的数量也越多（图9-23）。

2. 内脏感觉代表区 内脏感觉代表区主要混杂在第一体表感觉区中。此外，第二体表感觉区、运动辅助区和边缘系统也与内脏感觉有关。内脏感觉投射区不仅面积小，而且分布不集中，这可能是内脏感觉定位不够准确的原因。

3. 本体感觉代表区 本体感觉是指肌肉、关节等的位置觉和运动觉。中央前回既是运动区，也是本体感觉代表区，刺激人脑中央前回，可引起受试者试图发动肢体运动的主观感觉。此区接受来自肌肉、肌腱和关节等处的本体感觉传入信息，以感知身体在空间的位置、姿势以及身体各部分在运动中的状态；还接受从小脑、基底神经节传来的反馈信息，这些信息可能与随意运动的生成有关。

4. 视觉代表区 视觉代表区位于大脑半球内侧面枕叶皮质距状裂的上下缘。一侧皮质接受同侧眼颞侧、对侧眼鼻侧视网膜传入纤维的投射。另外，视网膜的上半部传入纤维投射到距状裂的上缘，下半部传入纤维投射到距状裂的下缘，视网膜中央的黄斑区投射到距状裂的后部，视网膜周边区投射到距状裂的前部。当一侧枕叶损伤时，引起两眼对侧偏盲；只有双侧枕叶损伤时，才会引起全盲。

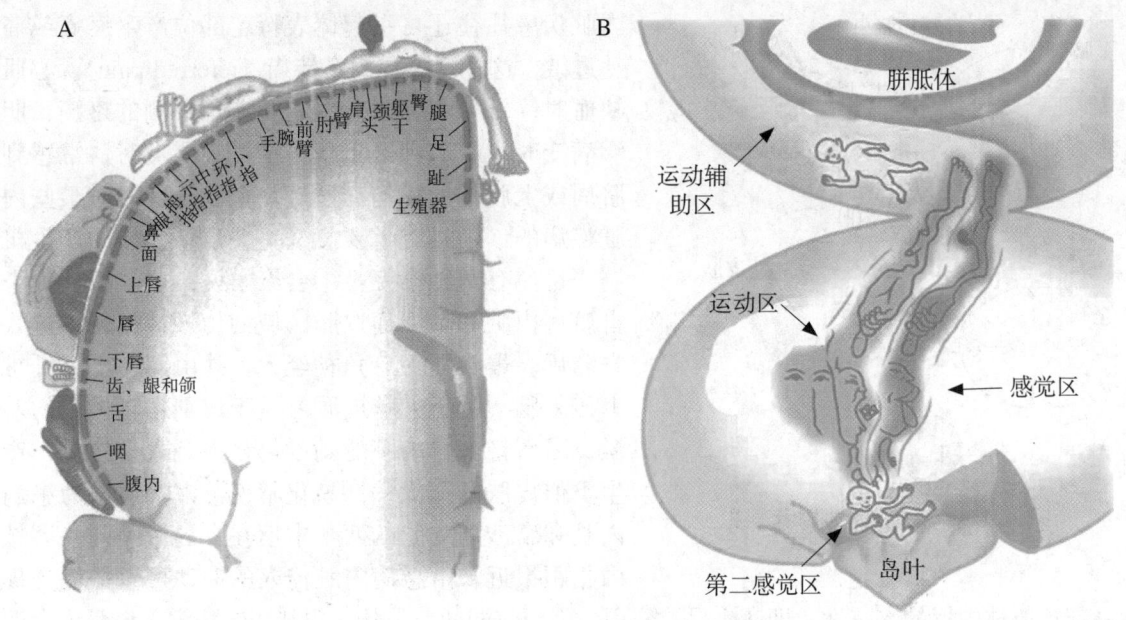

图 9-23 大脑皮质的感觉投射区与运动代表区示意图
A．第一体表感觉区示意图；B．感觉投射区与运动代表区示意图

5．听觉代表区　听觉代表区位于颞叶的颞横回和颞上回。听觉的投射是双侧性的，即一侧皮质代表区接受双侧耳蜗感觉传入的投射。因此，一侧颞叶受损，不致引起全聋。

6．嗅觉代表区和味觉代表区　嗅觉代表区位于边缘叶的前底部，包括梨状区皮质的前部和杏仁核的一部分。味觉代表区位于中央后回底部，即中央后回头面部感觉代表区的下方。

（四）痛觉

痛觉是各种伤害性刺激作用于机体引起的一种不愉快的主观感觉，同时伴有情绪变化、自主神经反应和防卫反应。

1．痛觉感受器　痛觉感受器是游离的神经末梢，传递伤害性信息，也称为伤害性感受器，属于化学感受器，广泛分布于皮肤、肌肉、关节和内脏器官。痛觉感受器没有适宜刺激，任何形式的刺激只要达到对机体产生伤害的程度均可使痛觉感受器兴奋。当伤害性刺激作用于机体时，导致局部组织破坏，释放缓激肽、组胺、5-羟色胺、K^+、H^+、ATP 等内源性致痛因子，激活痛觉感受器，使游离神经末梢去极化，触发产生动作电位。痛觉冲动沿传入纤维到达中枢后，通过不同的神经环路引起痛觉。

2．皮肤痛　当伤害性刺激作用于皮肤时，可以产生两种性质不同的痛觉：一种产生快，持续时间短，定位清楚，性质为刺痛，称为快痛，快痛一般不伴有明显的情绪变化；另一种则产生慢（"快痛"后 1 s 左右产生），持续时间长，定位不清楚，性质为灼痛，称为慢痛。慢痛会使人们产生难于忍受的痛感，并引起情绪变化及心血管和呼吸等内脏反应，也可引发骨骼肌的紧张性反射。快痛的传入纤维是 Aδ 类有髓纤维，经特异投射系统到达大脑皮质的第一和第二感觉区（图 9-23）；而慢痛的传入纤维是 C 类无髓纤维，主要投射到扣带回。

3．内脏痛与牵涉痛　内脏器官受到伤害性刺激时产生的疼痛称为内脏痛。内脏痛和皮肤痛相比，具有以下特征：①定位不精确，因为痛觉感受器在内脏分布相对较少；②发生缓慢、疼痛持久，类似于慢痛，但也可呈渐进性增强，最后转为剧痛；③对切割、烧灼刺激不敏感，而机械牵拉（手术操作）、缺血（心绞痛）、痉挛（胃肠痉挛）和炎症（胰腺炎）刺激等则容易引起疼痛；④常伴有不愉快或不安等情绪反应和出汗、恶心、血压降低等自主神经功能改变。

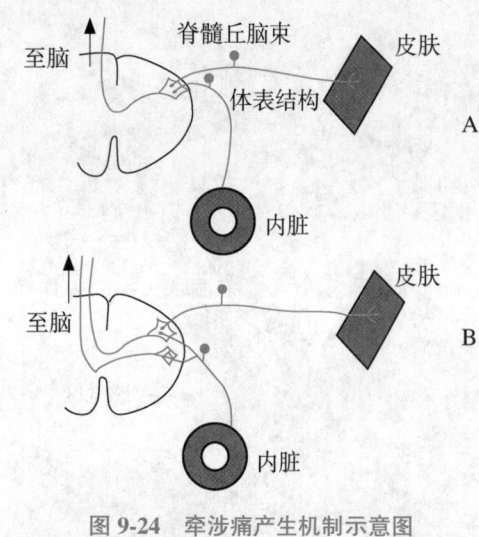

图 9-24　牵涉痛产生机制示意图

内脏疾患往往还可引起体表特定部位产生疼痛或痛觉过敏，这种现象称为牵涉痛（referred pain）。心肌缺血时，发生心前区、左肩和左臂尺侧的疼痛；胆囊病变时，右肩胛区出现疼痛；阑尾炎时，常感到脐周或上腹部的疼痛。显然，牵涉痛现象对某些内脏疾病的诊断具有重要意义。关于牵涉痛的产生机制，目前有两种学说：①会聚学说：该学说认为来自患病内脏和牵涉痛皮肤区域的传入神经纤维进入脊髓后会聚到同一后角神经元，并由同一上行纤维上传入脑。由于大脑皮质习惯于识别来自体表的刺激，因而将来自内脏的刺激仍认为是来自体表，产生类似皮肤的痛觉。②易化学说：该学说认为患病内脏和牵涉痛皮肤的两个中枢在脊髓后角同一区域内相距很近，由患病内脏传入的冲动可以经侧支提高邻近躯体中枢的兴奋性，即产生易化作用，因而较弱的躯体传入也能引起痛觉。该学说有助于解释牵涉痛现象相关部位产生的痛觉过敏（图 9-24）。近来研究发现，局部组织的 pH 改变对痛觉具有重要影响，其机制与 pH 降低能通过兴奋酸敏感通道引发疼痛有关。

（张　莉）

第六节　神经系统对躯体运动的调节

躯体运动（somatic movement）是骨骼肌在神经系统支配下发生舒缩而产生的运动，其运动形式包括随意运动、节律性运动等方式。骨骼肌在运动过程中的收缩及舒张，各肌群之间的相互协调与配合，都是在神经系统的控制下进行的。不同水平的神经中枢参与了从简单的膝反射到复杂的随意运动的调节。

一、脊髓对躯体运动的调节

除头面部的骨骼肌接受脑神经支配外，躯干及四肢的骨骼肌均受脊髓运动神经元的支配。脊髓是神经系统的低级中枢，也是躯体运动最基本的反射中枢，可协助完成一些比较简单的反射活动。

（一）脊髓的运动神经元和运动单位

脊髓灰质前角存在大量运动神经元，主要是 α 运动神经元和 γ 运动神经元（图 9-25）。α 运动神经元胞体大，纤维粗，其轴突经前根离开脊髓支配相应的骨骼肌。其末梢在肌肉中分成许多分支，每一分支支配一根梭外肌纤维。当一个 α 运动神经元发生兴奋时，可引起所支配的所有肌纤维同时收缩。通常将由一个 α 运动神经元及其末梢所支配的全部肌纤维组成的功能单位，称为运动单位（motor unit）。运动单位的大小相差很大，例如，一个眼外肌运动神经元只支配 6～11 根肌纤维，而一个三角肌运动神经元约可支配 2000 根肌纤维。前者有利于肌肉的精细运动，而后者则有利于产生更强的肌张力。同一个运动单位的肌纤维，可与其他运动单位的肌纤维交叉分布。因此，即使只有少数运动神经元活动，在肌肉中产生的张力也是均匀的。不同的运动神经元所产生的肌电值也有所不同，在肌电图（EMG）上有所反映。

α神经元接受从脑干到大脑皮质各级高位中枢发出的下传信息，同时也接受来自躯干和四肢皮肤、肌肉和关节等处的外周传入信息，产生一定的反射传出冲动，直达所支配的骨骼肌，控制骨骼肌的活动，因此，α运动神经元又称为躯体骨骼肌运动反射的最后公路（final common path）。最后公路的功能状态可通过脑脊液中的生物标志物结合电生理测量结果而加以评定。

γ运动神经元的胞体较小，散布在α运动神经元之间。其轴突离开脊髓后，支配肌梭的梭内肌纤维。γ运动神经元的兴奋性较高，在高位中枢的易化作用下，能持续高频放电，调节梭内肌纤维的长度，使肌梭经常处于敏感状态。当γ传出纤维活动增强时，梭内肌纤维收缩，提高肌梭的敏感性，所产生的冲动由Ⅰa、Ⅱ类传入纤维返回脊髓。Ⅰ类传入神经经单突触的兴奋支配同一肌肉的α运动神经元，引起肌肉收缩。

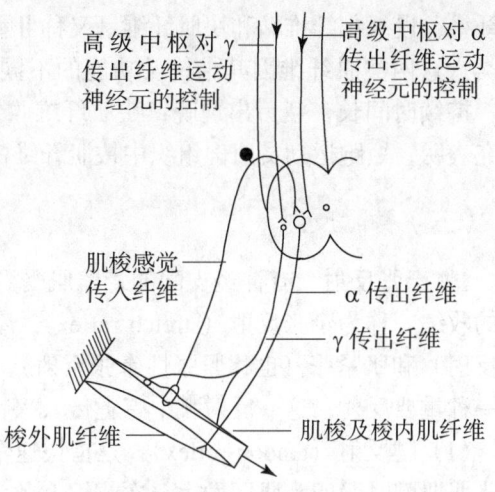

图9-25　脊髓神经元对骨骼肌的支配示意图

（二）肌梭及其神经支配

1. 肌梭（muscle spindle）　肌梭是一种感受机械牵拉刺激的梭形感受器，主要感受肌肉长度变化。其外层为一结缔组织囊，囊内一般含有6~12根肌纤维，称为梭内肌纤维（intrafusal fiber）。梭内肌纤维的收缩成分位于纤维的两端，感受装置位于中间部，二者呈串联关系。肌梭外的一般肌纤维称为梭外肌纤维（extrafusal fiber），与梭内肌纤维平行排列呈现并联关系。梭外肌纤维和梭内肌纤维分别受α和γ传出神经支配。梭内肌纤维感受装置的传入神经纤维有两类：Ⅰa类传入纤维和Ⅱ类传入纤维。Ⅰa类纤维属快传纤维，具有螺旋状末梢（一级末梢），感受肌肉牵张速率和长度的变化；Ⅱ类纤维属慢传纤维，具有花枝状末梢（二级末梢），可能与本体感觉有关，感受肌肉牵张长度的变化（图9-26）。梭内肌纤维因梭外肌被拉长而本身受到相应牵拉，继而将该机械信号转换为细胞膜电位的改变而引起传入神经放电，冲动经传入神经到达中枢，经整合后的传出神经冲动引起相应的α运动神经元兴奋，经α纤维传出，使该骨骼肌的梭外肌收缩。

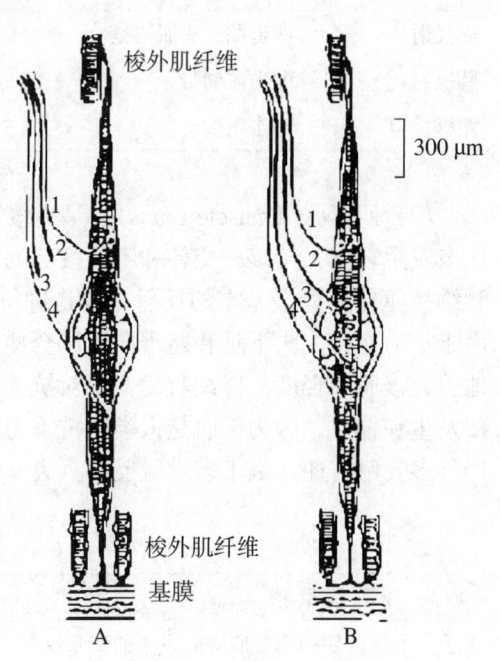

图9-26　肌梭的主要组成部分及传入、传出神经示意图

A. 传出神经支配；B. 传出和传入神经支配

γ传出纤维活动加强时梭内肌纤维收缩，提高了肌梭内感受装置对肌肉牵拉的敏感性，传入冲动增多，引起支配同一块肌肉的α运动神经元兴奋，使梭外肌收缩，这一反射途径为γ环路（γ-loop）。

2. 慢肌纤维和快肌纤维　骨骼肌纤维可分为慢肌纤维（又称Ⅰ型纤维、红肌纤维、慢缩肌纤维、慢氧化纤维）和快肌纤维（又称Ⅱ型纤维、白肌纤维、快缩肌纤维、快解醣纤维）两大类。这两类肌纤维因其结构及功能的不同而生理差异很大。慢肌纤维收缩速度慢，收缩力小，持续时间长，疲劳出现晚；快肌纤维收缩速度快，收缩力大，持续时间短，疲劳出现早。研究表明，短跑运动员肌肉组织中快肌纤维占优势，而长跑运动员肌肉组织中慢肌纤维较多。

（三）脊髓反射

1. 牵张反射 有神经支配的骨骼肌受到外力牵拉而被伸长时，能反射性地引起被牵拉肌肉的收缩，称为牵张反射（stretch reflex）。牵张反射包括两种类型：即腱反射（也称位相性牵张反射）和肌紧张（也称紧张性牵张反射）。牵张反射属于姿势反射的一种，是维持脊柱稳定的一种重要反射，这一反射弧中感觉传入兴奋性上升被认为是引起腰、背、颈部疼痛的原因。

（1）腱反射（tendon reflex）：是指快速牵拉肌腱时发生的牵张反射。如叩击膝关节下的股四头肌肌腱时股四头肌即发生一次收缩，此为膝反射。肘反射和跟腱反射也属于腱反射。腱反射为单突触反射，受高位中枢的调节。当叩击肌腱时，肌肉内的肌梭同时受到牵拉，反射性地引起肌纤维的一次同步收缩，产生明显的动作。临床上常通过检查腱反射来了解神经系统的功能状态。腱反射减弱或消退提示反射弧损害或中断；而腱反射亢进则提示高位中枢有病变，因为牵张反射受高位神经中枢的调节。临床上常用的腱反射见表 9-5 所列。

表 9-5 临床上常用的腱反射

名称	检查方法	中枢部位	效应
肘反射	叩击肱二头肌肌腱	脊髓颈 5～7 节段	肱部屈曲
膝反射	叩击髌韧带	脊髓腰 2～4 节段	小腿伸直
跟腱反射	叩击跟腱	脊髓腰 5～骶 2 节段	足部跖屈

（2）肌紧张（muscle tonus）：是指缓慢持续牵拉肌腱时发生的牵张反射，表现为受牵拉的肌肉发生轻度、持续、交替和不易疲劳的紧张性收缩，阻止其被拉长。肌紧张是保持身体平衡和维持躯体姿势最基本的反射，也是进行各种复杂运动的基础。例如，当人处于站立姿势时，由于重力作用，头下垂和躯干向前屈会使颈与躯干背部的伸肌肌腱受到持续牵拉，从而反射性地引起该肌肉轻度、持续收缩，以对抗关节的屈曲，产生抬头挺胸的姿势。人类的牵张反射主要发生在伸肌，因为伸肌是人类的抗重力肌。肌紧张的反射弧与腱反射相似，但它在中枢可能经过多突触传递，属于多突触反射（表 9-6）。

表 9-6 腱反射和肌紧张的比较

	腱反射	肌紧张
定义	快速牵拉肌腱时发生的牵张反射	缓慢持续牵拉肌腱时发生的牵张反射
感受器	肌梭（主要是核袋纤维）	肌梭（主要是核链纤维）
传入纤维	主要是Ⅰa 类	主要是Ⅱ类
收缩成分	主要是快肌纤维	主要是慢肌纤维
收缩特点	同步性快速收缩	持续交替性收缩，不易疲劳
反射弧	单突触反射	多突触反射
潜伏期	短	长
生理意义	了解神经系统的功能状态，反射弧受损时减弱，高位中枢病变时亢进	保持身体平衡，是维持躯体姿势最基本的反射

2. 屈肌反射和对侧伸肌反射　肢体皮肤受到伤害性刺激时，受刺激的一侧肢体的屈肌收缩、伸肌舒张，肢体屈曲，称为屈肌反射（flexor reflex）。屈肌反射具有保护意义，可使肢体避开伤害性刺激。屈肌反射的程度与刺激强度有关，例如将较弱的电刺激施于脊髓蟾蜍的后肢趾部皮肤，只引起踝关节屈曲。加大刺激强度，膝关节和髋关节也发生屈曲。如刺激强度再加大，在同侧肢体屈曲的基础上可出现对侧肢体伸直的反射反应，称为对侧伸肌反射（crossed extensor）。动物的一侧肢体屈曲，对侧肢体伸直，有利于支持体重，维持姿势。屈肌反射和对侧伸肌反射的中枢均位于脊髓。

人类锥体束或大脑皮质运动区发生功能障碍时，脊髓失去了来自皮质运动区的调节，可出现一种原始的屈肌反射。例如以钝物划足跖外侧时，出现拇趾背屈，其他四趾向外展开如扇形的反射，称为巴宾斯基征（Babinski sign）阳性。从生理学角度来看，这一反射属于屈肌反射；当刺激加强时，还可伴有踝、膝、髋关节的屈曲。平时脊髓在大脑皮质的调节下，这一原始的屈肌反射被抑制而不易表现出来。当婴儿锥体束尚未发育完善，或成人处于深睡或麻醉状态时，都会因为皮质对脊髓抑制的减弱或解除而出现巴宾斯基征阳性。

3. 腱器官反射　腱器官是分布于肌肉和肌腱连接处的肌肉张力感受器，包裹于肌腱内的胶原纤维束内，与梭外肌呈串联关系。梭外肌纤维发生强烈等长收缩时，可引起腱器官兴奋，其传入冲动经Ⅰb类纤维传入脊髓，通过中间神经元对同一肌肉的 α 运动神经元起抑制作用，使其活动减弱、减慢，反射性地保护肌肉不至于被过分牵拉和撕裂，同时还能使其拮抗肌所受的抑制解除。腱器官反射与肌梭牵张反射是互相配合、互相制约的。

腱器官、肌梭以及前庭器官等共同参与的生理性反射是维持身体肌肉紧张和姿势平衡的重要生理反射活动。

（四）脊休克

脊休克是神经源性休克的一种。当突然横断脊髓后，断面以下的脊髓暂时丧失反射活动能力而进入无反应状态，这种现象称为脊休克（spinal shock）。动物实验中在第 5 颈段水平以下切断脊髓，以保留膈神经对呼吸运动的支配，脊髓与高位中枢之间离断的动物被称为脊动物。

脊休克的主要表现：横断面以下脊髓所支配的骨骼肌反射消失，肌肉紧张性减弱或消失，血压下降，发汗反射消失，尿、便潴留。体循环血压下降是由于脊休克造成交感神经的紧张性下降，外周血管阻力减小，血液滞留于四肢而回心血量减少所致。交感神经紧张性下降还会造成副交感神经作用相对提高，从而引起心率减慢。

脊休克的发生并非由切断脊髓的损伤刺激本身所引起，而是离断面水平以下的脊髓突然失去了高位中枢（主要是大脑皮质、脑干网状结构和前庭核）的调控。若反射恢复后再次切断脊髓，则脊休克现象不会重现。脊休克的产生与恢复，说明脊髓能完成某些简单反射，但因平时在高位中枢控制下而不易表现出来。脊休克恢复后往往伸肌反射减弱而屈肌反射增强，说明高位中枢具有易化伸肌反射和抑制屈肌反射的作用。

脊休克是一种暂时现象，一些以脊髓为基本中枢的反射在脊髓横断后可逐渐恢复，其恢复速度与动物的进化程度有关，因为不同动物的脊髓反射对高位中枢的依赖程度不同。蛙在脊髓离断后数分钟内反射即可恢复；犬需数天才恢复；而人类因外伤引起脊休克时，则需数周以至数月方能恢复。恢复过程中，较简单的和较原始的反射先恢复，如屈肌反射、腱反射等；较复杂的反射后恢复，如对侧伸肌反射等。血压也逐渐回升到一定水平，并出现排便和排尿反射，有些反射比正常时增强并扩散，但这些反射往往不能很好地适应机体生理功能的需要。离断面水平以下的主观感觉和随意运动能力将永久丧失。脊休克若得不到及时救治，会导致器官功能衰竭，甚至最终导致死亡。临床上多采用多巴胺增加正性肌力，血管加压素增加血压及容量，肾上腺素、去甲肾上腺素、去氧肾上腺素以增加外周血管的收缩，阿托品可增加心率，以缓解脊休克产生的危重影响。

二、脑干对躯体运动的调节

正常情况下，脑干对脊髓运动神经元的调节具有双重性，既有易化作用，又有抑制作用。

（一）抑制区和易化区

电刺激动物脑干的不同部位时可发现延髓网状结构的腹内侧部分对肌紧张起抑制作用，称为抑制区（inhibitory area），可抑制脊髓的牵张反射。脑干以外的其他部分，如皮质运动区、纹状体、小脑前叶蚓部，可通过加强网状结构抑制区的活动而抑制肌紧张。电刺激延髓网状结构的背外侧部分、脑桥的被盖、中脑的中央灰质，对肌紧张和腱反射有加强作用，称为易化区（facilitatory area）。小脑前叶两侧部和前庭核传来的神经冲动可加强易化区的作用，使脊髓牵张反射活动加强；外周感觉信号上行途经脑干时，也能加强易化区的活动（图 9-27）。

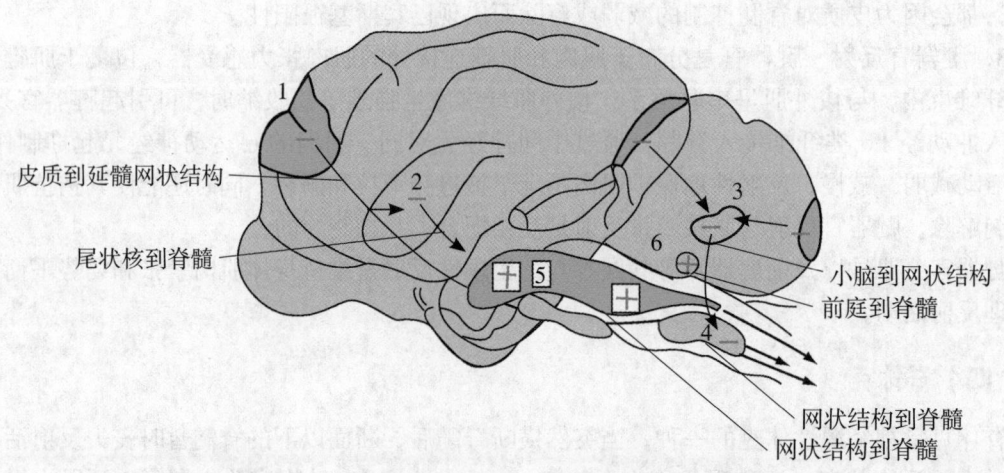

图 9-27 猫脑肌紧张抑制区、易化区及其途径示意图
+：代表易化区；－：代表抑制区
1. 皮质；2. 尾状核；3. 小脑；4. 延髓网状结构抑制区；5. 脑干网状结构易化区；6. 前庭核

正常情况下，易化区和抑制区的功能既有对抗又保持相对平衡，从而维持正常的肌紧张。当病变造成这两个相对的系统之间关系失调时，则出现肌紧张亢进或减弱。

（二）去大脑僵直

在动物的中脑上、下丘之间横断脑干，动物立即出现全身肌紧张明显加强，表现为四肢伸直、脊柱挺直、头尾昂起，呈角弓反张现象，称为去大脑僵直（decerebrate rigidity）（图 9-28）。如果此时于某一肌肉内注入局麻药或切断相应的脊髓后根以消除肌梭的传入冲动，该僵直现象即消失。可见去大脑僵直是一种增强的牵张反射。其原因：在中脑水平切断脑干后，中断了大脑皮质运动区和纹状体等区域对网状结构抑制区的作用，使抑制区活动减弱而易化区活动相对增强，导致易化作用占明显优势，出现去大脑僵直现象。

从牵张反射的角度来分析，肌紧张加强的机制有两种：①高位中枢的下行性作用，如前庭核的下行作用直接或间接通过脊髓中间神经元提高 α 运动神经元的活动，从

图 9-28 去大脑僵直示意图

而导致肌紧张加强而出现僵直，称为α僵直（α rigidity）；②在上丘和下丘之间横断脑干后，由网状结构易化区下行的作用主要使γ运动神经元活动增强，使肌梭敏感性增高，传入冲动增多，转而使脊髓α运动神经元传出冲动增加，导致肌紧张（主要通过皮质脊髓束）加强，出现γ僵直（γ rigidity）。

去大脑僵直是由于易化区活动增强，神经冲动经网状脊髓束而兴奋γ运动神经元，经γ-环路再使α运动神经元兴奋，引起肌紧张加强，属于γ僵直。当切断脊髓背根并消除肌梭传入冲动对中枢的作用后，僵直现象可以消失。若进一步切除小脑前叶（蚓部），则僵直现象重现，这种僵直属于α僵直。其机制是小脑蚓部被切除后，抑制区作用进一步减弱，易化区作用相对加强，切断背根后γ僵直已不可能发生，此时伸肌过度紧张的重现主要是前庭脊髓束使α运动神经元活动增强所致。

去大脑僵直主要是抗重力肌的肌紧张显著加强。有的动物，如南美洲树懒习惯于悬挂在树上生活，屈肌则是其抗重力肌。这类动物发生去大脑僵直时屈肌的紧张会明显加强。人类在某些疾病中，也可出现与动物去大脑僵直相类似的现象。例如，蝶鞍上囊肿引起皮质与皮质下失去联系时，可出现下肢明显的伸肌僵直及上肢的半屈状态，称为去皮质僵直（decorticate rigidity）（图9-29）。其上肢的半屈状态是抗重力肌肌紧张增强的表现。人类的去大脑僵直有时可在中脑疾患时出现，表现为头后仰，上下肢僵硬伸直，上臂内旋，手指屈曲。临床上如见到患者出现去大脑僵直现象，往往表明病变已严重地侵犯了脑干，是预后不良的信号。

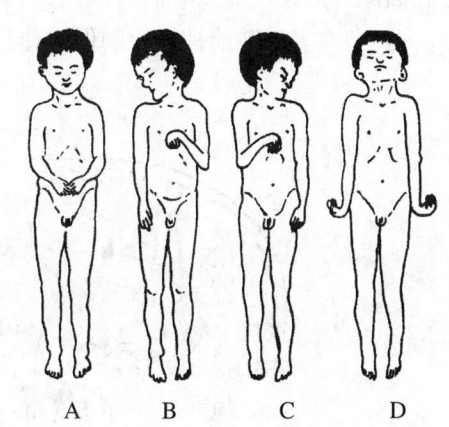

图 9-29　人类去皮质僵直及去大脑僵直示意图
A．仰卧，头部姿势正常时，上肢半屈曲；B 和 C．转动头部时的上肢姿势；D．去大脑僵直

（三）脑干对姿势反射的调节

姿势反射（postural reflex）是指在中枢神经系统的调节下，骨骼肌能保持紧张性或产生相应的运动，从而保持或修正身体在空间的姿势。牵张反射、对侧伸肌反射是最简单的姿势反射，状态反射、翻正反射、直线或旋转加速运动反射是比较复杂的姿势反射。

1．状态反射　头部在空间的位置改变以及头部与躯干的相对位置改变，可以反射性改变躯体肌肉的紧张性，称为状态反射（attitudinal reflex），包括迷路紧张反射（tonic labyrinthine reflex，TLR）和非对称性颈紧张反射（asymmetrical tonic neck reflex，ATNR）。正常人由于高位中枢的作用，状态反射受抑制，不易表现出来，在去大脑动物则表现突出。

（1）迷路紧张反射：指内耳迷路耳石器官（壶腹、椭圆囊和球囊）的传入冲动对躯体伸肌紧张性的调节反射。这一反射的主要中枢是前庭核。

（2）颈紧张反射：指颈部扭曲时，颈椎关节韧带或肌肉受刺激后，对四肢肌紧张性的调节反射。颈紧张反射有利于动物仰视和俯视时保持适当的姿势，其反射中枢在颈部脊髓。

2．翻正反射　正常动物可保持站立姿势，如将其推倒，则可翻正过来，此反射称为翻正反射（righting reflex）。如将一动物四足朝天从空中掉下，在下落过程中，可观察到一系列的反射活动，最后动物能够灵巧地以四肢着地。反射活动的感觉冲动首先来自视觉和内耳迷路，引起头部翻正，随后颈部和躯干肌肉受到刺激，使躯干的位置翻正。在人类，由视觉引起的翻正反射最重要。

三、基底神经节对躯体运动的调节

（一）基底神经节的组成及纤维联系

基底神经节（basal ganglion）位于间脑，包括尾状核、壳核、苍白球、丘脑底核和黑质，前三者又称为纹状体。纹状体与丘脑底核、黑质在结构和功能上有密切联系（图9-30），其中苍白球是纤维联系的中心，尾状核、壳核、丘脑底核、黑质均发出纤维与苍白球相联系。目前认为基底神经节可能参与运动的设计和程序编制，与随意运动的产生和稳定协调、肌紧张的调节、本体感觉传入信息的加工和处理等有关。此外，它与丘脑和下丘脑一起，起到本能反射（instinctive reflex）调节中枢的作用，共同完成行走、性反射等复杂的非条件反射。目前认为基底神经节在多巴胺能神经元的促进作用下参与了行动选择与强化学习。

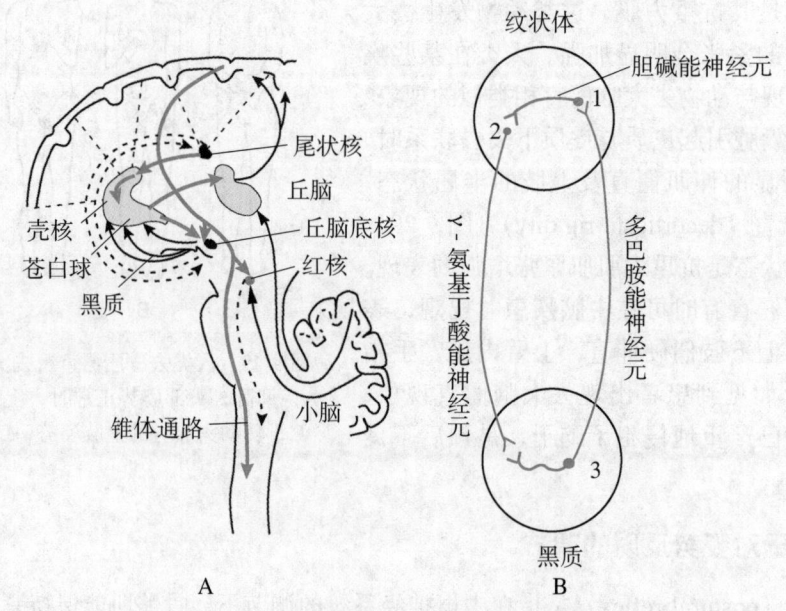

图 9-30 基底神经节及其纤维联系示意图
A. 基底神经节及其纤维联系；B. 黑质纹状体环路示意图

基底神经节本身并不发出下行性投射，也不接受来自本体感觉的传入冲动，它接受大脑皮质广泛区域的兴奋性纤维投射，从苍白球发出的传出纤维经丘脑前腹核和外侧腹核接替后回到大脑皮质的运动前区和前额叶。在上述通路中，从新纹状体到大脑皮质运动前区的投射有两条通路，即直接通路（direct pathway）和间接通路（indirect pathway）。直接通路是指从大脑皮质发出的纤维经新纹状体到达苍白球内侧部，然后经丘脑回到大脑皮质；间接通路则为新纹状体的传出纤维先到达苍白球外侧部，后者再发出纤维到达丘脑底核，丘脑底核发出的纤维经苍白球内侧部、丘脑回到大脑皮质（图9-31）。

从大脑皮质发出的到达新纹状体的纤维末梢释放的递质是谷氨酸，对新纹状体产生兴奋性作用。而从新纹状体到苍白球内侧部，及从苍白球内侧部到丘脑前腹核和外侧腹核的纤维则释放γ-氨基丁酸（GABA），产生抑制性作用，从丘脑到达皮质的投射是谷氨酸能纤维，因此直接通路的活动最终能易化大脑皮质的活动。由丘脑底核到达苍白球内侧部的纤维释放的递质为谷氨酸，为兴奋性递质。当间接通路兴奋时，苍白球外侧部的活动被抑制，此时丘脑底核对苍白球内侧部的兴奋作用增强，从而加强苍白球内侧部对丘脑-皮质投射系统的抑制，对大脑皮质发动运动产生抑制作用。

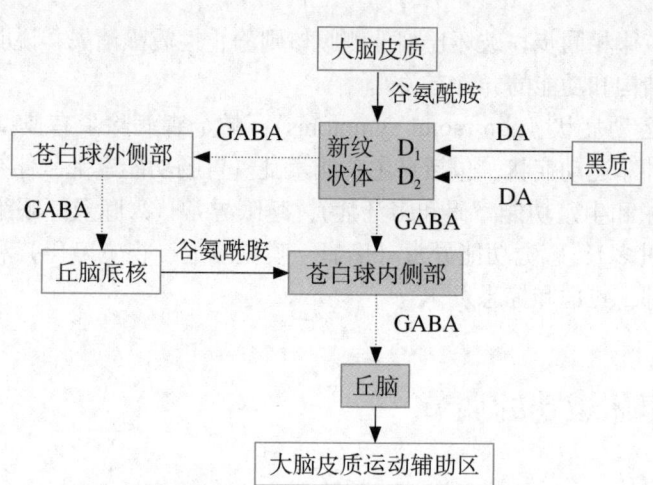

图 9-31　基底神经节的直接通路及间接通路示意图
实线表示兴奋，虚线表示抑制

新纹状体除接受大脑皮质发出的谷氨酸能纤维支配外，还接受来自中脑黑质致密部的多巴胺能纤维投射，构成黑质-纹状体投射系统。新纹状体内的神经元主要是中型多棘神经元（medium spiny neuron，MSN），它们的细胞膜上有 D1 和 D2 两类受体，黑质多巴胺能纤维末梢释放的多巴胺通过激活 D1 受体可增强直接通路的活动，而通过 D2 受体则抑制纹状体神经元的兴奋，从而抑制间接通路的活动。

（二）基底神经节损伤引起的症状

基底神经节与随意运动的稳定、肌紧张的控制及本体感觉传入冲动的整合有关。基底神经节损害的症状主要表现为运动功能障碍，可大致分为两大类：一类是运动过多而肌紧张降低的综合征，例如亨廷顿病（舞蹈病）（Huntington disease，chorea）和手足徐动症（athetosis）等；另一类是运动过少而肌紧张过强的综合征，例如帕金森病（Parkinson's disease），亦称震颤麻痹（paralysis agitans）。

1. 亨廷顿病　英国外科医生 Jonathan Huntington（1828—1913）于 1872 年首次报道了亨廷顿病。该病主要表现为不自主的上肢和头部的舞蹈样动作，并伴有肌张力降低等。病变主要在新纹状体，由于纹状体中胆碱能与 GABA 能神经元功能的减低，减少了对黑质多巴胺能神经元的抑制，所以多巴胺能神经元的活动反而增强。患者肌张力降低、动作过多，很可能是由基底神经节对大脑皮质的抑制功能减退所致。亨廷顿病是一种遗传性疾病，运用分子生物学手段，已证明此病的产生是由人类第 4 对染色体的短臂上 Huntington 基因异常所致。

2. 帕金森病　该病的症状首先由英国医生 James Parkinson（1755—1824）描述，主要表现为全身肌紧张增高、肌肉强直、随意运动减少、动作缓慢、面部表情呆板，患者常有静止性震颤（static tremor），多出现于上肢。震颤节律为每秒 4～6 次，静止时出现，情绪激动时增加，进行自主运动时减少，入睡后停止。帕金森病的病因是双侧黑质病变，多巴胺能神经元受损。由于多巴胺可通过 D_1 受体增强直接通路的活动，也可通过 D_2 受体抑制间接通路的活动，因此该递质减少后，可引起直接通路活动减弱而间接通路活动增强，使皮质对运动的发动受到抑制，从而出现运动减少和动作缓慢的症状。所以，给予多巴胺的前体左旋多巴（L-dopa）能明显改善肌肉强直和动作缓慢的症状。此外，M 受体阻断剂东莨菪碱或盐酸苯海索也有类似疗效，这是因为它能解除纹状体内胆碱能中间神经元对传出神经元的抑制作用，因而能间接增强基底神经节与大脑皮质之间回路的作用。但上述两类药物对静止性震颤均无明显疗效，用微电极记录帕金森病患者丘脑外侧腹核的神经元放电，可以观察到某些神经元放电的周期性节律与患者肢体的震颤节律相同步，破坏丘脑外侧腹核则静止性震颤消失，说明静止性震颤可能与丘脑外侧腹核等处结构和功能的异常有关。

帕金森病的非运动症状（non-motor symptoms）：帕金森病除了有典型的躯体运动功能障碍外，还可伴有多种非运动症状，包括自主功能紊乱（胃肠功能紊乱、伴有直立性低血压的心血管功能障碍、泌尿和生殖功能障碍和多汗症）、睡眠异常（入睡及睡眠维持障碍、快动眼睡眠异常、白天睡眠过多）、感觉功能异常（疼痛、嗅觉减退、视觉障碍）和（或）神经精神障碍（兴趣缺失、抑郁、焦虑和惊恐发作）。

四、小脑对躯体运动的调节

小脑的发展与动物运动方式的变化密切相关，以躯干运动为主的动物其小脑只有绒球小结叶（古小脑）部分；以鳍或肢体运动为主的动物，小脑结构中增加了蚓部（旧小脑）；当动物进化到将躯干撑离地面进行复杂运动时，则出现了小脑半球（新小脑）。

小脑由灰质（皮质）、白质和深部小脑核组成。皮质部分可按原裂及后外侧裂横向分为前叶、后叶和绒球小结叶；也可纵向分为蚓部和半球部，半球部可再分为中间部和外侧部。小脑与大脑皮质之间有复杂的双向纤维联系，即小脑接受大脑皮质下行的纤维，也发出纤维到大脑皮质，从而与大脑皮质一起参与运动的设计和程序的编制，并参与运动的执行。生理学上常根据小脑的传入、传出纤维联系，并结合上述纵、横两种分区法，从功能上将小脑划分为前庭小脑（vestibulocerebellum）、脊髓小脑（spinocerebellum）和皮质小脑（cerebrocerebellum）三个部分（图 9-32）。

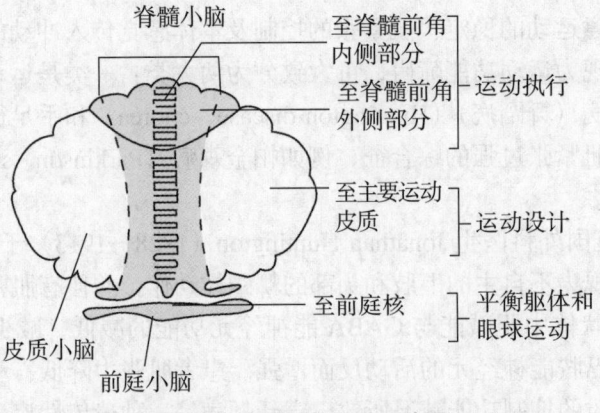

图 9-32 小脑功能分区示意图

小脑在维持姿势、调节肌紧张、协调和形成随意运动等方面均有重要作用。

1. 调节身体的平衡 主要与前庭小脑（绒球小结叶）有关。动物或人前庭小脑损伤，造成身体平衡障碍，随意运动明显困难，突出表现是不能站立或站立不稳，步态蹒跚。被切除绒球小结叶的猴，由于平衡功能失调而不能站立，只能依靠墙壁而立，但其随意运动仍然很协调，能很好地完成进食动作。第四脑室附近出现肿瘤的患者，因肿瘤压迫损伤绒球小结叶，患者站立不稳，但其肌肉运动协调仍良好。

绒球小结叶（flocculonodular lobe）的平衡功能与前庭器官及前庭核活动有密切关系，其反射进行的途径为：前庭器官→前庭核→绒球小结叶→前庭核→脊髓运动神经元→肌肉装置。动物实验中切除狗的绒球小结叶后，则运动异常不再发生；切除猫的绒球小结叶后，可出现位置性眼震颤（positional nystagmus），当头位固定于特定位置时，眼震颤即出现。以上现象均说明绒球小结叶对调节前庭核的活动有重要作用。

2. 调节肌紧张　主要与脊髓小脑有关。脊髓小脑包括小脑前叶和小脑后叶的中间带区。小脑对肌紧张的调节可有两方面：抑制和易化。在低等哺乳动物中以抑制为主，而在灵长类中则以易化为主。

（1）抑制作用：小脑前叶蚓部有抑制肌紧张的作用。刺激前叶正中带可减弱去大脑动物伸肌过度紧张的现象。单独损伤前叶正中带，由于消除了此部的抑制作用，大多数动物均出现伸肌紧张加强的现象。损毁猫的小脑，可使肌紧张与去大脑僵直加强。

（2）易化作用：刺激猴小脑前叶两侧部有加强肌紧张的作用。外侧带损伤则会出现肌无力或低紧张（hypotonia）的现象。人类和灵长类动物的外侧带特别发达，在小脑病变的症状中低紧张比高紧张状态更为典型。小脑病变的患者在膝反射后，小腿自由下落时会出现反复摆动的现象，就是由于低紧张状态所造成的。

3. 调节随意运动

（1）小脑后叶中间带有控制肌紧张的作用，但主要是协调大脑皮质发动的随意运动。切除这部分小脑后，随意运动的力量、方向及限度将发生很大程度的紊乱，同时肌张力减退表现为四肢乏力。受害动物或患者不能完成精细动作，肌肉在完成动作时抖动而把握不住方向，如指物不准，快接近所指目标时即发生震颤，称为意向性震颤（intention tremor）。行走摇晃，呈酩酊蹒跚状，动作越迅速，则协调障碍越明显；动作分解，如握拳时缩指和竖腕不能同时进行；患者不能进行拮抗肌快速轮替运动，即运动不能快速转换，如不能快速翻手或伸屈手指。这些动作协调障碍称为小脑共济失调（cerebellar ataxia）。

（2）皮质小脑：由小脑后叶的外侧部构成。其与大脑皮质运动区、感觉区、联络区之间的联合活动和运动计划的形成及运动程序编制有关。在学习精巧运动的过程中，开始阶段大脑皮质发动的随意运动并不协调，随后大脑和小脑之间不断进行联合活动，小脑不断接受感觉传入冲动调节，逐步纠正了运动过程中发生的偏差，使运动逐步协调。精巧运动逐渐完善后，皮质小脑中即能贮存这种精巧运动程序。以后再次发动此类运动时，中枢系统首先从皮质小脑中提取贮存的这个程序，并将程序输送到大脑皮质，再由大脑皮质发动该精巧运动。此时发动这种运动几乎不需要思索，动作便可协调而精巧地完成。

人类小脑损伤后出现的主要症状：①肌张力减退（atonia）；②肌无力（asthenia）；③运动共济失调（motor ataxia）。其中，肌张力减退和运动共济失调已在前文阐明。关于肌无力，有人认为是由于小脑对大脑有经常的再强化（reinforcement）作用，当此作用消失后，患者为了要发动一个动作，不得不做更多的随意性的命令。这样经常维持下去，人就会感到无力、疲劳。

五、大脑皮质对躯体运动的调节

机体的随意运动受大脑皮质的控制，大脑皮质控制躯体运动的部位称为皮质运动区。

（一）大脑皮质运动区

电刺激大脑皮质的特定区域可引起动物的运动反应。大脑皮质参与运动的主要区域有：①中央前回运动区（precentral motor area），或称运动区（motor area），或称运动皮质（motor cortex）。运动皮质包括中央前回和运动前区的4区及6区。电刺激实验表明，4区主要与对侧远端关节如手指、脚趾等的精细运动有关；6区主要与近端关节如肩、髋等大关节的运动有关。②辅助运动区（supplementary motor area），在皮质的内侧面（两半球纵裂的侧壁），刺激该区可引起肢体运动和发声，反应一般为双侧性。③第二运动区，刺激一侧辅助运动区及第二运动区，均能引起双侧躯体运动反应，但需用较强的电流。这两区的生理功能尚不甚清楚。

运动区有以下特点：①对躯体运动的调节是交叉性的，一侧运动区兴奋会引起对侧肌肉发生收缩；但其对头面部肌肉的支配是双侧性的，而下部面肌和舌肌仍受对侧皮质控制。②功能定位精确，从运动区顶部到底部对躯体运动的支配部位呈身体的倒影，即顶部支配下肢肌运动，底部支配头面部肌的运动，中间支配上肢肌的运动。但头面部代表区内部的安排是正立的，这种情况称为躯体定位（somatotopic localization）。③运动越精细、越复杂的肌肉，其皮质代表区也越大，例如，手和五指的代表区几乎与整个下肢所占的区域大小相等。④刺激所引起的肌肉运动主要为个别肌肉的收缩，甚至只引起某块肌肉一部分发生收缩，不会发生肌肉群的协同性收缩。

大脑皮质运动区对躯体运动的调节是通过锥体系和锥体外系下传而实现的。

（二）锥体系

锥体系（pyramidal system）由皮质脊髓束和皮质脑干束组成。一般指锥体束（pyramidal tract）及发出锥体束的皮质神经元。锥体束是指由皮质发出并经延髓锥体而下达脊髓的传导束，即皮质脊髓束。由皮质发出到达脑神经运动核的皮质脑干束虽然并不通过锥体，但因其在功能上与皮质脊髓束相同，所以也包括在锥体系的概念中。

锥体束纤维发源于初级运动皮质4区，其第五层内含有巨锥体细胞（Betz细胞）。锥体束纤维除来自皮质4区外，还来自6区、3-1-2区、5区、7区等部；除来自巨锥体细胞外，也有些来自额叶与顶枕颞的联络区皮质较小的锥体细胞。

锥体束不但能直接调节和控制脑干和脊髓的运动神经元，还通过发自脑干的几条传出通路间接调节运动功能。锥体系是大脑皮质下行控制躯体运动的最直接路径。主要发动和管理骨骼肌的随意运动，调节精细动作，保持运动的协调性。位于大脑皮质的中央前回的上运动神经元与位于脊髓前角和脑神经运动核的下运动神经元之间多为多突触连接。仅10%～20%为单突触连接。这种单突触连接主要支配前肢及远端的肌肉运动神经元，参与精细运动调控，且受大脑皮质直接调控。锥体系的生理调控功能还表现为：①加强肌紧张：局部切除4区而不伤及其他区域，或切断延髓锥体时，机体出现弛缓性麻痹（flaccid paralysis），可见锥体系的正常功能是加强肌紧张。②执行随意运动的"指令"：动物进化越高等，随意运动越依赖于大脑皮质的控制，哺乳类动物去大脑皮质后即丧失随意运动（麻痹）。③锥体束下传的冲动还可作用于感觉传导的第一级转换站，抑制冲动的传入。锥体束中还含有自主纤维，刺激锥体束可影响交感神经的传出活动。

随意运动的发动是一个复杂的过程。有研究显示，记录人体皮质的电位变化，并要求受试者做随意运动，发现在随意运动（以肌电活动为指标）发生前数百毫秒，在皮质的顶叶、额叶均有极微小的电位波动，称为"准备电位"（readiness potential）。这说明皮质发出运动性冲动之前，多处皮质就已在活动，为运动做"准备"。目前认为，运动皮质的功能主要是"执行"运动指令，而运动指令的设计、制定程序等大概率是其他皮质的功能。锥体束必须唤起脊髓前角运动细胞的兴奋，才能最后发生运动或改变肌紧张的程度。

（三）锥体外系

锥体外系（extra pyramidal system）是锥体系以外的影响和控制躯体运动的传导通路。它不直接到达脊髓或脑神经运动核，而是经基底神经节、红核、脑干网状结构的神经元中转，最后影响脊神经相关的运动功能。锥体外系的皮质发源也很广泛，除运动皮质外，还包括感觉运动皮质（第二运动区及辅助运动区包括在内）及许多其他皮质部位。所以锥体外系的皮质发源与锥体系的皮质发源部位有许多重叠。例如，完全切断延髓锥体后，随意运动并不完全消失，又如破坏皮质6区后，出现肌紧张加强，呈现痉挛性麻痹（spastic paralysis），可见锥体外系也参与随意运动的管理，对肌紧张有抑制作用。有时也会将大脑皮质-基底神经节-大脑皮质以及大脑-小脑的环路功能列入锥体外系。

（四）皮质运动区和锥体系功能障碍对运动的影响

由于锥体系和锥体外系在皮质的起源互相重叠，因此皮质运动区的损伤效应就难以分辨是属于锥体系还是锥体外系的功能缺损。同时，锥体束下行经过脑干时，还有许多侧支进入皮质下核团调节锥体外系的活动。因此，从皮质到脑干之间，由于种种病理过程产生的运动障碍往往是由于锥体系和锥体外系合并损伤的结果。但是到达延髓尾端水平，锥体束出现相对独立性，延髓锥体的损伤效应可以认为主要是锥体系功能缺损。

单侧中央前回的损伤则使对侧肢体完全丧失随意运动的能力，手和脚的肌肉常完全麻痹。目前已知，单纯的 4 区损伤出现肢体远端肌肉麻痹，并不产生痉挛，一般是弛缓性麻痹；损伤 6 区后则肢体近端肌肉麻痹并伴有痉挛；若整个中央前回运动区损伤，则肢体全部肌肉麻痹并伴有痉挛，出现痉挛性麻痹。

运动传出通路受损时，常出现柔软性麻痹（flaccid paralysis，软瘫）和痉挛性麻痹（spastic paralysis，硬瘫）两种表现。两者都有随意运动的丧失，但前者伴有牵张反射的减退或消失，常见于脊髓和脑运动神经元（临床上称为下运动神经元）损伤，如脊髓灰质炎；而后者则伴有牵张反射的亢进，常见于脑内高位中枢（临床上称为上运动神经元）损伤，如内囊出血引起的卒中。但研究表明，单纯皮质脊髓束和皮质脑干束损伤时，仅表现为软瘫，只有当与姿势调节通路合并损伤时，才表现为硬瘫。此外，人类皮质脊髓侧束损伤时会出现巴宾斯基征阳性体征。软瘫和硬瘫在临床上的不同表现和产生原因见表 9-7。

表 9-7 柔软性麻痹和痉挛性麻痹的比较

表现	柔软性麻痹	痉挛性麻痹
麻痹范围	常较局限	常较广泛
随意运动	丧失	丧失
肌紧张（张力）	减退、松弛	过强、痉挛
腱反射	减弱或消失	增强
浅反射	减弱或消失	减弱或消失
巴宾斯基征	阴性	阳性
肌萎缩	明显	不明显
产生原因	脊髓或脑运动神经元损伤	锥体系和姿势调节系统合并损伤

案例 9-1

某患者，男性，65 岁，以"突发左侧肢体麻木、运动障碍 1 h"为主诉入院。患者 1 小时前早餐时突然左侧上下肢体麻木。随后自觉左侧肢体活动欠灵活，家属发现患者口角轻度右侧歪斜，急诊来院。既往有高血压病史 10 年，最高血压达 280/200 mmHg，间断口服药物治疗，大量吸烟、饮酒嗜好 20 余年。无药物过敏及手术、外伤史。查体：体温（T）36.8℃，脉搏（P）120 次 / 分，呼吸（R）24 次 / 分，血压（BP）200/115 mmHg。双肺呼吸音粗，未闻及干、湿啰音及胸膜摩擦音。心率 120 次 / 分，律齐，心音有力。腹部查体未见异常。神经系统：意识清晰，查体合作。双侧眼球运动正常，未见眼球震颤，两侧瞳孔直径约 3 mm，对光反射灵敏。双侧额纹对称，左侧鼻唇沟变浅，口角轻度右偏，伸舌偏左。颈软，左上肢肌力 3 级，左下肢 4 级。右侧肢体肌力 5 级。左侧肱二头肌反射和膝反射亢进，右侧正常，左侧巴宾斯基征阳性，右侧正常。左侧偏身痛觉减退。头颅CT检查提示：右侧基底节区大量出血。心电图及胸部 X 线检查正常。实验室检查：血常规：WBC 5.49×10^9/L，RBC 3.47×10^{12}/L，Hb 131 g/L，N 71.3%，L 13.6%、M 14.4%、PLT 71×10^9/L。尿、便常规检查正常。肝功能检查：谷丙转氨酶（ALT）93 U/L；电解质检查正常。以"右侧脑（基底节）出血，高血压 3 级"为诊断收住院。

问题与思考：
1. 脑出血的病因及发病机制是怎样的？
2. 患者为何会出现左侧肢体麻木、运动障碍的症状？

（马会杰）

第七节　神经系统对内脏功能的调节

一、自主神经系统的功能

自主神经系统（autonomic nervous system）一般指支配内脏器官的传出神经，从结构和功能上可分为交感神经系统（sympathetic nervous system）和副交感神经系统（parasympathetic nervous system）两部分。它们对内脏器官的活动起着重要的调节作用，控制呼吸、循环、消化、代谢、腺体分泌、体温和生殖等一些对生命十分重要的功能。

（一）自主神经系统的结构特征

自主神经传出纤维从中枢神经系统发出后不直接到达效应器，而是先进入一个外周神经节（交感或副交感神经节）换元，由节内神经元再发出纤维支配效应装置。由中枢发出的纤维称为节前纤维，由节内神经元发出的纤维称为节后纤维。节前纤维轴突多为 B 类神经纤维，而节后纤维为 C 类纤维。一般而言，交感神经的节前纤维较短而节后纤维较长；副交感神经则是节前纤维较长而节后纤维较短，大部分副交感神经的神经节位于效应器官内，但肾上腺髓质例外，直接由交感神经节前纤维支配。

交感神经的节前纤维起源于脊髓胸腰段侧角，由相应的前根传出，经白交通支进入交感神经节。由于一根交感节前纤维能和多个节后神经元形成突触联系，故刺激节前纤维所产生的反应比较弥散。交感神经在体内分布广泛，几乎全身所有内脏器官都受其支配（图 9-33）。

副交感神经起源比较分散，一部分来自脑干的副交感神经核，如动眼神经中的副交感神经纤维起自中脑的缩瞳核，面神经和舌咽神经中的副交感纤维分别起自延髓的上泌涎核和下泌涎核，迷走神经中副交感纤维起自延髓的迷走背核和疑核；另一部分起自骶髓侧角神经元。一根副交感节前纤维只与少数节后神经元形成突触，因此其效应相对局限。此外，副交感神经分布也比较局限，有些器官不受副交感神经支配，例如，皮肤和骨骼肌内的血管、汗腺、竖毛肌和肾上腺髓质等只有交感神经支配（图 9-33）。

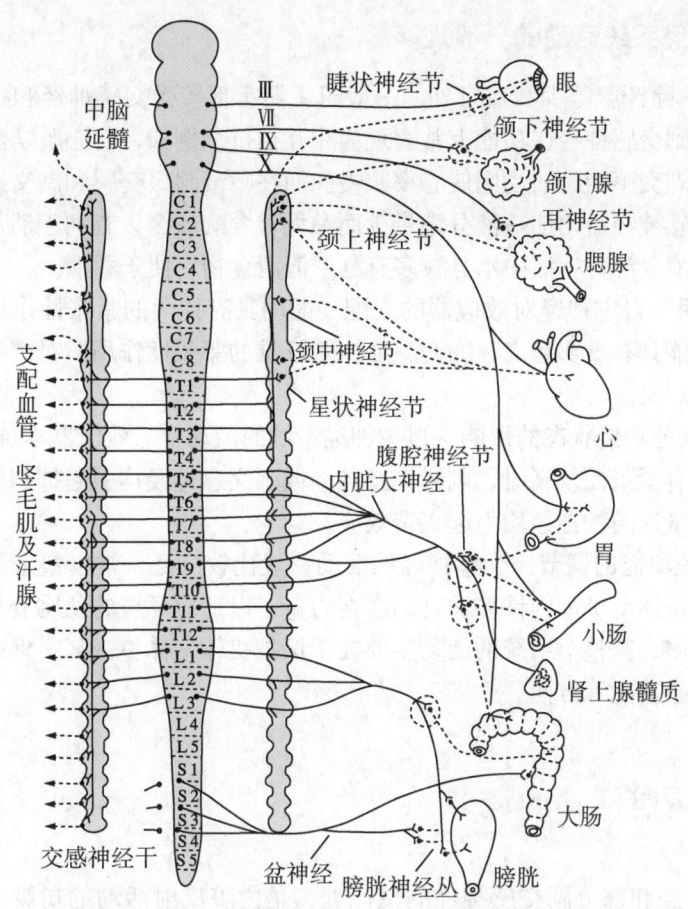

图 9-33 交感神经和副交感神经系统分布示意图
— 表示交感神经系统；--- 表示副交感神经系统

（二）自主神经系统的功能

交感神经系统和副交感神经系统的主要功能已在前面相关章节中提及，现总结于表 9-8。

表 9-8 交感神经系统和副交感神经系统的主要功能

器官	交感神经系统	副交感神经系统
循环系统	心搏加快、加强，腹腔内脏血管、皮肤血管以及分布于唾液腺与外生殖器官的血管均收缩，脾包囊收缩，肌肉血管可以收缩（肾上腺素能）或舒张（胆碱能）	心率减慢，心房收缩减弱；部分血管（如软脑膜动脉与分布于外生殖器的血管等）舒张
呼吸器官	支气管平滑肌舒张	支气管平滑肌收缩，促进黏液分泌
消化器官	分泌黏稠唾液，抑制胃肠运动，促进括约肌收缩，抑制胆囊活动	分泌稀薄唾液，促进胃液、胰液分泌，促进胃肠运动和使括约肌舒张，促进胆囊收缩
泌尿生殖器官	促进肾小管的重吸收，使逼尿肌舒张和括约肌收缩，使有孕子宫收缩	使逼尿肌收缩和括约肌舒张
眼	使虹膜辐射状肌收缩，瞳孔扩大；使睫状体辐射状肌收缩，睫状体环增大，使上眼睑平滑肌收缩	使虹膜环形肌收缩，瞳孔缩小；使睫状体环形肌收缩，睫状体环缩小；促进泪腺分泌
皮肤	竖毛肌收缩，汗腺分泌	
代谢	促进糖原分解，促进肾上腺髓质分泌	促进胰岛素分泌

（三）自主神经系统活动的一般规律

1. 双重支配 除汗腺等少数器官外，一般组织器官都接受交感神经和副交感神经的双重支配。交感神经和副交感神经在功能上常表现为相互拮抗。例如，对心脏功能而言，交感神经活动使心率加快，副交感神经活动则使心率减慢。而在唾液腺，交感和副交感神经在功能上表现为相互协同。交感神经活动使唾液分泌量少而黏稠，含酶较多，有利于消化；副交感神经活动则引起稀薄的唾液分泌，唾液中水分较多有利于润滑食物，便于吞咽。

2. 紧张性作用 自主神经对效应器的支配一般均具有持久的紧张性作用，这对维持这些器官的正常生理功能具有重要意义，如交感缩血管纤维的紧张性作用，对产生外周阻力、维持动脉血压具有重要意义。

3. 受效应器所处功能状态的影响 自主神经系统的活动常与效应器本身的功能状态有关。如消化道平滑肌原有紧张性较高时，刺激交感神经或副交感神经均引起抑制效应；相反，原有紧张性较低时，刺激这两种神经均引起兴奋效应。

4. 对整体生理功能的调节 交感神经的活动一般比较广泛，常以整个系统参与反应，其主要作用在于促使机体动员体内许多器官的潜在力量，以适应环境的急剧变化；而副交感神经的活动一般比较局限，其整个系统的活动主要在于保护机体、休整恢复、促进消化、积蓄能量以及加强排泄和生殖功能等方面。

二、脊髓对内脏活动的调节

脊髓是交感神经和部分副交感神经的发源处，是内脏反射活动的初级中枢。颈髓第 5 节段以上被离断的动物，待脊休克恢复后，血压可以上升恢复到一定水平，说明脊髓中枢可以完成基本的血管张力反射，以维持血管的紧张性，保持一定的外周阻力；同时还可具有反射性排尿和排便的能力，说明基本的排尿反射与排便反射可以在脊髓中枢内完成。脊髓高位被离断的患者，待脊休克恢复后，也可见到血管张力反射、发汗反射、排尿反射、勃起反射的恢复。但是，这种反射调节功能是初级的，不能很好地适应生理功能的需要。例如，当由平卧位转成站立位时，患者就感到头晕，这是因为机体对直立性血压变化的调节能力差，血管的外周阻力不能及时发生相应改变所致。

三、低位脑干对内脏活动的调节

延髓是部分副交感神经的发源地，由延髓发出的副交感传出纤维支配头面部的所有腺体、心脏、支气管、喉头、食管、胃、胰腺、肝和小肠等；同时，脑干网状结构中存在许多与内脏活动功能有关的神经元，其下行纤维支配脊髓，调节脊髓的自主神经功能。许多基本生命现象，如循环和呼吸等的反射调节在延髓水平已能初步完成。经临床观察和动物实验研究证明，延髓受损可迅速造成死亡，故常将延髓称为基本生命中枢（basic vital center）。同时延髓也是吞咽、咳嗽、喷嚏、呕吐等反射活动的整合中枢。此外，中脑是瞳孔对光反射的中枢部位。中脑还与皮肤电反射、竖毛、防御性血压升高等自主反应有关。

四、下丘脑对内脏活动的调节

下丘脑有许多神经核团，从前向后依次可分为前、中、后三群核团。视前区有时也并入下丘脑（图9-34）。下丘脑前部的核团包括视上核、视交叉上核、室旁核和下丘脑前核，中部的核团包括背内侧核、腹内侧核、弓状核和结节核，后部的核团包括下丘脑后核和乳头体核。

下丘脑与边缘前脑、丘脑、脑干网状结构之间存在神经联系，例如通过穹窿、终纹、内侧前脑束等与海马、杏仁、隔核、中脑被盖等结构相联系，通过垂体门脉系统和下丘脑-垂体束调节垂体功能。

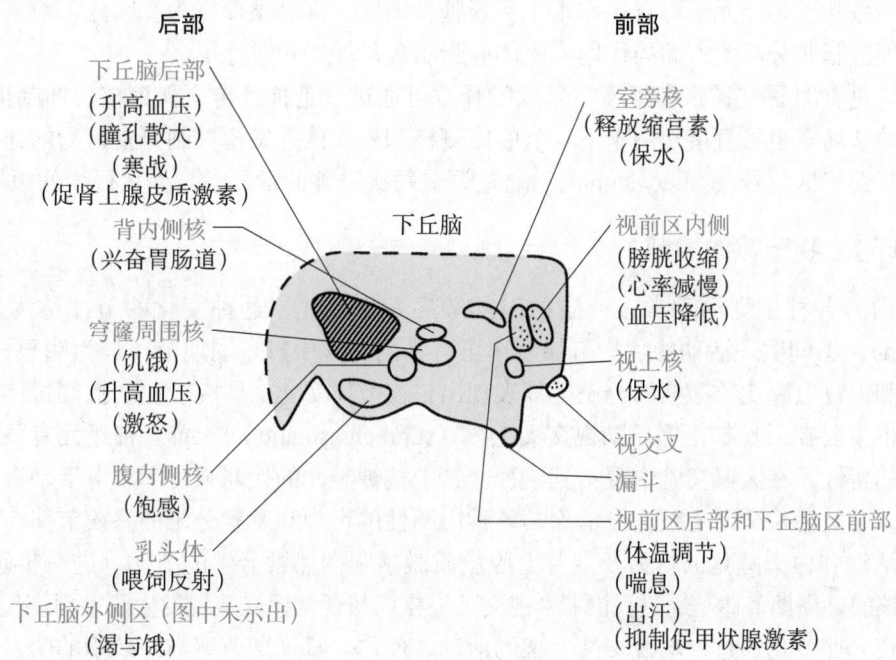

图9-34 下丘脑的结构及功能示意图

下丘脑是自主神经系统的较高级中枢，其内侧和腹侧部分主要与交感活动有关，而外侧部分主要与副交感活动有关；通过交感和副交感神经支配，对内脏活动起调节作用。与此同时，下丘脑还可将内脏活动与其他生理活动联系起来，在体温、摄食、水平衡、生物节律以及情绪和行为反应等生理过程中起重要的调节作用。

（一）在体温调节中的作用

在哺乳动物下丘脑以下部位横断脑干后，体温便不能保持相对稳定；而在间脑水平以上切除大脑皮质，动物体温基本保持相对稳定，这表明体温调节的基本中枢在下丘脑。视前区-下丘脑前部（PO/AH）存在对体温变化敏感的热敏和冷敏神经元，可控制散热和产热过程。下丘脑前部有一区域与散热有关，能控制血管舒张、出汗和气喘，动物在冷环境中尤为明显；下丘脑后部有一区域能控制血管收缩、寒战，即与产热有关。来自皮肤温度感受器的信息均在下丘脑整合处理，但目前对于处理温度信息是在下丘脑前部还是后部尚有争论。

（二）在摄食调节中的作用

下丘脑参与摄食行为的长期调节和短期调节。正常情况下，机体通过长期调节使能量摄入与消耗维持动态平衡，体重可在相当长的时期内处于相对稳定。调节摄食行为的"双中枢假说"认为：下丘脑外侧区存在摄食中枢（feeding center）或饥饿中枢，下丘脑腹内侧区存在饱中枢（satiety center）。摄食活动取决于摄食中枢和饱中枢活动的平衡，两个中枢的神经元活动受血糖水平的调节，并且存在交互抑制的关系。下丘脑外侧区能兴奋和促进与摄食有关的反射活动，而腹内侧区则抑制摄食活动。

瘦素（leptin）是参与摄食行为长期调节的重要信号分子之一，由肥胖基因（obese gene，ob）编码、脂肪细胞分泌，其血浆中的浓度与体内的脂肪量密切相关。当体脂含量升高时，由脂肪细胞释放入血的瘦素分子激活下丘脑弓状核的瘦素受体（obR），一方面促垂体激素释放，作用于甲状腺和肾上腺；另一方面增强自主神经系统交感部分的活动，提高全身细胞的代谢率。激活的弓状核神经元还可直接作用于下丘脑外侧区，抑制摄食行为。因此，瘦素可通过抑制摄食和促进脂肪分解两方面的作用，使体内脂肪含量保持相对稳定。

此外，进食时胃壁扩张和胆囊收缩素的释放可通过迷走神经传入孤束核，抑制摄食行为；胰腺释放的胰岛素也可直接作用于下丘脑腹内侧核和弓状核，发挥抑制摄食行为的作用。以上由进食引起的"饱信号（satiety signal）"通过调节每次进食的量，参与摄食行为的短期调节。

（三）对生物节律的控制

机体内的各种生理活动常按一定的时间顺序发生变化，这种变化的节律称为生物节律（biorhythm）。不同生理活动的生物节律频率可有不同，其中以日周期节律最为明显，如体温、生长激素和促肾上腺皮质激素的分泌等都表现出昼夜节律变化。研究表明，控制机体昼夜节律活动的中枢主要在下丘脑，下丘脑视交叉上核（suprachiasmatic nucleus）神经元有昼夜节律性发放冲动的特性。在大鼠实验中观察到，视交叉上核神经元的代谢强度和放电活动有明确的日周期节律。若破坏视交叉上核，可消除其各种内源性的行为和激素分泌的昼夜节律，破坏其正常的夜间活动和白天睡觉的行为及促肾上腺皮质激素和褪黑素分泌的节律。进一步研究表明，视交叉上核的日周期节律是通过视网膜-视交叉上核束与视觉感受装置发生联系而产生的。外界环境的昼夜光照变化通过影响视交叉上核的活动，使体内日周期节律与外环境的明、暗周期节律同步化。因此，人为改变外环境光照和黑暗的时间，可使机体原有的日周期节律发生变化。

（四）对水平衡的调节

水平衡的维持主要取决于两个机制：引起摄水的渴感和调节排尿量的抗利尿激素（ADH）。下丘脑外侧区存在饮水中枢（口渴中枢），该中枢兴奋时，动物饮水量增多；反之，损毁饮水中枢后，动物则拒饮。下丘脑的视上核和室旁核合成 ADH，通过下丘脑垂体束转运至垂体后叶中贮存，机体细胞外液晶体渗透压升高或血容量减少均可刺激垂体释放 ADH，使水的排出量减少。下丘脑通过调节水的摄入量和排出量，使体内水保持平衡。

将高渗盐水注射到狗颈内动脉可引起 ADH 的分泌，表明脑内某些细胞对血浆晶体渗透压十分敏感，并可调节 ADH 的释放。实验证明，在下丘脑内存在着渗透压感受器（osmoreceptor），它能根据血浆晶体渗透压的变化来调节 ADH 的分泌，进而控制肾对水的排出。

（五）对垂体激素分泌的调节

下丘脑内某些神经内分泌细胞（神经分泌小细胞）能够合成与分泌多种肽类物质，统称为调节性多肽（regulatory peptides），经垂体门脉系统运送到腺垂体（垂体前叶），促进或抑制腺垂体激素的分泌。下丘脑视上核和室旁核能够合成缩宫素和血管升压素，经下丘脑-垂体束运送到神经垂体（垂体后叶）。此外，下丘脑还有些神经元对血液中某些激素浓度的变化比较敏感，例如，前区的某些神经元对卵巢激素敏感，内侧区的某些神经元对肾上腺皮质激素敏感，另有一些区域的神经元对各种垂体促激素很敏感。这些神经元被称为监察细胞（monitor cell）。监察细胞在感受血液中激素浓度变化的信息后，可以反馈调节上述肽类物质的分泌，从而更好地控制腺垂体的激素分泌活动。

五、大脑皮质对内脏活动的调节

（一）新皮质对内脏活动的调节

新皮质是指大脑皮质中除边缘系统皮质部分以外的进化程度最新的部分。在动物实验中电刺激新皮质，除了能引起躯体运动等反应外，也可引起内脏活动的变化，而且有区域分布特征，如刺激皮质内侧面4区一定部位，会引起直肠与膀胱运动的变化；刺激皮质外侧面一定部位，会引起呼吸和血管运动的变化；刺激4区底部，会引发消化道运动及唾液分泌的变化；刺激6区一定部位，可引起竖毛与出汗；刺激8区和19区等，可引起眼外肌运动及瞳孔的反应。所有这些均说明新皮质与内脏活动有关，而且区域分布和躯体运动代表区的分布有一定相关。但电刺激人类大脑皮质却很少见到类似的结果。

（二）边缘系统的功能

刺激边缘前脑不同部位所引起的内脏活动反应很复杂，可以表现为血压升高或降低、呼吸加快或抑制、胃肠运动加强或减弱、瞳孔扩大或缩小等，说明边缘前脑的功能与初级中枢的功能不同，刺激初级中枢反应比较肯定而一致，而刺激边缘前脑的结果变化较大。可以设想，初级中枢的功能比较局限，活动反应比较简单；而边缘前脑是许多初级中枢活动的调节者，它能通过促进或抑制各级初级中枢的活动，调节更为复杂的生理功能活动，使调节反应复杂而多变。

（刘陶迪）

第八节　脑的高级整合功能

一、学习和记忆

学习和记忆是神经系统的高级功能活动之一。学习（learning）是指人和动物依据经验来改变自身行为以适应环境的神经活动过程；记忆（memory）则是指人和动物对以往经验的存储和回忆，是将学习到的信息贮存和"读出"的神经活动过程。学习是记忆的基础，记忆是学习的结果，两者相互联系，共同完成神经系统活动。

（一）学习的形式

学习可分为非联合型学习和联合型学习两种形式。

1. 非联合型学习（nonassociative learning）　非联合型学习属于简单的学习行为，在刺激和反应之间不需要形成某种明确的联系，故又称为简单学习（simple learning）。习惯化和敏感化属于这种类型的学习。习惯化是指一种刺激反复出现，如果不引起某种奖赏或惩罚，机体对该刺激的反应将逐渐减弱以至消退。例如人们对有规律而重复出现的强噪声反应逐渐减弱。敏

感化与习惯化正好相反，是指对刺激的反应增强的过程。如机体在接受伤害性刺激之后，对非伤害性刺激的反应也会增强。无论高等动物还是低等动物都具有习惯化和敏感化的行为，习惯化使机体学会对那些不重要的或无意义的刺激的适应，而敏感化有助于强化对有意义的信息的应答，如使机体学会对某一伤害性刺激加以注意，避免再度受伤害。

2. 联合型学习（associative learning） 联合型学习是两个事件如两种刺激或者一种行为与一个刺激在时间上非常接近地重复发生，最后在脑内逐渐形成联系，经典的条件反射（conditioned reflex）和操作式条件反射（operant conditioning reflex）都属于联合型学习。

（1）经典的条件反射：20世纪初俄国著名生理学家巴甫洛夫（Pavlov，1849－1936）通过动物实验最早揭示了条件反射活动的基本规律，并将条件反射用于学习和记忆的研究，因此条件反射也被称为巴甫洛夫反射。

1）条件反射的建立：条件反射是后天经过学习而建立的。建立条件反射的基本条件是无关刺激（independent stimulation）与非条件刺激在时间上的结合，这个过程称为强化（reinforcement）。经过多次强化，无关刺激转化为条件刺激（conditioned stimulation）时，条件反射也就形成了。例如，给狗喂食时会引起狗的唾液分泌，这是非条件反射，进食动作是非条件刺激；以铃声刺激不会引起狗分泌唾液，即铃声与唾液分泌无关，这被称为无关刺激。但是，如果每次给狗喂食前先出现铃声，然后再喂食，这样，铃声和喂食在时间上多次结合，当铃声一出现，狗就会出现唾液分泌，这是经典条件反射建立的过程。此时，铃声已转化为引起唾液分泌的条件刺激。一般条件刺激要先于非条件刺激而出现。条件反射的建立与动物机体的状态有很密切的关系，如处于饱食状态的动物则很难建立食物性条件反射，动物处于困倦状态时也很难建立条件反射。一般来说，任何一个能为机体所感知的动因均可作为条件刺激，而且在所有的非条件反射的基础上都可建立条件反射，如食物性条件反射、防御性条件反射等。

2）条件反射的泛化、分化和消退：条件反射建立之后，如果反复应用条件刺激而不给予非条件刺激强化，条件反射就会逐渐减弱，最后消失，这种现象称为条件反射的消退（vanish）。例如，当建立起铃声引起唾液分泌的条件反射以后，反复单独使用铃声而不喂食进行强化，则铃声引起的唾液分泌量将逐渐减少，最后完全不能引起唾液分泌。条件反射的消退是由于在不强化的条件下，原来引起唾液分泌的条件刺激，转化成了引起大脑皮质抑制的刺激。这种由条件反射消退产生的抑制，称为消退抑制（vanish inhibition）。从这一观点出发，条件反射的消退并不是条件反射的丧失，而是原先引起兴奋（有唾液分泌）的条件反射转化为引起抑制（无唾液分泌）的条件反射；前者称为阳性条件反射（positive conditioned reflex），后者称为阴性条件反射（negative conditioned reflex）。条件反射的泛化（generalization）是指在条件反射建立的初期，除条件刺激外，与条件刺激相近似的刺激也具有一定的条件刺激效应。例如，以100 Hz的纯音与食物相结合，建立唾液分泌的条件反射。形成反射的初期，不仅用100 Hz的纯音可以引起唾液分泌，使用80 Hz或120 Hz的纯音也能或多或少引起唾液分泌，这便是条件反射的泛化。泛化出现后，如果以后实验者只在用100 Hz纯音时给予食物强化，用80 Hz和120 Hz的纯音时不给予食物，在反复进行多次后，动物就会只对100 Hz的纯音刺激保持阳性效应，而对80 Hz和120 Hz的纯音刺激出现阴性效应，这种现象称为条件反射的分化（differentiation）。巴甫洛夫认为，条件反射的分化是由于那些近似刺激引起了大脑皮质的抑制，并把这种抑制称为分化抑制（differential inhibition）。

3）条件反射形成的机制：非条件反射的反射弧是机体生来就已接通的固定联系。条件反射是以非条件反射为基础而形成的。在哺乳动物，条件反射的建立是大脑皮质的条件刺激兴奋灶与非条件刺激兴奋灶多次结合后，建立了暂时的功能联系的结果。暂时联系不只是简单地发生在两侧大脑半球的皮质之间，而且还与皮质下许多神经结构有关。在高等动物，如狗和猴，大脑皮质是暂时联系接通的主要部位。在两栖类和鱼类，两侧大脑半球切除并不排斥条件反射建立的可能性，它们的间脑、中脑或小脑可能是形成条件反射的主要部位。在无脊椎动物，如节肢动物，头神经节是建立条件反射的重要部位。

4）条件反射的生物学意义：机体在复杂多变的环境中生活，如果只有非条件反射而不建立条件反射，就无法在多变的环境中生存。条件反射的建立大大提高了机体对外界环境的适应能力。条件反射能使机体在某些非条件刺激到来之前就发生反应，从而增加了机体适应环境的能力，使机体具有预见性。人类还可以利用语言、文字来形成条件反射，因此，人类对环境的适应能力更强和范围更广，并且还能够改造环境。人类的条件反射是在个体发育中不断完善的。新出生婴儿仅具有一些先天的非条件反射，然后在这些非条件反射的基础上逐步建立条件反射。

（2）操作式条件反射：操作式条件反射是建立在经典的条件反射基础上的。在此过程中，动物学会将一种反应（动作）与一种有意义的刺激（如食物奖励）联系起来。例如，将一只饥饿的大鼠放在特制的实验箱内，箱内有一个可分发食物的杠杆，大鼠无意中踩踏杠杆就能获得食物。经过多次重复后，大鼠学会了主动踩踏杠杆以获得食物。在此基础上，将无关刺激如灯光信号与踩踏杠杆获取食物的动作相结合，训练大鼠只有在出现该信号时踩踏杠杆才能获得食物。多次训练后，无关刺激就变成大鼠踩踏杠杆获得食物的条件刺激，这一条件反射的建立要求动物主动完成某种操作后才能获得食物，因此称为操作式条件反射。

（二）记忆的形式

记忆根据其储存和回忆方式可分为陈述性记忆和非陈述性记忆两类。

1．陈述性记忆（declarative memory） 与知觉或意识有关，是日常所说的记忆，可以用语言表述出来，其形成依赖于海马、内侧颞叶等脑区。陈述性记忆可分为情景式记忆（episodic memory）和语义式记忆（semantic memory）。前者是记忆一件具体事物或一个场面，后者则为记忆文字和语言等。陈述性记忆易于形成，但容易遗忘。

2．非陈述性记忆（nondeclarative memory） 又称为反射性记忆，主要由纹状体和小脑参与，是对某些技巧性的动作、习惯性行为和条件反射等的记忆，不依赖于意识和认知过程，不易形成，形成后不易遗忘。

陈述性记忆和非陈述性记忆这两种记忆形式可以转化，如在学习骑自行车过程中需记忆某些情景，一旦学会并变为一种技巧性动作后，陈述性记忆即转变为非陈述性记忆。

（三）人类的记忆过程

人类的记忆过程可以细分为4个阶段，即感觉性记忆、第一级记忆、第二级记忆和第三级记忆（图9-35）。感觉性记忆是指通过感觉系统获得外界信息后，先储存在脑的感觉区内的阶段，这个阶段一般不超过1 s，若未经处理便很快消失，这种记忆大多停留在视觉和听觉。如果在这个阶段把那些不连续的、先后进来的信息整合成新的连续的印象，便可转入第一级记忆。这种转移一般有两条途径，一是将感觉性记忆资料变成口头表达性符号，如语言符号，这是最常见的；二是非口头表达性途径，其机制尚不清楚，但它是幼儿学习所必须采取的途径。信息在第一级记忆中停留依旧很短暂，平均约几秒钟。通过反复学习、运用和强化，信息便在第一级记忆中循环，从而延长其在第一级记忆中的停留时间，这样，信息就容易转入第二级记忆之中。第二级记忆是一个大而持久的储存系统。发生在第二级记忆内的遗忘是由于先前的或后来的信息干扰所致。有些记忆，如自己的名字和每天都在操作的手艺等，通过长年累月的运用则不易遗忘，这一类记忆储存在第三级记忆中，成为永久记忆。

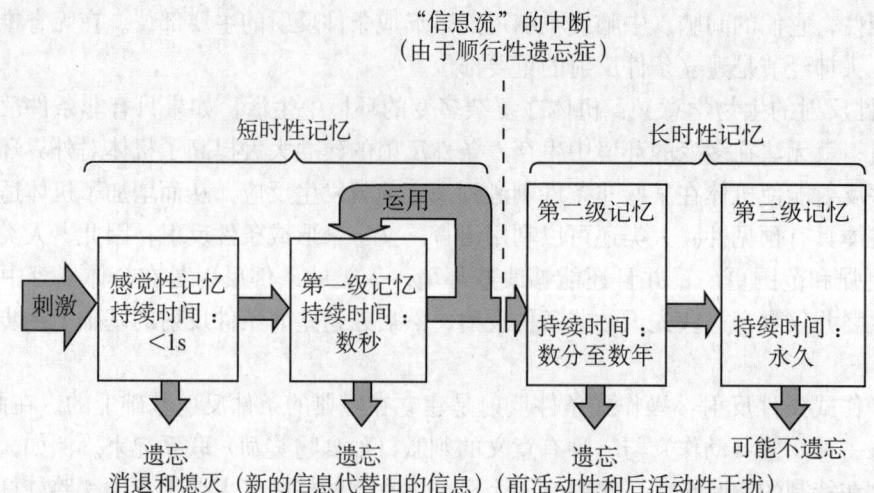

图 9-35　从感觉性记忆至第三级记忆信息流程示意图

（四）学习和记忆的机制

学习和记忆是人类脑活动中最具有特色的生理特性之一。人类的学习和记忆能力是进行思维活动的基本环节，是组成智力结构的重要成分，对人类智慧的形成、意识的产生、知识的积累以及科学文化的发展都起着至关重要的作用。有关学习和记忆产生的生理机制，现在还未完全阐明。早在 1949 年，著名心理学家 Hebb 就提出了学习记忆的神经元假设。他认为，神经系统的可塑性是行为适应（包括学习和记忆在内）的基础，而前者又取决于神经元的突触可塑性（见本章第二节相关内容）。突触可塑性包括突触的功能可塑和结构可塑两个方面：功能可塑表现为突触传递效能的增强或减弱，结构可塑主要表现为突触的大小、数量，突触膜的厚度、面积，突触间隙的宽度以及活性区大小的改变。

1. 神经生理学机制　感觉性记忆和第一级记忆主要是神经元生理活动的功能表现。由于神经元活动有后放作用，在刺激停止后，神经元的电活动仍能持续一段时间，这是记忆的最简单的形式。此外，神经元之间形成的许多环路联系也是记忆的一种形式，第一级记忆的机制可能属于这一类。

长时程增强（long-term potentiation，LTP）是突触可塑性的一种形式，表现为化学性突触传递效能的长时间易化。1973 年，挪威科学家 Bliss 首次在麻醉的家兔上发现了海马具有 LTP 现象，由于海马是记忆形成的重要部位，因此提出 LTP 可能是学习记忆的细胞学机制。目前，LTP 可在多种动物（包括人类）的中枢神经系统（CNS）（从大脑皮质到脊髓）中被记录到。以海马 CA1 区的 LTP 为例，其分子机制如下：海马 Schaffer 侧支与 CA1 区锥体细胞之间的兴奋性突触传递是由谷氨酸受体 AMPA 和 NMDA 亚型介导的。突触前末梢释放的谷氨酸与突触后膜的 AMPA 受体结合后，激活 AMPA 受体，进而引起细胞外的 Na^+ 内流导致突触后膜去极化而产生兴奋性突触后电位（EPSP）。突触后膜的去极化去除了静息时阻塞于 NMDA 受体通道口的 Mg^{2+}，NMDA 受体激活后允许细胞外的 Ca^{2+} 流入细胞内。作为第二信使的 Ca^{2+} 通过激活 Ca^{2+}/CaM 依赖的蛋白激酶Ⅱ（CaMKⅡ），使 AMPA 受体磷酸化而增加对 Na^+ 的通透性，使突触后神经元 EPSP 增大。此外，CaMKⅡ的自身磷酸化又可维持其自身持续激活，持续使 AMPA 受体功能增强；Ca^{2+} 也可激活蛋白激酶 A，参与基因表达和蛋白质合成的调控；Ca^{2+} 通过激活一氧化氮（NO）合酶，使逆行性信使物质 NO 增多，促进突触前递质的释放。因此，这种在海马记录到的 LTP 需要突触后和突触前神经元的共同参与。LTP 在体外实验可持续数小时，在活体动物上 LTP 可维持数天至数周。

长时程压抑（long-term depression，LTD）则是由突触后 Ca^{2+} 浓度微量增高引起，使得突触后受体数目减少和受体敏感性降低所导致。LTD 也被认为是学习和记忆的基础。

除了学习与记忆以外，突触可塑性的改变也与阿尔茨海默病、癫痫、慢性痛、药物成瘾性和精神分裂症等疾病的发生密切相关。

2. 神经生物化学机制 蛋白激酶的持续激活可以在一定时间内维持突触的变化，长时程改变必须以脑内新合成的蛋白质为物质基础才能得以维持。蛋白质的合成和基因的激活通常发生在从短时程记忆转化为长时程记忆的过程中。比如在动物每次学习训练后 5 min，给予其麻醉、电击、低温处理，或者给予能阻断蛋白质合成的药物，则动物的长时程记忆不能建立。如果将这种干预由 5 min 改为 4 h 之后，则长时程记忆的建立不受影响。

中枢递质与学习记忆活动有关，如给动物注射拟胆碱药毒扁豆碱可加强记忆活动，而注射抗胆碱药东莨菪碱则会使学习记忆减退。用利血平耗竭脑内儿茶酚胺可破坏学习记忆过程。向经过训练的动物脑室内注入 γ-氨基丁酸可加快学习过程，在海马齿状回注入血管升压素也可增强记忆，而注入缩宫素则会使记忆减退。老年人血液中垂体后叶素的含量减少，将血管升压素喷入鼻腔可提高记忆效率，临床上用血管升压素治疗遗忘症也收到了一定效果。

3. 神经解剖学机制 蛋白质的合成可能用于构建新的突触。第三级记忆可能与新突触的形成有关，而这些突触丢失可能导致遗忘。动物实验表明，与生活在简单环境中的大鼠相比，生活在复杂环境中的大鼠皮质显著增厚，说明学习记忆增多，脑内发生了结构的改变。

（五）遗忘

遗忘（loss of memory）是指部分或完全失去回忆和再认识的能力，是一种正常的生理现象。遗忘在学习后就已经开始，在感觉性记忆和第一记忆阶段遗忘的速率很快，以后逐渐减慢。遗忘并不意味着记忆痕迹的消失，因为复习已经遗忘的内容总比学习新的内容更容易。产生遗忘的原因与条件刺激久不强化所引起的消退抑制和后来信息干扰等因素有关。

临床上将脑部疾病情况下发生的遗忘称为遗忘症（amnesia），可分为顺行性遗忘症和逆行性遗忘症两类。顺行性遗忘症表现为不能保留新近获得的信息，多见于慢性乙醇中毒，海马体和颞叶皮质损伤所导致的记忆功能障碍也属于此类，其发生机制可能是信息不能从第一级记忆转入第二级记忆。逆行性遗忘症表现为不能回忆脑功能障碍发生之前一段时间内的经历，但经过一段时间后，记忆可部分或完全恢复。逆行性遗忘症多见于脑震荡，其发生机制可能是第二级记忆发生了紊乱，而第三级记忆却未受影响。

二、人类大脑皮质活动的特征

（一）两类信号系统

巴甫洛夫根据动物和人类条件反射的特点提出了两个信号系统学说。第一信号是指现实、具体、客观存在的信号，如食物的形状、气味、音响的高低、光的强弱等，对第一信号发生反应的大脑皮质功能系统称为第一信号系统（first signal system），这是人和动物所共有的。第二信号是对现实具体物质进行抽象概括的信号，通常用文字或语词来表示，对这些信号发生反应的大脑皮质功能系统称为第二信号系统（second signal system）。第二信号系统是人类特有的，是人类区别于动物的主要特征。出生后 3~4 个月时婴儿已能建立各种条件反射并出现条件反射的消退、分化，这时皮质第一信号系统（物理性的刺激，如声、光、电、味等）的功能活动已能基本实现。以后开始学说话，开始了第二信号系统（抽象刺激，如语言、文字）的活动，出现了语言性条件反射。第二信号系统的活动是与人类的语言功能密切联系的神经活动，是在婴儿个体发育过程中逐渐形成，在第一信号系统或非条件反射的基础上建立起来的。出生后第二年是皮质第二信号系统发育特别迅速的一年，以后随着年龄增长，语言活动不断发展。人类可运用语言和词语对一切事物和现象进行抽象概括，形成概念并进行推理，不断扩大认识能力。动物经过训练也可以用词语建立条件反射，但这不属于第二信号系统。因为词语对人脑的刺激作用除了其物理性质（指声音或文字图形）外，更重要的是与物理性质相关联的含意。对于动物，词语的刺激像其他具体信号一样，只对其物理性质作出反应，而不能对其内在含义作出反应。即使动物可能存在至今仍未被人类破译的所谓语言，但比起人类社会交往的语言，动物语言仍简单得多。

（二）大脑皮质的语言中枢

语言是人类特有的通信手段，人类通过语言交流感情和思想，利用语言进行思维和推理。大多数人的语言功能定位于大脑左半球，而理解和表达能力定位于左半球大脑皮质的不同区域。临床上发现，人类大脑皮质一定区域的损伤（图9-36），可引起各种特殊的语言活动功能障碍：①流畅失语症（fluent aphasia）：由颞上回后端的韦尼克（Wernicke）区受损所致，患者讲话流畅，但话语中夹杂许多杂乱语和自创词，令人难以听懂，有时患者也听不懂别人说话，看不懂文字。还有一种传导性失语症，表现为可以理解别人的话，也可以说话，仅仅是部分词不能组织成句。②运动失语症（motor aphasia）：由中央前回底部前方的布洛卡（Broca）区受损引起，患者能看懂文字和听懂他人谈话，自己却不会说话，不能用语词表达自己的思想，而与发音有关的肌肉并不麻痹。③失写症（agraphia）：由额中回后部接近中央前回的手部代表区损伤所致，患者能听懂别人说话，看懂文字，自己也会说话，语言功能完整，却不会书写，手部的其他运动也不受影响。④感觉失语症（sensory aphasia）：由颞上回后部损伤所致，患者能讲话与书写文字，也能看懂文字，但听不懂别人的话语，而患者的听觉无障碍。⑤失读症（alexia）：由顶下小叶围绕颞上钩后端的角回受损引起，患者看不懂文字，听不懂他人谈话，但视觉和其他语言功能均健全。可见，大脑皮质具有管理语言活动的功能，并且这种功能具有一定的分区，但各区的功能是密切相关的，因为严重的失语症可同时出现上述多种语言活动功能的障碍。

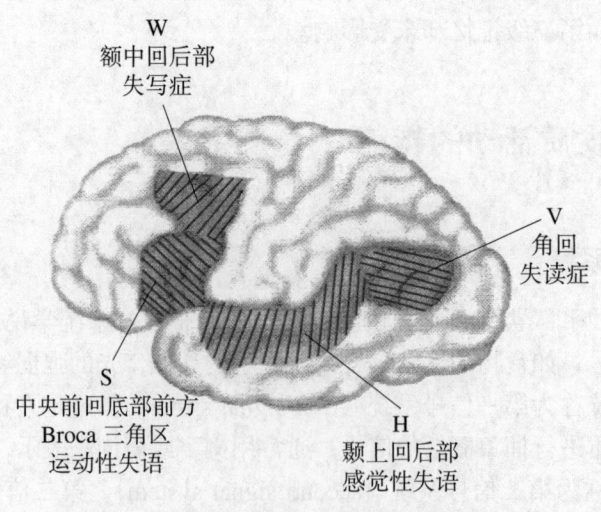

图 9-36　人类大脑皮质语言功能的区域

除语言功能外，大脑皮质还有许多其他认知功能。如前额叶皮质可能参与短时程情景式记忆和情绪活动，颞叶联络皮质可能参与听、视觉记忆，顶叶联络皮质则可能参与精细躯体感觉和空间深度感觉的学习等。右侧顶叶皮质损伤的患者常表现为穿衣失用症（apraxia），患者虽无肌肉麻痹，但穿衣困难，常将衬衣前后穿倒或只把一个胳膊伸入袖内。右侧大脑皮质顶叶、枕叶、颞叶结合处损伤的患者，常分不清左右侧，穿衣困难，不能绘制图表。右侧半球颞叶中部病变常引起视觉认识障碍，患者不能辨认他人的面貌，只能根据语音来辨认熟人，有的患者甚至不认识镜子里自己的面貌，这种功能障碍被称为面容失认症（prosopagnosia）。患者往往伴有对颜色、物体、地点的认识障碍。此外，还发现顶部损伤可能会引起失算症（acalculia），患者表现为计算能力的损害。

（三）大脑皮质语言功能的一侧优势

一侧优势是指人类脑的高级功能向一侧半球集中的现象。支配发音运动的中枢是双侧性的，但位于额叶的语言运动中枢则通常是单侧的，这一现象被称为语言中枢的优势半球（dominant hemisphere）。

对于大多数习惯用右手的人，其左侧皮质在语言活动功能上占优势，所以左侧大脑为语言中枢的优势半球，而右侧皮质在非语词性的认识功能上占优势，如对空间的辨识、深度知觉、触觉认识、音乐欣赏等。这种一侧优势的现象仅存在于人类中，它的形成虽与遗传因素有一定的关系，但主要是后天形成的，这与人类习惯运用右手劳动密切相关。人类的左侧优势自10～11岁起逐步建立，成年后左侧半球损伤，就很难在右侧皮质再建立语言中枢。但是这种功能是相对的，比如右侧半球有一定简单的语言活动功能，左侧半球也有一定的非语言认知功能。

（四）两侧大脑皮质认知功能的关联

两侧大脑皮质之间有许多联合纤维。在哺乳类动物中最大的联合纤维结构是胼胝体，动物进化越高等，则胼胝体越发达，人类的胼胝体估计含有100万根纤维，这使得两侧大脑皮质可以互送信息，使未经学习的一侧在一定程度上也能获得另一侧经过学习而获得的某种认知能力。如果事先切断实验猫视交叉的交叉纤维，使一侧眼睛的视网膜传入冲动仅向同侧皮质投射，然后将该动物的一只眼蒙蔽，用另一只眼学会对图案的鉴别，待其学会后将该眼蒙蔽，测定先前被蒙蔽眼的图案鉴别能力，结果发现先前被蒙蔽的眼也具有这种鉴别能力。如果事先切断这个动物的胼胝体，则这种现象就不再出现。人类大脑皮质两半球之间的联合纤维对完成双侧的运动、一般感觉和视觉的协调功能起重要作用。如右手经过训练学会某种技巧性动作后，左手虽未经训练，但一定程度上也能完成这种技巧动作。因此，两侧大脑皮质的认知功能是有关联的。

三、脑电图和皮质诱发电位

大脑皮质作为一个整体，其神经元活动所产生的电位变化，可以通过大脑这个容积导体反映到大脑表面。在大脑皮质表面或头皮上安放记录电极，可记录到大脑中神经元所产生的电位变化。依据所记录到的脑电活动的发生条件和电位变化发生的原因不同，可分为自发电位和诱发电位两类。

人在安静状态下，没有任何特定的刺激，在大脑皮质上也能记录到持续和节律性的电位变化，称之为自发电位（spontaneous potential）。将引导电极放置在头皮上，通过脑电图机所记录的皮质自发电位变化的图形称为脑电图（electroencephalogram，EEG）。在动物实验中将颅骨打开，或对患者进行脑外科手术时，直接在皮质表面记录到的自发电活动称为皮质电图（electrocorticogram）。脑电图和皮质电图的图形基本上是一致的，由于引导电极安放部位不同，所记录的波形的振幅不同。一般来讲，皮质电图的振幅比脑电图的振幅约大10倍。

（一）脑电图的基本波形

脑电图按其频率不同，可分为α、β、θ、δ四种波形。通常频率慢的波，其波幅较大；频率快的波，其波幅较小（表9-9，图9-37）。

表9-9 脑电图的基本波形

分类	波形	频率（Hz）	波幅（μV）	出现部位	出现的情况
慢波	δ波	1~3	20~200	额叶	睡眠时、婴儿期、极度疲劳、麻醉时
	θ波	4~7	100~150	顶叶、颞叶	困倦入睡或受强烈刺激时、幼儿期
	α波	8~13	20~100	枕叶	安静闭目时，可因思维活动、情感或感觉刺激而消失，称α波阻断
快波	β波	14~30	5~20	额叶、顶叶	觉醒、注意力集中、兴奋激动时、睁眼或接受其他刺激时

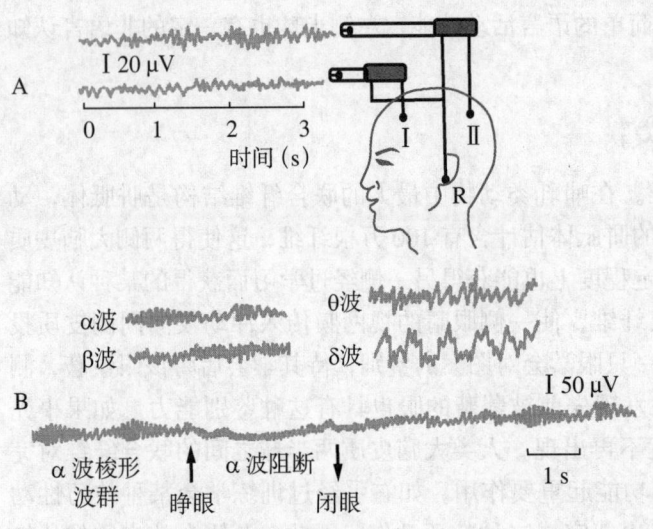

图9-37 正常脑电图的波形
A. 记录方法示意图；B. 各种波形
Ⅰ. 额叶电极；Ⅱ. 枕叶电极；R. 参考电极

1. α波 在大脑皮质各区普遍存在，在枕叶皮质最为明显，正常成人在安静、清醒并闭目时可出现。波形近似正弦波，波幅随时间由小变大，再由大变小，形成α波的梭形波群。第一梭形波持续1~2 s。当受试者睁开眼或进行紧张性思维或接受其他刺激时，α波立即被低振幅、高频快α波所取代，这种变化称为"α阻断"。如受试者再安静闭眼时，α波又重现。

2. β波 一种不规则的低振幅快波，在额叶部位最易引出。当兴奋、觉醒和α阻断时都能观察到这类去同步化的脑电波形。

3. θ波 在额叶部位最明显。当受试者困倦时可记录到θ波。幼儿时期，脑电波频率比成人慢，一般常出现θ波。θ波多见于精神病患者和癫痫患者。

4. δ波 正常成人在清醒状态下，几乎没有δ波，但在睡眠过程中可出现。δ波是大的、不规则的慢波。在婴儿时期，一般常见到δ波。当受试儿童处于困倦、不活跃或感到悲伤、愤怒时，容易记录到δ波，可见δ波可能与儿童的情绪行为有关。

一般认为，脑电波由高振幅的慢波转化为低振幅的快波时表示兴奋过程增强，这是一种去同步化现象；当脑电波由低振幅快波转化为高振幅慢波时表现抑制过程，这是一种同步化现象。

（二）脑电波形成的机制

脑电波的波形是一种近似于正弦波的电位变化，与神经元上所见到的动作电位不同。应用微电极记录皮质神经元细胞内电位变化，见到皮质表面出现类似α波节律的电位变化时，细胞内记录到的突触后电位变化也出现节律相一致的改变。由此认为，皮质表现的电位变化主要是由突触后电位变化形成的，也就是说由细胞体和树突的电位变化形成的。可以设想，单一神经元的突触后电位变化是不足以引起皮质表面的电位改变的，必须有大量的神经细胞同时发生突触后电位变化，才可共同引起皮质表面的电位改变。

关于自发性脑电节律活动产生的机制目前比较公认的说法是：脑电波是记录电极下的多个神经元活动时所产生的突触后电位的总和，而节律的产生与丘脑活动有关。大脑皮质的锥体细胞排列整齐，其顶端的树突互相平行，并与皮质表面垂直，当它们发生同步活动时形成的电场较为强大，所产生的电变化可在头皮上被记录到。因此，大脑皮质中的锥体细胞在脑电波的产生中起着主要的作用。

脑电波近似正弦波，波形方向取决于皮质的浅层和深层组织是产生兴奋性突触后电位还是抑制性突触后电位。皮质浅层产生兴奋性突触后电位时出现向上的负波，产生抑制性突触后电位时出现向下的正波。皮质深层的电位变化对皮质表面电位极性变化的影响则相反。α节律主要来自丘脑非特异投射系统，一定同步节律的丘脑非特异投射系统的活动，促进了皮质电活动的同步化。β节律是由于皮质和丘脑的同步活动受到干扰，即去同步化。θ、δ波反映皮质处于抑制状态，一般可认为主要来源于异常脑组织的电活动。

目前已知，大量皮质神经组织的放电活动同步总和必须依赖丘脑的功能。有资料表明，丘脑的节律性电活动与头部表面所记录到的脑电波有相似性。从外周进入中枢的神经冲动，能促进丘脑接替核发放神经冲动，一方面经其轴突投射到大脑皮质，另一方面又通过其侧支激活抑制性中间神经元，再反过来作用于接替核中的神经元，使其在每次发放神经冲动之后产生一个超极化过程，这样就形成了 EPSP 与 IPSP 的交替。从外周向上传导的神经冲动，经过这种作用变成中间有停顿的、有节奏的冲动发放，从而使脑电波具有节律性。

当皮质癫痫病灶区出现棘波时，皮质内神经元出现爆发式短串冲动发放，频率可高达每秒 200～900 次；如将电极插入神经元细胞体内，则可观察到当棘波出现时，细胞体出现大幅度去极化电位（可达 30 mV），去极化电位发展到一定程度后则爆发短串动作电位。这种大幅度去极化电位可能是大量同步的兴奋性突触后电位总和形成的，这是癫痫病灶区神经元异常活动的表现（图 9-38）。因此，脑电波在临床中可应用于肿瘤的发生部位或癫痫疾病的判断。

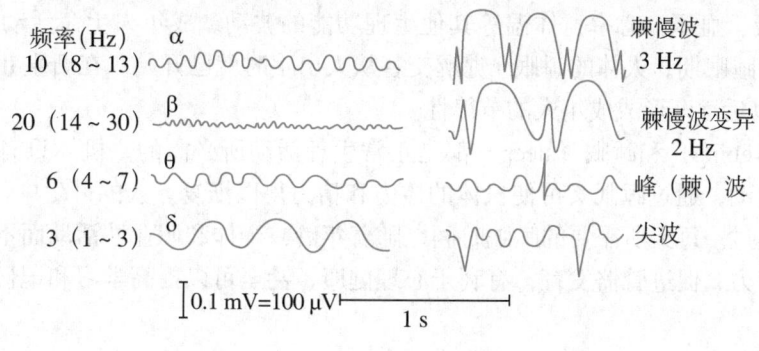

图 9-38　正常人与癫痫患者脑电图的比较

（三）皮质诱发电位

皮质诱发电位（cortical evoked potential）是指在人为激发感觉传入冲动的条件下，由皮质的某一区域产生的较为局限的电位变化（图9-39A）。刺激感觉传入系统时，在皮质上相应的感觉投射区引出的诱发电位可分为主反应（primary response）、次反应（secondly response）和后发放（after discharge）三部分（图9-39B）。主反应一般为先正后负的一个双相反应慢波，潜伏期比较固定，一般为5～12 ms，它的形成可能主要是大锥体细胞电活动的综合表现。兴奋初期，皮质深层细胞呈负电，至皮质表面呈正电位，当兴奋达顶树突上部进入皮质浅层时，皮质表面呈负电位，所以表现为先正后负的电位变化。次反应是紧随主反应之后的扩散性续发反应，可见于皮质的广泛区域，与感觉的非特异性投射活动系统有关。主反应和次反应之后的后发放是一系列正相的周期性电位波动，可能是皮质与丘脑接替核之间环路的活动所致。利用皮质诱发电位可研究皮质功能定位和感觉投射，特别是近年来计算机信号平均技术的发展，可在头颅上记录各种体感诱发电位，为研究人类的感觉功能、神经系统疾病的诊断和鉴别诊断等提供了一种无创伤性的电生理学检查方法。

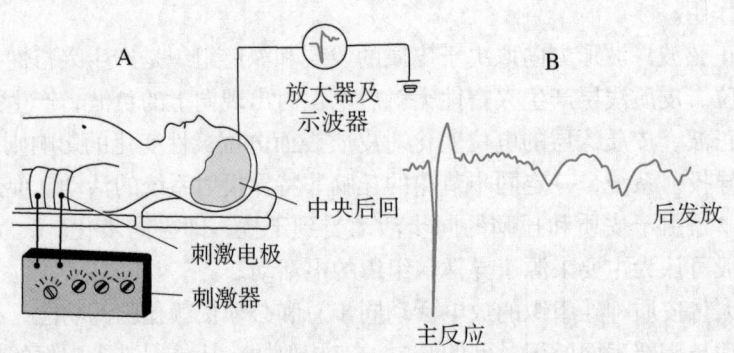

图9-39　大脑皮质感觉运动区诱发电位
A．人皮质诱发电位记录方法；B．诱发电位（猫）

四、睡眠与觉醒

几乎一切生物，从单细胞生物到人类，其生命活动都呈现节律性变化，其中有些节律活动的周期与地球自转周期近似，即与24 h自然昼夜交替大致同步，称为昼夜节律。已经证明在人体的各种生理功能中，至少有一百多种显示昼夜节律，但是最令人印象深刻的是睡眠-觉醒节律。这两种明显不同的生理状态，以近似自然环境的昼夜交替周期而互相转化，同时伴随着诸如呼吸、血压、心率、体温等其他生理功能的波动。成年人生命活动中平均每24 h有7～8 h处于睡眠期。人体的睡眠-觉醒交替从人出生时就已开始。在新生儿，交替周期为60～90 min，以后逐渐形成成年人的节律性。

觉醒（awakening）和睡眠（sleep）都是正常生理活动所必需的。机体只有在觉醒状态下才能进行各种活动，通过睡眠又可使机体的体力和精力得以恢复。人的一生中，大约有1/3的时间在睡眠中度过。每天所需要的睡眠时间，随着年龄、个体和职业性活动而不同。充足的睡眠也能提高免疫力，促进骨骼发育，有利于心理健康，甚至可以提高学习和记忆能力，因此睡眠相当重要。

（一）睡眠期间一般生理变化

在睡眠状态下的生理变化主要表现为：嗅、视、听、触等感觉功能减退，骨骼肌的反射运动和肌紧张减弱，以及一系列自主功能的改变，如交感神经系统活动减弱，副交感神经系统活动增强。一般表现为：心率减慢、血压降低、呼吸减慢、瞳孔缩小、尿量减少、代谢率降低、体温下降、发汗增多、胃液分泌增多而唾液分泌减少等。睡眠过程中发生的种种生理变化，随睡眠的时相不同而不同。

（二）睡眠的时相

根据睡眠过程中眼电图（electrooculogram，EOG）、肌电图（electromyogram，EMG）和脑电图的表现和特征，将睡眠分为两种不同时相：一是非快眼动睡眠（non-rapid eye movement sleep，NREM sleep），脑电呈现以同步化慢波为主，又称同步睡眠或慢波睡眠（slow wave sleep，SWS）；二是快眼动睡眠（rapid eye movement sleep，REM sleep），脑电活动呈现去同步化快波为主，或称快波睡眠（fast wave sleep，FWS），也称异相睡眠（paradoxical sleep）。

1. 非快眼动睡眠　表现为嗅、视、听、触等感觉功能暂时减退，骨骼肌反射运动和肌紧张减弱；伴有一系列自主神经功能的改变，如血压下降、心率减慢、瞳孔缩小、尿量减少、体温下降、代谢率减低、呼吸变慢、胃液分泌可增多而唾液分泌减少、发汗功能增强等。按照脑电波的变化规律，可将慢波睡眠时相分为 4 个时期，即入睡期（1 期）、浅睡眠期（2 期）、中度睡眠期（3 期）和深度睡眠期（4 期）。在慢波睡眠中，脑电以频率逐渐减慢、幅度逐渐增高、δ 波所占比例逐渐增多为特征，表现出同步化趋势，有利于体力的恢复和促进生长发育。

2. 快眼动睡眠　表现为各种感觉功能进一步减退，以致唤醒阈提高；骨骼肌反射运动和肌紧张进一步减弱，肌肉几乎完全松弛；下丘脑体温调节功能明显减退。脑电波呈现去同步化快波。此外，还会有间断性、阵发性表现，如部分肢体抽动，心率加快，血压升高或降低，呼吸加快而不规则，睡眠呼吸暂停（详见第五章相关内容）。这种自主神经系统的活动出现明显而不规则的短时变化，可能与某些疾病在夜间发作有关，如心绞痛、哮喘、阻塞性肺气肿缺氧发作等。异相睡眠期间另一个明显特征是能观察到快速眼球运动，所以又称为快速眼球运动睡眠。据报道，约有 80% 的人在异相睡眠期间做着各种丰富多彩的梦。

睡眠期间，慢波睡眠和异相睡眠交替出现。正常成人从清醒转入睡眠过程中首先进入慢波睡眠 1 期，再顺序经过 2 期、3 期、4 期，脑电波在此过程中频率逐渐减小、波幅逐渐增大，随后睡眠开始变浅，又回到第 2 期，此周期持续 80～120 min。慢波睡眠的第一周期结束后由 2 期转入异相睡眠，持续 20～30 min 后再次转入慢波睡眠的下一个周期。整个睡眠期间，这种反复转化 4～5 次，越接近睡眠后期，异相睡眠持续时间越长，而慢波睡眠时相越短、越浅（图 9-40）。若选择性除去异相睡眠，当其恢复时，则异相睡眠比正常时延长。

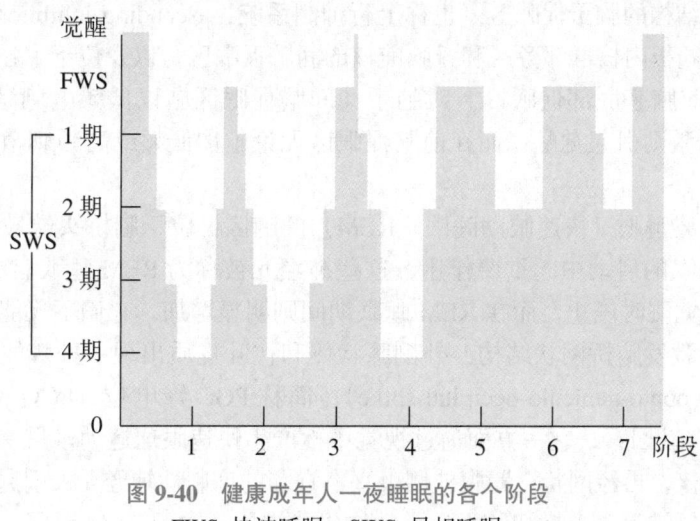

图 9-40　健康成年人一夜睡眠的各个阶段
FWS. 快波睡眠；SWS. 异相睡眠

动物实验表明，异相睡眠期间脑内蛋白质合成加快。有人推测异相睡眠是神经元活动增高时期，它与幼儿神经系统的发育和成熟有密切关系，有利于建立新的突触联系，进而促进学习记忆活动。睡眠并非是从"浅睡"到"深睡"的过程，而是慢波睡眠和异相睡眠周期性交替的过程。慢波睡眠期间，生长激素分泌明显高于觉醒状态，转入异相睡眠后，生长激素分泌又减少。因为生长激素有助于蛋白质和核糖核酸的合成，促进全身细胞的新陈代谢，其意义是促进生长，有利于养精蓄锐，促进体力恢复，为觉醒期间的紧张活动准备条件，因此慢波睡眠是消除躯体疲劳、恢复体力的主要方式。

（三）睡眠发生的机制

关于睡眠发生的解释，曾经有学说认为是一个被动过程，但近年来主动发生学说已经被验证。研究发现人和动物的脑内有许多部位和投射纤维参与睡眠和觉醒的调控，它们形成促觉醒和促睡眠两个系统，并相互作用、相互制约而形成复杂的神经网络，调节睡眠-觉醒周期和睡眠不同状态的互相转化。所以，觉醒和睡眠都是主动过程。

1. 与觉醒有关的脑区 感觉的非特异投射系统能够接受脑干网状结构的纤维投射，由于网状结构是个多突触系统，神经元的联系在此高度聚合，形成复杂的神经网络，使各种特异感觉的传入失去专一性，因而非特异投射系统的主要功能是维持和改变大脑皮质的兴奋状态；换言之，它具有上行唤醒作用。觉醒的产生与脑干网状结构的活动有关，故称之为网状结构上行激动系统。

另外，大脑皮质感觉运动区（见前文）、额叶、眶回、扣带回、颞上回、海马、杏仁核和下丘脑等部位也有下行纤维到达网状结构并使之兴奋。网状结构是个多递质系统，已知网状结构中大多数神经元上行和下行纤维的递质是谷氨酸。许多麻醉药都是通过阻断谷氨酸能系统而发挥作用的。静脉注射阿托品也能阻断脑干网状结构对脑的唤醒作用。

2. 与睡眠有关的脑区

（1）促进慢波睡眠（非快眼动睡眠，NREM）的脑区：下丘脑内存在多个促进慢波睡眠的部位，其中最重要的是视前区腹外侧部（ventrolateral preoptic area，VLPO）。由觉醒进入慢波睡眠后，VLPO神经元放电频率增高，且细胞原癌基团 *c-fos* 表达增加（表示此时处于活动状态）。VLPO内存在大量促睡眠神经元，它们发出的纤维投射到脑内多个与觉醒有关的部位，如蓝斑去甲肾上腺素能神经元、中缝背核5-羟色胺能神经元、脑桥头端被盖胆碱能神经元、下丘脑结节乳头体核组胺能神经元等，VLPO投射纤维的主要递质是γ-氨基丁酸，通过对促觉醒脑区活动的抑制，促进觉醒向睡眠转化，产生慢波睡眠。此外，促进慢波睡眠的脑区还位于延髓网状结构的脑干促眠区（也称上行抑制系统，ascending inhibitory system），位于下丘脑后部、丘脑髓板内核群邻旁区和丘脑前核的间脑促眠区，以及位于下丘脑或前脑视前区和Broca斜带区的前脑基底部促眠区。对脑干和间脑促眠区施以低频电刺激可引起慢波睡眠，而施以高频电刺激则引起觉醒；而在前脑促眠区无论施加低频或高频刺激均将引起慢波睡眠的发生。

（2）促进快波睡眠（快速眼动睡眠，REM）的脑区：位于脑桥头端被盖外侧区的胆碱能神经元在快波睡眠的启动中起重要作用，这些神经元被称为REM睡眠启动（REM-on）神经元，其电活动在觉醒时停止，而在REM睡眠期间则明显增加。它们不仅能引起脑电发生去同步化快波，还能激发脑桥网状结构、外侧膝状体和枕叶皮质出现一种棘波，称为脑桥外侧膝状体枕叶锋电（ponto-geniculo-occipital-spike），简称PGO锋电位（PGO pike）。PGO锋电位是REM睡眠的启动因素，它一方面通过视觉中枢产生快速眼球运动，另一方面通过传出纤维兴奋延髓巨细胞核，再经网状脊髓腹外侧束兴奋脊髓的抑制性神经元，引起四肢肌肉松弛和放电停止。在猫脑桥被盖以上横切脑干后，动物仍能维持正常的REM睡眠，包括睡眠期的眼球快速运动和肌紧张消失，但如果毁损脑桥头端被盖及其邻近部位，则 REM 睡眠随即消失。此外，蓝斑核的去甲肾上腺素能神经元和中缝背核的 5-羟色胺能神经元既能启动和维持觉醒，也可终止 REM 睡眠，因而被称为 ERM 睡眠关闭（ERM-off）神经元。因此，ERM 睡眠的发生和维持可能受控于 REM-off 神经元和 REM-on 神经元之间的相互作用。

3. 调节觉醒与睡眠的内源性物质 除了脑区的特异性投射和中枢有关神经递质（见前文）外，已知的调节觉醒与睡眠的内源性物质还有几十种。

（1）腺苷：脑内腺苷的含量随脑组织代谢水平的不同而发生变化，在觉醒时腺苷的含量随觉醒时间的延长而升高，高水平的腺苷可促进慢波睡眠，而在睡眠期其含量随睡眠时间的延长而降低，由此引发觉醒。

（2）前列腺素 D：前列腺素 D（PGD_2）是目前已知的重要内源性促眠物质。它是由前列腺素 H_2（PGH_2）经前列腺素 D 合成酶的作用而形成，抑制前列腺素 D 合成酶可导致睡眠减少。PGD_2 在脑脊液中的浓度呈日节律变化，与睡眠觉醒周期一致，并可随剩余睡眠时间的延长而增高。PGD_2 可通过影响腺苷的释放而促进睡眠。

（3）生长激素：生长激素的释放发生于慢波睡眠时相，生长激素释放激素和生长抑素不仅通过影响生长激素的释放而参与睡眠的调节，也能直接影响睡眠。

此外，一些细胞因子也参与睡眠的调节，如白细胞介素-1、干扰素和肿瘤坏死因子等均可增加 NREM 睡眠。另外，还发现多种促眠因子（seep promoting factor）在睡眠调节中有作用，如催眠毒素（hypnotoxin）是从剥夺睡眠 150～293 h 狗的脑中提取出的一种内源性促眠物质。

（王洪海　朱　亮）

思政案例

揭开树突秘密的中国科学家

张香桐院士是树突生理功能研究的先驱者之一。张教授认为，从树突占据大脑皮质总体积 1/3 以上的事实出发，树突必然在大脑皮质的功能中发挥重要作用。由于技术条件的限制，对于树突能否传导冲动或者只有电紧张扩布，一直存在着争论。张教授根据自己的研究，提出树突是有电兴奋性的，是能够传导冲动的。他用电刺激大脑皮质表面等方法来研究树突的功能。从 1951 年到 1956 年，他在 Journal of Neurophysiology 上发表了"单次电击施于皮层表面后大脑皮层兴奋性变化"等近 20 篇论文，多数与树突功能有关，在学术界产生了广泛的影响，被认为是"历史上第一个阐述了树突上突触连接重要性的人"。

目前，许多研究已充分证明，在树突、特别是比较粗的树突干上，可以产生向两个方向传导的锋电位。这说明，树突是有电兴奋性的，是能传导神经冲动的。1992 年，国际神经网络学会授予张香桐教授"终身成就奖"，2020 年 2 月中国科学院紫金山天文台将处在火星和木星轨道之间的 316450 号小行星命名为"张香桐星"。

思 考 题

1. 试比较 EPSP 和 IPSP 产生机制的异同点。
2. 有机磷农药中毒时有哪些临床症状？可采取哪些急救方法？

3. 简述中枢兴奋传播的特征。
4. 试述突触前抑制和突触后抑制的主要区别。
5. 试述感受器的一般生理特性。
6. 比较快痛与慢痛的异同点。
7. 试述内脏痛的特点，牵涉痛的可能生理机制。
8. 试比较肌紧张与腱反射的异同点。
9. 简述小脑的功能及小脑损伤时机体的表现。
10. 人类特殊的学习方式是什么？
11. 人类智慧是怎样产生的，它的载体是什么？
12. 人类3岁之前的记忆存在吗？人类记忆的中枢位置在哪里，有记忆之门吗？
13. 梦境是人类特有的吗？它是怎样产生的？本质是什么？

第十章

感觉器官

第十章数字资源

感觉器官（sense organ）简称感官，由感受器和与之相连的神经组织以及非神经性附属结构共同组成。人最主要的感觉器官均位于头部，包括眼、耳、鼻和舌等，故又称之为特殊感觉器官，而由它们参与形成的感觉被称为特殊感觉（special sense）。

感觉器官中有特化的感受器，称为感受细胞，如感光细胞、毛细胞和嗅细胞等。感受细胞（感受器）具有适宜刺激、换能作用、编码作用和适应现象等基本生理特性（详见第九章相关内容）。当适宜刺激作用于人的感觉器官时，均能产生主观感觉，其形成过程如下：适宜刺激作用于感受细胞，后者通过换能作用将刺激所包含的信息转换为感受细胞的电位变化，并在传入神经产生动作电位，动作电位按特定频率（编码）经传入神经沿一定的神经通路（即特殊感觉的中枢传导通路）传到大脑皮质特定部位（即大脑皮质的感觉投射区），经各级中枢的分析整合作用及与其他中枢广泛的信息联系，形成对外界信息的感知，并使机体产生相应的反应。本章将详述感觉器官的功能及特点，简述其中枢传导通路和大脑皮质感觉投射区。

第一节 视觉器官

案例 10-1

女，52岁，近视数年，一直戴近视眼镜。2年前发现视近物模糊，主要是看报纸上的小字较模糊，晚上尤其明显，看书时灯光要很亮方可看清。每次长时间近距离用眼后，还会出现头晕、脑胀等情况。经医院检查，诊断为：双眼屈光不正，双眼老视。

问题：

1. 近视的人视物有何特点？
2. 老视的人视物有何特点？
3. 在近视的基础上又发生了老视，视物又有何特点？

视觉（vision）是指可见光（波长 380～760 nm 的电磁波）作用于视网膜上的感光细胞后，经视神经通路以及视觉中枢的作用而产生的主观感觉。通过视觉，机体可以感知物体的大小、形状、颜色、远近和细微结构等。在人脑获得的全部信息中，有 70% 以上来自于视觉。

视觉的形成由眼（图 10-1）、视神经和视觉中枢共同完成，所视物体的光线通过眼球的折光系统聚焦在视网膜上，视网膜上的感光细胞经换能和编码作用将所视物体的多种信息经视神经上传至视觉中枢，最终形成对该物体的视觉和由此视觉过程而引起的相应反应。本节除阐述上述视觉形成过程外，还将简要介绍常见的视觉现象。

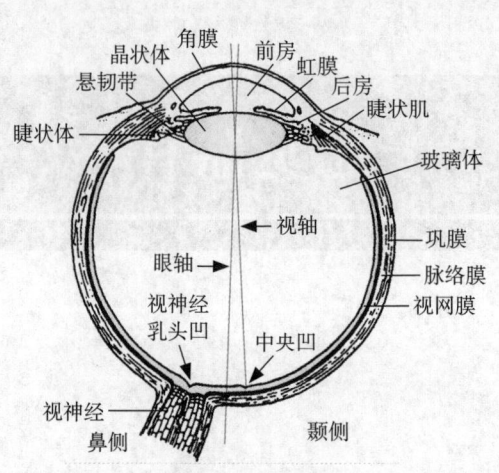

图 10-1　眼球的水平切面（右眼）

一、折光系统及其功能

眼的折光系统（refractive system）由透明组织角膜、房水、晶状体和玻璃体共同组成（图10-1）。折光系统是外界光线经瞳孔入眼到达视网膜所经过的结构，其保持透明状态是眼能看清楚物体的前提；临床上白内障患者由于晶状体发生混浊变性，可使视力明显下降甚至完全失明。外界物体的像清晰呈现在视网膜上是眼能看清楚该物体的基本要求，其实质是物体上每个点发出的光线入眼后刚好在视网膜上又各自聚焦为一点，折光系统对光的折射能力及其调节就是实现这一基本要求的最重要的因素。

（一）眼内光的折射成像与简化眼

外界物体发出的光线入眼时，依次经过空气、角膜、房水、晶状体和玻璃体多种透明介质及其相邻介质的界面才能到达视网膜。由于光在上述介质中传播速度不同，光从一种透明介质进入另一种透明介质会发生折射，且折光能力除了与透明介质的折光率及相邻介质的折光率差值有关以外，还与折射面的曲率半径有关，曲率半径越大，其折光能力越小；曲率半径越小，折光能力越大。角膜的折光率明显高于空气的折光率，光线在进入角膜时，发生的折射程度最大。由于晶状体可随所视物体距离眼的远近而变扁平或变凸，即晶状体可改变其曲率半径而调节其对光线的折射能力，故晶状体在眼的折光系统调节中起着十分重要的作用。

眼的折光成像原理与物理学上凸透镜的成像原理相似，但眼的折光系统不是一个简单的凸透镜，而是一个复杂的生物透镜系统。为了简化眼视物时的成像分析和计算，根据眼的实际光学特性，设计了与正常眼在视远物（6 m 以外）时折光系统等效的简单光学模型，称为简化眼（reduced eye）。简化眼将光线射入眼后在视网膜上形成物像的过程，简单地近似为单个凸透镜的成像过程，其效能为平行光线入眼经一次折射后聚焦在视网膜上。该模型假定眼球由一个前后径为 20 mm 的单球面折光体构成，其折光率为 1.33，外界光线由空气进入球形界面时发生一次折射，此球面的曲率半径为 5 mm，即节点在球形界面后方 5 mm 的位置，后主焦点在节点后 15 mm 处，正好是简化眼的后极，相当于视网膜的位置（图 10-2）。

假设眼的折光力不变，利用简化眼可以方便地计算出不同远近的物体在视网膜上所形成物像的大小。如图 10-2 所示，AnB 和 anb 是具有对顶角的两个相似三角形，因此可用下式表示：

$$\frac{AB（物体的大小）}{Bn（物体至节点距离）} = \frac{ab（物像的大小）}{nb（节点至视网膜距离）}$$

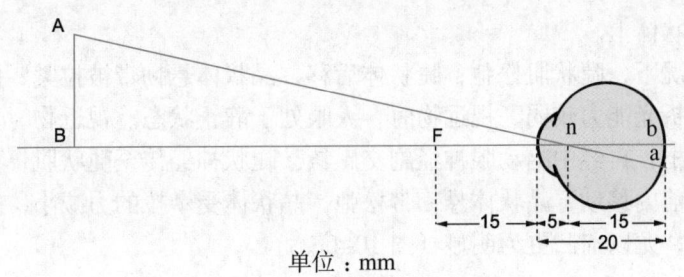

图 10-2　简化眼及其成像
n 为节点，A、B 为物体，a、b 为物像，F 为前焦点

nb 为 15 mm，若已知 AB 及 Bn，就可以计算出视网膜上物像的大小 ab。

由前述已知，清晰成像是物体每个点发出的光线经过眼折光系统在视网膜上对应位置聚焦为一点，而正常自然状态下，人眼折光系统的效能是使外来平行光线刚好聚焦在视网膜上。实际上，物体任何一点发出的光线都是发散而不是平行入眼的，故都不能聚焦在视网膜上；但是该点离眼球越远，其发出的发散光到达角膜时越近似于平行光。对于人眼来说，来自 6 m 以外物体上各点发出的光线入眼后，折光系统已能使其聚焦在视物膜上并形成清晰物像，故可以认为 6 m 远的物体每点发出的光是平行光。因此，生理学上将 6 m 以外的物体称为远物，6 m 以内的物体则被视为近物。

（二）眼的调节

视远物时，人眼无需进行任何调节就可使整个物像清晰呈现在视网膜上，但人眼看远物的能力是有限的，这与光线变弱，不足以兴奋感光细胞以及成像过小，超出感光细胞分辨能力等因素有关。通常将人眼不做任何调节时所能看清物体的最远距离称为远点（far point）。

人眼视近物时，来自近物上每个点的光线呈不同程度的辐射状，它们经过与视远物时同样的过程折射到视网膜时尚未聚焦（聚焦位置在视网膜之后），只能在视网膜上形成模糊的物像。此模糊物像的信息经视神经上传至视中枢并分析整合后，经传出神经发出指令引起眼的调节反射，通过改变进入眼的光亮和增大晶状体的曲度等调节活动，使物像在视网膜上清晰成像。人眼视近物时，所经历的上述一系列调节过程称为眼的调节（visual accommodation），主要包括晶状体变凸、瞳孔缩小和视轴会聚。

1. 晶状体变凸　视近物时，晶状体变凸使折光系统的折光能力加强，使原本应聚焦在视网膜后的物像前移到视网膜平面上而形成清晰的物像（图 10-3）。

在一定范围内，晶状体随入眼光线辐散程度的增加而凸度加大，加强其折光能力，从而使人眼能看清楚一定范围内不同距离的近物。晶状体变凸是眼的调节中最重要的内容，晶状体的凸度变化也是眼折光系统中折光力唯一可调节的部分。晶状体为一透明的富有弹性的双凸透镜形半固体物，通过晶状

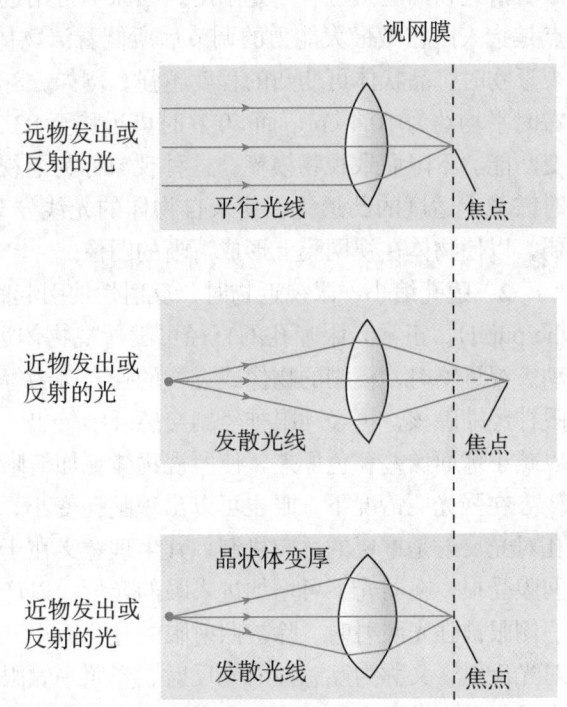

图 10-3　人眼视物时晶状体曲度变化对其折光能力的影响及其所形成物像的位置

体悬韧带附着在睫状体上。

人眼在静止情况下，睫状肌松弛，睫状体后移，晶状体悬韧带被拉紧，使晶状体被牵拉而形状相对扁平，其折光能力较弱。视远物时，人眼处于静止状态。视近物时，模糊物像信息经视神经传至视觉中枢，再经中脑动眼神经副交感核、睫状神经传至睫状肌，使睫状肌收缩，反射性地使睫状体向前内移动，晶状体悬韧带松弛，晶状体受牵拉的力减小，晶状体由于自身的弹性回缩凸度加大，尤以前凸更为明显（图10-4）。

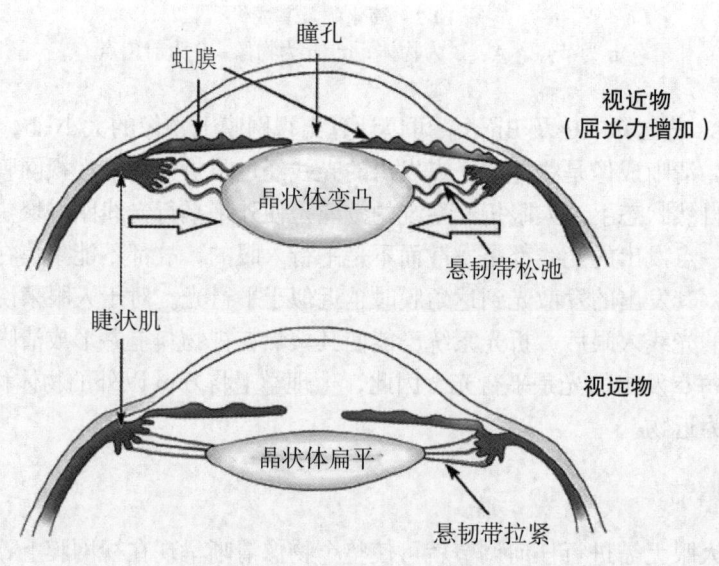

图10-4　视近物和视远物时睫状体位置和晶状体形状的改变

由于距离越近的物体上的点发出的光线入眼时辐散程度越大，为使其清晰成像在视网膜上，晶状体凸度必须随之增大。当晶状体回弹至悬韧带最松弛状态时，其凸度达最大。因此人眼看清近物的能力也有一定限度。临床上常用近点（near point）来评价晶状体的调节能力，近点是指人眼在做最大能力的调节后所能看清物体的距离。近点越近，表明晶状体的弹性越好，视近物时，晶状体可变凸的程度越强。例如，8岁左右儿童眼的近点平均约为8.6 cm，20岁左右时平均约为10.4 cm，而60岁时可远移至83.3 cm。老年人由于晶状体弹性降低，视近物时变凸能力下降而致视物模糊，这种现象称为老视（presbyopia），即老花眼。因此，老人视近物时需戴上适度的凸透镜，使来自物体的光线先会聚之后再进入眼，补偿晶状体折光能力的减弱，以使物体在视网膜上形成清晰的图像。

2．瞳孔缩小　眼视近物时，反射性地引起瞳孔缩小的现象称为瞳孔近反射（near reflex of the pupil）。正常人眼瞳孔的直径可随所视物体远近和光线强弱的不同在1.5～8.0 mm之间变动。视近物时，模糊的物像或近物的强光刺激等信息经视神经传入中脑顶盖前区，然后到达动眼神经缩瞳核，再经动眼神经副交感纤维传出，引起瞳孔括约肌收缩，瞳孔缩小。瞳孔缩小可以减小球面像差和色像差，使所视物体更加清晰，还可减少进入眼的光线量。

在强光照情况下，眼也可以出现瞳孔变小，此为瞳孔对光反射（pupillary light reflex）。瞳孔对光反射是重要的适应机制，其生理意义在于调节进入眼内的光线量，在强光下避免造成视网膜受损，在弱光下可增加进入眼的光量，以产生清晰视觉。瞳孔对光反射具有双侧效应，即一侧眼被强光照射时，除被照射眼的瞳孔缩小外，另一侧眼的瞳孔也缩小，这种现象称为间接对光反射，又称为互感性对光反射。光照一侧眼的瞳孔对光反射又称为直接对光反射。瞳孔对光反射的中枢在中脑，临床上常把瞳孔对光反射作为判断中枢神经系统病变的部位、麻醉深度和病情危重程度的重要指标。瞳孔对光反射与瞳孔近反射的神经反射通路相似，但前者位于后者的背侧，因此可以出现前者丧失而后者完好的病例。

动眼神经的副交感纤维不仅支配睫状肌，也支配瞳孔括约肌，其末梢释放的递质为乙酰胆碱，临床上进行某些眼科检查时，常用 M 受体阻断药阿托品滴眼，以达到麻痹睫状肌及放大瞳孔的目的。

3. 视轴会聚 双眼注视某一近物或被视物体由远及近时，反射性地引起两眼视轴同时向鼻侧会聚的现象，称为视轴会聚，又称为辐辏反射（convergence reflex）。视轴会聚可使视近物时的物像落在两眼视网膜的对称点上，从而在两眼视物的情况下产生单一的清晰视觉，避免复视。视近物时，双眼视神经上传的信息达视觉中枢经分析整合后，使动眼神经中的躯体运动纤维支配的两眼球内直肌收缩，两眼球向鼻侧会聚。

（三）眼的折光异常

正常人眼不需任何调节即可将来自 6 m 及以外的物体的平行光线聚焦于视网膜，也可通过调节将来自 6 m 以内的近物聚焦于视网膜，在视网膜上形成清晰的图像和产生清晰的视觉，此为正视眼（emmetropia）。若因眼的折光能力或眼球的形态异常而出现眼视物能力下降，则称为非正视眼或屈光不正眼，主要包括近视眼、远视眼和散光眼。

1. 近视眼 近视眼（myopia）表现为视远物不清楚，只有当物体距离眼较近时才能被看清。近视眼的发生多数是由于眼球前后径过长（轴性近视）或折光系统的折光能力过强（屈光性近视），视远物时，来自物体各点的近似平行光线成像于视网膜前方，而非视网膜平面，故视远处物体模糊不清；视近物时，来自物体各点的辐散光线，不需或只需较小的视调节，就可在视网膜上清晰成像，故近视眼的近点比正视眼近。近视眼的矫正办法是配戴合适的凹透镜，在光线经过晶状体之前先发散一次来调整物体的聚焦平面，以使物像能够聚焦于视网膜上形成清晰物像。我国学生群体的近视呈现高发、低龄化趋势。据不完全统计，我国小学生近视发病率约为 30%，初中生约为 60%，高中生约为 80%，而大学生已高达 90%。青少年近视问题，小到个人，影响学习、眼睛健康和生活质量等；大到民族，危害当代也影响中国未来的人口素质。

2. 远视眼 远视眼（hyperopia）表现为视近物模糊不清，只有当物体较远时才能看清楚。远视眼的发生多数是由于眼球的前后径过短（轴性远视）或折光系统的折光能力过弱（屈光性远视），视远物时，来自物体的平行光线成像于视网膜后方，必须经视调节增强折光系统的折光能力，才能使物像前移至视网膜上；视近物时，需要进行更大程度的调节，但眼做最大调节仍不能使远物物像聚焦在视网膜上，而致视近物模糊不清，故远视眼的近点比正视眼远。远视眼无论视近物还是视远物都需要调节，因此容易发生视物疲劳。远视眼的矫正办法是配戴合适的凸透镜，在光线经过晶状体之前先折射一次，用以增强折光，帮助看清近物。

3. 散光眼 散光眼（astigmatism）表现为无论视近物还是远物，均出现视物模糊不清或变形。其产生的主要原因是角膜的球面曲率半径不同，故折光面的不同方位折光能力不一致，使来自物体的光线进入眼内后不能同时聚焦在视网膜上，而导致视物模糊。散光眼的矫正办法是配戴合适的圆柱形透镜或角膜接触镜，使折光系统各方位不一致的曲率异常得到纠正。

二、视网膜的功能

当入眼的光线到达视网膜并刺激感光细胞（视杆和视锥细胞）时，后者将光能转变成视神经上的动作电位，将信息传到视觉中枢而产生视觉。视网膜除具有感光换能作用以外，还具有对视觉信息进行初步分析和整合的功能。视网膜在视觉形成中十分重要，视网膜受损可因其感光换能和信息处理障碍而出现视觉异常，甚至完全失明，如高血压和糖尿病所致的视网膜病变就是常见的致盲原因。

（一）视网膜的结构

视网膜的总厚度仅为 0.1～0.5 mm，但其结构十分复杂。视网膜的主要功能细胞有 4 层，从外向内依次为色素上皮细胞层、感光细胞层、双极细胞层和神经节细胞层（图 10-5）。在视网膜内，光的传导方向与神经信号的传导方向相反，前者是由内向外的传导，即光线透过神经节细胞、双极细胞，到达感光细胞层，它们把光波的刺激转变为神经信号；而后者则是由外向内的传导，即前述在感光细胞产生的神经信号，逐层向内传至双极细胞和神经节细胞。

视网膜最外层是靠近脉络膜的色素上皮细胞层，血液供应来自脉络膜。这层细胞内含有黑色素颗粒和维生素 A，对感光细胞有营养、支持和保护作用。

色素上皮细胞层的内侧为感光细胞层。感光细胞从形态上由外向内分为外段、内段、胞体和终足四部分（图 10-6）。外段含有特殊的感光色素，在感光换能中起重要作用。在光照情况下，通过其光-电换能作用产生感受器电位，再通过终足与双极细胞发生突触联系。

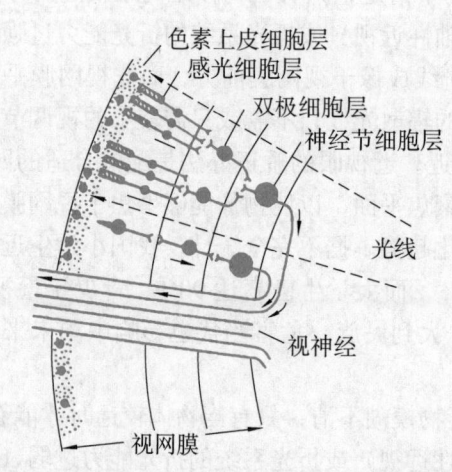

图 10-5 视网膜的主要细胞层次及联系模式图

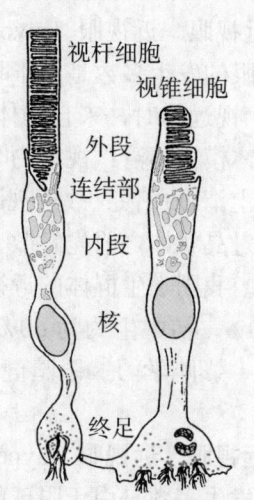

图 10-6 哺乳动物感光细胞模式图

通过突触联系，接受了感光细胞信息的双极细胞进而与神经节细胞联系，将感光细胞的信息传给神经节细胞。神经节细胞对双极细胞传来的信息进行处理，并发出轴突构成视神经，视神经再把有关的信息传入中枢。在视神经穿出眼球部位的视网膜呈白色圆形隆起，称为视神经乳头。两侧的视神经乳头位于视网膜黄斑中央凹的鼻侧约 3 mm 处，由于此处没有感光细胞，故物像呈现于此处时，眼不能产生视觉感受，称为生理性盲点（blind spot）。由于人用双眼视物，一侧盲点因可被对侧视觉补偿而不被觉察。盲点的概念和盲点试验是法国物理学家 Mariotte 于 1668 年最先提出的，他发现当两个人相距 2 m 面对面站立时，都只用一只眼看旁边的某一物点，此时他们两人都观察不到对方的头。

在视网膜中除了上述细胞间的纵向联系外，还存在细胞间的横向联系，位于感光细胞层和双极细胞层之间的水平细胞，与位于双极细胞层和神经节细胞层之间的无长突细胞，在视网膜不同层次的细胞间横向伸展，在水平方向传递信息。此外，有些无长突细胞也可以直接向神经节细胞传递信息。视网膜中还存在胞体位于双极细胞层和神经节细胞层之间的网间细胞，其突起伸入到感光细胞层和双极细胞层，进行信息的反馈传递。

（二）视网膜感光换能系统

视网膜上的视锥细胞和视杆细胞分别与相对应的传递细胞组成两种感光换能系统，二者在细胞联系和功能上均相对独立。

由视锥细胞和与之相联系的双极细胞、神经节细胞等构成的功能系统称为视锥系统（retinal cone system）或明视觉系统。视锥系统的功能特征是：对光的敏感度较低，在类似白昼的较强光线刺激下视物，可以分辨颜色，对物体细微结构的分辨力高。视锥细胞主要分布在视网膜的中心部，在黄斑中央凹处可见一个视锥细胞只与一个双极细胞发生联系，而这个双极细胞也只与一个神经节细胞发生联系，这种单线式联系有利于视锥细胞高分辨力的形成。视锥细胞又分为红、绿和蓝三种类型，它们分别含有对红（564 nm）、绿（534 nm）和蓝（420 nm）颜色波长的光敏感的感光色素，这是视锥细胞能分辨颜色的基本物质基础之一。

由视杆细胞和与之相联系的双极细胞、神经节细胞等构成的功能系统称为视杆系统（retinal rod system）或暗视觉系统。视杆系统的功能特征是：对光的敏感度较高，能在昏暗环境的弱光刺激下视物，但对物体细微结构的分辨力差，只能形成精确性较差的粗略物像轮廓，不能辨别物体的颜色和细节。视杆细胞分布在视网膜的周边部，常见多个视杆细胞与同一个双极细胞发生联系，然后多个双极细胞与同一个神经节细胞发生联系，这种聚合式联系可产生总和现象，有利于感受弱光刺激。

（三）感光细胞的光化学反应与感受器电位

光线刺激感光细胞后，视锥细胞和视杆细胞外段中的感光色素发生光化学反应，并导致细胞膜对离子通透性改变而产生超极化型感受器电位。

1. 视杆细胞的光化学反应　视杆细胞内的感光色素视紫红质（rhodopsin）是一种结合蛋白质，由 1 分子的视蛋白（opsin）和 1 分子的视黄醛（retinal）组成，对波长 500 nm 的光波最敏感，这与人眼在暗处对光谱上蓝绿光区域（相应于 500 nm 波长附近）感觉最明亮的现象相一致。

视紫红质在暗光条件下呈紫红色，其中视黄醛的分子构型为卷曲状的 11-顺型。当光线照射时，视紫红质迅速分解为视蛋白和视黄醛而失去颜色，称为漂白，视黄醛的分子构型变成一种形状较直的全反型。视黄醛分子构型的变化最终使细胞膜对离子通透性发生改变，从而产生感受器电位（见下文）。继之，视紫红质分解释放出来的全反型视黄醛被色素上皮摄取，并在暗光和耗能条件下由视黄醛异构酶作用将其异构化为 11-顺型视黄醛，11-顺型视黄醛又返回到视杆细胞中与视蛋白重新结合形成视紫红质，可以再次进行感光换能作用。视紫红质的分解和再合成过程是可逆反应，反应的平衡点决定于光照的强度（图 10-7）。人在暗处视物时，视紫红质既有分解，又有合成，而合成过程大于分解过程，使视紫红质数量较多，从而使视网膜

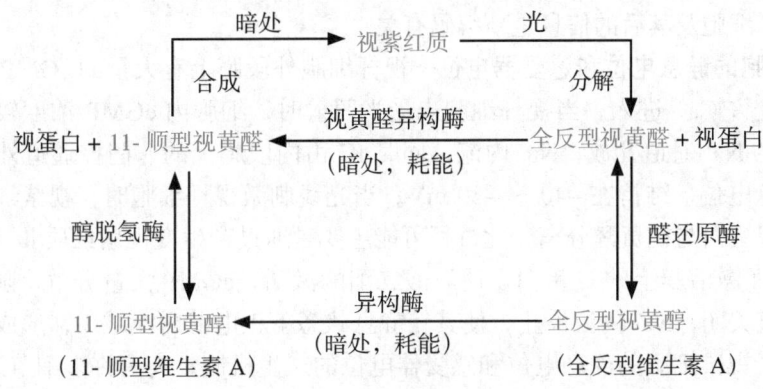

图 10-7　视紫红质的光化学反应

对弱光较敏感；相反，人在亮光处时，视紫红质的分解大于合成，视紫红质数量少，使视杆细胞几乎失去感受光刺激的能力，此时视锥细胞就取而代之成为强光刺激的感受细胞。

在视紫红质的分解和再合成过程中，有一部分视黄醛被消耗，因此需要不断得到补充。维生素 A（全反型视黄醇）可以在相应酶的作用下转变成全反型视黄醛，也可先转变为 11-顺型视黄醇，继而转变为 11-顺型视黄醛，参与视紫红质的合成。因此如长期摄入维生素 A 不足，可使视紫红质合成不足，导致暗视力下降，引起夜盲症。视网膜中过多的视黄醛也可逆转成为维生素 A，这对视网膜适应不同的光照强度特别重要。

2. 视锥细胞的光化学反应 人视网膜中具有 3 种能够感受不同颜色的视锥细胞，根据其各自最大吸收光谱分别称为红、绿、蓝视锥细胞。视锥细胞内的感光物质称为视锥色素。视锥色素同样由 1 分子视蛋白和 1 分子视黄醛构成，视黄醛与视紫红质中的视黄醛完全相同，视蛋白则存在结构上的细微差异，而且不同视锥色素的视蛋白结构均有所不同。这被认为是视锥色素对光的敏感度明显较视紫红质低，且各自对不同波长光敏感的结构基础。

目前认为，视锥细胞的光化学反应与视杆细胞相似。光照条件下，11-顺型视黄醛变构为全反型，而最终引起感受器电位。分解后的视蛋白与视黄醛在一定条件下再合成感光色素，且分解与合成处于动态平衡中。

辨别颜色由视锥细胞完成。色觉（color vision）是由不同波长的光线作用于视网膜后在人脑引起的主观感觉，是一种复杂的物理和心理现象。人眼能感受波长 380～760 nm 的可见光，主要是光谱上的红、橙、黄、绿、青、蓝和紫 7 个系列的颜色，在此范围内，人眼能分辨出大约 150 种不同的颜色，通常波长相差 3～5 nm，就可被视觉系统分辨为不同的颜色。

虽然有不同的学说来解释人眼是怎样区别不同颜色的，但最早在 1802 年，由 Young 提出的三原色学说（tricolor theory）仍占有重要地位。三原色学说认为，红、绿和蓝是 3 种基本色光。当不同颜色（波长）的光刺激视网膜视锥细胞时，这 3 种对应的视锥细胞以不同的比例兴奋组合信息上传到中枢，就会产生不同颜色的感觉。用微电极记录单个视锥细胞感受器电位的实验结果支持该学说。由于某种或某些视锥细胞的缺乏或反应能力较弱所致的色盲和色弱现象也是该学说重要的支持依据。色盲（color blindness）是指人失去辨别全部颜色或部分颜色能力的一种色觉障碍，临床上红色盲和绿色盲较常见，统称为红绿色盲，蓝色盲较少见，而全色盲极为罕见。色盲属于遗传缺陷疾病，近年来编码人的视色素基因已被分离和克隆，并成功地克隆了 3 种不同光谱吸收特性的视锥色素。这些成就为解释色盲患者辨色能力减弱的机制提供了分子生物学基础。

但是，三原色学说不能解释颜色对比现象，如将蓝色的小纸块放在黄色的背景上，会觉得放在蓝纸块特别蓝，同时黄色背景也比未放蓝纸块时更黄。对比色学说则对该现象加以解释，认为：有黄-蓝、红-绿和黑-白共 3 对互为对比色的颜色对与之相对应，在视网膜中存在着 3 种细胞或物质，各对一组对比色的刺激起性质相反的反应。研究证实，颜色对比现象的发生机制可能与水平细胞及其后的信息重新编码有关。

3. 感光细胞的静息电位和感受器电位 视杆细胞外段膜上有大量的 cGMP 门控性 Na^+ 通道，此通道也允许 Ca^{2+} 进入。当视杆细胞未受光照射时，细胞内 cGMP 浓度较高，促使外段膜 cGMP 依赖的 Na^+ 通道开放，Na^+ 内流，同时 K^+ 由内段膜上的非门控通道外流，由此形成视杆细胞的静息电位，维持在 -40～-30 mV。当光线刺激视杆细胞时，视紫红质的视黄醛分子变构并导致视蛋白与视黄醛分离，此过程可能主要是通过产生变视紫红质 II（metarhodopsin II，Meta II）而激活膜上的 G 蛋白，使磷酸二酯酶激活，cGMP 大量分解，随之外段 cGMP 门控性 Na^+ 通道关闭，Na^+ 内流停止，使其较静息状态下正电荷内流减少，形成超极化型感受器电位。而关于视锥细胞的静息电位和感受器电位的产生机制，尚有许多细节还不十分清楚，但目前认为其机制与视杆细胞类似。

（四）视网膜的信息传递和处理

光照下视锥细胞和视杆细胞形成的感受器电位（视觉信息），经视网膜信息传递以视神经动作电位形式上传；同时，视网膜还对视觉信息进行初步分析和整合。

视网膜上亿万神经细胞通过突触联系组成一个处理信息的复杂网络，主要经化学性突触传递，也可通过电突触传递。视杆与视锥细胞是视觉通路中的第一级感觉神经元，双极细胞和神经节细胞则分别为第二级和第三级感觉神经元（图10-8）。当光线刺激感光细胞时，感光细胞产生超极化感受器电位，以电紧张扩布方式传递至终足使递质释放，双极细胞产生去极化或超极化电位；双极细胞将上述电位变化信息传递给神经节细胞时，

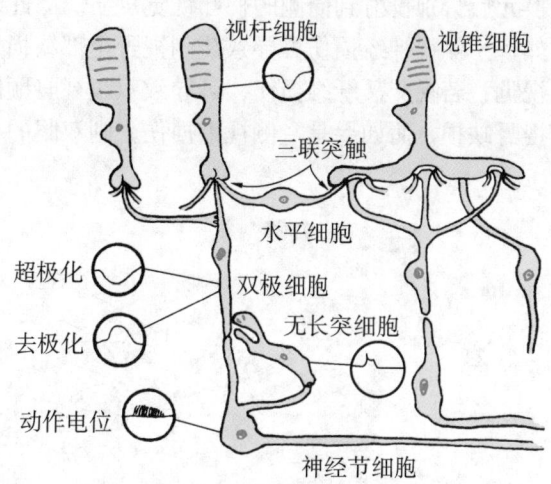

图10-8　视网膜中各类细胞的排列及其产生的电反应示意图

也可能通过神经递质释放和递质与神经节细胞膜上受体结合后引起对某带电离子的通透性变化，从而使神经节细胞的神经末梢去极化，并总和达阈电位，形成视神经上的动作电位。目前对视网膜信息处理过程的规律了解还很肤浅，比较肯定的是，只有神经节细胞及少数无长突细胞具有产生动作电位的能力；且视网膜在上述纵向信息传递过程中，由水平细胞和无长突细胞等进行调制，以实现其传递及初步加工和处理视觉信息的功能。

视网膜的信息传递和处理尚有许多问题未获得满意的答案，如各种细胞的局部电位引起何种递质释放并如何进行？递质与受体结合后又如何引起突触后细胞的膜电位变化？千变万化的外界信息如何包含在视神经上的动作电位及其编码中？横向和纵向细胞间联系及信息的整合是如何实现的？目前认为，谷氨酸介导感光细胞与双极细胞间的信息传递，它与去极化或超极化型谷氨酸受体结合，使一些双极细胞的膜电位去极化，而另一些双极细胞的膜电位超极化。两种相反的生物电反应可为视网膜内的神经元网络提供一种比较机制，有助于视觉信号到达视觉皮质时对比度增加而不易失真。神经节细胞可分为三类：第一类感受野小，大致相当于一个或一小组双极细胞的感受野，它们能对视野中物体的形状和表面特征的信息进行编码；第二类感受野大，相当于几百个双极细胞感受野的总和，它们是对视野内物体定位的信息编码；第三类细胞功能所知较少，它们的感受野特征复杂，对移动的物体反应较强。另有一些事实表明，视网膜图像经初步处理后，被分解为不同的"像素"，有的神经节细胞向中枢传递有关图像中波长的信息，有的传输有关亮度的信息，有的则传输有关强度的短暂变化信息。

当然，视网膜仅能对光信息进行初步的加工和处理，更为复杂的加工处理过程将在更高级的视觉中枢进行。

三、视觉的传入途径和中枢分析功能

所视物体的信息经神经节细胞转变为神经冲动，沿着视神经传至下丘脑的外侧膝状体。外侧膝状体是视觉信息传递的中继站。两眼鼻侧视网膜的视神经纤维在下丘脑底交叉至对侧，而两眼颞侧视网膜的视神经纤维不交叉。即右侧视野的信息经左侧视束（由左眼颞侧的视神经和右眼鼻侧的视神经构成）传入左侧的外侧膝状体，左侧视野的信息经右侧视束（由右眼颞侧的

视神经和左眼鼻侧的视神经构成）传入右侧的外侧膝状体（图10-9）。视觉信息在外侧膝状体换元后分别投射到同侧的枕叶视觉皮质。因此，视觉传导通路受损可引起不同的视野缺损。例如，一侧视神经损伤可导致该侧视野全部缺损。另外还因只有单眼视觉信息的输入而影响立体视觉；若视交叉纤维损伤，可导致双眼视野颞侧缺损；如果是右侧视束损伤，则双眼的左侧半视野缺损，而如果是左侧视束损伤，则双眼的右侧半视野缺损。

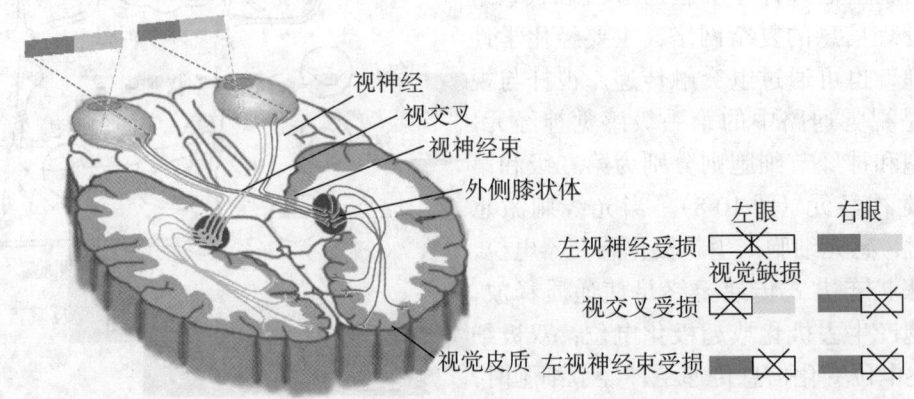

图10-9 视觉传导通路及传导通路受损引起的视野缺损

大脑皮质中有许多脑区参与视觉的认知，例如至少有35个皮质区域与猴的视觉功能相关。最重要的视皮质位于枕叶皮质距状沟的上下缘。距状沟上缘接受视网膜上半部的投射，下缘则接受视网膜下半部的投射。距状沟的后部接受视网膜中央凹黄斑区的投射，而前部则接受视网膜周边区的投射。

在枕叶视皮质被分为三级：初级视皮质（V1）—Brodmann 17区（纹皮质）、次级视皮质（V2）—Brodmann 18区（纹旁皮质）以及高级视皮质（V3）—Brodmann 19区（纹周皮质），视皮质有结构完善的感觉柱，即方位柱（orientation column）。只有特定方向的光带才引发方位柱的最佳反应。目前认为，视觉产生过程经两个通道完成：一条是从枕叶视皮质到颞下回，称为枕颞叶通道，主要是识别客观物体；另一条是从枕叶到大脑顶部，称为枕顶叶通道，其功能主要与空间知觉、运动相关。

此外，对猴视觉的研究还提示视觉信息是以分离方式进行处理和传递，再经过中枢内的视觉信息整合，从而产生分辨率极高的视觉。例如，外侧膝状体和视皮质均分为多层细胞，分别与视网膜神经细胞的结构及功能相对应，不同层的细胞负责处理不同视觉特征的信息（移动、位置、立体、颜色、性状、质地和细微结构等）。

四、典型的视觉相关现象

（一）暗适应与明适应

暗适应和明适应现象主要由视网膜对光的敏感度改变引起，也与瞳孔调节入眼光线和视觉传导通路中各级神经细胞对光的敏感性调节有关。视网膜对光的敏感度取决于未被分解的感光色素的量。

1. 暗适应 人长时间在明处而突然进入暗处时，最初看不见任何物体，经过一定时间后，视觉功能才逐渐恢复的现象称为暗适应（dark adaptation）。暗适应的产生与视锥和视杆细胞的感光色素有关，且主要取决于视杆细胞的视紫红质。由感光色素光化学反应已知，人长时间处于明处时，感光色素的量少，尤其是视紫红质含量极少，使视杆细胞对光的敏感度低，故刚进入暗处时，视力很差。随时间的延长，先出现视锥色素的合成增加，使进入暗处后数分钟内视力出现一次提高，随着在暗处时间的进一步延长（约 20 min 后），视杆细胞中的视紫红质合成逐渐增多，视觉再次提高并稳定于某一水平，即暗视觉已逐渐恢复，产生暗适应。

2. 明适应　当人长时间在暗处而突然进入明处时，最初产生耀眼的光感，个体失去视物的能力，稍等片刻才能恢复视物的现象称为明适应（light adaptation）。明适应过程较快，约需 1 min 即可完成。人长时间在暗处时，视紫红质的含量很高，突然到亮处时，视紫红质迅速分解而产生炫目的光感。随后对光相对不敏感的视锥细胞中的感光色素才能正常感光以看清物体，产生明适应。

（二）视敏度

视敏度（visual acuity）又称视力，是指人眼能够分辨物体上两点间最小距离的能力。物体上两点光线入眼，通过节点相交时所形成的夹角称为视角。正常人眼视物时，当两点形成的视角为 1 分度时（1/60 度），在视网膜上所形成的两点物像之间的距离为 5 μm，稍大于一个视锥细胞的平均直径，此时两点间刚好隔着一个未被兴奋的视锥细胞，故该信息上传就会产生两点分开的感觉；如果物体在视网膜上的清晰成像两点间距离小于 5 μm，即使光照良好，也不能引起清晰视觉（图 10-10A）。受试者能分辨的最小两点间视角越小，视力越好。值得注意的是，视网膜上物像的大小和是否清晰还与折光系统的折光能力和眼球前后径密切相关，故根据此原理设计视力表以测量受试者的视力，并以此作为视力矫正的依据。国际视力表用视角的倒数以小数值来记录视力。我国学者缪天荣设计的对数视力表将视角为 1 分度时的视力值定为 5.0，而视角为 10 分度时的视力值定为 4.0（图 10-10B、C）。与原国际视力表相比，对数视力表具有标准化、灵活性和精度高等优点。

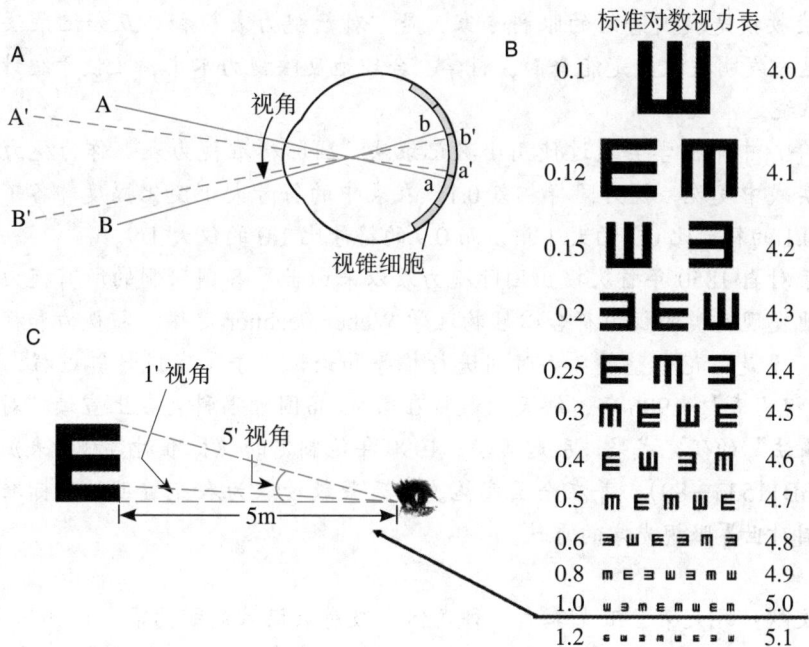

图 10-10　视敏度原理示意图

A．不同视角下，在视网膜上形成的物像大小不同，ab 物像大于 5 μm，能够辨认，a' b' 物像小于 5 μm，不能辨认；B．视力表；C．视力表中标注 1.0（小数记录法）一行"E"形成的视角为 1 分度

(三) 视野

视野（visual field）是指单眼固定注视前方一点不动时，该眼所能看到的空间范围。人两眼视野的重叠范围很大。视野可反映视网膜的普遍感光能力，还与视网膜中各类感光细胞的分布和感受不同颜色刺激的能力等有关。正常人颞侧视野大于鼻侧视野，下方视野大于上方视野。在同一光照条件下，以白色视野最大，其次是黄蓝色、红色，绿色视野最小。视野变小不利于人眼对周围事物的观察，故不宜驾驶。如前所述，视野检查可发现生理盲点的存在，还有助于诊断视网膜或视觉传导通路的病变。

(四) 双眼视觉和立体视觉

双眼观察同一物体时所产生的感觉称为双眼视觉（binocular vision）。双眼视物时，两侧视网膜尽管各自形成物像并将此信息分别传至中枢，但仍产生单一物体的视觉，这是从物体同一部位发出的光线成像于双眼视网膜的对应点上所致，也与出生后双眼视觉刺激视皮质发育密切相关。诺贝尔生理学或医学奖获得者韦塞尔（Torsten Weisel）和休伯尔（David H. Hubel）研究证明，双眼视觉的发展是由早期视觉经验塑造出来的，关键期是出生后的前3年。

双眼视觉可扩大视野，互相弥补单眼视觉时视野的不足，并可产生被视物体的厚度以及空间的深度或距离的感觉，即形成立体视觉（stereoscopic vision）。双眼注视同一物体时，两侧视网膜上形成的像并不完全相同，此微小差别是因为眼将外界物体的深度或距离等方面的信息传到中枢并经整合后，就会将左、右眼视物时存在的差异融合为一，产生一个有立体感的物体的形象。一只眼受损后仅用单眼视物时，也能产生一定程度的立体感觉，其主要与物体表面的阴影和生活经验等有关。

思政案例

缪天荣：《标准对数视力表》发明者

缪天荣教授是我国著名的眼科专家，是"对数视力表"和"五分记录法"的发明者。他的这一发明被认为是能全面、科学、合理地反映视力水平，又便于统计和计算的视力检测系统。

1952年，中华医学会通过使用小数记录法"国际标准视力表"作为视力检测的标准。但在实践中发现，视力同样相差0.1，在表中的符号大小变化幅度却各不相同。例如，视力0.1的符号比0.2的大1倍，而0.9的符号比1.0的仅大1/9。

缪天荣对自1850年首次提出国际视力表以来由世界各国研制的所有视力表进行全面研究，他发现人类的视力符合心理物理学Weber-Fechner定律，即视力和视角大小成对数关系。于是他花了整整3年时间进行推导和论证，手工完成计算过程，制定出了"标准对数视力表"。1986年，缪天荣教授在第25届国际眼科大会上宣读"对数视力表和五分记录法"的研究成果，引起轰动。1990年他制定的《标准对数视力表》被定为国家标准（GB11533—89），并在全国实施。缪天荣教授敢为人先首创的《标准对数视力表》是我国对世界眼视光学的贡献。

参考文献：缪天荣，王光霁. 一种几何分级对数记录的视力表. 温州医学院学报，1985（1），83-103.

（李晓娟　赵春玲）

第二节 听觉器官

人的听觉器官是耳，由外耳、中耳和内耳的耳蜗所组成。听觉器官的功能是产生听觉（auditory sense），即听到声音。声音是由物体振动产生的声波，是物体振动使其四周空气交替地压缩与膨胀并逐渐向外传播的机械波。

听觉感受器是位于内耳基底膜的毛细胞，能感受频率为 20~20 000 Hz 并达到一定强度的声波振动。声音的强度或响度简称声强，用声压来计量，单位为达因/平方厘米（dyn/cm^2），也常以分贝（decibels，dB）为相对单位。听阈（auditory threshold）和听域（audible area）可反映耳对声音频率和强度的感觉范围（图 10-11）。每一频率的声波能引起听觉的最小声压称为听阈；该频率的声波，随声压在听阈以上增加，感受到的声音变强，当声压增大到某一数值时，除引起听觉以外，还因过度振动鼓膜而引起疼痛感，这一声压称为最大可听阈（maximal auditory threshold）。每一频率声波的听阈曲线与最大可听阈曲线包绕的面积称为听域。从图 10-11 中还可看出，正常人耳对 1000~3000 Hz 频率范围的声音最敏感，此时听阈最低；人类语言声音频率范围主要分布在 300~3000 Hz。

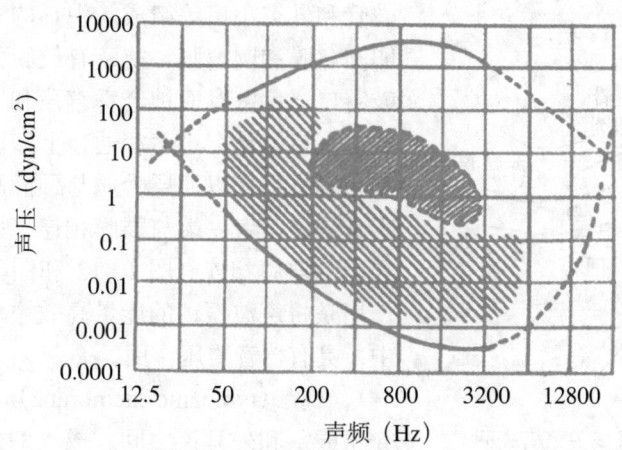

图 10-11 人的正常听阈和听域图
▨：主要语言区；▧：次要语言区

声波通过外耳和中耳传递到达内耳，位于内耳基底膜的毛细胞受到适宜刺激，经感音换能作用，将声波机械振动的能量信息转变成为听神经纤维上的神经冲动，后者再通过听觉传入神经通路传到大脑皮质的听觉中枢而产生听觉。

一、外耳和中耳的功能

（一）外耳的功能

外耳由耳郭和外耳道组成（图 10-12）。耳郭呈浅漏斗形，有利于收集声波，具有集音作用。通过头部运动，耳郭对判断声源方向起一定作用。外耳道是声波传导的通路，也是一个共鸣腔，其最佳共振频率约为 3400 Hz，当声音由外耳道传到鼓膜时，作用于鼓膜上的声强可增强约 10 dB。

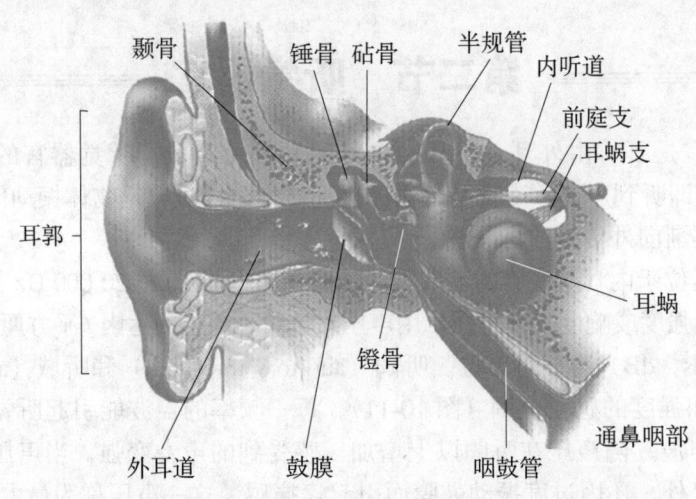

图 10-12 人耳结构模式图

（二）中耳的功能

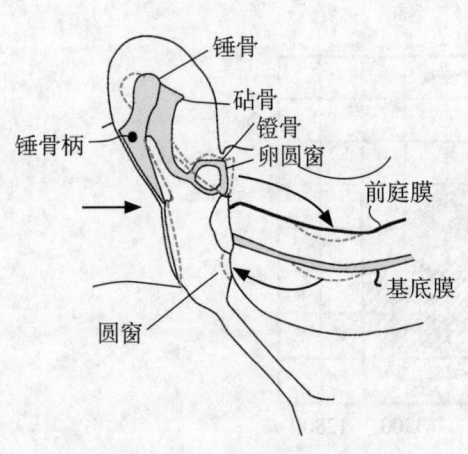

图 10-13 人中耳和耳蜗关系模式图
---- 表示鼓膜向内侧移动时各有关结构的移动情况

中耳是一个含有气体的空腔，由鼓膜、鼓室、咽鼓管和乳突小房等组成。中耳的外壁是鼓膜，内壁为卵圆窗膜和圆窗膜，前壁有鼓膜张肌半管和咽鼓管的鼓室口，后壁有面神经垂直段和锥隆起，并以上方的鼓窦入口与乳突小房相通，上壁以较薄的骨板与颅中窝相隔，下壁以薄层骨质与颈静脉球相隔。鼓室内有听骨链，后者一端与鼓膜相连，另一端与内耳外侧壁的卵圆窗膜相连（图 10-12 和图 10-13）。中耳的主要作用是将声波振动的能量高效率地传递到内耳淋巴液中，具有传音增压作用。

鼓膜（tympanic membrane）为椭圆形半透明膜，介于鼓室和外耳道之间。成人的鼓膜呈浅漏斗状，其顶点朝向中耳，内侧与锤骨柄相连。鼓膜的有效振动面积约为 59.4 mm^2，具有较好的频率响应和较小的失真度，能将声音如实地传到内耳。

鼓室内的听骨链（ossicular chain）从外向内依次为锤骨、砧骨和镫骨（图 10-13）。锤骨柄附着于鼓膜。镫骨底板呈椭圆形，面积约 3.2 mm^2，借环韧带与卵圆窗膜相连。砧骨位于锤骨和镫骨之间，并分别与二者形成关节。听骨链构成一个具有固定角度的杠杆，锤骨柄为长臂，砧骨长突为短臂，杠杆的支点刚好在听骨链的重心上，因此在能量传递过程中惯性最小，效率最高。

鉴于鼓膜的有效振动面积与镫骨底板的面积之比为 18.6∶1，因此作用于鼓膜上的声波压强传到镫骨底板处时被增大了 18.6 倍。另外，听骨链杠杆长臂与短臂之比为 1.3∶1，经杠杆作用，在短臂一侧的压力将增大到原来的 1.3 倍，而振幅约减小 1/4。经上述两方面的共同作用，声波压强从鼓膜传到卵圆窗时被增大了 $18.6 \times 1.3 \approx 24.2$ 倍，这就是中耳的传音和增压作用。中耳的这一作用极大地增加了声音的传播效率。

咽鼓管（eustachian tube）是连通鼓室与鼻咽部的管道，由鼻咽部的内侧端斜向外上方延伸至中耳鼓室而开口于鼓室前壁。成人咽鼓管全长约 35 mm，近鼓室的 1/3 为骨部，近鼻咽部的 2/3 为软骨部。咽鼓管的鼻咽端开口于鼻咽侧壁下鼻甲的后上方，由此，鼓室内的空气借咽鼓管鼻咽部开口与外界大气相通。咽鼓管的主要功能是调节鼓室内与外界大气之间的压力平衡，维持鼓膜的正常位置、形状和振动性能。咽鼓管在鼻咽部的开口一般处于闭合状态，在吞咽、打呵欠或打喷嚏时，可短暂开放。如果鼻腔或咽部有炎症，会引起咽鼓管鼻咽部的黏膜肿胀，妨碍咽鼓管鼻咽口的开放，鼓室内的空气因为被吸收而产生负压，造成鼓膜内陷，继而影响鼓膜的振动和听骨链的运动，出现听力下降，并伴有耳鸣及疼痛等症状。幼儿由于头部发育的原因，咽鼓管相对平直，当吃奶时如果有呛咳，乳汁容易通过咽鼓管进入中耳鼓室。乳汁是很好的细菌培养基，这是幼儿易发中耳炎的常见原因。

（三）声波传入内耳的途径

声波通过气传导和骨传导两条途径传入内耳。

气传导（air conduction）是声波经外耳道传至鼓膜并引起鼓膜振动，后者带动听骨链运动而使镫骨底板推拉卵圆窗膜，引起内耳的淋巴液位移，进而使基底膜发生振动的传导途径。气传导是声波传入内耳的主要途径。另外，气传导也可以是声波引起鼓膜振动后，引起鼓室内空气振动，再经圆窗膜传入内耳引起内耳淋巴液位移。但正常情况下，这一途径的作用很小。

骨传导（bone conduction）是声波直接引起颅骨振动，经耳蜗的骨壁传至内耳，引起内耳的淋巴液位移的传导途径。在生理情况下，骨传导的效能远低于气传导，在听觉的产生过程中所起的作用不大。临床上检查患者气传导和骨传导的状态，有助于诊断听觉障碍的病变部位和原因。

二、内耳耳蜗的功能

内耳由耳蜗和前庭器官两部分组成。耳蜗属于听觉器官，主要功能是感音换能；而前庭器官的组成和功能将在本章第三节中讨论。

（一）耳蜗的结构

人的耳蜗（cochlea）是由一条骨性管道围绕一个锥形骨轴（耳蜗轴）旋转 2½ ~ 2¾ 周构成的。在耳蜗管的横断面上有两个分界膜，一个是斜行向外的前庭膜，另一个是由骨蜗轴向外横行延伸的基底膜。此二膜将管道分隔为三个腔，即前庭阶、鼓阶和蜗管（图 10-14A）。在耳蜗底部，前庭阶和鼓阶分别以卵圆窗膜和圆窗膜为界与中耳相连。前庭阶和鼓阶内充满外淋巴液，在耳蜗顶部通过蜗孔相通。外淋巴液的物质组成与细胞外液相似。蜗管是一个膜性盲管，

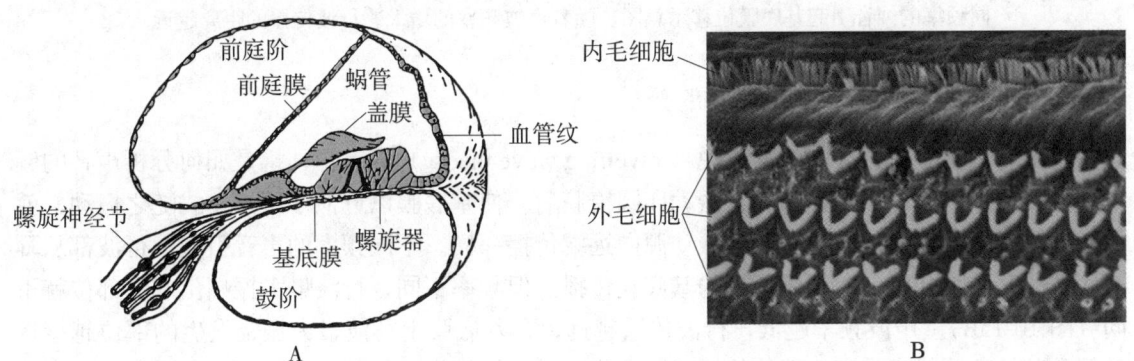

图 10-14 耳蜗结构和听觉感受细胞

A. 耳蜗横断面示意图；B. 扫描电镜可见基底膜近蜗轴侧一排呈"一"字形排列的内毛细胞顶部的纤毛，和外侧三排呈"V"形排列的外毛细胞的纤毛

其中充满与细胞内液成分相似的内淋巴液。听觉感受器位于基底膜上，称为螺旋器或科蒂器（organ of Corti），由一排内毛细胞、3～5 排外毛细胞和多种支持细胞构成，内毛细胞顶部的纤毛呈"一"字形排列，外毛细胞顶部的纤毛呈"V"形排列（图 10-14B）。每个外毛细胞的顶部有上百条排列整齐、长短不同的纤毛。内毛细胞的纤毛伸入内淋巴液中，外毛细胞的纤毛嵌入盖膜中，盖膜的内侧与耳蜗轴突起的骨缘相连，外侧游离在内淋巴液中。

（二）耳蜗的感音换能作用

耳蜗毛细胞将传入耳蜗的机械振动转变为听神经纤维上的动作电位，称为耳蜗的感音换能作用。在这一换能过程中，基底膜的振动是关键因素。声波振动经外耳道-鼓膜-听骨链的传递而推动卵圆窗膜做向内、向外运动，进而使外淋巴和内淋巴位移，造成基底膜的振动。如图 10-15A 所示，假设耳蜗被拉直，镫骨向耳蜗内（或外）运动时，圆窗膜向外（或内）凸，基底膜向下（或上）位移。由此可见，基底膜随声波振动发生上下振动，进而导致毛细胞顶端和盖膜之间发生交错移行运动，引起毛细胞的听毛弯曲或摆动。正是毛细胞听毛的弯曲或摆动刺激了毛细胞，使毛细胞产生感受器电位。内、外毛细胞产生感受器电位后的信息传递过程存在明显差异。在内毛细胞，当产生去极化感受器电位时，基底侧膜电压门控 Ca^{2+} 通道开放，Ca^{2+} 内流促发神经递质谷氨酸释放，谷氨酸经突触间隙与突触后膜上的谷氨酸受体相结合后，受体被活化，离子通道被打开并允许膜内外的离子跨膜流动而产生局部电位，后者再经过整合放大，当达到动作电位产生的阈值时便爆发一次可在听神经上传导的动作电位。而在外毛细胞，去极化和超极化感受器电位分别引起毛细胞胞体的缩短和伸长，从而增强基底膜的上移和下移。由此认为，内毛细胞的作用是将声波振动转变为听神经纤维上的动作电位，而外毛细胞则主要是增加内毛细胞的敏感性，起放大器的作用。

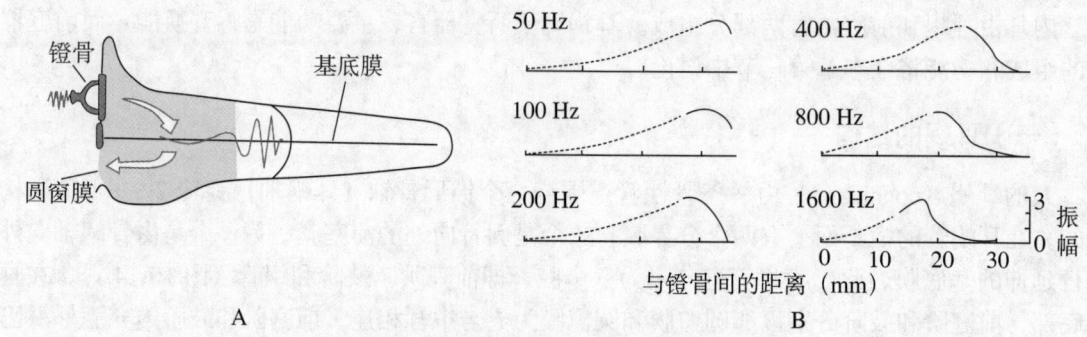

图 10-15 声波振动在内耳的机械传递示意图
A．波动在耳蜗内的传播。假设耳蜗被拉直，镫骨向耳蜗内运动时，圆窗膜向外凸，基底膜向下位移；B．不同频率的纯音引起基底膜位移示意图。随着声波频率的增大，行波传播的距离越近

（三）耳蜗对声音频率和强度的分析

目前常用基底膜振动的行波学说（travelling wave theory）来解释耳蜗是如何分析声音的频率和强度的。该学说认为，当声音振动卵圆窗膜后，使基底膜以近似于行波方式随之振动，就像抖动一条绸带时，行波沿绸带由振动源向远端传播一样。不同频率的声音引起的行波都从耳蜗底部的基底膜开始，向耳蜗顶部的基底膜传播。但频率不同，行波最大振幅出现的部位就不同（图 10-15B）。声波频率越低，行波传播越远，在基底膜上行波最大振幅发生的部位越接近耳蜗顶部；声波频率越高，行波传播越近，行波最大振幅发生的部位越靠近耳蜗底部，即卵圆窗膜附近。

不同频率的声音振动引起基底膜不同形式的行波传播，可能与基底膜本身的某些物理性质

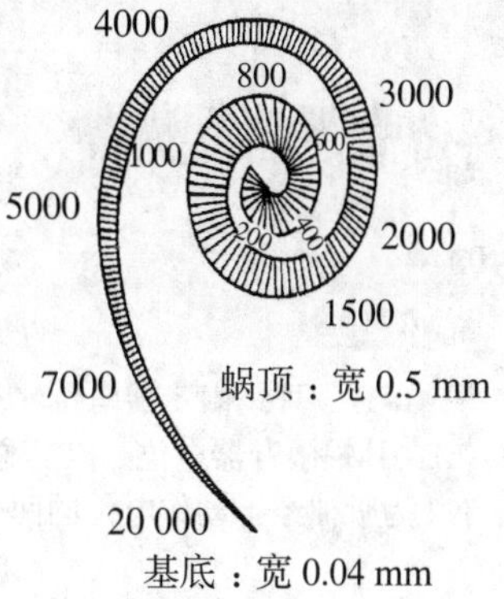

有关。人耳蜗基底膜的长度约 30 mm，但宽度不同。靠近耳蜗底部的基底膜较硬而且较窄，其共振频率也高；基底膜向耳蜗顶部逐渐增宽，并且共振频率依次减低。这些因素决定了耳蜗底部的基底膜对高频声音刺激敏感，而顶部则对低频声音刺激敏感（图 10-16）。临床实践和动物实验都证明，耳蜗底部受损时主要影响高频听力，耳蜗顶部受损时主要影响低频听力。

研究认为，耳蜗对于声音强度的分析主要是通过听神经纤维传入冲动的不同频率以及兴奋不同听神经纤维数量来实现的。声音刺激强度越强，听神经纤维传入冲动的频率就越高，对声音产生的感受也就越强；声音刺激越强，参与反应的神经纤维数量也越多，因此主观感觉到的声音也越强。

老年阶段，随着年龄的增加，人体代谢功能逐渐减弱，且常伴有高血脂、高血压以及动脉硬化，致使耳蜗底部血液供应明显减少，耳蜗底部的毛细胞受损较严重，引起的听觉功能障碍通常以高频听力首先受损，称为"老年性耳聋"。

图 10-16　基底膜结构和频率响应特点示意图

图中所标数值指频率（Hz），耳蜗底部的基底膜较窄，向顶部逐渐增宽；对声音的感受由底部的高频向顶部的较低频率过渡

（四）耳蜗生物电现象

1. 耳蜗内电位　如前所述，耳蜗的前庭阶和鼓阶内充满外淋巴液，蜗管含内淋巴液。内淋巴液的 K^+ 浓度比外淋巴液高 30 倍，而外淋巴液的 Na^+ 浓度比内淋巴液高 10 倍。这导致静息状态下耳蜗不同部位之间存在着电位差。在耳蜗未受刺激时，如果以鼓阶外淋巴的电位为参考零电位，则可测出蜗管内淋巴的电位在 +80 mV 左右，称为耳蜗内电位（endocochlear potential，EP）。耳蜗内电位是由蜗管外侧壁血管纹边缘细胞膜上高活性的钠泵以及 Na^+-K^+-$2Cl^-$ 转运体活动所产生和维持的。血管纹细胞对缺氧和哇巴因（钠泵抑制药）非常敏感，利尿药依他尼酸和呋塞米等具有抑制 Na^+-K^+-$2Cl^-$ 转运体的作用，故缺氧或上述药物均可引起耳蜗内电位不能维持，从而导致听力障碍。

耳蜗内电位对基底膜的机械位移很敏感，当基底膜向下（鼓阶方向）位移时，耳蜗内电位超极化，电位值变大 10～15 mV；当向上（前庭阶方向）位移时，耳蜗内电位去极化，电位值可变小约 10 mV。当基底膜持续位移时，耳蜗内电位亦保持相应的变化。

由于毛细胞面向内淋巴一侧的膜增厚并相互连接形成致密而不透性的"表皮板"，蜗管的内淋巴不能到达毛细胞的基底部。因此，毛细胞顶端浸浴在内淋巴液中，而基底部浸浴在鼓阶的外淋巴液中。在静息情况下，毛细胞基底部细胞内外的电位差值为 –80～–70 mV，被称为静息电位；毛细胞顶端则由于浸浴在内淋巴液中和存在耳蜗内电位，膜内外两侧的电位差可达 160 mV。这是毛细胞与一般细胞膜电位的显著不同之处。

2. 耳蜗微音器电位　当耳蜗受到声音刺激时，在耳蜗及其附近结构记录到一种与声波频率和振幅完全一致的电位变化，称为耳蜗微音器电位（cochlear microphonic potential，CM）。耳蜗微音器电位由多个毛细胞产生的感受器电位总和而形成。声波振动引起的基底膜振动经柯蒂器、盖膜和毛细胞顶部表皮板之间的剪切运动，导致毛细胞纤毛交替性弯曲与复位，调制毛细胞顶部膜电阻呈交替性下降和上升，产生交流性质的毛细胞感受器电位（图 10-17）。

耳蜗微音器电位是耳蜗对声音刺激所产生的一种与声音的声学图形相同的交流性质的电位变化。耳蜗微音器给声、撤声时的电位可真实地反映基底膜瞬时位移振幅，其响应速度快且潜伏期短，潜伏期小于 0.1 ms，无不应期。在人和动物听域范围内，耳蜗微音器电位能重复声波

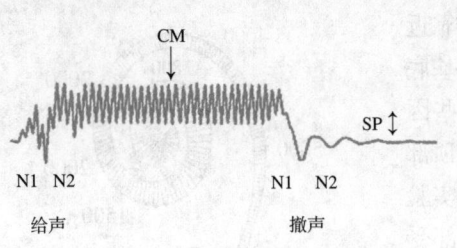

图10-17 耳蜗微音器电位和总和电位
CM：耳蜗微音器电位；SP：总和电位；
N1、N2为听神经干动作电位的两个负电位时相

的频率，在低频范围内，耳蜗微音器电位的振幅与声压呈线性关系，当声压超过一定范围时则产生非线性失真。耳蜗微音器电位对缺氧、深麻醉相对不敏感，不易疲劳和适应。目前认为，耳蜗微音器电位是引发听神经纤维动作电位的关键因素。

3. 总和电位 总和电位（summating potential, SP）是声音刺激耳蜗时产生的一种直流性质的电位。在高频率高强度短纯音作用下，将引导电极插入蜗管或鼓阶或圆窗附近，参考电极位于颈部皮下，所记录到的SP为声音刺激时基线向上或向下位移。SP是多种成分的复合电位，包括毛细胞电活动和听神经末梢的兴奋性突触后电位，前者为主要成分。当毛细胞完全破坏后，SP基本消失。当电极从鼓阶通过毛细胞表皮板进入蜗管时，SP的极性翻转，说明SP的起源与耳蜗微音器电位一样，发生在毛细胞表皮板与内淋巴交界处。中低强度声刺激时的SP来自外毛细胞，高强度刺激时SP来自内毛细胞。

三、听神经动作电位

听神经动作电位是声音传入耳蜗，经耳蜗换能和突触传递的终产物。动作电位（AP）作为神经冲动，经听神经纤维向中枢传递信息。在实验研究中，可以记录单根神经纤维的AP，也可记录听神经干的复合动作电位（compound action potential，CAP）。在耳蜗内（鼓阶）或圆窗记录的CAP是研究耳蜗生理功能及其改变的一个十分重要的指标。毛细胞通过机械-电转换形成感受器电位，但感受器电位是一种局部电位，不能远距离传导。感受器电位必须通过毛细胞与传入神经末梢构成突触传递，进而形成听神经的动作电位，才能向中枢传递，引起听觉。基于耳蜗的换能原理，应用生物医学工程技术成功开发出电子仿生装置——人工耳蜗。人工耳蜗已在临床应用，这为听觉感受器部分受损而听神经基本完好的听力障碍患者带来了福音。

四、听觉传入通路和大脑皮质的听觉分析功能

听觉传入的感受器是分布于螺旋器的耳蜗螺旋神经节双极神经元的周围突。听觉的传入通路包括：耳蜗螺旋神经节双极神经元的中枢突组成听神经→蜗腹侧核和蜗背侧核换元→上橄榄核上行（大部分交叉到对侧，少部分不交叉）形成外侧丘系→直接或经换元到达内侧膝状体，随后发出纤维组成听辐射→初级听皮质。人的初级听皮质位于颞横回和颞上回，不同频率有一定分野，耳蜗底部（高频）投射到前部，耳蜗顶部（低频）投射到后部。次级听皮质主要位于初级听皮质的周围带状区，主要感受复杂的声音和语言。

听觉传导通路中各级神经元不仅传递听觉信息，还对声音的频率、方向和时间等信息进行初步加工、处理和分析；每一级核团都有横向交叉或连合纤维，使一侧的听觉信息同时到达两侧的大脑皮质。因此，只有损伤了单侧的中耳、内耳或听神经，才会导致该侧的明显听觉障碍。

（赵春玲 陈 燕）

第三节 前庭器官

前庭器官（vestibular organ）由 3 个半规管、椭圆囊和球囊组成。从结构上看，前庭器官属于内耳的一部分，但在功能上不属于听觉器官。前庭器官的主要功能是感受机体姿势和运动状态（运动觉）以及头部在空间的位置（位置觉），这些感觉合称为平衡觉（equilibrium）。此外，前庭器官的感觉信息在中枢整合后经运动中枢反射性调节相应骨骼肌的舒缩活动，以维持身体的正常姿势和运动中的平衡，称为前庭姿势反射。此时还常伴随自主神经功能变化，称为前庭内脏反应。

一、前庭器官的毛细胞与传入神经电活动

前庭器官的感受细胞也是毛细胞（hair cell），其结构和功能与耳蜗感受听觉的毛细胞相似。前庭器官每个毛细胞的顶部都有 60～100 条纤毛，它们的排列形式有一定规律。有一条最长的纤毛位于毛细胞顶端一侧边缘处，称为动毛（kinocilium）；其余的纤毛长短不等，呈阶梯状排列，靠近动毛的较长，远离动毛的较短，称为静毛（stereocilia）。应用电生理实验方法证明，当静毛和动毛处于静止的自然位置时，毛细胞膜内外存在着约 –80 mV 的电位差，即毛细胞的静息电位，与毛细胞底部相连的前庭神经纤维上有一定频率的神经冲动传入。各类毛细胞的适宜刺激是与纤毛的生长面呈平行方向的机械力的作用。如果在外力的作用下，静毛倒向动毛一侧时，毛细胞膜电位出现去极化，传入神经纤维的传入冲动频率增加；当动毛倒向静毛一侧时，毛细胞膜电位发生超极化，同时传入神经纤维的传入冲动频率降低（图 10-18）。

目前认为此机械-电换能机制与耳蜗毛细胞相似，即在纤毛顶端膜上同样具有机械门控通道，纤毛不同方向的偏曲可导致该通道的开放和关闭，从而引起毛细胞的去极化或超极化感受器电位，并在底部与前庭感受神经元的感觉神经末梢形成的突触处释放神经递质，产生突触后电位。前庭感受神经元是双极神经元，其胞体位于前庭神经节内，周围突分布于内耳前庭器官的感受器壶腹嵴、椭圆囊斑和球囊斑，中枢突聚合成前庭神经。因此，上述周围突末梢产生的突触后电位传至胞体（前庭神经节），产生动作电位及编码后继续沿前庭神经传向中枢。

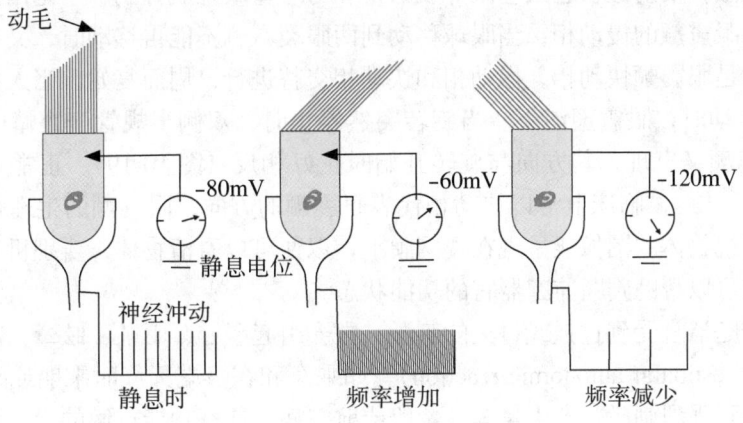

图 10-18 前庭器官中毛细胞顶部纤毛受力情况与电位变化的关系示意图

二、前庭器官的功能

(一) 半规管的功能

人体两侧内耳中各有水平、上和后3个半规管，3个半规管各自所在平面两两相互垂直。当人体直立、头前倾30°时，水平半规管的平面与地平面平行，其余半规管分别与地平面垂直。半规管内充满内淋巴，每个半规管与椭圆囊连接处都有一个膨大的部分，称为壶腹（ampulla）。壶腹内有一隆起的结构称为壶腹嵴（ampullar crest）。在壶腹嵴中有一排对管腔的毛细胞，其顶部的动毛位于壶腹侧，静毛位于管腔侧。毛细胞顶部的动、静毛均包埋于胶质性的圆顶形嵴帽之中，前庭神经末梢分布于壶腹嵴的底部。

半规管的功能是感受躯体旋转变速运动，即正、负角加速度。当人体直立，头前倾30°，沿水平方向旋转时，主要刺激水平半规管。当人体向左侧开始旋转时，由于内淋巴的惯性作用，左侧水平半规管中内淋巴向壶腹方向流动，导致壶腹嵴中毛细胞的静毛倒向动毛一侧时，毛细胞发生去极化，传入神经传入冲动频率增高；而右侧水平半规管中的内淋巴流动方向则是离开壶腹的，导致壶腹嵴中毛细胞的动毛向静毛一侧弯曲时，毛细胞发生超极化，传入神经传入冲动频率降低（图10-19）。因此，在中枢获得的信息中，来自左侧的神经冲动强于右侧。当旋转进行到匀速状态时，两侧壶腹中的内淋巴与头部其他部分相同的速度运动，纤毛慢慢回到它们的静止位置，中枢获得的信息与不旋转时是相同的。当旋转突然停止时，由于内淋巴的惯性作用，两侧壶腹中毛细胞纤毛的弯曲方向和冲动发放情况正好与旋转开始时相反。因此，毛细胞只有在头部运动速度加速或减速时才会受到刺激。人脑根据来自两耳水平半规管传入信息的不同来判断旋转运动的方向和状态。3个半规管互相垂直，因此它们可以接受人体在不同平面和不同方向所做的旋转变速运动的刺激，产生不同的运动觉和位置觉，引起姿势反射，维持身体平衡。

半规管受到刺激时可出现眼震颤（nystagmus）。眼震颤是一种正常生理现象，是机体在做旋转变速运动时由于半规管受刺激而引起眼球不随意的往返运动。两侧水平半规管受刺激时，引起水平方向的眼震颤；上、后半规管受刺激时，引起垂直方向的眼震颤。下面以水平半规管为例，描述眼震颤的表现。当人体向左侧开始旋转时，由于内淋巴的惯性作用，左侧水平半规管中内淋巴向壶腹方向流动，使左侧半规管壶腹嵴中毛细胞受刺激而兴奋，而右侧半规管正好相反。这样的刺激可反射性引起某些眼外肌兴奋和另一些眼外肌抑制，于是两侧眼球先缓慢向右侧移动，称为眼震颤的慢动相；当眼球移动到两眼裂右侧不能再移动时，又突然快速返回到眼裂正中，这就是眼震颤快动相。慢动相和快动相交替进行，周而复始。当人体由开始的加速旋转变为匀速转动时，眼震颤消失。当旋转突然停止时，双侧半规管壶腹嵴中的毛细胞受到减速刺激，眼震颤又出现，其方向与旋转开始时正好相反（图10-19）。正常人眼震颤为中等强度，持续15～40 s，临床上常以快动相代表眼震颤的方向。眼震颤的生理意义在于机体运动过程中保持所视物体的图像能呈现在视网膜上，以便可以看清物体，辨别机体自身的运动方向。眼震颤试验可以帮助判断前庭器官的功能状态。

半规管等前庭器官受到过强或过久的刺激，常会引起恶心、呕吐、眩晕、皮肤苍白等前庭自主神经反应（vestibular autonomic reaction）。如乘车和在极端天气时乘船或乘坐飞机，常使半规管感受器受到强烈刺激，产生晕车、晕船或航空病。前庭功能过敏的人，微弱的刺激就会引起上述反应。

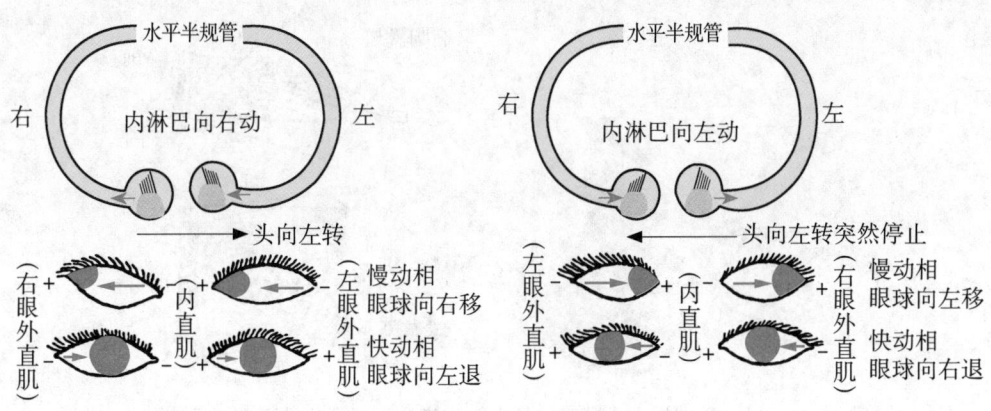

图 10-19 眼震颤示意图

（二）椭圆囊和球囊的功能

椭圆囊（utriculus）和球囊（sacculus）内部充满内淋巴，囊内壁上各有一个特殊分化结构，称为囊斑（macula）。囊斑的表面覆盖有一片均质性胶质膜，称为耳石膜（otolithic membrane），其浅部含有极小的结晶体，称为耳石（otolith）。耳石是由碳酸钙结晶、黏多糖和蛋白质组成的混合物，比重大于内淋巴。正常情况下，耳石黏附在囊斑的耳石膜内，一些致病因素（如头部剧烈震动、外伤、内耳微循环障碍、缺钙等）可导致耳石脱落，引发耳石症。

微整合

临床应用

耳石症

耳石症又称为良性阵发性位置性眩晕（benign paroxysmal positional vertigo, BPPV），是指头部迅速运动至某一特定位置时出现的短暂阵发性发作的眩晕和眼震颤。耳石症是临床常见的一种内耳疾病，一般由耳石自囊斑脱落并落入半规管内所致。当人体头部位置发生变化时，半规管也随之发生位置变化，脱落入半规管内的耳石就会随着半规管内的内淋巴流动而运动，从而刺激半规管毛细胞，导致机体产生强烈的眩晕。后半规管耳石症是 BPPV 最常见的类型，占总发病的 80%～90%。耳石症多见于 40～60 岁的人，女性多于男性。西医多采用手法复位进行治疗，中医则采取针灸治疗。

毛细胞位于囊斑上，其纤毛游离端穿插在耳石膜结构中。当人体直立时，椭圆囊的囊斑平面与地平面平行，毛细胞的纵轴与地平面垂直，毛细胞的顶部朝上，耳石膜在毛细胞纤毛的上方；球囊的囊斑平面与地平面垂直，毛细胞的纵轴与地平面平行，毛细胞的顶部朝外，耳石膜悬在毛细胞纤毛的外侧。在这两个囊斑平面上，几乎每个毛细胞顶部的动毛和静毛的相对位置关系都不相同（图 10-20），毛细胞的这种排列有利于分辨在囊斑平面上所做的不同方向的直线变速运动。

椭圆囊和球囊的功能是感受机体头部位置在空间的改变和直线变速运动。当这些刺激作用于毛细胞后，耳石膜与毛细胞的相对位置就会发生改变，因为耳石膜的比重大于内淋巴，因此耳石膜就向一个方向牵拉毛细胞的纤毛，使纤毛弯曲倒向某一方向，刺激毛细胞引起传入神经纤维上神经冲动发放的变化，这些信息传入中枢后，可引起运动觉和位置觉，同时引起姿势反射以保持身体平衡。

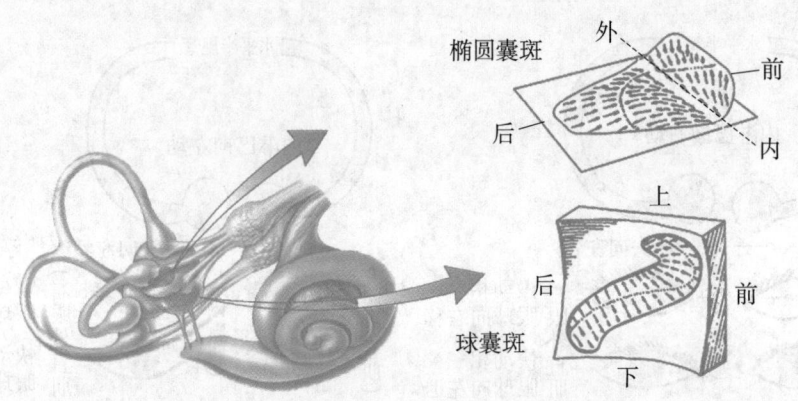

图 10-20　椭圆囊和球囊中囊斑的位置及毛细胞顶部纤毛排列方向示意图

三、前庭感觉的上行传导通路和中枢分析功能

前庭器官的感觉信息经前庭神经（前庭神经与听神经一起组成第Ⅷ对脑神经，又名位听神经）传入脑桥的前庭神经核，后者发出的纤维大部分参与组成内侧纵束上行或下行，部分进入小脑，还有部分与颞、顶、额叶皮质及脑干网状结构、迷走和舌咽神经核等联络，完成眼震颤、各种姿势反射和自主神经反射。

平衡觉在大脑皮质的代表区位于颞上回后方。人体的平衡感觉主要与头部的空间方位有关，而头部的空间方位在很大程度上取决于前庭感受器的传入信息。此外，视觉、本体感觉和体表感觉等信息在皮质水平进行整合，构成机体对空间方位的感受和身体平衡的维持。

（陈　燕　张　颖）

第四节　嗅觉器官和味觉器官

生命诞生于海洋，在单细胞生物的最初阶段，生命体通过感知海洋中的化学信息来维持基本生存。可以看出，化学感觉是生命体最古老的感觉之一。嗅觉和味觉是人体两种非常重要的化学感觉，二者之间相互协调，不仅可以帮助人们得到有关食物的信息，还可以对环境中的化学物质进行检测。

一、嗅觉器官

人体的嗅觉感受器是嗅细胞，位于鼻腔内上鼻道及鼻中隔后上部的嗅上皮（olfactory epithelium）内。嗅上皮由嗅细胞、支持细胞和基底细胞组成，两侧嗅上皮的总面积为 5～10 cm^2。嗅细胞是一种双极神经细胞，呈杆状，细胞顶端有 5～6 条短的嗅纤毛（olfactory cilia），伸入鼻黏膜所分泌的一层薄薄的黏液中；嗅细胞的底端是由轴突组成的嗅丝，穿过筛骨的筛板进入嗅球。头面部外伤引起筛板及周围组织损伤后，可能损伤穿行于筛板的嗅觉纤维，从而引发嗅觉的丧失。

嗅觉感受器的适宜刺激是空气中有气味的化学物质，即嗅质。嗅质可与嗅纤毛膜上的受体结合，激活膜上的 G 蛋白，使腺苷酸环化酶激活，细胞内 cAMP 生成增多，引起膜上 Na^+ 通道开放，Na^+ 内流，产生去极化的感受器电位，并以电紧张扩布形式传导到嗅细胞中枢突产生动作电位，神经冲动信息上行，依次经嗅球和嗅束达嗅皮质。因此，嗅细胞是嗅觉通路的一级神经元，位于嗅球内的僧帽细胞（mitral cell）为嗅通路的第二级神经元，僧帽细胞的轴突形成嗅束，并将嗅觉信号传递至嗅皮质。嗅皮质的结构可分为 5 个部分：前嗅核（经前连合接两侧嗅球）、嗅结节（投射至丘脑背内侧核，换元后投射至眶额皮质）、梨状皮质（主要的嗅觉分辨区）、杏仁体及内嗅皮质（投射至海马）。后两部分属于边缘系统，嗅觉信息的传入可以引起情绪活动和嗅觉记忆。动物进化程度越高，嗅觉代表区越小。

目前认为，人类能感受和区分约 10 000 种不同气味，但编码嗅质受体的基因仅有 1000 个，每一种受体蛋白与不同嗅质结合的能力有所不同。另外，每个嗅细胞几乎只表达这 1000 种嗅受体基因中的一种，但人类嗅上皮中的 1000 种嗅细胞却能感受上万种气味，这是因为嗅觉具有群体编码的特性，即每个嗅细胞与不同嗅质的结合程度不同，一个嗅细胞可对多种嗅质发生反应，而一种嗅质又可以激活多种嗅细胞。因此，尽管嗅细胞只有 1000 种，但可以产生无数种组合，形成无数种嗅觉模式。

此外，每种嗅细胞的轴突会投射到嗅球内的特定区域，因此嗅球内的某个特定位置的神经元会对某个特定气味有反应，这也形成了一种空间编码效应。嗅觉还具有适应较快的特点。不同动物的嗅觉敏感程度差异很大，同一动物对不同气味的敏感程度也不相同。随着年龄的增大，人的嗅觉灵敏度会逐渐下降。

二、味觉器官

味觉是人和动物对食物中有味道的物质的感觉。味觉感受器是味蕾（taste bud）中的味觉细胞。味蕾主要分布在舌背部和舌缘黏膜表面，口腔和咽部黏膜的表面也有散在的味蕾存在。人的舌部有 5000 余个味蕾分布，每一个味蕾都由味觉细胞、支持细胞和基底细胞组成。味觉细胞的顶端有纤毛，称为味毛（taste hairs），是味觉感受的关键部位。

目前认为人类能够感受和分辨的味道达 4000 ~ 10 000 种，但研究表明基本的味觉仅包括酸、甜、苦、咸和鲜 5 种。不同的基本味觉在感受器细胞上的换能机制也不同，如：直接通过离子通道（盐和酸），阻断离子通道（酸和苦），激活离子通道（鲜），激活第二信使系统（甜、苦和鲜）等。

味觉细胞无轴突，它们与面神经的鼓索支、舌咽神经和迷走神经末梢形成突触联系，将味觉信息转换成相应传入神经上的冲动，携带味觉的传入神经发出的纤维首先到达孤束核，换元后中继神经元的纤维交叉到对侧加入内侧丘系，经丘脑腹后内侧核投射到大脑皮质顶叶和岛叶的味觉代表区，味觉信息在此处经过分析和处理而产生味觉。皮质顶叶和岛叶有许多对味觉刺激高度敏感的神经元，其中有的神经元仅对一种味觉刺激起反应，有的同时还对温度和机械刺激起反应。

人类舌表面的不同部位对各种味觉刺激的敏感度不同。舌尖部对甜味比较敏感，舌两侧对酸味比较敏感，舌两侧前部对咸味比较敏感，舌根部和软腭对苦味比较敏感，但这种划分是相对的。味觉的敏感度还受刺激物本身温度的影响，在 20 ~ 30 ℃时，味觉的敏感度最高。味觉的感受和视觉、嗅觉及人体的其他感觉有关，也受人们的生活习惯、嗜好、文化背景等心理因素的影响。此外，味觉的敏感度随年龄的增长而逐渐降低，老年人嗜偏咸味食物。

（张　颖　李晓娟）

思 考 题

1. 简述视网膜两种感光细胞的分布及其功能特点。
2. 试用行波理论解释内耳对不同频率声波的分析原理。
3. 前庭器官有哪些感受装置？各自的适宜刺激是什么？
4. 男，5岁。在眼科门诊验光配眼镜，按医嘱连续3天应用阿托品液滴眼。第4天，男孩和妈妈一起到医院复查，他告诉妈妈眼睛睁不开，而且前一天晚上也因为看不清楚而玩不了他最喜欢的拼图。请问，阿托品液滴入眼内后为什么会引起视近物不清？

第十一章

内分泌系统

第十一章数字资源

内分泌系统（endocrine system）是机体重要的调节系统之一，由内分泌腺和具有内分泌功能的细胞组成。内分泌系统与神经系统、免疫系统的调节功能相辅相成，共同调节和维持机体各器官系统的功能活动，维持内环境稳态以适应生存环境的变化，确保机体生命活动正常进行。

第一节 概　述

一、内分泌与内分泌系统

（一）内分泌

机体的腺细胞存在两种分泌方式，即外分泌和内分泌。外分泌（exocrine）是腺泡细胞将所产生的物质通过导管分泌到体内管腔或体外的分泌形式，如唾液等消化腺将消化液分泌到消化道腔内发挥作用，汗腺将汗液分泌到体外，这些腺体因此称为外分泌腺。内分泌（endocrine）是指内分泌腺细胞将所产生的物质（激素）直接分泌到血液或细胞外液等体液中，并以体液为媒介对靶细胞功能产生调节效应的一种分泌形式。

（二）内分泌系统

内分泌系统由内分泌腺和散在分布的内分泌细胞组成，以所分泌的各种激素为化学信使发布体液性调节信息。有些内分泌腺单独组成一个器官（如垂体、甲状腺、胸腺、松果体和肾上腺等），有些内分泌腺存在于其他器官内形成内分泌细胞团（如胰腺内的胰岛、卵巢内的黄体和睾丸内的间质细胞等）；散在的内分泌细胞则分布于胃肠道、下丘脑、心、肺、肝、肾、骨及脂肪等器官组织中（图 11-1）；有的内分泌细胞是一些表达胞内酶、胞外酶或分泌酶的细胞，这些细胞可将不活跃的前体或活性较低的激素修饰为活性较高的激素，如不活跃的血管紧张素原通过两个蛋白水解酶裂解生成血管紧张素 Ⅱ，维生素 D 在肝和肾经二次羟化反应产生具有高度生物活性的 $1,25\text{-}(OH)_2\text{-}D_3$。

与机体其他系统不同，组成内分泌系统的各器官间大都无直接的结构关系，但又以体液为媒介形成统一的调节体系。与神经调节迅速、精确而短暂的特点相比，内分泌系统发挥的体液调节作用则相对缓慢、持久而弥散。然而，内分泌系统与神经系统在功能上也存在许多共同点：①内分泌细胞与某些神经元都具有分泌功能；②内分泌细胞与神经元一样可以去极化而产生动作电位；③某些细胞分泌的化学成分可同时担任神经递质和激素的双重角色；④神经递质与激素只有与靶细胞的特异受体结合才能发挥作用。此外，内分泌系统主要感受机体代谢过程中各种化学性信息的变化，并以释放激素的方式发布调控指令，改变有关细胞的功能状态。

内分泌系统与神经系统和免疫系统的关系密切，可通过体内一些共同的信息分子相互联系，构成复杂的神经 - 免疫 - 内分泌调节网络，共同完成机体功能活动的高级整合作用，以维持机体内环境的相对稳定。

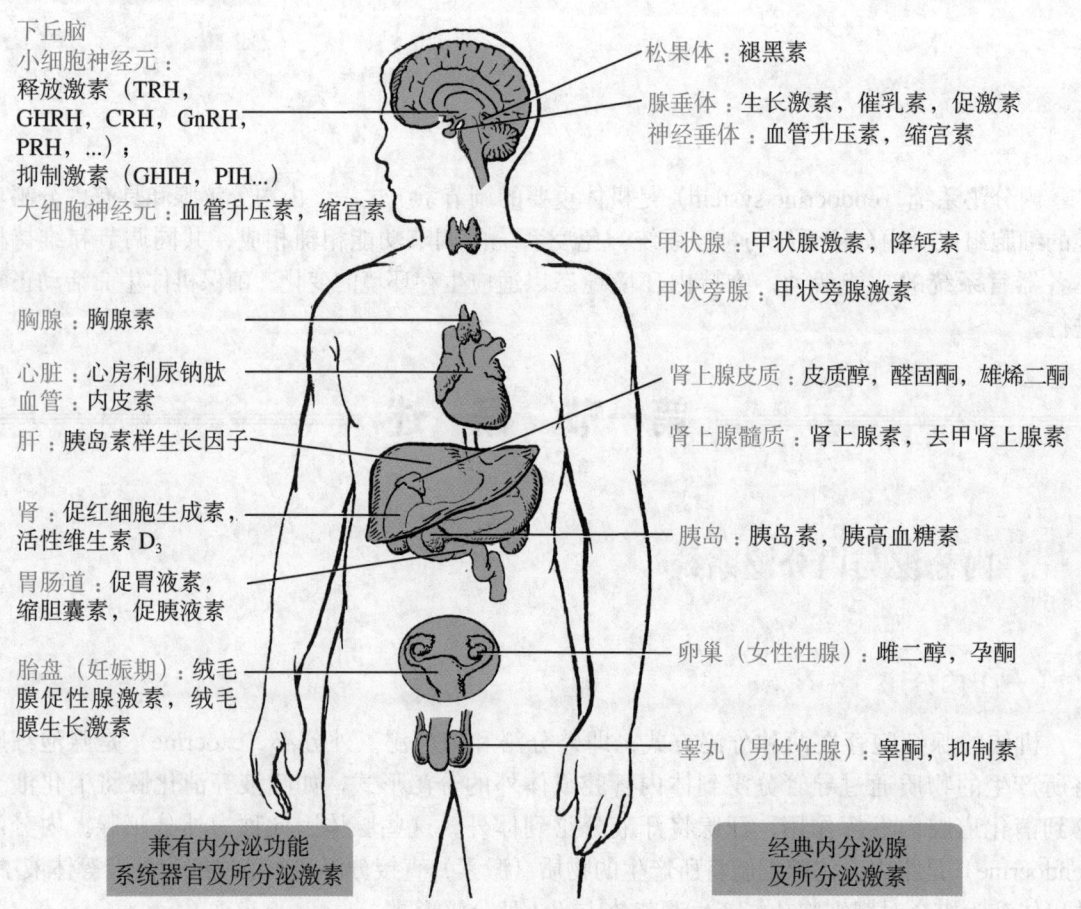

图 11-1　内分泌系统的组成与主要分泌的激素

二、激素及其递送信息的途径

（一）激素的概念

激素（hormone）是由内分泌腺和内分泌细胞分泌，以血液或组织液为媒介，在细胞间递送信息的高效能生物活性物质，调节靶器官、靶组织和靶细胞的功能活动。此外，某些细胞分泌的细胞因子在一般情况下不被认为是激素，但也可以像激素一样发挥调节作用。如由辅助细胞分泌的白细胞介素和其他淋巴因子对免疫系统其他细胞的作用；脂肪细胞分泌的瘦素也属于细胞因子。

（二）激素递送信息的途径

激素可分别作为循环激素、组织激素或局部激素发挥作用，主要取决于其递送信息的方式，包括内分泌（远距分泌）、旁分泌、自分泌、内在分泌及神经分泌等。其中，内分泌或远距分泌（telecrine）方式是大多数激素作为循环激素递送信息的基本途径。但同一激素也可表现不同的信息递送方式，如胰岛素主要经血液远程递送，调节全身几乎所有细胞的物质合成代谢活动等；同时又以旁分泌（paracrine）方式直接抑制其邻旁α细胞分泌胰高血糖素；还能以自分泌（autocrine）方式反馈作用于自身β细胞上的胰岛素受体，调节胰岛素的合成与分泌。神经内分泌是神经元的一种特殊活动方式。以神经内分泌方式递送信息的神经元主要集中在下丘脑，其轴突末梢与毛细血管接触，所释放的信息分子作为神经激素（neurohormone）直接进入血液，近距离可经垂体门脉系统调节腺垂体活动，有些神经激素还可远距离作用于肾、子宫等靶器官。外激素（pheromone）也称信息素，是由机体某些细胞所产生的化学信息物质，通过其生存的外界环境传播并对其他机体细胞功能产生影响。不同个体间借助外激素递送信息可影响行为、生长、生殖等活动。外激素具有明显的种属特异性，在不同种系间一般不起作用。需要说明，外激素与严格意义上的内分泌激素有所区别。

（三）激素的作用

内分泌系统通过各种激素对机体功能发挥调节作用，大致可归结为以下几个方面。

1. 调节内环境稳态 参与水和电解质平衡、酸碱平衡、体温、血压等调节过程，还直接参与应激反应过程等，与神经系统、免疫系统活动相协调、互补，全面整合机体各系统的功能，以适应环境变化。

2. 调节新陈代谢 多数激素都参与调节组织细胞的物质中间代谢以及能量代谢，维持机体的营养与能量平衡，为机体生命活动奠定物质基础。

3. 调节生长发育 促进周身组织细胞的生长、增殖、分化和成熟，参与细胞凋亡过程等，维持各系统器官的正常生长、发育和功能活动。

4. 调节生殖过程 调节生殖系统器官的发育与从生殖细胞的生成直到妊娠和哺乳的全过程，维持个体生命绵延和种系繁衍。

三、激素的化学分类

激素按化学性质可分为肽类或蛋白质类激素、胺类激素、类固醇激素以及脂肪酸衍生物等（图11-2）。其中，肽类或蛋白质类激素以及胺类激素分子均含有氮元素，曾统称为含氮激素，而且多为亲水激素（hydrophilic hormones）。类固醇激素以及脂肪酸衍生物均为脂质分子，即为亲脂激素（lipophilic hormones）。

（一）肽类与蛋白质类激素

肽类或蛋白质类激素（polypeptide and protein hormones）来源广泛，种类繁多，体内大多数激素属于此类。下丘脑、腺垂体、甲状旁腺、胰岛、胃肠道等部位分泌的激素多属于此类。这类激素的氨基酸序列由来源于细胞核的 mRNA 所决定。在粗面内质网经 mRNA 翻译所形成的肽为前激素原，在其由内质网迁移至高尔基体的过程中，经过肽链片段的剪切形成激素原。之后在高尔基体内，激素原被包裹形成分泌囊泡，经其中蛋白水解酶的作用，激素原转变成为激素，如胰岛素的合成历经前胰岛素原、胰岛素原、胰岛素的变化过程。以多种形式储备于细胞中的激素，在机体需要时经胞吐方式分泌。

肽类或蛋白质类激素的分子差异很大，由 3～200 个氨基酸组成。一般将不足 50 个氨基酸构成的分子称为多肽，将 50～200 个氨基酸构成的分子称为蛋白质。该类激素水溶性强，在血液中大多以游离形式存在和运输,且半衰期较短,肽类激素的半衰期一般为 4～40 min,蛋白质类激素为 15～170 min。也有例外,如胰岛素样生长因子(IGF-1)与相应的运载蛋白结合,其血浆半衰期可长达 24 h。

肽类与蛋白质类激素需要与靶细胞上的膜受体结合,经启动胞内信号转导系统引起靶细胞的生物效应,而自身并不进入细胞内。此类激素由于易被胃肠消化酶水解,故临床作为药物应用时不宜口服。

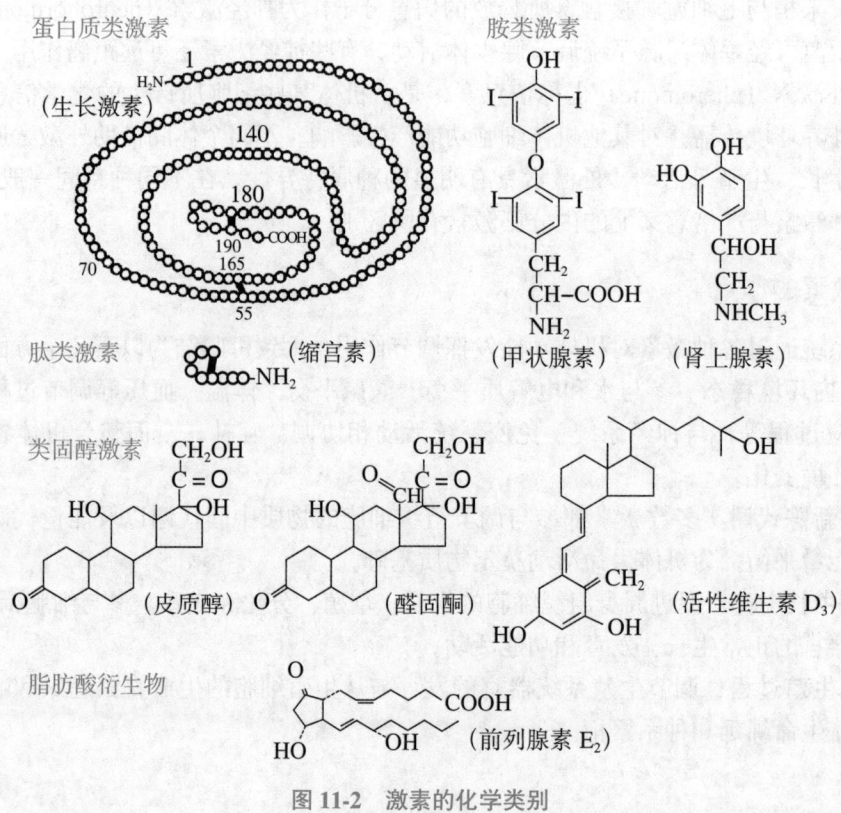

图 11-2 激素的化学类别

(二)胺类激素

胺类激素(amine hormone)多为氨基酸的衍生物,经酶修饰而成。如同属儿茶酚胺(catecholamine)的肾上腺素与去甲肾上腺素由酪氨酸经酶修饰而成,甲状腺激素为由甲状腺球蛋白分子裂解产生的含碘酪氨酸缩合物,褪黑素则以色氨酸为原料合成。儿茶酚胺等在分泌前储备在胞质的分泌颗粒中,只在机体需要时才释放。含有激素的囊泡先转运至细胞膜附近区域,当胞质内 Ca^{2+} 浓度升高时,触发囊泡膜与细胞膜融合,囊泡内的激素(或前体)再通过出胞方式释放至细胞外。这类激素水溶性强,主要以游离形式在血液中运输,并在细胞膜受体介导下发挥作用。胺类激素的半衰期短,儿茶酚胺类激素的半衰期只有 2～3 min。

甲状腺激素与其他胺类激素不同,以胶质形式大量储备在细胞外的甲状腺滤泡腔中,而且其脂溶性强,约 99% 以与血浆蛋白结合的形式在血中储运。甲状腺激素与细胞核内受体结合产生调节作用。

(三)类固醇激素

类固醇激素(steroid hormone)均以胆固醇为原料合成,主要来自肾上腺皮质、性腺和胎盘,最典型代表为皮质醇、醛固酮、孕酮、睾酮和雌二醇。因类固醇激素的结构均为 17 碳环戊烷多氢菲母核的四环结构,加上侧链分支,形似"甾"字,故又称甾体激素。此外还有活

性维生素 D_3，即 1,25- 二羟胆钙化醇（维生素 D_3 的活性产物），是由皮肤、肝和肾联合参与合成，但其内核四环结构中的 β 环被打开，也称为固醇激素（sterol hormone）。类固醇激素的合成过程十分复杂，由于不同腺体或者同一腺体的不同细胞中所含合成酶系的差异，中间产物及生物活性均不同。这类激素边合成、边释放，在细胞内极少储备，所以分泌率与合成速度相当，对其分泌的调节也是在合成环节中进行。类固醇激素的分子量小（约 300 Da），且属亲脂激素，所以 95% 以上是与相应的运载蛋白结合在血中储运，半衰期多为 4～120 min。

类固醇激素与定位于靶细胞的胞质或核内的受体结合引起生物效应。此类激素由于脂溶性强，不易被消化酶水解，可作为口服制剂在临床应用。

（四）脂肪酸衍生物

脂肪酸衍生物包括花生四烯酸（arachidonic acid）转化的前列腺素族（prostaglandins，PGs）、血栓烷类（thromboxane，TX）和白三烯类（leukotrienes，LTs）等廿烷酸类（eicosanoids）衍生物，它们均可作为短程信使广泛参与细胞活动的调节，因此也被视为激素。由于这类物质的合成原料来源于细胞膜磷脂中的花生四烯酸，所以体内几乎所有组织细胞都可生成。其中的前列腺素更是广泛存在于许多组织，种类繁多，作用复杂，多作为局部激素或细胞内信使产生生物效应。这类分子既可通过细胞膜受体也可通过细胞内受体转导信息。

四、激素的作用机制

激素是在间接细胞通信过程中传输调节信息的化学信使。激素发挥作用至少需要经过 3 个基本环节：①靶细胞受体对激素的识别；②激素与特异受体结合及信号转导，通过一系列受体后事件而改变靶细胞的功能活动；③激素效应的终止。

（一）激素的受体

靶细胞能准确无误地获取激素所携带的信息并及时做出反应，是通过激素与其表达的特异性受体的结合实现的。受体本身一般是大分子蛋白质，已有研究表明，受体蛋白与激素结合后自身构象改变而活化，进而将激素携带的信息转变为受体后一系列事件，从而改变靶细胞的功能状态，实现调节效应。激素受体包括细胞膜受体和细胞内受体。

1. 细胞膜受体 基于膜受体分子的结构特点以及转导信号的机制，可将其分为 4 种基本类型：①七次跨膜的 G 蛋白耦联受体：是膜受体一大超家族，在人类约有 800 个成员，依赖 G 蛋白实现其生物学效应（见第二章图 2-23）；②酪氨酸蛋白激酶型受体：具有酪氨酸激酶活性片段，在与激素结合后可自我激活，如胰岛素受体，在与胰岛素结合后可导致受体的酪氨酸位点磷酸化；③酶关联受体：类似酪氨酸蛋白激酶受体，但本身并无酶活性片段，与激素结合后可经所募集胞内可溶性信号转导分子发挥作用；④鸟苷酸环化酶受体：受体本身就是鸟苷酸环化酶，其细胞外的部分与信号分子结合，细胞内的部分催化 GTP 生成 cGMP（见第二章图 2-24）。

2. 细胞内受体 有些激素如亲脂的类固醇激素和甲状腺激素等可直接穿越细胞膜或通过特异性膜转运体转运至细胞内，与位于胞质内的核受体结合，所形成的复合物通过调节 DNA 转录过程实现其生物学效应（见第二章图 2-25）。核受体在人类有 48 类，由于结构和功能的区别，核受体又分两个亚型：①Ⅰ类核受体家族：又称类固醇激素受体，包括糖皮质激素受体、盐皮质激素受体、雄激素受体、雌激素受体和孕激素受体等；②Ⅱ类核受体家族：又称非类固醇激素受体，包括甲状腺激素受体、活性维生素 D_3 受体和视黄酸受体等。此外，还有一些目前内源性配体尚不清楚的所谓孤儿受体（orphan receptor），其结构与广义的核受体家族成员有同源性。

（二）激素作用的受体后机制

亲水激素和个别亲脂激素（如前列腺素）通过与靶细胞表面专一的膜受体结合引起细胞内效应。而类固醇激素和甲状腺激素等亲脂激素，则一般通过核受体介导的基因组效应诱导靶细胞内效应（表11-1）。

表 11-1　部分激素的细胞作用机制类型

作用机制	激素实例
亲脂激素（与胞内核受体结合）	① 以 I 类核受体介导的激素：皮质醇、醛固酮、孕激素、雄激素、雌激素 ② 以 II 类核受体介导的激素：甲状腺激素、活性维生素 D_3
亲水激素（与胞膜受体结合）	① 以 cAMP 为第二信使的激素：促肾上腺皮质激素释放激素、生长激素释放抑制激素、促甲状腺激素、促肾上腺皮质激素、卵泡刺激素、黄体生成素、胰高血糖素、黑素细胞刺激素、促脂素、血管升压素、绒毛膜促性腺激素、阿片肽、降钙素、甲状旁腺激素、血管紧张素 II、儿茶酚胺 ② 以 cGMP 为第二信使的激素：心房利尿钠肽 ③ 以 IP_3/DAG/Ca^{2+} 为第二信使的激素：促性腺激素释放激素、促甲状腺激素释放激素、血管升压素、缩宫素、儿茶酚胺、血管紧张素 II、促胃液素、缩胆囊素、血小板衍生生长因子 ④ 以酪氨酸蛋白激酶受体或酪氨酸激酶相关受体介导的激素：胰岛素、胰岛素样生长因子、血小板衍生生长因子、上皮生长因子、神经生长因子、生长激素、催乳素、缩宫素、促红细胞生成素、瘦素

1. 膜受体介导的作用机制　膜受体通过与胞外信号分子——激素结合，将激素携带的信息转换为胞内一系列信号传递，从而影响靶细胞的行为反应（详见第二章相关内容）。由膜受体介导的跨膜信号转换表现为以下几种方式。

（1）第二信使转导信号：改变胞内第二信使分子水平是多数激素信号跨膜作用的最基本方式之一。激素与受体结合后可改变胞内信使分子如 cAMP（见第二章图 2-23a）、IP_3、DAG 和 Ca^{2+}（见第二章图 2-23c）等的浓度，进而启动后续细胞内信号传递，最终改变一种或数种靶酶或靶蛋白活性而调节靶细胞活动。

（2）酶促信号直接跨膜转换：有些激素与受体结合后，并不需要第二信使转导信号，而是通过直接激活膜受体自身的酶活性转导跨膜信号。如胰岛素受体具有酪氨酸激酶活性，与胰岛素结合后受体构象改变，酪氨酸位点自我磷酸化，继而活化胰岛素受体底物蛋白（IRS）等，引起其下游一系列信号转导，最终实现胰岛素对其靶细胞的调节效应。

（3）受体内在化：某些肽类激素进入靶细胞还借助于受体介导的内吞作用。例如，胰岛素与成纤维细胞表面呈弥散状分布的受体相结合后，几分钟内胰岛素受体复合体就成簇地聚集在细胞凹陷处，形成包被坑，随后以囊泡形式进入细胞质。一部分激素-受体复合物到达高尔基体区域，然后以某种方式返回细胞表面，实现受体循环；而另外一部分激素-受体复合物可通过核转位，进入细胞核直接影响基因表达，改变靶细胞的功能状态。

2. 核受体介导的作用机制　类固醇激素、甲状腺激素等通过核受体介导的基因组效应，诱导靶细胞内新的酶或结构蛋白质的合成而实现激素的生物效应（见第二章图 2-25）。以类固醇激素为例，类固醇激素的受体在基础条件下一般存在于胞质内（某些则定位于核内），受体未与激素结合时，胞质中有一类被称为热休克蛋白（heat shock protein，HSP）的胞质蛋白与类固醇激素受体结合，使受体锚定于胞质，并遮盖受体上的 DNA 结合区，受体不发挥效应。当类固醇激素与受体结合时，可以使受体与热休克蛋白解离，并暴露出隐藏在受体结构内的核转位信号，激素受体复合物再转位到胞核内，并与核内 DNA 分子的激素应答元件（hormone response element，HRE）结合，启动 DNA 的转录过程。

总之，所有激素都通过与相应的特异受体结合，启动一系列受体后事件来调节靶细胞的功能活动。然而，激素所作用的受体以及细胞内途径并非绝对。研究表明，某些肽类激素也具有基因组效应，而有些类固醇激素也可引起快速调节效应（数分钟甚至几秒），显然是非基因组效应所致。这都充分体现了激素作用的多样性。

（三）激素作用的终止

激素对靶细胞发挥作用后，其所携带信号的及时终止是对激素准确、恰当地传递调节信息的基本要求。激素作用的终止主要依赖多环节共同作用，如：①内分泌细胞适时终止分泌激素；②激素与受体分离，一旦激素从受体上脱离，激素所诱导的胞内信号转导机制即终止；③激素在肝、血液循环中被降解，通过氧化还原、脱氨基、脱羧基等方式被清除，也可以通过甲基化或其他方式灭活。

五、激素作用的一般特征

各种激素对靶细胞产生的调节效应不同，但在发挥作用的过程中表现一些共同的作用特征。

（一）信使作用

激素本身并不直接参与细胞的物质与能量代谢反应，只是以自身所携带的信息触发靶细胞内一系列信号转换，从而调节靶细胞原有的生理生化过程，加强或减弱其反应和功能活动。在发挥作用的过程中，激素对其所作用的细胞，既不添加新功能，也不提供额外能量。

内分泌细胞接收到刺激后，所发布的调节信息以激素的形式递送给靶细胞。如激素作为第一信使（first messenger）可以引起胞质中多种第二信使（second messenger）分子的生成，第二信使启动后续信号转导途径，改变相应一些酶或功能蛋白质的活性，或改变某些离子通道的性状，进而改变细胞的活动状态。此外，激素还可以先激活某些快反应基因（即刻早期基因，immediate early gene，IEG），这些基因表达的蛋白质（转录因子）在细胞核内选择性作用于次级靶基因并影响其表达，进而发挥生物学效应。fos、jun、erg 等原癌基因（proto-oncogene）即属于这类快反应基因，被激活后可以快速而短暂地表达蛋白质，后者半衰期很短，可以跨过核膜将信号直接传入核内，具有信号分子的特征，即所谓相应的第三信使（third messenger）。这些即刻早期基因的表达产物作为转录调节因子参与细胞内信息传递过程。

（二）相对特异性

激素作用的特异性实质上是激素与其相应受体的特异结合，进而改变细胞的活动状态。体液中同时存在多种激素，但某一激素只能对能够识别其的细胞、组织和器官起作用。被激素选择作用的特定部位犹如"靶"，故分别称为该激素的靶细胞、靶组织和靶器官，而被特定作用的内分泌腺体则称为靶腺。激素作用的范围存在很大差异，取决于受体在体内分布的范围。有些激素仅局限作用于较少的特定目标，许多激素则对全身多种细胞起作用并产生多种生物效应。

（三）高效生物放大作用

激素在血液中浓度都很低，多在 pmol/L～nmol/L 数量级。激素与受体结合后可引起一系列酶促反应，如产生瀑布式级联效应，形成效能极高的生物放大系统。故体液中激素含量虽甚微，但其作用却极显著。如 0.1 μg 促肾上腺皮质激素释放激素可使腺垂体释放 1 μg 促肾上腺皮质激素，再进一步引起肾上腺皮质分泌 40 μg 糖皮质激素，生物效能放大 400 倍，最终可产生约 6000 μg 糖原储备的细胞效应。因此体内激素水平一旦偏离正常范围，无论过多或者过少，势必引起机体一系列机能发生明显变化。

（四）相互作用

激素间的相互作用有以下几种形式：①协同作用（synergistic action）：对某种特定的反应来说，两种激素中任何一种的作用可能都较小，但两种激素同时作用时，所引起的反应就很显著（图 11-3）；②拮抗作用（antagonistic action）：一种激素抑制或对抗另一种激素的作用；③允许作用（permissive action）：有些激素本身并不能直接对某些组织细胞产生作用，然而只有在其存在的前提条件下，另一种激素才能有效地发挥作用，即一种激素对另一激素的效应起支持作用。如糖皮质激素对心肌和血管平滑肌本无促进收缩的作用，但是必须有糖皮质激素的同时存在，儿茶酚胺才能有效地

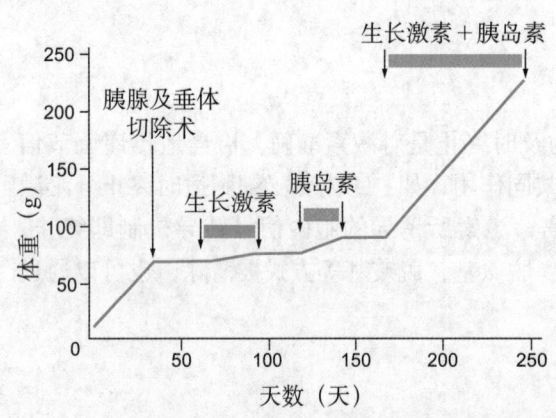

图 11-3　激素之间的协同效应

单独应用胰岛素或生长激素时去垂体和去胰腺大鼠的体重无明显增加，两种激素同时使用则可使其体重明显增加

发挥对心血管活动的调节作用，这可能是通过调节细胞表面的受体数量或影响受体后信息传递（如影响腺苷酸环化酶的活性和 cAMP 生成等环节）实现的。

六、激素分泌的节律及其分泌的调控

激素的分泌具有自然节律性，而且会随机体需要的变化而变化。激素作用的调控为激素实现其自身效应和不同激素间的协调效应提供了广阔空间，使激素可以更高效、精准地调节细胞活动。

（一）激素分泌的生物节律

许多激素呈脉冲式分泌（pulsatile secretion）（图 11-4）。两次分泌高峰之间的间隔可长可短，从几分钟到数小时。有些激素的分泌在脉冲式释放的基础上还表现为日周期等形式的节律性波动，如生长激素的分泌与睡眠时间有直接的关系，有些激素如性激素、生长激素等的分泌还与年龄相关。下丘脑视交叉上核具有生物钟作用，尤其是在光-神经-内分泌系统控

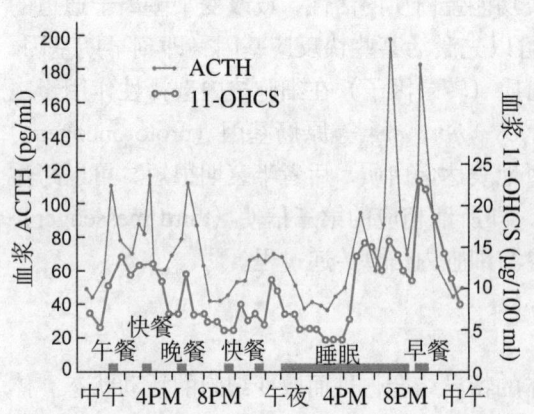

图 11-4　正常人血浆中 ACTH 和糖皮质激素分泌的日节律

促肾上腺皮质激素（ACTH）和 11-羟类固醇（11-OHCS）水平在清晨觉醒前达到分泌高峰。血浆标本取自一位 16 岁女性。血浆 ACTH 用放射免疫法测定，糖皮质激素水平用 11-OHCS 表示

制激素波动中发挥重要作用。

（二）激素分泌的调控

1. 神经调节 中枢神经系统的调控和整合是激素调节的关键组成部分，由神经递质直接控制内分泌激素的释放。

（1）中枢神经递质：下丘脑在调节中枢激素分泌中发挥中心作用，如多巴胺能神经调控垂体催乳素的释放。

（2）外周神经递质：许多内分泌腺受自主神经系统的支配，如胰腺接受交感神经和副交感神经的支配，调节胰岛素和胰高血糖素的释放；应急状态下，交感神经活动增强，肾上腺髓质分泌大量儿茶酚胺类激素，协同交感神经广泛动员机体潜在能力，增强分解代谢，增加能量释放，以适应活动的需要。

2. 体液调节

（1）直接反馈调控：许多参与体内物质代谢调节过程的激素，其分泌水平可因血中相关成分的变化而受到直接影响，形成反馈调控环路。这种反馈调控多由激素所引起的外周效应物来触发，如进餐后，血糖水平升高可直接刺激胰岛 β 细胞增加胰岛素分泌，结果降低血糖；血糖降低则胰岛素分泌也会减少。同样，甲状旁腺激素和降钙素是调节血 Ca^{2+} 水平的重要激素，而血 Ca^{2+} 的变化也会直接调节甲状旁腺激素和降钙素的分泌。这种调节方式产生的效应能直接、及时地维持血中某种化学成分浓度的相对稳定（图 11-5A）。

（2）多级反馈调控：下丘脑 - 腺垂体 - 靶腺轴（hypothalamus pituitary target gland axis）是体内激素分泌互相影响的典型例子，表现为三级水平的反馈调节模式（图 11-5B）。甲状腺、肾上腺皮质和性腺等的内分泌活动调节均以此为基础，分别形成下丘脑 - 腺垂体 - 甲状腺轴、下丘脑 - 腺垂体 - 肾上腺皮质轴和下丘脑 - 腺垂体 - 性腺轴（详见后文）。这种三级调控可逐级放大激素信号，同时形成具有自动控制能力的反馈环路。首先，当来自高级中枢的传出神经冲动到达时，下丘脑某些核团的神经元分泌下丘脑调节性多肽（一级激素），经血液运送至垂体，促进或抑制垂体分泌多种垂体促激素（二级激素）经血液传送至全身，调节外周靶腺分泌激素（三级激素）。通常，高位激素对下位内分泌细胞活动有促进作用；而下位激素对高位内分泌细胞活动多表现为负反馈调节作用，包括长反馈、短反馈和超短反馈等效应。长反馈是指靶腺分泌的激素对高位腺垂体及下丘脑激素分泌的反馈影响；短反馈是腺垂体分泌的激素对高位下丘脑激素分泌的反馈影响；超短反馈则是下丘脑分泌的激素对其自身分泌的反馈影响（图 11-5B）。这样形成的闭合调节环路可以维持血中各层级别激素水平的相对稳定。这种反馈调节环路虽多为负反馈，但也存在正反馈调控机制，如排卵前卵巢分泌的雌激素可促进腺垂体大量分泌黄体生成素，使后者出现分泌高峰，从而诱发排卵。

七、激素受体的调节

靶细胞对激素的反应受激素与受体结合情况及血液中激素水平的影响，表现为激素与受体亲和力的改变和受体数量的增减。靶细胞对激素反应性的调节，最常见的一种模式是受体经某种方式处理而活性降低，另一种模式是激素诱导的内吞作用。受体活性降低还可被逆转，内吞的受体也可以再循环到细胞膜上。当某种受体长时间暴露于高浓度相应激素的条件下时，导致受体数量的减少称为下调（down regulation），如胰岛素受体下调；相反，也有激素的上调（upregulation）现象。

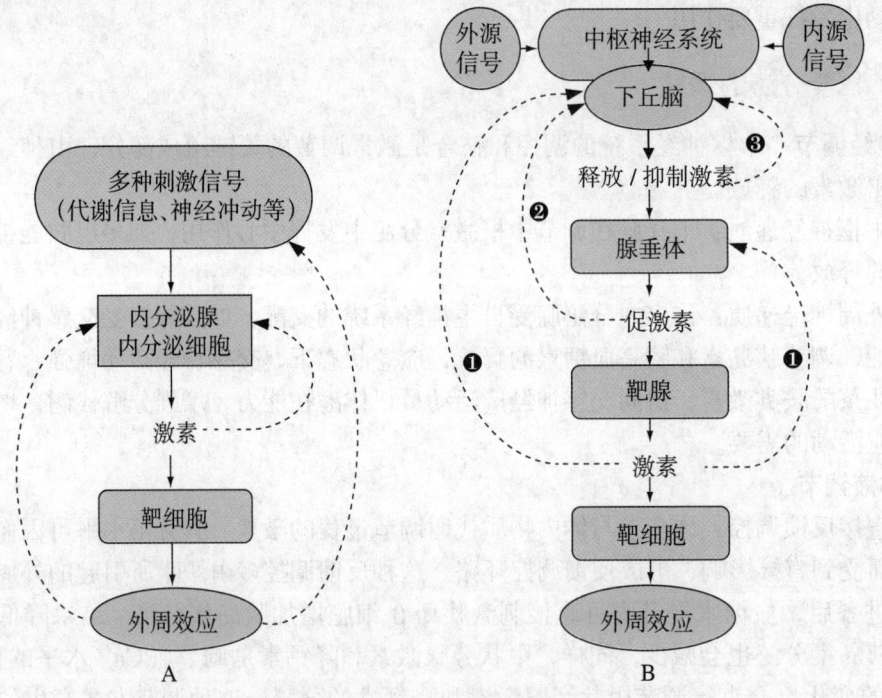

图 11-5　激素分泌稳态的反馈性调节
A. 激素作用所致外周效应的直接反馈调节；B. 下丘脑 – 垂体 – 靶腺轴多级反馈调节系统
❶长反馈；❷短反馈；❸超短反馈
→促进作用途径；⋯→反馈作用途径

八、激素作用的整体调节

不同激素之间、不同激素反应系统之间均存在广泛的相互影响，构成了多层次、网络化的激素作用整体调节模式。激素和激素系统之间的作用及相互影响可表现在激素合成的转录水平、激素的释放和分泌等多个环节和层次。膜受体与膜受体之间、核受体与核受体之间，以及核受体与膜受体之间都可能会发生协同或拮抗作用。

（于　航）

第二节　下丘脑、垂体与松果体内分泌

一、下丘脑内分泌功能及与垂体的功能联系

下丘脑位于间脑正中基底部，丘脑的前下方。位于下丘脑底部多个核团的细胞具有神经元和内分泌细胞的双重功能，接受来自脑内其他部位神经纤维传递的神经信息并加以整合后，将这些神经活动的电信号转变为激素分泌的化学信号，所以被称为神经内分泌细胞。

垂体分为腺垂体和神经垂体，两者的结构和功能都与下丘脑有密切关系（图 11-6）。首先是下丘脑 - 腺垂体：下丘脑和腺垂体之间并没有直接的神经结构联系，但存在独特的血管网络，即垂体门脉系统，不需要经过体循环，经局部血流即可直接实现下丘脑和腺垂体之间的双

向沟通。下丘脑的内侧基底部有较多小细胞神经元，它们发出的轴突与垂体门脉中的初级毛细血管丛接触，其分泌物直接释放到垂体门脉系统中，作用于腺垂体。其次是下丘脑 - 神经垂体：神经垂体是下丘脑的延伸结构，下丘脑视上核和室旁核有神经纤维下行到神经垂体，构成下丘脑 - 垂体束，所合成的血管升压素和缩宫素沿神经轴突运输到神经垂体贮存。下丘脑激素可调节腺垂体激素的释放，腺垂体激素调节靶腺的分泌，包括肾上腺、甲状腺、性腺等，实现激素的分级调控。另外，靶腺激素对下丘脑、垂体起着反向调节作用，下丘脑、垂体、靶腺之间存在着相互依赖、相互制约的关系。

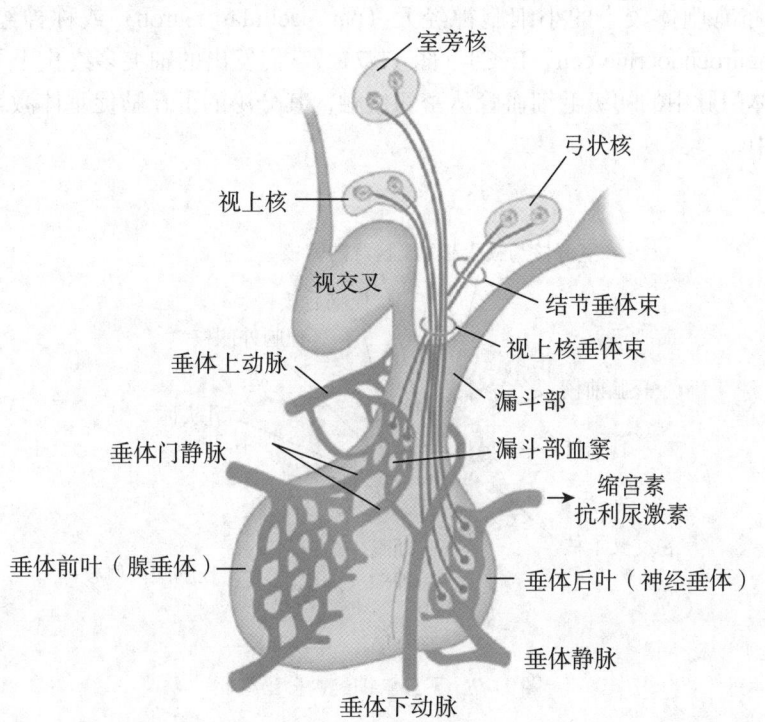

图 11-6　垂体门脉系统

室旁核和视上核产生血管升压素和缩宫素，并通过下丘脑 - 垂体束将它们输送到神经垂体的毛细血管床。漏斗的弓状核通过结节垂体束将促激素释放激素输送到垂体漏斗部的血窦中，随后流入腺垂体的次级毛细血管丛。

二、下丘脑内分泌功能

下丘脑的神经内分泌细胞主要是肽能神经元，主要有大细胞神经分泌细胞（magnocellular neuroendocrine cell，MgC）与小细胞神经分泌细胞（parvocellular neuroendocrine cell，PvC），分别以垂体束和垂体门脉系统结构与垂体建立联系。

（一）大细胞神经分泌系统

分泌血管加压素（vasopressin，VP，又名抗利尿激素，antidiuretic hormone，ADH）和缩宫素（oxytocin，又名催产素，OXT）的神经元主要位于下丘脑室旁核（paraventricular nuclei，PVN）与视上核（supraoptic nuclei，SON）。它们的胞体大，轴突长，且直接投射至神经垂体，构成下丘脑-神经垂体系统（hypothalamo-neurohypophyseal system，HNS），即大细胞性神经内分泌系统（magnocellular neuroendocrine system，MNS）（图11-7）。被分泌出来的VP与OXT储存在神经垂体，因此，神经垂体激素实际上都是在下丘脑神经元合成的。当下丘脑相关神经元因内、外环境变化受刺激而兴奋时，动作电位抵达其末梢导致Ca^{2+}内流，两种神经垂体激素与相应垂体激素运载蛋白（neurophysin）在神经垂体部位由末梢同时释放到血液中。

（二）小细胞神经分泌系统

下丘脑的内侧基底部，包括正中隆起、弓状核、腹内侧核、视交叉上核、室周核和室旁核内侧等，分布有胞体较小的小细胞神经元（parvocellular neuron）或称神经内分泌小细胞（parvocellular neuroendocrine cell，PvC）（图11-7）。它们发出的轴突多终止于下丘脑基底部正中隆起，与垂体门脉中的初级毛细血管丛密切接触，其分泌的下丘脑促垂体激素可直接释放到垂体门脉血液中。

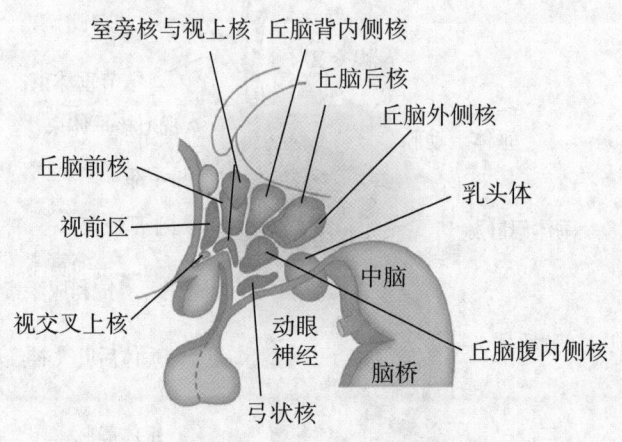

图 11-7 下丘脑神经内分泌核团

1. 下丘脑促垂体激素 由于下丘脑小细胞神经元产生的多种神经激素主要影响腺垂体的活动，习惯上将这些神经元胞体所在的部位合称为"促垂体区（hypophysiotropic area）"。该部位神经分泌细胞所分泌的神经激素统称为促垂体激素（hypophysiotropic hormone），后者通过门脉系统到达腺垂体，调节腺垂体的内分泌活动。

下丘脑促垂体区神经分泌细胞分泌的各种激素在功能上可分为两类："促释放激素（releasing hormone）"和"释放抑制激素（inhibiting hormone，也称抑制激素）"。它们分别从促进与抑制两方面调节腺垂体相关细胞的内分泌活动。已经明确结构的下丘脑调节激素大多为多肽类物质，因此称为下丘脑调节肽（hypothalamic regulatory peptide，HRP）。迄今已明确的下丘脑调节肽有5种，包括：生长激素释放激素、生长激素释放抑制激素（又称生长抑素）、促甲状腺激素释放激素、促肾上腺皮质激素释放激素、促性腺激素释放激素。而尚未明确的下丘脑活性物质被称为调节因子，有催乳素释放因子和催乳素释放抑制因子。另外，下丘脑还分泌调节垂体中间叶的激素，它们分别是促黑（素细胞）激素释放因子和促黑（素细胞）激素释放抑制因子（表11-2）。

表 11-2 下丘脑调节肽及脑垂体激素和功能

来源	激素	英文缩写	靶组织	对机体作用
下丘脑（小细胞性神经内分泌系统）	促甲状腺激素释放激素（催乳素释放因子）	TRH（PRF）	腺垂体	促进 TSH 释放，也能刺激 PRL 释放
	催乳素释放抑制因子	PIF	腺垂体	对 PRL 及 ACTH 的分泌都有抑制作用
	生长激素释放激素	GHRH	腺垂体	促进 GH 释放
	生长抑素（生长激素抑制激素）	GHIH（SS）	胃肠道和胰岛细胞	抑制 GH 释放，对 LH、FSH、TSH、PRL 及 ACTH 的分泌也有抑制作用，抑制营养物质的消化和吸收，抑制胰岛素分泌
	促性腺激素释放激素	GnRH	腺垂体	促进 LH 与 FSH 释放（以 LH 为主）
	促肾上腺皮质激素释放激素	CRH	腺垂体	促进肾上腺糖皮质激素释放
下丘脑（大细胞性神经内分泌系统）产生，储存于神经垂体	血管加压素（抗利尿激素）	VP（ADH）	肾小管和小动脉	从肾集合管重吸收水分
	缩宫素	OT	子宫和乳腺	增加子宫平滑肌收缩，影响乳腺的射乳
腺垂体	生长激素	GH	骨，软组织，肝	促进生长发育，影响脂肪和糖代谢
	促甲状腺激素	TSH	甲状腺	促进甲状腺生长及甲状腺激素分泌
	促肾上腺皮质激素	ACTH	肾上腺	促进可的松产生
	催乳素	PRL	乳腺	促进乳腺生长和刺激乳汁分泌
	黄体激素	LH	性腺	促进性激素产生
	卵泡刺激素	FSH	性腺	促进生殖系统生长发育

(1) 生长激素释放激素（growth hormone releasing hormone，GHRH）：是由 44 个氨基酸组成的多肽。分泌 GHRH 的神经元主要位于弓状核，少量位于腹内侧核。GHRH 呈脉冲式释放，从而导致生长激素也呈脉冲式释放。

(2) 生长抑素（somatostatin，SS）：也称为生长激素释放抑制激素（growth hormone releasing-inhibiting hormone，GHRIH）。分泌 SS 的神经元主要分布于室周核与弓状核，也有一些分布在视交叉上核和下丘脑外侧。SS 既抑制垂体生长激素的基础分泌，也抑制多种刺激引起的生长激素分泌。SS 对黄体生成素（LH）、卵泡刺激素（FSH）、促甲状腺激素（TSH）、催乳激素（PRL）及促肾上腺皮质激素（ACTH）的分泌也有抑制作用，因此其特异性不高。

(3) 促甲状腺激素释放激素（thyrotropin releasing hormone，TRH）：是由 3 个氨基酸组成的最小的肽类激素。分泌 TRH 的神经元主要位于下丘脑中间基底部。TRH 与垂体前叶的 TSH 细胞上的受体结合后，增加细胞内 Ca^{2+} 浓度，从而引起 TSH 的释放，TRH 还可促进 PRL 的释放。

(4) 促肾上腺皮质激素释放激素（corticotropin releasing hormone，CRH）：是由 41 个氨基酸组成的多肽，分泌 CRH 的神经元主要分布在室旁核。CRH 的分泌呈昼夜节律，这种节律主要来源于下丘脑的视交叉上核（suprachiasmatic nucleus，SCN，又称为昼夜节律振荡器，circadian oscillator）。

(5) 促性腺激素释放激素（gonadotropin releasing hormone，GnRH）：为含有 10 个氨基酸的多肽。GnRH 促进垂体合成与释放促性腺激素。给机体静脉注射 100 mg GnRH，10 min 后血中 LH 与 FSH 浓度明显增加，但以 LH 的增加更为显著。下丘脑呈脉冲式释放 GnRH，因而造成血中 LH 与 FSH 浓度也呈脉冲式波动。腺垂体的促性腺激素细胞的膜上有 GnRH 受体，GnRH 与其受体结合后，可能是通过磷脂酰肌醇信息传递系统导致细胞内 Ca^{2+} 浓度增加而发挥作用。在人的下丘脑，GnRH 主要集中在弓状核、内侧视前区与室旁核。除下丘脑外，在脑的其他区域如间脑、边缘叶、松果体、卵巢、睾丸、胎盘等组织中，也存在着 GnRH。GnRH 对性腺的直接作用是抑制性的，特别是药理剂量的 GnRH，其抑制作用更为明显，对卵巢可抑制卵泡发育和排卵，使雌激素与孕激素生成减少；对睾丸则抑制精子的生成，使睾酮的分泌减少。

(6) 催乳素释放因子（prolactin releasing factor，PRF）和催乳素释放抑制因子（prolactin release inhibiting factor，PIF）：化学结构尚不十分清楚，由于多巴胺可直接抑制腺垂体 PRL 的分泌，注射多巴胺可使正常人或高催乳素血症（hyperprolactinemia）患者血中的 PRL 明显下降，而且在下丘脑和垂体存在多巴胺，因此有人提出多巴胺可能就是 PIF。研究表明下丘脑分泌的 TRH、血管活性肠肽等神经肽也有刺激催乳素分泌的作用，因此也被视为 PRF。虽然下丘脑对催乳素的分泌有抑制和促进两种作用，但平时以抑制作用为主。

2. 下丘脑调节激素的分泌调节 大多数下丘脑调节激素的分泌活动受到神经调节和激素反馈调节两种机制的调控。下丘脑与许多脑区有纤维联系，各种传入刺激都通过神经系统的活动将信息传递给下丘脑，影响下丘脑激素的分泌。因此，机体可以根据内外环境的变化，通过神经系统有序地调节下丘脑激素的分泌。当机体受到应激刺激时，这个刺激可传输到下丘脑，使 CRH 分泌增加，后者促进腺垂体 ACTH 的释放，ACTH 增强肾上腺皮质分泌糖皮质激素，改变机体代谢水平，以提高机体对应激刺激的应对能力（图 11-8）。神经调节是通过神经递质实现的，许多神经递质如多巴胺、去甲肾上腺素、5-羟色胺、乙酰胆碱等都可参与下丘脑激素分泌活动的调节。

下丘脑的神经内分泌神经元与其下级的内分泌腺体和靶组织（靶细胞）之间在功能上构成一个严密的轴系调节环路，下级腺体以及靶组织所分泌的激素对上级下丘脑调节肽的合成和分泌进行负反馈调节，从而维持

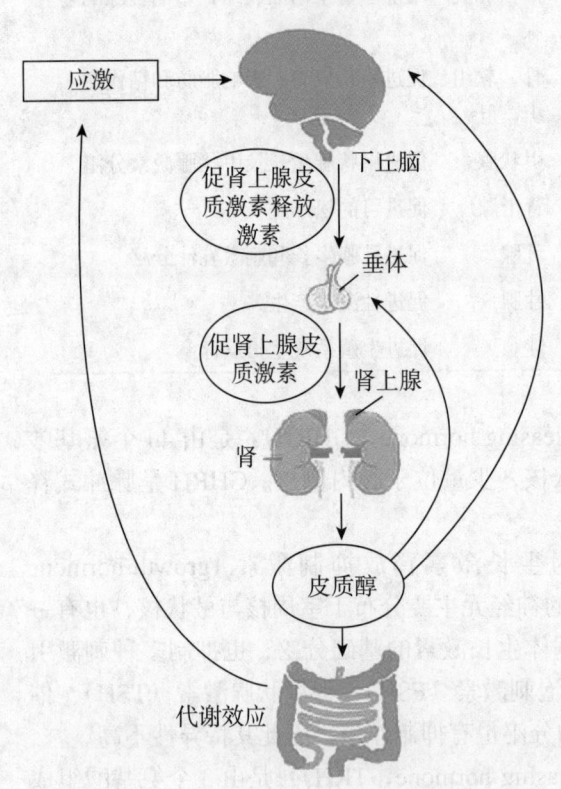

图 11-8 下丘脑 - 脑垂体 - 肾上腺皮质轴

激素分泌的平衡状态和内环境的稳定。

（三）腺垂体激素

垂体位于蝶鞍构成的垂体窝中，根据其发生、结构和功能特点，可分为腺垂体（adeno-hypophysis）和神经垂体（neuro-hypophysis）两个部分。

从组织学角度来看，腺垂体主要包含嗜色细胞和嫌色细胞。嗜色细胞包括：嗜酸性染色

的生长激素分泌细胞（somatotrope，占分泌细胞总数的 50%）和催乳素分泌细胞（lactotrope），分别合成和分泌生长激素（growth hormone，GH）、催乳素（prolactin，PRL）；嗜碱性染色的促甲状腺激素分泌细胞（thyrotrope）、促肾上腺皮质激素分泌细胞（corticotrope）和促性腺激素分泌细胞（gonadotrope），分别合成和分泌促甲状腺激素（thyroid-stimulating hormone，TSH）、促肾上腺皮质激素（adrenocorticotropic hormone，ACTH）、卵泡刺激素（follicle-stimulating hormone，FSH）和黄体生成素（luteinizing hormone，LH）。曾被认为不具有分泌功能的一些嫌色细胞，如滤泡星形细胞（folliculostellate cell），也可分泌多种信息分子，如生长因子和细胞因子，以旁分泌方式调节邻近腺细胞功能。在上述激素中，TSH、ACTH、FSH 与 LH 均属于促激素（tropic hormone），作用于各自的下一级内分泌靶腺，通过下丘脑 - 腺垂体 - 靶腺轴系统对激素进行分级调控。而 GH 和 PRL 等则分别直接作用于各自的靶细胞或靶组织。

在腺垂体中间部含有的前促黑激素（proopiomelanocortin，POMC）是垂体多种激素的共同前体，包括 ACTH、β- 促脂素（β-lipotropin，LPH）及促黑（细胞）激素（melanocyte-stimulating hormone，MSH）等。

1. 生长激素 人生长激素（hGH）由 191 个氨基酸残基组成。人 GH 的化学结构与人催乳素（hPRL）有较高的同源性，两者作用有一定的交叉重叠，即 GH 有较弱的泌乳始动作用，而 PRL 也有较弱的促生长作用。GH 具有种属特异性，不同种属动物的生长激素化学结构及免疫学特性等差别较大。血中 GH 以结合型与游离型两种形式存在，前者与特异性高亲和力生长激素结合蛋白（GH-binding protein，GHBP）结合，一分子 GH 可结合两分子 GHBP，形成更大的分子复合物。结合型的 GH 占 GH 总量的 40%~45%，是 GH 的外周储运库，与游离型 GH 保持动态平衡，以维持血中游离型 GH 水平以及进入组织和到达细胞膜表面的量。循环血中 GH 主要在肝和肾进行降解，其半衰期为 6~20 min。

（1）生物作用：GH 具有即时效应（acute-term effect）和长时效应（long-term effect），两者分别与调节物质代谢和生长有关。此外，生长激素还参与机体的应激，是机体重要的应激激素之一。除了自身的生物效应外，生长激素的许多作用也通过 IGF（insulin-like growth factor，IGF）介导实现。

1）促进生长：GH 对几乎所有组织和器官的生长都有促进作用，尤其是对骨骼、肌肉和内脏器官。GH 的促生长作用主要是因为 GH 对骨的作用最为显著，故也被称为躯体刺激素（somatotropin）。GH 促进软骨、肌肉和其他组织细胞的增殖以及增加细胞中蛋白质的合成，促进全身多数器官或细胞的大小和数量增加。GH 的作用在青春期达到高峰，在长骨闭合前，GH 直接刺激骨生长板前软骨细胞分化为软骨细胞，同时加宽骺板，骨基质沉积，促进骨的纵向生长。

幼年期 GH 分泌不足，患儿生长停滞，身材矮小，称为侏儒症（dwarfism）。近年来临床上已经利用重组人生长激素（recombinant hGH，rh-GH）以及胚胎垂体细胞移植治疗生长激素缺乏症，在侏儒症的治疗方面取得了成功。相反，幼年期 GH 分泌过多则表现为巨人症（gigantism）。成年后如果 GH 分泌过多，由于骨骺已闭合，长骨不再生长，但结缔组织中的透明质酸和硫酸软骨素聚集则会使面部和内脏器官肥大，肢端的短骨、颅骨及软组织异常生长，表现为手足粗大、指趾末端如杵状、鼻大唇厚、下颌突出及内脏器官增大等现象，称为肢端肥大症（acromegaly）。

2）调节新陈代谢：相对于对生长的调节，GH 对肝、肌肉和脂肪等组织新陈代谢的作用在数分钟内即可出现，表现为即时效应。

GH 对蛋白质代谢的总体效应是促进合成代谢，主要促进氨基酸向细胞内转运，并抑制蛋白质分解，增加蛋白质含量。GH 能加速软骨、骨、肌肉、肝、肾、肺、肠、脑及皮肤等组织的蛋白质合成，促进蛋白质合成的效应与其促进生长的作用相互协调。GH 为脂解激素，可激活对胰岛素敏感的脂肪酶，促进脂肪分解，增强脂肪酸氧化、提供能量，最终使机体的能量来源由糖代谢向脂肪代谢转移，有助于促进生长发育和组织修复。GH 对糖代谢的影响多继发于其对脂肪的动员。血中游离脂肪酸增加可抑制骨骼肌与脂肪组织摄取葡萄糖，减少葡萄糖消耗，产生省糖效应或称保糖效应（sugar-sparing effect），使血糖水平升高。GH 也可通过降低外周组织对胰岛素的敏感性而升高血糖，产生"抗胰岛素"效应。

GH 分泌过多时，可造成垂体性糖尿。GH 还参与机体的应激反应，是腺垂体分泌的重要应激激素之一。此外，GH 可促进胸腺基质细胞分泌胸腺素，可刺激 B 淋巴细胞产生抗体，提高自然杀伤细胞（NK 细胞）和巨噬细胞的活性，因而参与机体免疫系统功能调节。GH 还具有抗衰老、调节情绪与行为活动等效应。

（2）作用机制：GH 可通过激活靶细胞上生长激素受体（growth hormone receptor，GHR）和诱导靶细胞产生 IGF 实现其生物学效应。

GHR 属于催乳素/红细胞生成素/细胞因子受体超家族成员，是由 620 个氨基酸残基构成的跨膜单链糖蛋白，分子量约 120 kD。GHR 广泛分布于肝、软骨、骨、脑、骨骼肌、心、肾以及脂肪细胞和免疫系统细胞等。

GH 通过其关键下游效应因子 IGF-1 发挥广泛的促机体生长和代谢调节作用。GH 刺激肝、肾、肌肉、软骨和骨等器官组织分泌 IGF-1。IGF-1 可作用于软骨和软组织，促进机体的生长，与 GH 共同形成 GH-IGF-1 轴。在整体机体水平上，循环 IGF-1 主要在肝中产生，IGF-1 水平受 GH 控制。反过来，GH 又受到 SS 和 GHRH 的调控。IGF-1 通常通过循环系统远距离作用，也可以以自分泌或旁分泌的方式产生（图 11-9）。

生长激素分泌受到生长激素释放激素（GHRH）的刺激和生长抑素（SS）的抑制，以及生长激素和 IGF-1 对脑下垂体和下丘脑神经元的负反馈调节。

IGF 是一类多功能激素，IGF-1 参与体内大部分器官的生长和发育的主要机制有：①类似胰岛素的代谢作用：IGF-1 能促进组织摄取葡萄糖，刺激糖原异生和糖酵解，并能抑制蛋白质和脂肪分解，从而起到减少血液游离脂肪酸和氨基酸浓度的作用；②促有丝分裂作用：刺激 RNA、DNA 合成和细胞增殖。

IGF-1 通过 IGF-1 受体起作用。IGF-1

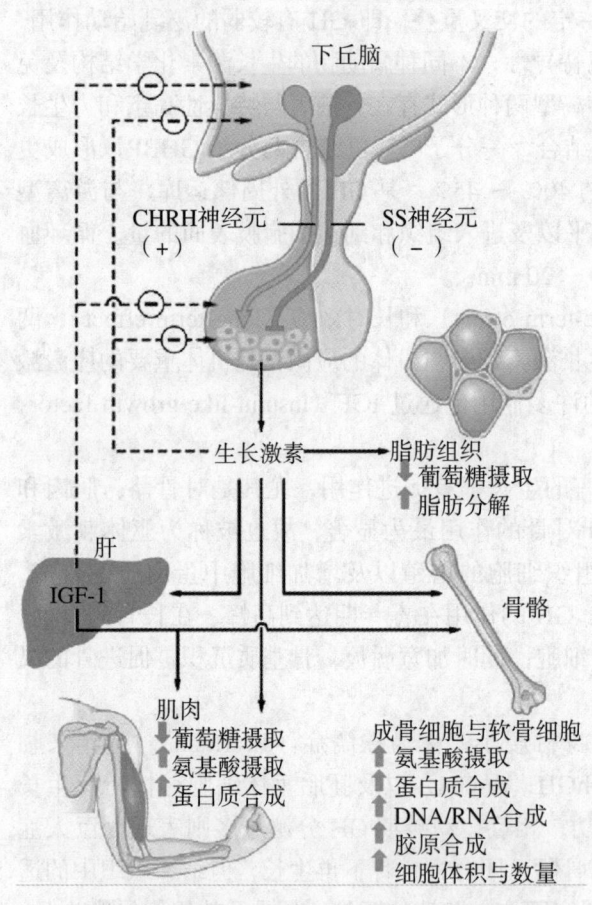

图 11-9　生长激素和胰岛素样生长因子 -1（IGF-1）对生长和代谢的影响

受体与胰岛素受体结构相似，由 2 个 α 亚基和 2 个 β 亚基组成。α 亚基对 IGF-1 亲和力较高但对胰岛素的亲和力较低。β 亚基包括两部分：跨膜部分和具有生物学效应的细胞内部分。α 亚基和 β 亚基共同作用构成 IGF-1 受体。血液中的 IGF-1 绝大部分都与 IGF-1 结合蛋白（insulin-like growth factor binding protein，IGFBP）结合。

目前认为，GH 可能通过诱导前软骨细胞由静止期向增殖期转化，以及提高软骨细胞对

IGF-1 的应答而调节骨的生长。先是 GH 直接刺激骨生长板的前软骨细胞或生发层细胞分化成软骨细胞，诱导 *IGF-1* 基因表达 IGF-1 增加并分泌到细胞外，通过自分泌和旁分泌方式作用于软骨细胞的 IGF-1 受体，促进软骨组织摄取氨基酸、钙、磷、硫等无机盐，加强核糖核酸和蛋白质的合成，使软骨细胞克隆扩增、肥大，成为骨细胞，从而促使骨骼生长。

IGF-1 还能抑制细胞凋亡（apoptosis），这也是其调节器官生长的一个重要机制。此外，IGF-1 能延长红细胞、某些 T 淋巴细胞和神经细胞的存活时间，促进一些特殊蛋白质的合成，并诱导某些细胞的分化、增殖。

（3）分泌调节：GH 的分泌主要受下丘脑 GHRH 与生长抑素（SS）的双重调节，GHRH 与 SS 是各种经下丘脑整合的信息对腺垂体 GH 分泌进行调节的最后输出通路。GHRH 神经元主要集中于下丘脑的弓状核和腹内侧核等处，SS 神经元主要位于室周区的前部，这些核团之间的广泛突触联系形成复杂的神经环路。GHRH 可特异性地刺激腺垂体合成和分泌 GH，并诱导 GH 细胞增殖。SS 则不仅抑制 GH 的基础分泌，也抑制其他因素（如运动、GHRH、胰岛素致低血糖、精氨酸等）所引起的 GH 分泌，但没有直接抑制 GH 细胞增殖的作用。一般认为，GHRH 对 GH 的分泌起经常性的调节作用，而 SS 则主要在应激等刺激引起 GH 分泌过多时才发挥抑制 GH 分泌的作用。与其他垂体激素一样，GH 对下丘脑和腺垂体有负反馈调节作用。GH 又可间接地通过刺激 IGF-1 的释放抑制 GH 分泌（图 11-9）。下丘脑内还有其他多种激素也对 GH 的分泌起调节作用。例如，TRH 和 VP 具有促进 GH 分泌的作用。生长激素释放素（ghrelin）则是最先在胃黏膜中发现的 28 肽，具有类似 GHRH 的作用，能强力促进腺垂体 GH 细胞释放 GH，但不能刺激 GH 的合成。除下丘脑外，生长激素释放素在胃肠道、垂体、肝、胰、肾等部位也有表达。

另外，机体对能量需求的状态也影响 GH 的分泌。饥饿、运动、低血糖、应激等使能量供应缺乏或消耗增加时，均可引起 GH 分泌增多，其中尤以急性低血糖对 GH 分泌的刺激效应最为显著。反之，血糖升高则可通过促进 SS 分泌和抑制 GHRH 分泌而使 GH 分泌水平降低。夜间 GH 分泌量约占全天分泌量的 70%。人在觉醒状态下，GH 分泌较少，进入慢波睡眠后 GH 分泌陡增并延续一定时间，入睡后 1 h 左右血中 GH 浓度达到高峰。转入异相睡眠（又称快波睡眠）后，GH 分泌又迅速减少。这种现象在青春期尤为显著，50 岁以后消失。此外，甲状腺激素、胰高血糖素、雌激素、睾酮以及应激刺激均能促进 GH 分泌。在青春期的早期和中期，血中雌激素或睾酮浓度增高，均显著促进腺垂体分泌 GH，从而引起青春期的迅速生长。

2. 催乳素（prolactin，PRL） 催乳素也称生乳素、泌乳素或促乳素等，为腺垂体分泌的一种蛋白质激素，由 199 个氨基酸残基组成，其序列结构与人生长激素的同源性为 35%。成人垂体中的 PRL 含量极少，仅为生长激素的 1/100。血浆中 PRL 的基础浓度为 0.5～0.8 μg/dl，女性高于男性；在青春期、排卵期均升高。在妊娠期，垂体 PRL 分泌细胞数目和体积均显著增加，PRL 也有类似 GH 的昼夜节律和分泌脉冲。PRL 受体与生长激素受体同属一个超家族，其分布也非常广泛。

（1）生物作用：尽管 PRL 以催乳作用被发现和命名，但是它的作用十分广泛，除对乳腺和性腺的发育及分泌均起重要作用外，在多个物种中具有许多其他功能，包括代谢、毛发周期调节、骨稳态、行为、肾上腺应激反应和催乳激素细胞稳态，并参与免疫调节。

1）调节乳腺活动：PRL 可促进乳腺发育，发动并维持乳腺泌乳。但在女性青春期、妊娠期和哺乳期，其作用有所不同。青春期女性乳腺的发育主要依赖于生长激素对乳腺间质和脂肪组织的作用。乳腺的腺泡等分泌组织只在妊娠期才发育，而且需要多种激素共同作用：雌激素与孕激素起基础作用，PRL 与糖皮质激素、胰岛素和甲状腺激素等起协同作用。妊娠 10 周后，血浆 PRL 水平逐渐增高，至分娩时可升至最高峰。在妊娠过程中，随着 PRL、雌激素及孕激素分泌的增多，乳腺组织进一步发育，但此时血中雌激素和孕激素水平很高，可抑制

PRL 的泌乳作用，因此乳腺虽已具备泌乳能力却并不泌乳。

PRL 启动和维持泌乳的作用是从分娩后开始的。分娩后血浆 PRL 即降至妊娠前水平，但此时由于血中雌激素和孕激素水平明显降低，加之分娩后乳腺 PRL 受体的数目增加约 20 倍，PRL 能发挥始动和维持泌乳的作用。PRL 作用于成熟的乳腺小叶，使腺体向腺泡腔内分泌乳汁。

2) 调节性腺功能：PRL 对性腺的调节作用较为复杂。实验表明，PRL 对卵巢活动有双相调节作用：低水平、小剂量的 PRL 可促进卵巢雌激素和孕激素的分泌；而大剂量则有抑制作用。PRL 刺激卵巢 LH 受体的表达，进而促进黄体的形成并维持孕激素的分泌，并减少孕激素的降解；但是高水平的 PRL 可抑制孕激素的生成。患闭经溢乳综合征（amenorrhea-galactorrhea syndrome）的妇女临床表现为闭经、溢乳与不孕，这些症状是高 PRL 血症所致，而高浓度的 PRL 还可反馈抑制下丘脑分泌 GnRH，减少垂体分泌 FSH 和 LH，结果导致无排卵和雌激素水平低下。因此，哺乳期妇女不易怀孕。PRL 对男性生殖腺的功能也有影响。在睾酮存在的条件下，PRL 能促进前列腺和精囊腺的生长，增加睾丸间质细胞 LH 受体的数量，提高睾丸间质细胞对 LH 的敏感性，增加睾酮的生成量，促进雄性性成熟。但是患慢性高催乳素血症时患者血中睾酮水平下降，不仅精子生成减少而造成不育症，同时也将减弱性兴奋。

3) 参与应激反应：在应激状态下，血中 PRL 水平可有不同程度的升高，与 ACTH 和 GH 一样，为应激反应中腺垂体分泌的三大激素之一。应激刺激停止后，PRL 逐渐恢复到正常水平。PRL 很可能是应激反应中的重要激素之一。

4) 调节免疫功能：单核细胞、淋巴细胞、胸腺上皮细胞以及红细胞表达 PRL 受体。PRL 可与一些细胞因子发生协同作用，促进淋巴细胞增殖。直接或间接促进活化的外周血 B 淋巴细胞分泌 IgM 和 IgG。一些淋巴细胞和单核细胞能产生 PRL，以旁分泌或自分泌方式调节免疫细胞功能。

5) 对生长的影响：由于与 GH 结构的相似性，PRL 也参与生长发育和物质代谢的调节。胎儿的垂体也能分泌 PRL。胎儿血中 PRL 的浓度在分娩前几周达到高峰。在胎儿肺内可以找到能与 PRL 结合的受体。注射 PRL 能引起磷脂胆碱（lecithin）增加，提示 PRL 还可能与肺的发育成熟，特别是与肺表面活性物质的生成有关。

(2) 分泌调节：PRL 的分泌受下丘脑催乳素释放因子（PRF）与催乳素释放抑制激素（PIH）的双重调控，两者分别起促进和抑制 PRL 分泌的作用。切断垂体柄可使血中 PRL 水平升高，因而认为二者以 PIH 的效应占优势。现已明确，PIH 主要是多巴胺。给予动物 L-多巴（在体内可转化为多巴胺）或多巴胺受体激动剂（如阿扑吗啡等）都可减少 PRL 的分泌，反之多巴胺受体阻断剂（如麦角碱等）则可促进 PRL 分泌。除多巴胺外，GHIH、GABA、糖皮质激素、甲状腺激素等也有抑制 PRL 分泌的作用。血中 PRL 升高后，经其受体还可易化下丘脑多巴胺能神经元，多巴胺继而直接抑制下丘脑 GnRH 和腺垂体 PRL 的分泌，降低血中 PRL 水平，产生负反馈效应。

婴儿吸吮乳头可促进哺乳期妇女 PRL 的分泌，这是一个典型的神经-内分泌反射。吸吮乳头的刺激经神经传入至下丘脑，一方面减少正中隆起释放多巴胺，解除多巴胺对 PRL 细胞的抑制，另一方面还可直接刺激 PRF 释放增多，通过上述作用反射性促使腺垂体大量分泌 PRL，促进乳腺泌乳。

3. 促激素 腺垂体分泌的 TSH、ACTH、FSH 及 LH 4 种激素，分泌入血后都特异性地作用于外周各自的下级内分泌靶腺，再经靶腺激素调节全身组织细胞的活动，因此统称为促激素。TSH、FSH 与 LH 都是不同程度糖基化的糖蛋白，均为由 α 和 β 亚单位构成的异二聚体。它们的 α 亚单位的肽链相同，而 β 链是独特的，并决定了每种激素的精细受体特异性和功能。但是单独的 β 亚单位没有活性，必须与 α 亚单位结合才有生物学活性。

TSH 的靶器官是甲状腺；ACTH 的靶器官是肾上腺皮质；FSH 与 LH 的器官是两性的性

腺（卵巢或睾丸）。腺垂体与其上级的下丘脑和下级的外周内分泌靶腺分别构成下丘脑-腺垂体-甲状腺轴、下丘脑-腺垂体-肾上腺皮质轴和下丘脑-腺垂体-性腺（卵巢或睾丸轴）。

三、下丘脑-神经垂体内分泌

神经垂体为下丘脑的延伸结构，并非腺组织，也不含腺细胞，因此不能合成激素。神经垂体的内分泌，实际是指下丘脑视上核和室旁核等部位大细胞神经元轴突延伸投射终止于神经垂体，形成下丘脑-垂体束。这些神经内分泌大细胞可合成血管升压素（vasopressin，VP）和缩宫素（oxytocin，OT）。视上核和室旁核受到刺激后，神经元兴奋，神经冲动传至位于神经垂体的轴突末梢，使其去极化，引起Ca^{2+}内流，囊泡以出胞的方式将其中的 VP 或者 OT 与其运载蛋白一并释放入血。VP 和 OT 不仅存在于下丘脑-神经垂体系统内，也存在于下丘脑正中隆起与第三脑室附近的神经元轴突中。

1. 血管升压素

（1）生物学作用：血管升压素（VP）也称抗利尿激素（antidiuretic hormone，ADH），是调节机体水平衡的重要激素之一，通过对肾集合管重吸收水的调节维持细胞外液量的平衡。在正常饮水的情况下，血浆中 VP 浓度很低，VP 生理水平的升高可促进肾重吸收水，浓缩尿液并减少尿量，从而发挥抗利尿作用。在机体脱水或失血等情况下，VP 的释放量明显增加，其血中浓度可增至 1 ng/dl 以上，可使皮肤、肌肉、内脏等处的血管广泛收缩，这对于保持体液和维持动脉血压有重要的生理意义。

在肾内，VP 除作用于远曲小管和集合管上皮外，还能促进肾系膜细胞收缩，减少滤过膜面积，从而降低肾小球滤过率。VP 还有抑制肾素释放，促进髓袢升支粗段对小管腔中氯化钠的主动重吸收、促进内髓段集合管上皮细胞的尿素转运体向小管外转运尿素，从而保持内髓质的高渗透浓度环境等作用。VP 缺乏可致尿崩症，大量低渗尿被排出，引起严重口渴，如不能及时补充水分，可造成机体脱水；相反，某些脑、肺等部位的肿瘤细胞则可异位分泌 VP，从而使患者产生 VP 分泌失调综合征。结果尿量大量减少且高度浓缩，体内却水潴留，出现低钠血症。VP 除了参与体液平衡的调控外，对心血管功能也有调节作用。在神经系统，VP 还具有增强记忆、加强镇痛等效应。

VP 受体为 G 蛋白耦联受体，根据其分布部位和第二信使途径的不同分为 V1（也称为V1a）、V2、V3（也称为 V1b）受体。各种受体分布及其功能见表 11-3。

表 11-3 血管升压素（VP）受体分布和作用

受体	靶器官	作用
V1	血管平滑肌	收缩
（V1a）	心脏	心率减慢
	肝	糖原分解增加
	腺垂体	ACTH 释放
	大脑	记忆力增加，止痛，退热
V2	肾远曲小管，髓质外带集合管	水通透性增加，抗利尿
	肾髓质外带集合管，Helen's 袢升支粗段	水、尿素通透性增加，抗利尿，Na^+ 重吸收增加
V3（V1b）	肾	肾素分泌减少，前列腺合成增多

在肾集合小管，V2受体兴奋通过以下途径发挥抗利尿作用：①通过环磷酸腺苷（cAMP）途径，增加肾皮质和肾髓质外层集合管上皮细胞顶端膜水通道2（AQP2）的表达，增加对水的重吸收，使尿量减少和高渗尿形成（图11-10）；②增加NaCl在髓质的转运率，从而发挥抗利尿作用。细胞外液的增加使醛固酮分泌减少，进而远曲小管对钠的重吸收减少，水被保留而尿钠排出增多，大量钠排出体外导致体内缺钠，而水分被大量重吸收后潴留于体内，造成稀释性低钠血症和血浆渗透压降低，水分向细胞内转移，严重时出现脑水肿，引起低钠性脑病。垂体后叶素引起尿量减少的原因是其中的ADH起作用。

（2）分泌调节：渗透压感受性神经元（osmoreceptive neuron）位于下丘脑室周器，其轴突支配视上核与室旁核的大细胞神经元。血浆渗透压仅1%的变化就可通过渗透压感受性神经元调节VP的分泌。有效血容量降低时也可通过心肺感受器反射引起VP的分泌。血容量等因素对VP分泌的刺激作用不如渗透浓度升高的作用明显，需要血容量降低达5%～10%甚至更大程度时才显著影响VP分泌。此外，VP的分泌还受到生物节律的控制，清晨最高，以后逐渐降低，至傍晚最低。

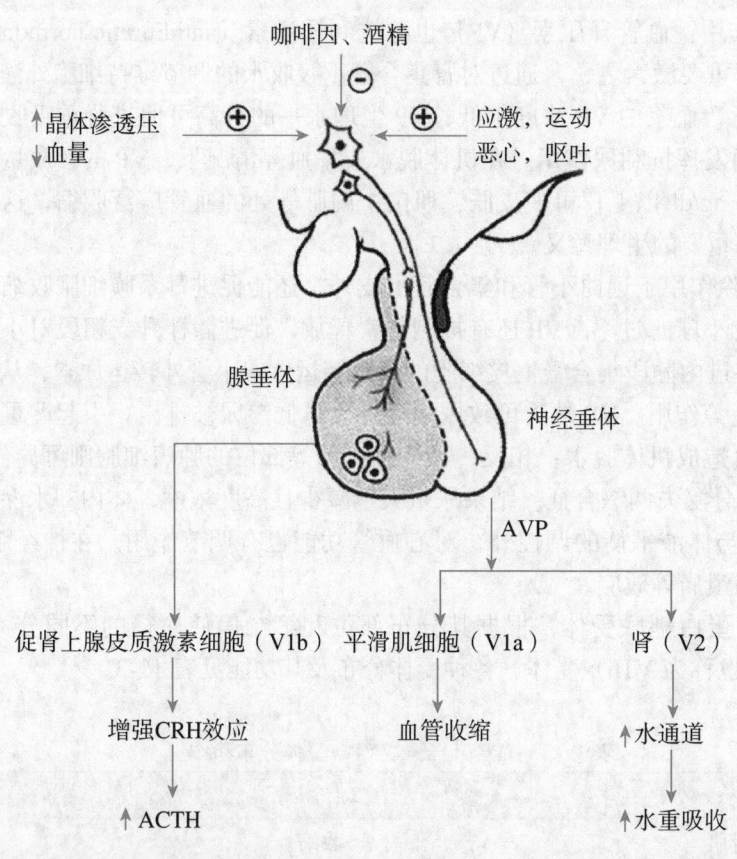

图11-10　VP的生理作用及其分泌调控示意图

2. 缩宫素（oxytocin，OT）　OT的化学结构与血管升压素相似，生理作用也有部分交叉重叠。例如，OT对狗的抗利尿作用相当于VP的1/200，而VP对大鼠离体子宫肌的收缩作用为OT的1/500左右。与VP不同，人体OT没有明显的基础分泌，只在分娩、授乳、性交等状态下才通过神经反射引起分泌。OT经缩宫素酶降解，其半衰期为3～4 min。

（1）生物学作用：OT的主要作用是在妇女分娩时刺激子宫平滑肌强烈收缩和在哺乳期促进乳腺射乳。

1) 促进子宫收缩：OT 促进子宫平滑肌收缩的作用与子宫功能状态和雌激素有关。OT 对非子宫肌的作用较弱，而对妊娠末期子宫作用较强，因为妊娠末期子宫开始表达 OT 受体。低剂量 OT 引起子宫肌发生节律性收缩，大剂量则导致强直性收缩。孕激素可抑制子宫肌表达 OT 受体以及促使子宫肌细胞超极化，因此可降低子宫肌对 OT 的敏感性，有助于维持胎儿"安静"的生存环境。而雌激素的作用则与孕激素相反，雌激素对 OT 具有允许作用，促进 OT 受体表达以及 OT 与受体的结合。由此提高子宫肌对 OT 的敏感性。妊娠后期子宫肌 OT 受体表达逐渐增加，到分娩早期时其表达量为非妊娠子宫的 200 倍，此时子宫肌对 OT 的敏感性显著增强。分娩后子宫肌 OT 受体减少，即使在授乳时，血中高水平的 OT 也不会引起子宫的强烈收缩。OT 虽然能刺激子宫肌收缩，但至今仍认为它并不是分娩时发动子宫收缩的决定因素。在分娩过程中，胎儿刺激子宫颈等可反射性地引起神经垂体释放 OT，以正反馈方式促使子宫肌收缩力度增强，因而具有"催产"作用。OT 对非妊娠子宫也有一定的作用。在性交过程中，子宫颈及阴道壁受到的机械扩张性刺激可反射性地使神经垂体释放 OT，后者可促进子宫肌的收缩，因此有助于精子向输卵管的方向运行。

2) 射乳作用：OT 是分娩后刺激乳腺排放乳汁的关键激素。妇女哺乳期乳腺可不断分泌乳汁储存于腺泡中。分娩后，子宫肌 OT 受体减少，但乳腺内 OT 受体明显增加。OT 可促进乳腺腺泡周围的肌上皮细胞收缩，使腺泡内压力增高，乳汁由腺泡腔经输乳管从乳头射出。

OT 受体也属于 G 蛋白耦联受体，OT 与其受体结合后经 Gq 蛋白激活 PLC，继而促使细胞内 Ca^{2+} 升高而产生生物学效应。

OT 对乳腺还有营养作用，使哺乳期乳腺不至萎缩。此外，OT 在体液渗透压的调节、心血管活动、调节机体的神经内分泌消化（促进胃液分泌）、学习与记忆（遗忘效应）、痛觉调制（提高痛觉）、体温调节等生理活动中也有一定的作用。

(2) 分泌调节：OT 的分泌受下丘脑调控，属于典型的神经-内分泌调节。最经典的有以下两种反射。首先是催产反射：分娩时胎儿对子宫颈的机械性扩张，通过反射正反馈地促进 OT 神经元分泌，结果引起强有力的子宫平滑肌收缩，起到催产的作用。胎儿对子宫颈的机械性扩张是促进 OT 分泌的最有力的刺激。其次是 OT 参与射乳反射（milk-ejection reflex）的形成。婴儿吸吮乳头及触觉等刺激均可作用于分布在乳头和乳晕的感觉神经末梢，感觉信息经传入神经传至下丘脑，兴奋 OT 神经元，促使 OT 释放入血，引起乳腺肌上皮细胞等发生收缩，乳腺排乳，这个反射过程称为射乳反射。射乳很容易建立条件反射，如母亲见到自己的婴儿、抚摸婴儿或听到婴儿的哭声等，均可引起射乳（图 11-11）。

除此之外，OT 还有类似催乳素释放因子的作用，能刺激腺垂体分泌催乳素，因此在射乳时泌乳功能也同步增强。在哺乳过程中，OT 的释放增加对加速产后子宫复原也有一定的作用。因此，母乳喂养对保护母婴健康有着积极的意义。

除上述因素外，许多能刺激 VP 分泌的因素也可促进 OT 的分泌；而忧虑、恐惧、剧痛、高温、噪声以及肾上腺素等则能抑制 OT 分泌。此外，婴儿吸吮乳头的刺激除能使下丘脑室旁核 OT 神经元兴奋并引起射乳反射外，还可引起下丘脑多巴胺能神经元兴奋，使 β-内啡肽释放增多。多巴胺与 β-内啡肽均可抑制下丘脑 GnRH 神经元的活动，减少 GnRH 的释放，继而使腺垂体促性腺激素分泌减少，导致哺乳期月经周期暂停，使妇女哺乳期不易受孕。

四、松果体内分泌

松果体因形似松果而得名，也称松果腺（pineal gland）。松果体主要合成和分泌激素的代表是褪黑素（melatonin，MT）。在冷血脊椎动物（低等脊椎动物物种）中，松果体具有光敏

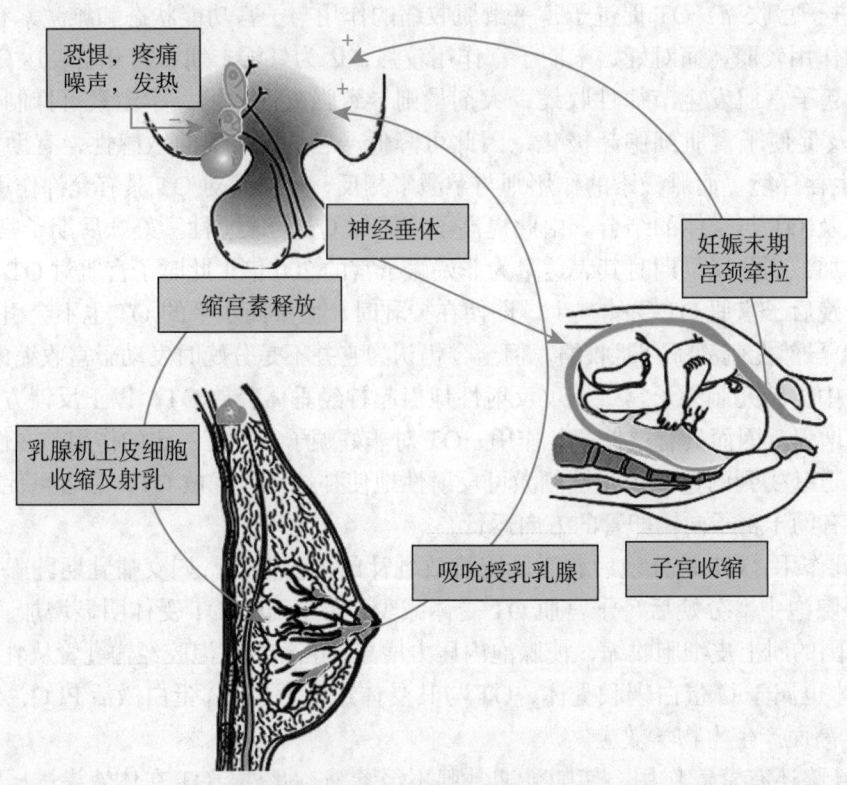

图 11-11　缩宫素的生物学作用和分泌调节示意图

性,但在高等脊椎动物中,这种特性已丧失。在高等脊椎动物中,光是由视网膜内层(视网膜神经节细胞)感知的,它将神经信号发送到大脑的视觉区域。然而,一些视网膜神经节细胞含有黑视素,并具有内在的光感受器能力,通过复杂的神经元连接将神经信号发送到大脑的非图像形成区域,包括松果体。来自视网膜的光信息被发送到视交叉上核(SCN),这是哺乳动物中主要的节律产生系统或"时钟",并从这里发送到下丘脑的其他区域。当光信号为阳性时,SCN 分泌 γ- 氨基丁酸,负责抑制下丘脑室旁核(PVN)突触的神经元,从而中断向松果体的信号,导致无法合成褪黑素。相反,当没有光(黑暗)时,SCN 分泌谷氨酸,负责将 PVN 信号传递给松果体。在持续的黑暗中,SCN 持续产生节律性输出,而不受光抑制,因此它是一种内源性振荡器(主起搏器或时钟)。昼夜循环的节奏与一天的 24 h 相同步。在没有光信号条件下,节奏会偏离 24 h 或产生"自由震荡"。

褪黑素因最早被发现可使青蛙皮肤褪色而得名。褪黑素的化学结构为 5- 甲氧基 -N- 乙酰色胺酸,是色氨酸的衍生物。松果体内含有丰富的色氨酸,可经羟化酶和脱羧酶的催化生成 5- 羟色胺,再经乙酰化和甲基化而生成褪黑素。人松果体细胞从青春期开始出现钙沉积,褪黑素的合成和分泌量也随年龄增长而逐渐递减。褪黑素的分泌呈现典型的昼夜节律,昼低夜高,凌晨 2 点达到最高峰。

(1)生物学作用:褪黑素具有广泛的生理作用。对于神经系统,褪黑素的作用主要表现为镇静催眠、镇痛、抗抑郁等。褪黑素对生殖和内分泌系统的功能也有显著影响,如可抑制下丘脑 - 垂体 - 性腺轴和下丘脑 - 垂体 - 甲状腺轴的活动,对肾上腺皮质和髓质活动也有抑制作用。研究发现,摘除大鼠松果体后,大鼠性腺的重量增加。如果给大鼠下丘脑或脑干注射褪黑素,则其血中 FSH 和 LH 的水平降低,抑制卵泡排卵,影响生殖系统的活动。摘除松果体的大鼠其甲状腺明显增大，摄碘能力增强，碘的更新率加快，而且血中皮质酮和醛固酮的水平升高，引起实验性高血压。褪黑素还可清除体内自由基，调节机体的免疫功能，所以具有抗衰老作用。另外，褪黑素对心血管、消化、呼吸、泌尿等系统都有作用。

(2) 分泌调节：褪黑素的合成和分泌与光线有关，呈现明显的昼夜节律变化，白天分泌减少，而夜间分泌增多。视交叉上核是控制褪黑素分泌昼夜节律的神经中枢，中枢内的神经元有褪黑素受体。褪黑素可作为一个内源性因子作用于视交叉上核，调整生物节律，使环境的周期与机体的生物节律保持一致。研究表明，生理剂量的褪黑素可促进睡眠。

（夏春梅）

第三节　甲状腺内分泌

甲状腺（thyroid）是第一个被发现的内分泌腺，也是人体最大的内分泌腺。甲状腺背面有上、下两对甲状旁腺及喉返神经，血液供应主要来自甲状腺上、下动脉（左、右各一对），因此甲状腺的血供十分丰富。在显微镜下，甲状腺由约 300 万个直径 15～500 μm 的滤泡组成。立方形的滤泡细胞（内分泌细胞）被基膜包围，形成单层的滤泡（follicle）。滤泡细胞合成的甲状腺激素（thyroid hormone，TH）以胶质（colloid）形式储存在滤泡腔中。甲状腺是唯一能将生成的激素大量储存于细胞外的内分泌腺。滤泡上皮细胞的形态和滤泡内胶质的含量可以随甲状腺功能状态的变化而发生改变。滤泡细胞受到刺激时增大，并变成细胞核位于底部的柱状细胞，同时由于经历了重吸收，滤泡腔内的胶质呈齿状。甲状腺滤泡可以相当稳定的速率产生两种甲状腺激素：四碘甲腺原氨酸（3,5,3′,5′-tetraiodothyronine，T_4；又称甲状腺素，thyroxin）和三碘甲腺原氨酸（3,5,3′-triiodothyronine，T_3）。T_3 和 T_4 广泛参与机体的正常生长发育、新陈代谢等多种功能活动调节。此外，散布在甲状腺滤泡细胞间或者腺泡间结缔组织内的甲状腺滤泡旁细胞（parafollicular cell）也称 C 细胞，可以合成和分泌降钙素（calcitonin），主要参与机体钙、磷代谢的调节。

一、甲状腺激素及其合成与分泌

甲状腺激素为含碘酪氨酸缩合而成的二苯醚基本结构，其独特之处在于无机碘元素掺入到两分子酪氨酸残基组成的有机结构中。甲状腺激素由甲状腺滤泡释放到血液循环中的主要形式包括 T_4 和 T_3（图 11-12），二者分别约占总分泌量的 90% 与 9%，另 1% 为无生物活性的反三碘甲腺原氨酸（reverse 3,3′,5′-triiodothyronine，rT_3）。T_4 主要作为循环的激素原，但也可以提供一些固有的细胞内作用。T_3 的生物活性为 T_4 的 3～5 倍。

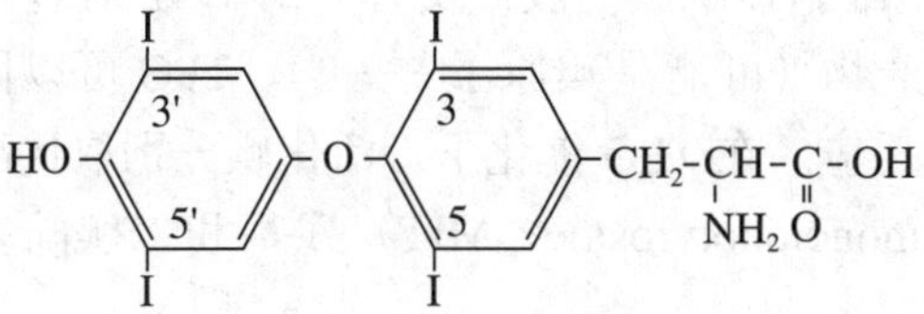

3,5,3′,5′- 四碘甲腺原氨酸（甲状腺素，T_4） 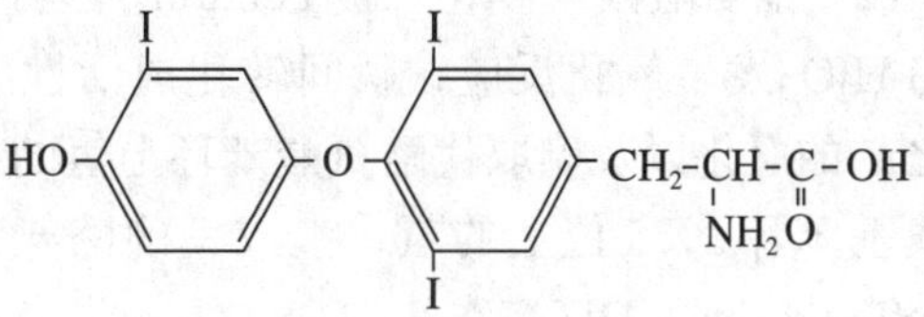　　　　　3,5,3′- 三碘甲腺原氨酸（T_3）

图 11-12　甲状腺激素（T_4、T_3）的分子结构

(一)甲状腺激素的合成与分泌

甲状腺激素的合成是对甲状腺球蛋白分子中所含酪氨酸残基的碘化和缩合过程。

1. 甲状腺激素合成的原料　碘元素是合成甲状腺激素的基本原料之一,饮食中碘摄入不足和过量都将影响甲状腺的正常功能。人体所需碘的 80%～90% 来源于食物,其余来自饮水和空气。饮食中的碘化物(iodide)主要是碘化钠与碘化钾。世界卫生组织推荐的每日碘摄入量为成人 150 μg/d,妊娠和哺乳期 200 μg/d,出生第一年 50 μg/d,1～6 岁 90 μg/d,7～12 岁 120 μg/d。碘摄入量低于 50 μg/d 时,甲状腺将不能维持甲状腺激素的正常分泌量。但摄入过多也将造成甲状腺功能异常。

甲状腺球蛋白(thyroglobulin,TG)是由 5496 个氨基酸残基构成的二聚体糖蛋白。正常碘化条件下,TG 所含的 100 多个酪氨酸残基中只有约 20% 可被碘化。滤泡细胞合成的 TG 经包装储备于囊泡中,以胞吐方式释放到滤泡腔成为胶质成分。碘化的酪氨酸、T_4 与 T_3 始终与 TG 结合,直至最终释放到血液,因此可以认为 TG 是甲状腺激素的前体。腺垂体分泌的促甲状腺激素(TSH)可刺激 TG 基因转录,而垂体切除或应用 T_3 治疗可反馈性降低其转录。

甲状腺过氧化物酶(thyroid peroxidase,TPO)是一种分子量约为 102×10^3 Da 的膜结合糖蛋白(属血色素蛋白酶),分布于富含微绒毛的滤泡细胞顶端膜临胶质界面。在 H_2O_2 存在的条件下,TPO 催化甲状腺激素合成过程中的多步反应,可促进碘离子的氧化以及碘与 TG 分子中酪氨酸残基的结合。如实验中摘除大鼠垂体,48 h 后 TPO 活性消失,应用 TSH 后 TPO 活性可恢复,说明 TPO 的生成和活性受 TSH 调控。硫脲类药物,如丙硫氧嘧啶、甲硫嘧啶等通过抑制 TPO 的活性而抑制甲状腺激素的合成,可用于治疗甲状腺功能亢进(hyperthyroidism,简称甲亢)。

2. 甲状腺激素的合成　甲状腺激素的合成过程可概括为聚碘、碘化和偶联 3 个基本步骤(图 11-13)。

(1) 滤泡细胞聚碘:生理情况下,甲状腺内 I^- 的浓度约为血浆中的 30 倍以上,同时存在 -50 mV 的静息电位,滤泡细胞基底膜一侧分布的 Na^+-I^- 同向转运体(Na^+-I^- symporter,NIS)可主动从血浆中"捕"碘(iodide trap)。驱动 NIS 逆电-化学梯度转运 I^- 的能量由钠泵活动提供,NIS 以 $1I^-$:$2Na^+$ 的协同转运方式继发性主动转运 I^- 到甲状腺滤泡细胞中,之后 I^- 再由另一种位于细胞顶端膜的转运蛋白——Pendrin(一种氯-碘转运蛋白)转运到滤泡腔中。TSH 可促进聚碘过程。

NIS 和 *pendrin* 基因突变均可导致甲状腺功能减退。*NIS* 基因突变可引起先天性甲状腺功能减退或先天性甲状腺肿。Pendrin 是常染色体隐性遗传病 Pendred 综合征基因——*PDS* 基因的编码蛋白,*PDS* 基因发生突变将影响碘转运,导致甲状腺激素合成障碍。ClO_4^-(过氯酸盐)、SCN^-(硫氰酸盐)等阴离子则通过与 I^- 竞争转运体而抑制滤泡细胞聚碘。临床上常利用碘放射性核素示踪技术,通过甲状腺放射性核素扫描诊断甲状腺结节及其性质,或通过计算甲状腺的 ^{131}I 吸收率判定甲状腺的聚碘能力及其功能状态。

(2) 酪氨酸残基碘化:被 Pendrin 转运到滤泡细胞顶端膜与胶质交界处的 I^- 在 TPO 催化下与 H_2O_2 发生氧化反应,瞬间转化成活性中间产物(可能是碘原子——I^0)。TPO 可以同时催化 I^- 的氧化以及碘取代酪氨酸苯环上氢的加成反应。在 TPO 催化下,活化碘分别取代酪氨酸残基苯环 3,5 位上的氢,生成一碘酪氨酸(monoiodotyrosine,MIT)残基和二碘酪氨酸(diiodotyrosine,DIT)残基。

(3) 碘化酪氨酸偶联:TG 中两个含碘酪氨酸残基的连接同样需要 TPO。在 TPO 催化下,已经活化的碘化酪氨酸残基发生分子内偶联反应,2 分子 DIT 偶联成 T_4,1 分子 MIT 和 1 分子 DIT 偶联成 T_3。TG 的三维结构有助于这些分子的偶联。此外,还能合成极少量的 rT_3。少

量 T_4 可经 5' 脱碘作用在甲状腺内即转化为 T_3。

酪氨酸碘化和碘化酪氨酸偶联作用都在 TG 分子上进行，因此 TG 上既含酪氨酸、MIT、DIT，也含 T_3 和 T_4。通常成人甲状腺中各种甲状腺激素的比例为：T_4 约 35%，T_3 约 7%，rT_3 约 1%。当甲状腺碘化活动增强时，DIT 和 T_4 含量增加；而缺碘时，MIT 增多，T_3 含量也相应增加。

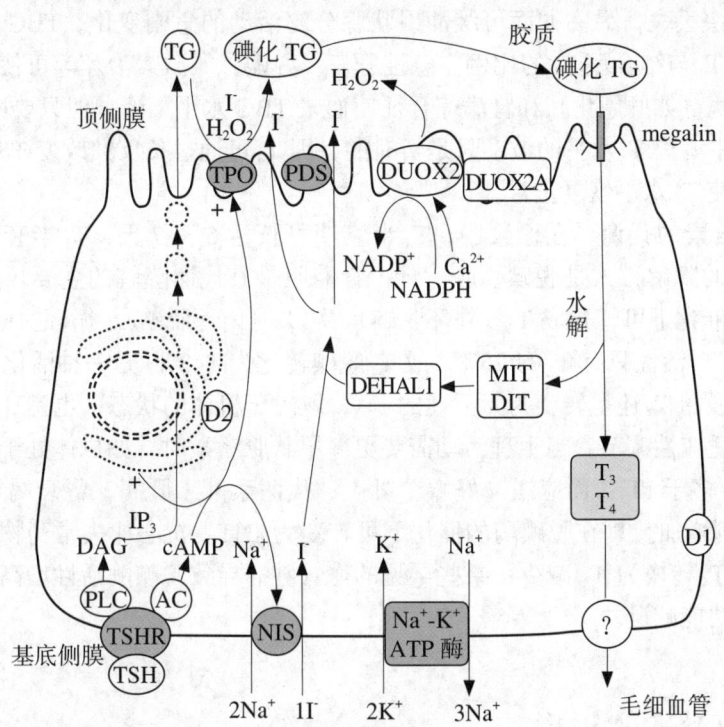

图 11-13　甲状腺激素的合成和分泌过程

AC. 腺苷酸环化酶；cAMP. 环-磷酸腺苷；D1.1 型脱碘酶；D2.2 型脱碘酶；DAG. 二酰甘油；DEHAL1. 碘化酪氨酸脱卤素酶；DIT. 二碘酪氨酸残基；DUOX2. 双氧化酶；IP$_3$. 三磷酸肌醇；MIT. 一碘酪氨酸残基；NIS. Na$^+$/I$^-$ 同向转运体；PDS. Pendrin 蛋白，一种氯-碘转运蛋白；PLC. 磷脂酶 C；TG. 甲状腺球蛋白；TPO. 甲状腺过氧化物酶；TSH, 促甲状腺激素；TSHR. TSH 受体；megalin（gp330）. 一种多配体的受体糖蛋白，广泛分布于体内多种极化上皮细胞（如肾小管、甲状腺细胞、内耳迷路及胆囊上皮细胞等），在甲状腺细胞可作为 Tg 受体介导其入胞

3. 甲状腺激素的储存　甲状腺激素在 TG 上合成后，以胶质形式储存在滤泡腔中，主要储备形式为 T_4。甲状腺不仅是唯一将激素储备在细胞外的内分泌腺，而且激素储量很大，通常可保证机体 50～120 天的代谢需求。因此，临床应用抗甲状腺药物时，用药需足够长时间才可奏效。

4. 甲状腺激素的分泌　甲状腺激素的分泌过程实质是从滤泡腔中提取 TG 并释放甲状腺激素的过程（图 11-13），并受 TSH 调节。TG 在 megalin（gp330）的帮助下可内化入胞，进入胞质的胶质小泡随即与溶酶体融合成吞噬泡。在蛋白水解酶作用下分解，TG 释出游离的 T_4、T_3 以及 MIT 和 DIT。MIT 和 DIT 在碘化酪氨酸脱碘酶的作用下迅速脱碘，释出的大部分 I^- 可再循环利用。T_4 和 T_3 再经由滤泡细胞底部分泌入血，其中 90% 以上是 T_4 形式。

（二）甲状腺激素的运输与代谢

1. 甲状腺激素的运输　在血浆中，99% 以上的 T_3 和 T_4 与血浆蛋白质结合，游离形式的 T_4 约占 0.03%，T_3 占 0.3%，结合型与游离型激素之间保持动态平衡。只有游离的 T_3 和 T_4 才能进入细胞，不仅对靶细胞产生生物效应，还负责对垂体和下丘脑进行负反馈调节，是关键的生物学活性部分。运输甲状腺激素的血浆蛋白主要有甲状腺素结合球蛋白（thyroxine binding globulin，TBG）、甲状腺素转运蛋白（transthyretin，TTR，也称甲状腺素结合前白蛋白 thyroxine binding prealbumin，TBPA）、白蛋白和脂蛋白。70%的血浆 T_4 和 T_3 与 TBG 结合；10%～15%与 TTR 结合；15%～20%与白蛋白结合；3%与脂蛋白结合。TTR 还运输脑脊液中的 T_4，并向中枢神经系统提供甲状腺激素。结合型甲状腺激素一方面可避免甲状腺激素被肾小球滤过而过快丢失，另一方面可缓冲甲状腺分泌活动的急剧变化。TBG 自身浓度的改变可以影响游离型 T_4 与结合型 T_3 的比例。急性肝病、妊娠、雌激素治疗等可使血浆 TBG 升高，而严重的慢性肝病（如肝硬化）和肾病综合征使血浆 TBG 水平下降。但只要甲状腺功能正常，由此产生的血浆中游离 T_4 水平的波动只是暂时的，因 T_4 可通过负反馈改变 TSH 的分泌和甲状腺的分泌，从而使 T_4 水平恢复正常。

2. 甲状腺激素的代谢　在血浆中，T_4 半衰期可长达 6～7 天，T_3 半衰期不足 1 天。甲状腺激素最主要的降解方式是脱碘，肝、肾、骨骼肌是其代谢降解的主要场所。T_4 在脱碘酶（deiodinases）的催化下可转化成 T_3（外环脱碘）及 rT_3（内环脱碘）。循环血中的 T_3 约 80% 来自 T_4 脱碘。由于 T_4 活性只有 T_3 的 25%，故 T_4 脱碘转化为 T_3 实际是一种活化脱碘形式。而 T_4 是转变为活性更强的 T_3 还是转变为无活性的 rT_3，取决于机体的状态，也是环境改变或疾病时机体做出的一种适应性调节。当生理活动需要更多甲状腺激素时，如机体处于寒冷状态时，则 T_4 脱碘转化为 T_3 多于 rT_3；而应激、妊娠、饥饿、代谢紊乱、肝病、肾衰竭等状况下，则 T_4 转化为 rT_3 的比例增加。T_3 在脱碘酶的催化下可转变为 DIT。抗心律失常药物胺碘酮可以抑制脱碘酶活性，使 T_4 转换为 T_3 减少；某些罕见的血管肿瘤导致脱碘酶活性增高，引起成人和儿童严重的甲状腺功能减退。

二、甲状腺激素的作用

甲状腺激素的作用范围十分广泛，几乎涉及机体所有组织细胞，是促进物质与能量代谢以及生长发育的基础激素。甲状腺激素可直接作用于组织细胞，也可通过优化其他激素和神经递质的效应间接发挥作用。

（一）甲状腺激素的作用

甲状腺激素的主要作用是促进机体（尤其是脑和长骨）的生长发育，促进新陈代谢，增加机体产热，提高中枢神经系统兴奋性。此外，对心血管、消化、生殖及其他内分泌活动等也都有广泛的调节作用。

1. 促进生长发育　甲状腺激素具有促进机体生长发育的作用，其中对脑和长骨发育的影响最大。

甲状腺激素调节中枢神经系统发育的时间和速度，对脑的早期发育至关重要，是胎儿及新生儿脑发育的关键激素。整个胎儿期，脑内均有 T_3 受体表达，同时脱碘酶活性增强，可确保 T_4 转化生成 T_3。在胎儿期和婴儿早期，甲状腺激素促进大脑和小脑皮质的生长、轴突增殖、树突分支、神经元分化，促进胶质细胞生长与髓鞘形成、突触的产生，诱导神经生长因子和某些酶的合成，促进神经元骨架的发育。如果胚胎期甲状腺激素缺乏，往往会引起出生后难以及时发现和治疗的不可逆的脑损伤。

甲状腺激素促进软骨内成骨、线性骨生长和骨骺中心的成熟，对长骨的生长很重要。T_3 促进软骨生长板中软骨细胞的成熟和活性，部分是通过增加局部生长因子的产生和作用。在婴儿骨的线性生长过程中，T_3 支持生长激素、胰岛素样生长因子-1 和其他生长因子的作用。T_3

也支持正常成人骨骼的重建。T_3缺乏将影响生长激素正常发挥作用，导致长骨生长缓慢以及骨骺延迟愈合。此外，牙齿的发育和萌出、毛囊的更新、表皮细胞的脱落等也依赖甲状腺激素的调节。

先天性甲状腺激素分泌不足或甲状腺功能减退（简称甲减，hypothyroidism）的患儿，可表现为以智力迟钝和身材矮小为特征的呆小症（又称克汀病，cretinism）。在妊娠11周内，胎儿的甲状腺尚不具备浓集碘和合成甲状腺激素的能力，这一阶段胎儿生长发育所需要的甲状腺激素完全由母体提供。因此，来自母体的少量甲状腺激素对胎儿的早期脑发育至关重要。11周后，胎儿开始依靠自身甲状腺分泌激素。但甲状腺激素对于胚胎期骨的生长并非必需，所以先天性甲状腺发育不全的患儿，出生时身长基本正常，但脑发育已受到不同程度的影响。患儿一般在出生后数周至3～4个月后，才会表现出明显的、不可逆转的智力迟钝和长骨生长落后甚至停滞。因此对于呆小症的预防非常重要，缺碘地区孕妇应适时补碘，积极预防和治疗甲减。对于呆小症的治疗更须抓紧时机，在出生后3个月内及时补充甲状腺激素。

2. 对新陈代谢的影响　　甲状腺激素对能量代谢和物质代谢都有显著的影响。

（1）对能量代谢的影响：提高机体基础代谢率（BMR）是甲状腺激素最显著的效应。1 mg T_4可使机体产热量增加4200 kJ，BMR提高约28%；甲亢患者的BMR较常人高60%～80%。甲状腺激素可增加全身绝大多数组织的基础氧耗量，增大产热量，体温也将因此升高。甲状腺激素的产热效应是通过促进ATP的产生和利用实现的。

甲状腺激素通过增加能量消耗促进ATP的利用，包括刺激除脑、脾和性腺等少数组织以外的组织中Na^+-K^+-ATP酶和心肌肌质网Ca^{2+}-ATP酶（SERCA）的基因表达，明显提高其活性，特别是在骨骼肌中，细胞质和肌质网之间的钙循环利用ATP产生热量。甲状腺激素也可增加线粒体的数量、大小、膜面积，并增加线粒体解偶联蛋白（uncoupling proteins，UCPs）的表达及一些关键的呼吸酶的表达。最近有研究表明，成人纵隔中存在的棕色脂肪表达解耦联蛋白-1（UCP-1），UCP-1使跨线粒体内膜的质子梯度作为热量消散，通过循环系统将热量扩散到身体的其他部位。棕色脂肪产热涉及甲状腺激素和交感神经系统之间的协同作用。儿茶酚胺促进脂肪分解，T_3可上调肾上腺素能受体，增加棕色脂肪对儿茶酚胺的反应，从而导致能量的空耗。因此，甲亢患者热耐受低；甲减患者冷耐受低。

（2）对物质代谢的影响：甲状腺激素可影响物质代谢中多种酶的活性，因而对糖、蛋白质、脂肪、维生素等代谢的调节效应十分复杂。

1）糖代谢：甲状腺激素促进肠黏膜吸收葡萄糖，增强肝糖原分解，同时增强肾上腺素、胰高血糖素、皮质醇和生长激素的升糖效应，具有升高血糖趋势。但同时，甲状腺激素也可加速外周组织利用糖。因此，甲亢患者餐后血糖可升高甚至出现糖尿，但血糖又能很快降低；甲减患者血糖水平则较低。

2）蛋白质代谢：生理状态下，甲状腺激素经其核受体TR调控相关基因的转录，促进靶细胞各种结构和功能蛋白质的合成，如促进酶蛋白等的合成，表现正氮平衡，有利于机体生长发育。但在病理情况下，甲状腺激素分泌过多可加速外周组织（尤其是肌肉）蛋白质分解，因此，甲亢患者肌肉瘦弱无力，尿酸含量增加，骨蛋白质分解加速，导致血钙升高和骨质疏松。甲减患者由于甲状腺激素缺乏，蛋白质合成减少，且细胞间黏蛋白增多，吸附水分与电解质，出现黏液性水肿（myxedema）。

3）脂肪代谢：甲状腺激素促进脂肪分解，脂肪酸氧化，并可增强儿茶酚胺与胰高血糖素等的脂解作用。甲状腺激素还可加速胆固醇的合成和分解，但分解速度一般大于合成。因此，甲亢患者总体脂减少，血脂低、血胆固醇低；甲减患者则体脂比升高，血脂高、血胆固醇高，易发生动脉粥样硬化。

总之，甲状腺激素对物质和能量代谢均有促进作用，当分泌过量时，由于BMR增高，并且蛋白质、糖和脂肪分解代谢也都增强，加之甲状腺激素可使肠蠕动加快，因此甲亢患者常感饥饿，食欲旺盛，多食但却明显消瘦。甲状腺激素还可降低超氧化物歧化酶水平，导致超氧离子自由基生成增加，对长期甲亢患者将产生有害影响。此外，甲状腺功能障碍时还会出现其他物质代谢的紊乱，如水钠潴留、钙磷排泄增加、维生素缺乏等。

3．对器官系统功能活动的影响　甲状腺激素对器官系统功能活动的主要影响概括于表11-4中。

表 11-4　甲状腺激素对器官系统功能活动的影响

器官系统	甲状腺激素的主要作用
心血管系统	增加肌凝蛋白 α 重链的基因转录，抑制肌凝蛋白 β 重链基因转录，促进肌质网释放 Ca^{2+}，增强心肌收缩力；增加肌质网 Ca^{2+}-ATP 酶的表达，提高心肌舒张期张力；增加 β 肾上腺素受体的数量和 G 蛋白浓度；心率加快，心输出量增加，心脏做功增加
血液系统	促红细胞生成素升高，红细胞生成增多；增加红细胞内 2,3-DPG 含量，加速血红蛋白释放氧，有助于供氧
呼吸系统	保持低氧和高碳酸血症时呼吸中枢的正常驱动作用，增加呼吸频率和深度
消化系统	刺激肠蠕动，增加食欲
骨骼系统	刺激骨吸收和骨形成
泌尿系统	增加肾的体积，增加肾血流量、肾小球滤过率，促进机体排水
神经肌肉系统	促使肌肉结构蛋白质的合成，加速肌肉收缩和舒张的速度，提高中枢神经系统兴奋性
内分泌系统	具有允许作用，增强组织对其他激素的敏感性，增加激素分泌；加速多种激素和有关药物的代谢率
生殖系统	维持正常的性欲和性功能

（1）心血管系统：甲状腺激素对心血管效应很显著，与临床密切相关。甲状腺激素可加快心率，增强心肌收缩能力，使心输出量和心肌耗氧量增加；还可使收缩压中等程度增加，同时，通过舒张阻力血管而降低体循环血流阻力，使舒张压降低。因此，甲亢患者常表现为心悸、心动过速、脉压增大；甲减患者则表现为脉搏减弱、心率减慢、搏出量降低、血压降低等。甲状腺激素对心脏的影响包括直接作用和间接作用。一方面，甲状腺激素能抑制 Na^+-Ca^{2+} 逆向转运体，从而增加细胞内 Ca^{2+} 浓度，同时也能增加肌质网 ryanodine 受体（Ca^{2+} 释放通道），促进心肌收缩时 Ca^{2+} 由肌质网释放，还能增加肌质网 Ca^{2+}-ATP 酶活性，因而有利于心肌舒张时将 Ca^{2+} 回收到肌质网中，缩短舒张期。另一方面，甲状腺激素能增加心肌细胞 β 受体的数量，增强心肌对儿茶酚胺的敏感性，还能放大儿茶酚胺的受体后作用。因此在临床甲亢治疗中使用 β 受体阻断药，可有效控制心动过速和心律不齐。

（2）生殖及内分泌系统：甲状腺激素对生殖及内分泌系统也有广泛影响。甲状腺激素有助于调节两性生殖功能，维持正常性欲、性功能和性腺的功能等。甲状腺激素对内分泌系统的其他部分也有影响，例如可发挥允许作用，增加腺垂体 GH 的生成，抑制 TRH 和 TSH 的合成，刺激肾上腺皮质醇的分泌和代谢清除等作用。

（3）自主神经系统：甲状腺激素可影响自主神经系统功能。如前所述，儿茶酚胺和甲状腺激素之间有重要的协同作用。甲状腺激素与儿茶酚胺在增加代谢率、产热率、心率、运动活动和中枢神经系统的兴奋方面具有协同作用。T_3 可能通过增加心肌中 β 肾上腺素受体的数量和细胞内第二信使如环磷酸腺苷（cAMP）的产生来增强交感神经系统的活性。

（4）骨骼肌：骨骼肌的正常功能也需要适量的甲状腺激素，这可能与能量产生和储存的管理有关。甲状腺激素增多将引起糖酵解和糖原分解增加，而糖原和磷酸肌酸减少，肌肉无法摄取和磷酸化肌酸导致肌酸随尿排出增多。

(二)甲状腺激素的作用机制

甲状腺激素的作用大多是通过 T_3 与核受体结合而产生的(图 11-14)。

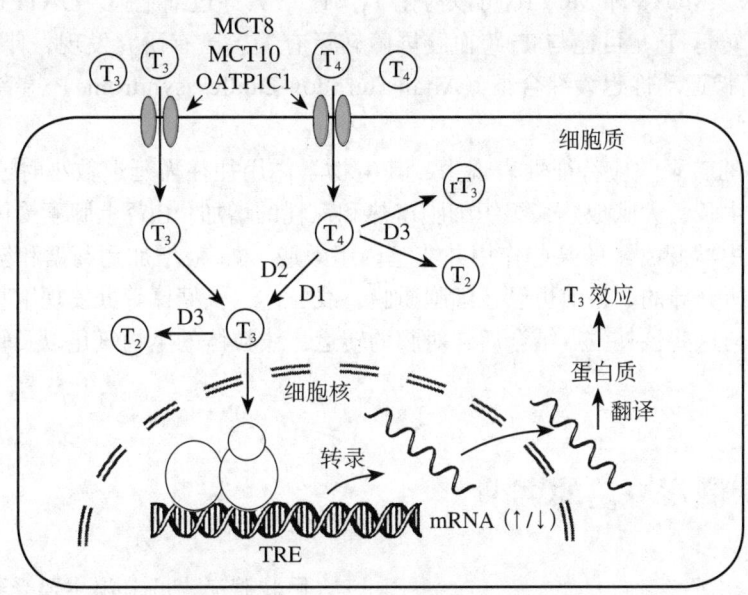

图 11-14 甲状腺激素的作用机制

T_4 和 T_3 在膜转运体 MCT8、MCT10 和 OATP1C1 介导下入胞。脱碘酶 D1、D2 和 D3 参与调节细胞内甲状腺激素的相对活性,D1 和 D2 将 T_4 转化为 T_3,而 D3 将 T_4 和 T_3 转化为 T_2 和 rT_3 而灭活。T_3 进入细胞后与其他核受体如视黄醛衍生物 X 受体(retinoid X receptor,RXR)等形成 TR/RXR 异源二聚体,通过与甲状腺激素应答元件(TRE)相互作用调节靶基因转录

甲状腺激素受体(thyroid hormone receptor,TR)是与 DNA 结合的转录因子,通过与甲状腺激素结合激活或抑制基因转录,发挥分子开关的作用。TR 分布具有组织特异性。甲状腺激素广泛的生物学作用与 TR 的多样性以及特异性组织分布有关。人类 TR 有两种基因,*THRA* 和 *THRB*。*THRA* 基因编码 TR_α,形成 $TR_{\alpha-1}$ 和 $TR_{\alpha-2}$,但只有 $TR_{\alpha-1}$ 真正起受体作用,主要在心肌和骨骼肌表达,介导甲状腺激素对心脏的作用。*THRB* 编码 $TR_{\beta-1}$ 和 $TR_{\beta-2}$,其中 $TR_{\beta-2}$ 的表达主要局限于垂体和下丘脑,介导甲状腺激素对 TRH、TSH 的负反馈抑制效应。T_3 与 TR 的亲和力是 T_4 的 100 倍。

细胞核内的甲状腺激素 85% 是 T_3,15% 是 T_4。与类固醇激素受体不同,在缺乏 T_3 的情况下,TR 也能与其靶基因启动子 DNA 上的甲状腺激素应答元件(thyroid hormone response elements,TRE)结合。T_3 与 TR 结合会刺激(有些情况是抑制)基因转录,引起其靶基因 mRNA 水平的改变,通常会使这些基因的蛋白产物水平发生改变,由此产生的蛋白质表达的变化参与介导甲状腺激素的作用。T_3 与 TR 的亲和力是 T_4 的 100 倍,因此,T_3 是甲状腺激素的主要生物活性形式。

TR 亚型的基因突变与甲状腺激素抵抗综合征(resistance to thyroid hormone syndrome,RTH syndrome)的发生有关。最常见的突变发生在编码 $TR_{\beta-2}$ 的基因,这使下丘脑 - 腺垂体不能被负反馈抑制,患者血浆 T_4 水平升高而 TSH 水平不降低,可以有甲状腺激素分泌过多的临床表现,尤其是通过 $TR_{\alpha-1}$ 对心脏产生影响。TR_β 与肝内脂代谢稳态调控有密切关系,目前是非酒精性脂肪肝药物研发的重要靶点。

甲状腺激素通过特定的转运机制进入细胞内,是其发挥作用的前提,也是调节甲状腺激

素作用的限速步骤。甲状腺激素是在细胞膜载体蛋白帮助下转运到靶细胞内的。目前已经鉴定的甲状腺激素转运体包括：单羧酸盐转运体 8（monocarboxylate transporter 8，MCT8）、单羧酸盐转运体 10（MCT10）以及有机阴离子转运多肽 1C1（organic anion transporting polypeptide 1C1，OATP1C1）。MCT8 和 MCT10 可以易化 T_3、T_4、rT_3 穿过细胞膜，OATP1C1 在脑内毛细血管表达，主要转运 T_4，可能与 T_4 跨血脑屏障转运有关。已有研究发现，伴有血清 T_3 水平升高的 X 连锁精神运动性迟缓综合征（Allan-Herndon-Dudley syndrome）患者有 *MCT8* 基因突变。

甲状腺激素的转录效应特征性表现为，其生物学作用往往需延迟数小时或数天之后才能出现，例如组织生长、大脑成熟、组织细胞产热和氧耗的增加、β 肾上腺素受体数量的增加等作用均如此。但甲状腺激素的某些作用并非基因组效应，如 T_3 增加葡萄糖和氨基酸的转运等作用即非核受体所介导的。目前也已在细胞质膜、线粒体、核糖体等处发现甲状腺激素结合位点，甲状腺激素与这些核外位点结合后，对膜的转运、线粒体的生物氧化以及转录过程均可产生快速效应。

三、甲状腺激素分泌的调节

甲状腺激素的分泌主要受到下丘脑 - 腺垂体 - 甲状腺轴的调控（图 11-15）。自身调节、神经调节及免疫调节等机制也在甲状腺激素的分泌调节中起作用。

（一）下丘脑 - 腺垂体 - 甲状腺轴的调节

1. 促甲状腺激素　腺垂体分泌的促甲状腺激素（thyroid-stimulating hormone，TSH）是直接调节甲状腺功能和生长最重要的激素。TSH 对甲状腺滤泡上皮细胞的作用包括短期、中期和长期效应。短期效应是促进甲状腺激素合成分泌，长期效应是促进甲状腺生长发育。TSH 对甲状腺作用的具体机制包括：①短期效应机制：即刻增加滤泡细胞对碘的摄取，改变滤泡细胞形态和分泌，促使细胞伸出伪足以加速摄取 TG 内吞形成胞内小泡，增加 TPO 活性，促进 T_3 和 T_4 分泌，刺激葡萄糖进入磷酸戊糖途径；②中期效应机制：促进编码 NIS、TG、TPO 及 megalin 的基因表达，合成蛋白质，这种作用发生在 TSH 作用后几小时到数天；③长期效应机制：持久的 TSH 作用还能促使甲状腺上皮细胞生长，腺体体积增大，毛细血管壁通透性和血流量增加。地方性甲状腺肿（单纯性甲状腺肿）就是由于水和食物中的碘供给长期不足，导致甲状腺激

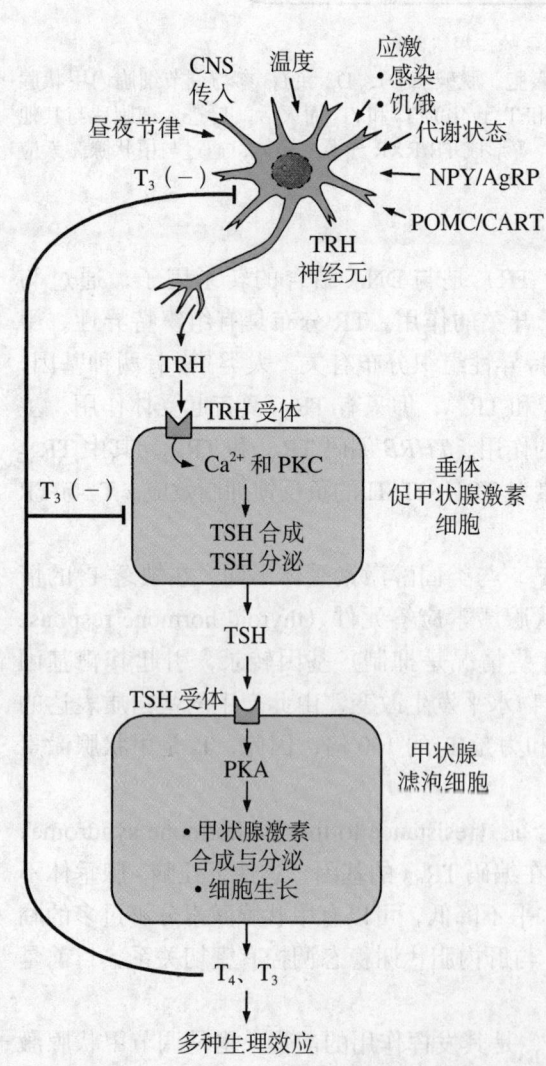

图 11-15　下丘脑 - 腺垂体 - 甲状腺轴的活动

素合成减少，血中 T_3、T_4 水平降低，对腺垂体 TSH 的负反馈抑制作用减弱，导致 TSH 分泌增加，刺激甲状腺组织增生肥大所致。

TSH 是一种糖蛋白，糖类约占整个分子的 15%，211 个氨基酸组成两条肽链——α 链和 β 链。糖蛋白增加激素在血液循环中的稳定性，并增加与受体结合的特异性和亲和力。促甲状腺激素受体（thyroid-stimulating hormone receptor，TSHR）是一种 G 蛋白耦联受体，与 TSH 结合后，主要通过兴奋性 G 蛋白信号途径起作用，但当 100 倍于生理浓度的 TSH 作用时，也可以激活 IP_3/DAG 信号途径。TSH 对 TG 的碘化、H_2O_2 的产生等作用是通过 PLC 和 Ca^{2+} 途径，而对碘的摄取以及 TG、TPO 和 NIS mRNA 转录的调节是通过 G_s-AC-cAMP-PKA 途径。

TSH 分泌呈脉冲式，每 2～4 h 出现一次波动，并以此为基础呈现日周期节律。TSH 在晚 11 点和凌晨 5 点之间达高峰，以后下降。TSH 日分泌量为 100～400 μU，在血液循环中的半衰期约 60 min。TSH 的分泌受甲状腺功能状态、禁食、视交叉上核活动与 TRH 的影响。

2. 促甲状腺激素释放激素 促甲状腺激素释放激素（thyrotropin-releasing hormone，TRH）是下丘脑 TRH 神经元合成与分泌的三肽激素。TRH 经垂体门脉系统到达腺垂体，促进 TSH 的分泌，其作用机制主要包括：①促进腺垂体 TSH 细胞中储存的 TSH 释放；②促进 TSH 的合成。TRH 还可促进 TSH 的糖基化，使后者保持完整的生物活性，有利于 TSH 与受体结合。TRH 神经元通过调节 TSH 分泌，起到决定下丘脑-腺垂体-甲状腺轴"调定点"的重要作用。TRH 的分泌受下丘脑脉冲生成神经元的控制，其分泌呈现脉冲式释放；寒冷环境等外界刺激以及某些激素、药物都可以影响 TRH 的合成分泌过程。禁食可抑制 TRH 表达。

3. 甲状腺激素的反馈效应 血中游离甲状腺激素能负反馈调节 TRH、TSH 的合成分泌。甲状腺激素主要负反馈调节垂体 TSH 细胞对 TRH 的敏感性及 TSH 的合成。其中，T_3 是负反馈抑制腺垂体分泌 TSH 最重要的因素（图 11-15）。由于腺垂体表达高亲和力的 2 型脱碘酶，血液循环中游离 T_4 水平的微小改变就可以导致腺垂体 TSH 细胞内 T_3 水平产生显著变化，如果其中 T_3 水平升高，则 TRH 受体下调，TSH 细胞对 TRH 的敏感性降低；反之亦然。垂体 TSH 细胞核内的 TR 对 T_3 的亲和力远高于 T_4。进入 TSH 细胞内的 T_3 80% 来自 T_4 脱碘，因此，脱碘酶水平也能控制垂体对反馈抑制的敏感性。另外，T_3 与 TR 结合后可直接抑制 TSH 的 α 与 β 亚基的基因转录。

此外，T_3 也能负反馈抑制下丘脑 TRH 分泌神经元。血中的 T_4 可进入下丘脑 TRH 神经元内转化为 T_3。甲状腺激素对 TRH 的负反馈抑制是通过抑制前 TRH 原（prepro-TRH）基因表达实现的。

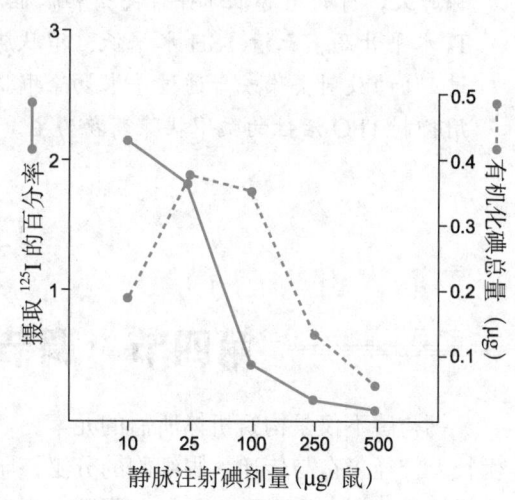

图 11-16 Wolff-Chaikoff 效应

（二）自身调节

碘是调节甲状腺功能的另一重要因素。甲状腺可根据血碘水平，改变自身摄取碘与合成甲状腺激素的能力，这种自身调节不受 TSH 影响。轻度增加碘摄入可增加碘的利用和甲状腺激素合成；但当每日摄入碘超过 2 mg/d 或血碘升高到 10 mmol/L 时，滤泡内碘浓度达到了抑制 NADPH 活性及 *NIS*、*TPO* 基因转录的程度，则甲状腺激素合成反而减少。这种过量的碘抑制甲状腺激素合成的现象称为碘阻滞效应或 Wolff-Chaikoff 效应（图 11-16）。此为甲状腺自身的一种保护性反应，可防止大剂量碘摄入造成毒性作用。如果再继续加大碘量，或碘过量摄入持续一定时间后，甲状腺激素合成可再次增加，出现对高碘的适应，即发生"碘脱逸"现象。

(三) 神经和免疫调节

甲状腺受交感和副交感神经双重支配。内外环境急剧变化时，交感神经兴奋，可促进甲状腺激素的分泌。通过交感-甲状腺轴的调节，可确保应急时机体对高水平甲状腺激素的需求。甲状腺功能还受到免疫系统的调节。B 淋巴细胞可以合成 TSH 受体抗体 (thyroid stimulating hormone receptor antibody，TSHR-Ab)，该自身抗体与 TSHR 的不同位点结合可表现类似 TSH 阻断或激活时的效应。TSHR-Ab 与 TSHR 的结合是机体免疫系统调节甲状腺的主要形式。自身免疫性甲状腺功能亢进 (Graves 病) 患者体内存在激活 TSHR 的抗体，萎缩性甲状腺炎所致甲状腺功能减退的患者体内存在阻断 TSHR 的抗体。TSHR 也可以发生突变，引起 TSHR 的自发性激活，从而产生临床甲状腺功能亢进，并可导致 TSH 抵抗的发生。

临床应用

Graves 病

Graves 病属于自身免疫性疾病，是最常见的甲状腺功能亢进症，常发生在 20~50 岁之间，女性的发病率是男性的 10 倍。Graves 病以高代谢和神经兴奋性增高为主要临床表现，可表现为以单一系统为主的异常兴奋或代谢亢进症，也可表现为多系统异常兴奋或代谢改变。典型症状包括易激动或烦躁、失眠、心悸、乏力、手震、怕热、多汗、消瘦、食欲亢进、排便次数增多或腹泻、女性月经稀少等。多数患者有不同程度的甲状腺肿大，有的患者眼球异常突出和眼眶周围水肿。患者血清中游离型 T_4 和 T_3 及总 T_4 和 T_3 水平升高、血清 TSH 水平低、甲状腺摄取放射性碘增多。Graves 病的治疗通常是通过 ^{131}I 的放射去除或者通过手术切除甲状腺组织，再用 T_4 终身替代治疗；保守治疗以服用抑制 TPO 活性的抗甲状腺药物为主。

（于 航）

第四节 调节钙磷代谢的激素

钙与磷不仅是构筑机体所需的元素，对机体许多功能活动也具有重要作用。血钙稳态对骨生长、神经兴奋与传递、腺细胞的分泌、肌肉收缩以及信号转导过程都极为重要。磷参与体内能量储备、蛋白质磷酸化、糖、脂肪、蛋白质、核酸等物质的代谢，以及酸碱平衡的调节。人体内钙总量约为 1300 g，其中 99% 存在于骨，1% 分布于软组织与体液中；磷总量约为 600 g，骨占其中的 85%。正常成人血钙浓度为 2.25~2.58 mmol/L，血磷浓度为 0.97~1.61 mmol/L。

甲状旁腺分泌的甲状旁腺激素 (parathyroid hormone，PTH)、皮肤、肝和肾协同合成的活性维生素 D——钙三醇 [calcitriol，1,25-二羟维生素 D_3，1,25 $(OH)_2D_3$]、甲状腺滤泡旁细胞分泌的降钙素 (calcitonin，CT)，以及骨分泌的成纤维细胞生长因子-23 (fibroblast growth factor-23，FGF-23) 是共同调节骨代谢、维持机体钙与磷代谢稳态的 4 种基础激素，习惯称为钙调节激素。

一、甲状旁腺激素

甲状旁腺激素由甲状旁腺主细胞合成与分泌，其前体物质经两次水解成为成熟完整的 84 肽单链蛋白质（PTH 1-84），分子量 9500 Da。甲状旁腺激素 N 端 1～34 氨基酸片段（PTH 1-34）具有 PTH 的完整生物活性，代谢快，血浆半衰期仅约 4 min；C 端片段无生物学活性，半衰期约 20 min。PTH 主要在肝、肾被裂解。PTH 与 PTH 受体结合后通过 AC-cAMP 和 PLC-IP_3/DAG 信号转导途径发挥调节作用。

（一）甲状旁腺激素的作用

PTH 是调节骨代谢、维持钙与磷稳态的关键激素，其总的效应是升高血钙、降低血磷。由于甲状旁腺位于甲状腺两叶的背面，若在甲状腺手术时被误切，可导致持久的低钙血症，引起手足搐搦，甚至窒息死亡。

1. 调节骨代谢　甲状旁腺激素对骨的作用很复杂，不仅促进骨吸收，也促进骨形成。持续给予 PTH，以"骨吸收"为主，骨溶解，导致骨钙、骨磷吸收入血，骨量减少；小剂量皮下注射则以骨形成为主，可增加成骨细胞数量，促进成骨过程，骨量增加，骨质增强。在体情况下，PTH 通过促进成骨细胞分化，减少成骨细胞凋亡，促进骨细胞释放多种生长因子等机制，促进骨形成。

PTH 动员骨钙入血表现为快速效应和迟缓效应。快速效应仅需几分钟，系因 PTH 提高骨细胞膜对 Ca^{2+} 的通透性，动员骨组织液中 Ca^{2+} 进入细胞，并再经钙泵转运至细胞外液，迅速升高血钙。随后出现的迟缓效应在 PTH 作用后 12～24 h 最为显著，系因破骨细胞的溶骨作用增强所引起。破骨细胞分化增殖、融合成熟，募集并黏附于局部骨表面，伸出伪足样突起，细胞表面呈皱褶样的"吸收装置"，并"锚定"在骨基质表面形成一个封闭的骨溶解区，同时释放多种蛋白水解酶和酸，造成局部酸性环境（pH 5.0），加速骨质溶解，骨钙、骨磷释放入血，血钙、血磷浓度升高（图 11-17）。虽然破骨细胞并无 PTH 受体，但 PTH 可通过促进成骨

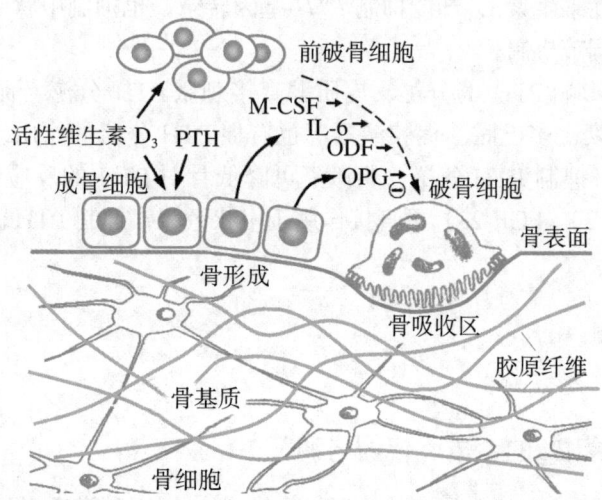

图 11-17　骨细胞的相互关系及相关激素的作用环节

在甲状旁腺激素（PTH）与活性维生素 D_3 作用下，前破骨细胞在成骨细胞释放的多种活性因子（M-CSF、IL-6、ODF 等）的作用下分化增殖、成熟为活跃的多核细胞，在与局部骨表面接触处伸出伪足，胞膜呈现褶皱，形成封闭的骨吸收区域，同时分泌溶酶体酶和酸性成分，溶解骨基质，增强骨吸收，所释放的骨钙和磷被吸收入血液。成骨细胞还可释放护骨素（OPG），阻断 RANKL 所促进的破骨细胞分化，有助于骨形成，但 PTH 可抑制 OPG 分泌。

M-CSF. 单核细胞集落因子；OPG. 护骨素；ODF. 破骨细胞分化因子（osteoclast differentiating factor，RANKL）

细胞等分泌多种细胞因子（如 M-CSF、IL-6 等）间接增强其活性。因此，如 PTH 分泌过多，可增强溶骨过程，甚至导致骨质疏松。

2. 调节肾小管钙磷转运　促进肾远曲小管和集合管重吸收 Ca^{2+} 是 PTH 升高血钙的关键作用之一。PTH 促进 Ca^{2+} 重吸收的作用需要活性维生素 D 依赖的钙结合蛋白 -D28k 的存在，后者与钙有很高的亲和性，可与钙结合以缓冲胞质中 Ca^{2+} 浓度的升高，有利于 Ca^{2+} 经肾小管上皮细胞管腔膜开放的钙通道进入细胞而被重吸收。因此，PTH 促进肾小管重吸收钙的作用需要活性维生素 D_3 的协同。

PTH 能抑制近端小管重吸收磷，使尿磷排泄增加，血磷降低。PTH 不仅减少 Na^+-Pi^{2-} 同向转运体（如 NPT2a）的表达，还能促进膜上该转运蛋白发生内化而被溶酶体所降解。PTH 在促进溶骨、释放骨钙和骨磷的同时，抑制肾重吸收磷以降低血磷，能有效避免血中形成不溶性钙磷化合物的沉淀，对机体有特定的保护意义。

PTH 对肾的另一重要作用是激活近端小管上皮细胞中 1α- 羟化酶的活性，使肝内生成的 25- 羟维生素 D_3 [25- (OH) D_3] 再次羟化成生物活性最强的活性维生素 D_3 [即 1,25- $(OH)_2 D_3$]，进而间接促进小肠吸收钙和磷。

（二）甲状旁腺激素分泌的调节

血钙水平是调节 PTH 分泌最主要、最敏感的因素。PTH 的分泌与血清游离 Ca^{2+} 水平呈负相关（图 11-18），对低血钙更敏感。血钙水平降至 7.0 mg/100 ml 以下时 PTH 分泌率最高，升至 10.5 mg/100 ml 以上时则最低。甲状旁腺主细胞膜的钙敏感受体（calcium-sensing receptor, CaSR）对血钙变化极敏感，血钙轻微下降 1min 内 PTH 分泌即可增加，进而作用于靶器官，迅速回升血钙。急性低钙血症在 1 h 内即能增加 PTH mRNA 的表达，持续性的低血钙可促进甲状旁腺增生。相反，高血钙不仅通过 CaSR 抑制 PTH 分泌，还抑制 *PTH* 基因转录，若持久作用甚至会导致甲状旁腺萎缩。血磷升高可直接促进 PTH 表达和分泌，也可通过降低血钙和活性维生素 D_3 水平，间接刺激 PTH 的分泌。低血磷还可抑制甲状旁腺细胞增殖。

活性维生素 D_3 在很多方面与 PTH 有协同作用，没有前者，PTH 不能有效发挥对骨和肾等靶器官的作用。但活性维生素 D_3 却能抑制 *PTH* 基因转录，也抑制甲状旁腺细胞的增殖，因此二者间可形成负反馈调节机制。

还有一些激素可影响 PTH 的分泌。皮质醇直接刺激 PTH 分泌，促进溶骨过程；生长激素、催乳素、肾上腺素、多巴胺、促胰液素等也有促 PTH 分泌的作用。α 受体激动剂和前列腺素 E（PGE）等则可抑制 PTH 分泌；雌激素可降低骨对 PTH 的反应性，减弱骨基质分解；成纤维细胞生长因子 -23（FGF-23）可直接作用于甲状旁腺，抑制 PTH 的合成与分泌。

二、活性维生素 D_3

（一）活性维生素 D_3 的合成、代谢与调节

活性维生素 D_3（calcitriol）即 1,25- 二羟维生素 D_3，属固醇类激素，是维生素 D_3（胆钙化醇，cholecalciferol）的主要活性形式，在体内主要储存于脂肪组织与骨骼肌。维生素 D_3 主要可从乳、鱼油、肝及蛋黄等动物性食物中获取，也可在紫外光作用下由皮肤中的 7- 脱氢胆固醇生成。因此，适度日照或户外活动是保证机体合成足量维生素 D_3 的重要途径。维生素 D_3 均需先经肝内 25- 羟化酶催化为 25- (OH) D_3，后者作为循环血中的主要形式，经转运至肾，在 1α- 羟化酶作用下进一步羟化合成 1,25- $(OH)_2 D_3$，即生物活性最强的维生素 D_3。血中的维生

素 D 主要与维生素 D 结合蛋白（vitamin D-binding protein，DBP）以及白蛋白结合，游离形式极少，如循环中游离的 25-（OH）D$_3$ 仅占其总量的 0.03%，游离的活性维生素 D$_3$ 仅占 0.4%。活性维生素 D$_3$ 在血中的半衰期为 6～8 h。

活性维生素 D$_3$ 的合成受多种因素的直接与间接调控。PTH 刺激肾近端小管细胞合成 1α-羟化酶，促进 25-（OH）D$_3$ 合成为活性维生素 D$_3$；低血磷、低血钙也具有同样的效应，但作用机制不同，低血磷可能是直接刺激活性维生素 D$_3$ 合成，而低血钙间接经 PTH 发挥作用。活性维生素 D$_3$ 可经其核受体——维生素 D 受体（VDR）抑制 1α-羟化酶基因转录或酶活性，减少活性维生素 D$_3$ 的合成；高血钙也是钙三醇合成的抑制因素，存在自我反馈调节机制。此外，雌激素与雄激素可增强 1α-羟化酶活性，促进活性维生素 D$_3$ 的合成，催乳素及生长激素也有促进作用；FGF-23 与降钙素等则通过抑制 1α-羟化酶，减少活性维生素 D$_3$ 的合成，以防出现维生素 D 中毒。

（二）活性维生素 D$_3$ 的作用

活性维生素 D$_3$ 既能升高血钙和血磷，又能促进骨钙沉积。活性维生素 D$_3$ 的靶器官是小肠、骨和肾，通过作用于靶细胞核内维生素 D 受体（VDR）调控其靶基因转录，最显著的生理效应是促进小肠吸收钙和磷，并为成骨提供矿化环境。维生素 D 缺乏可导致儿童佝偻病和成人骨软化症及骨质疏松症。

1. 促进小肠吸收钙和磷　活性维生素 D$_3$ 最主要的靶器官是小肠。活性维生素 D$_3$ 可诱导肠上皮细胞几种钙通道（如 TRPV5、TRPV6）、钙结合蛋白（calbindin）、钙泵以及 Na-Pi 同向转运体（如 NPT2b）等转运蛋白的表达，从而促进小肠吸收钙和磷。如对于 Ca^{2+} 的吸收，钙结合蛋白结合细胞内游离钙，保持较低的胞质游离钙浓度，有利于肠腔内 Ca^{2+} 经钙通道进入细胞，随之再经基膜侧的钙泵转运入血。活性维生素 D$_3$ 促进小肠吸收钙的效应在数分钟之内即可发生，提示其可能还存在非基因组调控机制。活性维生素 D$_3$ 也通过各种相关转运蛋白促进肾小管对钙和磷的重吸收。总之，活性维生素 D$_3$ 维护血钙与血磷水平的作用，不仅有助于骨骼矿化过程，也是有效防止血钙、血磷水平降低的关键调节机制。

2. 促进骨钙沉积　活性维生素 D$_3$ 对溶骨与成骨过程均有作用。血钙降低时，活性维生素 D$_3$ 与 PTH 协同作用，促进破骨细胞的成熟分化、数量增加，增强溶骨、释放钙、磷入血（直接作用）；也可通过促进小肠及肾小管吸收钙和磷，提高血钙与血磷水平，从而间接促进骨骼矿化（间接作用）。活性维生素 D$_3$ 还能刺激成骨细胞活动，分泌骨钙素（osteocalcin）及其他活性成分，促进骨盐沉积，加速骨矿化，增强骨形成。实验表明，对于维生素 D 缺乏动物用活性维生素 D$_3$ 替代治疗，其总效应是增加 Ca^{2+} 进入并沉积于骨。因此，在整体条件下，活性维生素 D$_3$ 对骨的主要影响是促进骨的钙磷沉积和矿化。

3. 其他作用　活性维生素 D$_3$ 抑制甲状旁腺细胞增殖、*PTH* 基因转录与 PTH 分泌。如果维生素 D 缺乏，可削弱活性维生素 D$_3$ 对 PTH 的抑制作用，导致继发性甲状旁腺功能亢进，从而增强溶骨作用，增加骨折发生的风险。骨骼肌也是活性维生素 D$_3$ 的靶器官。活性维生素 D$_3$ 不仅可诱导肌细胞合成多种蛋白质，促进肌细胞生长，还可经非基因组途径调节钙通道及钙代谢等。维生素 D 缺乏可引起肌力降低。

三、降钙素

人体的降钙素（calcitonin，CT）由分散在甲状腺中的滤泡旁细胞（即 C 细胞）分泌，为 32 肽激素，分子量 3500 Da。CT 的血浆半衰期约为 5 min，在肾和肝内被裂解失活。降钙素受

体属于 G 蛋白耦联受体，在破骨细胞、成骨细胞和肾小管上皮细胞都有表达，经 Gs、Gq 蛋白启动相应的信号转导途径，产生调节效应。

（一）降钙素的作用

降钙素的靶器官主要是骨和肾。CT 主要通过抑制破骨细胞的溶骨活动和肾小管钙、磷重吸收，从而降低血钙与血磷。

1. 抑制溶骨活动 CT 基因敲除实验表明，小鼠因缺乏 CT，骨形成速度成倍增加，并可对抗因切除卵巢所诱导的骨量丢失。CT 能直接而迅速地抑制破骨细胞的溶骨活动。实验中给予 CT 后数分钟，破骨细胞即回缩其伪足，皱褶缘范围缩小，与骨质骨吸收面接触的面积减小，从而减弱溶骨过程。5 min 内溶骨作用可减弱达 70%，1 h 后破骨细胞数量减少，活性降低。同时，成骨细胞活性增强，骨组织中钙、磷沉积增加，促进骨矿化，从而降低血钙、血磷水平。

2. 抑制肾重吸收钙和磷 CT 抑制肾小管重吸收钙、磷、镁、钠、钾及氯离子等，因此可增加这些离子从尿中的排出量。因此，CT 对肾的作用可导致血钙、血磷水平降低。

CT 与 PTH 在调节钙稳态方面相互抗衡，但二者的作用相比，PTH 升高血钙的作用似乎更强。一般情况下，CT 只对血钙水平产生短期调节作用，其效应很快会被强有力的 PTH 作用所抵消。研究表明，CT 对于成年人在生理方面所起的作用并不重要。因为成人切除甲状腺后对钙、磷和骨代谢并未造成明显影响；甲状腺髓样癌（甲状腺 C 细胞恶性肿瘤）患者虽有 CT 过度分泌，也并未对机体血钙、血磷稳态造成明显影响。尽管如此，CT 在临床应用仍有其特殊的意义：①由于其迅速降血钙的效应，可用于各种高血钙危象的抢救；②治疗和预防骨质疏松、成骨不全等骨病，增加骨密度，减少骨折的发生；③甲状腺髓样癌、肺癌、支气管和肠道类癌等疾患都能生成更多的 CT，因此 CT 还可作为肿瘤标志物，为早期发现某些癌症提供参考；④在中毒性休克、胰腺炎、烧伤等严重疾患，CT 水平也会升高。

3. 其他作用 降钙素还参与免疫系统功能的调节。已发现淋巴细胞、巨噬细胞、自然杀伤细胞（NK 细胞）等分布有 CT 受体。CT 可抑制淋巴细胞的分化，抑制巨噬细胞的抗原提呈作用等。脑、肠等部位也都存在 CT 受体，如在脑内 CT 可参与镇痛机制。

降钙素基因相关肽（calcitonin gene-related peptide，CGRP）与 CT 来源于同一基因，作为神经递质广泛参与机体多种调节机制，具有强烈的扩张血管作用。

（二）降钙素分泌的调节

降钙素的分泌主要受血 Ca^{2+} 水平的调节（图 11-18）。甲状腺 C 细胞具有与甲状旁腺细胞相同的钙敏感受体（CaSR），可感受其周围钙离子浓度的变化。当血钙升高时，CT 分泌增加；

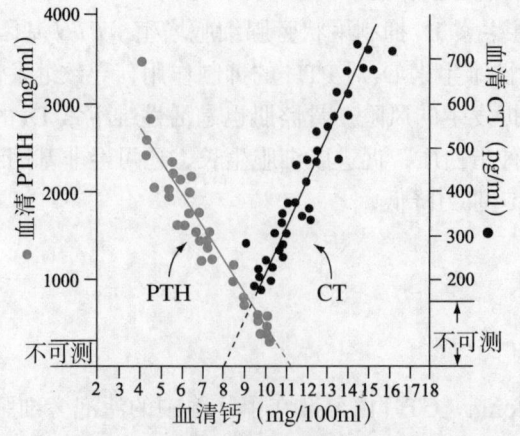

图 11-18　血钙水平对甲状旁腺激素及降钙素分泌水平的影响

血钙降低时，则 CT 停止分泌。此外，进食和一些胃肠激素如促胃液素、促胰液素、胰高血糖素等都有促进 CT 分泌的作用，对于餐后调节高血钙具有一定意义。CGRP 也是 CT 的促分泌因素。

骨代谢与血钙、血磷稳态的调节十分复杂，涉及因素众多，特别是上述几种激素间的关系参差错综，相互影响和制约。除了 GH、TH 等经典激素外，成纤维细胞生长因子（如 FGF-23）在这些方面也起调节作用。

四、成纤维细胞生长因子 -23

成纤维细胞生长因子 -23（fibroblast growth factor-23，FGF-23）是一种参与血磷代谢的细胞因子，含 251 个氨基酸，分子量为 32 kDa。FGF-23 主要由骨原细胞和成骨细胞产生和分泌。FGF-23 蛋白 N 端片段具有成纤维细胞生长因子受体（FGFR）结合位点，C 端片段具有 Klotho 蛋白的结合位点。FGF-23 通过 Klotho 发挥钙磷代谢调节作用。FGF-23 被认为是正常生理状态下调节机体磷稳态的重要激素，通过增加尿磷，防止血磷过高，也被称为排磷素（phosphatonin）。

Klotho 蛋白是 FGF-23 介导受体活化所必需的辅助因子，可大大增加 FGF-23 与 FGFR 的亲和力。Klotho 蛋白包括 α-Klotho 蛋白、β-Klotho 蛋白和 γ-Klotho 蛋白 3 种亚型。α-Klotho 蛋白主要在肾远曲小管、脑脉络膜及甲状旁腺表达。

FGF23-Klotho 轴是血磷代谢的重要调节剂：①FGF-23 抑制近端肾小管刷状缘钠磷协同转运蛋白（sodium-phosphate cotransporter proteins，NaPi）NaPi-2a 和 NaPi-2c 的表达，减少肾对磷的重吸收；②FGF-23 抑制肠道上皮细胞刷状缘 NaPi-2b 的表达及抑制活性维生素 D 的合成，减少肠道对磷的重吸收；③FGF-23 减少 PTH 的合成与分泌，间接影响 NaPi 的活性，导致尿磷排泄增加。

FGF23-Klotho 轴还调控 1,25（OH）$_2$D$_3$ 的代谢：①下调 1-α 羟化酶基因的表达，抑制 25（OH）D$_3$ 转化为 1,25（OH）$_2$D$_3$；②上调编码 24 - 羟化酶基因的表达，促进 1,25（OH）$_2$D$_3$ 的分解；③促进甲状旁腺细胞表达 1-α 羟化酶，增加 1,25（OH）$_2$D$_3$ 的合成，降低 PTH 水平。

调节钙磷代谢激素的作用见图 11-19。

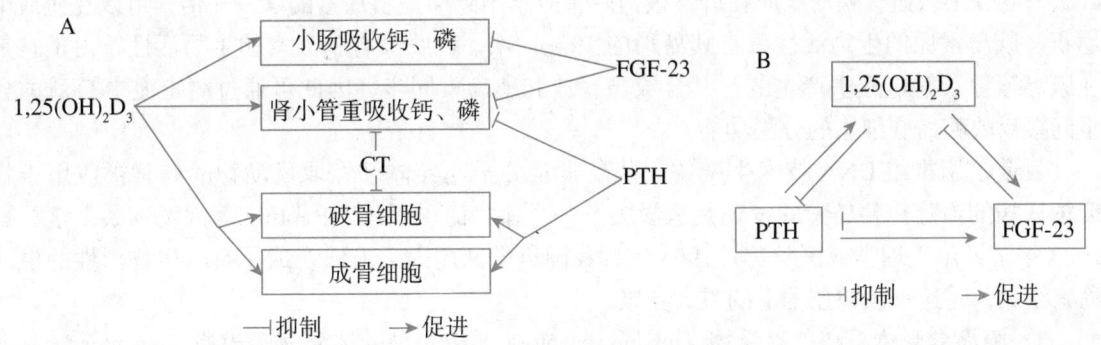

图 11-19　调节钙磷代谢激素的作用

A. 甲状旁腺激素（PTH）抑制肾小管重吸收钙、磷，促进破骨细胞的溶骨作用，升血钙、降血磷。1,25（OH）$_2$D$_3$ 主要通过促进小肠对钙和磷的吸收和肾小管对钙 - 磷的重吸收，升高血钙和血磷；还可促进骨的钙磷沉积。降钙素抑制破骨细胞的溶骨作用和肾小管对钙、磷的重吸收，降低血钙和血磷。FGF-23 抑制小肠吸收钙、磷和肾小管对钙和磷的重吸收，降低血钙和血磷。B. 甲状旁腺激素（PTH）、FGF-23 和 1,25（OH）$_2$D$_3$ 激素间的相互作用。1,25（OH）$_2$D$_3$ 和 FGF-23 抑制 PTH 分泌；PTH 促进 1,25（OH）$_2$D$_3$ 和 FGF-23 分泌；FGF-23 抑制 1,25（OH）$_2$D$_3$ 分泌；1,25（OH）$_2$D$_3$ 促进 FGF-23 分泌

（于　航）

第五节 胰岛内分泌

胰岛是胰腺的内分泌部,由 70 万~ 100 万个呈小岛状散在分布于胰外分泌部腺体之间的内分泌细胞团(郎格罕小岛)组成。胰岛血液供应丰富,接收 10% ~ 15% 的胰腺血流量。胰岛中至少有 4 种内分泌细胞,这些细胞在胰腺中不均匀分布。① β(B)细胞数量最多,占胰岛细胞总数的 60% ~ 75%,主要分泌胰岛素(insulin),还可分泌一些其他蛋白质或小分子物质,如胰淀粉素(amylin)、锌、ATP 和 γ- 氨基丁酸(GABA);② α(A)细胞约占胰岛细胞总数的 20%,分泌胰高血糖素(glucagon);③ δ(D)细胞数量约占 5%,分泌生长抑素(somatostatin);④ γ 细胞(PP 细胞),或称 upsilon(F)细胞,数量很少,主要分布于胰头后部,分泌胰多肽(pancreatic polypeptide)。此外,胰岛中还发现有可以分泌 ghrelin 的 ε 细胞(epsilon cells,ε-cells)。

一、胰岛素

(一)胰岛素的作用机制

1. 胰岛素 人胰岛素(insulin)是一个由 51 个氨基酸残基组成的蛋白质激素,分子量为 5808 Da。胰岛素分子由 A 链(21 肽)与 B 链(30 肽)组成,两条链由两个二硫键连接,如果二硫键断开,则胰岛素失去活性。A 链的 6 位和 11 位氨基酸残基也有一个链内的二硫键连接。人胰岛素基因位于 11 号染色体短臂,胰岛素基因编码前胰岛素原(preproinsulin)。前胰岛素原在 β 细胞内合成后在内质网被裂解成胰岛素原(proinsulin),后者再被运送到高尔基体被装配成包被有网格蛋白的分泌颗粒,分泌颗粒成熟后脱去网格蛋白。在此过程中,胰岛素原经剪切后生成胰岛素和一个 31 个氨基酸的连接肽(connecting peptide,称为 C 肽),一起被包装到分泌颗粒中。

胰岛素的释放是通过其分泌颗粒的胞吐作用进行的。内源性胰岛素主要在肝、肾降解,在血液循环中的半衰期为 5 ~ 8 min。胰岛 β 细胞产生的少量胰岛素原不被裂解,可与胰岛素、C 肽一起分泌入血,胰岛素原在肝不被清除,故其半衰期是胰岛素的 3 ~ 4 倍,可以在血液中累积,胰岛素原的生物活性只有胰岛素的 7% ~ 8%。C 肽没有胰岛素的生物活性,由于它是在胰岛素原裂解过程中产生的,其合成与释放和胰岛素同步,因此可通过测定血中 C 肽的含量间接反映胰岛 β 细胞的分泌功能。

目前,用重组 DNA 技术生产的人胰岛素及分子变异体已经取代动物胰岛素被应用于临床糖尿病的治疗。胰岛素的发现是医学史上一个伟大的里程碑,Banting 等因发现胰岛素获得 1923 年诺贝尔生理学或医学奖。1965 年,我国科学家用人工方法合成了具有生物活性的牛胰岛素结晶,是这一领域技术上的重大突破。

2. 胰岛素受体 胰岛素受体(insulin receptor,InsR)是受体酪氨酸激酶(receptor tyrosine kinase,RTK)家族成员。细胞膜上的 InsR 是杂聚体,由两种蛋白亚基——α 与 β 亚基通过二硫键连接成 $\alpha_2\beta_2$ 异四聚体跨膜蛋白:① α 亚单位位于细胞膜外,是与胰岛素结合的部位;② β 亚单位分为 3 个结构域:N 末端的 194 个氨基酸残基为膜外结构域;C 末端的膜内结构域具有酪氨酸激酶活性的片段;中间的 23 个氨基酸残基则组成跨膜结构域。不同组织细胞胰岛素受体的数量存在差异,如在肝细胞和脂肪细胞可有 $(2 \sim 3) \times 10^5$ 个受体,在红细胞仅有几十个,这决定了不同组织细胞对胰岛素敏感性的差异。胰岛素受体具有高度特异性和亲和力,可结合皮摩尔（pmol）级的胰岛素。

3. 胰岛素的作用机制 胰岛素通过与胰岛素受体（InsR）结合后发挥作用（图11-20）。胰岛素与受体的结合诱导亚基的交叉磷酸化，进而导致多种其他细胞内酶的磷酸化，其中包括一组被称为胰岛素受体底物（insulin receptor substrates，IRS）的酶。不同类型的IRS（IRS-1、IRS-2、IRS-3和IRS-4）在不同组织中表达。经过IRS下游信号途径，如磷酸肌醇3激酶（phosphoinositide 3-kinase，PI3-K）、丝裂原激活蛋白激酶（mitogen-activated protein kinases，MAPK）等途径经逐级信号转导，可以引发蛋白激酶、磷酸酶的级联反应，其最终效应是激活其中的一些酶，同时使其他酶失活，从而引起多种生物学效应，包括葡萄糖转运，糖原、脂肪及蛋白质的合成以及一些基因的转录和表达。通过这种方式，胰岛素实现对细胞内糖、脂肪和蛋白质代谢的调节。

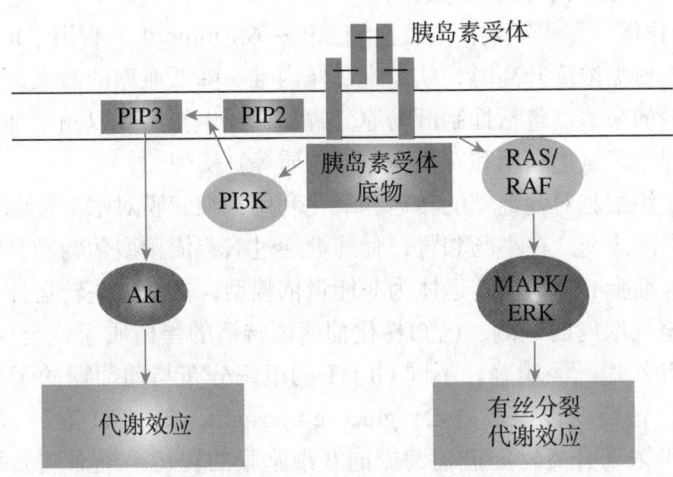

图11-20 胰岛素受体信号通路

InsR激活后的主要效应包括：①胰岛素与其膜受体结合后几秒钟内，约80%的细胞膜对葡萄糖的摄取显著增加，尤其是肌肉细胞和脂肪细胞，但对于脑内的大多数神经元来说，葡萄糖转运并不增加；②细胞膜对许多氨基酸、钾离子和磷酸根离子的通透性增强，导致这些物质向细胞内的转运增加；③在接下来的10~15 min内会发生较慢的影响，包括细胞内一些受磷酸化状态调节的代谢酶的活性水平的改变；④慢性影响则可持续发生数小时甚至几天，这是由于核糖体上信使RNA翻译成新蛋白质的速率发生了变化。

胰岛素对代谢的大部分作用与蛋白激酶Akt的活化有关。Akt蛋白激酶信号通路的激活在对胰岛素敏感的细胞特别是肝细胞、骨骼肌和脂肪细胞的代谢调节中发挥重要作用，包括：①葡萄糖转运体-4（glucose transporter-4，GLUT-4）胞内囊泡移位到细胞膜，从而允许葡萄糖跨细胞膜转运进入骨骼肌细胞和脂肪细胞内。②通过蛋白磷酸酶的活化，进而调节所有胰岛素靶细胞中的多种代谢酶的活性。③激活雷帕霉素复合物1（mTORC1）的蛋白质复合物，促进蛋白质合成并可抑制胰岛素靶细胞中蛋白酶体介导的蛋白质降解（proteosomal-mediated protein degradation）。④转录因子甾醇反应元件结合蛋白1（sterol response element binding protein 1，SREBP1）的活化。SREBP1对胰岛素在肝中发挥作用尤其重要，它可协调糖酵解和脂肪从头生成（de novo lipogenesis，DNL），可以将过量摄入的葡萄糖和果糖生成磷脂、脂肪酸和甘油三酯。InsR/Akt信号通过激活mTORC1直接和间接刺激SREBP1，从而激活SREBP1。SREBP1可诱导催化磷酸戊糖途径（pentose phosphate pathway，PPP）反应的酶，通过该反应产生DNL所需的辅酶NADPH。⑤转录因子FOXO1失活，从而调控编码糖异生的酶和参与肝VLDL组装的蛋白质的基因表达。

胰岛素结合 InsR 后，还通过 Ras/Raf/丝裂原活化蛋白激酶（Ras/Raf/MAPK）途径促进靶细胞的增殖。MAPK 途径的激活也参与了胰岛素对一些代谢过程的调节作用。

胰岛素受体介导的信号转导中多个环节障碍均可能导致胰岛素抵抗（insulin resistance）的发生。目前认为，胰岛素抵抗是导致 2 型糖尿病、高血压和高血脂等疾病发生发展的重要原因之一。但是，在多数情况下，胰岛素受体本身并不一定是胰岛素敏感性的决定因素，临床上 2 型糖尿病胰岛素抵抗通常是胰岛素信号转导途径中的信号蛋白遗传变异、功能变化所致。

（二）胰岛素的生物学作用

胰岛素的作用多样，不仅是促进物质合成代谢、维持血糖水平的关键激素，还影响生长发育和电解质平衡，也是参与能量平衡调节的重要激素。胰岛素作用的靶组织主要是肝、肌肉和脂肪组织，这些组织又称为胰岛素敏感组织。

1. 对糖代谢的作用 在成年人，空腹血糖 3.9 ~ 6.1 mmol/L、餐后 2 h 血糖 < 7.8 mmol/L 为正常血糖浓度。当血糖浓度升高时，胰岛素是体内唯一降低血糖的激素。胰岛素的降糖作用主要是通过减少血糖的来源（包括抑制肝糖原分解和糖异生作用）以及增加血糖的去路（包括促进糖原合成、外周组织氧化利用和转化为非糖物质等）实现的。

（1）促进外周组织细胞对葡萄糖的转运和氧化利用：细胞膜对水溶性葡萄糖分子并不直接通透，需要载体蛋白的协助。在小肠和肾，葡萄糖通过 Na^+ 依赖型葡萄糖共转运体进行继发性主动转运，而在其他细胞的葡萄糖转运体为非能量依赖型，借助这些转运体可以使葡萄糖从高浓度一侧易化扩散至低浓度的一侧。已知易化葡萄糖转运的蛋白质家族至少有 13 个成员，其中一些成员的性质和作用已经明确，不同 GLUT 的组织分布与葡萄糖的亲和力及转运机制存在一定差异。其中，葡萄糖转运蛋白 -2（glucose transporter 2，GLUT-2）是胰岛 β 细胞膜上的转运蛋白，在血糖浓度升高时促进葡萄糖向 β 细胞膜的转运，继而刺激胰岛素释放（见后文）；GLUT-4 是位于骨骼肌和脂肪细胞膜上的转运蛋白，是唯一受胰岛素调控的葡萄糖转运体，在胰岛素作用下介导葡萄糖的跨细胞膜转运（图 11-21）。在胰岛素的作用下，GLUT-4 从胞质内的囊泡转位到细胞膜，进而将葡萄糖由胞外转运到胞质内，促进细胞摄取葡萄糖，供组织细胞利用。胰岛素不仅能够增加 GLUT4 向细胞膜转位，从而增加葡萄糖向细胞内的转运，也可通过激活 PI3K 途径使靶细胞内的 GLUT-4 数目增加，进一步增加细胞对葡萄糖的转运能力。

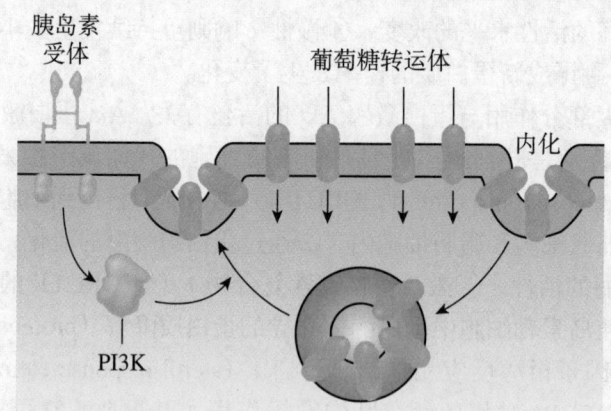

图 11-21 GLUT-4 介导葡萄糖跨膜转运

胰岛素受体（InsR）的激活导致磷脂酰肌醇 3 激酶（PI3K）的活化，其加速细胞内含有 GLUT-4 的内吞体（endosome）易位到细胞膜上，介导葡萄糖转运到细胞中。GLUT-4 平时存在于胞内的囊泡上，只有在餐后胰岛素的信号作用下才转位到细胞表面，以易化扩散的方式将葡萄糖转运至这些细胞内储存起来。葡萄糖进入肌肉和脂肪组织细胞的转运是葡萄糖代谢的限速步骤。

葡萄糖氧化是机体内细胞能量的主要来源。胰岛素可促进外周组织细胞对葡萄糖的氧化利用，例如，胰岛素通过提高葡萄糖激酶、磷酸果糖激酶和丙酮酸激酶等关键酶的活性，加速葡萄糖在细胞中的氧化以及生成 ATP，提供组织需要的能量。

（2）促进糖原的合成、抑制糖原分解：肌糖原和肝糖原是机体最重要的糖原形式。血糖升高时，胰岛素可通过促进糖原合成、抑制糖原分解来维持血糖的稳定。胰岛素也能通过增加肝糖原合成酶的活性，促进肝糖原合成，以及抑制磷酸化酶活性，阻止肝糖原分解。

（3）抑制糖异生：糖异生的主要前体物质是乳酸、丙酮酸、甘油及生糖氨基酸等非糖物质。肝是糖异生的主要器官，也是胰岛素发挥作用的主要靶器官之一。当血糖升高时，胰岛素能抑制糖异生途径中葡糖 -6- 磷酸酶、果糖 -1,6- 二磷酸酶等关键酶的活性，从而减少糖异生的前体物质通过糖异生途径转化生成葡萄糖。

2. 对脂肪代谢的作用　一方面，胰岛素可促进脂肪的合成与储存。在脂肪组织，胰岛素同样通过影响 GLUT-4 的转位从而促进葡萄糖转运到脂肪细胞内，使脂肪细胞内 α- 磷酸甘油增多，游离脂肪酸酯化，生成甘油三酯；当肝糖原储存饱和时，进入肝细胞内过多的葡萄糖就会转化为脂肪酸，再生成甘油三酯。生成的甘油三酯被装载于极低密度脂蛋白（VLDL），经血液运输至脂肪组织储存。另一方面，胰岛素通过抑制细胞内激素敏感性脂肪酶（hormone sensitive triglyceride lipase，HSL）的活性，从而抑制脂肪组织细胞内甘油三酯的脂解；增加大多数组织对葡萄糖的利用，从而减少组织对脂肪的利用。胰岛素缺乏可导致脂肪代谢紊乱，由于脂肪分解加强，大量脂肪酸在肝内氧化生成酮体（ketone body）。在糖尿病患者，严重时可出现糖尿病酮症酸中毒（diabetic ketoacidosis，DKA），常因感染、手术、外伤或停用胰岛素及各种应激状态使拮抗胰岛素的激素分泌增加而诱发，甚至可导致昏迷。

3. 对蛋白质代谢的作用　胰岛素可加强氨基酸向细胞内的转运，为蛋白质的合成提供原料；加速细胞核内 DNA 的复制和转录，促进 mRNA 的翻译过程，增加蛋白质合成。另外，胰岛素还能抑制蛋白质的分解，阻止氨基酸转化成糖，抑制肝内糖异生。胰岛素缺乏可导致蛋白质分解增强，呈负氮平衡。

糖尿病（diabetes mellitus）患者因血糖升高后的渗透性利尿可引起多尿、多饮，并且由于葡萄糖、脂肪、蛋白质代谢的紊乱，出现疲乏无力等症状，身体可出现消瘦。

4. 对生长的作用　由于胰岛素是蛋白质合成过程所必需的激素之一，与机体的生长密切相关。胰岛素与生长激素对生长的影响表现为协同作用。胰岛素单独作用时，对生长的促进作用并不很强，只有在与生长激素共同作用时，才能发挥明显的促生长效应。

　知识拓展

胰岛素与 K^+

胰岛素可刺激 K^+ 进入细胞，从而降低细胞外 K^+ 浓度。输注胰岛素和葡萄糖可显著降低正常个体的血浆 K^+ 水平，并且对于肾衰竭患者高钾血症的暂时缓解非常有效。当糖尿病性酸中毒患者接受胰岛素治疗时，通常会发生低钾血症。胰岛素使 K^+ 向细胞内迁移的原因还不完全清楚，可能与胰岛素增加了细胞膜中 Na^+-K^+-ATP 酶的活性，使更多的 K^+ 被泵入细胞有关。

5. 对能量平衡的调节作用　胰岛素是已知调节机体能量平衡的重要激素。当脂肪合成增加到一定程度时，脂肪组织可产生瘦素（leptin），刺激胰岛素分泌。二者可与其他有关的调制

物共同作用于中枢神经系统，产生多种调节效应。胰岛素不仅通过下丘脑抑制摄食活动，还可通过提高交感神经系统的兴奋性，增强能量代谢率，提高器官活动水平，提高体温等方式，消耗多余的能量，维护整体能量平衡。

（三）胰岛素分泌与调节

正常成年人空腹基础血浆胰岛素浓度为 5～20 mU/L（35～145 pmol/L），进餐后约 1 h 可上升至基础值的 5～10 倍。胰岛素的分泌受到食物营养成分、多种内分泌激素、神经递质等多种因素的共同调节（表 11-5），这使得胰岛素的数量、动力学与机体的需求相匹配。

表 11-5　胰岛素分泌的生理刺激物和生理抑制物

生理刺激物	生理抑制物
营养成分 　葡萄糖、氨基酸、游离脂肪酸（>12C）、酮类	
胃肠激素 　胰高血糖素样肽 -1-（7-36）酰胺、抑胃肽、促胃液素、促胰液素、CCK、胰高血糖素、垂体腺苷酸环化酶激活肽	胃肠激素 　生长抑素 　Ghrelin
神经递质 　乙酰胆碱 　肾上腺素（通过 β_2 受体）	神经递质 　肾上腺素（通过 α_2 受体） 　去甲肾上腺素（通过 α_2 受体） 　NPY

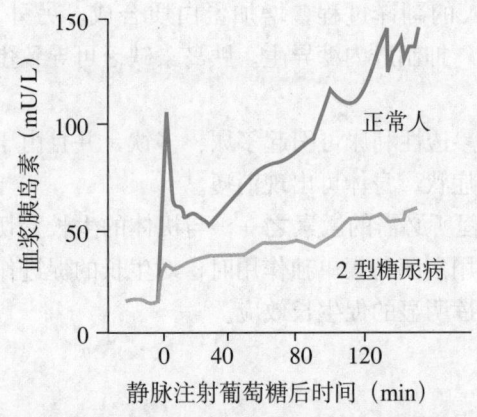

图 11-22　人胰岛 β 细胞分泌胰岛素的两个时相

1. 葡萄糖刺激胰岛素分泌的机制　食物中的营养成分，如葡萄糖、氨基酸、游离脂肪酸（>12C）、酮类等均可刺激胰岛素分泌，其中，血中的葡萄糖是调节胰岛素分泌的最重要的生理因素。葡萄糖可以直接刺激胰岛 β 细胞分泌胰岛素。血糖升高刺激的胰岛素分泌呈现双相（biphasic）分泌（图 11-22）：最初 5 min 内，血浆中胰岛素水平迅速增加约 10 倍，5～10 min 后下降 50%，为 Ⅰ 相；15 min 后，血浆中胰岛素水平再度升高，在 2～3 h 达高峰，可持续较长时间，为 Ⅱ 相。

葡萄糖刺激胰岛 β 细胞分泌胰岛素的机制主要与细胞内 ATP/ADP 比率变化有关（图 11-23）：血糖升高时，葡萄糖经胰岛 β 细胞膜上的 GLUT-2 转运进入细胞内，被细胞内葡糖激酶（glucokinase，GK）磷酸化为葡糖 -6- 磷酸，葡糖 -6- 磷酸进一步氧化生成丙酮酸，后者进入线粒体内通过三羧酸循环代谢生成 H_2O 和 CO_2，产生 ATP，同时 ADP 减少，使胞质内 ATP/ADP 的比率升高，这种 ATP/ADP 比率升高可引起 β 细胞膜上的 ATP 敏感 K^+ 通道（ATP-sensitive K^+ channels，K_{ATP} 通道）关闭，K^+ 外流减少，当这种 K_{ATP} 通道关闭导致的 β 细胞膜去极化一旦达到阈电位水平时，细胞膜上的电压依赖性 Ca^{2+} 通道（主要是 L 型）开放，Ca^{2+} 内流即进入胞质。胞质内 Ca^{2+} 浓度升高继而触发胰岛素囊泡的出胞，胰岛素释放。这一机制也被描述为 K_{ATP} 通道依赖性胰岛素分泌或葡萄糖诱导的胰岛素分泌的触发通路（triggering pathway）。

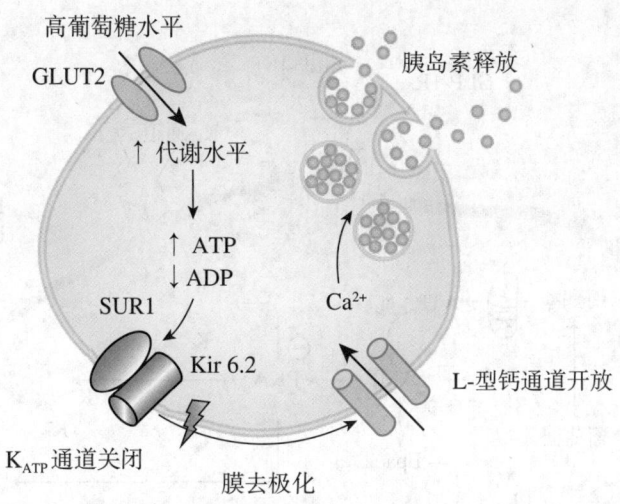

图 11-23 葡萄糖刺激 β 细胞分泌胰岛素机制模式图

除葡萄糖外，食物中蛋白质的消化产物氨基酸（如精氨酸、赖氨酸）可以协同葡萄糖刺激胰岛 β 细胞分泌胰岛素。氨基酸单独作用时只有轻微的刺激胰岛素分泌的作用，但当血糖和氨基酸水平均升高时，胰岛素的分泌成倍增加。氨基酸刺激的胰岛素分泌增加可加强氨基酸转运入组织细胞内并用于合成蛋白质，这有利于机体恰当地利用过多的氨基酸。血中脂肪酸和酮体大量增加时也可促进胰岛素分泌。长期高浓度的葡萄糖、氨基酸或脂质环境对胰岛 β 细胞具有毒性作用，可导致胰岛 β 细胞衰竭。

2. 胃肠激素的调节作用 研究发现，几种重要的胃肠激素——促胃液素、促胰液素、胆囊收缩素、胰高血糖素样肽 -1（glucagon-like peptide，GLP-1）和抑胃肽（gastric inhibitory peptide，GIP，又称葡萄糖依赖性促胰岛素肽，glucose-dependent insulinotropic peptide）都可以促进胰岛素分泌适度增加，其中以 GIP 和 GLP-1 的作用最显著，也被称为肠降糖素。与静脉输入葡萄糖相比较，口服等量葡萄糖能引起更为显著的胰岛素分泌。口服葡萄糖后的胰岛素分泌量达到静脉注射等量葡萄糖后的 2～3 倍，这种现象称为肠促胰岛素效应（incretin effect）。胃肠激素与胰岛素分泌之间的关系形成肠 - 胰岛轴（entero-insular axis）。人进食后，这些激素会在胃肠道中释放，其生理意义在于当食物尚在肠道内时即可前馈调节胰岛素的分泌，为从膳食中吸收葡萄糖和氨基酸做好准备。

胰高血糖素样肽 -1（glucagon-like peptide，GLP-1）是由小肠 L 细胞分泌的一种肠促胰岛素（incretin），由胰高血糖素原（proglucagon）基因表达形成（见后文）。GLP-1 分泌后在外周循环中可被二肽基肽酶 -4（dipeptidyl peptidase-4，DPP4）快速降解。

GLP-1 刺激胰岛素分泌的作用是通过与胰高血糖素样肽 -1 受体（glucagon-like peptide-1 receptor，GLP-1R）结合实现的。GLP-1R 属于 G 蛋白耦联的七次跨膜胰高血糖素受体家族，分布于脑、肺、胰外分泌腺、胰岛、胃、下丘脑、心脏、肠和肾等组织。GLP-1 与 GLP-1R 结合后，可通过升高胞质内的 cAMP 水平从而实现增强葡萄糖促胰岛素分泌的效应（图 11-24）。目前已知，cAMP 在 β 细胞内参与多条信号通路，激活蛋白激酶 A（PKA）是其主要效应通路。当 PKA 激活时，Ca^{2+} 经电压门控钙离子通道内流增加，胰岛素囊泡出胞增加。β 细胞胞质内 cAMP 的水平升高，还通过胞质 cAMP 结合蛋白（cAMP 调节的鸟苷酸交换因子，cAMP-GEF Ⅱ 或 Epac）通路增加胰岛素的分泌。Epac 通过促进 Ca^{2+} 从胞质钙储存池释放，从而升高 β 细胞胞质内 Ca^{2+} 浓度，使胰岛素分泌增加。

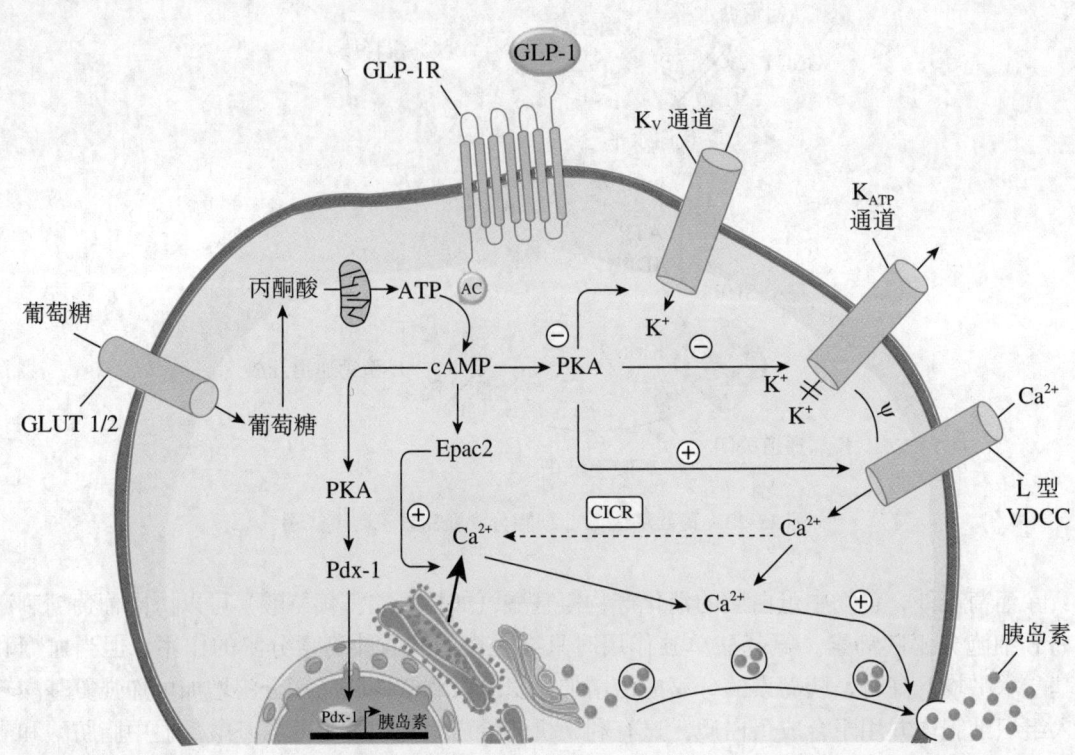

图 11-24 GLP-1 刺激 β 细胞胰岛素分泌示意图
GLUT1/2：葡萄糖转运蛋白 1/2；AC：腺苷酸环化酶；PKA：蛋白激酶 A；Epac2：cAMP 激活的交换蛋白；
Pdx-1：胰腺和十二指肠同源盒 1；CICR：钙诱导的钙释放

研究发现，GLP-1 还具有抑制胰高血糖素释放、抑制摄食和胃排空、促进胰岛 β 细胞增殖和分化、保护细胞免于凋亡等作用。在提高 2 型糖尿病患者 GLP-1 水平后，可观察到葡萄糖依赖性的促胰岛素分泌和抑制胰高血糖素分泌，并可恢复胰岛 α 细胞对葡萄糖的敏感性。短期使用 GLP-1 会引起饱腹感并减少食物摄入。研究还发现 GLP-1 可以显著改善糖耐量，小幅减轻体重。长期连续使用 GLP-1 可出现体重减轻。GLP-1 受体（GLP-1R）激动剂具有良好的抗糖尿病和抗肥胖作用；长效 GLP-1 类似物或 DPP4 抑制剂已用于治疗 2 型糖尿病和（或）肥胖症。

3. 其他激素的调节作用 在胰岛内同样存在旁分泌和自分泌调节，如胰岛 α 细胞分泌的胰高血糖素可通过旁分泌作用刺激 β 细胞分泌胰岛素，δ 细胞分泌的生长抑素可通过旁分泌作用抑制 β 细胞分泌胰岛素，胰岛素则对 β 细胞具有自分泌抑制效应。此外，生长激素、甲状腺激素、皮质醇等可通过升糖效应间接刺激胰岛素分泌。ghrelin 对胰岛素的分泌具有抑制作用。

4. 神经调节 神经调节对正常情况下的胰岛素分泌作用不大，主要维持胰岛 β 细胞对葡萄糖的敏感性。在一定条件下，迷走神经兴奋可促进胰岛素分泌，交感神经可抑制胰岛素分泌。

二、胰高血糖素

人胰高血糖素（glucagon）是由 29 个氨基酸残基组成的直链多肽，分子量 3485 Da，其中 N 末端第 1~6 位的氨基酸残基为其生物活性所必需。胰高血糖素基因位于 2 号染色体，主要在胰岛 α 细胞、小肠黏膜上皮 L- 细胞及下丘脑和脑干的一些神经细胞表达。胰高血糖素的前体——胰高血糖素原（proglucagon）是一个含 160 个氨基酸的多肽，在胰岛 α 细胞和小肠 L- 细胞，胰高血糖素原可进一步被酶解为不同的截短产物（图 11-25）。胰高血糖素是胰岛 α 细胞分泌产物中唯一具有生物活性的产物。在小肠，胰高血糖素原进一步生成肠高血糖素（glicentin）、胰高血糖素样肽 -1（glucagon-like peptide-1，GLP-1）和胰高血糖素样肽 -2（glucagon-like peptide-1，GLP-2），其中，内源截短型 GLP-1 在去掉 N 端 6 个氨基酸后主要形成两种天然结构形式：GLP-1（7-37）和 GLP-1-（7-36）NH_2，其中以 GLP-1-（7-36）NH_2 为主，约占 80%。GLP-1-（7-36）NH_2 是 β 细胞重要的刺激因子，已被认为是一种重要的生理性肠促胰岛素。GLP-1（7-37）和完整的 GLP-2 则不能刺激胰岛素分泌。胰高血糖素以 Ca^{2+} 介导的出胞方式释放，在血浆中以游离形式存在（不与血浆蛋白结合），胰高血糖素在血清中的浓度为 50 ~ 100 ng/L，在血中的半衰期为 5 ~ 10 min，主要在肝内降解，部分在肾内降解。正常人空腹血清胰高血糖素的抗原浓度为 50 ~ 100 ng/L，其中只有 30% ~ 40% 才是真正的胰高血糖素，其他则是可以与胰高血糖素起交叉免疫反应的大分子。

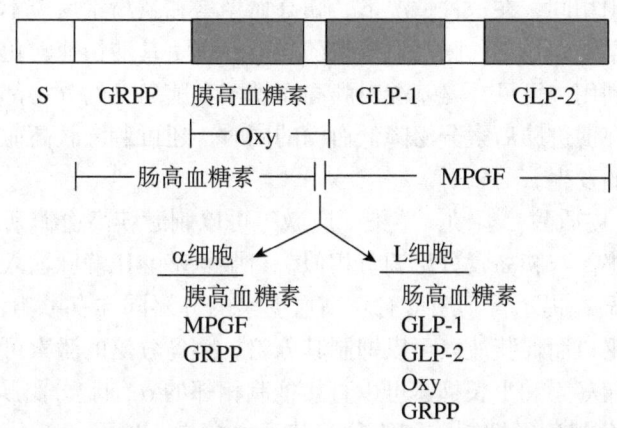

图 11-25　人胰高血糖素原的组织特异性分泌产物（或转录后加工）

S：信号肽；GRPP：肠高血糖素相关多肽（glicentin-related polypeptide）；GLP：胰高血糖素样肽；Oxy：胃泌酸调节素（oxyntomodulin）；MPGF：主要胰高血糖素原片段

（一）胰高血糖素的作用

胰高血糖素是调节肝葡萄糖产生和生酮作用的重要激素，可促进血糖的升高。1 μg 胰高血糖素即可使血糖浓度升高约 20 mg/100 ml。

胰高血糖素受体属于 G 蛋白耦联受体家族，在肝、胰腺 β 细胞、肾、脂肪组织、心脏和血管组织以及大脑、胃和肾上腺的某些区域表达。肝是胰高血糖素发挥升高血糖作用的主要靶器官，胰高血糖素受体介导其细胞效应。胰高血糖素与靶细胞上的 G 蛋白耦联受体（Gαs）结合，导致腺苷酸环化酶活化、cAMP 升高和蛋白激酶 A 活性增加，导致调控葡萄糖代谢的酶磷酸化，最终结果是通过增加糖异生和糖原分解来增加肝葡萄糖的产生。胰高血糖素还可以通过降低糖酵解关键酶磷酸果糖激酶和丙酮酸激酶的活性而减少糖的利用，促进脂肪酸的 β 氧化，抑制甘油三酯的合成，促进酮体的生成。因此，在胰高血糖素的作用下，肝储备的糖原分解，肝内氨基酸加速向葡萄糖转化，血糖升高；同时，肝内脂肪酸转化为酮体。此外，胰高血糖素与胰岛素另一相反的作用是可以抑制肾小管对 Na^+ 的重吸收，因此导致尿钠的排泄。胰高血糖素受体在肝以外组织中的作用尚不清楚。

胰高血糖素对胰岛内其他内分泌激素具有调节作用，可通过旁分泌促进胰岛 β 细胞分泌胰岛素、δ 细胞分泌生长抑素。

（二）胰高血糖素分泌的调节

1. 血糖和血氨基酸水平　血糖水平也是控制胰高血糖素分泌最重要的因素，血糖浓度对胰高血糖素分泌的影响与葡萄糖对胰岛素分泌的影响完全相反。低血糖时，胰高血糖素分泌增加，肝释放大量葡萄糖入血，使血糖升高；反之，血糖升高抑制胰高血糖素的分泌。血糖浓度超过 200 mg/dl 时，胰高血糖素的分泌受到最大限度抑制，而血糖浓度低于 50 mg/dl 时对胰高血糖素的抑制作用则消失。低血糖时胰高血糖素分泌增多，将促进肝释放大量葡萄糖入血。饥饿时，胰高血糖素分泌增加对维持血糖稳态以及保证脑的物质代谢和能量供应具有重要意义。高血糖促进胰岛 β 细胞分泌胰岛素的同时，也引起胰岛 β 细胞释放 GABA，后者通过作用于胰岛 α 细胞上的 $GABA_A$ 受体而抑制胰高血糖素的分泌。$GABA_A$ 受体是 Cl^- 通道，受体激活后 Cl^- 内流可导致胰岛 α 细胞膜超极化。

血中氨基酸水平上升同样可刺激胰高血糖素的分泌。进食蛋白餐和静脉输入氨基酸（特别是丙氨酸和精氨酸）在促进胰岛素分泌的同时也可以刺激胰高血糖素分泌。这与氨基酸在刺激胰岛素分泌方面的作用相同。在这种情况下，胰高血糖素和胰岛素反应不是相反的，氨基酸刺激胰高血糖素分泌的重要性在于，胰高血糖素随后可促进氨基酸快速转化为葡萄糖，从而使更多的葡萄糖可供组织利用。可见，氨基酸对胰高血糖素和胰岛素的分泌都具有刺激作用。血中氨基酸水平增加时，在促进胰岛素分泌降低血糖的同时，还可刺激胰高血糖素分泌而使血糖升高，从而防止低血糖的发生。

2. 激素的调节　皮质醇、运动、感染、应激等可以刺激胰高血糖素的分泌，生长抑素可以抑制胰高血糖素分泌。与胰岛素分泌调节相似，口服氨基酸比静脉输入氨基酸对胰高血糖素分泌的刺激作用更明显，提示胃肠激素对胰高血糖素的分泌同样有影响，CCK 和促胃液素可增加胰高血糖素的分泌，而促胰液素可以抑制其分泌。胰岛分泌的激素可通过旁分泌方式调节胰高血糖素的分泌。胰岛素和生长抑素可以直接抑制相邻的 α 细胞分泌胰高血糖素。β 细胞分泌的胰岛素可通过旁分泌途径抑制 α 细胞分泌胰高血糖素，这可能部分解释未经治疗的糖尿病患者血浆中胰高血糖素浓度相对更高的现象。生长抑素可抑制胰高血糖素的分泌。

3. 运动和其他因素的调节　运动可刺激胰高血糖素的分泌。在剧烈运动期间，血中胰高血糖素水平通常会增加 4～5 倍，其原因尚不清楚。胰高血糖素的一个有益作用是它可以防止血糖下降。运动期间可能增加胰高血糖素分泌的因素之一是循环氨基酸的增加。其他因素，如交感神经兴奋时，可通过激活 α 细胞膜上的 β 肾上腺素受体促进胰高血糖素的分泌。

（李　晨）

第六节　肾上腺皮质内分泌

肾上腺（adrenal gland）是重要的内分泌器官，早在 1856 年 Brown-Séquard 就通过对动物的肾上腺切除术证明了肾上腺是生命所必需的器官。两侧肾上腺紧靠同侧肾的上方，在发生上，肾上腺来源于神经组织和上皮（上皮样）组织。肾上腺是非常复杂的内分泌器官，可以生成两类结构和功能完全不同的激素。肾上腺的外侧部分是皮质，占总质量的 80%～90%，来自中胚层细胞，形成**上皮内分泌细胞**（epithelial endocrine cells），是皮质类固醇激素的主要来源，主要生成和分泌盐皮质激素、糖皮质激素和少量性激素。在皮质形成之后，**嗜铬细胞**（chromaffin cells）向皮质内部迁移形成内层区域的髓质，占肾上腺总质量的 10%～20%，主要生成儿茶酚胺类激素。肾上腺髓质的嗜铬细胞具有向交感节后神经元分化的潜能，受胆碱能节前神经元的支配。

一、肾上腺皮质激素及其合成与代谢

肾上腺皮质分三层条带：外层的球状带、中层的束状带和内层的网状带。肾上腺皮质的内分泌细胞可以合成和分泌糖皮质激素（皮质醇和皮质酮）、盐皮质激素（醛固酮和去氧皮质酮）和性激素（主要是雄激素）3 类类固醇激素（图 11-26）。所有的类固醇激素都衍生于由 3 个环己胺环和 1 个单环戊烷环形成的环戊烷多氢菲结构。皮质类固醇合成的大多数反应是由线粒体和内质网中的细胞色素 P450 酶所催化。由于球状带和内侧的束状带、网状带所含酶的种类差异，分别合成不同的皮质激素。球状带由于缺乏 17β- 羟化酶活性而不能合成皮质醇和肾上腺雄激素，而产生醛固酮，球状带合成醛固酮主要由肾素 - 血管紧张素系统调节。束状带和网状带产生皮质醇、雄激素和少量雌激素，其内分泌活动主要由 ACTH 调节，由于这两带的细胞不表达 *CYP11B2* 基因（编码 P450aldo），因此不能将 11- 脱氧皮质酮转化为醛固酮。最终的产物皮质类固醇及前体均不储存于细胞中，机体对皮质激素的急性需求可以快速激活皮质激素合成的起始控制步骤。

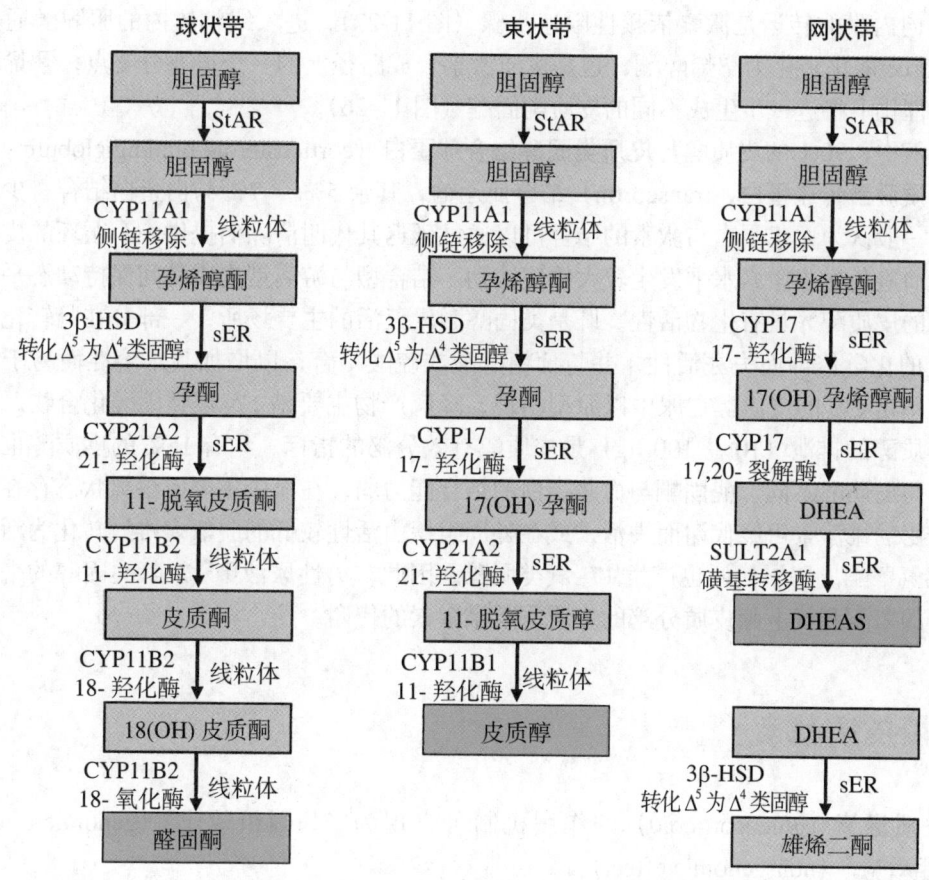

图 11-26　肾上腺皮质激素的主要合成途径

StAR：类固醇激素合成急性调节蛋白；sER：滑面内质网；DHEA：脱氢表雄酮；DHEAS：硫酸脱氢表雄酮

胆固醇是各种肾上腺皮质激素合成的共同前体，主要来源于血液中的低密度脂蛋白（LDL），同时也能利用 HDL。肾上腺皮质内分泌细胞通过肾上腺皮质细胞表面的受体摄取 LDL 和 HDL（图 11-27）。LDL 通过 LDL 受体（LDL receptor，LDLR）介导的细胞内吞作用

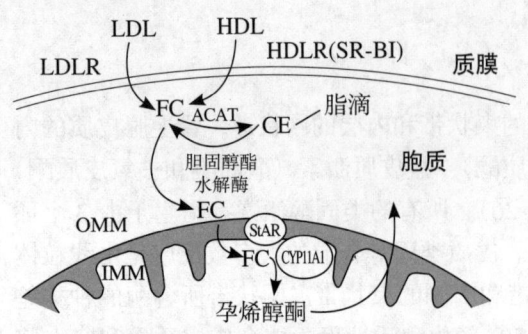

图 11-27　肾上腺皮质束状带细胞合成类固醇激素的起始关键步骤及调控

ACAT，乙酰辅酶 A：胆固醇酰基转移酶；CE，胆固醇酯；FC，游离胆固醇；HDLR（SR-BI），高密度脂蛋白受体（也称清道夫受体）；OMM，线粒体外膜；IMM，线粒体内膜；StAR，类固醇激素合成急性调节蛋白

进入胞内，进而使囊泡与溶酶体融合，水解释放出游离的胆固醇。由于此时胆固醇位于胞质中，而皮质激素合成通路的第一个酶——胆固醇侧链裂解酶（细胞色素 P450scc，CYP11A1）位于线粒体内膜，因此进入胞质的胆固醇必须先被转运到线粒体内。胆固醇从线粒体外膜向内膜转运需要**类固醇激素合成急性调节蛋白**（steroidogenic acute regulatory protein，StAR 蛋白）的参与。StAR 蛋白是一种 30 kD 的蛋白质，StAR 蛋白的生成在皮质激素合成过程中起重要起始调控作用。*StAR* 基因突变会造成先天性类脂性肾上腺增生，由于不能生成具有活性的 StAR，患者束状带细胞内胆固醇不能被用于合成固醇类激素，细胞内充满脂质。因此，在肾上腺皮质激素合成路径中，细胞内胆固醇从线粒体外膜向内膜的转运是激素依赖性限速步骤（图 11-27）。进入线粒体内的胆固醇通过细胞色素 P450scc 催化转化为孕烯醇酮，这是皮质激素合成路径上的一个重要分支点，孕烯醇酮在不同酶的催化下将进一步生成不同的皮质类固醇（图 11-26）。

在血液中，90% 的皮质醇与**皮质类固醇结合球蛋白**（corticosteroid binding globulin，CBG，也称为**皮质激素传递蛋白**，transcortin）结合而运输，其余 5%~7% 与白蛋白结合，少量是游离形式。一般认为血浆蛋白与激素的结合可以通过延迟其代谢清除而提供一个循环的皮质醇储存池，从而避免血中激素水平发生较大幅度波动。结合型与游离型皮质醇间保持动态平衡，但只有游离的皮质醇才具有生物活性。肝是类固醇激素灭活的主要场所，一部分在肾转化，皮质醇经广泛的化学修饰而失去活性，并与葡糖醛酸或硫酸结合，以增加其水溶性而易于经肾排泄，只有不足 1% 的皮质醇在尿中以原型出现，降解产物主要是 17-羟类固醇化合物。每天尿中少量皮质醇的排泄（10~100 μg）是皮质醇有效分泌的指标。约有 15% 的皮质醇也可从胆汁排出。与皮质醇不同，醛固酮与血浆蛋白的结合能力弱，在血中主要以游离状态存在。肾上腺皮质分泌的雄激素可经代谢而失活，或在外周组织由活性较低的脱氢表雄酮转化为活性高的睾酮和双氢睾酮。睾酮代谢也产生 17-氧类固醇。因此，男性尿液中 17-氧类固醇的来源包括睾丸分泌的睾酮和肾上腺皮质分泌的皮质酮及雄激素的代谢。

二、糖皮质激素

糖皮质激素（glucocorticoid）的作用机制可表现为"基因组效应"（genomic effect）和"非基因组效应"（non-genomic effect）。

糖皮质激素的"基因组效应"是指通过与其核受体 GRα 在胞质内结合，形成类固醇-受体复合物（steroid-receptor complex）进入细胞核内后，通过结合到其靶基因启动子区的特异 DNA 序列——**糖皮质激素应答元件**（glucocorticoid-response element，GRE），进而影响基因转录。**糖皮质激素受体**（glucocorticoid receptor，GR）是 *NR3C1* 基因的编码产物，属于甲状腺激素/类固醇激素受体转录因子（transcription factor）超家族。虽然 GR 由单一基因编码，但在体内可以通过差异剪接的方式产生 GRα 和 GRβ 两种**剪切变异体**（splice variants）。GR 剪切变异体的存在以及受体组织特异性的翻译后修饰，可能是导致糖皮质激素作用多样性的一个原因。

GRα 作为转录调节因子，其对靶基因表达的调节作用可以发生在转录水平和转录后水平，对大多数靶基因来说，糖皮质激素的调控作用以转录水平为主。糖皮质激素对靶基因的转录水平调控，可通过 GR 直接作用于靶基因 DNA，也可通过 GR 与其他转录因子（如 NF-κB 和 AP-1）相互作用而发挥转录调控作用。糖皮质激素对 TNF-α、GM-CSF 和环氧化酶等的调控则是通过影响 mRNA 稳定性等转录后水平的调控作用实现的。

糖皮质激素也可以表现出所谓的非基因组效应，这种作用是通过作用于糖皮质激素的细胞膜受体而实现的。

（一）糖皮质激素的作用

1. 对物质代谢的影响 糖皮质激素一方面通过增加糖异生底物来源，如刺激骨骼肌等周围组织释放氨基酸，另一方面可以刺激糖异生过程的关键酶，主要是葡糖-6-磷酸酶（glucose-6-phosphatase，G6Pase）和磷酸烯醇式丙酮酸羧激酶（phosphoenolpyruvate kinase，PEPCK）的活性而增加糖原合成。糖皮质激素与 GR 受体结合后可以直接作用于 PEPCK 基因启动子区上的糖皮质激素应答元件而诱导 PEPCK 基因转录，使 PEPCK 表达增加。糖皮质激素还可以激活靶组织脂解作用，促使游离脂肪酸释放，进入血液循环作为糖异生的原料。

糖皮质激素还具有抗胰岛素作用，抑制外周组织（心脏和脑组织除外）对葡萄糖的摄取和利用，在应激情况下，虽然糖皮质激素水平升高，但仍然能保证心、脑组织对葡萄糖的需求不受影响。在糖皮质激素的作用下，明显升高的血糖水平随之可以刺激胰岛素的分泌，但由于胰岛素抵抗的存在，胰岛素水平的升高往往不足以将血糖维持在正常水平，仍表现出明显的血糖升高以至出现糖尿，这种现象称为类固醇性糖尿或**肾上腺糖尿**（adrenal diabetes）。如果糖尿病已经存在，则皮质醇过量可能使糖尿病进一步恶化。

糖皮质激素可促进肝外组织（特别是肌肉组织）蛋白质分解，加快氨基酸动员，加速氨基酸转运至肝作为糖异生原料。因此，糖皮质激素过多时患者出现骨质疏松、肌肉及淋巴组织萎缩，皮肤变薄出现紫纹。

糖皮质激素既可以快速激活脂肪分解，也可以对脂肪代谢产生持久而缓慢的影响。糖皮质激素促进外周脂肪分解，增加脂肪酸和甘油三酯的释放，并促进脂肪酸在肝内氧化。糖皮质激素通过激活脂蛋白脂酶、甘油-3-磷酸脱氢酶和瘦素等基因的转录而刺激脂肪细胞分化，促进脂肪形成。糖皮质激素过多时对脂肪组织的长期效应比较复杂。在人体内糖皮质激素可增加内脏或中央脂肪组织的脂肪沉积，尤其是脂肪向心性地沉积在面部、颈部和躯干等部位（图 11-28），表现为"水牛背"和"满月脸"等库欣病的体征。发生这种**向心性肥胖**（central obesity）

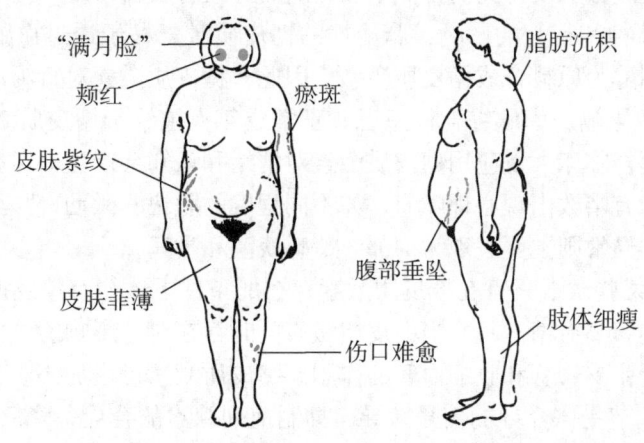

图 11-28 肾上腺糖皮质激素分泌过多患者体貌

的原因可能是由于相比较皮下脂肪组织，大网膜内糖皮质激素受体和 HSD11B1（该酶可将皮质酮转化为皮质醇）表达增加。

2. 对生长发育的影响　在儿童，过多的糖皮质激素可抑制 GH 的分泌，抑制骨骼纵向生长。糖皮质激素可以刺激肺多种类型细胞的分化，诱导Ⅱ型肺泡上皮细胞产生肺表面活性物质，促进肺表面活性物质蛋白（SP-A、B、C）的表达（详见第五章相关内容），有助于维持肺扩张。

3. 对器官系统功能的影响

（1）对血细胞的影响：糖皮质激素可通过影响骨髓造血增加外周血中血小板和红细胞数量，通过促进黏附在血管壁的中性粒细胞进入血液循环而增加循环血液中中性粒细胞的数量。由于红细胞数量增多，加之皮肤菲薄，因此糖皮质激素分泌增多时患者常有多血质外貌。糖皮质激素抑制淋巴细胞有丝分裂并促进淋巴细胞凋亡，可使淋巴结和胸腺萎缩，减少外周血中淋巴细胞的数目。糖皮质激素还可使嗜酸性粒细胞滞留于肺和脾，减少外周血中嗜酸性粒细胞的数量。糖皮质激素也可减少外周血中嗜碱性粒细胞的数量。

（2）对心血管系统的影响：糖皮质激素通过允许作用提高血管平滑肌对儿茶酚胺的敏感性，有助于维持血压。此外，糖皮质激素还可增加心肌和血管平滑肌上肾上腺素受体的数量，影响心血管功能。

（3）对胃肠道的影响：糖皮质激素促进胃酸和胃蛋白酶原的分泌，抑制胃黏液的分泌，因此过大剂量使用糖皮质激素或长时间应激刺激可能诱发胃溃疡。糖皮质激素对结肠的离子转运也有直接作用。

（4）对免疫系统的影响：糖皮质激素具有免疫调节作用，可以影响免疫细胞迁移，诱导淋巴细胞凋亡，调节炎症介质的生成，抑制炎症反应。这种效应可以发生在多个水平。应用糖皮质激素 4 h 后，周围淋巴细胞明显减少，其中 T 细胞的减少比 B 细胞更明显。糖皮质激素可导致淋巴细胞短暂性地重新分布，淋巴细胞由血管内向脾、淋巴结、骨髓迁移。相反，使用糖皮质激素治疗后血液中中性粒细胞数量增加。糖皮质激素可以直接影响 T、B 淋巴细胞，抑制免疫球蛋白的合成，通过抑制核因子-κB（NF-κB）抑制细胞因子的产生。糖皮质激素可通过促进血清和糖皮质类固醇调节性激酶活性，抑制粒细胞集落刺激因子所诱导的单核细胞增殖反应。糖皮质激素还可以抑制一些促炎细胞因子，如白细胞介素-1、白细胞介素-3～6、白细胞介素-8，以及肿瘤坏死因子、巨噬细胞集落刺激因子（M-CSF）等的生成而发挥抗炎作用。然而，糖皮质激素在抑制炎症的同时，也显著降低了机体的防御功能，可能导致感染扩散并阻碍伤口愈合。

（5）对骨的影响：糖皮质激素可抑制成骨细胞增殖分化，抑制成骨细胞活性，增加破骨细胞的数量，增加破骨细胞结合到骨表面的能力。糖皮质激素对甲状旁腺有直接作用，可显著增高血清 PTH 水平，减少肠道吸收钙，减少肾小管重吸收钙，增加钙的排泄。因此，过量使用糖皮质激素可使骨形成减少与肾钙的排泄增加，从而导致骨质疏松。

（6）对神经、精神和行为的影响：脂溶性的糖皮质激素易于透过血脑屏障，且中枢某些神经细胞还可以胆固醇为原料合成糖皮质激素，因此，糖皮质激素对行为活动、睡眠形式、认知、感觉等均可产生影响。库欣综合征患者或正常成年人被给予糖皮质激素或 ACTH 后，快眼动睡眠时相可缩短。临床大量应用糖皮质激素对情绪和认知会产生一定影响，自发性或医源性库欣综合征患者约有半数出现心理障碍，如不同程度的欣快、激动，甚至躁狂。肾上腺皮质功能低下患者的精神异常则主要表现为抑郁、情感淡漠和嗜睡。

4. 允许作用　某些激素只有在糖皮质激素存在的条件下才能有效发挥作用，表现为允许作用。如儿茶酚胺和胰高血糖素只有当糖皮质激素同时存在时才影响能量代谢。糖皮质激素还能加强儿茶酚胺的舒张支气管和收缩血管的作用。糖皮质激素可增加心肌和血管平滑肌上肾上腺素受体的数量，调节受体介导的信号转导，抑制前列腺素的合成，降低毛细血管的通透性。因此，糖皮质激素对维持正常血压是必需的。

5. 对水和电解质的影响 由于与盐皮质激素有交叉作用，糖皮质激素还具有一定的保钠、保水和排钾作用，但此作用仅为盐皮质激素（醛固酮）的 0.2%。由于糖皮质激素可抑制 AVP 的分泌，使肾小管对水的重吸收减少；另外能通过肾入球小动脉血流阻力的降低，增加肾小球滤过率，因此可以促进肾排水作用。当肾上腺皮质功能低下时，因 AVP 分泌增加及肾小球滤过率降低，可发生水的排泄障碍，导致肾上腺皮质功能低下的患者发生水中毒。

6. 参与应激 机体在遭遇一定程度的内、外环境因素及社会、心理因素的刺激时，如创伤、手术、中毒、缺氧、高温、寒冷、感染、攻击、愤怒、恐惧等，除能引起与刺激相关的特异性变化外，同时引起机体产生一系列与刺激性质无关的非特异适应性反应，包括激素分泌的改变（图 11-29），即发生**应激**（stress）。应激是机体在遭受有害刺激时所发生的适应性防御反应变化的总称。与应激有关的刺激因子称为**应激原**（stressor）。习惯上，从肾上腺皮质功能变化的角度来说，凡能引起腺垂体促肾上腺皮质激素（ACTH）分泌增加，从而导致肾上腺皮质激素分泌增多者，都称作应激，此时的机体处于应激状态。

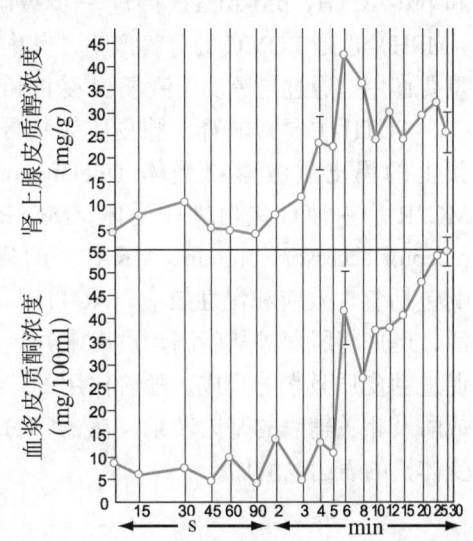

图 11-29　应激发生时肾上腺皮质激素的急剧分泌

应激原包含躯体或精神、心理等方面。当应激原不十分强烈，如饥饿、体育竞赛、考试等，且作用时间一般较短时，所引起的应激是机体的一种重要的防御适应反应，有利于调动机体潜能，又不至于对机体产生有害影响；但如果应激原作用强烈、持久，如休克、大面积烧伤等，应激除有一定防御代偿意义外，还将会引起机体创伤甚至导致应激性疾病。

应激反应发生时，糖皮质激素分泌增加具有多方面的代偿意义：①维持循环系统对儿茶酚胺的反应性，参与调节心血管活动；②促进脂肪动员；③促进蛋白质分解及糖异生，同时降低肌肉组织对胰岛素的敏感性而抑制外周组织对葡萄糖的利用，保证重要脏器的葡萄糖供应；④稳定细胞膜和溶酶体膜。

下丘脑-垂体-肾上腺皮质轴的反应侧重在加强机体对伤害性刺激的基础耐受力，而交感肾上腺髓质系统则侧重在提高机体的警觉性和应变能力，与应激中特殊的情绪反应和行为活动有关。鉴于此，一般将机体遭遇紧急情况时交感-肾上腺髓质系统功能的紧急动员过程称为"应急反应"，而将下丘脑-垂体-肾上腺皮质轴功能活动的改变称为"应激反应"。实际上，引起应急反应的各种刺激往往也是应激原，两种反应同时发生，共同提高机体的适应能力。

此外，研究发现，应激时血液中生长激素、催乳素、血管升压素、β-内啡肽、胰高血糖素及醛固酮的水平也会升高。

（二）糖皮质激素分泌的调节

肾上腺皮质合成和分泌糖皮质激素主要受下丘脑-垂体-肾上腺皮质轴的调节。下丘脑分泌的 CRH、垂体分泌的 ACTH 可促进糖皮质激素的合成，糖皮质激素也可以负反馈抑制下丘脑和垂体的分泌，从而维持糖皮质激素在血液中的水平。精神因素、低血糖、失血等应激刺激均可增加 ACTH 的释放。在来源于视交叉上核生物钟的控制下，CRH 的分泌表现为昼夜节律波动，清晨觉醒前分泌达高峰，随后降低，白天维持在较低水平，入睡后逐渐降低，午夜分泌水平最低，随后又逐渐升高。在 CRH 日节律影响下，ACTH 和糖皮质激素的分泌也具有相应的日节律波动。

1. 下丘脑 - 腺垂体 - 肾上腺皮质轴的调节

（1）促肾上腺皮质激素及其受体机制：腺垂体合成和分泌的促肾上腺皮质激素（ACTH）是刺激肾上腺合成和分泌糖皮质激素的主要激素。ACTH 是一种含 39 个氨基酸残基的多肽，其前体是含 241 个氨基酸残基的**阿黑皮素原**（pro-opiomelanocortin，POMC）。POMC 以组织特异性的方式被裂解为更小分子的肽类激素，在垂体可生成 β- 脂蛋白（β-lipoprotein，β-LPH）和 pro-ACTH，pro-ACTH 再进一步裂解生成 ACTH。促黑素细胞激素（α-MSH、β-MSH 和 γ-MSH）也是 POMC 的分解产物，其中 α-MSH 的产生可能在食欲控制和能量稳态的调节中有重要作用（通过与黑质激素 -4 受体相互作用）。

ACTH 主要影响肾上腺皮质束状带和网状带细胞。ACTH 通过与肾上腺皮质束状带细胞膜上的**黑皮质激素 -2 受体**（melanocortin-2 receptor，MC2R）结合而发挥作用（图 11-30）。MC2R 是一种 G 蛋白偶联受体。MC2R 需要在一种被称为 MC2R 辅助蛋白（melanocortin-2 receptor accessory protein，MRAP）的帮助下定位到细胞质膜并转导信号。ACTH 对细胞的影响包括急性效应和慢性效应。ACTH 与 MC2R 结合后，通过促进胆固醇酯水解酶翻译后的激活，迅速将胆固醇从脂滴动员出来并运送到线粒体外侧膜，同时增加 *StAR* 基因的表达，从而促进糖皮质激素的合成。随着作用的持续（几个小时之后），ACTH 还可以促进编码类固醇合成酶及相关辅酶的基因转录。在 ACTH 作用下，LDL 受体和清道夫受体 BI（SR-BI，即 HDL 受体）的表达也增加。

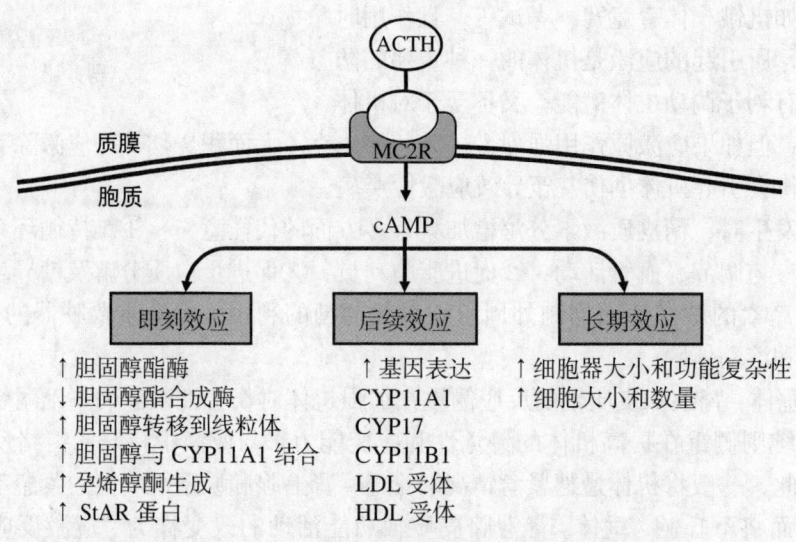

图 11-30 ACTH 对肾上腺糖皮质激素分泌细胞的作用

ACTH 与束状带细胞膜上的黑皮质激素 -2 受体结合发挥作用，表现为即刻效应、后续效应和长期效应

（2）促肾上腺皮质激素释放激素和血管升压素的调控：POMC 的合成和分泌受促肾上腺皮质激素释放激素（CRH）和精氨酸血管升压素（AVP）的调控。CRH 在下丘脑室旁核神经元内合成，是含 41 个氨基酸残基的多肽。CRH 分泌进入垂体门脉循环之后，与腺垂体促皮质激素细胞上特异的 1 型 CRH 受体（CRH receptor type 1）结合，通过激活腺苷酸环化酶途径刺激 *POMC* 基因转录。此外，CRH 也可以在睾丸、胃肠道、肾上腺髓质，尤其是胎盘中合成，循环中 CRH 的水平反映的是其在组织中的合成量。妊娠期由于胎盘合成 CRH 增加，导致循环中 CRH 的水平达到正常时的 3 倍。

CRH 是 ACTH 分泌的刺激因子，而 AVP 则可以增强 CRH 介导的分泌（结果是 ACTH 分泌增加）。AVP 通过 3 种受体亚型发挥其生理作用（见本章第二节相关内容），其中，V1b 特异性表达于垂体促肾上腺皮质细胞。AVP 通过与垂体促肾上腺皮质细胞膜上的 V1b 受体结合进而激活蛋白激酶 C 发挥作用。

与 ACTH 相似，CRH 在细胞的效应也包括急性效应和慢性效应。前者指 CRH 刺激 ACTH 的释放，后者指 ACTH 增加 *POMC* 基因表达，长期作用可以引起腺垂体促肾上腺皮质激素细胞的肥大和增生。

(3) 糖皮质激素的负反馈作用：血中糖皮质激素水平升高可反馈抑制下丘脑 CRH 及腺垂体 ACTH 的分泌（图 11-31），这是糖皮质激素水平保持相对稳定的重要环节之一。糖皮质激素能抑制腺垂体 *POMC* 基因转录，抑制下丘脑 CRH 和 AVP mRNA 合成及分泌。糖皮质激素对 ACTH、CRH 的负反馈效应依赖于所使用的糖皮质激素的剂量、效能、半衰期以及使用时间的长短，且这种负反馈具有重要的生理病理意义和诊断价值。糖皮质激素类药物对下丘脑 - 腺垂体 - 肾上腺皮质轴的抑制作用可以持续到停药后数月。临床上长期大剂量使用糖皮质激素时可通过负反馈机制抑制 CRH 和 ACTH 的分泌，引起患者肾上腺皮质束状带和网状带萎缩，如果外源性糖皮质激素的治疗突然停止或者撤药速度过快，可引起继发性肾上腺皮质功能低下（ACTH 缺乏）。糖皮质激素对下丘脑 - 腺垂体 - 肾上腺轴的负反馈机制也可以用于解释肾上腺皮质功能减退（Addison 病）时患者 ACTH 的分泌增加，而在分泌皮质醇的肾上腺肿瘤患者内 ACTH 几乎不能测出。GR 受体突变导致的糖皮质激素抵抗的患者由于缺乏糖皮质激素的负反馈作用，ACTH 和皮质醇分泌均明显增高。值得注意的是，在长期大剂量使用糖皮质激素后，即使逐渐减少剂量到生理水平，下丘脑 - 腺垂体 - 肾上腺轴的抑制仍可持续 9~10 个月，甚至可长达 1~2 年。

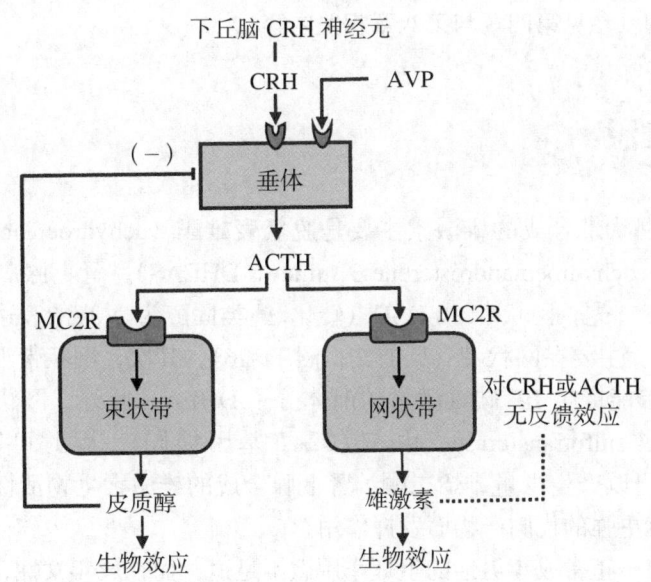

图 11-31　下丘脑 - 腺垂体 - 肾上腺轴及糖皮质激素分泌的调节

2. 应激性调节　在应激情况下，ACTH 和糖皮质激素的分泌量明显增多，几乎不受糖皮质激素负反馈作用的影响，以维持机体对伤害性刺激的更高耐受力。实验显示，毁损下丘脑正中隆起，可阻断各种应激原刺激所引起的 ACTH 分泌增加，这表明应激时 ACTH 分泌的增加是由于应激原刺激引起下丘脑 CRH 神经元分泌增强所致。另外，血管升压素、缩宫素、血管紧张素、儿茶酚胺等激素以及神经肽也参与了应激发生时 ACTH 分泌的调节。

案例 11-1

患者常某，女性，47岁，主诉：体重明显下降，皮肤颜色变黑，起床后下地行走时容易头晕。入院查体：腋毛、阴毛稀少，面部局部皮肤颜色变黑加重。血压：直立位为100/50 mmHg，平卧位为118/60 mmHg。血生化检查：血Na^+ 125 mmol/L（偏低），血K^+ 6.0 mmol/L（偏高），HCO_3^- 18 mmol/L（偏低），血清ACTH水平升高，ACTH兴奋实验结果：尿17羟类固醇＜10 mg/24 h，尿游离皮质醇＜150 μg/24 h。诊断为肾上腺皮质功能减退症（Addison's disease）。

问题：
1. 患者ACTH水平的升高与体内什么激素水平变化异常有关？
2. 引起患者血压变低、消瘦及面部皮肤变黑的原因是什么？

三、盐皮质激素

盐皮质激素（mineralocorticoid）的主要代表为**醛固酮**（aldosterone），其主要作用是促进肾单位远端小管和集合管重吸收Na^+和水，同时排泄K^+，即保Na^+、保水和排K^+效应，这对维持细胞外液及循环血量的稳态具有重要的生理与病理意义。

醛固酮的合成及分泌主要受血管紧张素和血钾、血钠的调节，应激情况下ACTH也有一定的调节和支持作用（参见第四章与第八章相关内容）。

四、肾上腺雄激素

由肾上腺皮质网状带合成的雄激素主要是**脱氢表雄酮**（dehydroepiandrosterone，DHEA）和**硫酸脱氢表雄酮**（dehydroepiandrosterone-3-sulfate，DHEAS）。肾上腺皮质网状带细胞酶的活性与束状带不同。首先，网状带3β-HSD（转化Δ^5类固醇为Δ^4）的表达水平明显低于束状带，因此，"Δ^5通路"主要在网状带（见前文，图11-26）。其次，网状带细胞可以表达一些辅因子。因此，网状带能产生19-碳雄激素的前体分子DHEA。此外，网状带还能表达DHEA磺基转移酶（DHEA sulfotransferase，由*SULT2A1*基因编码），因此可以将DHEA转化为DHEAS。网状带也可以产生少量雄烯二酮。肾上腺合成的雄激素生物活性较弱，可在外周组织进一步转化为活性更强的代谢产物而发挥作用。

肾上腺雄激素对于正常成年男性的生理作用微不足道，而在成年女性，肾上腺雄激素是体内雄激素的重要来源，约占循环中活性雄激素的50%，为腋毛、阴毛生长和性欲维持所必需。在青壮年时期，DHEAS是循环中最丰富的激素，在二十几岁中期达高峰，随后稳步下降，提示DHEAS可能在衰老进程中起到一定作用。

成人肾上腺雄激素生成和分泌的调节受腺垂体ACTH的控制。ACTH可以同时刺激皮质醇与肾上腺雄激素的分泌，但仅皮质醇对ACTH和CRH具有负反馈抑制作用。肾上腺雄激素及其代谢产物（如生物活性更强的睾酮、双氢睾酮、17β-雌二醇）均不能负反馈抑制ACTH和CRH的分泌（图11-29）。当皮质醇合成路径上的酶基因缺陷（如*CYP21*缺陷和*CYP11B1*缺陷）时，减少的皮质醇的生物合成可导致负反馈作用减弱而使ACTH分泌增加，结果使肾上腺雄激素产生过多并表现为**先天性肾上腺增生症**（congenital adrenal hyperplasia，CAH），肾上腺雄激素的分泌增多可使子宫内女性胎儿出现男性化，导致出生时性别模糊甚至造成不恰当的性别判断。

> **思政案例**
>
> **陈宜张：糖皮质激素的非基因组效应的发现者**
>
> 　　类固醇激素类的糖皮质激素是以经典的胞内受体介导的靶细胞DNA的转录过程来完成内分泌的调控机制。20世纪80年代，我国神经生理学家陈宜张院士带领团队发现，糖皮质激素可引起神经元发生超极化，其潜伏期只有1～2 min，该现象难以用传统的基因组作用机制加以解释。为此，他们利用皮质醇结合牛血清白蛋白形成的类固醇-白蛋白（大分子蛋白质的结构对糖皮质激素短时间内透过细胞膜的限制因素），发现仍可以导致离体灌流的豚鼠交感神经节神经元膜的超极化反应，提示糖皮质激素的快速效应可能是通过膜受体实现的。另以糖皮质激素拮抗剂作用的实验能逆转上述膜超极化的反应，提示膜上糖皮质激素受体与传统的胞内受体具有一定的化学相似性或同源性。此后，他们通过一系列详细的实验研究数据率先在国际上提出了糖皮质激素的膜受体假说，即通过胞膜受体以及离子通道方式引起的快速反应，称为类固醇激素的非基因组效应。陈宜张院士团队孜孜不倦的科研探索，填补了类固醇激素作用机制的多样性，也提示人体功能尚有很多未知领域有待人们继续钻研。

（翁启芳）

第七节　肾上腺髓质内分泌

　　肾上腺髓质与交感神经节在胚胎发育上都来源于胚胎神经嵴的原始细胞（交感神经原细胞），因此肾上腺髓质可以看作特化的交感神经节。但髓质中的神经节细胞没有轴突，髓质的内分泌细胞为嗜铬细胞，所合成的儿茶酚胺直接分泌进入血液循环中，以经典的内分泌方式发挥作用。血液中的肾上腺素全部来自肾上腺髓质的分泌，而血液中去甲肾上腺素仅30%来自髓质，其余70%来自交感神经节后纤维。髓质中的嗜铬细胞接受胆碱能节前纤维的支配。此外，肾上腺髓质的嗜铬细胞还可分泌一种52肽的**肾上腺髓质素**（adrenomedulin，ADM）。

　　由于髓质和皮质的发生、结构、功能均不同，两者为不同的内分泌腺体，但髓质的血液供应大部分来自皮质毛细血管，两者在功能上又形成一定联系。肾上腺的血供来自膈下动脉的分支以及肾动脉和主动脉。肾上腺动脉进入被膜后形成血管丛供应皮质，少数血管丛动脉穿过皮质进入髓质，形成皮质-髓质门脉系统。因而肾上腺的大部分血液是经过皮质到达髓质的，这使得髓质的细胞浸浴在较高浓度的皮质激素中，皮质醇能抑制髓质细胞的分化，因此髓质的细胞不能分化形成轴突和树突。此外，皮质醇能诱导**苯乙醇胺-N-甲基转移酶**（phenylethanolamine-N-methyltransferase，PNMT）的表达，后者将去甲肾上腺素转化为肾上腺素。糖皮质激素受体GR敲除小鼠肾上腺皮质增厚，但髓质部分缩小，几乎检测不到PNMT活性。

　　在胚胎发育过程中，嗜铬细胞迁移到肾上腺的中心位置形成髓质，部分嗜铬细胞也可迁移至主动脉两旁形成副神经节。肾上腺外的最大的嗜铬细胞团靠近肠系膜下动脉水平，称为Zuck-erkandl嗜铬体（organ of Zuckerkandl），是1岁以内儿茶酚胺的主要来源，以后逐渐萎缩。出生6个月后肾上腺髓质逐渐发育成熟。

一、肾上腺素与去甲肾上腺素

肾上腺髓质嗜铬细胞主要合成和分泌**肾上腺素**（epinephrine，E）、**去甲肾上腺素**（norepinephrine，NE）和少量多巴胺，同属**儿茶酚胺**（catecholamine）激素。儿茶酚胺由酪氨酸经一系列羟化、脱羧反应而生成。酪氨酸可从摄食或者肝苯丙氨酸合成而来，经主动转运进入神经元或者髓质嗜铬细胞内，经酪氨酸 β-羟化酶转化为 3,4-二羟苯丙氨酸（多巴），这是儿茶酚胺合成的限速步骤（图 11-32）。细胞内的儿茶酚胺升高能下调酪氨酸 β-羟化酶的活性；反之，细胞质中儿茶酚胺的耗竭可使被反馈抑制的酪氨酸 β-羟化酶重新激活。芳香族氨基酸脱羧酶进一步催化多巴脱羧为多巴胺。多巴胺接着被主动转运入细胞内的颗粒状囊泡中，在多巴胺 β-羟化酶作用下，多巴胺进一步被羟化为去甲肾上腺素。在髓质，去甲肾上腺素被释放到胞质，胞质中的 PNMT 将去甲肾上腺素转化为肾上腺素，随后，肾上腺素被转运回另一种囊泡中储存。

酪氨酸 —交感刺激/酪氨酸羟化酶→ 3,4-二羟苯丙氨酸（DOPA） —芳香族氨基酸脱羧酶→ 多巴胺 —多巴胺 β-羟化酶→ 去甲肾上腺素 —苯乙醇胺 N-甲基转移酶→ 肾上腺素

图 11-32 肾上腺髓质激素的合成及调节

摄取儿茶酚胺进入囊泡储存的过程是通过**囊泡单胺转运体**（vesicular monoamine transporter，VMAT）进行的主动转运过程。每一次单胺转运过程中，需要消耗 ATP，同时两个氢从囊泡交换到胞质。儿茶酚胺存储是动态的，不断地泄漏、再摄取。^{123}I 和 ^{131}I 标记的间碘苄胍（metaiodobenzylguanidine，MIBG）可以被 VMAT 转运入储存囊泡，^{123}I-MIBG 可用于临床显像定位**儿茶酚胺分泌性肿瘤**（catecholamine-secreting tumors），^{131}I-MIBG 可能用于治疗恶性儿茶酚胺分泌性肿瘤。儿茶酚胺和 MIBG 的摄取可以被利血平抑制。

应激性刺激（如心肌梗死、麻醉、低血糖等）可以激发髓质儿茶酚胺激素由囊泡释放。节前交感神经末梢释放的 ACh 通过与嗜铬细胞膜上的 N 型胆碱受体结合导致嗜铬细胞去极化，通过激活电压门控钙通道导致分泌囊泡内容物出胞。去甲肾上腺素可以通过激活突触前膜 α_2 受体调节自身的释放。儿茶酚胺是血浆中活性时间最短的信号分子之一，半衰期仅 10～100 s。大约 1/2 的儿茶酚胺在血浆中与白蛋白疏松结合，因此在血浆中浓度波动较大。

肾上腺素与去甲肾上腺素通过**单胺氧化酶**（monoamineoxidase，MAO）及**儿茶酚-O-甲基转移酶**（catechol-O-methyltransferase，COMT）的作用而灭活。

（一）肾上腺素与去甲肾上腺素的作用

肾上腺素与去甲肾上腺素的生物学效应经肾上腺素受体（adrenoceptor）介导。肾上腺素受体可分为 α 受体及 β 受体，两者又可分为多种亚型（α_1、α_2、β_1、β_2、β_3 等）。通常多巴胺不是循环中主要的儿茶酚胺。

由于肾上腺髓质直接接受神经支配，髓质的分泌反应非常迅速。在中枢神经系统尤其是大脑皮质的参与下，肾上腺髓质可以早于实际应激预先做出反应。多数情况下，髓质分泌的激素主要是肾上腺素。然而，有些刺激（如低血糖）可以诱发比神经系统反应更强的肾上腺髓质反应，有时则相反。

1. 调节器官功能 儿茶酚胺对心脏、平滑肌、腺体等器官的功能活动具有重要的调节作用，全面参与各器官系统的功能活动调节（见第九章相关内容）。儿茶酚胺重要的心血管效应包括增加心率、升高动脉血压、增强心肌收缩力以及加快心脏传导速度（见第四章相关内容）。

儿茶酚胺还会增加心肌的兴奋性，引起早搏，偶尔还会引起更严重的心律失常。此外，儿茶酚胺也调节血管以外的平滑肌，包括胃肠道和膀胱平滑肌的舒张、括约肌收缩以及支气管平滑肌的舒张和瞳孔散大等。肾上腺髓质激素对于缺少交感神经纤维支配的组织细胞来说具有重要意义，特别是有助于动员这些组织在应激中的活动状态。

儿茶酚胺分泌性肿瘤的症状由循环中过量的儿茶酚胺及其药理作用所致，患者可表现高血压、气促、心悸、搏动性头痛、手足冰冷等发作性症状，也可出现高血压性视网膜病变、高血糖、糖尿病等。儿茶酚胺分泌性肿瘤尽管罕见，但是由于存在致命性儿茶酚胺释放危象的风险，因此这类肿瘤的筛查、确诊十分重要，外科切除肿瘤可治愈继发性高血压。

2. 调节新陈代谢 肾上腺素和去甲肾上腺素都能引起糖原分解，它们通过环磷酸腺苷（cAMP）的 β- 肾上腺素受体和细胞内钙离子的 α- 肾上腺素受体来发挥这种作用。各型肾上腺素受体介导的信号在调节新陈代谢中具有特征性效应。α_1 受体激活后可增强肝糖异生，α_2 受体可抑制胰岛素分泌。β_1 受体激活后促进脂肪分解，增加酮体生成；β_2 受体促进糖原分解，并减少葡萄糖利用等，导致血糖水平升高；β_3 受体动员脂肪，增加组织耗氧量与机体产热量，提高基础代谢率。

3. 参与应急反应 肾上腺髓质活动与交感神经系统密切相关，在功能上构成**交感 - 肾上腺髓质系统**（sympathetico-adrenomedullary system）。二者不同的是，交感神经系统对机体各功能系统的生理过程进行着日常的精细调节，而肾上腺髓质主要在机体处于特殊紧急状态下或内环境稳态显著失衡时大量分泌激素，产生大范围的调节活动。

增加的肾上腺髓质分泌是机体在紧急情况下扩大的交感神经发放的一部分，Walter Cannon 称之为"交感 - 肾上腺髓质系统的紧急功能"。当机体遭遇格斗、愤怒、恐惧、寒冷、低血糖、失血等刺激时，各种信息传入下丘脑、大脑皮质，进而引起支配肾上腺髓质嗜铬细胞的交感神经兴奋，肾上腺髓质分泌肾上腺素、去甲肾上腺素急剧增加。交感肾上腺髓质活动的这种改变有助于机体应对紧急状况，从而广泛动员机体产生一系列代偿反应，如瞳孔放大、心率加快、血压升高（增加重要器官的灌流）、皮肤血管收缩等。交感肾上腺髓质的活动加强也会导致血浆中的葡萄糖、游离脂肪酸水平升高，有利于供能。Walter Cannon 曾将这种紧急状况下交感神经系统的动员称为"战斗或逃跑准备"。循环中儿茶酚胺的代谢效应在某些情况下是重要的，例如对抗寒冷和低血糖。当肾上腺髓质分泌增加时，去甲肾上腺素和肾上腺素的比例通常不会发生改变。

Walter Cannon 提出的"应急"与 Seyle 提出的"应激"实际都是机体受到伤害刺激状态下，通过神经系统和内分泌系统整合所表现出的防御性保护反应，共同提高机体的反应能力与耐受能力，以应对并迅速适应突然出现的环境变化。通常认为，前者在于提高机体对突然发生的环境变化的应变能力，后者则有助于增强机体对伤害性刺激的耐受能力。

（二）肾上腺素与去甲肾上腺素分泌的调节

肾上腺髓质分泌肾上腺素和去甲肾上腺素主要受到下行的交感神经的控制。各种形式的应激，包括运动、低血糖、出血导致的血容量减少等都可以通过交感神经刺激髓质激素的分泌。交感神经节前神经元释放的 ACh 与嗜铬细胞膜上的 N 型受体结合后能增加嗜铬细胞中的限速酶**酪氨酸羟化酶**（tyrosine hydroxylase）和**多巴胺 β- 羟化酶**（dopamine β-hydroxylase）的活性（图 11-32），并能刺激儿茶酚胺囊泡的出胞。

ACTH 可能通过糖皮质激素间接作用或直接提高髓质细胞中多巴胺 β- 羟化酶与 PNMT 等的活性。髓质细胞内去甲肾上腺素或多巴胺含量达到一定水平时，可抑制酪氨酸羟化酶，肾上腺素合成量增多时可抑制 PNMT 的作用，均可抑制髓质激素的合成。

二、肾上腺髓质其他激素

人肾上腺髓质的嗜铬细胞还可分泌一种52肽的**肾上腺髓质素**（adrenomedulin，ADM），与降钙素基因相关肽（CGRP）同属于降钙素/CGRP/amylin peptide 家族。ADM具有与CGRP相似的舒张血管的效应。除了可与CGRP1受体结合外，ADM也结合血管系统上的特异受体。ADM基因编码缺失的小鼠可在孕中期死亡。ADM具有抑制Ang Ⅱ和醛固酮的释放、舒张血管、降低外周阻力以及降低动脉血压等作用。

肾上腺髓质的嗜铬细胞还合成和分泌类阿片肽，包括蛋氨酸脑啡肽和亮氨酸脑啡肽等。

（翁启芳）

第八节　其他器官与组织内分泌

一、器官内分泌

器官内分泌主要指循环、呼吸、消化、排泄和运动等非经典内分泌系统的器官除具有各自的特有功能外，还能分泌激素。非内分泌器官的内分泌现象早在1902年就已被发现，当时由Bayliss和Starling发现胰液素激素的分泌，此后，人们又陆续发现胃肠道、肾、心脏、肺等器官均可以产生内分泌物质。1968年，APUD系统（胺前体摄取及脱羧化系统）的提出表明：相同的器官、系统可以分泌多种不同的激素，而不同的器官、系统也可分泌相同的激素。因此，从激素分泌和信息传递的角度看，作为化学信使的激素并不是内分泌系统独有的，而是普遍存在于所有系统中，正是由于这些信使物质在体内的广泛作用，才使生命体真正构成一个有机整体，协调和完善地完成生命的各种机能。信息网络的存在使机体整体从结构和功能上保证了绝对不可分割性。

（一）胃肠内分泌

胃肠道是体内最大的内分泌器官之一，其中的内分泌细胞会分泌多种激素。营养物质、激素和神经信号会触发这些内分泌细胞分泌胃肠道激素，接着这些激素会作用于靶标组织，以实现促进消化、吸收和营养素的代谢等目的。此外，还有一些胃肠道激素可以通过对进食行为的影响，参与能量稳态的调节（详见第六章相关内容）。

（二）心血管内分泌

心脏、血管、内皮细胞和血细胞均具有重要的内分泌功能，它们生成和分泌大量的体液因素和血管活性物质，如心钠素、肾素-血管紧张素-醛固酮、前列环素I_2、内源性类洋地黄素、心肌生长因子及各种肽（降钙素基因相关肽、缓激肽、抗心律失常肽等），从而可调节循环、呼吸、泌尿、水电解质代谢和血液凝固等许多生理功能。在心脏组织中还存在相对独立的局部肾素-血管紧张素系统（renin-angiotensin system，RAS），通过旁分泌和（或）自分泌方式直接调节心血管活动（详见第四章相关内容）。

（三）肾内分泌

肾不仅是一个排泄器官，还是一个重要的内分泌器官；不仅是许多激素的靶器官，还可产生某些激素类的生理活性物质，主要有促红细胞生成素（EPO）及1,25-二羟维生素D_3，以及肾素、激肽释放酶及前列腺素等多种血管活性物质。对骨骼系统、心血管系统、造血系统功能有着调节作用（详见第八章相关内容）。

（四）肺内分泌

肺的非呼吸功能，除Ⅱ型肺泡上皮细胞分泌表面活性物质，参与脂质、蛋白质代谢外，还参与激素、介质的生成与代谢。肺是前列腺素生物合成、释放和灭活的场所，是人体中前列腺素含量最高的器官之一，肺血管的内皮可以产生5-羟色胺（5-HT），有使血管收缩的活性。当肺静脉与全身血循环中5-HT浓度升高时，可造成肺水肿及高血压。肺也有慢反应物质的释放作用，具有嗜酸性粒细胞趋化因子的释放功能。

（五）肝内分泌

肝是一个具有内分泌功能的代谢性器官，作为内分泌器官在营养过剩和肥胖状态下，分泌包括FGF21在内的20余种肝细胞因子（hepatokine），这些肝细胞因子在骨骼肌、脂肪等外周组织，通过不同的作用途径和机制，调节胰岛素敏感性。

（六）皮肤内分泌

皮肤既是各种内分泌激素的终末作用器官，又是内分泌激素的原始产生器官，具有与下丘脑-垂体-肾上腺（HPA）轴相当的功能。例如，皮肤具有糖皮质激素、盐皮质激素、甲状腺激素、雄激素、胰岛素和胰岛素样生长因子1（IGF-1）受体，同时也表达糖皮质激素合成酶如CYP11A1、3β-HSD、CPY17A1、CYP21A2和CYP11B1，可以从源头合成糖皮质激素。

（七）胸腺内分泌

胸腺（thymus）为机体的重要淋巴器官，其功能与免疫紧密相关，分泌胸腺激素及激素类物质，也是具有内分泌功能的器官。其中研究最多的是胸腺素（thymosin），胸腺素能使免疫缺陷患者的T细胞功能得到恢复，可诱导无胸腺及去胸腺小鼠的T细胞功能，并可增加小鼠胸腺细胞中的环鸟苷酸。此外，胸腺能产生类促肾上腺皮质素、类胰岛素、类胰高血糖素、类降钙素等激素样物质。

二、组织内分泌

有些组织细胞并不专属于特定的内分泌腺或器官，但可以分泌激素或具有激素性质的生物活性物质，参与内分泌性调节活动。

（一）脂肪内分泌

脂肪组织是一种复杂的、必需的、高度活跃的代谢和内分泌器官。脂肪组织不仅响应传统激素系统和中枢神经系统的传入信号，而且表达和分泌具有重要内分泌功能的因子。现在已知脂肪组织表达和分泌的多种生物活性肽，称为脂肪因子，它们在局部（自分泌/旁分泌）和系统（内分泌）水平上起作用。这些因子包括瘦素、脂联素、补体成分、纤溶酶原激活物抑制剂-1（PAI-1）、RAS 系统的蛋白质和抵抗素。瘦素对能量稳态的影响已被充分证实，特别是其对能量摄入和消耗的影响是通过下丘脑途径介导的，而其他影响则是通过直接作用于外周组织，如肌肉和胰腺 β 细胞。

（二）骨组织内分泌

骨骼不仅是坚实的支架、运动的承担者、血液的生产者、矿盐储备库等，还是一种重要的内分泌组织，能主动合成和分泌多种骨调节蛋白、生长因子、脂肪因子、炎症因子等生物活性物质；不仅能调控骨骼自身功能，还可经血液循环作用于多种器官，调节能量代谢、肌肉功能、男性生殖、大脑发育及认知能力等。

（三）前列腺素相关组织、细胞分泌

前列腺素（PG）在人体内是由花生四烯酸经环氧酶的作用所合成的脂质介质，按其结构，前列腺素可分为 A、B、C、D、E、F、G、H、I 等类型，绝大部分肾前列腺素是肾髓质乳头部的间质细胞和集合管细胞产生的，人体的精囊、肺、肾、脑、胃肠等，全身各组织细胞几乎都可分泌前列腺素。

不同类型的前列腺素具有不同的功能。前列腺素对内分泌、生殖、消化、血液呼吸、心血管、泌尿及神经系统均有作用，是具有多种生理作用的活性物质（表 11-6）。

表 11-6 前列腺素对机体各系统的作用

系统	主要作用
循环系统	促进/抑制血小板聚集，影响血液凝固过程，收缩或舒张血管
呼吸系统	收缩或舒张气管与支气管
消化系统	抑制胃腺分泌，保护胃黏膜，刺激小肠运动
泌尿系统	调节肾血流量，促进水、钠排出
神经系统	调控神经递质的释放和作用，影响下丘脑体温调节活动，参与睡眠、疼痛与镇痛过程
内分泌系统	促进皮质醇分泌，增强组织对激素的反应性，参与神经内分泌调节过程
免疫系统	参与炎症反应，如发热和疼痛的发生等
生殖系统	促进精子在男、女生殖道运行，参与调节月经、排卵、妊娠及分娩等活动
物质代谢	抑制脂肪分解

1. 对生殖系统的作用 前列腺素可作用于下丘脑黄体生成素释放激素的神经内分泌细胞，增加黄体生成素释放激素的释放，再刺激垂体前叶 LH 和 FSH 分泌，从而使睾丸激素分泌增加并直接刺激睾丸间质细胞分泌。前列腺素维持雄性生殖器官平滑肌收缩，被认为与射精作用有关。精液中的 PG 可使子宫颈肌松弛，促进精子在生殖道中运行，有利于受精。但大量前列腺素对雄性生殖功能却有抑制作用，能引起子宫强烈的收缩。

2. 对血管和支气管平滑肌的作用 不同的前列腺素对血管平滑肌和支气管平滑肌的作用效应不同。前列腺素 E 和前列腺素 F 能使血管平滑肌松弛，从而减少血流的外周阻力，降低血压。

3. 对胃肠道的作用 可引起平滑肌收缩，抑制胃酸分泌，防止强酸、强碱、酒精等对胃黏膜的侵蚀，具有细胞保护作用。对小肠、结肠、胰腺等也具有保护作用。还可刺激肠液分泌、胆汁分泌以及胆囊肌收缩等。

4. 对神经系统的作用 前列腺素广泛分布于神经系统，对神经递质的释放和活动起调节

作用，前列腺素本身也可能具有神经递质的作用。

5．对呼吸系统的作用 前列腺素 E 有松弛支气管平滑肌的作用；而前列腺素 F 则相反，是支气管收缩剂。

6．对内分泌系统的作用 通过影响内分泌细胞内环腺苷酸（cAMP）水平，影响激素的合成与释放。

（四）其他内分泌组织内分泌

睾丸内间质细胞、卵巢内卵泡和黄体详见第十二章相关内容。

（五）前沿进展

神经-内分泌-免疫调节网络（neuro-endocrine-immune regulatory network）详见本章二维码资源。

（夏春梅）

思 考 题

1．甲状腺术后患者为何出现面部、口唇、手脚的麻木？
2．长期服用糖皮质激素的患者，为什么不能突然停药？
3．胰岛素分泌反应是多样的，请结合胰岛素分泌生理学的特点思考为什么在临床往往需要结合不同的体内研究方式来评估胰岛功能。
4．从生理学角度看，为什么说 2 型糖尿病患者胰岛素抵抗的发生机制是错综复杂的？
5．何谓应激刺激？应激反应的意义何在，与应急有何区别？
6．试举例说明神经调节和靶细胞反馈调节在激素释放中的作用方式及意义。
7．下丘脑促垂体区和腺垂体各分泌何种激素？二者有何功能联系？

第十二章

生 殖

第十二章数字资源

生殖（reproduction）是指生物体生长发育至成熟后，能够产生与自身相似的子代个体的功能。生殖功能对于种系繁衍、遗传信息传递等起着重要的作用。人类的生殖功能是通过两性生殖系统的共同活动实现的，包括两性生殖细胞（精子和卵子）的生成、交配与受精、囊胚植入、胚胎发育以及胎儿成熟分娩等重要环节。生殖过程是在以下丘脑-腺垂体-性腺轴为主的神经内分泌系统的调控下完成的。

生殖器官又称性器官，包括主性器官和附性器官。主性器官具有产生生殖细胞和分泌性激素的功能，故又名性腺（gonad）。附性器官参与性活动及生殖过程。正常人出生时，男性与女性生殖器官上的差异即已显露出来，称为第一性征（primary sex characteristics）。除第一性征之外，两性从青春期开始出现一系列与性别有关的特征，称为第二性征（secondary sex characteristics），也称副性征。

第一节 男性生殖

男性的生殖过程是在下丘脑-腺垂体-睾丸轴（hypothalamus- adenohy pophysis-testicular axis）的精确调控下，通过产生精子、运输精子等一系列生理活动完成的。男性生殖功能主要包括三个方面：①生成雄性成熟生殖细胞——精子；②内分泌功能；③进行性活动。

男性的主性器官是睾丸（testis），具有生精（产生精子）和内分泌（分泌雄激素）两大功能。12岁左右，男性进入青春期，睾丸的生精和内分泌功能可达到成人水平。男性的附性器官（accessory sexual organ）包括附睾、输精管、射精管、精囊腺、前列腺、尿道球腺、阴茎和阴囊等，其主要功能是实现精子的成熟、储存、运输和排射。

一、睾丸的功能

睾丸实质由睾丸小叶组成，睾丸小叶的主要结构是生精小管（seminiferous tubule）和间质细胞（也称为Leydig细胞）。生精小管是生成精子的部位，间质细胞则具有合成和分泌雄性激素的功能。

（一）睾丸的生精功能

精原细胞发育为成熟精子的过程称为生精周期（spermatogenic cycle），历时约两个半月。在一个生精周期中，每个精原细胞经过数次分裂可生成64个精子。成人每天双侧睾丸可产生上亿个精子。

1. 精子的生成过程　精子的生成是在生精小管内完成的，生精小管上皮由生精细胞（spermatogenic cell）和支持细胞（也称 Sertoli 细胞）构成。精子的生成是一个复杂且连续的过程，可分为 3 个阶段：①精原细胞增殖期：精原细胞（spermatogonium）是生成精子最原始的细胞，由来自胚胎早期卵黄囊的精原干细胞转化而成。进入青春期后，精原细胞在雄激素和腺垂体分泌的卵泡刺激素（follicle-stimulating hormone，FSH）的作用下，开始不断地分裂增殖，一部分精原细胞经多次有丝分裂，形成初级精母细胞（primary spermatocyte）；②精母细胞减数分裂期：初级精母细胞经两次减数分裂，先后形成次级精母细胞（secondary spermatocyte）和精子细胞（spermatid），形成的精子细胞只有 23 条染色体，从而确保两性生殖细胞结合时重新获得与亲代细胞相同数目的染色体；③精子分化期：精子细胞位置靠近管腔，不再分裂，最后分化为外形成熟的精子（sperm），释放入生精小管腔内。因此，由生精小管基膜到管腔依次排列着精原细胞、初级精母细胞、次级精母细胞和精子细胞（图 12-1）。

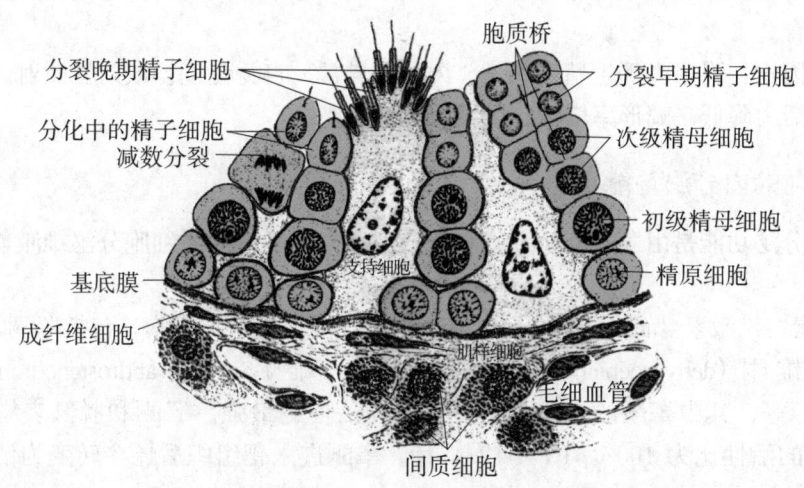

图 12-1　睾丸生精小管生精作用示意图

精原细胞经历有丝分裂和减数分裂后发育为成熟的精子，但是每次分裂都不是完全将子代细胞分裂成独立的细胞，而是借助胞质桥（cytoplasmic bridge）相互连接。胞质桥将来源于同一个精原细胞的同族细胞连成一个群体，彼此传递信息达到同步发育的作用。随着生精过程的进行，细胞数目不断增加，并逐渐移向生精小管管腔。完成精子分化发育后，胞质桥断裂，单个游离的精子被释放入管腔。这种借胞质桥相连，同族细胞同步发育、同步成熟、同步释放的现象称为同源现象（homology）或克隆现象。

精子形如蝌蚪状，全长约 60 μm，由含有亲代遗传物质的头部和具有运动功能的尾部组成，是一种高度特化的细胞。新生成的精子没有运动能力，它们依赖于小管外肌样细胞的收缩和管腔液的流动被输送至附睾内，在附睾内停留 18～24 h 后，进一步发育成熟并获得运动能力。由于附睾液含有数种可抑制精子运动的蛋白质，所以只有射精后精子才能真正获得运动能力。

精子与附睾、精囊腺、前列腺和尿道球腺的分泌物混合形成精液（semen），在性高潮时排出体外。正常成年男性每次射出 3～6 ml 精液，每毫升精液中含 1 亿～2 亿个精子，若每毫升精液中精子的数目低于 2000 万个，则不易使卵子受精。

2. 支持细胞的功能　支持细胞位于生精小管的管壁中，体积较大，其底部附着在生精小管的基膜上，向管腔方向伸展，顶部伸入管腔，不同发育阶段的生精细胞都依附在支持细胞上。支持细胞在精子的生成和发育过程中发挥着重要的作用：①通过伸出彼此相连的细长突起将不同发育阶段的生精细胞包绕起来，对生精细胞起机械支持和保护作用，同时还为生精细胞提供必要的营养物质和氧气。②支持细胞之间的紧密连接（tight junction）是构成血-睾屏障（blood-testis barrier）的主要结构基础。血-睾屏障可选择性地通透某些物质，为生精细胞营造适宜的分化、发育的微环境；防止生精细胞的抗原物质进入血液循环，避免机体发生自身免疫反应，影响精子的生成。③吞噬和消化生精过程中脱落于管腔内的残余胞质和退化的生精细胞。④分泌多种生物活性物质，如雄激素结合蛋白（androgen-binding protein，ABP）、抑制素等。ABP对雄激素有较高的亲和力，可以提高生精小管内雄激素的浓度，以利于精子的生成。抑制素主要参与生精调控。

3. 影响睾丸生精功能的因素

（1）年龄：从青春期到老年期的睾丸都有生精能力，但45岁之后，生精能力将逐渐减退。

（2）温度：正常情况下，阴囊内的温度较腹腔内低2℃左右，这是精子生成和存活的最适温度。如由于某种原因导致睾丸滞留于腹腔或腹股沟（隐睾症）内，使睾丸周围温度升高，则可引起男性不育。

（3）其他因素：附睾炎等生殖道感染、内分泌异常、自身免疫、放射性照射、吸烟、酗酒等可导致精子活力降低、畸形率增加，少精或无精。

（二）睾丸的内分泌功能

睾丸的内分泌功能是由睾丸间质细胞和支持细胞完成的，间质细胞分泌雄激素，支持细胞分泌抑制素。

1. 雄激素 雄激素（androgen）是含19个碳原子的类固醇类激素，包括睾酮（testosterone，T）、脱氢表雄酮（dehydroepiandrosterone，DHEA）、雄烯二酮（androstenedione）和雄酮（androsterone）等，其中睾酮的分泌量最多，生物活性也最强。睾酮和脱氢表雄酮、雄烯二酮、雄酮之间的活性比为100∶16∶12∶10。睾酮进入靶组织后还会转变为活性更强的双氢睾酮（dihydrotestosterone，DHT）。

（1）雄激素的合成与代谢

1）雄激素的合成：合成雄激素的原料为胆固醇，主要来自血液。在睾丸间质细胞中储存着合成雄激素所需要的多种酶，如羟化酶、裂解酶、脱氢酶、异构酶等。胆固醇在线粒体经羟化作用生成孕烯醇酮，后者经Δ^4和Δ^5两条途径转变为雄烯二酮，雄烯二酮在17β-羟类固醇脱氢酶的作用下最终转化为睾酮。另外，在部分靶细胞内，睾酮可经5α-还原酶形成双氢睾酮后再发挥作用（图12-2）。

外周血中睾酮的浓度存在个体差异，20～50岁青壮年血中睾酮含量最高。之后随着年龄增长，血中睾酮含量逐渐减少（图12-3）。

男性血浆中的睾酮95%来自睾丸，小部分来自肾上腺皮质网状带。睾丸和肾上腺皮质虽然都可经Δ^4途径合成雄激素，但在肾上腺皮质内11β-羟化酶的活性高，因而合成的是11β-羟雄烯二酮，其活性较低。在睾丸内17β-羟类固醇脱氢酶的活性高，因而生成大量活性更高的睾酮。所以，尽管肾上腺皮质能合成雄激素，但切除睾丸后，肾上腺皮质却不能替代睾丸的内分泌功能。

2）雄激素的运输：睾酮释放入血后，以结合型和游离型两种形式存在，两者处于动态平衡。结合型睾酮约占98%，其中约65%的睾酮与血浆中性激素结合球蛋白（sex hormone-binding globulin，SHBG）结合，其余约33%的睾酮与血浆白蛋白或其他血浆蛋白结合。游离型睾酮仅约占2%，但只有游离型睾酮才能发挥生物学作用。

3）雄激素的代谢：睾酮主要在肝内降解、灭活，最终转变为17-酮类固醇。17-酮类固醇在与葡糖醛酸或硫酸结合后，随尿液排出体外。

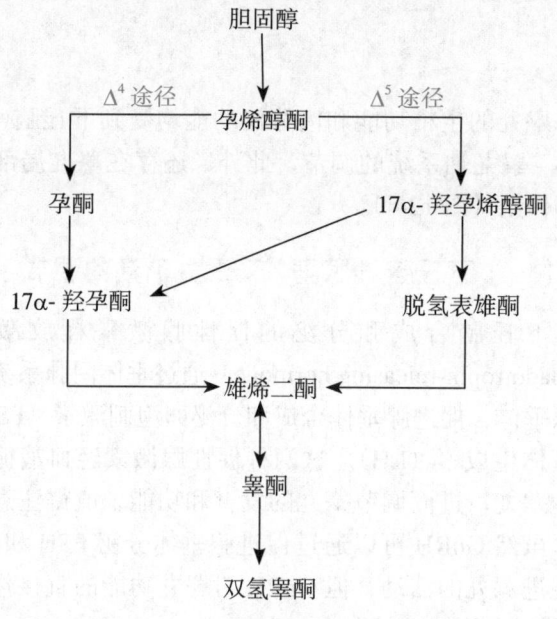
图 12-2 雄激素的合成途径示意图

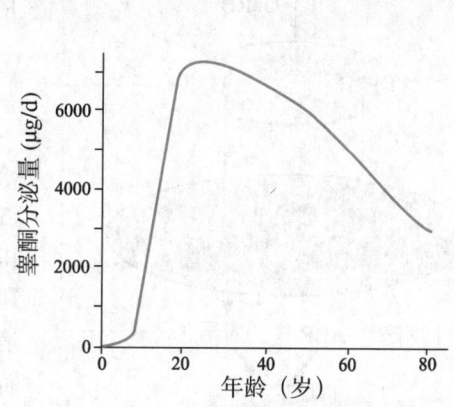
图 12-3 不同年龄阶段每日的睾酮分泌量

（2）睾酮的生理作用：睾酮的生理作用较广泛，主要有以下几个方面。

1）对胚胎性别分化的作用：在胚胎时期，雄激素诱导中肾小管、中肾管、尿生殖窦及生殖结节等分化为男性的内、外生殖器。如果胚胎睾丸间质细胞发育不良，则胚胎性别分化异常，导致男性假两性畸形。如果孕妇体内雄激素过多，可引起男胎巨大生殖器畸形，女胎则可出现假两性畸形。

2）对附性器官和第二性征的作用：男性青春期后，随着睾酮的分泌，其他附性器官也开始逐步发育；男孩特有的第二性征出现，如阴毛、胡须长出，声音低沉，喉头隆起，肌肉发达等。

3）对精子生成的作用：睾酮可经支持细胞进入生精小管，在支持细胞中，它可直接或转变为活性更强的双氢睾酮，与雄激素受体结合，促进并维持生精作用。

4）对性行为和性欲的调节作用：睾酮与男性的性行为和正常性欲的维持有关。临床观察表明，睾丸功能减退患者的血中雄激素水平降低，常出现阳痿和性欲衰退。女性体内也有少量的雄激素，它们由卵泡内膜细胞和肾上腺皮质生成，能增强女子性欲，维持性快感。

5）对代谢的调节作用：睾酮可促进蛋白质合成并抑制其分解，具体表现为促进附性器官、肌肉、骨骼和其他组织蛋白质的合成，故睾酮可促进机体生长。睾酮还有类似于肾上腺皮质激素的作用，可使体内水、钠潴留，但这种作用弱于盐皮质激素。

6）对红细胞生成的作用：雄激素可加速肾合成促红细胞生成素，刺激红细胞生成；也可直接作用于骨髓，增强其造血功能，进而使红细胞的生成增加。

7）对皮肤的作用：睾酮可使皮肤皮脂腺的分泌增加，使脂肪分泌物含量增多、黏稠，导管堵塞，易于细菌生长，形成皮脂腺炎症。因此，青春期男性易产生痤疮。

2. 抑制素 抑制素（inhibin）是睾丸支持细胞分泌的一种糖蛋白激素，分子量为 31～32 kDa，由 α 和 β 两个亚单位组成。α 亚单位只有一种类型，β 亚单位有两种类型，即 $β_A$ 和 $β_B$，由 α 和 $β_A$ 组成的二聚体称为抑制素 A，由 α 和 $β_B$ 组成的二聚体称为抑制素 B，抑制素 A 和 B 的生物活性大致相同。除睾丸外，卵巢和机体许多组织也能分泌抑制素。抑制素的主要作用是抑制腺垂体 FSH 的合成和分泌。此外，在性腺中还存在与抑制素结构近似但作用相反的物质，称为激活素（activin），可刺激 FSH 的分泌。

二、睾丸功能的调节

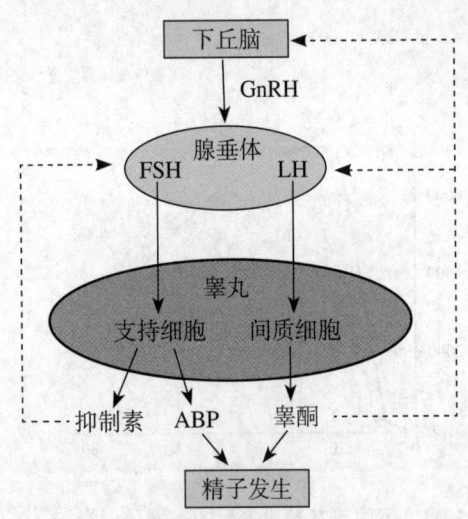

图 12-4 睾丸功能调节示意图
ABP：雄激素结合蛋白
⟶ 促进；---▶ 抑制

睾丸的生精功能和内分泌功能均受到下丘脑-腺垂体-睾丸轴系统的调节。此外，还存在睾丸局部调节的作用（图 12-4）。

（一）下丘脑-腺垂体对睾丸活动的调节

下丘脑合成和分泌的促性腺激素释放激素（gonadotropin-releasing hormone）通过垂体门脉系统到达腺垂体，促进腺垂体合成和分泌卵泡刺激素（FSH）和黄体生成素（LH）。这两种促性腺激素经血液循环到达睾丸，进而调节睾丸的发育和功能。值得注意的是，虽然 GnRH 可以通过促进腺垂体分泌 FSH 和 LH 而促进睾丸的活动，但 GnRH 对睾丸功能的直接作用却是抑制性的。

腺垂体分泌的 FSH 和 LH 共同调节睾丸的生精功能和内分泌功能。FSH 主要作用于生精小管，影响精子的生成；而 LH 则主要作用于睾丸间质细胞，调节睾酮的分泌。

1. 调节精子生成 FSH 和 LH 都参与生精过程的调控。研究发现，生精细胞上没有 FSH 和睾酮的受体，二者的受体主要存在于支持细胞，因而推测 FSH 可通过与支持细胞上的受体结合，促进其产生雄激素结合蛋白（ABP）。ABP 与睾酮结合转运至生精小管内，使生精小管局部维持较高的睾酮浓度，从而促进生精过程。LH 可通过促进睾丸间质细胞分泌睾酮而间接调节精子的生成。实验提示，FSH 对生精过程有启动作用，而睾酮则有维持精子生成的作用。

2. 调节睾酮分泌 睾酮的合成和分泌主要受 LH 的调节。进入睾丸后，LH 可直接与间质细胞膜上的 LH 受体相结合，通过 G 蛋白-AC-cAMP 信号通路促进睾酮的合成和分泌，所以 LH 也被称为间质细胞刺激素（interstitial cell-stimulating hormone，ICSH）。FSH 也可通过诱导 LH 受体而间接促进睾酮的分泌，故 FSH 和 LH 对间质细胞分泌睾酮有协同作用。

（二）睾丸激素对下丘脑-腺垂体的反馈调节

血液中睾丸激素浓度的变化也可对下丘脑-腺垂体发挥负反馈调节作用，从而维持生精过程和各种激素水平的稳态。

1. 雄激素 研究表明，在下丘脑和腺垂体均存在雄激素受体，提示睾酮可在下丘脑和腺垂体两个水平发挥负反馈调节。当血中睾酮浓度升高时，可通过负反馈机制作用于下丘脑和腺垂体，抑制 GnRH 和 LH 的分泌，而对 FSH 的分泌影响不大。

2. 抑制素 实验表明，生理剂量的抑制素可选择性抑制腺垂体合成和分泌 FSH，但对 LH 的分泌基本无影响。

（三）睾丸内的局部调节

睾丸内的局部调节系统对睾丸的功能也有一定的调节作用。研究表明，睾丸局部尤其是在支持细胞与生精细胞、间质细胞与支持细胞、支持细胞与管周细胞之间存在着极其密切的局部反馈调节关系。人和动物睾丸的间质细胞还可产生多种肽类物质，如转化生长因子（TGF）、表皮生长因子（EGF）、胰岛素样生长因子（IGF）等；睾丸间质的巨噬细胞可分泌肿瘤坏死因子（TNF）及白细胞介素（IL）等。这些生长因子或细胞因子可通过旁分泌或自分泌的方式参与睾丸功能的局部调节。此外，在睾丸组织中还发现有 GnRH、缩宫素及 β-内啡肽等生物活性物质，它们对睾丸功能也具有调节作用。

思政案例

张民觉："精子获能"现象的发现者与"试管婴儿之父"

生理条件下，精子必须先经过雌性生殖管道并停留一段时间后，才能获得使卵子受精的能力，即"精子获能"。"精子获能"现象最先由本科毕业于清华大学的华人科学家张明觉博士和他的科研团队发现。1951 年，他们在母兔排卵前和排卵后不同的时间点将精子注入母兔的输卵管内，使其卵子受精，结果发现：只有在排卵前 6 h 注入输卵管中的精子才能使卵子受精，而少于 6 h 或排卵后注入输卵管的精子则不能使卵子受精，从而说明兔精子在雌兔生殖道内至少需经过 6 h 的成熟过程才能获得受精能力，即"精子获能"。此现象的发现，为日后人体外授精的实现和试管婴儿的问世奠定了良好的基础。1959 年，张民觉采用体外获能的兔精子进行体外受精，在世界上第一个完成了哺乳动物体外受精实验。1978 年 7 月 25 日，世界上首例"试管婴儿"——女婴路易斯·布朗在英国曼彻斯特一家医院诞生，新闻界在报道此项重大消息时，称其为"张明觉的女儿"。自此，张明觉也有了"试管婴儿之父"的美誉。

第二节 女性生殖

女性生殖系统包括主性器官（卵巢）和附属性器官（输卵管、子宫、阴道和外阴等）。卵巢（ovary）具有生卵和内分泌的双重作用。女性生殖系统的活动在下丘脑-垂体-卵巢轴（hypothalamic-pituitary-ovarian axis，HPO axis）的调控下，呈现明显的周期性变化特征。

一、卵巢的功能

（一）卵巢的生卵功能

卵巢的生卵作用是成熟女性最基本的生殖功能。卵巢的基本结构和功能单位是卵泡（ovarian follicle）。卵泡由一个卵母细胞（oocyte）和围绕在其周围的卵泡细胞构成。女性一生中只有 400～500 个卵泡发育成熟并排卵，其余几百万个卵泡在发育的不同阶段萎缩闭锁。

1. 卵泡的生长发育 卵泡的发育分为几个阶段，分别经过原始卵泡、初级卵泡、次级卵泡和成熟卵泡（图 12-5），卵原细胞是生成卵子的最原始细胞。

（1）原始卵泡（primordial follicle）：原始卵泡由卵母细胞和周围单层棱形颗粒细胞构成，其外有基底膜。在出生后 6 个月时，卵母细胞停止有丝分裂，并停留在减数分裂的前期。卵泡池中原始卵泡的数量代表了卵巢储备。

(2) 初级卵泡（primary follicle）：卵母细胞略有增大，外周的棱形颗粒细胞分化成立方形。卵母细胞和颗粒细胞共同分泌的糖基化蛋白质所构成的细胞外基质包绕卵母细胞形成透明带（zona pellucida，ZP），透明带在卵子的发生、受精和着床前发育过程中发挥重要作用。

(3) 次级卵泡（secondary follicle）：颗粒细胞进一步增殖，表达生长发育必需的 3 种特异性受体，即：卵泡刺激素（FSH）受体、雌激素（estrogen）受体和睾酮（testosterone，T）受体，并表达雌激素合成所必需的芳香化酶。卵泡在雌激素和 FSH 的作用下产生卵泡液，形成卵泡腔，这时的卵泡又称为窦状卵泡（antral follicle），而出现窦腔之前的所有卵泡又统称为窦前卵泡（preantral follicle）。从原始卵泡开始的窦前卵泡生长非常缓慢，至少需要 10 多年，这一阶段的卵泡生长完全不依赖于垂体促性腺激素 FSH 和黄体生成素（luteinizing hormone，LH）。青春期后，有些卵泡在 FSH 的作用下生长速度加快，经 70～85 天成为直径达 2～5 mm 的小窦状卵泡。随着窦状卵泡的卵泡腔不断扩大，卵母细胞及其周围的一些颗粒细胞逐渐移向卵泡一侧，形成卵丘（cumulus oophorus）。卵泡膜分为内、外两层，内膜细胞层表达 LH 受体。紧靠透明带的一层颗粒细胞发育呈柱形，并呈辐射状排列形成放射冠（corona radiata）。早期窦状卵泡产生抗米勒管激素（anti-Müllerian hormone，AMH），AMH 对原始卵泡的激活有负调控作用，其血中浓度与早期窦状卵泡数成正比，其减少预示着原始卵泡储备减少。临床上将 AMH 作为判断卵巢储备的一个重要指标。

(4) 成熟卵泡（mature follicle 或 graafian follicle）：卵泡发育的最后阶段。青春期后，由于垂体 FSH 分泌增加，在每个自然月经周期中，一群 10～20 个小窦状卵泡以高度依赖于 FSH 的方式快速生长，但一般仅有一个对 FSH 最敏感的卵泡才能成为优势卵泡（dominant follicle），最后发育成熟并排卵，其他的卵泡发生闭锁。成熟卵泡的卵泡液急骤增加，卵泡体积显著增大，直径达 18～20 mm，可向卵巢表面突出。此阶段合成和分泌的雌激素最多。

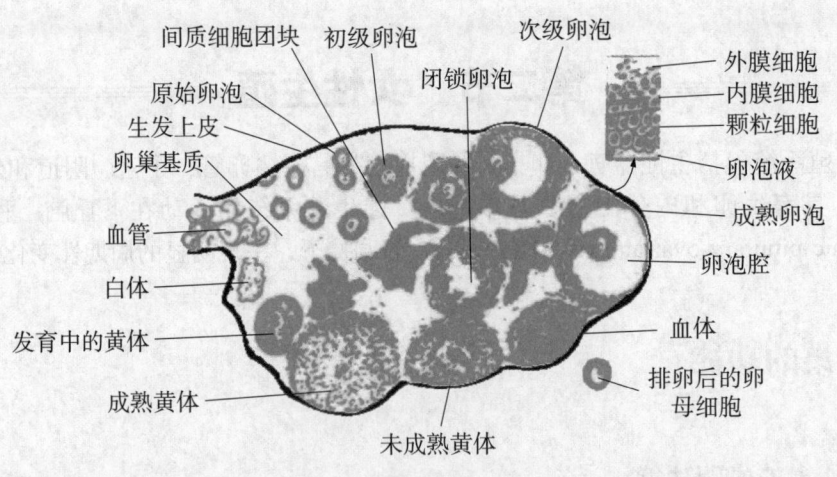

图 12-5 卵巢的生卵示意图

2. 排卵 在 LH 分泌高峰的作用下，成熟卵泡的卵泡壁破裂，卵母细胞与透明带、放射冠一起随同卵泡液排出卵泡，排到腹腔，这个过程称为排卵（ovulation）。排出的卵细胞和卵泡液经输卵管伞部摄取入输卵管。排卵是在下丘脑-腺垂体-卵巢轴以及卵巢内局部调节因素的共同作用下完成的。排卵前，在 FSH 的作用下，卵泡芳香化酶活性增强，雌激素分泌逐渐增加，形成第一个雌激素高峰。雌激素一方面刺激颗粒细胞的 FSH 受体数量增加，从而使双重细胞（图 12-6）合成的雌激素增加，此为局部正反馈；另一方面对下丘脑产生中枢性正反馈，使 GnRH 分泌增加，刺激 LH 释放，排卵前 16～24 h，形成 LH 高峰（LH surge），LH

高峰触发排卵。LH 的作用包括：①抵消了卵母细胞成熟抑制因子（oocyte maturation inhibitor，OMI）的作用，促使卵母细胞恢复成熟分裂；②刺激孕酮生成，孕酮促进卵泡壁溶解酶如纤溶酶、胶原酶活性增强，导致卵泡壁变薄、破裂；③促使卵泡分泌前列腺素（prostaglandins，PGs），PGs 使卵泡壁的肌样细胞收缩，导致卵泡壁破裂而排卵。

3. 黄体的形成和退化 排卵后卵泡壁塌陷，血液进入卵泡腔内并凝固，形成血体（corpus hemorrhagicum）。血液被吸收后，卵泡中的颗粒细胞增生肥大，成行排列，胞质中积聚黄褐色脂肪颗粒而形成黄体（corpus luteum）。卵泡颗粒细胞和卵泡内膜细胞在 LH 的作用下进一步黄素化，分别形成颗粒黄体细胞和卵泡膜黄体细胞。黄体外观色黄，每个月经周期形成的黄体一般可以维持 14 天左右，其主要功能是分泌孕激素，同时也分泌雌激素。若排出的卵未受精，黄体在 2 周后退化，被结缔组织所替代，外观色白，称为白体（corpus albicans）。若排出的卵受精，黄体则在胚胎分泌的人绒毛膜促性腺激素（human chorionic gonadotropin，hCG）的作用下继续发育成为妊娠黄体（corpus luteum of pregnancy），可分泌雌激素和孕激素，以维持妊娠，并一直持续到孕 3 个月时由胎盘接替黄体的内分泌功能。

（二）卵巢的内分泌功能

卵巢主要分泌雌激素和孕激素，此外，还分泌少量的雄激素、抗苗勒氏管激素（AMH）和抑制素等。雌激素（estrogen）包括雌二醇（estradiol，E_2）、雌酮（estrone）和雌三醇（estriol）3 种，三者的生物活性比为 100 : 10 : 3，雌二醇的活性最强，因此雌二醇是在体内发挥生理作用的主要雌激素。雌二醇和雌酮可相互转化。孕激素（progestin）主要有孕酮（progesterone，P）、20α- 羟孕酮和 17α- 羟孕酮，其中孕酮的生物活性最强。

1. 雌激素和孕激素的合成与代谢

（1）雌激素和孕激素的合成：雌激素和孕激素都是类固醇激素（甾体激素）。排卵前的卵泡分泌雌激素，排卵后的黄体分泌孕激素和雌激素。卵泡雌激素合成由卵泡内膜细胞和颗粒细胞共同完成。卵泡内膜细胞上表达 LH 受体，LH 与其受体结合后可使细胞以胆固醇为原料合成孕烯醇酮，孕烯醇酮再转化为睾酮和雄烯二酮，这二者可通过细胞膜扩散进入颗粒细胞内，称为雌激素的前体。卵泡颗粒细胞上表达 FSH 受体，当卵泡发育到一定程度时，FSH 与颗粒细胞上的 FSH 受体结合后可激活芳香化酶，将由卵泡膜细胞扩散而来的睾酮和雄烯二酮分别转化为雌激素和雌酮，进入血液或卵泡液。这一过程有两种细胞参与，故称为雌激素合成的双重细胞学说（图 12-6）。随着卵泡的生长，合成雌激素的量逐渐增加。排卵后，由卵巢黄体

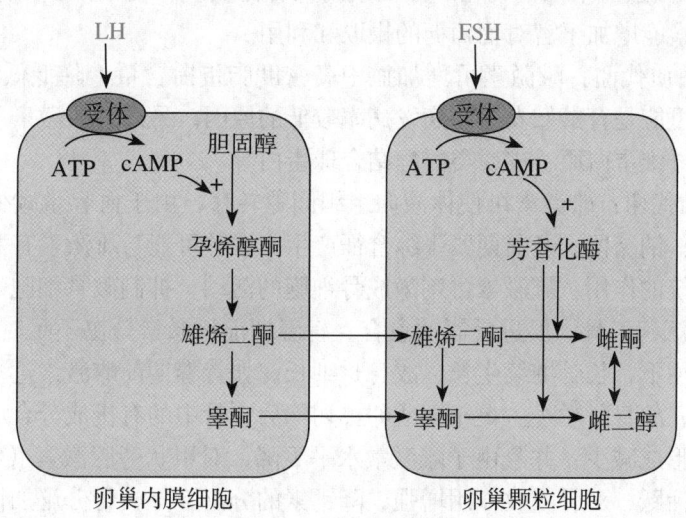

图 12-6　雌激素合成的双重细胞学说示意图

细胞（luteal cell）分泌大量孕酮，其中颗粒黄体细胞的分泌能力比内膜黄体细胞强 20 倍左右。黄体细胞同时也分泌较多的雌激素。

(2) 雌激素和孕激素的运输：雌激素和孕激素分泌入血后均以游离型和结合型两种形式存在于血浆中，其中以结合型为主。70% 的 E_2 与性激素结合球蛋白（sex hormone-binding globulin, SHBG）结合，25% 的 E_2 与血浆白蛋白结合，其余为游离型。约 48% 的孕酮与皮质类固醇结合球蛋白（corticosteroid-binding globulin, CBG）结合，50% 的孕酮与白蛋白结合，其余为游离型。

(3) 雌激素和孕激素的代谢：雌激素和孕激素主要在肝中降解，通过羟化、氧化、还原、甲基化和结合等方式灭活。其中最主要的降解反应是羟化反应。在肝内，E_2 转变为雌酮和雌三醇，然后以葡萄糖醛酸盐或硫酸盐的形式，随尿液排出体外。孕酮除主要在肝降解外，也可以在外周组织中灭活。孕酮的降解产物是孕二醇，它与葡糖醛酸结合，经尿排出体外，部分由胆汁排出。因此，肝功能障碍可导致体内雌激素过多。

2. 雌激素的生理作用　雌激素的主要作用是促进女性生殖器官的发育和第二性征的出现，并维持在正常状态，以参与完成生殖功能。此外，雌激素对全身许多器官系统的功能活动也有一定的调节作用。

(1) 对生殖器官的作用

1) 卵巢：雌激素与 FSH 协同促进卵泡的发育，排卵前的雌激素高峰通过正反馈诱导 LH 高峰的出现。因此，雌激素是卵泡发育、成熟和排卵不可缺少的调节因素。

2) 输卵管：雌激素促进输卵管的发育和节律性收缩，有利于卵子和精子的运行。

3) 子宫：雌激素促进子宫发育，使子宫内膜出现增殖期变化。促进子宫平滑肌的增生，提高子宫平滑肌的兴奋性，动作电位发放频率增加，自发性收缩幅度增大，对缩宫素的敏感性提高。在雌激素的影响下，子宫颈分泌大量清亮、稀薄的黏液，有利于精子的穿透和存活。

4) 阴道：雌激素刺激阴道上皮的增生、角化，并使细胞内糖原含量增加。糖原分解可使阴道内保持酸性环境（pH 4～5），这一酸性环境有利于阴道内乳酸杆菌的生长，从而抑制其他致病菌的繁殖，增强对感染的抵抗力。

(2) 对乳腺和第二性征的作用：雌激素刺激乳腺导管和结缔组织增生，促进乳腺发育，乳头、乳晕着色。青春期后，雌激素可激发与维持女性第二性征，如使脂肪更多沉积于乳房、臀部等部位，毛发分布呈女性特征，音调较高，骨盆宽大等。

(3) 对代谢的调节作用

1) 糖代谢：雌激素能增强葡萄糖刺激的胰岛素分泌反应，使血浆胰岛素水平增加，但糖耐量却降低；雌激素能增加子宫对葡萄糖的摄取和利用。

2) 脂肪与蛋白质代谢：雌激素可增加血中高密度脂蛋白含量，降低低密度脂蛋白含量，改善血脂成分，这可能是育龄妇女冠心病发病率较低的原因。另外，雌激素可促进肝细胞合成特殊的蛋白质，如纤维蛋白原、皮质类固醇结合球蛋白等。

3) 水、电解质代谢：雌激素可使体液向组织间隙转移，由于血容量减少，使醛固酮分泌增加，引起机体水、钠潴留。经前期紧张综合征产生的水肿可能与雌激素有关。

(4) 对骨骼系统的作用：雌激素可刺激成骨细胞的活动，抑制破骨细胞的活动，加速骨的生长，促进钙和磷沉积于骨，促进骨骺的愈合。青春期前雌激素分泌不足时，骨骺愈合延缓，在垂体生长激素作用下，长骨继续生长，故身材细长。如青春期前雌激素过多，则加速骨骺愈合，长骨发育受限，故身材矮小。更年期或卵巢切除后，骨中的有机成分合成减少，钙盐在骨中的沉积、骨量的形成减少；并且由于雌激素水平下降，对甲状旁腺激素（PTH）的抑制作用减弱，使破骨细胞活跃，对骨吸收作用增强，降钙素的分泌下降、骨分泌加快，骨中钙释放入血增多，容易导致骨质疏松。

(5) 对心血管系统的作用：雌激素可以直接作用于血管，抑制动脉粥样硬化斑块形成，防止动脉硬化；还可以扩张血管，增加冠脉血流量，降低外周血管阻力，降低冠心病的发生率以及心肌梗死、心律失常的风险。女性更年期后由于体内雌激素水平急剧降低，使心血管疾病的发生率升高。

(6) 对中枢神经系统的作用：对腺垂体 FSH 和 LH 的分泌有反馈调节作用。雌激素还可促进神经细胞的生长、分化、存活与再生，促进神经胶质细胞发育及突触的形成，促进 ACh、DA、5-HT 等神经递质的合成。雌激素还可作用于下丘脑体温调节中枢，引起基础体温的降低。

(7) 对皮肤的作用：雌激素可使真皮增厚，结缔组织内胶原分解速度减慢，表皮增殖，保持弹性及改善血液供应。

3. 孕激素的生理作用　孕激素主要作用于子宫内膜和子宫平滑肌，为受精卵的植入和维持妊娠提供保障。孕激素通常在雌激素作用的基础上发挥效应。

(1) 对子宫的作用：孕酮在雌激素作用的基础上，使子宫内膜继续增殖，内膜细胞体积增大，呈现分泌期改变；分泌腺体由直变弯，分泌含糖原的黏液，有利于受精卵的植入；促进子宫内膜基质细胞蜕膜化，有利于胚胎的着床。在孕激素的作用下，宫颈黏液的分泌量减少，黏液变得更加黏稠，以阻止精子的通过。

(2) 维持妊娠：孕酮可使子宫平滑肌细胞发生超极化，兴奋性和传导性降低，对缩宫素的敏感性降低，抑制子宫平滑肌的收缩，使子宫处于"安静"状态，有利于妊娠的维持。此外，孕酮还可抑制母体免疫反应，防止胎儿作为异物而被排斥。孕妇体内缺乏孕酮时，可出现早期流产。临床上应用黄体酮保胎就是基于孕酮的这一作用。

(3) 抑制排卵：孕酮抑制 LH 的分泌高峰，使排卵不能发生，保证孕妇在妊娠期间不会第二次受孕。

(4) 输卵管：孕酮能抑制输卵管节律性收缩的幅度。

(5) 阴道：孕酮能加快阴道上皮细胞脱落，使其角质化程度降低。

(6) 促进乳腺的发育：在雌激素作用基础上进一步促进乳腺腺泡与导管的发育和成熟，在妊娠后为泌乳做准备。

(7) 升高基础体温：孕激素可增强能量代谢，也可作用于下丘脑的体温调节中枢，使体温调定点水平提高，因此排卵后孕激素分泌增加可使基础体温升高 0.3～0.5℃。临床上常将基础体温的这一改变作为判断排卵日期的标志之一。

(8) 其他作用：孕激素与雌激素有拮抗作用，能促进水、钠排泄。此外，孕激素能使血管和消化道平滑肌松弛，张力降低，这是妇女在妊娠期间较易发生静脉曲张、痔疮和便秘的原因之一。

4. 雄激素的生理作用　女性体内存在少量的雄激素，是卵泡内膜细胞和肾上腺皮质网状带细胞产生的。适量的雄激素配合雌激素可刺激阴毛和腋毛的生长。雄激素过多时，可出现男性化特征及多毛症。

二、卵巢功能的调节

卵巢的周期性活动受下丘脑 - 腺垂体激素的控制，而卵巢分泌的激素使子宫内膜发生周期性变化，同时又对下丘脑 - 腺垂体进行反馈调节（图 12-7）。通过调节与反馈，保持内分泌的动态平衡，并使育龄妇女的生殖器官发生周而复始的周期性变化。

(一)下丘脑-腺垂体对卵巢功能的调节

下丘脑 GnRH 神经元分泌 GnRH，通过门脉循环到达并作用于腺垂体，调节 FSH 和 LH 的合成与释放。青春期前的下丘脑 GnRH 神经元尚未发育成熟，下丘脑-腺垂体-卵巢的活动处于低水平状态，但 GnRH 神经元对卵巢激素反馈抑制作用的敏感性较高。进入青春期后，下丘脑 GnRH 神经元发育成熟，GnRH 的分泌增加，FSH 和 LH 分泌也随之增加，卵巢功能开始活跃，呈现女性特有的周期性变化，而 GnRH 神经元对卵巢激素的反馈抑制作用的敏感性明显降低。

(二)卵巢激素对下丘脑-腺垂体的反馈作用

血中卵巢雌激素和孕激素的浓度变化对下丘脑-腺垂体进行反馈调节。在卵泡早期，雌激素分泌量少；在排卵前 36 h，血中雌激素浓度达到最高值，形成第一高峰，此时高浓度的雌激素对下丘脑产生中枢性正反馈，使 GnRH 分泌增加，刺激腺垂体 LH 分泌，形成 LH 峰，诱发排卵。在排卵后 7~8 天，出现雌激素第二高峰和孕激素的分泌高峰，二者都对下丘脑和腺垂体产生负反馈抑制作用，使 GnRH 分泌减少，FSH 和 LH 的分泌减少。在黄体期出现雌激素分泌的第二个高峰时，由于同时有孕激素存在，不能出现 LH 的峰式变化。卵巢颗粒细胞分泌的抑制素则主要选择性地抑制垂体 FSH 的合成与分泌。

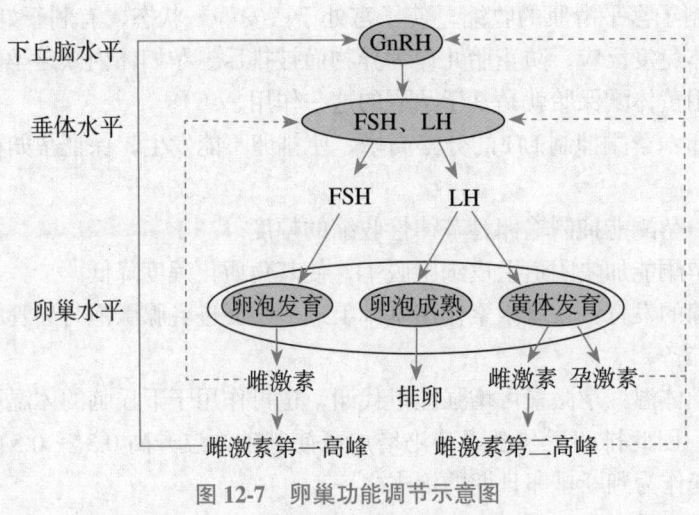

图 12-7 卵巢功能调节示意图
⟶ 促进；----▶ 抑制

(三)卵巢功能的周期性变化

进入青春期后，下丘脑 GnRH 神经元发育成熟，GnRH 的分泌增加，腺垂体 FSH 和 LH 的分泌也随之增加。在下丘脑-腺垂体分泌的激素作用下，卵巢功能呈现周期性变化，表现为卵泡的生长发育（卵泡期）、排卵与黄体形成（黄体期），每月一次，周而复始，称为卵巢周期（ovarian cycle）。卵巢功能的周期性变化是月经周期形成的基础（图 12-8）。

1. 卵泡期（follicular phase）　卵泡期的早期，由于前次卵巢周期的黄体退化，孕激素和雌激素的分泌量少，对下丘脑和腺垂体的负反馈抑制作用较弱，腺垂体分泌 FSH 和 LH 增加，尤其以 FSH 的增加更为明显。在 FSH 的作用下，卵泡开始快速生长发育，雌激素的合成和分泌增加。当雌激素增加到一定程度时开始对下丘脑和腺垂体进行负反馈抑制，颗粒细胞产生的抑制素也选择性地抑制腺垂体 FSH 的分泌，二者共同使 FSH 的分泌量减少。由于 FSH 减少，只有一个优势卵泡能够得到 FSH 的支持而继续发育，并发育成熟。在排卵前约 36 h，血中雌激素浓度达到最高值，形成月经周期中雌激素第一高峰。高浓度的雌激素对下丘脑和腺垂体进行正反馈调节，使 GnRH 分泌增加，刺激垂体 LH 和 FSH 大幅度增加，尤其以 LH 增加更为明显，形成 LH 峰，从而诱发排卵。目前，在下丘脑中发现了一种被称为儿茶酚雌激素的物质，能促进 GnRH 释放，并增强促性腺激素细胞对 GnRH 的敏感性，使 FSH 和 LH 的分泌增加。

2. 排卵期（ovulation period） 在 LH 峰形成后约 24 h，卵巢中成熟卵泡发生排卵。LH 峰是导致排卵的重要因素，可作为排卵的标志。破裂的卵泡在 LH 的作用下形成黄体，同时开始分泌孕激素和雌激素。

3. 黄体期（luteal phase） 排卵后，在 LH 的作用下，黄体逐渐发育，孕激素和雌激素的分泌量增加，而孕激素的增加更为明显。在排卵后 7~8 天，形成孕激素的分泌高峰和雌激素第二高峰。由于孕激素和雌激素的水平增加，对下丘脑和腺垂体产生负反馈抑制作用，使 GnRH 分泌减少，继之 FSH 和 LH 的分泌量下降。如果未受精，在排卵后 9~10 天黄体开始退化，雌激素和孕激素的分泌量逐渐减少，到黄体期后半期达最低水平，对腺垂体的负反馈作用减弱，FSH 和 LH 分泌又开始增加，于是进入下一个卵巢周期。

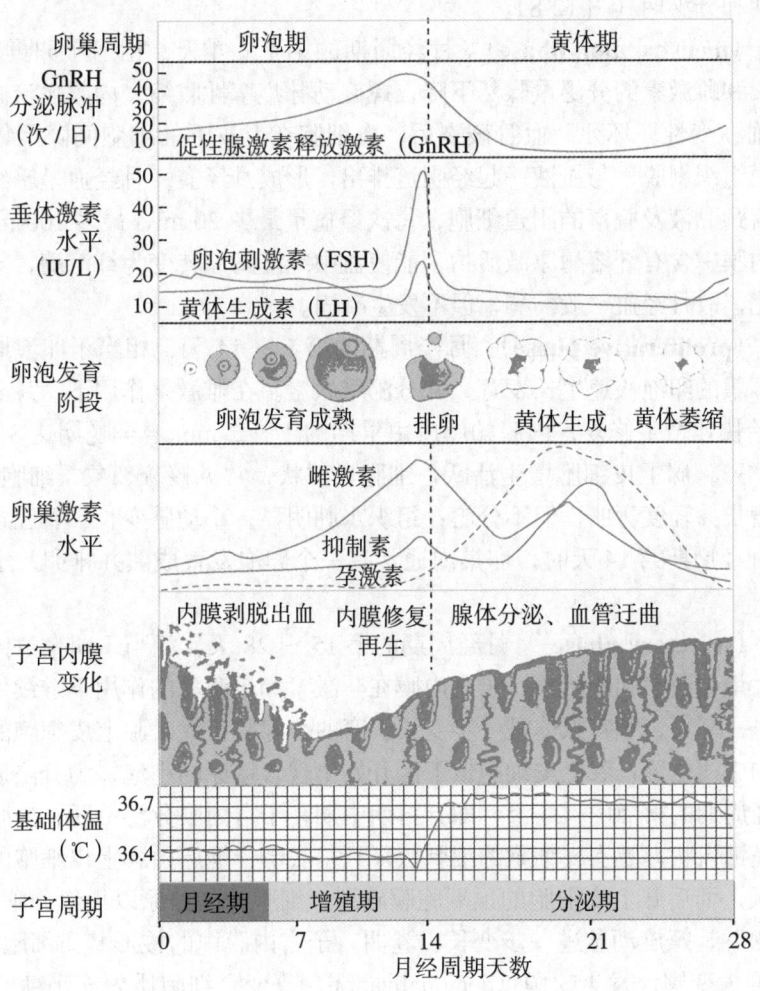

图 12-8 卵巢功能和子宫内膜的周期性变化示意图

（四）卵巢功能的衰退

一般情况下，40~50 岁女性的卵巢功能开始衰退。随着生殖衰老过程的进展，卵巢功能不断下降乃至衰竭，女性出现与此相关的一系列内分泌、生物学和临床特征。从卵巢功能开始衰退到末次月经后一年的时期称为围绝经期（perimenopause）。此后，卵巢功能进一步衰退，卵巢中的卵泡几乎完全耗竭所致的永久性无月经状态称为绝经（menopause）。绝经的本质是卵巢功能衰竭。

（五）月经周期和子宫内膜的变化

子宫内膜分为基底层和功能层，基底层不受卵巢激素变化的影响，在月经后再生形成子宫内膜功能层；而功能层受卵巢分泌的孕酮和雌激素的影响，呈现周期性增殖和分泌以及在月经期坏死、剥脱的特性。在卵巢激素周期性分泌的影响下，子宫内膜发生周期性剥落，产生流血现象，称为月经（menstruation）。

女性月经的出现开始于青春期，多出现在 12～15 岁，女性的第一次月经称为初潮（menarche）。月经表现出明显的周期性，约 1 个月出现一次内膜的剥脱、出血、修复和增生，故称为月经周期（menstrual cycle）。健康成年女性的月经周期一般为 21～35 天，平均 28 天，每次月经持续 3～5 天。每个月经周期是指从月经第 1 天起至下次月经来潮前一天。

根据月经周期中卵巢及子宫内膜的形态与功能，子宫内膜可分为连续发展的 3 个时期，即月经期、增生期和分泌期（图 12-8）。

1. 月经期（menstruation phase） 月经周期的第 1～4 天，相当于卵巢卵泡期的早期。由于卵巢孕激素和雌激素的分泌量骤然下降，螺旋动脉痉挛性收缩，内膜血流减少，因而内膜功能层发生缺血、变性、坏死。血管破裂后，血细胞在上皮下的细胞间隙聚集。当上皮破裂时，坏死的内膜组织剥脱，与血液一起经阴道排出，形成月经血。月经血呈暗红色，含有子宫内膜碎片、子宫颈黏液及脱落的阴道细胞，每次经血量最少 20 ml，最多 100 ml，平均 50 ml。因剥离的子宫内膜中含有纤溶酶原激活物，能使血中纤溶酶原转变为纤溶酶，导致经血中纤维蛋白被分解液化，故月经血一般黏稠，但不发生凝固。

2. 增生期（proliferative phase） 月经周期的第 5～14 天，相当于卵泡期的晚期。此时卵巢内一些被募集的卵泡快速生长发育，并分泌雌激素。在雌激素作用下，月经期后的子宫内膜由基底层开始快速增生修复，内膜的厚度由早期的 1～2 mm 增至晚期达 3～5 mm。内膜基质细胞分裂增殖；腺上皮细胞增生活跃，细胞呈柱状，常见核分裂象，细胞核不规则排列；子宫腺增多、增长并轻度弯曲，但不分泌；组织水肿明显，小动脉变长、管腔扩大并卷曲形成螺旋动脉。至月经周期第 14 天时，卵巢内通常有一个卵泡发育成熟并排卵，子宫内膜随之转入分泌期。

3. 分泌期（secretory phase） 月经周期的第 15～28 天，相当于卵巢黄体期。排卵后形成的黄体分泌大量孕激素和雌激素，子宫内膜在孕激素和雌激素的作用下继续增生变厚。在月经周期的第 15～19 天，子宫腺体进一步变长、弯曲、腺腔扩大，腺上皮细胞的细胞核呈现圆形，位于细胞的中线位置；腺上皮细胞核下区开始出现含糖原的小泡，为分泌期早期的组织学特征。进入月经周期的第 20～23 天，即分泌期中期，子宫内膜分泌活跃，内膜的厚度也达到峰值。子宫腺呈锯齿状，腺上皮细胞的细胞核降到基底部，糖原由腺上皮细胞的核下区转移到细胞顶部核上区，而后腺上皮细胞的顶端胞膜破裂，细胞内的糖原以顶浆分泌方式排入腺腔。此时间质高度水肿，螺旋动脉进一步变长、卷曲。子宫内膜中的梭形基质细胞继续分裂增殖，到分泌期晚期增大变圆，发生蜕膜（decidualization）改变，细胞质内充满糖原和脂滴，这些变化有利于进入宫腔的早期胚胎的存活和植入。如果卵子未受精，黄体退化，孕激素和雌激素的分泌量逐渐减少，子宫内膜主要因失去孕激素的支持而剥脱出血，进入下一个月经期。

第三节 妊　娠

妊娠（pregnancy）是指新个体在母体内产生和生长发育的过程，包括受精、着床、妊娠的维持及胎儿的生长发育。临床上妊娠时间一般以最后一次月经的第一天开始算起，人类的妊娠时间为 280 天。

一、受精

受精（fertilization）是指精子与卵子互相融合形成受精卵的过程。受精通常于排卵后的 6～7 天发生在输卵管壶腹部。

1. 精子运动与获能　精子射入阴道后，需经过子宫颈、子宫腔、输卵管到达输卵管壶腹部。正常男性每次射出上亿个精子，但经过上述生理屏障后，只有不超过 200 个活动力强的精子可以到达受精部位，最后一般只有一个精子与卵子结合完成受精。排卵前，由于雌激素的作用，使宫颈分泌的黏液清亮、稀薄，有利于精子的穿行。雌激素还可刺激输卵管由子宫向卵巢方向蠕动，推动精子运行至壶腹部。排卵后，黄体产生的孕激素使宫颈黏液变黏稠，阻止精子通过，并可抑制输卵管的蠕动，使精子不易到达壶腹部。

刚射出的精子由于精液中存在多种抑制精子功能的"去获能因子"而没有受精能力。精子通过子宫腔和输卵管时，"去获能因子"被淀粉酶水解，发生一系列的形态及功能变化。精子获得受精能力的过程称为精子获能（sperm capacitation）。精子获能的本质是暴露精子表面与卵子识别的结构，解除其对顶体反应的抑制，并使精子顶体膜的稳定性降低。

2. 顶体反应　受精的最后阶段是精子发生顶体反应。在受精过程中，获能后的精子与卵子相遇后，精子顶体释放出包含多种蛋白水解酶的顶体酶，溶解卵子外围的放射冠及透明带，称为顶体反应（acrosomal reaction）。顶体酶中的蛋白水解酶，如放射冠穿透酶可使放射冠的颗粒细胞松解，脱离卵细胞外围；透明质酸酶可使放射冠基质水解，暴露出透明带。在顶体蛋白酶的作用下，使透明带发生部分溶解，促进精子突破透明带的一个局限区进入卵细胞内。精子与卵膜接触后，激发卵母细胞出现如下变化：①释放皮质颗粒，释放物与透明带反应，使透明带变硬，阻止其他精子穿过透明带，阻止多次受精；②完成第二次减数分裂，排出第二极体。顶体反应是受精时精子的关键变化，只有完成顶体反应的精子才能与卵母细胞融合，实现受精。

3. 受精卵的形成　精子以头部暴露的顶体后膜与卵膜结合，进而融合，精子头部的核物质进入卵子，精子尾部迅速退化。雌、雄原核融合形成一个新的细胞，即合子（zygote）。合子具有 23 对染色体，其中一对为性染色体。受精卵在输卵管内发育至桑葚胚，在输卵管的蠕动和纤毛的作用下逐渐运行至子宫腔，在受精后 3 天进入子宫腔，在子宫腔内继续分裂发育成晚期胚泡（blastocyst）。胚泡在子宫腔内停留 2～3 天，外面的透明带变薄，继而消失，胚泡埋入子宫内膜，直接从子宫内膜的分泌液中吸收营养。

二、着床

着床（implantation）也称植入，是指胚泡与子宫内膜相互作用并埋入子宫内膜的过程，通常开始于受精后的第 6～7 天，至第 11～12 天完成。最常见的植入部位为子宫后壁靠中

线的上部。着床的关键在于胚泡发育与子宫内膜蜕膜化的同步与相互配合。蜕膜化是子宫内膜基质细胞在卵巢雌激素和孕酮诱导下发生的变化，表达大量与着床有关的分子，蜕膜化是着床的基本前提。子宫内膜仅在一个特定的时期内允许胚泡植入，这个时期称为着床窗口（implantation window）。该时间窗口一般在月经周期的第 20～23 天。试管婴儿的胚胎移植也必须在这一时段进行。

胚泡向子宫内膜的植入必须克服母体免疫系统的排斥反应。在植入过程中，胚泡不断发出信息，使母体能准确地做出相应的反应。人绒毛膜促性腺激素（human chorionic gonadotropin，，hCG）是胚泡最早分泌的激素之一，能刺激卵巢黄体转变为妊娠黄体，继续分泌妊娠需要的孕激素，在胚泡植入和早期妊娠过程的维持中起着非常重要的作用。临床上通过检测母体血液或尿液中的 hCG 可辅助诊断早期妊娠。

三、妊娠的维持

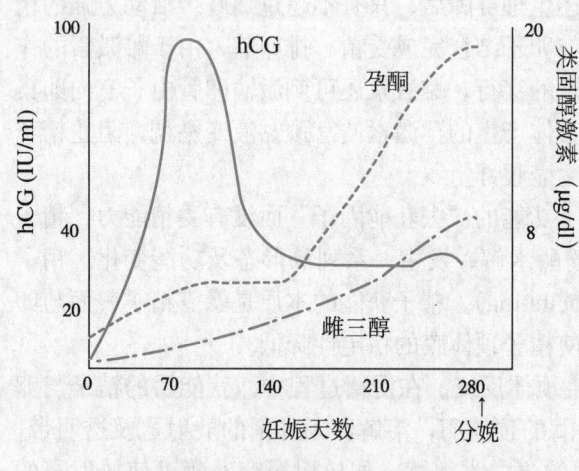

图 12-9　妊娠期激素水平的变化

受精与植入之前，卵巢黄体分泌大量的孕激素与雌激素，导致子宫内膜发生分泌期变化，以适应妊娠的需要。在受精后第 6 天左右，胚泡滋养层细胞开始分泌 hCG，以后逐渐增多，刺激卵巢黄体变为妊娠黄体，在 10 周以内主要由妊娠黄体继续分泌孕激素和雌激素。胎盘形成后，胎盘分泌的多种激素参与了胎儿发育以及母体的适应性生理变化（图 12-9），完全代替卵巢和腺垂体分泌的激素，对维持妊娠起着关键性的作用。

四、胎盘的内分泌功能

胚泡滋养层细胞侵入子宫，穿透进入子宫肌层的内 1/3，形成胎盘（placenta）。胎盘的形成是妊娠的重要标志。胎盘的主要结构特点是有胎儿和母体两个各自独立的血液循环系统，母体血和胎儿血均流经胎盘。胎盘形成后，妊娠黄体逐渐退化。胎盘既是胎儿与母体之间进行物质交换的场所，也是重要的内分泌器官，能合成和分泌多种调节母体和胎儿代谢活动、胎儿发育、维持妊娠以及发动分娩的激素。

1. hCG　hCG 是由早期胚泡和胎盘的合体滋养层细胞分泌的一种糖蛋白，由 α 亚单位与 β 亚单位组成，分子量为 45～50 kDa。其 α 亚单位氨基酸的数量和序列与腺垂体分泌的 FSH、LH 和 TSH 的 α 亚单位几乎相同；β 亚单位的组成与 LH 大部分相同，仅羧基端约有 30 个氨基酸是独特的，因此，hCG 的结构与功能都与 LH 相似。

受精后 6 天左右的胚泡形成滋养层细胞，开始分泌少量 hCG。妊娠早期形成绒毛组织后，由合体滋养层细胞分泌 hCG，分泌量迅速增加。至妊娠 8～10 周，hCG 的分泌达到高峰，随后下降，在妊娠 20 周左右降至较低水平，并一直维持至妊娠末。产后如无胎盘残留，产后 4 天血中 hCG 消失。在妊娠过程中，尿中 hCG 含量的动态变化与血液相似。由于 hCG 在妊娠早期 6～8 天即出现，因此检测母体血或尿中的 hCG 可作为诊断早孕的准确指标。

hCG 具有与 LH 类似的功能。在孕早期，hCG 能够维持卵巢黄体的寿命，并刺激卵巢黄体转变成妊娠黄体。妊娠黄体的寿命只有 10 周左右，以后便发生退化，与此同时胎盘分泌孕激素和雌激素，逐渐接替妊娠黄体的作用。所以，如在妊娠 3 个月后切除卵巢，不会影响妊娠的继续。

2．其他蛋白质激素和肽类激素类固醇激素 包括人绒毛膜生长激素（human chorionic somatomammotropin，hCS）、绒毛膜促甲状腺激素、ACTH、GnRH 以及 β- 内啡肽等。hCS 为合体滋养层细胞分泌的单链多肽，含 191 个氨基酸残基，其中 96% 与人生长激素相同，因此具有生长激素的作用，可调节母体与胎儿的糖、脂肪与蛋白质代谢，促进胎儿生长。

3．类固醇激素 妊娠 10 周左右，胎盘接替妊娠黄体分泌雌激素和孕激素，但胎盘本身不能独立产生类固醇激素，需要从母体或胎儿得到前体物质，再合成孕激素与雌激素以维持妊娠。

（1）雌激素：胎盘分泌的雌激素主要是雌三醇。母体和胎儿肾上腺皮质产生的脱氢表雄酮硫酸盐先在胎儿肝中羟化，然后进入胎盘转变为雌三醇。雌三醇是雌二醇的代谢产物，由胎儿、胎盘共同参与合成，检测母体血中雌三醇的水平可反映胎儿在宫内的情况。

（2）孕激素：由胎盘合体滋养层细胞分泌。胎盘从妊娠第 6 周开始分泌孕酮，妊娠 10 周后胎盘代替卵巢黄体持续分泌孕酮。孕酮是维持妊娠期间子宫处于静息状态的主要激素。

五、分娩

分娩（parturition）是指成熟的胎儿及其附属物从母体子宫排出体外的过程。人类的妊娠期约 280 天。至妊娠末子宫平滑肌兴奋性逐渐增高，最终导致强烈的节律性收缩，子宫颈变软，宫口开放，将胎儿娩出。

分娩是一个极其复杂的生理过程，其主要动力来自子宫平滑肌强烈的节律性收缩，但分娩发动的机制尚不十分清楚，目前认为雌激素、孕激素、缩宫素、松弛素、前列腺素等多种激素均参与分娩的始动过程。

（康继宏　李淑芬　舒安利）

思 考 题

1．简述雄激素的生理作用。
2．如何根据生理学知识判断卵泡是否成熟及排卵？
3．何谓卵巢周期？试述卵巢周期各期的特点。

第十三章 人体微生态系统

第十三章数字资源

经历了300余年的发展，微生物学已成为研究微生物及其生命活动规律及应用的一门科学，主要围绕微生物生理和微生物对环境和机体相互作用的研究展开。微生物与机体相互作用关系的研究推动了微生态学的诞生和发展。微生态以系统学的视角阐述微生物与其宿主协同演化、互相依存、相互制约的关系及特征，为揭秘机体生命的奥秘、探索健康运行的规律和疾病发生的机制提供了新的思路和方法，也为人类健康的维护和疾病的治疗带来了新的契机。随着研究的不断深入，人体微生态系统被很多学者认为是机体"被遗忘的器官"或"被遗忘的生理系统"。虽然这一概念目前还没有定论，但可以确定的是，人体微生态系统的研究极大地拓展了人们对人体生理功能的调节及维护的认知，微生态学的研究也极大地丰富了环境生理学中机体内环境稳态调控以及人类基因组与微生物基因组间交互影响的内涵。

第一节 概 述

一、微生态学的定义和研究内容

1. 微生态学的演变 微生态研究从20世纪50年代开始逐渐兴起，国际上举办了一系列研讨会讨论了人、动物和微生物之间的相互关系；与此同时，在中国大连医学院微生物学教研室工作的魏曦教授和康白教授结合临床发现在国内率先提出了疾病发生时"菌群失调"的概念。1985年，Volk Rusch教授将微生态（microecology）定义为"微生态是细胞和分子水平的生态学"；1988年，康白教授进一步提出，微生态学是研究正常微生物群与其宿主相互关系的生命科学分支，是研究正常微生物群结构、功能以及与其宿主相互关系的学科，重点探究微生物群与其宿主之间的生态关系。关于微生物群，开始仅指细菌菌群，并不包括真菌菌群和病毒群，后来逐渐拓展到了整个微生物群。在微生态学中，微生物寄居的宿主，指人、动物、植物等生命体。

2. 微生态学的定义 微生态学是一门研究微观生命、生命分子、原子之间及其与微环境之间相互关系的科学，是细胞水平或分子水平的生态学。微生态学在整体层面研究正常微生物群的结构、功能及其与宿主的相互关系；在分子层面研究生命分子如核酸、蛋白、多糖之间与细胞环境的关系。

3. 微生态学的研究内容 微生态学从微生物群结构分析个体、群体功能及其调节研究着手，强调微生物多样性对微生态系统稳态调节的重要性。研究内容包括：寄居于人、动物、植物体内正常微生物群的种类、数量、位置；宿主的内环境；微生物群与微生物群的相互关系；微生物群与其宿主的相互作用；微生态平衡与失调；微生态方法学；微生态防治及微生态调节剂的临床应用等。

二、微生态学定义的外延及用途

1. 微生态学与相关学科的关系

（1）与宏观生态学的关系：宏观生态学是研究生物与环境（有生命和无生命的）相互关系的学科。微生态学与宏观生态学具有许多共同的生态学规律，但它们是不同层次上的生态学。由于研究对象不同，其理论、方法及调控规律必然有其各自的特性。

（2）与微生物生态学的关系：微生物生态学是生态学按生物类型分出的分支学科，较微生态学属各论性质；而微生态学与宏观生态学只是层次分工不同，属总论性质。微生物生态学的研究对象是微生物与外环境的关系，而微生态主要研究微生物与有生命的宿主之间的关系。微生物生态学相对侧重于外环境对微生物的影响，而微生态侧重于微生物对有生命的宿主的作用。

（3）与医学微生物学的关系：医学微生物学是研究微生物的分类、分离、培养、鉴定和致病作用的科学，类属生物学。而微生态学是细胞、分子水平的生态学。医学微生物学侧重于研究微生物的特性及致病作用，而微生态则侧重于研究微生物对宿主的生理调节作用。不过，医学微生物学的知识和理论是微生态研究的重要基础。

2. 微生态研究的用途 学习微生态可以使人们认识到人类生命不是孤立的，而是与环境（包括外环境和内环境）密切交互作用的统一体。微生态学强调要用联系的观点认识生命体，才能接近生命的本质、了解其活动规律。微生态学的研究告诉我们，正常情况（微生态平衡状态）下人体中的大部分微生物不会致病，只有在微生态平衡被打破之后某些微生物才具有致病性。我们应将某种特定微生物放在其所处的微生物群体中及与之有重要关联的机体环境中加以考虑，才能更好地理解健康生命运行的规律。

通过学习微生态系统的基本理论，通过对寄居于人、动物、植物体内或体表的正常微生物群结构、功能及其与宿主相互作用规律的研究，可以提出疾病预警和预防的新方法、研发治疗疾病的新策略并加以应用。于疾病预防和治疗而言，人们可以根据微生态学原理监测微生物群及其与宿主组成的微生态系统，及时发现微生态失调状态，并采用服用微生态调节剂等方法，及时调节失调的菌群，使其迅速恢复平衡，从而达到治疗疾病、恢复和保持机体健康状态的目的。

> **课程案例**
>
> **魏曦、康白：微生态研究的开拓者**
>
> 在中国的微生态研究发展历程中，魏曦教授和康白教授做出了开创性的贡献。魏曦教授于1955年被选为中国科学院学部委员，1949年曾任大连医学院微生物学教研组（室）主任，一级教授；康白教授1949年毕业于大连医学院，从事正常菌群研究50余年。魏曦教授和康白教授在20世纪50年代工作时发现1例菌交替症（二重感染）病例。患者系一位年轻的鼠咬热患者，病原菌检测为鼠型链丝杆菌，经青霉素及链霉素治疗后鼠型链丝杆菌消失，病情一度好转，但缓解不久后病情又复恶化，患者转为克雷伯菌属败血症后死亡。这是世界上较早发现的二重感染病例。此发现为后来的微生态学概念建立及微生态制剂的开发奠定了基础。自菌交替症病例这个偶然发现开始，两位教授不断求索，逐步提出了微生态学的概念，发展了人体正常菌群学说，并率先研发应用微生态制剂治疗腹泻的方法，推动了我国微生态研究的发展。

（唐 立 管又飞）

第二节 微生态系统的结构

一、人体微生态系统的分类

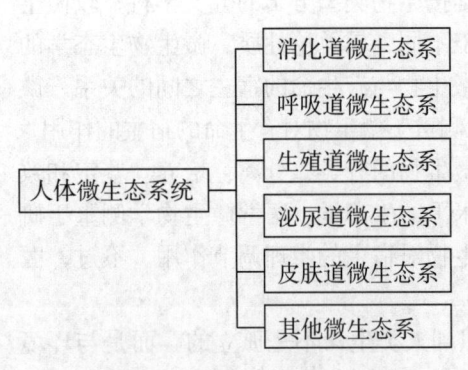

图 13-1　人体微生态系统的组成

正常微生物群在人体健康和疾病发生发展中起到了重要作用，与微生态空间一起形成了许多微生态系统（微生态系）。微生态系是在一定宿主空间中共同栖居着的所有微生物与其宿主环境之间通过物质循环、能量流动和基因交流过程而形成的统一整体。人体微生态系统大致可分为消化道微生态系、呼吸道微生态系、生殖道微生态系、泌尿道微生态系及皮肤道微生态系等（图 13-1）。不同的微生态系的微生物群有较大差别，同一微生态系又根据生理特征划分为更多的亚微生态系。目前人体微生态系主要是按照解剖学位置划分的。关于人体消化道微生物群和消化道组成的消化道微生态系的研究进展较快，信息较多，因此本节内容以消化道的微生态系为主阐述微生态结构。

二、微生态空间的不同决定微生物群的差异

在消化道微生态系研究中，许多研究以粪便微生物群代表整个消化道中所有的微生物群体，从而研究消化道微生物组与宿主健康和疾病之间的关系。但是，消化道各区段的结构和功能有所不同，导致微生物群体形成的微生态系也具有差异。目前研究表明，整个消化道中微生物群的丰度和多样性受宿主微环境影响。消化道不同区域消化吸收营养素的独特功能决定了微生物群的不同。无论是胃液的酸度、胆汁酸和胰腺分泌物的理化性质、小肠巨大的消化吸收表面，还是结肠中水分的吸收和粪便的形成，这些特性都会产生重要的微环境条件，从而决定微生物群落的组成和生理功能。消化系统不同节段局部的氧含量、生物营养利用率、pH、胆汁酸浓度、物质运转时间、黏液和免疫因子水平等都是微生物定植繁殖的重要决定因素，它们共同作用的结果塑造了微生物群落的结构。此外，外环境变化也可以通过影响内环境而发挥影响微生态的作用。

三、消化道微生态系的组成

1. 口腔微生态系　消化始于口腔，通过牙齿、舌头和唾液分泌物之间的协调作用来促进咀嚼食物和通过酶消化大量营养素。多种因素可影响口腔微生物的组合，包括表面结构的差异、表面的功能和剥落、唾液含量和成分以及营养流和氧气的水平等。口腔内微生物群所在微生态区域如牙齿、牙龈、舌头、硬腭和软腭黏膜以及扁桃体都是独特且高度分化的结构。口腔微生物群与远端消化道相比存在较大差异，口腔微生物群落复杂多样，包含 700 多种细菌，近 200 亿个微生物。作为将部分消化食物导入胃部的导管，食管为微生物群和宿主免疫因子提供

了一个独特的微环境。食管微生物的组成与口腔微生物的组成相似,也具有与环境相适应的不同菌群。

2. 胃微生态系 胃部微生物数为 $10^1 \sim 10^3$ CFU/ml 胃液。虽然胃部 pH、黏液浓度及蠕动作用都对微生物的生长有重要影响,而且大多数细菌在 pH 为 2.5 时被显著抑制,但胃部微生物群仍多种多样,尤其是在胃充盈时。胃部微生物具有重要功能,例如胃部微生物可能会影响饥饿激素释放水平,从而影响宿主的代谢。正常胃微生态失衡可能导致幽门螺杆菌的增生而引发胃炎,甚至胃癌。

3. 小肠微生态系 小肠是消化和吸收的主要部位。小肠中单层高度极化的肠上皮细胞(IECs)包含多种细胞类型,比如吸收细胞、杯状细胞、潘氏细胞、簇生细胞、内分泌细胞等。多样的细胞类型赋予了微环境的复杂性,决定了微生物的丰度、多样性和功能。由于小肠有胆囊和胰腺的开口,胆汁酸、胰液和少量胃酸的存在造成了不均匀和不适宜的 pH 环境,并且小肠比大肠的排空速度更快,因而与大肠相比,小肠中微生物数量较低。当小肠内容物发生淤积时,小肠内微生物群表现出更大的多样性和丰度。

十二指肠内存在 $10 \sim 10^3$ CFU/ml 微生物。其微生物的丰度低归因于运输时间短、含氧量高、pH 水平不均以及胆汁酸和消化酶的存在。尽管数量不多,但十二指肠中微生物群对宿主功能具有重要影响,在调节宿主对营养素的生物利用率方面有重要作用。

空肠微生物群落估计由 $10^4 \sim 10^7$ CFU/ml 组成。影响空肠微生物群的因素包括饮食种类、氧气水平、胆汁酸、运输时间和黏液厚度。脂溶性维生素是在空肠部位被吸收和转化的。肠道菌群参与了维生素 B 和维生素 K 的合成。维生素 B_2 和维生素 B_{12} 可以由枯草芽孢杆菌、乳酸杆菌、大肠埃希菌、双歧杆菌等菌属产生。肠道菌群也能合成其他类的 B 族维生素,如叶酸等。大肠埃希菌还能合成维生素 K。将粪便菌群移植到无菌小鼠中后,可引起空肠转录组快速的功能性变化,并对消化吸收功能有显著影响。

回肠作为胆盐等营养物质的主要吸收部位,菌群的组成与机体代谢密切相关。回肠微生物群有 $10^3 \sim 10^8$ CFU/ml,主要由兼性和专性厌氧菌组成。特定的微生物群落成员可以改变回肠的基因图谱。例如,多行拟杆菌(*B. thetaiotamicron*)可显著增加回肠隐窝中辅脂肪酶基因和许多与肠屏障功能、免疫应答和宿主异生素代谢等相关基因的表达。回肠末端是黏膜免疫的重要部位,此处的黏膜较薄,并且潘氏细胞可产生较为广泛的先天免疫因子(如 AMPs),同时包括抑菌肽、C 型凝集素和防御素。各种与微生物相关的分子模式包括 LPS、肽聚糖、鞭毛、细菌 DNA/RNA、真菌细胞壁和脂质 A 都可以诱导 AMP 和其他黏膜适应性免疫组分(比如 IgA)的表达。回肠的固有和适应性免疫功能都受到肠道微生物的显著影响。

4. 大肠微生态系 基于具有食物残渣储存能力、传输缓慢、中性环境等特点,大肠具有更丰富的微生物种类和数量。以结肠为例,尽管它的长度较短,但传输时间比小肠久,较厚的黏液层将大多数微生物与上皮细胞分隔开来,因而微生物含量高于小肠,结肠微生物群有 $10^{10} \sim 10^{12}$ CFU/ml。结肠具有功能性的独特区域,其中盲肠和结肠的近端区域是微生物发酵的主要部位,而远端结肠进行液体和电解质交换,因而结肠黏膜相关微生物群存在区域异质性,在短链脂肪酸(SCFAs)的产生、初级到次级胆汁酸的转化和胃肠道运动性的调节等功能上表现不同。

结肠中专性厌氧菌如 *Clostridia*、*Eubacteria* 和 *Roseburia* 发酵复杂的糖类和纤维,产生短链脂肪酸(SCFAs),比如醋酸、丙酸、丁酸和戊酸等,它们是结肠细胞的主要能量来源,可以激活结肠和外周组织中的 G 蛋白耦联受体(GPCRs)发挥作用。结肠通过一系列微生物处理可将初级胆汁酸(primary bile acids, BAs)转化为超过 20 种类型的次级胆汁酸(secondary bile acids)(图 13-2)。*Clostridium*、*Lactobacillus*、*Bifidobacterium*、*Bacteroides* 和肠道病原体如 *Listeria* 等可通过编码胆盐水解酶(BSH)发挥这种功能。

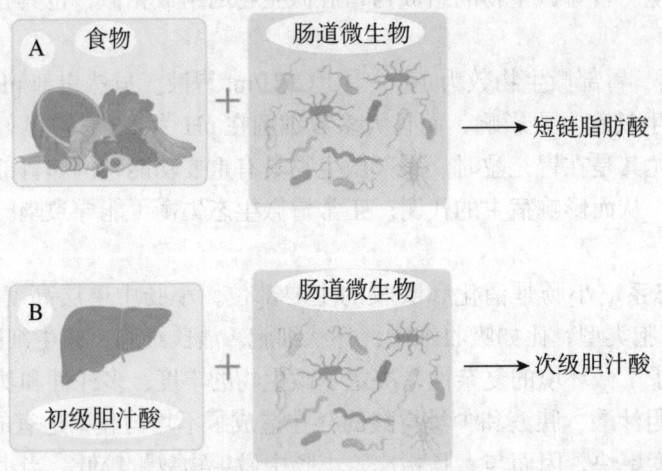

图 13-2 肠道微生物代谢产物

5. 其他微生态系 除肠道以外，在人体的其他部位也存在由正常微生物群和宿主环境形成的微生态系，比如皮肤微生态系、呼吸道微生态系、泌尿生殖道微生态系等，面部各个部位也有微生态系存在。这些微生态系中的微生物群各有差别，与所处微环境相适应，并且不同个体结构也存在差异。应用微生物传统方法研究显示皮肤表面的常驻菌群有：葡萄球菌、链球菌、类白喉棒状杆菌、铜绿假单胞菌、丙酸杆菌、白假丝酵母菌、非致病性分枝杆菌等。人体鼻咽腔表面的常驻菌群有葡萄球菌、甲型和丙型链球菌、肺炎链球菌、非致病性奈瑟菌、类杆菌等。人体外耳道表面的常驻菌群有葡萄球菌、类白喉棒状杆菌、铜绿假单胞菌、非致病性的分枝杆菌等。人体眼结膜的常驻菌群有葡萄球菌、干燥棒状杆菌、非致病性奈瑟菌、枯草杆菌、青霉菌、曲霉菌、丛霉菌等。人体尿道表面的常驻菌群有葡萄球菌、类白喉棒状杆菌、非致病性分枝杆菌、乳杆菌等。人体阴道表面的常驻菌群有乳杆菌、类白喉棒状杆菌、非致病性分枝杆菌等。这些人体体表和体内的已知的正常微生物群在维持人体上皮黏膜结构和黏膜功能的发挥中起到了重要的作用。

（肖 晶 文 姝）

第三节 微生态系统的功能

一、基本功能

人体的正常微生物群从出生开始就定植于人体与外界相通的腔道中，并且随机体生长发育和衰老伴随始终，成为机体的一部分。由人体各处微生物群所形成的微生态系在维持人体机能、功能调节及维持机体内环境稳态中发挥重要作用。

人体微生物群具有参与代谢、刺激免疫、保护黏膜屏障、拮抗致病菌定植以及信息传递等诸多功能。在此基础上，可以发挥促进机体发育，调节消化、神经、呼吸、心血管、泌尿生殖、血液、免疫等系统功能的作用。人体各个微生态系之间联系紧密并相互作用。各个微生态系中的菌群不仅影响局部的功能，也会影响全身各处微生态系的组成和功能。这种相互作用体现了各微生物群之间的信息传递功能。以肠道微生态系为例，肠道菌群不仅影响肠道的功能，还可以通过肠-肝轴、肠-肺轴、肠-脑轴、肠-心轴和肠-肾轴等功能轴影响肠外靶器官如肝、肺、脑、心和肾等器官的功能。当肠道微生物群失调时，失调的微生物群和代谢产物通过受损的肠道黏膜屏障进入循环系统和淋巴系统；也可通过肠神经系统等途径影响肝、肺、脑、心和肾等器官功能；可能促进或加重脂肪肝、哮喘、神经退行性疾病、心血管疾病和肾病等的发生和发展。此外，参与代谢与免疫调节作用是各微生物群发挥功能的基础。

二、代谢功能

在消化道定植的微生物群与其所在的消化道环境形成了消化道微生态系统，广泛参与了宿主的代谢过程，其机制非常复杂。宿主与其宿主微生物之间以微生态区域特异性的方式进行双向交流，包括物质流、能量流和信息流等，从而在机体的消化和吸收调节中发挥作用。微生物群具有的各种酶是机体营养物质消化吸收过程的重要组成部分；微生物群也可以分解体内的药物和毒性物质，维持机体功能。此外，微生物群中许多种属可以合成机体所必需的维生素等重要营养物质。在上述过程中，微生物代谢产生的丰富的代谢产物不仅参与了机体的物质和能量代谢过程，而且具有保护黏膜和血脑屏障、调节免疫稳态、保护神经系统等多种功能。

1. 提供消化酶 肠道微生物群具有产生帮助宿主消化营养物质所需的部分消化酶的功能。肠道微生物群具有产生降解蛋白质、脂类、糖的酶和其他消化道转化酶的能力。肠道微生物群产生的参与机体多种代谢过程的消化酶主要有β-糖苷酶、β-葡糖醛酸酶、硝酸还原酶、偶氮还原酶、硝基还原酶、氨基酸脱羧酶、氨基酸的脱氨基酶、黏膜氧化酶等。

2. 合成人体必需的维生素和其他重要的营养物质 肠道微生物群具有合成多种人体必需的维生素和其他重要营养物质的功能。肠道菌群参与了维生素B和维生素K的合成。

3. 参与药物代谢 肠道微生物群是参与药物代谢的重要因素之一。许多中药的有效成分被肠道菌群代谢后发生转化，产生具有较强药理活性的代谢产物。例如，京尼平苷在体内经肠道菌群代谢成京尼平后，可以更好地发挥促进胆汁分泌的药效。

4. 肠道微生物群代谢产物的功能

（1）短链脂肪酸（short chain fatty acids，SCFAs）：SCFAs如乙酸、丙酸和丁酸等是结肠细胞的主要能量来源，可促进肠道黏膜屏障的完整性和功能。SCFAs不仅可增强机体适应性免疫细胞的抗炎特性，也对全身包括糖脂代谢在内的一系列生理过程产生重要影响。SCFAs在肠腔内的浓度是影响结肠内pH变化的一个重要因素。肠道菌群表达酶类受pH值的影响，SCFAs对肠道内外源性物质及致癌物质的代谢具有重要作用。

（2）胆汁酸：初级胆汁酸（鹅脱氧胆酸和胆酸）在肝中由胆固醇生成，并由肠道微生物群转化为次级胆汁酸（去氧胆酸和石胆酸）（图13-2）。胆汁酸通过与多种受体结合，如跨膜G蛋白耦联受体5（TGR5）和胆汁酸核受体FXR（farnesoid X receptor），启动胆汁酸相关的信号传导途径，在维持机体糖脂、水电解质和免疫稳态中发挥重要作用。

5. 影响胃肠动力 机体的消化吸收功能与胃肠动力密切相关，而胃肠动力受到微生物类型和其代谢产物的影响。无菌小鼠胃肠动力减弱且运输时间增加。肠道微生物可以通过产生SCFAs引发肠道蠕动，也可能产生色氨酸增加结肠中的肠嗜铬细胞，从而产生更多的5-HT刺激胃肠动力。

三、免疫功能

正常微生物群在维持人体免疫防御、监视和免疫调节中扮演着重要的角色。胃肠道黏膜相关淋巴组织是重要的外周免疫器官之一，是发生局部适应性免疫应答的主要部位。微生物群对免疫的形成具有重要影响。出生后免疫系统处于持续发育过程，需要不断接受外界抗原刺激。目前认为，肠道微生物群的建立对机体免疫系统发育起着非常关键的作用，可能是促进出生后肠道黏膜免疫系统发育和成熟的基本条件。正常微生物群还可影响机体的免疫功能和调节作用。在微生物群的形成或代谢产物变化过程中，微生物群与宿主免疫系统之间的动态交互作用对于维持局部和全身的免疫稳态至关重要。

1. 微生物群与免疫系统发育 人体免疫系统的发育是在出生后逐渐完成的。最新双胞胎队列研究证据显示，机体中免疫系统的发育同肠道中数以万亿的微生物菌群的发育是同步的，微生物群为免疫系统的发育和功能提供了重要的信号。在新生儿期，中枢免疫器官（胸腺、骨髓）发育成熟，T、B淋巴细胞免疫建立，但外周免疫器官（淋巴结、脾、黏膜相关淋巴组织）尚未完全形成，体液免疫尚不发达。肠道微生物群对免疫细胞的发育和功能具有重要影响，可以通过促进免疫细胞的成熟和增殖，调节免疫细胞的活性和分泌免疫相关分子，从而增强免疫系统的应答能力。肠道黏膜相关淋巴组织（gut-associated lymphoid tissues，GALT）亦称肠道黏膜免疫系统，由派尔集合淋巴结、肠系膜淋巴结、孤立淋巴滤泡（isolated lymphoid follicles，ILFs）、上皮间淋巴细胞和弥散性分布在黏膜固有层的免疫细胞和免疫分子组成。派尔集合淋巴结和肠系膜淋巴结等肠道相关淋巴组织的发育从出生前胎儿期开始。这些组织的成熟，包括组织大小的增加和生发中心的发育（淋巴结中B细胞的增殖、分化）都依赖于出生后微生物的定植。研究表明，无菌小鼠派尔集合淋巴结、肠系膜淋巴结和脾白髓发育不良，表现为仅有极少的生发中心、淋巴细胞数量极少；无菌小鼠的ILFs也没有发育完全。肠道菌群可能是促进肠道黏膜免疫系统发育和成熟的基本条件；因此，无菌动物的免疫水平低下，免疫球蛋白（Ig）含量降低，其中以IgG、IgM和IgA降低最为明显。肠道微生物群也可促进分泌型免疫球蛋白A（secretory immunoglobulin A，sIgA）分泌细胞的发育。

2. 微生物群与固有免疫 固有免疫系统主要由黏膜屏障、固有免疫细胞和免疫分子组成。固有免疫细胞主要包括吞噬细胞、树突状细胞、NK细胞、NKT细胞、肥大细胞、嗜酸性粒细胞和嗜碱性粒细胞等，在机体的防御中发挥重要作用。正常微生物群对促进固有免疫细胞的免疫功能尤为重要，可调节固有免疫细胞如黏膜相关恒定的T淋巴细胞（MALT）、γδT细胞、3型固有淋巴细胞（ILC3）和恒定自然杀伤T细胞（invariant natural killer T cells，iNKT cells）等的活化和功能。杜克大学医学院科学家发现，肠道微生物群可刺激小肠产生血清淀粉样蛋白A（Saa），对中性粒细胞功能产生重要影响，可限制其异常活化、降低炎症及杀菌潜力，同时也可以增强其迁移到伤口的能力。肠道中的奇异变杆菌（P. mirabilis）可使$CCR2^+$单核细胞中的NLRP3激活，增加IL-1β分泌。此外，研究显示，无菌小鼠的iNKT细胞与普通小鼠有显著差别。微生物来源的核黄素代谢产物可促进MALT的发育，而共生菌诱导产生的细胞因子IL-1β和IL-23可激活γδT细胞，这两种细胞都能产生IL-17A，继而诱发炎症。相反，分节丝状菌（SFB）的定植可促使ILC3细胞产生IL-22，进而发挥抑炎作用。机体的补体系统是宿主重要的固有免疫系统组成部分，无菌小鼠补体基因呈现低表达，说明正常微生物群可能促进机体补体基因的表达。研究表明，放线菌属、拟杆菌属等菌属细菌的变化对编码补体成分的基因表达有调节作用。

3. 微生物群影响适应性免疫

（1）肠道微生物群影响适应性免疫水平：肠道菌群定植可促进效应T细胞（Th2、Th17等）、调节性T细胞（Treg）和B细胞的适应性免疫应答。研究发现肠道微生物群对肠道T细胞亚群的诱导是建立宿主微生物平衡所需的许多免疫适应的一个重要组成部分。黏膜组织中对不同 CD4$^+$T 细胞亚群的诱导体现了对肠道微生物定植的一种适应。肠道 CD4$^+$T 细胞组由功能多样的亚群组成，其中辅助性 T 淋巴细胞 1 型（Th1）、Th2、Th17、T 滤泡辅助（TFH）和调节性 T（Treg）细胞是肠道中最突出和最有特点的 T 细胞群体。肠道共生细菌和真菌及其代谢物对 T 细胞功能的调控具有重要作用。多种特定的病原体定植于无菌小鼠导致 CD4$^+$T 细胞在肠道固有层内聚集，被诱导的 CD4$^+$T 细胞亚群的性质则取决于细菌及其代谢物的种类。分节丝状菌和双歧杆菌的定植可促进 Th17 细胞的局部分化；梭状芽孢杆菌定植促进了 RORγt$^+$Foxp3$^+$Treg 细胞的聚集，并反过来限制结肠 Th2 和 Th17 细胞的作用。

同样，肠道菌群的调节作用也代表了促进和维持外周 B 细胞谱系多样化的实质性进化力量。相比于无菌小鼠，具有正常肠道微生物群的小鼠其肠道、骨髓和脾中具有更多的发育 B 细胞。肠道菌群定植对小鼠 B 细胞受体（B cell receptor，BCR）库的多样性也有影响，并主要发生于 B 细胞分化成熟的终末期，可造成 BCR 库 V、D、J 基因的重排编辑，从而影响肠道固有层 B 细胞 BCR 重链和轻链 CDR3 组库的多样性。通过对无菌小鼠与普通小鼠生命早期肠道微生物群多样性与后期机体体液免疫分子水平的对比研究发现，肠道菌群的定植影响体液 IgE、IgM、IgA、IgG1 等分子的水平，并可诱导肠道固有层和派尔集合淋巴结的 B 细胞分泌 IgA、IgM、IgG 增加，其中 IgA 升高最明显，而分泌 IgE 减少。特殊的菌属定植可以影响适应性免疫的水平。

（2）肠道微生物群失调造成适应性免疫紊乱：正常情况下，肠道微生物群与宿主免疫系统保持平衡状态，从而维持机体稳态。一旦这一平衡被打破，将导致众多免疫相关性疾病的发生。研究发现，许多免疫紊乱相关疾病如风湿性关节炎、食物过敏、多发性硬化、炎症性肠病（inflammatory bowel disease，IBD）、系统性红斑狼疮等的发生发展过程中均伴有肠道微生物群的失衡现象。肠道微生物群失衡可以通过影响抗体的表达和 T 细胞的分化从而影响疾病的发生。肠道微生物群能够维持机体体液免疫的稳定。长期灌服抗生素可导致菌群失调，免疫屏障破坏，肠黏液中 sIgA 浓度降低；IgA 的缺陷进而增加 IBD 和其他过敏性疾病的发生。IgA 能够调节肠道微生物群的分布及基因表达和流动，从而维持肠道稳态。IgE 是过敏性疾病发生的重要免疫标志，新生无菌小鼠的 B 细胞以 CD4$^+$T 细胞和 IL-4 依赖的方式在黏膜部位同种型转换成 IgE，提示菌群定植与 IgE 表达密切相关。研究显示，过敏性湿疹患者存在 Th1/Th2 比例失衡现象，肠道菌群紊乱可能与 Th1/Th2 的失衡相关。多发性硬化患者肠道微生物群中普雷沃氏菌和狄氏副拟杆菌显著减少，伴随 Treg 细胞功能的下降；相反，多发性硬化患者嗜黏蛋白阿克曼氏菌显著增多，可能通过促进 Th1 或 Th17 细胞分化而参与炎症反应。因此探索肠道微生物菌群与宿主免疫的相互作用将有助于解析很多疾病发生发展的机制，探寻针对微生物群失衡的疾病诊疗新策略。

4. 正常微生物群与机体的免疫调节　肠道菌群不仅能够影响宿主的基础免疫功能，还能够影响宿主的免疫调节功能。Treg 细胞是 CD4$^+$CD25$^+$T 细胞的一个亚群，具有免疫调节活性，在机体免疫稳态中至关重要。它与 Th17 细胞相互拮抗，共同调节机体的免疫应答。Treg 细胞与自身免疫性疾病和超敏反应性疾病等多种临床疾病关系密切，其分化和发育受到多方面的调节和影响。肠道菌群能够诱导 Treg 细胞的发育和分化。无菌小鼠结肠中 TGF-β、IL-10 等细胞因子水平以及 Treg 细胞数量均较少，有肠道菌群的正常小鼠结肠 Treg 细胞数量是无菌小鼠的 2～3 倍。而当结肠固有层有梭状芽孢杆菌属的细菌定植时，无菌小鼠 Treg 细胞的数量显著增加。此外，肠道菌群代谢产生的各种分子也能够影响 Treg 细胞的分化和发育。如前所述，SCFAs 是肠道菌群的代谢产物，研究表明，肠道菌群产生的 SCFAs 能够调节结肠 Treg 细胞数量的平衡；肠道菌群紊乱会破坏机体 Treg 细胞和 Th17 细胞之间的平衡，引起和促进很多自身免疫性疾病和超敏反应性疾病的发生。

（凌宗欣　朱　亮）

第四节　微生态系统的自我调节

一、微生态系统的交流和运转

大量证据表明，微生物存在于广袤的宇宙空间之中。微生物是先于人类"来到"地球空间的，上至大气层，下至地表下几十公里的土壤之中都有微生物的存在。人类、动物、植物的出现在地球上要显著晚于微生物，所以微生物伴随人类、动物、植物生长、发育以及演化的全过程。微生态系，指正常微生物群及其寄居的宿主微环境形成的能独立进行物质、能量、基因和信息交流的相互依存和相互作用的系统，是微生态研究的重点。微生态系的环境简称微环境，特指生物环境。各微生态系既具备独立的，也具有相互依存和相互作用的物质、能量、基因和信息的交流。

二、微生态与机体稳态

微生物群与其宿主之间所形成的微生态系统是维持机体稳态不可或缺的重要因素。机体稳态是生理学的一个重要的基本概念。Claude Bernard 在提出内环境概念时指出，机体内环境的成分和理化性质是稳定的，而内环境稳定既是细胞维持正常生理功能的必要条件，也是机体维持正常生命活动的必要条件，在高等动物中更是如此。20 世纪初美国生理学家 Walter Cannon 最先使用了"homeostasis"这个词汇来表述这种状态。内环境稳态也称为内稳态，就是指在正常生理状况下机体内环境的各种成分和理化性质在很小的范围内发生变动。内环境的稳态始终处于一种动态的平衡，这种动态平衡存在于机体的分子、细胞、组织器官和系统各个层面之中。机体的内稳态既受机体内环境各种成分和理化性质的影响，也受微生物群的调控。正常情况下机体体内和体表的微生物群在机体正常的生理状况下也会发生很小范围的波动，然而如果这种变化超出了一定范围，则会导致机体各种生理功能的改变，所以微生物群影响机体的内稳态。与机体内环境稳态一样，微生态本身也具有稳态，微生态的稳态也是整个机体稳态维持的基础。

生命与其环境之间形成了被称为统一体的生态系统。生态系统的稳定是相对的，取决于生命和环境的稳定性。生命的稳定性与环境的稳定性之间既有联系又相互独立，生命是环境中的生命，因而脱离不了环境的作用，环境的明显改变必然对生命产生重大的影响。由微生物群所形成的微生态系统的稳定首先取决于机体的稳定，之后才是微生物群的稳定性。这或许解释了为什么微生物群稳定性的改变有时并不显著影响机体稳定性。比如微生物群中某些微生物的种类和数量变化，并不导致机体呈现可见的变化，康白教授称之为微生态的"比例失调"或"一度失调"。在临床上，仅是微生态系的波动有时并不导致临床症状或只引起轻微症状。微生物群的失调对机体疾病的影响也许是一种"伴随"关系，但当这种"伴随"关系超出正常波动范围时，则极有可能会影响机体的功能和疾病的发生和发展。微生物群的失调尺度虽"小"，却不能被忽略。因为如果微生物群与机体之间所形成的多生命体组合处于不稳定状态，则势必会影响机体的健康。微生物群的失调产生的影响通常是长期的，但通常是可逆的。

三、微生态系统的自我调节

微生态系统存在自我调控作用，当遭到外来因素的破坏后具有自我修复的能力；自我修复的能力通常具有一定的限度，超过限度后则需要采用人工方法协助恢复。研究表明，成年机体肠道菌群在遭受破坏后，具有很强的复原力。人们观察到通过短期高剂量的灌服抗生素造成小鼠肠道微生物群的紊乱后，其肠道菌群具有很强的修复能力。同样，临床试验表明，接受4种抗生素治疗的患者30天后位于其肠道的微生物群便能够恢复到正常水平。还有研究发现，健康受试者摄入抗生素期间肠道微生物抗生素抗性基因富集，而停药后机体内的常驻菌群可恢复到基线水平。然而，临床上也有抗生素干预停用4周后粪便菌群多样性和丰度以及肠黏膜结构没有完全恢复的结果出现。

微生态系统自我调节能力的大小与微生物群的多样性有关。微生物的多样性允许系统中存在功能冗余，从而使得系统更加稳定。因此，多样性决定了稳定性。此外，饮食因素在机体微生态系统的自我恢复过程中也有重要作用。膳食营养产生的代谢物是肠道微生物群与机体免疫和营养之间的重要连接桥梁，对于调控机体稳态有重要作用。饮食因素既会致使菌群丰度改变，也会影响其生长动力学。饮食因素通过影响菌群结构和生长环境在机体微生态系统的自我恢复过程中发挥重要作用。因此，微生态系统正常微生物群的自我调控展示了微生态与机体的反馈控制关系，与机体其他系统的反馈调控具有相似的特征，只不过这种反馈机制还有待于进一步的深入研究。

知识拓展

微生态系的人工调节

随着微生物组研究的进展，纠正菌群紊乱的方式也逐渐多元化。目前调节菌群紊乱的方式主要包括益生菌、益生元、合生素、粪菌移植、后生素、抗生素、噬菌体等。益生菌的概念不断演变，从起初的直接与共生菌相互作用维持肠道菌群平衡，优化原籍菌的菌种，扩展到影响原籍菌之外物质的作用机制的菌种，给予其更广作用范围的可能性。益生菌通过产生有机酸、抗菌物质等，直接与肠道菌群发生反应，调节菌群平衡；也可以通过产生小分子物质、酶、短链脂肪酸等代谢产物，直接与宿主反应，调节免疫和代谢功能，修复屏障功能等。大量数据支持坏死性肠炎、抗生素相关性腹泻、幽门螺杆菌感染、排便频繁、婴儿肠绞痛、溃疡性结肠炎、肠易激综合征、急性腹泻、艰难梭菌相关性腹泻、新生儿脓毒症成为特定益生菌菌株的适应证。益生菌的作用效果与菌株特性、宿主性质以及基础菌群相关。

益生元的概念也经历了大幅度的变迁，将益生元的成分从以碳水化合物为基础的多聚寡糖拓展到非碳水化合物；扶持对象从双歧杆菌、乳酸杆菌拓展到所有对健康有益处的微生物；应用部位也不再仅限于消化道。益生元的关键在于可以被代谢并产生健康益处。现有研究表明，常驻菌群发酵益生元可以产生短链脂肪酸抑制致病菌生长，增强机体免疫力，调节免疫、降低湿疹发病率，防治过敏，促进钙吸收，提高肠功能，提升屏障功能。产生的短链脂肪酸还可以通过多个途径提升食欲。此外，随着研究的不断深入，除了益生菌和益生元外，合生制剂的概念也发生了深刻变化。

粪菌移植是一个有希望全面调节菌群失衡的方法。粪菌移植在艰难梭菌感染中的应用较广，效果比较稳定。在IBD中的应用效果不尽如人意，个体差异大。近年来发现，粪菌移植对艰难梭菌感染的治疗机制可能主要是菌群产生的胆汁酸对艰难梭菌的抑制作用。虽然粪菌移植引发了研究和应用热潮，但死亡病例的出现对供体和受体的筛选提出了新的要求。专家们已经提出了有关粪菌移植的专家共识。

基于菌群分泌、修饰或降解的小分子调控宿主健康的疗法称为后生元疗法。后生元疗法不以菌群为靶标，而是靶向菌群下游通路，通过外源给药或抑制代谢产物，恢复菌群代谢物的平衡，抵消/纠正微生态失调的影响；具有低毒性、剂量和给药途径符合药物代谢动力学原则、可多途径给药、稳定的体循环等潜在优点，但因其半衰期短，需重复给药；代谢物具有多重功能，且大多数代谢物功能尚不清楚，需要更多研究阐明这一复杂性问题。

（唐 立）

思 考 题

1. 简述微生态学与微生态系的基本概念。
2. 列举消化道微生物群结构的影响因素。
3. 总结人体微生态系的基本功能。
4. 分析微生态系统微生物群的多样性与自动调节能力的关系。

第十四章 衰老

第十四章数字资源

衰老是生命的基本现象。随着社会经济和医药卫生事业的持续发展，人均预期寿命日益延长，老龄人口比例逐年升高。现阶段我国对于老龄的分期采用1982年世界卫生组织提出的标准：60岁及以上即为老年人，80岁以上称为高龄老人，90岁以上称为长寿老人。随着时代的进步，百岁老人数量逐年增加。当一个国家的老年人口比例达到总人口的10%时，该国家即成为老龄化国家。我国已于2000年进入老龄化社会，20多年来人口老龄化程度进一步加深。2020年第七次全国人口普查结果显示，我国60岁及以上人口为2.6亿，占18.70%，其中65岁及以上人口为1.9亿，占13.50%。与2010年相比，60岁及以上人口的比例上升5.44%，65岁及以上人口的比例上升4.63%。

老年人群的健康状况个体差异极大，衰老的速度和程度因人而异。因此在老年医学中，通常采用两种方法来表示年龄：① 时序年龄，即实际年龄，取决于出生日期；② 生物年龄，即生理年龄，取决于组织器官结构、功能的老化程度。因目前尚无统一的生物年龄评价方法，本章所述的衰老仍基于时序年龄。

面对人口老龄化趋势，国际社会先后提出了"健康老龄化"和"积极老龄化"的理念。"健康老龄化"指个人在进入老年期时，在躯体、心理、智力、社会、经济5个方面的功能仍能保持良好状态。目标在于整体提高老年群体的生命长度和生活质量，关注"健康预期寿命"。2016年我国人均健康预期寿命为68.7岁。"积极老龄化"内涵和目标比"健康老龄化"更全面，以"独立、参与、尊严、照料和自我实现"为原则，指人到老年依然拥有获得健康、参与和保障的最佳机会，可以实现提高生活质量的目标。

 知识链接

70多年来中国人均预期寿命的变迁

世界卫生组织将人均预期寿命作为衡量一个国家人民健康水平的主要指标之一。2019年，我国人均预期寿命达到77岁，比1949年新中国成立时的不足35岁翻了一番还多。实现国民健康长寿，是国家富强、民族振兴的重要标志。2016年我国颁布的《"健康中国2030"规划纲要》中提出，要把健康摆在优先发展的战略地位，要全方位、全周期维护和保障人民健康，并将"人均预期寿命达到79岁"列为届时预期达到的主要健康指标。几千年来我国人民心中长寿安康的美好愿望，如今正在变为现实。

本章将从衰老的概念、表现和机制、衰老的人体变化和延缓衰老的策略展开介绍。

第一节 衰老的概念、表现和机制

一、衰老的概念

衰老（aging，senescence）是指生物体整个生命周期中的一个随时间进展而表现出的形态和功能不断衰退的过程。衰老有多种不同的定义，通常认为，衰老是随时间推移及其与环境相互作用而出现的分子、细胞、机体结构与功能的随机改变。衰老属于自然生命现象，不是疾病，但衰老是多种重大疾病（如高血压、脑卒中、冠心病、糖尿病、肿瘤等）的危险因素。衰老的原因来自人体内部，并受环境因素影响。

二、衰老的表现

人类个体的衰老是缓慢、渐进、不可逆的过程。机体衰老以细胞总体衰老为基础，细胞衰老与机体衰老密切相关。各器官细胞的衰老导致了整体的衰老。

（一）细胞衰老

细胞衰老（cellular senescence）是指细胞停止分裂，体积变大，扁平铺展，染色质出现点状凝集，颗粒物增加的状态。人体的细胞不断衰老与死亡，同时又有细胞增殖来补充，呈现出一种动态平衡的过程。对多细胞生物而言，细胞衰老与机体的衰老是不同的概念。个别细胞，甚至是某些组织中的许多细胞衰老，只要不发生在重要器官，只要存在细胞增殖和干细胞分化补充，并不影响机体的生命。各种细胞的寿命差异巨大。能够保持持续分裂能力的细胞不易衰老，如各类干细胞；分化程度高而又不分裂的细胞则容易发生衰老，如成熟红细胞。

细胞衰老主要表现为对环境变化适应能力和维持细胞内环境稳态能力的下降。衰老细胞具有3个主要的特征：①细胞增殖受抑制；②抗细胞凋亡；③复杂的衰老相关分泌表型（senescence-associated secretory phenotype，SASP）。衰老细胞的胞内大分子组成发生改变，蛋白质合成减少，稳定性降低，酶活性下降，端粒（telomere）缩短，膜流动性降低，受损的生物分子在胞内积累。对于出生后不分裂的细胞（如心肌细胞、神经细胞）而言，衰老变化更多地表现在自噬功能和线粒体功能的失调等。

细胞衰老包括3种类型：复制性衰老（replicative senescence）、早熟性衰老（premature senescence）和发育性衰老（developmental senescence）。

复制性衰老是指细胞分裂达到一定的代数后出现的衰老现象，细胞分裂能力减退直至丧失，该类细胞衰老可检测到端粒的明显缩短。端粒是位于染色质末端的特殊结构，可保护末端染色体，使其在DNA复制过程中不被降解。衰老细胞的端粒长度缩短到一定程度时，染色体变得不稳定，细胞发生死亡。干细胞终身有自我复制的能力，这种能力依赖于端粒酶（telomerase），可在端粒末端增加碱基对。端粒酶活性在大多数体细胞都是很低的。1952年，Peter Medawar率先指出衰老是生殖后自然选择力下降的结果。经历反复增殖的、端粒酶低活性的细胞可能继承了缺陷染色体，从而发生细胞衰老。1961年，Hayflick首次描述了体外培养的人类细胞增殖分裂次数是有限的，他们将分离的人胚成纤维细胞在体外培养，发现细胞经过数次群体倍增后，其中一些细胞就不再分裂，这种细胞群体倍增有限次数后即不再分裂的现象被称为海弗利克极限（Hayflick limit）。这一发现纠正了当时的细胞永生化学说，因此诞生了一个新的研究细胞衰老的分支领域——细胞老年学（cytogerontology）。

早熟性衰老又称为应激性衰老，是指细胞经过诱导物处理后在很短的时间内出现的衰老现象。过氧化氢、射线、毒物等均可作为诱导物。此类细胞衰老不出现端粒缩短。

发育性衰老是指在胚胎发育过程中检测到的细胞衰老，该机制参与器官重塑。

（二）器官和整体衰老

人体结构成分在衰老过程中表现为机体水分减少、细胞数量减少和脂肪增多。机体水分减少主要表现在细胞内含水量下降，可从年轻时的42%降为年老时的35%。老年时各器官细胞萎缩、死亡，总的细胞数量减少，最终导致器官重量和全身体重减轻，器官功能衰退。衰老时伴随新陈代谢率降低，摄入的多余能量转化为脂肪进行储存。器官结构的衰老性改变可导致器官功能的减退。循环、呼吸、消化、泌尿、感官、神经、生殖系统等均呈现老年性改变（详见本章第二节相关内容）。

器官功能的减退可继而损害机体维持内环境稳态和适应外界变化的能力。组织细胞对胰岛素敏感性降低，糖耐量下降；蛋白质代谢以分解代谢为主；脂质的合成和分解代谢功能减退。血钠浓度逐渐增高，骨钙丢失。衰老白细胞功能降低，淋巴组织重量减轻，淋巴细胞数量减少，抗感染能力减退。

三、衰老的机制

衰老的机制非常复杂，是多种因素综合作用的结果。细胞总体的衰老是整体衰老的基础。与衰老相关的主要生化反应包括自由基氧化损伤和非酶糖基化修饰。衰老有十二大共同特性，包括：基因组不稳定性、端粒损耗（telomere attrition）、表观遗传学改变、蛋白质稳态丧失、大自噬失能、营养物质感知失衡、线粒体功能障碍、细胞衰老、干细胞枯竭、细胞间通信异常、慢性炎症和微生态失调（dysbiosis）。

衰老级联变化可从宏观到微观分为如下4个层次：整体功能衰退和疾病易感性增高；器官系统水平的免疫、代谢和内分泌功能障碍；细胞功能紊乱；生物分子稳态的丧失。每个层次内部的功能紊乱以及不同层次之间联系的异常可导致衰老表型（aged phenotype）和疾病易感。

（一）整体功能衰退和疾病易感性增高

老年人各器官均出现退行性变化，与组织水平的细胞数量和组成改变有关。整体衰老是众多人类疾病的主要危险因素，心血管疾病、神经退行性疾病、肿瘤、肌肉减少和骨质疏松症、代谢综合征等均与生理功能减退有关。生理性衰老表现为如下5个方面：①机体维持内环境稳态的功能减退；②机体储备功能减退；③机体抵抗力减弱；④机体活动及适应能力下降；⑤发生老年人心理变化。

（二）器官系统水平的功能障碍

器官系统水平的功能障碍源于细胞水平的生理活动失调，如细胞因子分泌失调，又与各类整体水平的衰老表型有联系。慢性炎症（chronic inflammation）、营养感知失衡导致的代谢异常（metabolic deregulation）、内分泌功能障碍（endocrine dysfunction）是3个器官系统水平功能障碍的典型代表。

免疫系统功能健全时，炎症有助于清除病原微生物、修复受损组织。衰老时发生慢性、低度炎症反应,与老年病的发生发展有关,阻断慢性炎症可减轻老年性疾病。炎症和衰老的联系密切,可用炎性衰老(inflammaging)来描述老年人的低度炎症反应状态。

目前已知,4条保守的营养感知通路在衰老时发生失调:①胰岛素/胰岛素样生长因子1通路;② Sirtuin 类蛋白去乙酰化酶和辅酶烟酰胺腺嘌呤二核苷酸(NAD$^+$)通路;③单磷酸腺苷活化的蛋白激酶(adenosine monophosphate-activated protein kinase,AMPK)通路;④哺乳动物雷帕霉素靶蛋白(mammalian target of rapamycin,mTOR)通路。其中下调通路①、④或上调通路②、③均可延长实验动物的寿命。

慢性炎症与代谢异常可互相影响。慢性炎症可降低胰岛素敏感性,减少外周组织对营养物质的利用。过多的营养物质堆积又可反过来促进低度炎症反应。

知识拓展

衰老时营养感知通路的失调

营养感知通路失调是衰老的一个突出特征,新陈代谢、细胞内信号转导和生物体寿命之间存在密切联系。模式生物秀丽隐杆线虫的 *daf-2* 基因是哺乳动物胰岛素/胰岛素样生长因子1受体的同源基因。缺失 *daf-2* 基因的线虫寿命是正常线虫的2倍。线虫 *daf-16* 基因的人类同源基因 *FoxO3A GG* 纯合基因型与男性百岁老人群体的高胰岛素敏感性有关。Sirtuins 活性和 NAD$^+$ 水平随增龄而降低。Sirtuins 作为一种代谢调节剂,控制对热量限制的反应并能预防与年龄相关的疾病。mTOR 通路被营养物质(如氨基酸)或激素(如胰岛素)激活。mTOR 的下调可普遍延长包括哺乳动物在内的多种生物的寿命。AMPK 作为能量感受器,被胞内 AMP/ADP 的比值升高而激活,进而抑制 mTOR 信号通路和 Akt,转录激活 *FoxO* 和 *Sirt1*。

(三)细胞功能紊乱

在细胞层面,衰老的许多特征与干细胞的损伤和耗竭相关。不同类型细胞的衰老是机体老化的主要原因。衰老的细胞伴随功能紊乱(表14-1),细胞衰老机制复杂,涉及诸多环节。

1. 干细胞衰老　积累的基因组损伤会损害正常干细胞的功能,破坏组织稳态。衰老的干细胞表现为长寿相关蛋白减少、异染色质稳定性降低、慢性炎症和代谢失调,反过来又进一步驱动细胞衰老。

2. 细胞呈现衰老相关的分泌表型(SASP)　衰老细胞分泌一系列细胞因子、趋化因子、生长因子和蛋白酶,此种分泌表型有利于招募免疫细胞来清除衰老细胞,修复受损组织。但是 SASP 诱导的慢性、持续炎症可损害正常生理功能,促进细胞衰老。

3. 线粒体衰老　衰老细胞中线粒体的特征性改变包括生物合成减少,氧化磷酸化效率降低,线粒体 DNA 突变积累和胞内活性氧(reactive oxygen species,ROS)增加。渐进性的、增龄相关的线粒体呼吸链功能衰退可导致电子漏和 ROS 生成增加。虽然适度的线粒体应激,如线粒体未折叠蛋白反应(unfolded protein response,UPR)可通过重建稳态而有助于长寿,但过度的线粒体应激所导致的功能异常会造成增龄性损害。

4. 代谢失衡和内质网应激　蛋白质折叠受损或代谢失调,如能量或营养物质耗竭、胞内钙水平异常、氧化还原失衡等,可激活健康细胞中的内质网未折叠蛋白反应。老化细胞中此类问题加剧,而内质网未折叠蛋白反应能力却降低。适度的内质网应激有助于重建稳态,过度且持续的内质网应激则会促成不良炎症反应和细胞凋亡。

5. 细胞降解蛋白质的能力降低 细胞自噬-溶酶体系统和泛素-蛋白酶体系统功能缺陷与多种老年病密切相关。上调这两个系统的功能有助于延长实验动物的寿命。

表 14-1 年轻与老年细胞功能的比较

	年轻细胞	老年细胞
细胞周期	正常	阻滞
线粒体呼吸链	有效的氧化磷酸化	功能衰退导致胞内活性氧生成过度
生物合成	有序	低效,内质网应激过度
自噬-溶酶体系统	功能正常	功能发生缺陷,导致异常蛋白质堆积
细胞分泌	适当	衰老相关的分泌表型

(四)生物分子稳态的丧失

老年机体无法完全修复源于环境危害和细胞稳态失衡造成的危害,从而导致生物大分子功能异常。在分子层面即表现为生物分子稳态的丧失。

在 DNA 水平,基因组稳定性下降。表现为:①DNA 修复相关调节因子或蛋白的表达减少,导致 DNA 损伤积聚;②逆转录转座子激活,发生基因组插入突变;③端粒损耗导致体细胞的染色体结构发生改变;④在增殖细胞中,染色体分离误差导致复制应激。有些基因控制着机体的衰老进程,这些基因被称为衰老相关基因(senescence-associated gene)。在对模式生物秀丽隐杆线虫的研究中,首次发现单一基因 *age-1* 即能决定寿命的长短。*Klotho* 基因是在哺乳动物体内第一个被发现的衰老相关基因,过表达该基因可延长生命、低表达该基因可加速衰老。基因异常可导致早衰,如 Werner 早老综合征是一种第 8 号染色体短臂基因突变导致的隐性遗传病。表观遗传学修饰,包括 DNA 甲基化、组蛋白甲基化和乙酰化,在衰老时发生显著改变。其中 DNA 甲基化被认为是生物年龄的良好标志物。

在蛋白质水平,分子伴侣的功能和受调控的蛋白水解随增龄而减退。蛋白质组发生广泛的重构。蛋白质的增龄性损伤和改变是衰老表现的直接原因。

第二节 衰老的人体变化

一、心血管系统衰老

老年心血管系统发生形态学改变,进而引起功能学变化。血管老化被认为是多种疾病的独立危险因素。

(一)心脏

1. 形态学改变 心肌细胞数量从 30~40 岁开始即发生增龄性减少,并伴有细胞体积增大。可见心室肥厚,尤以左心室明显,室间隔厚度增加。伴随心肌肥厚而发生神经末梢与毛细血管分布相对不足。心肌细胞老化的表现包括核内染色质聚集、核内包涵体增多,核仁变大,线粒体数目减少,脂褐素沉积于细胞核的两极等,可引起细胞内蛋白质合成障碍、稳态失衡和线粒体功能障碍。老年心肌成纤维细胞增殖导致间质胶原蛋白沉积，促进心肌纤维化，使其顺应性明显下降。老年心脏传导系统细胞成分减少、纤维组织增多、发生脂肪浸润。冠状动脉扭曲和扩张，发生退行性钙化。

2. 电生理改变 窦房结自律性降低，最大心率和固有心率降低。随着年龄的增长，窦房结中肾上腺素受体的数量呈下降趋势，导致如下两个与年龄相关的心脏功能的变化：①在机体代谢需求增加时，增龄可放缓心率的增速，老年人需要更长时间来适应代谢需求的增加；②肾上腺素受体随增龄而减少，意味着能够达到的最大心率变小，因此在高强度运动时心输出量变小。老年人交感和副交感神经的敏感性降低，对窦性心律的调节能力下降，窦性心动过缓较窦性心动过速更常见。静息心率轻度降低，心率储备明显下降。窦房结自律性降低削弱了对心脏潜在起搏点的控制，容易发生心律失常。神经冲动传导速度减慢，房室延搁时间延长，传导系统组织的钙化和纤维化可引起传导阻滞。心电图呈现老年化改变：P波和QRS波群振幅降低，T波低平，P-R间期、QRS时程和Q-T间期轻度延长。

3. 泵血功能改变 心肌收缩力下降，等容收缩期室内压上升速度变慢，从而使等容收缩期延长，血流速度减慢。心输出量随增龄而逐渐下降。静息心指数降低。增龄性心肌收缩力下降和最大心率降低对于静息状态下的泵血功能影响较小，却降低了心力储备。70岁老年人的心力储备只相当于40岁时的50%。心力储备降低与心肌肥大、冠脉供氧减少、心肌细胞线粒体老化等有关。

心肌顺应性降低，舒张和收缩功能下降，首先出现舒张功能下降。老年人心肌的收缩和舒张时间延长。当心肌间质结缔组织增生导致心肌细胞被胶原包裹与分隔时，心肌的兴奋-收缩耦联将受到损害。

（二）血管

老年人血管中弹性蛋白断裂和胶原蛋白沉积，导致主动脉周径增大，弹性及伸展性降低。动脉硬化导致内壁所承受的负荷增加，易诱发内膜损伤，可呈现粥样变性。老年人脉压增高，收缩压升高明显。小动脉硬化和内皮细胞功能紊乱可造成年龄依赖性的外周阻力增加，舒张压常有增高，所以平均动脉压一般也增高。

静脉内膜增厚，弹性减退，管腔扩大，可容纳更多的血液，造成外周静脉压降低。静脉瓣萎缩易引起静脉曲张。

组织毛细血管密度降低，部分毛细血管完全闭塞。毛细血管脆性增加，通透性降低，血流缓慢，导致组织供氧不足。

（三）心血管活动的调节

老年人血管对压力变化的反应性降低。动脉硬化导致压力感受器传入冲动减少。心肌交感神经末梢所含的去甲肾上腺素总量下降，且心肌对儿茶酚胺的反应能力减退，导致压力感受性反射的传出效应亦受损。这些变化使老年人易发生直立性低血压，运动时的收缩压和平均动脉压又明显高于年轻人。肾素-血管紧张素-醛固酮系统活性降低，血浆血管升压素水平升高，心房利尿钠肽水平增高。老年人血管对缩血管物质更敏感而对舒血管物质反应性降低。

（四）冠脉循环

老年人冠脉血流量减少，心脏舒张功能障碍导致舒张期血供受损，心肌供血不足。心肌内冠脉血管床减少，冠脉储备能力降低，应激时会产生明显的缺血缺氧。

二、呼吸系统衰老

人体肺的成熟度和功能在 19～25 岁达到峰值，并在 35 岁之前保持稳定。此后肺功能逐渐下降。

（一）形态学改变

老年人气管和支气管黏膜上皮纤毛变稀、出现倒伏、摆动频率和力度降低。小气道杯状细胞增加，黏液分泌亢进且易潴留。肺泡巨噬细胞和间质巨噬细胞吞噬与清除能力下降，呼吸道防御功能降低，易发生感染。

肺泡上皮细胞数量减少，肺泡壁弹力纤维减少，胶原纤维增加，肺泡回缩力减弱，气道缩小。肺泡数目减少，剩余肺泡代偿性扩张，形成老年性肺气肿。肺泡壁变薄，肺泡总面积减小。

老年人呼吸肌纤维减少，肌肉萎缩，非功能性脂肪组织增多。膈肌变薄，肌力下降。老年胸廓常呈"桶状"，胸腔前后径变大而横径变小，与脊柱退行性改变和骨质疏松导致的椎骨前端压缩大于后部，形成胸椎后凸有关。肋软骨钙化和关节硬化使肋骨活动度减小，整个胸廓的活动受限。

（二）肺通气和肺换气功能

老年人胸壁硬度增加、肺弹性回缩力下降、呼吸肌萎缩导致肺活量呈进行性减退。补呼气量和补吸气量呈现显著下降，残气量随着增龄而增加。呼吸频率增高。最大通气量减小，60 岁时其水平降至年轻时的 50%。用力肺活量、第一秒用力呼气量明显下降。胸廓顺应性显著下降。小气道管腔狭窄可导致气流阻力增大。Ⅱ型上皮细胞萎缩导致肺表面活性物质产生减少，易发生肺萎陷和肺水肿。

肺通气-血流比例失调、肺泡壁胶原纤维成分增多、呼吸膜有效面积减小、呼吸膜气体扩散距离增大等可使肺换气功能降低，从而造成肺泡气与动脉血之间的氧分压差加大。

（三）气体运输和呼吸运动的中枢调节

老年人动脉血氧分压总体上维持在 80 mmHg 左右。老年时血红蛋白与氧的亲和力减弱。二氧化碳由于扩散速度很快，老年人即使在运动时一般也不会引起二氧化碳潴留。

老年人的中枢和外周化学感受器对动脉血氧分压降低和二氧化碳分压升高的敏感性下降，化学感受性反射调节能力减退，运动时代偿性通气量增加的能力降低。

三、消化系统衰老

老年人消化系统从结构到功能发生一系列的退化。

（一）口腔与食管

老年人牙齿松动、脱落，咀嚼功能下降。随着味觉细胞的减少，对味道刺激不敏感。唾液腺逐渐萎缩，唾液分泌减少。食管的节律性收缩蠕动出现不协调，有时吞咽困难，并在情绪激动时加重。食管下括约肌萎缩、松弛，食物反流，易造成反流性食管炎。

（二）胃

随着年龄的增长，胃黏膜逐渐萎缩，胃腺体数量减少，胃蛋白酶分泌减少，但是胃酸的分泌不会降低。加上食管的蠕动功能及食管黏膜的修复能力减弱，老年人可出现严重的反流性食管炎。胃黏膜防御能力下降，使胃黏膜在胃酸等物质的侵袭下更容易受损。由于衰老的胃修复能力降低，容易导致瘢痕、狭窄，导致胃蠕动的减慢及生物电活动的紊乱，影响胃动力，进而导致胃排空延缓。此外，由于胃黏膜及胃腺体的萎缩，胃动素及胃泌素分泌减少。

（三）小肠

衰老可导致黏膜层萎缩，小肠绒毛高度、宽度和密度均降低，这些变化减小了小肠的吸收面积，是引起小肠消化和吸收功能减退的主要原因。随着年龄增长，肠道平滑肌萎缩，收缩功能下降，肠蠕动减慢甚至不蠕动，也严重影响了小肠的功能。此外，肠神经系统发生一系列变化，包括肠神经元数量减少和 Cajal 间质细胞（ICCs）丢失，也是导致胃肠运动功能异常的原因。

（四）肝、胆囊和胰腺

老年人肝的重量减轻，纤维组织增生，肝的解毒能力下降，合成和储备白蛋白的能力下降，肝血流量减少 35%~50%。胆囊变小、囊壁增厚、弹性减弱，胆汁浓缩并含有大量的胆固醇和胆红素，容易形成胆结石。胰腺的重量随着年龄的增加稍有减轻，分泌消化酶的腺泡数目减少，相应的酶量也随之减少。

四、泌尿系统衰老

随着年龄的增长，肾出现皮质体积逐渐减小，髓质体积逐渐增加，在 50 岁之前体积相对稳定。但是 50 岁之后，由于皮质体积的持续下降，导致肾体积减小，每 10 年肾的质量减小 10%。肾单位从 50 岁开始逐渐减少，70 岁时肾单位总量为青年人的 1/2~2/3。由于肾实质减少，肾功能减退，老年人肾的代偿能力较弱，当并发感染、免疫反应、应激、药物、中毒或其他重要器官衰竭时，很容易出现肾功能受损。

（一）肾血流的分布

肾血管硬化是肾衰老较重要的改变。老年人肾动脉明显硬化，血管内膜增厚；肾动脉血管弹性下降，入球小动脉堵塞，肾小球血流减少。在肾皮质，肾小动脉进行性纤维组织堆积，内膜增厚，并逐渐累及肾小球毛细血管丛，使肾小球萎陷，最终导致肾小球硬化而削弱尿生成功能。因肾小球萎缩及透明样变性而导致血流减少，硬化肾小球的入球及出球小动脉萎缩，或出现两者吻合；髓旁肾小球分流增加，使肾皮质血流减少。老年人肾由皮质向髓质的血流重分配现象是许多功能变化的结构基础。

（二）肾小球的滤过功能

随着年龄增大，肾小球数目逐渐减少，并出现肾小球内血管硬化、肾小球基底膜增厚，至 70 岁时肾小球数目减少 30%~50%。肾小球毛细血管透明样变性，毛细血管数量逐渐减少，而系膜组织不断增多。肾小球滤过率随增龄而降低，表现为尿素清除率、肌酐清除率下降。肌酐清除率在 40 岁以前通常较为稳定，之后每 10 年约减少 8 ml/(min·1.73 m^2)。老年人肾小球滤过功能的降低，可能会导致老年人在发生肾损伤时因肾储备减少，而增加急性肾功能损伤（acute renal injury，AKI）和进展为慢性肾脏疾病（chronic kidney disease，CKD）的易感性。

（三）肾小管的功能

老年人肾小管的衰老比肾小球更为明显。随年龄增长，由于血流动力学或血管变化而导致肾皮质血流量减少，可能会导致皮质肾小管周围毛细血管床灌注不足，导致肾小管细胞死亡，从而导致肾小管萎缩。此外，肾小球硬化症可导致附属的肾小管萎缩，因为肾小球毛细血管网络与肾小管周围毛细血管相连，上游的损伤会影响下游的毛细血管。因此，老年人的肾小管会发生明显萎缩，近端小管上皮细胞相对减少，刷状缘退化，基膜变厚，自噬体增多，溶酶体酶合成减少，酸性磷酸酶活性降低。远端小管最显著的变化是憩室数目增多，并随增龄而增加。憩室内含有机物及其他残渣，且窝藏细菌，并可逐渐扩大形成肾囊肿。

老年人肾小管功能的改变，包括维持水和电解质平衡能力下降、小管上皮离子转运功能受损、对药物及有毒物质排泄能力降低、尿液的浓缩稀释功能减退等。例如，老年人肾小管氨的产生减少，排泄酸的能力也较年轻人降低，近曲小管转运蛋白的功能逐渐减弱。老年人因肾上腺皮质球状带分泌醛固酮的能力降低，在钠摄入量不足的情况下，远曲小管对钠离子重吸收不足，肾的保钠能力明显下降，尿钠排出量和钠排出分数明显高于年轻人，容易导致失钠和脱水。

老年人尿浓缩能力降低的现象比其他肾功能的改变出现早，但进展缓慢，50岁以后尿最大浓缩能力每10年下降约5%。衰老肾中肾小管长度变短，数量减少，基底膜增厚，远曲小管对抗利尿激素的敏感性降低，对钠离子的重吸收减少；肾髓质血流量相对增多，使髓质的渗透梯度被破坏；功能性肾单位减少，这些原因都可以导致老年人尿浓缩功能降低。因此，老年人饮食不当或给予利尿剂治疗时，容易发生低钾、低钠血症。

（四）尿的排放

老年人输尿管肌层变薄，支配肌肉活动的神经减少，输尿管收缩力降低，使泵入膀胱的速度变慢，且易反流。老年人膀胱的变化主要是肌肉萎缩，肌层变薄，纤维组织增生，易发生憩室。由于膀胱容量减小而出现尿频、夜尿和残余尿量增多，75岁以上老年人残余尿可达100 ml。随增龄膀胱括约肌萎缩，支配膀胱的自主神经系统功能障碍，致排尿反射减弱，缺乏随意控制能力，常出现尿频或尿意延迟，甚至尿失禁。膀胱的尿潴留，加上膀胱抵抗细菌的能力减弱，因而泌尿系统感染的发生率增加。

五、特殊感觉器官衰老

（一）眼

人的视力在青年时最佳，45岁以上出现老化，60岁以后视力逐渐减退。眼的衰老过程是渐进的，主要表现为视觉功能减退与各部组织的老化。视觉功能的减退包括视力下降、感光性能和辨色能力下降、眼的调节功能减退等。

1. 眼的折光系统　老年人角膜边缘部位由于毛细血管的硬化闭塞，出现环形浑浊。角膜后表面由单层扁平的六角形内皮细胞构成，此细胞不具有再生功能。随着年龄的增长，内皮细胞逐年减少，密度降低，剩余的内皮细胞扩张变形。因此老年人的角膜对损伤内皮细胞的因素（如手术、外伤、化学性刺激）更为敏感。

晶状体蛋白分为水溶性与水不溶性两种，老年人及白内障患者，水溶性晶状体蛋白的比例减小。由于晶状体核随年龄不断增大、变硬、弹性降低，导致视近物时的调节能力减退，出现老视。

50岁以后玻璃体因衰老而逐渐失水、浓缩、液化变性、出现色泽改变。玻璃体内包涵体逐渐增加，引起飞蚊症现象。尤其是近视患者还可以导致玻璃体后脱离，引起闪光感，导致视网膜脱离。

2. 眼的感光系统 视网膜的老年性改变包括视网膜血管的老年性硬化，感觉上皮萎缩，色素上皮老化，视网膜周边部位变薄。视网膜细胞衰老始于30～50岁，进程缓慢，表现为感光细胞外段变短，与色素上皮的微绒毛分离，导致视色素减少，感光细胞功能下降。由于老年人的血管硬化，脂质代谢障碍及遗传等因素，易于患黄斑变性等老年视网膜病变，视力明显降低。此外，随着年龄老化，玻璃体会逐渐凝固而收缩、分离。玻璃体与视网膜分离时产生牵拉，剧烈时可导致视网膜脱离。

3. 其他附属结构 老年人皮肤萎缩变薄，弹性降低，腺体分泌功能下降，致使眼睑皮肤变黑、干燥、松弛，皱纹加深。由于眼睑与脂肪萎缩，导致眼球内陷，上睑赘皮下垂。

老年人结膜中分泌黏液的杯状细胞萎缩，使保护眼表面的泪膜稳定性降低，常伴随泪腺的老年性萎缩，引起泪液质与量发生改变，导致眼干燥症。

老年人虹膜色素减退，纹理不清，极易脱落。随着增龄变化，虹膜基质与括约肌萎缩，使老年人的瞳孔缩小，导致入眼光线减少1/3，影响老年人视力。

（二）耳

听力损失是与年龄增长相关的最常见的感觉障碍之一。

1. 外耳 老年人耳郭血管弹性降低，血运差，加之皮肤薄，皮下组织少，易于冻伤和感染。外耳道的皮肤毛囊、皮脂腺和耵聍腺逐渐萎缩，致使皮肤变薄、干燥、瘙痒，若有糖尿病、营养不良等情况，极易出现外耳道发炎。

2. 中耳 老年人易发生脂肪尤其胆固醇代谢障碍，导致鼓膜固有层脂肪沉积，严重者有钙化斑，鼓膜弹性降低，活动度降低，影响鼓膜的正常生理功能。年龄的增长可引起全身关节表面的退行性变，听小骨的退行性变也随着年龄的增长而加重，致使听骨韧带松弛，听骨关节纤维化甚至钙化，致使关节僵硬，听骨链活动度减弱，听力下降。此外，由于肌肉萎缩、腺体分泌减少等导致咽鼓管排泄功能障碍，老年人易发生咽鼓管的狭窄或闭塞，易导致分泌性中耳炎的发生。

3. 耳蜗 听力损失最主要的原因是内耳的退行性改变。老年人耳蜗内、外毛细胞数目均减少，70岁以后内毛细胞的平均消失率达35%左右，外毛细胞的平均消失率达55%。耳蜗内部听觉毛细胞的退行性变是引发老年性耳聋的最重要因素。若以螺旋器病变为主，则表现为高频音听力下降；若以螺旋神经节听神经萎缩为主，则主要表现为语言识别能力的减退；血管纹的变性和萎缩引起的耳聋，又称为代谢性老年性耳聋，表现为全听域听力下降。

（三）前庭器官

前庭器官的衰老变化首先表现为前庭感觉上皮的退变，主要表现为壶腹嵴和囊斑的感觉上皮细胞减少，感觉上皮囊性变。随着年龄增长，还表现为前庭神经的退变，其变化是前庭神经节细胞数目减少，前庭神经纤维减少，耳石也发生退变，表现为耳石数目减少、脱钙和形态异常。这些变化加之老年人前庭中枢的衰退和对外界反应能力的减低，致使老年人平衡功能减退，容易诱发眩晕。

六、神经系统衰老

人类神经系统的细胞,在出生后已不再分裂及增加,到达终极分化。当个体达到中年以后,随着年龄的增长,神经细胞逐渐发生衰老,终极分化的细胞渐渐趋向死亡,从而导致神经组织在形态学和生化方面发生一系列的变化,造成人的思维、认识、记忆、协调等脑功能的衰退。

(一)形态学改变

脑重量在 40 岁后随年龄增长而减轻,60 岁后可以看出较为明显的脑萎缩,70 岁时只有年轻时的 95%,80 岁时只有 90%,90 岁时只有 80%。脑的增龄性萎缩的发生率为 80%,表现为脑回变窄、脑沟加宽、脑室体积扩大,这些变化主要发生在脑皮质的额叶,其次是顶叶和颞叶,基底节和丘脑的体积也有所减少。

脑萎缩主要是神经元丧失,每年丧失成年初期的 0.8%,至 70 岁以后,某些脑区的皮质神经元将丧失 30%~50%,运动皮质与黑质的神经元减少 20%~50%,小脑浦肯野细胞减少 25%,而脑干、基底核等其他部位的神经元丧失不多。同时,轴突和树突也伴随着神经元的变性而减少,突触联系也随之减少。

此外,老年人脊髓的神经细胞数目(如前角和中间外侧柱的交感神经细胞)以及后根神经节细胞、周围自主神经节细胞数目也减少。周围神经的有髓鞘神经纤维随着年龄增长而减少,伴随着脊神经根和周围神经的轴突变性和再生,阶段性脱髓鞘和再髓鞘化。

(二)功能学改变

1. 神经递质的改变

(1)胆碱能系统:胆碱能缺陷常与认知功能的受损有关。虽然乙酰胆碱的合成酶在正常老年人仅显示轻度改变或不改变,但是老年人脑中胆碱能受体包括烟碱样受体和毒蕈碱受体均可出现改变,如皮质、海马和纹状体的毒蕈碱及海马的烟碱样受体均减少,丘脑内的烟碱样受体密度降低,而毒蕈碱受体却密度增加。

(2)儿茶酚胺类:正常老年人可出现某些儿茶酚胺能和 5-HT 能神经元的合成能力丧失。随着年龄的增长,尾状核、壳核和杏仁核内的酪氨酸羟化酶活性下降。纹状体多巴胺的浓度随着年龄的增长明显降低,到 75 岁几乎降低了 50%。

(3)氨基酸类:兴奋性递质谷氨酸在大脑皮质和脑干的浓度明显降低,而在小脑和脊髓中的浓度无明显改变。抑制性递质甘氨酸和 α-氨基丁酸在大脑、小脑和脑干中的浓度因衰老而增高,但在脊髓中的浓度不变。

(4)神经肽类:老年人壳核内 P 物质减少,额叶皮质、尾核、苍白球、丘脑和下丘脑的 P 物质不随年龄改变。正常老年人生长抑素水平在纹状体、额叶皮质、苍白球或黑质内无变化,神经肽 Y 也无改变。老年人黑质内神经降压素水平下降 40%,但是颞叶内的血管活性肠肽含量增加。老年人脑脊液中生长抑素和 β 内啡肽含量无改变。

2. 脑功能的变化 随着增龄的变化,正常成年人的步态逐渐变得犹豫而不坚定,两足分开呈一种宽底状、小步走的蹒跚步态,并具有早期帕金森病的一些特征,如弯腰、走路时两臂摆动减少。步态改变的主要原因有周围神经衰老,引起神经传导速度降低,肌肉萎缩及肌张力增高,更重要的是中枢神经系统的退行性变化。

在衰老过程中,神经突触的可塑性发生变化,常见的表现之一是记忆力的减退。老年人的记忆减退严格限于近期遗忘,中长期记忆仍能保留。痴呆患者可出现进行性的记忆损害。由于随之而来的语言功能障碍,最终使痴呆患者记忆能力测定变得困难重重,记忆能力损害严重者甚至丧失学习和形成新的记忆的能力。

老年人睡眠的总时间虽无明显改变，但睡眠常中断。慢波睡眠的第 4 期消失，第 3 期也几乎消失，因而深沉的睡眠期很短。随着年龄的增加，夜间入眠的时间呈进行性减少，约有 40% 的老年人患有失眠症。

七、内分泌系统衰老

机体的内分泌系统由不同组织和器官构成，影响机体生理活动。机体衰老时内分泌腺的变化十分复杂，许多变化相互关联和制约，共同维持机体稳态。

（一）下丘脑

随着增龄的发生，下丘脑出现退行性改变，表现为重量减轻、血供减少、结缔组织增加及细胞形态改变。一些学者认为"老化钟"位于下丘脑，其功能衰退使各种促激素释放激素分泌减少或作用减弱，接受下丘脑调节的垂体及靶腺功能也随之发生全面减退，从而引起衰老的发生与发展。接受下丘脑调节的垂体及靶腺随之发生一系列变化。在下丘脑-垂体-性腺轴，女性的卵巢功能开始衰退，雌激素水平显著降低，对下丘脑和垂体的负反馈减弱，导致血清中 FSH 和 LH 水平升高，而下丘脑内 GnRH 的活性降低；男性虽然不会经历睾丸间质细胞功能的快速减退及生育功能迅速丧失的过程，但是各层次腺体功能均会逐渐减退。对于下丘脑-垂体-甲状腺轴，临床研究显示垂体对外源性 TRH 的刺激反应随增龄而降低，甲状腺的摄碘能力及合成 T_3、T_4 的能力均降低。老年人的生物节律，尤其是昼夜节律都有改变，表现为神经内分泌系统对环境周期变化的反应能力下降，对光刺激和非光照性刺激的反应性减弱。下丘脑昼夜节律的调节障碍与老年人失眠、智力下降、抑郁等疾病发生密切相关。

（二）垂体

垂体功能的改变对老年人的代谢、应激、衰老等生理过程均具有重要影响。随着年龄增长，垂体重量减轻，血供减少，结缔组织增加，外形呈纤维性收缩和皱褶改变。绝经后女性卵巢分泌雌激素和雄激素水平迅速下降，而 FSH 和 LH 升高，至 75 岁后 FSH 和 LH 才开始下降。老年人基础或者激发后的 GH、IGF-1 水平都以每 10 年 14% 的速度逐渐下降。GH 分泌减少与 GHRH 下降、垂体对 GHRH 的反应降低、内源性生长激素释放肽的降低有关。晨间与夜间 GH 值无差异，表明 GH 与睡眠有关的昼夜分泌现象消失，可能进一步影响老年人的睡眠质量。老年人血清 ADH 浓度低于青年人，且老年人肾小管对 ADH 的敏感性降低，尿浓缩功能减退，这是老年人夜尿增多的原因之一。

（三）肾上腺

老年人肾上腺发生退行性改变，在遭遇超过适量的应激时可导致应激性失调，出现短期乃至长期或永久性应激病，甚至死亡。引起这些变化的重要原因之一是肾上腺皮质功能减退。老年人肾上腺皮质分泌的皮质醇昼夜节律维持正常，皮质醇分泌速率和排泄率均下降，导致老年人应对突发事件的应激能力下降。肾上腺皮质的雄激素分泌随年龄增长呈直线下降，尿中 17-酮类固醇排出量减少。由肾上腺产生的重要性激素前体 DHEA，无论男女都在 20 岁以后开始随年龄的增长而逐渐下降，到 70 岁后仅为年轻人的 10%，因此 DHEA 降低被作为衰老的一个标志，也称为肾上腺更年期（adrenopause）。DHEA 的高水平与寿命长、健康状况佳相关。肾素和醛固酮随增龄而降低，老年人对低盐饮食和利尿剂反应降低。醛固酮由肾上腺皮质球状带合成，其水平在基础和激发状态下（低钠、直立体位）均下降。ACTH 刺激的醛固酮释放正常，故醛固酮水平下降的主要原因为老年人肾素活性的下降。合并肾功能不全的老年人容易发生尿钠增多、低钠血症、高钾血症。由于醛固酮水平生理性下降，因此原发性醛固酮增多症的老年患者血、尿醛固酮水平可能在正常范围。

（四）胰岛

老年人胰岛细胞减少、脂肪浸润，体内胰岛素的生物活性明显降低，组织细胞膜上的胰岛素受体数目也逐渐减少。胰岛 α 细胞与 β 细胞的比率增高，即 α 细胞增多，β 细胞减少，胰岛增生能力逐渐下降。体内血糖水平逐渐增高，糖耐量呈进行性减退。老年人的胰岛素分泌功能改变，表现为老年人在空腹以及人为的高血糖状态下，胰岛素快速脉冲分泌幅度减小，慢速脉冲分泌的频率下降。葡萄糖耐量试验显示老年人的胰岛素分泌速率较年轻人慢，因此老年人更易患上 2 型糖尿病，且在危重病等应激状态下，较易诱发高血糖症及其他急性并发症。

（五）松果体

随着年龄增长，松果体分泌的褪黑素逐渐减少，60 岁时褪黑素的分泌水平下降为青春期的 1/5，有的甚至更少。因此，褪黑素调节人体生物节律的功能降低。老年人易出现睡眠障碍，免疫力低下，自主神经功能紊乱，内分泌功能失调等。

八、生殖系统衰老

（一）女性

女性 40 岁以后卵巢功能开始衰退，逐渐从绝经过渡期进入绝经期，60 岁时卵巢功能基本消失。女性进入绝经过渡期后，随着卵巢的老化，卵泡对促性腺激素反应能力下降，卵泡发育不良，排卵周期减少，黄体功能不全，继而出现无排卵月经。当雌激素水平下降至不能刺激子宫内膜增生时，月经即终止。女性在绝经前后会出现性激素波动或减少所致的一系列躯体及精神心理症状，即绝经综合征（详见第十一章相关内容）。绝经期骨丢失与雌激素撤退有关，骨丢失也可在老龄化背景下发生，后者一般从 40 岁就开始发生，两者很难区分。女性绝经前心血管疾病风险比男性低，HDL 浓度较同年龄的男性高，总胆固醇和 LDL 浓度较同年龄男性低，绝经期后的雌激素水平降低使血脂水平发生变化而与男性的血脂水平相同，心血管疾病风险增加而与男性相当，激素替代疗法可以减少这种风险。

（二）男性

成年男性随年龄的增长，性腺的结构和功能均有明显退化。50 岁以后，性腺组织逐渐萎缩，睾丸体积缩小，重量降低，性功能衰退。至 60 岁后，这一变化更加明显。老年人睾丸曲细精管的直径缩小，生精上皮变薄，生精细胞和间质细胞数量减少，并有细胞变性和单核细胞浸润等现象，生精能力逐步下降。老年期精子生成量减少，畸形精子的数量增多，精子活动能力降低，精液量较少，受精能力减弱。老年男性的性激素水平下降，性功能明显减退，如性欲降低、对性刺激的敏感性减弱、阴茎勃起障碍、射精无力等。50 岁以后，男性血中睾酮水平开始下降，游离型睾酮的浓度下降时间较结合型睾酮出现更早且更为明显，性激素结合蛋白随年龄增长而增高，血清 LH 水平有轻微增高。到老年时，机体内雄激素对一系列酶的诱导作用衰退，影响机体的抗氧化系统。老年男性血清睾酮水平下降，雌二醇水平增高，睾酮 / 雌二

醇下降，睾酮与过氧化脂质之间呈显著的负相关，与超氧化物歧化酶则呈正相关。睾丸内的脂肪、蛋白质和核酸的氧化损伤增加等因素均可导致生精细胞凋亡的数量上升。男性 50 岁以后，随年龄的增长以及睾丸结构和功能的衰退性改变等，机体可出现一系列的症状，如疲劳乏力、体力不济、前列腺肥大、阴茎勃起障碍、性欲下降、注意力难于集中、记忆力下降、情绪易激动、乳房肥大等，称之为男性更年期综合征。但是男性更年期的发生是一个比较缓慢的发展过程，大多数男性并不存在明显的不适。

九、皮肤衰老

皮肤是人体最大的器官，是保持机体正常生理活动的第一道防线。皮肤及附属结构的老化是最容易觉察到的直观现象，其中毛发灰白和皮肤皱纹是老年人最显著的特征性改变。

皮肤自然衰老的改变与环境中长期暴露于日光的改变是不同的，但是日光和紫外线的长期照射，对皮肤衰老具有促进作用。由于存在遗传和个体差异，皮肤老化出现的时间和变化并不相同。皮肤老化通常从 35 岁左右开始逐渐发生，随着年龄的增长，外观皮肤皱纹逐渐增多、加深，皮肤变薄，结构松弛。皮肤各层及脂肪发生萎缩以及感觉衰退，一般在 70 岁以后皮肤衰老变化趋于稳定。衰老皮肤的各种感觉减弱，表面的反应性及再生和愈合能力减弱，对不良刺激的防御等功能降低。

（一）表皮、真皮和皮下组织

表皮的衰老变化因部位而异，一般轻度变薄，由 19 岁平均厚度约为 34 μm，减少至 80 岁时的 27 μm 左右，剩余的细胞再生速度减慢，创伤后的愈合期延缓。但手足等受刺激的部位表皮常过度角化而增厚。衰老表皮基底层的黑色素细胞核分裂增加，使黑色素增多，以致老年人的肤色多为棕黑色，且由于老化细胞附着于表皮角质层，使皮肤表面变硬，失去光泽。

真皮中的成纤维细胞随着年龄增长，数量逐渐减少，同时细胞活性减弱，合成和分泌胶原蛋白（纤维）的速度和能力均降低，胶原的总量每年减少1%。由于胶原纤维和弹性纤维发生退行性变化，导致皮肤松弛与皱纹产生。细胞间的糖胺聚糖总量逐年减少，影响皮肤保持水分的能力。由于真皮内水分、皮下脂肪和皮脂腺分泌减少，可引起皮肤干燥、无光泽、皱纹加深以及弹性降低等，并易发生皲裂。

老年人由于皮下组织中的脂肪减少或消失，导致皮肤松弛，皱纹增多，甚至可以出现皱裂；皮肤易被擦破，形成褥疮，且不易愈合。

（二）皮肤附属结构

随着年龄的增长，头发花白被看作衰老的突出表现。老年人表现为毛发稀少、变白，生长速度减慢，脱落速度加快。由于毛囊下端生长毛发的毛乳头逐渐减少或萎缩，导致头发变稀，毛发的更新能力减弱，由粗长的毛发变为细短的毛发，甚至由细发变为秃发。毛发变灰白是由于毛囊基底部的黑色素细胞随年龄增长而减少、合成黑色素的功能减退、酪氨酸酶失去活性、毛干色素逐渐减少所致。白发出现的早晚也受精神因素的影响。受到年龄增长及性腺萎缩等因素的影响，老年人汗腺和皮脂腺退化。汗腺数量减少，分泌功能衰退，汗液分泌量减少。皮脂腺萎缩，皮脂分泌减少，皮肤和毛发失去光泽，皮肤干燥易痒。

（三）皮肤血管和神经

老年人由于动脉硬化，血管壁增厚，管腔变窄而影响外周血液循环，皮肤血管对冷热反应迟钝，影响体温调节。所以老年人冬季容易感冒，夏季容易中暑。老年人皮肤内的神经末梢密度减少，触觉小体、环层小体等均萎缩，故皮肤的感觉迟钝。血液循环功能减退可导致皮肤营养不足，故老年人皮肤伤口难愈合。

十、代谢、运动与免疫衰老

（一）代谢

老年人能量代谢率降低，物质代谢发生改变。糖尿病和肥胖、高血脂等相关代谢紊乱问题突出，使内分泌、营养和代谢疾病成为我国60岁及以上人口的主要死因之一。肌肉组织的减少使静息状态下的能量消耗减少，可导致老年肥胖。

老年人胰岛素分泌受损，胰岛素抵抗随年龄而增加，非胰岛素依赖的葡萄糖清除亦受损。老年人是糖尿病发生率上升最快的年龄段人群，超过20%的65岁以上老年人患有2型糖尿病。

老年人体内脂质转运和代谢发生改变。低密度脂蛋白受体数量随增龄而减少，使低密度脂蛋白分解代谢率降低，血浆中水平升高；脂蛋白脂酶活性降低，使餐后乳糜微粒和极低密度脂蛋白的清除速率减慢，脂质和脂蛋白易于在脂肪组织及血液中蓄积。卵磷脂胆固醇酰基转移酶活性降低，影响高密度脂蛋白中胆固醇酯化，干扰胆固醇逆转运及清除代谢。老年人的脂代谢异常与老年人糖尿病、原发性高血压等常合并存在，是构成老年人冠心病的危险因素。

（二）运动系统

增龄对神经肌肉接头、肌肉、骨骼和关节都有显著影响，从而影响老年人的运动能力。

老年人运动神经元轴突直径变细，神经元发生凋亡，神经肌肉接头呈碎片化表现，最终导致肌肉失去神经支配而发生萎缩。增龄伴随肌肉质量和收缩力量的减退，表现为肌肉细胞数量和细胞体积的减少，缺乏体力活动会加速肌肉组织的减少。肌肉力量和耐力的丧失，容易导致疲劳和腰酸背痛等症状。成骨细胞活性减弱，骨小梁变细，骨吸收大于骨形成。骨骼中的有机物质，如骨胶原、骨黏蛋白含量减少，骨矿物盐密度降低。因骨质萎缩、骨量减少，导致骨质疏松而骨骼发生变形，如脊柱弯曲、变短、身高降低、易发骨折等。骨量减轻开始于40岁左右。女性围绝经期骨量丢失突然加速，与雌激素水平降低有关。增龄导致的肾功能减退，使活性维生素D_3合成减少，血钙降低，刺激甲状旁腺激素分泌增加，可加速老年性骨丢失，参与老年骨质疏松症的发生。老化常伴有关节软骨、关节囊、椎间盘和韧带等发生退行性变化，使关节活动范围减少。加上脑功能衰退，活动减少，可导致动作迟缓、笨拙、步态不稳而容易摔倒。

（三）免疫功能

皮肤和黏膜构成机体防御外来生物的第一道防线，老年人的皮肤和黏膜防线防御能力下降，并常遭受既往感染或创伤损害，使病原容易入侵。65岁以上人群因感染性疾病导致的死亡率是年轻人群的3~4倍。固有免疫和获得性免疫功能均下降。

固有免疫细胞（如中性粒细胞和巨噬细胞）的数量并不随增龄而减少，但这些细胞的吞噬功能随增龄而逐渐丧失。

衰老导致胸腺显著萎缩，70岁时，产生T细胞的胸腺上皮减少90%，被脂肪和结缔组织取代，导致初始（未致敏）T细胞产生随增龄而减少。胸腺激素分泌减少，导致各类活化免疫细胞产生能力减弱和功能受限，对刺激的应答反应低下。骨髓干细胞分化形成B细胞的能力减弱，成熟B细胞的数量下降，免疫球蛋白生成减少。

第三节　延缓衰老的方式

虽然衰老无法被阻止，但是衰老的进程可以延缓。延缓衰老是指基于衰老机制，采用科学方法和手段减慢衰老进程的有效干预策略，与抗衰老（antiaging）具有相同的含义。延缓衰老的目标是以科学的态度解决老年健康的关键问题，实现健康老龄化，尤其是通过自我健康管理，低成本地维护健康，实现整个老年期基本生活自理。目前的科学研究显示，热量限制和适度运动均可以延缓衰老的进程和延长人类寿命，清除衰老细胞的药物亦对延缓衰老具有一定作用，干细胞及其活性因子、端粒酶以及衰老相关的信号通路和表观遗传学变化也是研究的热点，这些研究都有助于人类实现青春延长和享受健康状态相对较好的老龄生活。

一、热量限制

热量限制（caloric restriction，CR）指给予低热量但保持足量的蛋白质和微量元素食物的饮食方法，也称饮食限制（dietary restriction，DR）。我国传统文化中一直崇尚每餐七分饱的健康理念。1935 年，McCay 等首次报道热量限制能够延长动物的寿命。近 90 年来，大量实验已表明，热量限制是除遗传操作以外最强有力的延缓衰老的方法，被称为衰老研究领域最重大的发现。无论是对酵母、线虫、果蝇、啮齿类动物还是非人灵长类动物，热量限制均表现出延缓衰老、延长寿命的作用。同时热量限制还可推迟和降低多种老龄相关疾病如肿瘤、心血管疾病和 2 型糖尿病等疾病的发生发展。新近临床试验结果证实，适度限制热量摄入可通过改善代谢和免疫反应，对人体产生长期的有益影响。研究显示，热量限制具有降低氧化应激，提高机体对不良应激的适应能力，以及激活 SIRT 信号通路和降低 IGF-1 信号通路活性等作用。这些作用直接或间接调控细胞生长、线粒体功能和自噬，从而产生延缓衰老的效应。热量限制的策略已在很多动物实验中证明了其抗衰老效果，但对于人类而言，目前研究显示主要对超重或肥胖个体具有积极作用。

二、适度运动

合理的运动可以改善人体各器官系统功能，增强人体健康和延缓衰老。运动可引起机体组织、呼吸、循环和神经内分泌等系统的功能改变，通过长期合理的运动训练，可以使机体的功能维持在较好的状态，延缓衰老的过程，提高老年人的认知能力、活动能力和日常生活自理能力。与年龄相近的久坐个体相比，定期参加有氧运动的各年龄段的成年人均有着较低的心率和血压，血液中甘油三酯和低密度脂蛋白胆固醇的水平偏低，而高密度脂蛋白胆固醇水平则较高。此外，最近的一些研究表明，终生进行有规律的体力活动可能与阿尔茨海默病和帕金森病发病率的降低有关。运动延缓衰老的原因包括：可以增加肌肉的需氧量，使 ATP 合成能力增强，以及预防细胞储备能力的下降等。进行适度体育锻炼时，机体为响应肌肉活动量而增加血流量，从而增加氧气的输送量。氧供的增加活化了氧化磷酸化途径，从而减少了对糖酵解的依赖，并增加了脂肪作为能量底物的使用量，能够延缓衰老速率。

三、抗衰老药物

抗衰老药物的研究一直备受关注，目前已经发现多种可以通过不同机制促进健康寿命或延长寿命的抗衰老药物。首先，科学家们发现衰老的细胞在器官中累积，而清除它们可以延缓以及预防某些疾病。迄今为止，已经发现14种可靶向清除衰老细胞的"长寿药"（senolytics），包括小分子、抗体以及缩氨酸等，每一种药物都能够特定消除某种衰老细胞，其中达沙替尼可清除衰老的人类脂肪祖细胞，而槲皮素可以清除衰老的内皮细胞。其次，抑制mTOR信号通路不仅可延缓与衰老相关的疾病（癌症、心脏病和老年痴呆）的病情进展，延长生命，还能延缓正常衰老所带来的多种影响。再次，激活AMPK通路可以调控细胞生长和增殖、建立和稳定细胞极性以及调节动物寿命和调控生理节律。另外，研究显示，端粒长度与衰老密切相关，寻找能够激活端粒酶活性的分子是一种新型抗衰老策略，诱导自噬、激活质膜氧化还原系统、表观遗传学修饰等方面的抗衰老药物研究也仍在探索之中。

四、干细胞及其活性因子

干细胞（stem cells）是一类具有多向分化和自我更新能力的细胞群体，研究证实机体多种组织器官中均存在成体干细胞（adult stem cells），它们在特定条件下具有分化的潜能，发挥组织修复的作用。2007年英国科学家Anastasia指出成体干细胞对人体自我修复和组织再生至关重要，成体干细胞减少是人体衰老的主要原因。近年来，干细胞或干细胞来源的活性因子延缓衰老的研究也备受关注。主要策略包括通过各种方式激活内源性干细胞，促进组织修复、延缓衰老；直接注射干细胞或其分泌的活性因子，促进受损组织的修复；利用干细胞技术，制造正常的甚至更年轻的组织器官，替代病变或衰老的组织器官。尽管干细胞疗法在治疗各种疾病方面有很大的希望，但是仍有许多伦理、技术和科学方面的问题限制其发展，有待进一步研究。

（王铭洁　向秋玲　黎　静）

思 考 题

1. 以心血管系统衰老为例，理解衰老的级联变化。
2. 结合泌尿系统衰老的特征，分析衰老对尿生成各环节的影响。
3. 结合衰老发生的机制，思考可以针对哪些环节延缓衰老。

参考文献

[1] 管又飞，朱进霞，罗自强．医学生理学．4 版．北京：北京大学医学出版社，2018．

[2] 王庭槐．生理学．9 版．北京：人民卫生出版社，2018．

[3] 姚世豪，蒋乐健，管敏鑫．诺贝尔生理学或医学奖的课题是什么？生理学报，2022，74（5）：679-681．

[4] 张程，牛洋，刘佳佳．囊泡运输的功能与调控机制．中国细胞生物学学报，2014，36(9)：1218-1226．

[5] 管又飞，陆利民．生理学．3 版．北京：科学出版社，2021．

[6] 鲁友明，胡志安．生理学．北京：科学出版社，2022．

[7] 安云庆，姚智，李殿俊．医学免疫学．4 版．北京：北京大学医学出版社，2019．

[8] 曹雪涛．医学免疫学．7 版．北京：人民卫生出版社，2015．

[9] 李继承，曾园山．组织学与胚胎学．北京：人民卫生出版社，2018．

[10] 张之南，沈悌．血液病诊断及疗效标准．3 版．北京：科学出版社，2007．

[11] 陈灏珠，林果为．实用内科学．13 版．北京：人民卫生出版社，2009．

[12] 石云，曲丽芳．《金匮要略》救自缢死方法及对后世急救术的影响．时珍国医国药，2008，19（10）：2531-2532．

[13] 王建枝，钱睿哲．病理生理学．3 版．北京：人民卫生出版社，2015．

[14] 冯作化，药立波．生物化学与分子生物学．3 版．北京：人民卫生出版社，2015．

[15] 唐立，文姝，袁杰利，等．开拓创新锲而不舍的微生态学实践者——纪念康白教授诞辰九十一周年．中国微生态学杂志，2019，31（10）：1155-1157．

[16] 郝翠，王伟，张丽娟，等．老年生物学．北京：科学技术文献出版社，2018．

[17] 成蓓，曾尔亢．老年病学．3 版．北京：科学出版社，2018．

[18] 李法琦，司良毅．老年医学．3 版．北京：科学出版社，2017．

[19] Howard M F, Kenneth R, Young J．老年医学与老年学．白小涓，李小鹰，译．北京：科学出版社，2017．

[20] Hall J E. Textbook of medicine physiology. 14th ed. Philadelphia：Elsevier Saunders, 2021.

[21] Valentina L B, Neal S R. Pathophysiology. 8th ed. Philadelphia：Elsevier Saunders, 2019.

[22] Kaushansky K, Lichtman M A, Beutler E, et al. Williams hematology. 8th ed. New York：McGraw-Hill Education, 2010.

[23] Xu Z, Shi L, Wang Y, et al. Pathological findings of COVID-19 associated with acute respiratory distress syndrome. Lancet Respir Med, 2020, 8（4）：420-422.

[24] Hall J E, Hall M E. Guyton and Hall textbook of medical physiology. 14th ed. Philadelphia: Elsevier Saunders, 2021.

[25] Puchalska P, Crawford P A. Multi-dimensional roles of ketone bodies in fuel metabolism, signaling, and therapeutics. Cell Metab, 2017, 25 (2): 262-284.

[26] Cohen P, Kajimura S. The cellular and functional complexity of thermogenic fat. Nat Rev Mol Cell Biol, 2021, 22 (6): 393-409.

[27] Pan X F, Wang L, Pan A. Epidemiology and determinants of obesity in China. Lancet Diabetes Endocrinol, 2021, 9 (6): 373-392.

[28] De Cabo R, Mattson M P. Effects of intermittent fasting on health, aging, and disease. N Engl J Med, 2019, 381 (26): 2541-2551.

[29] Vasim I, Majeed C N, DeBoer M D. Intermittent fasting and metabolic health. Nutrients, 2022, 14 (3): 631-.

[30] Patterson R E, Sears D D. Metabolic effects of intermittent fasting. Annu Rev Nutr, 2017, 37 (1): 371-393.

[31] Tripolt N J, Stekovic S, Aberer F, et al. Intermittent fasting (alternate day fasting) in healthy, non-obese adults: protocol for a cohort trial with an embedded randomized controlled pilot trial. Adv Ther, 2018, 35 (8): 1265-1283.

[32] Luuk T R, Joep H M E, Anton J M R, et al. Hypertension: renin-angiotensin-aldosterone system alterations. Circ Res, 2015, 116 (6): 960-75.

[33] Osamu Y, Kenichi I, Daigoro H, et al. Electrolyte transport in the renal collecting duct and its regulation by the renin-angiotensin-aldosterone system. Clin Sci (Lond), 2019, 133 (1): 75-82.

[34] Bruce M K, Bruce A S. Berne and Levy Physiology. 7th ed. Philadelphia: Elsevier Saunders, 2018.

[35] Jamson J L. Harrison's Endocrinology. 3rd ed. New York: McGraw-Hill Education, 2013.

[36] Pittman Q J. A neuro-endocrine-immune symphony. J Neuroendocrinol, 2011, 23 (12): 1296-1297.

[37] Procaccini C, Pucino V, De Rosa V, et al. Neuro-endocrine networks controlling immune system in health and disease. Front Immunol, 2014, 5: 143.

[38] Ousman S S, Kubes P. Immune surveillance in the central nervous system. Nat Neurosci, 2012, 15 (8): 1096-1101.

[39] Roger B. McDonald. Biology of Aging. 2nd ed. Boca Raton: CRC Press, 2019.

[40] López-Otín C, Blasco M A, Partridge L, et al. Hallmarks of aging: An expanding universe. Cell, 2023, 186 (2): 243-278.

[41] Cai Y, Song W, Li J, et al. The landscape of aging. Sci China Life Sci, 2022, 65 (12): 2354-2454.

中英文专业词汇索引

5- 羟色胺（5-hydroxytryptamine，5-HT）167

Ⅰ型钠依赖葡萄糖转运体（sodium dependent glucose transporter type 1，SGLT1）16

A

ATP 敏感 K^+ 通道（ATP-sensitive K^+ channels，K_{ATP} 通道）384

阿黑皮素原（pro-opiomelanocortin，POMC）394

胺前体摄取和脱羧细胞（amine precursor uptake and decarboxylation cell，APUD cell）168

B

白体（corpus albicans）411
白细胞（white blood cell）58
胞吐（exocytosis）17
胞吞（endocytosis）17
胞饮（pinocytosis）17
胞质桥（cytoplasmic bridge）405
贲门腺（cardiac gland）171
苯乙醇胺 -N- 甲基转移酶（phenyleth- anolamine-N-methyltransferase，PNMT）397
比奥呼吸（Biot breathing）159
比顺应性（specific compliance）131
壁内神经丛（intramural nerve plexus）165
壁细胞（parietal cell）171
编码（coding）283
补呼气量（expiratory reserve volume，ERV）135
补吸气量（inspiratory reserve volume，IRV）135
不完全强直收缩（incomplete tetanus）48
布伦纳腺（Brunner's gland）184

C

Cajal 间质细胞（interstitial cell of Cajal，ICC）162
餐后碱潮（postprandial alkaline tide）172
长度 - 张力关系曲线（length-tension relationship curve）45
长时程抑制（long-term depression，LTD）267
长时程增强（long-term potentiation，LTP）267
长吸式呼吸（apneusis）152
肠激酶（enterokinase）180
肠泌酸素（entero-oxyntin）176
肠脑（brain of the gut）165
肠神经系统（enteric nervous system，ENS）165
肠嗜铬细胞（enterochromaffin cells）167
肠嗜铬样细胞（enterochromaffin-like cells，ECL cells）167
肠 - 胃反射（entero-gastric reflex）175, 178
肠抑胃素（enterogastrone）175
超常期（supranormal period）29
超极化（hyperpolarization）19
超射（overshot）19
潮气量（tidal volume，TV）135
成熟卵泡（mature follicle）410
初潮（menarche）416
初级精母细胞（primary spermatocyte）405
初级卵泡（primary follicle）410
传导（conduction）25
传入侧支性抑制（afferent collateral inhibition）280
串联性突触（serial synapses）278
雌二醇（estradiol，E_2）411
雌激素（estrogen）410, 411
雌三醇（estriol）411
雌酮（estrone）411
次级精母细胞（secondary spermatocyte）405
次级卵泡（secondary follicle）410
促离子型受体（ionotropic receptor）33
促胃液素（gastrin）167, 174
促胃液素释放肽（gastrin releasting peptide，GRP）174
促性腺激素释放激素（gonadotropin-releasing hormone）408
促胰液素（secretin）167, 181

D

大小原则（size principle）47
单胺氧化酶（monoamineoxidase，MAO）398
单纯扩散（simple diffusion）12
单个单位平滑肌（single-unit smooth muscle）48
单收缩（single twitch）47

单突触反射（monosynaptic reflex）276
胆固醇（cholesterol）9
胆囊胆汁（gallbladder bile）182
胆盐（bile salt）182
胆盐的肠-肝循环（enterohepatic circulation of bile salt）184
胆汁（bile）182
蛋白激酶（protein kinase）35
等长收缩（isometric contraction）45
低常期（subnormal period）29
第二信使（second messenger）34
第二性征（secondary sex characteristics）404
第一信使（first messenger）34
第一性征（primary sex characteristics）404
电触发钙释放（electro-induced calcium release）43
电-机械耦联（electromechanical coupling）50
电紧张电位（electronic potential）27
电紧张扩布（electrotonic propagation）27
电突触（electrical synapse）262
电压门控离子通道（voltage-gated ion channel）13
电阈（electrical threshold）163
顶体反应（acrosomal reaction）417
动毛（kinocilium）337
动作电位（action potential, AP）21
窦前卵泡（preantral follicle）410
窦状卵泡（antral follicle）410
多巴胺β-羟化酶（dopamine β-hydroxylase）399
多个单位平滑肌（multiunit smooth muscle）48
多突触反射（multisynaptic or polysynaptic reflex）276

E

儿茶酚-O-甲基转移酶（catechol-O-methyltransferase, COMT）398
儿茶酚胺（catecholamine）398
儿茶酚胺分泌性肿瘤（catecholamine-secreting tumors）398
耳石（otolith）339
耳石膜（otolithic membrane）339
耳蜗（cochlea）333
耳蜗内电位（endocochlear potential, EP）335
耳蜗微音器电位（cochlear microphonic potential, CM）335
二价金属转运体1（divalent metal transporter 1, DMT1）194
二磷酸磷脂酰肌醇（phosphatidylinositol-biphosphate, PIP_2）36
二棕榈酰磷脂酰胆碱（dipalmitoyl phosphatidyl choline, DPPC）132

F

发绀（cyanosis）146
发酵（fermentation）190
发生器电位（generator potential）283
反极化（contrapolarization）19
反射的局限化（reflex localization）279
反射的扩散（reflex generalization）279
反射弧（reflex arc）276
反射时间（reflex time）278
反向转运（antiport）16
反向转运体（antiporter）16
放射冠（corona radiata）410
非Ca^{2+}依赖性收缩（Ca^{2+}-independent contraction）50
非定向突触（non-directed synapse or non-targeted synapse）267
非条件反射（unconditioned reflex）276
非突触性化学传递（non-synaptic chemical transmission）262, 267
肺表面活性物质（pulmonary surfactant, PS）132
肺活量（vital capacity, VC）136
肺扩散容量（diffusion capacity of lung, D_L）143
肺扩张反射（pulmonary inflation reflex）157
肺内压（intrapulmonary pressure）127
肺泡表面张力（alveolar surface tension）131
肺泡通气量（alveolar ventilation）137
肺泡无效腔（alveolar dead space）137
肺牵张反射（pulmonary stretch reflex）157
肺容积（pulmonary volume）135
肺容量（pulmonary capacity）135
肺缩小反射（pulmonary deflation reflex）158
肺通气（pulmonary ventilation）123, 126
肺通气量（pulmonary ventilation volume）136
肺总量（total lung capacity, TLC）136
分节运动（segmentation movement）185
分泌期（secretory phase）416
分娩（parturition）419
分压（partial pressure, P）138
锋电位（spike potential）21
缝隙连接（gap junction）162, 268
辐散式联系（divergent connection）277
负后电位（negative after-potential）22
附性器官（accessory sexual organ）404
复合动作电位（compound action potential, CAP）336
复合收缩（compound contraction）48
复极化（repolarization）19
复极相（repolarization phase）21
腹式呼吸（abdominal breathing）127

G

G 蛋白耦联受体（G protein-coupled receptors，GPCRs）32
钙触发钙释放（Ca^{2+}-induced calcium release，CICR）43
钙调蛋白（calmodulin，CaM）36, 50, 264
甘油二酯（diacylglycerol，DAG）34
肝胆汁（hepatic bile）182
感觉（sense）282
感觉辨别阈（sensory discrimination threshold）283
感觉器官（sense organ）319
感觉阈值（sensory threshold）283
感受器（receptor）282
感受器电位（receptor potential）283
睾酮（testosterone，T）406, 410
睾丸（testis）404
功能余气量（functional residual capacity，FRC）136
孤儿核受体（orphan nuclear receptors）37
骨传导（bone conduction）333
鼓膜（tympanic membrane）332
固有免疫（innate immunity）60
光感受器（photoreceptor）282

H

合子（zygote）417
核受体（nuclear receptor）32
黑-伯反射（Hering-Breuer reflex）157
黑皮质激素-2受体（melanocortin-2 receptor，MC2R）394
横桥周期（cross-bridge cycling）44
红细胞（red blood cell）56
后超极化电位（after-hyperpolarization potential）22
后电位（after-potential）21
后发放（after discharge）279
后负荷（afterload）46
后去极化电位（after-depolarization potential）21
呼气运动（expiratory movement）127
呼吸（respiration）123
呼吸功（work of breathing）134
呼吸肌本体感受性反射（proprioceptive reflex of respiratory muscle）158
呼吸膜（respiratory membrane）125
呼吸神经元（respiratory neuron）152
呼吸调整中枢（pneumotaxic center）152
呼吸相关神经元（respiratory related neuron）152
呼吸运动（respiratory movement）126
呼吸中枢（respiratory center）151
壶腹（ampulla）338
壶腹嵴（ampullar crest）338
化学感受器（chemoreceptor）282
化学感受性反射（chemoreceptor reflex）154
化学门控离子通道（chemically-gated ion channel）13
化学性突触（chemical synapse）262
化学性消化（chemical digestion）161
环鸟苷酸（cyclic guanosine monophosphate，cGMP）34
环腺苷酸（cyclic adenosine monophosphate，cAMP）34
环状皱襞（circular folds）191
黄体（corpus luteum）411
黄体期（luteal phase）415
黄体生成素（luteinizing hormone，LH）410
黄体细胞（luteal cell）411
回返性抑制（recurrent inhibition）279
混合微胶粒（mixed micelles）182
混合性突触（mixed synapse）278
活化区（active zone）262

J

机械感受器（mechanical receptor）282
机械门控离子通道（mechanically-gated ion channel）13
机械性消化（mechanical digestion）161
机械阈（mechanical threshold）163
肌动蛋白（actin）41
肌钙蛋白（troponin）41
肌间神经丛（myenteric plexus）165
肌牵张反射（muscle stretch reflex）158
肌球蛋白（myosin）41
肌球蛋白轻链（myosin light chain，MLC）50
肌球蛋白轻链磷酸酶（MLC phosphatase，MLCP）51
肌肉收缩总和（summation of muscle contraction）48
肌小节（sarcomere）41
肌质网（sarcoplasmic reticulum，SR）41
基本电节律（basic electrical rhythm，BER）162
基础胃酸排出量（basal gastric acid output）172
激活素（activin）407
激素应答元件（hormone response element，HRE）37
极化（polarization）19
继发性主动转运（secondary active transport）16
假饲（sham-feeding）175
间接通信（indirect communication）31
间质细胞刺激素（interstitial cell-stimulating hormone，ICSH）408
剪切变异体（splice variants）390
交感-肾上腺髓质系统（sympathetico-adrenomedullary system）399
交互式联系（recurrent connection）277

交互性突触（reciprocal synapse）278
交互抑制（reciprocal inhibition）280
交换体（exchanger）16
接头（junction）262
接头后膜（postjunctional membrane）39
接头前膜（prejunctional membrane）39
解剖无效腔（anatomical dead space）137
紧密连接（tight junction）406
紧张性收缩（tonic contraction）177, 184
经通道易化扩散（facilitated diffusion via channel）13
经载体易化扩散（facilitated diffusion via carrier）12
精液（semen）405
精原细胞（spermatogonium）405
精子（sperm）405
精子获能（sperm capacitation）417
精子细胞（spermatid）405
颈黏液细胞（neck mucous cell）171
静毛（stereocilia）337
静息电位（resting potential）19
局部电位（local potential）27
局部回路神经元（local circuit neuron）277
局部神经元回路（local neuronal circuit）277
局部兴奋（local excitation）27
咀嚼（mastication）170
聚合（convergence）277
绝对不应期（absolute refractory period，ARP）28
绝经（menopause）416

K

抗米勒管激素（anti-Müllerian hormone，AMH）410
科蒂器（organ of Corti）334
咳嗽反射（cough reflex）158
可塑性（plasticity）266
空间总和（spatial summation）278
库普弗细胞（Kupffer cell）187
跨细胞途径（transcellular pathway）192
扩散系数（diffusion coefficient）138

L

LDL 受体（LDL receptor，LDLR）389
LH 高峰（LH surge）410
酪氨酸激酶受体（tyrosine kinase receptors）36
酪氨酸羟化酶（tyrosine hydroxylase）399
类固醇激素合成急性调节蛋白（steroidogenic acute regulatory protein，StAR 蛋白）390
离子通道（ion channel）13
离子通道型受体（ion channel receptors）32
李氏腺（Liberkuhn galnd）184
立体视觉（stereoscopic vision）330
连接蛋白（connexin，Cx）30

连接肽（connecting peptide）380
连接子（connexons）30
链锁式联系（chain connection）277
量子式释放（quantal release）263
磷酸二酯酶（phosphodiesterase，PDE）34
磷脂（phospholipid）9
磷脂酶 A_2（phospholipase A_2）34
磷脂酶 C（phospholipase C，PLC）34
硫酸脱氢表雄酮（dehydroepiandrosterone-3-sulfate，DHEAS）396
卵巢（ovary）409
卵巢周期（ovarian cycle）414
卵母细胞（oocyte）409
卵泡（ovarian follicle）409
卵泡刺激素（follicle-stimulating hormone，FSH）405
卵泡期（follicular phase）414
卵丘（cumulus oophorus）410

M

慢波（slow wave）50, 162
慢突触后电位（slow postsynaptic potential）265
毛细胞（hair cell）337
毛细血管旁感受器（juxtacapillary receptor）158
酶耦联受体（enzyme-coupled receptors）32
迷走 - 迷走反射（vago-vagal reflex）165
糜蛋白酶（chymotrypsin）180
糜蛋白酶原（chymotrypsinogen）180
泌酸腺（oxyntic gland）171
敏感化（sensitization）266
膜泡转运（vesicular transport）17

N

Na^+- 葡萄糖同向转运体 -1（sodium-glucose cotransporter-1，SGLT-1）195
钠泵（sodium pump）14
钠 - 钾泵（sodium-potassium pump）14
囊斑（macula）339
囊泡单胺转运体（vesicular monoamine transporter，VMAT）398
脑 - 肠肽（brain-gut peptide）168
内分泌（endocrine）343
内感受器（interoceptor）282
内呼吸（internal respiration）123
内化（internalization）266
内向离子流（inward ion current）22
内因子（intrinsic factor）173
内在蛋白（intrinsic protein）10
内在神经系统（intrinsic nervous system）165
内脏感觉（visceral sense）284
内脏平滑肌（visceral smooth muscle）48

黏膜下神经丛（submucosal plexus, Meisser plexus）165
黏液（mucus）173
黏液-碳酸氢盐屏障（mucus-bicarbonate barrier）173
鸟苷酸环化酶（guanylate cyclase, GC）36
鸟苷酸环化酶受体（guanylate cyclase receptors）36
鸟苷酸结合蛋白（guanine nucleotide-binding protein）34

O

呕吐（vomiting）179

P

P物质（substance P）165
排便反射（defecation reflex）189
排卵（ovulation）410
排卵期（ovulation period）415
旁分泌（paracrine）167
旁细胞途径（paracellular pathway）192
胚泡（blastocyst）417
配体（ligand）31
配体依赖转录激活因子（ligand-dependent transcription activator）32
喷嚏反射（sneeze reflex）158
皮质类固醇结合球蛋白（corticosteroid-binding globulin, CBG）390, 412
频率总和（frequency summation）48
平衡觉（equilibrium）337
平静呼吸（quiet respiration）127
破伤风毒素（tetanus toxin）280
葡萄糖转运体-2（glucose transporter-2, GLUT-2）195

Q

起搏细胞（pacemaker cell）48
气传导（air conduction）333
气道阻力（airway resistance）134
气体扩散速率（gas diffusion rate）138
气体运输（transport of gas）123
牵涉痛（referred pain）288
前负荷（preload）45
前庭器官（vestibular organ）337
前庭自主神经反应（vestibular autonomic reaction）338
潜伏期（latent period）47
腔分泌（solinocrine）167
强直后增强（posttetanic potentiation）266
强直收缩（tetanus）48
球囊（sacculus）339
球抑胃素（bulbogastrone）175

曲张体（varicosity）267
躯体感觉（somatic sense）284
去极化抑制（depolarized inhibition）281
去极相（depolarization phase）21
去甲肾上腺素（noradrenaline or norepinephrine, NA or NE）164
全或无（all or none）26
醛固酮（aldosterone）396
群体反射（mass reflex）279

R

热量限制（caloric restriction, CR）446
人工呼吸（artificial respiration）128
人绒毛膜促性腺激素（human chorionic gonadotropin, hCG）411
人绒毛膜生长激素（human chorionic somatomammotropin, hCS）419
妊娠（pregnancy）417
妊娠黄体（corpus luteum of pregnancy）411
绒毛（villi）191
容受性舒张（receptive relaxation）177
蠕动（peristalsis）170
蠕动冲（peristaltic rush）185
乳糜微粒（chylomicron）196
闰绍细胞（Renshaw cell）279

S

三磷酸肌醇（inositol triphosphate, IP_3）34
僧帽细胞（mitral cell）341
伤害性感受器（nociceptor）282
上皮内分泌细胞（epithelial endocrine cells）388
上调（up regulation）32, 266
深吸气量（inspiratory capacity, IC）135
神经分泌（neurocrine）167
神经-骨骼肌接头（neuromuscular junction）39, 262
神经回路（neural circuit）276
肾上腺（adrenal gland）388
肾上腺素（epinephrine, E）398
肾上腺髓质素（adrenomedulin, ADM）397, 400
肾上腺糖尿（adrenal diabetes）391
肾糖阈（renal glucose threshold）238
生精细胞（spermatogenic cell）405
生精小管（seminiferous tubule）404
生精周期（spermatogenic cycle）404
生理无效腔（physiological dead space）137
生物电（bioelectricity）19
生物膜（biomembrane）9
生长抑素（somatostatin, SS）175
生殖（reproduction）404
时间总和（temporal summation）278

食管下括约肌（lower esophageal sphincter，LES）170
食糜（chyme）171
视觉（vision）319
视野（visual field）330
适宜刺激（adequate stimulus）283
适应（adaptation）283
适应性免疫（adaptive immunity）60
嗜铬细胞（chromaffin cells）388
收缩能力（contractility）46
收缩期（contraction period）47
受精（fertilization）417
受体（receptor）31
舒张期（relaxing period）47
衰老（aging，senescence）432
衰老表型（aged phenotype）433
衰老相关基因（senescence-associated gene）435
双氢睾酮（dihydrotestosterone，DHT）406
双眼视觉（binocular vision）330
水孔蛋白（aquaporin，AQP）14
顺应性（compliance）130
缩胆囊素（cholecystokinin，CCK）167，181

T

T 管（T tubule）41
弹性阻力（elastic resistance）130
碳酸酐酶（carbonic anhydrase，CA）149，172
糖尿病（diabetes mellitus）383
糖尿病酮症酸中毒（diabetic ketoacidosis，DKA）383
糖皮质激素（glucocorticoid）390
糖皮质激素受体（glucocorticoid receptor，GR）390
糖皮质激素应答元件（glucocorticoid-response element，GRE）390
特殊感觉（special sense）319
条件反射（conditioned reflex）276
跳跃式传导（saltatory conduction）26
铁蛋白（ferritin，Fe-BP）194
铁转运蛋白（ferroportin 1，FP1）194
听骨链（ossicular chain）332
听觉（auditory sense）331
听域（audible area）331
听阈（auditory threshold）331
通气 / 血流比值（ventilation/perfusion ratio，$\dot{V}_A/\dot{Q}$）141
同向转运（symport）16
同向转运体（symporter）16
同源现象（homology）405
酮体（ketone body）383
透明带（zona pellucida，ZP）410
突触（synapse）262
突触的易化（synaptic facilitation）281
突触后抑制（postsynaptic inhibition）279
突触后致密（postsynaptic density）262
突触囊泡（synaptic vesicle）39，262
突触前抑制（presynaptic inhibition）280
突触小体（synaptic knob）262
蜕膜（decidualization）416
吞噬（phagocytosis）17
吞咽（swallowing）170
脱敏（desensitization）266
脱氢表雄酮（dehydroepiandrosterone，DHEA）396，406
脱铁铁蛋白（apoferritin）194
椭圆囊（utriculus）339
唾液（saliva）169
唾液淀粉酶（salivary amylase）169

W

外感受器（exteroceptor）282
外呼吸（external respiration）123
外泌体（exosome）31
外向离子流（outward ion current）22
外在蛋白（extrinsic protein）11
外周化学感受器（peripheral chemoreceptor）154
完全强直收缩（complete tetanus）48
微胶粒（micelle）182
微绒毛（microvilli）192
微生态（microecology）420
微终板电位（miniature end-plate potential，MEPP）40
围绝经期（perimenopause）416
味蕾（taste bud）341
味毛（taste hairs）341
胃肠激素（gastrointestinal hormone）166
胃蛋白酶（pepsin）173
胃蛋白酶原（pepsinogen）173
胃黏膜屏障（gastric mucosal barrier）173
胃排空（gastric emptying）177
胃酸（gastric acid）172
胃液（gastric juice）171
温度感受器（temperature receptor）282

X

吸气运动（inspiratory movement）127
吸收（absorption）161，191
膝跳反射（knee-jerk reflex）276
习惯化（habituation）266
细胞膜（cell membrane）9
细胞衰老（cellular senescence）432
细胞通信（cell communication）30
下丘脑 - 垂体 - 卵巢轴（hypothalamic-pituitary-ovarian axis，HPO axis）409

下丘脑-腺垂体-睾丸轴（hypothalamus- adenohypophysis-testicular axis）404
下调（down regulation）32，266
先天性肾上腺增生症（congenital adrenal hyperplasia，CAH）396
腺苷酸环化酶（adenylate cyclase，AC）34
相对不应期（relative refractory period，RRP）28
向心性肥胖（central obesity）391
消化（digestion）161
消化系统（digestive system）161
信号分子（signaling molecules）30
信号转导（signal transduction）30
兴奋-收缩耦联（excitation-contraction coupling）44
行波学说（travelling wave theory）334
性激素结合球蛋白（sex hormone-binding globulin，SHBG）406，412
性腺（gonad）404
胸膜腔内压（intrapleural pressure）128
胸式呼吸（thoracic breathing）127
雄激素（androgen）406
雄激素结合蛋白（androgen-binding protein，ABP）406
雄酮（androsterone）406
雄烯二酮（androstenedione）406
嗅上皮（olfactory epithelium）340
嗅纤毛（olfactory cilia）340
血-睾屏障（blood-testis barrier）406
血管活性肠肽（vasoactive intestinal peptide，VIP）165
血量（blood volume，BV）52
血体（corpus hemorrhagicum）411

Y

咽鼓管（eustachian tube）332
盐皮质激素（mineralocorticoid）396
盐酸（hydrochloric acid，HCl）172
眼震颤（nystagmus）338
氧饱和度（oxygen saturation）146
氧含量（oxygen content）146
氧合血红蛋白（oxyhemoglobin，HbO_2）145
氧解离曲线（oxygen dissociation curve）146
氧容量（oxygen capacity）146
药物-机械耦联（pharmacomechanical coupling）50
一氧化氮（nitric oxide，NO）165
胰蛋白酶（trypsin）180
胰蛋白酶抑制物（trypsin inhibitor）180
胰蛋白酶原（trypsinogen）180
胰岛素（insulin）167，380
胰岛素抵抗（insulin resistance）382
胰岛素受体（insulin receptor，InsR）380
胰淀粉酶（pancreatic amylase）180
胰高血糖素（glucagon）167
胰高血糖素样肽-1（glucagon-like peptide，GLP-1）385
胰高血糖素样肽-1受体（glucagon-like peptide-1 receptor，GLP-1R）385
胰液（pancreatic juice）180
胰脂肪酶（pancreatic lipase）180
移行性复合运动（migrating motor complex，MMC）178
乙酰胆碱（acetylcholine，ACh）165
抑胃肽（gastric inhibitory peptide，GIP）167
抑制素（inhibin）407
易化扩散（facilitated diffusion）12
应激（stress）393
应激原（stressor）393
用力肺活量（forced vital capacity，FVC）136
用力呼气量（forced expiratory volume，FEV）136
优势卵泡（dominant follicle）410
幽门螺杆菌（helicobacter pylori，Hp）173
幽门腺（pyloric gland）171
有效通气量（effective ventilation）137
余气量（residual volume，RV）135
阈刺激（threshold stimulus）26
阈电位（threshold potential）26
阈强度（threshold intensity）26
阈值（threshold value）26
原发性主动转运（primary active transport）14
原肌球蛋白（tropomyosin）41
原始卵泡（primordial follicle）409
远距分泌（telecrine）167
月经（menstruation）416
月经期（menstruation phase）416
月经周期（menstrual cycle）416
孕激素（progestin）411
孕酮（progesterone）411
运动单位（motor unit）47

Z

增生期（proliferative phase）416
张力（force）45
整合蛋白（integral protein）10
整合中枢（integrating center）276
正后电位（positive after-potential）22
直接通信（direct communication）30
质膜（plasma membrane）9
质子泵（proton pump）172
质子泵抑制剂（proton pump inhibitor，PPI）172
致密斑（dense patch）49
致密体（dense body）49

中枢化学感受器（central chemoreceptor）154
中枢兴奋状态（central excitatory state）282
中枢延搁（central delay）278
中枢抑制（central inhibition）279
中枢抑制状态（central inhibitory state）282
中枢易化（central facilitation）279
终板电位（endplate potential，EPP）40
终板膜（endplate membrane）39
终池（terminal cisterna）42
主动转运（active transport）14
主细胞（chief cell）171
转位（translocation）37
着床（implantation）417

着床窗口（implantation window）418
自分泌（autocrine）167
自律性（autorhythmicity）48
总和（summation）47
总和电位（summating potential，SP）336
阻塞（occlusion）278
组胺（histamine）167，174
最大可听阈（maximal auditory threshold）331
最大随意通气量（maximal voluntary ventilation volume）137
最大胃酸排出量（maximal gastric acid output）172
最适初长度（optimal initial length）46
最适前负荷（optimal preload）46